dtv

Der freie Markt gilt vielfach als die einzige Möglichkeit, politische und soziale Spannungen abzubauen, Wohlstand für alle zu fördern und demokratische Stabilität zu erreichen. Regiert also tatsächlich das Geld die Welt? Analytisch, scharfsinnig und pointiert packt Niall Ferguson nach seiner aufsehenerregenden Studie über den Ersten Weltkrieg erneut ein heißes Eisen an. Vor dem Hintergrund der Geschichte des 19. und 20. Jahrhunderts kommt er zu einem überraschenden und provokanten Urteil: Weder garantiert eine blühende Wirtschaft ein konfliktfreies Zusammenleben, noch waren ökonomische Faktoren wirklich entscheidend für den Gang der Ereignisse. Klar ist, daß der demokratische Wohlfahrtsstaat für die eigentlichen Gefahren der Zukunft nicht gewappnet ist. Wichtiger denn je ist die Politik, die ihren Einfluß zurückerobern muß, um zukünftige Gefahren für die Demokratie abzuwehren.

Niall Ferguson, geboren 1963, ist Professor für politische Geschichte und Finanzgeschichte in Oxford und Gastprofessor für Wirtschaftswissenschaften an der Stern Business School der New York University. Veröffentlichungen u.a.: ›Der falsche Krieg. Der Erste Weltkrieg und das 20. Jahrhundert‹ (1999); ›Die Geschichte der Rothschilds. Propheten des Geldes‹ (2002).

Niall Ferguson

POLITIK OHNE MACHT

Das fatale Vertrauen in die Wirtschaft

Aus dem Englischen
von Klaus Kochmann

Deutscher Taschenbuch Verlag

Von Niall Ferguson ist außerdem im
Deutschen Taschenbuch Verlag erschienen:

Der falsche Krieg. Der Erste Weltkrieg
und das 20. Jahrhundert (dtv 30808)

März 2003
Deutscher Taschenbuch Verlag GmbH & Co. KG,
München
www.dtv.de
© 2001 Niall Ferguson
Titel der Originalausgabe:
›The Cash Nexus‹
Allen Lane/The Penguin Press, London
© der deutschen Ausgabe: 2001 Deutsche Verlags-Anstalt GmbH,
Stuttgart München
© der Abbildungen: Ditta Ahmadi/Peter Palm, Berlin
Umschlagkonzept: Balk & Brumshagen
Umschlagfoto: © Michael Nischke
Satz: DVA Stuttgart
Gesetzt aus der Stone
Druck und Bindung: Kösel, Kempten
Gedruckt auf säurefreiem, chlorfrei gebleichtem Papier
Printed in Germany · ISBN 3-423-36307-X

Inhalt

Alter und neuer ökonomischer Determinismus

»Money makes the world go round,
of that we all are sure.«

Aus dem Musical »Cabaret«

DIE VORSTELLUNG, daß Geld die Welt in Bewegung setzt und in Gang hält, wie der Conférencier im Musical »Cabaret« singt, ist uralt und nicht totzukriegen. Der Gedanke findet sich bereits in der Bibel: So heißt es etwa im Alten Testament beim Prediger Salomon, 10,19: »Und das Geld muß alles zuwege bringen.« Im Neuen Testament schreibt der Apostel Paulus in seinem Ersten Brief an Thimotheus, 6,10: »Habsucht ist eine Wurzel aller Übel.« Die Habsucht wurde in den Lehren Moses' als Sünde selbstverständlich verdammt, doch die christliche Lehre verurteilt sogar das ganz gewöhnliche finanzielle Motiv. Ein Teil der revolutionären Wirkung, die von den frühchristlichen Lehren ausging, beruhte auf der Aussicht, daß der Reiche vom ewigen Heil ausgeschlossen sein würde: »Es ist leichter, daß ein Kamel durch ein Nadelöhr geht, als daß ein Reicher ins Reich Gottes kommt.« (Matthäus 19, 24)

Zweifellos wäre in Westeuropa der Übergang vom Feudalismus zum Kapitalismus nicht so erfolgreich verlaufen, hätte dieses Dogma die Menschen davon abgehalten, Geld zu verdienen. Indessen tat es nichts dergleichen. Es tröstete jene Mehrheit, die kein Geld hatte, und weckte Schuldgefühle bei denen, die viel davon besaßen. Das war eine erfolgreiche Strategie für eine Organisation, die zugleich die Masse der Bevölkerung als Mitglieder haben und beträchtliche private Spenden von seiten der Elite erhalten wollte. Geld trieb nicht nur die Welt, sondern auch die Kirche voran.

Die Überzeugung von der Existenz eines grundlegenden Konflikts zwischen Tugendhaftigkeit und Mammon lag auch der wirkungsvollsten »Säkularreligion« der Moderne zugrunde. Für Karl Marx und Friedrich Engels war das Abscheuliche an der Bourgeoisie deren Gesinnung, die sich auf das »nackte Interesse« und die »gefühllose bare Zahlung«

stützte.[1] Gewiß erhob Marx mit seiner Behauptung, die inneren Widersprüche des Kapitalismus würden dessen Sturz herbeiführen, den Anspruch der »Wissenschaftlichkeit« und der »Objektivität«. In seiner Sicht hatten der Aufstieg des Kapitalismus und der Bourgeoisie die feudalaristokratische Ordnung überwunden; nunmehr würde die Herausbildung eines klassenbewußten Proletariats zur Zerstörung des Kapitalismus und der Bourgeoisie führen. Marx verachtete den Glauben seiner Vorfahren und war gleichgültig gegenüber der lutherischen Konfession, der sich sein Vater angeschlossen hatte. Doch würde der Marxismus niemals so viele Anhänger gefunden haben, hätte er nicht die Aussicht auf ein Jüngstes Gericht in Form der versprochenen Revolution eröffnet, in der auch in diesem Fall die Reichen ihre Strafe erhalten sollten. Einer Bemerkung von Isaiah Berlin zufolge ist »Das Kapital« das Werk eines Mannes, der sich »nach Art eines alten hebräischen Propheten artikuliert«.[2]

Was Marx einem Georg Friedrich Wilhelm Hegel, einem David Ricardo und den französischen Radikalen verdankte, ist wohl bekannt. Es lohnt aber durchaus, sich in Erinnerung zu rufen, daß das »Kommunistische Manifest« einer offen religiösen und tatsächlich konservativen Kritik des Kapitalismus sehr viel verdankte. Thomas Carlyle prägte in seinen Schriften »Chartism« von 1840 und »Past and Present« von 1843 den Ausdruck »cash nexus«[3], doch wo sich Marx auf ein proletarisches Utopia freute, bedauerte Carlyle das Verschwinden eines mit romantischen Augen betrachteten mittelalterlichen England.[4]

Wenn dies auch nicht länger der Mode entspricht, so ist es doch möglich, Richard Wagners monumentalen vierteiligen Zyklus »Der Ring des Nibelungen« als eine weitere romantische Kritik des Materialismus zu interpretieren. Das entscheidende Argument lautet hier, wie die Rheintochter Wellgunde dem Zwerg Alberich in der allerersten Szene offenbart, daß Geld oder Gold mit Macht gleichzusetzen ist: »Der Welt Erbe / gewänne zu eigen, / wer aus dem Rheingold / schüfe den Ring, / der maßlose Macht ihm verlieh.« Allerdings unter einer Bedingung: »Nur wer der Minne / Macht versagt, / nur wer der Liebe / Lust verjagt, / nur der erzielt sich den Zauber, / zum Reif zu zwingen das Gold.« Mit anderen Worten: Erwerb von Reichtum und emotionale Erfüllung schließen einander aus. Nachdem die Rheintöchter seine lüsternen Avancen höhnisch zurückgewiesen haben, ist es für Alberich ein leichtes, sich für den materiellen Erfolg zu entscheiden: Bezeichnenderweise besteht der erste Schritt der Kapitalakkumulation im »Ring des Nibelungen« darin, daß Alberich das Gold stiehlt.

Das ist nicht die einzige Szene in »Rheingold«, hinter der sich eine ökonomische Symbolik verbirgt. Der nächste Auftritt wird von einer Auseinandersetzung über Vertragsfragen zwischen dem Gott Wotan und den Riesen Fafner und Fasolt beherrscht, die gerade den Bau der neuen Festung Walhalla vollendet haben. Im dritten Akt finden sich dann die deutlichsten ökonomischen Anspielungen. Hier erleben wir Alberich als herzlosen Herrn von Nibelheim, der seine Mitzwerge, die Nibelungen, in einer gewaltigen Goldfabrik gnadenlos ausbeutet. Wie sein unglückseliger Bruder Mime erklärt, bestand sein Volk einst aus »sorglosen Schmieden / schufen wir sonst wohl / Schmuck unsern Weibern, / wonnig Geschmeid, / niedlichen Nibelungen Tand: / wir lachten lustig der Müh«. Inzwischen aber hat sich die Lage geändert: »Nun zwingt uns der Schlimme / in Klüfte zu schlüpfen, / für ihn allein / uns immer zu müh'n. / [...] Ohne Ruh' und Rast.« Das erbarmungslose Arbeitstempo, das Alberich verlangt, wird durch den Klang der Hämmer verdeutlicht, die rhythmisch auf Ambosse schlagen.

Natürlich dürfte heute kaum ein ernsthafter Wagnerkenner bereit sein, das ökonomische Thema im »Ring« zu stark in den Vordergrund zu stellen.[5] Auf der anderen Seite hat Wagner selbst das in Industriedunst gehüllte London seiner Zeit mit Nibelheim verglichen. Auch ist es durchaus bedeutsam, daß er den Zyklus erstmals im Revolutionsjahr 1848 skizzierte, kurz bevor er gemeinsam mit dem Anarchisten Michail Bakunin in Dresden auf die Barrikaden stieg, wo die beiden sich die Zeit vertrieben, indem sie eine blasphemische Kreuzigungsszene für eine Oper entwarfen, die den Titel »Jesus von Nazareth« tragen sollte. Als der vollendete »Ring« im August 1876 seine erste Vorstellung erlebte, hatte Wagner sich von den radikalen politischen Neigungen seiner Jugend weit entfernt. Doch für den jungen irischen Autor George Bernard Shaw war der ökonomische Subtext von Wagners Werk immer noch zu erkennen. Man konnte ihn im Lesesaal des British Museum antreffen, wo er die Partitur von »Tristan und Isolde« neben der französischen Übersetzung des »Kapital« las. Für Shaw war der »Ring« eine Allegorie des Klassensystems.[6]

Die entscheidende Stelle in Wagners »Gesamtkunstwerk« ist der Fluch Alberichs auf den Ring in dem Augenblick, da dieser ihm von den Göttern gestohlen wird:

»Wie durch Fluch er mir gerieth, / verflucht sei dieser Ring! / Gab sein Gold / mir – Macht ohne Maß, / nun zeug' sein Zauber / Tod dem .. der ihn trägt! / Kein Froher soll / seiner sich freu'n; / keinem Glücklichen lache / sein lichter Glanz; / wer ihn besitzt, / den sehre die Sorge, / und wer ihn nicht hat, / den nage der Neid!«

Dieser Fluch erfüllt sich mit Siegfrieds Ermordung in der »Götterdämmerung«. Am Ende stürzt sich Brünnhilde selbst auf seinen Scheiterhaufen, wirft den Ring zurück in den Rhein und setzt »Walhalls prangende Burg« in Flammen.

Es ist kein Zufall, daß Marx im 1867 erschienenen ersten Band seines »Kapitals« ein ähnliches Ende für den Kapitalismus voraussah. Marx' Werk ist mit dem »Ring« an Umfang, wenn auch nicht an ästhetischer Schönheit vergleichbar. Gegen Ende des Bandes liefert Marx eine einprägsame Skizze der kapitalistischen Wirtschaftsentwicklung:

»Die Verwandlung der individuellen und zersplitterten Produktionsmittel in gesellschaftlich konzentrierte, daher des zwerghaften Eigentums vieler in das massenhafte Eigentum weniger, daher die Expropriation der Volksmasse von Grund und Boden und Lebensmitteln und Arbeitsinstrumenten, [...] bildet die Vorgeschichte des Kapitals. [...] Das [...] Privateigentum wird verdrängt durch das kapitalistische Privateigentum, welches auf Exploitation fremder, aber formell freier Arbeit beruht.«[7]

Darüber hinaus erwartet Marx wie Wagner den Tag des Jüngsten Gerichts:

»Mit der beständig abnehmenden Zahl der Kapitalmagnaten, welche alle Vorteile dieses Umwandlungsprozesses usurpieren und monopolisieren, wächst die Masse des Elends, des Drucks, der Knechtschaft, der Entartung, der Ausbeutung, aber auch die Empörung der stets anschwellenden und durch den Mechanismus des kapitalistischen Produktionsprozesses selbst geschulten, vereinten und organisierten Arbeiterklasse. Das Kapitalmonopol wird zur Fessel der Produktionsweise [...] Die Zentralisation der Produktionsmittel und die Vergesellschaftung der Arbeit erreichen einen Punkt, wo sie unverträglich werden mit ihrer kapitalistischen Hülle. Sie wird gesprengt. Die Stunde des kapitalistischen Privateigentums schlägt. Die Expropriateurs werden expropriiert.«[8]

Ein späterer deutscher Marxist, August Bebel, zog die Parallele zu Wagners Mythologie ausdrücklich, als er die »Götterdämmerung« der bürgerlichen Welt voraussagte.

Die Vorstellung eines baldigen allgemeinen Zusammenbruchs war, um einen anderen Wagnerschen Begriff zu gebrauchen, eines der großen »Leitmotive« der Kultur des 19. Jahrhunderts. In Deutschland trug damals eine satirische Zeitschrift den Titel »Kladderadatsch«. Der Gedanke an den Zusammenbruch war keineswegs allein Gedankengut der politischen Linken. In bescheidenerem Maße taucht der Topos der Auflösung als Folge wirtschaftlicher Modernisierung in der Literatur des

19. Jahrhunderts immer wieder auf. In Theodor Fontanes nostalgischem Roman »Der Stechlin« von 1899 symbolisiert die örtliche Glashütte von Globow den bevorstehenden Zusammenbruch der alten ländlichen Ordnung in der Mark Brandenburg. So wehklagt der alte Junker Dubslaw von Stechlin:

»Über hundert Jahre besteht nun schon diese Glashütte, und wenn ich nun so das jedesmalige Jahresprodukt mit hundert multipliziere, so rechne ich mir alles in allem wenigstens eine Million heraus. Die [fabrizierten Retorten] schicken sie zunächst in andere Fabriken, und da destillieren sie flott drauf los, und zwar allerhand schreckliches Zeug in diese grünen Ballons hinein: Salzsäure, Schwefelsäure, rauchende Salpetersäure. Das ist die schlimmste, die hat immer einen rotgelben Rauch, der einem gleich die Lunge anfrißt. Aber wenn einem der Rauch auch zufrieden läßt, jeder Tropfen brennt ein Loch, in Leinwand oder in Tuch, in Leder, überhaupt in alles; alles wird eingebrannt und angeätzt. Das ist das Zeichen unserer Zeit jetzt, eingebrannt und angeätzt. Und wenn ich dann bedenke, daß meine Globsower da mit tun und ganz gemütlich die Werkzeuge liefern für die große Generalweltanbrennung, ja, hören Sie, meine Herren, das gibt mir einen Stich.«9

Der Gedanke an einen Zusammenhang zwischen Kapitalismus und Auflösung war keine deutsche Spezialität. In Charles Dickens' Roman »Dombey and Son« (1846-1848) sind die Eisenbahnen, die sich ihren Weg durch London schneiden und den Kaufmann Dombey nach Bath transportieren, finstere Agenten der Zerstörung und des Todes. In Emile Zolas Roman »Geld« liefern Aufstieg und Fall einer Bank das Sinnbild für die Verrottung des Zweiten Kaiserreichs. In ähnlicher Weise porträtiert Guy de Maupassants Roman »Bel-Ami« von 1885 die Korrumpierung eines ansehnlichen jungen Mannes in der Dritten Republik: Hier werden alle menschlichen Beziehungen den Manipulationen der Börse unterworfen.

In Wirklichkeit brachte das 19. Jahrhundert den meisten Teilen der Welt ein beispielloses ökonomisches Wachstum, und nicht einmal ein Marx konnte sich in der Mitte der viktorianischen Epoche den Verlockungen des Booms entziehen. Ferner fand die sozialistische Revolution, als sie sich schließlich ereignete, nicht in den höchstentwickelten, industriellen Gesellschaften statt, sondern in zwei der rückständigsten, nämlich in Rußland und China. Die empirische Basis des Marxschen Denkens wurde bereits zu seinen Lebzeiten untergraben. Doch die romantische Auffassung, die Marx mit Carlyle, Wagner und vielen anderen Angehörigen der viktorianischen Generation teilte, überlebte die Generation von 1848. In ihrer Sicht war die Welt, um sich zu industrialisieren, einen Teufelspakt eingegangen, aufgrund dessen das Wirtschaftswachstum zur Erniedrigung der Menschen und schließlich zu einer »Generalweltanbrennung« führen mußte. Gleichzeitig materialistisch im Denken und romantisch im Herzen hat sich eine ganze Geschichtsauffassung auf die Annahme gegründet, daß an der kapitalistischen Wirtschaft etwas grundlegend falsch sein müsse, daß der Interessengegensatz zwischen den wenigen Besitzenden und den vielen Habenichtsen nicht zu überwinden sei und daß irgendeine Art von revolutionärer Krise eine neue sozialistische Ordnung herbeiführen würde.

Man betrachte hierzu zwei Beispiele. Eine zentrale Frage, mit der sich Historiker heute immer noch beschäftigen, wurde von vielen Radikalen nach dem Scheitern der Revolution von 1848 gestellt: Warum zog die Bourgeoisie autoritäre, aristokratische Regime Bewegungen von Arbeitern und Handwerkern vor, mit denen sie theoretisch gemeinsame Sache hätte machen können? Die Antwort, die Marx in seinem Werk über den »18. Brumaire des Louis Bonaparte« und anderswo anbot, lautete: Solange ihre ökonomischen Bestrebungen nicht gestört würden, sei die Mittelklasse bereit, im Austausch gegen den Schutz vor einem immer bedrohlicher werdenden Proletariat ihre politischen Ansprüche zurückzustellen und die Verantwortung im wesentlichen bei den alten herrschenden Kräften zu belassen. Der Einfluß dieses Modells läßt sich kaum hoch genug ansetzen. Typisch für die Art und Weise, wie die Historiker immer wieder, auch wenn sie sich selbst nicht zum Marxismus bekannten, mit marxistischen Konzepten gearbeitet haben, war die häufig gezogene Verbindung zwischen der großen Depression der 1870er und 1880er Jahre und dem gleichzeitigen politischen Umschwung vom Liberalismus zum Protektionismus in den meisten europäischen Ländern, besonders aber in Deutschland.[10] Auch der Erste Weltkrieg ist immer wieder als eine Art kapitalistischer »Generalweltanbrennung«, als unvermeidliche Konsequenz imperialistischer Rivalitäten interpretiert worden. Nach Ansicht des posthum einflußreichen deutschen Historikers Eckhard Kehr lag die Erklärung für die Entscheidung des wilhelminischen Deutschlands zum Zweifrontenkrieg im Streben der preußischen Agrarier nach Zolltarifen, die Rußland scharf herausforderten. Gleichzeitig verlangte die Schwerindustrie nach Marineaufträgen, die Großbritannien zum Gegner machten. Beide Interessengruppen verband der Wunsch, den Vormarsch der Sozialdemokratie durch eine Strategie des Sozialimperialismus zu bekämpfen, die Rußland und Großbritannien

provozierte.[11] Trotz vieler Verbesserungsversuche im einzelnen ist der
Einfluß dieses Ansatzes heute noch erkennbar.

Der größte Vorzug des Modells von Marx besteht in seiner Einfachheit. Mit dem dialektischen Materialismus bewaffnet, kann der Historiker mit größeren Themen und längeren Perioden umgehen als ein
Geschichtswissenschaftler, der, wie Leopold von Ranke forderte, darum
ringt, jede Epoche aus ihren eigenen Voraussetzungen zu verstehen. Es
ist durchaus nicht ohne Bedeutung, daß zwei der anspruchsvollsten
Werke der Geschichtsschreibung des vergangenen halben Jahrhunderts
von marxistischen Autoren stammen: Immanuel Wallersteins »Das
Moderne Weltsystem« und Eric Hobsbawms vierbändige Geschichte
der modernen Welt, die er erst 1994 beendete. In seinem Abschlußband
»Das Zeitalter der Extreme« versuchte Hobsbawm, einigen Trost für
seine Generation kommunistischer Intellektueller zu finden, indem er
argumentiert, der Kapitalismus sei in den dreißiger und vierziger Jahren
des 20. Jahrhunderts nur durch die wirtschaftliche und militärische
Macht der Sowjetunion unter Stalin vor dem Zusammenbruch gerettet
worden; und der Zusammenbruch des Sowjetsystems in den neunziger
Jahren sei für die sozialistische Kritik am Kapitalismus nicht mehr
gewesen als ein vorübergehender Rückschlag. Staatseigentum und zentrale Planung mögen sich in Rußland als Fehlschlag erwiesen haben,
soviel gab Hobsbawm zu; aber es sei kaum zu bezweifeln, daß Marx
»weiterhin als bedeutender Denker gelten« werde, während die Lehre
vom »unbeschränkt freien Markt« mit dem »allenthalben eingestande-
nen [...] wirtschaftlichen Scheitern« des Thatcherismus am Ende sei.
Darüber hinaus seien demographische und ökonomische Zwänge der
globalen Umwelt bereits dabei, den Weg für »irreversible und katastrophale Folgen« zu zeitigen. Nachhaltige Entwicklung, also ein Gleichgewicht zwischen Menschheit, Ressourcen und den Auswirkungen der
Aktivitäten der Menschen, »wäre unvereinbar mit einer Weltwirtschaft,
die auf dem unbegrenzten Profitstreben von Wirtschaftsunternehmen
beruht, welche ja per Definition diesem Ziel verpflichtet sind und die
darum auf einem freien Weltmarkt konkurrieren«. Die tiefer werdende
Kluft zwischen reichen und armen Nationen werde ebenfalls viele neue
Probleme schaffen, desgleichen der wachsende Abstand zwischen arm
und reich innerhalb der entwickelten Volkswirtschaften; dies werde
letztendlich eine Wiederherstellung der staatlichen Kontrolle über die
Wirtschaft notwendig machen:
»Die marktunabhängige Zuteilung von Ressourcen, oder zumindest
eine scharfe Beschränkung der marktwirtschaftlichen Verteilung, wird

unumgänglich sein, um der drohenden ökologischen Krise die Spitze zu nehmen. Und auf die eine oder andere Weise wird das Schicksal der Menschheit im neuen Jahrtausend vom Wiederaufbau der öffentlichen Institutionen abhängig sein.«

Auch konnte Hobsbawm der Versuchung nicht widerstehen, sich der vertrauten apokalyptischen Sprache seiner viktorianischen Vorgänger zu bedienen:

»Wir wissen, daß hinter der undurchdringlichen Wolke unserer Ignoranz und den Ungewißheiten im einzelnen die historischen Kräfte weiterwirken, die dieses Jahrhundert geformt haben. Wir leben in einer Welt, die gekapert, umgewälzt und entwurzelt wurde vom gigantischen ökonomischen und technisch-wissenschaftlichen Prozeß der Kapitalismusentwicklung, der die vergangenen zwei oder drei Jahrhunderte beherrscht hat. Wir wissen oder nehmen vernünftigerweise wenigstens an, daß dies nicht ad infinitum so weitergehen kann ... Es gibt nicht nur äußere, sondern gleichsam innere Zeichen dafür, daß wir am Punkt einer historischen Krise angelangt sind. Die Kräfte, die die technisch-wissenschaftliche Wirtschaft freigesetzt hat, sind inzwischen stark genug, um die Umwelt, also die materielle Grundlage allen menschlichen Lebens, zerstören zu können ...«[12]

Die ökonomischen Bestimmungsfaktoren der Macht

Doch das Fiasko der Prophezeiungen von Marx muß nicht die grundsätzliche Vorstellung in Mißkredit bringen, daß das Geld – die Ökonomie – die Welt in Bewegung hält. Läßt man von der biblischen Vorstellung einer unmittelbar bevorstehenden Apokalypse ab, so kann man die moderne Wirtschaftsgeschichte zu einem Märchen vom Triumph des Kapitalismus umformen.

Mit seiner demnächst erscheinenden Geschichte des 20. Jahrhunderts legt der bedeutende amerikanische Ökonom Bradford DeLong ein Werk vor, das sich möglicherweise als der Grundtext dieses Genres erweisen wird. Es handelt sich hier gewiß um ein Gegenmittel zu Hobsbawms »Zeitalter der Extreme«. DeLong sieht das 20. Jahrhundert als eine »Geschichte von Freiheit und Wohlstand« an, in der die totalitären Extreme als ein gewaltiger historischer Irrweg zwischen zwei Phasen wohltätigen wirtschaftlichen Wachstums erscheinen.[13] Doch die Grundannahme, daß wirtschaftlicher Wandel den Motor der Geschichte bildet, deckt sich im Prinzip mit derjenigen Hobsbawms. Nach DeLong

»war die Geschichte des 20. Jahrhunderts vor allem Wirtschaftsgeschichte: die Wirtschaft war die dominierende Arena der Ereignisse und
des Wandels, und wirtschaftliche Veränderungen waren die Triebkraft
bei Veränderungen in anderen Lebensbereichen. [...] Das Tempo des
ökonomischen Wandels war so groß, daß der Rest der Geschichte bis in
seine Grundfesten erschüttert wurde. Vielleicht zum ersten Mal waren
Herstellung und Verbrauch der Notwendigkeiten und Bequemlichkei-
ten des Alltagslebens – und die Frage, wie sich Produktion, Konsum und
Verteilung änderten – die Triebkraft der Geschichte eines einzelnen
Jahrhunderts«.[14]

Selbst die Diktaturen um die Mitte des Jahrhunderts »hatten ihren
Ursprung in *wirtschaftlicher* Unzufriedenheit und fanden ihren Ausdruck in *ökonomischen* Ideologien. Die Menschen töteten einander mil-
lionenfach wegen unterschiedlicher Auffassungen darüber, wie das Wirtschaftsleben organisiert werden solle«.[15] DeLong geht sogar soweit, den
Zweiten Weltkrieg auf wirtschaftliche Ursachen zurückzuführen: »Der
Zweite Weltkrieg läßt sich kaum erklären ohne Adolf Hitlers irrsinnige
fixe Idee, die Deutschen bräuchten ein günstigeres Verhältnis zwischen
Bodenfläche und Zahl der Arbeitskräfte – mehr ›Lebensraum‹ also –,
wenn sie eine starke Nation sein wollten.«[16]

Doch dies waren abwegige Ideologien, mißgebildete Auswüchse der
katastrophal falschen Wirtschaftspolitik während der Weltwirtschaftskrise. Erst im letzten Jahrzehnt des 20. Jahrhunderts konnte die Geschichte mit dem Zusammenbruch des Kommunismus und der allgemeinen Akzeptanz liberalisierter Märkte ihre Aufwärtsbewegung aus
der Zeit vor 1914 wieder aufnehmen.

DeLongs Anspruch, daß die wichtigsten politischen Ereignisse der
modernen Geschichte mit ökonomischen Begriffen erklärt werden können, hat berühmte Vorfahren. Er wird damit auch in der Öffentlichkeit
weitgehend auf Zustimmung stoßen, insbesondere in den Vereinigten
Staaten, wo diese Art von ökonomischem Determinismus als Selbstverständlichkeit gilt. Im folgenden werde ich mich mit einer Reihe unterschiedlicher Versionen dieser Denkweise auseinandersetzen; an dieser
Stelle genügt es, drei typische Hypothesen zu skizzieren:

1. *Wirtschaftliches Wachstum fördert die Durchsetzung von Demokratie,*
während wirtschaftliche Krisen den gegenteiligen Effekt haben. Diese Vorstellung läßt sich auf die Arbeiten zurückführen, die der Sozialwissen-
schaftler Seymour Martin Lipset seit den späten fünfziger Jahren publi-
ziert hat.[17] Sie hat in zahllosen neueren Untersuchungen von Politik-
wissenschaftlern und Ökonomen weit verbreitete Zustimmung gefun-

den. So entdeckt etwa Robert Barro »einen starken positiven Zusammenhang zwischen Wohlstand und bejahender Einstellung gegenüber demokratischer Erfahrung«.[18] Nach den Worten eines anderen bedeutenden amerikanischen Wirtschaftswissenschaftlers, Benjamin Friedman, »neigt eine Gesellschaft besonders dazu, offen, tolerant und demokratisch zu werden, wenn der Lebensstandard ihrer Bürger steigt, und sie bewegt sich in die umgekehrte Richtung, wenn der Lebensstandard stagniert«.[19] Das offensichtlichste Beispiel, an das die meisten Leser denken werden, ist ein negatives: der kausale Zusammenhang – von dem zahllose Lehrbücher berichten – zwischen der Weltwirtschaftskrise, dem Aufstieg Hitlers und des Faschismus überhaupt sowie den Ursprüngen des Zweiten Weltkriegs. Hier ein klassisches Beispiel dieser Argumentation: »Die unmittelbare Auswirkung der Wirtschaftskrise in Europa bestand im Anwachsen der innenpolitischen und gesellschaftlichen Spannungen, sie brachte in Deutschland Hitler an die Macht und trug zur Entwicklung faschistischer Bewegungen anderswo bei. [...] Aber die Wirtschaftskrise war auch eine Weltkrise. [...] Insbesondere die katastrophalen Konsequenzen des Rückgangs des japanischen Seidenexports und das dadurch verursachte Elend der japanischen Kleinbauern trugen zu der neuen expansionistischen Politik der japanischen Streitkräfte bei.«[20]

2. Wirtschaftlicher Erfolg sichert die Wiederwahl einer Regierung, während schlechte wirtschaftliche Leistungen zu Wahlniederlagen führen. Eine bestimmte Schule der Politischen Wissenschaft vertritt die Ansicht, daß Wähler in erster Linie durch ihre wirtschaftlichen Erfahrungen oder Aussichten motiviert sind, wenn sie bei Wahlen Entscheidungen treffen. Helmut Norpoth hat dies so formuliert: »Das Wählen nach ökonomischen Gesichtspunkten [...] ist im Hirn der Bürger von Demokratien fest installiert.«[21] Die *Reductio ad absurdum* des modernen wirtschaftlichen Determinismus ist der Begriff »Wohlfühlfaktor«, der Glaube daran, daß die Popularität einer Regierung direkt mit dem Erfolg der Wirtschaft verknüpft ist. Eine weitverbreitete Version dieser Theorie erklärt die Tatsache, daß US-Präsident Clinton das Amtsenthebungsverfahren von 1999 überstanden hat, mit dem Hinweis auf den nachhaltigen Kursanstieg auf dem amerikanischen Aktienmarkt. Das Schlagwort von Clintons Kampagne 1992 – »Es kommt auf die Wirtschaft an, Dummkopf« – wurde zu einer Art Kürzel für diese Theorie.

3. Wirtschaftliches Wachstum ist der Schlüssel zu internationaler Macht, allerdings kann zuviel Macht zu wirtschaftlichem Niedergang führen. In seinem Werk »Aufstieg und Fall der großen Mächte« hat Paul Kennedy argumentiert, die Wirtschaft liefere den Schlüssel zur internationalen

Macht, weil »alle wichtigen Veränderungen der *militärischen Macht-*
verhältnisse der Welt auf Veränderungen des Produktionsverhältnisses
folgten; [...] der Sieg [fiel] immer der Seite mit den größten materiellen
Ressourcen zu«.[22] Angesichts der überwältigenden Überlegenheit der
siegreichen Bündnisse in beiden Weltkriegen scheint das auf den ersten
Blick eine überzeugende Hypothese zu sein. Selbst Kennedys Zusatz,
alle großen Reiche seien der Versuchung der »Überdehnung« erlegen,
weil ihre militärischen Verpflichtungen früher oder später begannen,
ihre ökonomische Kraft zu zersetzen, läßt sich weniger leicht in Frage
stellen, als manchmal angenommen wird.[23] Während nach dem Zusammenbruch der Sowjetunion und der Zunahme der amerikanischen
Wachstumsgeschwindigkeit die Versuchung bestand, mit Spott auf
diese Warnung vor einer Überdehnung der Vereinigten Staaten zu reagieren, konnte Kennedy legitimerweise behaupten, daß die Vereinigten
Staaten seinem Rat gefolgt seien, indem sie seit Mitte der achtziger
Jahre ihre Verteidigungsausgaben stark eingeschränkt haben. Auch
schloß seine Analyse nie die Möglichkeit aus, daß die UdSSR als erste
der Überdehnung zum Opfer fallen würde. Im Gegenteil: wer »Aufstieg
und Fall der großen Mächte« sorgfältig las, konnte den Schluß ziehen,
daß die Sowjetunion dem Niedergang am nächsten stand. Während
also der Marxismus im Jahre 1989 einen Rückschlag erlitten hat, läßt
sich das gleiche vom ökonomischen Determinismus nicht behaupten.
Es sind nur die Vorzeichen vertauscht worden: Es waren die inneren
Widersprüche des Sozialismus, die den Untergang des Sowjetsystems
verursachten, während der Erfolg der kapitalistischen Wirtschaft den Triumph der Demokratie sicherstellte.[24] Am Scheitern Michail Gorbatschows wie an Clintons Erfolg war die Wirtschaft schuld, wie jeder
denkende Mensch einfach einsehen muß.

Auflösung des Geldzusammenhangs

Aber *war* die Ökonomie wirklich entscheidend? In den Kapiteln, die nun
folgen, werde ich die Verbindung – in Carlyles Sprache den Nexus, die
Verflechtung – zwischen Wirtschaft und Politik, nicht nur nach dem
Scheitern des Sozialismus, sondern auch nach dem scheinbaren Triumph
des angloamerikanischen Modells des Kapitalismus überprüfen. In seinem neuesten Buch erklärt Francis Fukuyama voller Überzeugung:»In
der politischen und ökonomischen Sphäre schreitet die Geschichte
offenbar kontinuierlich in einer Richtung voran, und am Ende des 20.

Jahrhunderts sehen wir die liberale Demokratie als die einzig mögliche politische Verfassung für technologisch entwickelte Gesellschaften.«[25] Sind Kapitalismus und Demokratie die »Doppelhelix« – die Strukturformel – der modernen Welt? Oder gibt es möglicherweise Reibungen zwischen beiden, die wir zu unserem Schaden ignorieren?

Aber zunächst ist ein Vorbehalt fällig. Die Anspielung auf die DNS gibt zu einer einfachen, aber wichtigen Mahnung Anlaß, die die menschliche Natur betrifft. Wie die Entwicklungsbiologen gezeigt haben, ist der *homo sapiens* nicht mit dem *homo oeconomicus* identisch. Menschliche Wesen sind – wie Carlyle wußte – durch viel mehr motiviert als durch das Streben nach Profitmaximierung: »Geld ist ein großes Wunder; doch ist es weder im Himmel noch auf Erden allmächtig. [...] Die *Barzahlung* ist nicht die einzige Beziehung zwischen menschlichen Wesen.«

In der Wirtschaftstheorie gibt es jedenfalls ganz verschiedene Annahmen über das individuelle Verhalten. Einige neoklassische Modelle unterstellen, daß die Erwartungen der einzelnen rational sind. Die Menschen ziehen demnach ökonomisch vernünftige Schlüsse aus vollständigen, das heißt umfassenden und verständlichen Informationen. In anderen Modellen haben Erwartungen weit langsamere Anpassungsprozesse zur Folge, oder es herrscht Ungewißheit, was die Zukunft angeht. Doch zeigen Ergebnisse experimenteller Forschung, daß die meisten Menschen bemerkenswert schlechte Ergebnisse erzielen, wenn sie ihre Eigeninteressen ökonomisch optimal einschätzen sollen, und dies selbst dann, wenn man ihnen klare Informationen und Zeit zum Lernen gibt. Stehen Menschen einer einfachen ökonomischen Wahlmöglichkeit gegenüber, dann ist es wahrscheinlich, daß sie aufgrund »begrenzter Rationalität« (Auswirkungen irreführender Vorstellungen oder Gefühle) oder grundlegender Berechnungsfehler (der Unfähigkeit, Wahrscheinlichkeiten und Diskontsätze zu berechnen) falsche Entscheidungen fällen.[26] Psychologen sprechen von der Neigung des Menschen, eine später zu erwartende große Belohnung gegenüber einer kleinen Belohnung, die bald erfolgt, zu bevorzugen – eine Präferenz, von der wir allerdings ablassen, wenn die kleine Belohnung unwiderstehlich sogleich bevorsteht.[27] Erwartungstheoretiker haben gezeigt, daß Menschen nicht dazu neigen, Risiken einzugehen, wenn sie zwischen einem sicheren und einem möglichen höheren Gewinn zu wählen haben. Sie wählen dann den sicheren, aber kleineren Gewinn; anders ist es, wenn man ihnen eine Wahl zwischen einem sicheren Verlust und einem möglicherweise noch größeren Verlust anbietet.[28] Die meisten wirtschaftlichen Institutionen beruhen, falls sie von

Krediten abhängig sind, auch in irgendeiner Weise auf Glaubwürdigkeit. Doch diese kann sich auch auf Leichtgläubigkeit gründen. Im Frankreich des späten 19. Jahrhunderts erfreute sich eine gewisse Thérèse Humbert einer glänzenden Karriere auf der Grundlage eines Vermögens, das in einer Truhe enthalten sein sollte, in der sich vermeintlich Inhaberobligationen im Wert von 100 Millionen Franc befanden. Dieses beträchtliche Vermögen hatte sie angeblich von ihrem leiblichen Vater geerbt, einem geheimnisvollen portugiesisch-amerikanischen Millionär namens Crawford. Indem sie gegen diese sicheren Werte Kredite aufnahmen, waren sie und ihr Ehemann in der Lage, ein luxuriöses Stadthaus in der Avenue de la Grande Armée zu kaufen, außerdem erlangten sie bestimmenden Einfluß auf eine Pariser Zeitung und erreichten Frédérics Wahl zum sozialistischen Parlamentsabgeordneten. Als die Truhe schließlich im Mai 1902 geöffnet wurde, versammelten sich zehntausend Menschen vor dem Haus. Darin fand sich »nichts außer einer alten Zeitung, einer italienischen Münze und einem Hosenknopf«.[29]

Selbst wenn wir uns nicht so verkalkulieren wie die Gläubiger der Madame Humbert, so unterliegen unsere ökonomischen Überlegungen doch oftmals unseren biologischen Impulsen: dem Wunsch nach Reproduktion, der, so die neodarwinistischen Theorien, in eigensüchtigen Genen verwurzelt ist, der Neigung, Gewalt gegen Rivalen anzuwenden, wenn es um Geschlechtspartner und Auskommen geht[30], zu schweigen von jenen erotischen oder pathologischen Verhaltensformen, wie sie Sigmund Freud analysiert hat, und die nicht immer im Rahmen von Evolutionstheorien erklärt werden können.[31] Der Mensch ist ein gesellschaftliches Lebewesen, dessen Motive sich nicht von seinem kulturellen Milieu trennen lassen. Wie Max Weber dargelegt hat, wurzelt selbst das Profitmotiv in einem nicht ganz und gar rationalen Asketentum, in einem Streben nach Arbeit als Selbstzweck, was ebensosehr ein religiöses wie ein ökonomisches Motiv ist.[32] Unter anderen kulturellen Bedingungen kann es sein, daß menschliche Wesen das Nichtstun der Arbeit vorziehen. Oder sie können die Wertschätzung ihrer Umgebung durch ökonomisch »irrationales Verhalten« gewinnen, denn sozialer Status ist nur selten mit bloßer Kaufkraft gleichzusetzen.[33]

Der Mensch ist außerdem ein politisches Lebewesen. Die Gruppen, in denen menschliche Wesen agieren – Sippen, Stämme, Konfessionen, Nationen, Klassen, Parteien und, nicht zu vergessen, Unternehmen –, befriedigen zwei fundamentale Bedürfnisse: das Streben nach kollektiver körperlicher und psychischer Sicherheit und nach dem, was Friedrich Nietzsche, den Willen zur Macht genannt hat, der Befriedigung, die aus der Beherrschung schwächerer Gruppen erwächst. Bislang hat keine Theorie dieses Phänomen angemessen erfaßt. Nicht zuletzt deshalb, weil Individuen offensichtlich in der Lage sind, mehrfache, einander überlagernde Identitäten aufrechtzuerhalten, die Nähe von ganz unterschiedlichen Gruppen zu ertragen und tatsächlich mit ihnen zusammenzuarbeiten. Gelegentlich und aus Gründen, die historisch spezifisch zu sein scheinen, sind Menschen bereit, eine exklusive Gruppenidentität zu akzeptieren. Manchmal – oft genug – geht Wettbewerb zwischen Gruppen in Gewaltsamkeit über.

Die Grundannahme dieses Werkes lautet, daß diese miteinander im Konflikt liegenden Impulse, nennen wir sie der Einfachheit halber Sex, Gewalt und Macht, einzeln oder gemeinsam wichtiger sein können als Geld, als das ökonomische Motiv. Politische Ereignisse und Institutionen haben oft die ökonomische Entwicklung beherrscht und erklären in der Tat ihre Ungleichmäßigkeit. (Ich verwende hier bewußt das Wort »oft«; manchmal herrscht auch das wirtschaftliche Motiv vor, oder es ergänzt die anderen Motive eher, als daß es mit ihnen kollidiert.) Die Ökonomen wissen dies, scheuen aber davor zurück. Sie benutzen den Begriff »Erschütterung«, um Ereignisse zu beschreiben, die ihren Modellen nicht entsprechen. Die Auffassung, daß ein Krieg mit einer meteorologischen Katastrophe zu vergleichen ist, kann den Historiker kaum befriedigen, der die Aufgabe hat, Kriege ebenso wie Marktschwankungen zu erklären.[34]

Die Politikwissenschaftler allerdings haben versucht, Modelle politischen Wandels zu bilden. Dieses Buch verdankt ihren Arbeiten beinahe ebensoviel wie den Werken der Wirtschaftswissenschaftler. Bei den Historikern jedoch löst die Bemühung, Gleichungen zu konstruieren und zu erproben, um beispielsweise das Vorkommen von Kriegen, die Ausbreitung der Demokratie oder Wahlergebnisse zu erklären, eher Skepsis als Bewunderung aus. Nichts ist gegen eine Methode einzuwenden, die formale Hypothesen konstruiert und sie dann am empirischen Material erprobt. Das ist die beste Art der Entlarvung der Pseudo»gesetze« menschlichen Verhaltens. Aber wir müssen gegenüber all jenen Gleichungen äußerst mißtrauisch sein, die dem Anschein nach den empirischen Test *bestehen*. Denn menschliche Wesen sind keine Atome. Sie verfügen über Bewußtsein, und dieses Bewußtsein ist nicht immer rational. In seinen »Aufzeichnungen aus dem Untergrund« verspottet Fjodor M. Dostojewski die Auffassungen der Wirtschaftswissenschaftler, daß Menschen aus Eigeninteresse handeln, und setzt sich satirisch mit deterministischen Theorien menschlichen Verhaltens auseinander:

»Sie seien [...] überzeugt, daß der Mensch dann auch selbst aufhören werde, *freiwillig* Fehler zu machen, und er sozusagen zwangsläufig darauf verzichten müsse, seinen Willen von seinen normalen Interessen zu trennen. Mehr noch: es wird dann, sagen sie, die Wissenschaft selbst ihn lehren [...],daß er in Wirklichkeit weder einen Willen noch Launen hat oder je hatte [...]und daß es überdies auf der Welt die Naturgesetze gibt, so daß sich all sein Tun überhaupt nicht nach seinem Wollen vollzieht, sondern ganz von selbst nach den Gesetzen der Natur. [...] Das gesamte menschliche Tun werde dann von selbst nach diesen Gesetzen mathematisch aufgeschlüsselt und in der Art von Logarithmentafeln bis 108 000 in ein Kalendarium eingetragen, oder noch besser, es würden bestimmte wohlmeinende Buchbände in der Art der heutigen Enzyklopädien herausgebracht, in denen alles so genau berechnet und bezeichnet steht, daß es auf der Welt weder andere Taten noch Abenteuer mehr geben kann...Natürlich kann niemand garantieren (das sage ich jetzt), daß es dann nicht zum Beispiel auch schrecklich langweilig werden wird (denn was soll man denn machen, wenn alles nach der Tabelle vorausberechnet ist?), aber dafür wird es überaus vernünftig zugehen. Sicher, aus Langeweile kommt man auf die sonderbarsten Gedanken! [...] Und das alles würde aus einem eigentlich ganz sinnlosen Grund geschehen, der, meint man, kaum Erwähnung verdient, nämlich aus dem, daß der Mensch, wer er auch sei, immer und überall nach seinem Willen handeln möchte und keineswegs so, wie es ihm die Vernunft und sein Vorteil gebieten. [...] Der eigene ungezwungene freie Wille, die eigene, womöglich ungezügelte Laune, die eigene, mitunter bis zum Irrsinn aufgestachelte Phantasie – das ist der ausgelassene vorteilhafteste Vorteil, der sich nicht einordnen und alle Systeme und Theorien ständig zum Teufel gehen läßt. Woher nehmen all die klugen Denker ihre Weisheit, daß der Mensch ein ›normales‹, tugendhaftes Wollen nötig habe? Wieso bilden sie sich unerschütterlich ein, er brauche unbedingt einen vernünftigen, vorteilbringenden Willen? Was der Mensch braucht, ist allein das *selbständige* Wollen, was diese Selbständigkeit auch kostet und wohin sie auch immer führt...Wir begehren mitunter blanken Unsinn, weil wir in ihm zufolge unserer Dummheit den leichtesten Weg zu einem vorher vermuteten Vorteil sehen.[...] Aber ich wiederhole zum hundertstenmal, es gibt einen Beweggrund, nur einen, für den Menschen, wissentlich sogar etwas ihm Schadendes zu wollen, etwas Dummes oder geradezu Absurdes, nämlich den, *das Recht zu haben*, selbst das Dümmste zu wollen und nicht verpflichtet zu sein, sich nur Kluges zu wünschen.« [35]

Die Historie mag »großartig« und »interessant« sein, aber für Dostojewski war ihr bestimmendes Charakteristikum irrationale Gewalttätigkeit.

Die entscheidende Schlußfolgerung des vorliegenden Buches lautet, daß das Geld ebensowenig die Welt in Bewegung setzt, wie sich Dostojewskis Gestalten in »Schuld und Sühne« in ihrem Verhalten nach Logarithmentafeln richten. Vielmehr waren es politische Ereignisse, vor allem Kriege, die die Institutionen des modernen Wirtschaftslebens wie steuereintreibende Bürokratien, Zentralbanken, Anleihemärkte und Aktienbörsen gestaltet haben. Es waren innenpolitische Konflikte, nicht nur über Ausgaben, Steuern und Anleihen, sondern auch über nichtökonomische Fragen, wie etwa Religion und nationale Identität, die die Entwicklung der modernen politischen Institutionen, vor allem der Parlamente und der Parteien, vorangetrieben haben. Wenn auch das Wirtschaftswachstum die Ausbreitung demokratischer Institutionen fördern mag, gibt es doch genügend historische Belege, daß die Demokratie auch eine ökonomisch verkehrte Politik hervorbringen kann, und daß andererseits ökonomische Krisen für die Demokratisierung günstig sein können.

Dieses Buch enthält 14 Kapitel, und jedes von ihnen behandelt einen spezifischen Aspekt der Beziehung zwischen Wirtschaft und Politik. Es gliedert sich in vier Abteilungen: »Ausgaben und Steuern«, »Zahlungsversprechen«, »Wirtschaftspolitik« und »weltweite Macht«. In den ersten drei Kapiteln geht es um die politischen Ursprünge der Finanzinstitutionen, die mit Ausgaben und Einnahmen zu tun haben. Kapitel 1 zeigt, wie der Krieg bis in die jüngste Zeit die wichtigste Triebkraft für die Entwicklung des Staates als fiskalischer Institution war. Zwar stellt es die weitverbreitete Auffassung in Frage, daß die Kriegskosten langfristig steigen, hebt aber hervor, daß Militärausgaben historisch die Hauptursache finanzpolitischer Neuerungen waren. Kapitel 2 verfolgt die Entwicklung der Besteuerung und anderer Formen von Staatseinnahmen als Reaktion auf die Kosten der Kriegführung. Es zeigt, wie die Anteile der direkten und der indirekten Besteuerung sich zeitlich und von Land zu Land verändern. Im 3. Kapitel geht es um die Beziehung zwischen direkter Besteuerung und politischer Repräsentation. Zwar ist steigende Steuerlast in einigen Fällen mit Parlamentarisierung und Demokratisierung in Verbindung gebracht worden, sie hat aber auch zum Anwachsen der Bürokratie beigetragen. Der erste Teil schließt mit einer erläuternden Skizze zur Entwicklung des Wohlfahrtsstaates. In diesem Staatstyp wird Umverteilung anstelle von Verteidigung die wichtigste Aufgabe der Regierung.

Im zweiten Teil geht es um die Entwicklung der Institution der Staatsschuld. Kapitel 4 erwägt die theoretische und empirische Bedeutung der staatlichen Verschuldung. Das 5. Kapitel erörtert die unterschiedlichen Mittel, die man erprobt hat, um mit extremen Verschuldungskrisen umzugehen. Es konzentriert sich dabei auf Nichterfüllung von Zahlungsverpflichtungen und Inflation. Außerdem beschreibt es die Entwicklung der Zentralbank als Einrichtung der Schuldenverwaltung und der Währungspolitik. Kapitel 6 führt die Zinssätze und insbesondere die Erträge von Staatspapieren in die Argumentation ein; es bietet eine Erklärung für Schwankungen und Unterschiede bei den Zinssätzen, die Staaten auf ihre Schulden zahlen.

Wieviel ich den theoretischen Arbeiten von Douglas North und anderen über die Beziehungen zwischen Institutionen und Ökonomie verdanke, wird inzwischen jedem Wirtschaftswissenschaftler deutlich geworden sein.[36] Das institutionelle Grundmuster, an das ich dabei denke, kann man sich als Quadrat vorstellen (Abbildung 1). Um es einfach zu formulieren: Die Erfordernisse der Kriegsfinanzierung haben im 18. Jahrhundert zur Entwicklung einer optimalen Kombination von vier Institutionen geführt. Zunächst gab es (links oben im Diagramm) eine professionelle, Steuern eintreibende Bürokratie. Es hatte sich gezeigt, daß bezahlte Beamte besser geeignet waren, Staatseinnahmen einzutreiben als örtliche Grundeigentümer oder private Steuerpächter, die dazu neigten, einen beträchtlichen Anteil der Staatseinkünfte in die eigene Tasche zu stecken. Zweitens neigten parlamentarische Institutionen, in denen Steuerzahlern ein gewisses Maß an politischer Repräsentation gewährt wurde, dazu, die Staatseinnahmen zu erhöhen, denn die Besteuerung konnte gegen andere gesetzgeberischen Maßnahmen »eingetauscht« und der gesamte Prozeß der Verabschiedung des Staatshaushalts »verrechtlicht« werden. Drittens erlaubte es das System der staatlichen Schuldenpolitik der Regierung, die zu erwartenden Steuereinnahmen im voraus zu kennen und entsprechend zu handeln, sollten sich plötzlich Mehrausgaben ergeben, etwa durch einen Krieg. Der Vorteil der Schuldenaufnahme bestand darin, daß man die Kriegskosten über größere Zeiträume verteilen konnte, womit die notwendige Besteuerung »eingeebnet« wurde. Schließlich diente die Zentralbank nicht nur der Schuldenverwaltung, sondern auch der Realisierung der Differenz zwischen Real- und Nennwert bei der Ausgabe von Papiergeld, worauf die Bank ein Monopol besaß.

Wengleich jede dieser vier Institutionen über tiefe historische Wurzeln verfügte, kam es in Großbritannien nach der Glorreichen Revolution erstmals in der Geschichte dazu, daß ihre denkbare Kombination verwirklicht wurde. Dennoch entsprach die Realität unter der Herrschaft der Hannoveraner nicht ganz dem Idealtypus, den ich eben beschrieben habe. Steuerbehörde, Parlament, Staatsschuldenverwaltung und Bank of England formten eine Art von institutionellem »Machtquadrat«, das jedem anderen Arrangement überlegen war; besonders dem französischen System, das von privater Steuereintreibung auf der Grundlage von Ämterverkauf und Steuerpacht, minimaler Repräsentation in Form der »parlements«, einem bruchstückhaften und teuren System der Kreditaufnahme und dem Fehlen einer zentralen Schaltstelle der Geldpolitik gekennzeichnet war.

ABBILDUNG 1:   Das »Machtquadrat«

Steuerbürokratie   Parlament

Staatsschuld   Zentralbank

Nicht nur die Fähigkeit, Staatseinnahmen einzutreiben, machte das britische »Quadrat« allen rivalisierenden Systemen überlegen. Hinzu kamen die mehr oder weniger unbeabsichtigten Nebeneffekte dieses Systems auf den privatwirtschaftlichen Sektor. So machte das Bedürfnis nach einer effizienten, Steuern eintreibenden Bürokratie ein geordnetes Bildungswesen notwendig, um über eine ausreichende Zahl von geeigneten Beamten zu verfügen. Zweitens vergrößerte die Existenz eines Parlaments fast mit Sicherheit die Qualität der Gesetzgebung im Bereich der privaten Eigentumsrechte. Drittens ermutigte die Entwicklung eines Systems der öffentlichen Kreditaufnahme durch eine fundierte

Staatsschuld zu finanziellen Neuerungen im Privatsektor. Weit davon entfernt, private Investitionen zu »verdrängen«, erweiterte und vertiefte das hohe Niveau der Ausgabe von Staatspapieren den Kapitalmarkt, schuf neue Möglichkeiten für Emissionen und den Handel mit Schuldverschreibungen sowie Dividendenpapieren von Aktiengesellschaften. Dies galt insbesondere in Friedenszeiten, wenn der Staat keine Kredite aufnehmen mußte. Schließlich war eine Zentralbank mit dem Monopol der Banknotenausgabe und der Führung der laufenden Konten der Regierung auch imstande, etwa als Manager der Wechselkurse oder als Kreditgeber in höchster Not, Funktionen wahrzunehmen, die das Kreditsystem insgesamt durch Herabsetzung des Risikos von Finanzkrisen oder Bankpaniken stabilisieren halfen. So förderten Institutionen, die zunächst ins Leben gerufen worden waren, dem Staat durch Kriegsfinanzierung zu dienen, auch die Gesamtentwicklung der Wirtschaft. Bessere höhere Schulen und Universitäten, rechtsstaatliche Prinzipien, insbesondere im Hinblick auf Eigentumsrechte, die Ausweitung der Finanzmärkte und die Stabilisierung des Kreditwesens waren die entscheidenden institutionellen Voraussetzungen für die Industrielle Revolution.

Der dritte Teil des Buches untersucht dann drei Hypothesen, die die in den vorangegangenen Kapiteln beschriebenen Institutionen zur Politik in Bezug setzen. An erster Stelle steht das Argument der frühen klassischen Ökonomen und der Marxisten, daß der grundlegende soziale Konflikt innerhalb moderner Gesellschaften sich zwischen Grundbesitzern, Kapitalisten und Arbeitern, also den Beziehern von Renten, Profiten und Löhnen, abspiele. Kapitel 7 schlägt zwei alternative Modelle des sozialen Konflikts vor, eines davon gründet sich auf streng fiskalische Kategorien: Staatsbedienstete, Steuerzahler, Besitzer von Staatsanleihen und Empfänger von Wohlfahrtsleistungen, das andere basiert auf Generationen. Eine offensichtliche Ursache der Schwäche des oben beschriebenen Idealstaates ergibt sich aus Konflikten zwischen derartigen Gruppen. Ein Staat, der es zuläßt, daß sich eine hohe Staatsverschuldung ansammelt, und der dann diese Schulden hauptsächlich aus Staatseinnahmen bedient, die überwiegend aus indirekten Steuern fließen, kann wegen der regressiven Verteilungskonsequenzen seiner Finanzpolitik auf politischen Widerstand der ärmeren Bevölkerungsschichten stoßen. Auf der anderen Seite muß ein Staat, der seinen Schuldenverpflichtungen nicht nachkommt oder sich ihrer durch Inflation entledigt, auf eine gleichermaßen gefährliche Reaktion gefaßt sein, wenn die Zahl der Obligationsinhaber groß genug ist.

Kapitel 8 konzentriert sich auf eine zweite Ursache von Schwäche: Alle Regierungen verspüren die Versuchung, die Finanzpolitik und, falls sie diese kontrollieren, die Währungspolitik zu manipulieren, um ihre Macht zu vergrößern. Wieweit hängt die Popularität demokratischer Regierungen von wirtschaftlichen Erfolgen ab? Können Regierungen wirklich den Konjunkturzyklus manipulieren, um ihre Aussichten auf Wiederwahl zu verbessern? Hier kann man mit sehr viel größerer Genauigkeit den Zusammenhang zwischen politischer Popularität und der Finanz- und Währungspolitik aufzeigen, oder man kann die allzu simple Auffassung in Frage stellen, daß Wiederwahl eine direkte Folge wirtschaftlichen Erfolgs ist. Ebenso klar ist jedoch, daß Politiker weiter daran glauben.

Kapitel 9 wendet sich von den öffentlichen Finanzen ab und den Finanzen der politischen Parteien zu. Es beschäftigt sich mit den wachsenden Kosten von Wahlkampagnen. Ist es von Bedeutung, daß die Schlüsselinstitutionen des demokratischen Prozesses sich nicht länger auf Finanzierung durch Mitgliedsbeiträge verlassen können und daher immer mehr von Zuwendungen reicher Leute oder von Steuerzahlern abhängen? Ist das Phänomen der Korruption eher in wirtschaftlichen als in moralischen Begriffen erklärbar? Hier geht es mir wieder darum zu zeigen, wie das »Machtquadrat« von innen ausgehöhlt werden kann – in diesem Fall durch die Hinfälligkeit jener peripheren, aber immer noch unbedingt notwendigen Institutionen, der politischen Parteien, die im Wettbewerb um die Kontrolle der gesetzgebenden Körperschaften stehen und damit demokratische Wahlen zu einer Realität machen.

Der vierte und letzte Teil des Buches weitet die Analyse auf die internationale Ebene aus. Kapitel 10 betrachtet das Ausmaß der finanziellen Globalisierung in historischer Perspektive und fragt, wie weit die Entwicklung eines internationalen Marktes für festverzinsliche Wertpapiere die Übertragung der Modelle des »Machtquadrats« auf andere Länder fördert. Theoretisch sollte die Liberalisierung des Kapitalmarktes, wenn sie von einer vergleichbaren Liberalisierung der internationalen Märkte für Waren und Arbeit begleitet ist, das Gesamtwachstum fördern. Die Erfahrungen der Globalisierung legen nahe, daß freie Kapitalströme als Reaktion auf internationale politische Ereignisse gewaltigen Schwankungen unterliegen, während die freie Bewegung von Waren und Menschen innenpolitische Gegenwirkungen hervorrufen kann.

Kapitel 11 befaßt sich mit zwei Arten der Begrenzung der Unbeständigkeit internationaler Finanzmärkte, nämlich durch Systeme fester

Wechselkurse oder internationaler Währungsunionen. Es fragt, wie dauerhaft eine solche »Finanzstruktur« sein kann, wenn Nationalstaaten mehr oder weniger frei bleiben, über ihre eigene Fiskalpolitik zu bestimmen.

Kapitel 12 wendet sich dann der weltweiten Verbreitung der Demokratie zu, vor allem dem Verhältnis zwischen dem Wirtschaftswachstum und der Ausbreitung demokratischer Institutionen. Man nimmt oft an, daß Wachstum und Demokratisierung einander gegenseitig verstärken. Aber ist ihre Beziehung nicht flüchtiger, als das »Doppelhelix«-Modell nahelegt? Oder, auf Institutionen bezogen: Wieweit schafft die Demokratisierung der parlamentarischen Ecke des »Machtquadrats« Probleme für die anderen Institutionen und das Modell insgesamt?

Kapitel 13 befaßt sich mit der Beziehung zwischen Ethnizität und Ökonomie. Es fragt, ob die Welt dazu bestimmt ist, durch nationale Selbstbestimmung »aufgelöst« oder durch supranationale Institutionen »vereinigt« zu werden.

Das letzte Kapitel des Buches führt die Debatte wieder zu ihrem Ausgangspunkt, dem Krieg, zurück. Hier geht es um das Verhältnis von militärischer und finanzieller Macht. Es wird unterschieden zwischen wirtschaftlichen Ressourcen und den Finanzinstitutionen, die notwendig sind, um diese in den Dienst politischer Zwecke zu stellen. Ihre höherentwickelten Finanzinstitutionen, insbesondere die vier Ecken des Quadrats, scheinen parlamentarischen Regierungssystemen ein größeres Kräftepotential zu verleihen, als es Diktaturen besitzen. Doch hat es *demokratischen* Staaten in der Regel an politischem Willen gemangelt, ihre Stärke voll einzusetzen. Wenn es keine Bedrohung von außen gibt, die sofortige Maßnahmen erforderlich macht, neigen demokratische Regimes dazu, ihren Streitkräften Mittel zu entziehen und das Finanzsystem immer stärker in den Dienst innerer Umverteilung zu stellen. Der Sozialstaat verdrängt den Militärstaat. Diese Tendenz der Demokratien zur Entmilitarisierung macht sie verwundbar gegenüber Herausforderungen durch Autokratien, die hinsichtlich ihrer Produktivität unterlegen, aber kurzfristig, was ihre Zerstörungskraft angeht, überlegen sind. In diesem Sinne könnte der Niedergang der Weltmachtstellung Großbritanniens – und die gegenwärtige Zerbrechlichkeit der amerikanischen Macht – mehr mit »Unterforderung« als mit »Überdehnung« zu tun haben.

Ich möchte meine Argumentationslinie vereinfachen, indem ich andeute, daß jedes der Kapitel dieses Buches eine Antwort auf eine Art von Prüfungsfrage bietet:

1. Wie weit sind moderne Staaten Produkte von Kriegen?
2. Gibt es eine optimale »Mischung« bei der Besteuerung?
3. Welche Beziehung besteht zwischen Parlamentarisierung und Bürokratisierung?
4. Sind Staatsschulden eine Ursache von Stärke oder von Schwäche?
5. Warum hat starke Verschuldung so oft zur Nichterfüllung von Zahlungsverpflichtungen und zu Inflationen geführt?
6. Was bestimmt die Zinssätze, die Regierungen zahlen, wenn sie Kredite aufnehmen?
7. Lassen sich Verteilungskonflikte besser als Klassen- oder als Generationenkonflikte verstehen?
8. Macht wirtschaftlicher Wohlstand Regierungen populär?
9. Wie sollten Parteien finanziert werden?
10. Wie wirkt sich die Globalisierung auf das Finanzwesen aus?
11. Wieweit tragen Wechselkurssysteme oder Währungsunionen zur Steigerung der internationalen finanziellen Stabilität bei?
12. Führt Wirtschaftswachstum zu Demokratisierung und/oder umgekehrt?
13. Wird die Welt politisch stärker fragmentiert oder integriert?
14. Macht militärische Unterforderung die demokratischen Mächte verwundbar?

Die letzte Frage läßt sich auch anders formulieren: Warum können die Vereinigten Staaten von heute nicht stärker dem Vereinigten Königreich entsprechen, wie es vor hundert Jahren war? Denn eine der zentralen Überlegungen dieses Buches lautet: Läßt man sich nicht auf ein gefährliches Spiel ein, wenn man zuläßt, daß die wirtschaftliche Globalisierung voranschreitet, ohne daß eine führende imperiale Hand eingreift? Ist es nicht vorstellbar, daß man darin eines Tages eine gedankenlose Verantwortungslosigkeit sehen wird?

Mit der Beantwortung dieser Fragen will das vorliegende Buch alle ökonomisch-deterministischen Geschichtsauffassungen von gestern und heute in Zweifel ziehen. Der Zusammenhang zwischen Wirtschaft und Politik *ist* tatsächlich der Schlüssel zum Verständnis zur modernen Welt. Aber die Vorstellung von der Existenz eines einfachen Kausalzusammenhangs zwischen beiden – und insbesondere zwischen Kapitalismus und Demokratie – ist vollkommen falsch. Eine Variante dieser Beziehung bringt in der Tat das glückliche Ergebnis der kapitalistischen Demokratie hervor: das ist die »Doppelhelix« der westlichen Entwicklung. Aber manchmal erstickt die Demokratie das wirtschaftliche Wachstum. Gelegentlich untergräbt eine Wirtschaftskrise eine Diktatur. Bisweilen kann die Demokratie sogar blühen, während die Wirtschaft taumelt. Mitunter kann Wachstum einen autoritären Herrscher stärken. Die Analogie zur Biologie sollte nicht zu weit getrieben werden. Anders als in der Natur gibt es in der menschlichen Welt, wie wir sie als Geschichte kennen, wegen der Komplexität des menschlichen Bewußtseins kaum irgendwelche linearen Kausalzusammenhänge. Dazu hat Carlyle gesagt: »Die vollzogene Geschichte weicht von der geschriebenen Geschichte ab. Die tatsächlichen Ereignisse sind durchaus nicht so einfach miteinander verwandt wie Eltern und Kinder.[...] Es ist ein ewig lebendiges, ewig tätiges Entstehen, in dem sich eine Form nach der anderen aus zahllosen Elementen herausbildet. Und dieses Chaos [...] will der Historiker malen und wissenschaftlich ergründen.«[37] Ich bleibe davon überzeugt, daß die Geschichte ein chaotischer Prozeß im naturwissenschaftlichen Sinne von »zufallsabhängigem Verhalten in einem von Gesetzmäßigkeiten bestimmten System« ist.[38] Die kausalen Zusammenhänge zwischen der Welt der Wirtschaft und jener der Politik existieren; aber sie sind so komplex und so zahlreich, daß jeder Versuch zum Scheitern verurteilt zu sein scheint, sie auf ein Modell mit verläßlicher Vorhersagekraft zu reduzieren. Ich sollte an dieser Stelle hervorheben, daß das »Machtquadrat« in Abbildung 1 kein Modell in diesem Sinne darstellt. Es bietet keine Voraussagen an, sondern ist nur eine vereinfachte Version der institutionellen Strukturen, die in diesem Buch beschrieben werden. In ihrem Rahmen hat sich die gesamte Geschichte der Neuzeit abgespielt, aber sie wurde von Menschen mit einem freien Willen und mit Blutdurst gemacht. Im 18. Jahrhundert entwickelte der britische Staat die besondere institutionelle Kombination von Bürokratie, Parlament, Schulden und Zentralbank, die das Inselreich in die Lage versetzte, eine Imperium aufzubauen und die Industrialisierung zu vollziehen. Aber Ausmaß und Dauer der Macht Großbritanniens hingen davon ab, wie diese Institutionen von fehlbaren Menschen benutzt oder mißbraucht wurden.

Samuel Johnson hatte recht, als er warnte:

»Es scheint ein beinahe universell verbreiteter Irrtum zu sein, wenn Historiker annehmen, daß jede Auswirkung im politischen Raum eine angemessene Ursache hat. Das ist ja auch physikalisch richtig. In der unbelebten Einwirkung von Materie auf Materie kann die hervorgerufene Bewegung nur gleich der Stärke der bewegenden Kraft sein; aber der Lauf des Lebens, ob privat oder öffentlich, läßt keine derartigen Gesetze zu. Die Launen der mit Willen begabten Akteure verlachen alle Berechnungen.«[39]

ERSTES KAPITEL

Aufstieg und Fall des Militärstaats

»Ring out the narrowing lust of gold;
Ring out the thousand wars of old.«

Tennyson

AM ANFANG war der Krieg. Von den frühesten Tagen der überlieferten
Geschichte bis zur allerjüngsten Vergangenheit war der Krieg der Motor
des finanziellen Wandels.[1] »Der Krieg ist der Vater aller Dinge«, hat Herodot gesagt; und zu diesen Dingen zählte während des Peloponnesischen Krieges das Anwachsen der Staatsausgaben Athens und infolgedessen die Notwendigkeit, Steuern und andere Staatseinnahmen zu
erhöhen. Dieser Krieg hatte, und das war höchst symbolisch, zur Folge,
daß die goldene Statue der Athene eingeschmolzen und zu Münzen
geschlagen wurde.[2]

Nervos belli pecuniam infinitam: »Der Lebensnerv des Krieges ist
unbegrenztes Geld«, erklärte Cicero in seiner fünften Philippika. Ein
Echo fand diese Ansicht in Rabelais' »Gargantua«: »Die Kraft eines
Krieges, der ohne Geldreserven riskiert wird, verfliegt wie ein Atem-
zug.« Marschall Tribulzio sagte Ludwig XII. vor seinem Angriff auf Italien im Jahre 1499: »Was Eure Majestät benötigen, ist Geld, noch mehr
Geld und allezeit Geld.«[3] Robert de Balsac bekräftigte dies Anfang des
16. Jahrhunderts: »Vor allem aber hängt Erfolg im Krieg davon ab, für
alles, was man dabei braucht, genug Geld zu haben.«[4] Kaiser Karl V.
bekam von seiner Schwester Maria den Rat: »Eure Majestät ist der größte
Fürst der Christenheit, aber Ihr könnt keinen Krieg im Namen des
gesamten Christentums führen, wenn Ihr nicht die Mittel habt, ihn bis
zum sicheren Sieg durchzufechten.«[5] Kardinal Richelieu schrieb ein
Jahrhundert später: »Gold und Geld zählen zu den wichtigsten und
notwendigsten Quellen der Staatsmacht. [...] Ein armer Fürst wird nicht
imstande sein, glorreich zu handeln.«[6]

Das Geld, das dem Staatssäckel unmittelbar zur Verfügung steht, reicht
gewöhnlich nicht aus, um die Kosten eines Krieges zu decken; die Ge-

schichte des Finanzwesens ist daher weithin die Geschichte der Versuche, die durch Krieg entstehende Lücke zu schließen. Erst in jüngster
Vergangenheit ist die Beziehung zwischen Krieg und Finanzwesen schwächer geworden. Nachdem die Militärkosten viele Jahrhunderte lang die
größten Auswirkungen auf die Staatshaushalte hatten, wurden sie in
dieser Hinsicht in der zweiten Hälfte des 20. Jahrhunderts von den
Sozialkosten abgelöst. Zweifellos bedeutet das eine wesentliche Veränderung zum Besseren: Wenn auch Nichtstun keine Tugend darstellt,
so ist es doch moralisch vorzuziehen, Menschen dafür zu bezahlen, daß
sie nichts tun, als sie zu besolden, damit sie einander töten. Doch werden das bemerkenswerte Ausmaß und die Ungewöhnlichkeit dieser
Veränderung bislang kaum erkannt. Es ist keine Übertreibung, wenn
man heute von einer Entmilitarisierung des Westens und von großen
Teilen der übrigen Welt spricht.

Ein weitverbreiteter Irrtum besteht in der Vermutung, langfristig habe
es eine lineare oder gar exponentielle Aufwärtstendenz der Kriegskosten
gegeben.[7] Absolut gesehen haben natürlich die Kosten der militärischen
Aufrüstung und die Höhe der Verteidigungshaushalte seit Beginn der
schriftlichen Überlieferung zugenommen. Sieht man sich jedoch die
Entwicklung der Relationen an, sind die Muster komplizierter. Wir
müssen die Militärausgaben in ihrer Beziehung zu anderen Faktoren
betrachten: zum Umfang und zur Häufigkeit von Kriegen; zur Größe
von Armeen im Verhältnis zur Gesamtbevölkerung; zur Zerstörungskraft der Militärtechnologie (»Schläge per Dollar«); vor allem aber zum
ökonomischen Gesamtertrag. Unter Berücksichtigung von Veränderungen der Bevölkerungszahl, der Gesamtproduktion und der Preise haben
die Kosten des Krieges im Verlauf der Geschichte beträchtliche Fluktua-
tionen durchgemacht. Diese Schwankungen haben sich als Antriebs-
kräfte finanzpolitischer Innovationen erwiesen.

Die Intensität von Kriegen

Es hat verschiedene Versuche gegeben, die Häufigkeit militärischer Konflikte quantitativ zu erfassen. Sie gründen sich jeweils auf etwas unterschiedliche Definitionen des Krieges und behandeln Phasen von un-
gleicher Länge. Pitrim A. Sorokin zählte 97 Kriege in der Zeit zwischen
1819 und 1925[8], dagegen sprach Quincy Wright von insgesamt 112
Kriegen zwischen 1800 und 1945.[9] Wright beschränkte sich auf die von
ihm sogenannten »Kriege der modernen Zivilisation«. »Mitglieder der

Familie der Völker« mußten daran beteiligt sein. Sie mußten »als Kriegsparteien im juristischen Sinne anerkannt werden«, oder es waren daran »mehr als 50.000 Soldaten beteiligt«; dagegen addierte L.F. Richardson sämtliche »tödlichen Auseinandersetzungen«, die er finden konnte, und gelangte damit zu der weit höheren Zahl von 298 für die Zeit von 1819 bis 1949.[10] Luards Überblick über alle »organisierten Kämpfe großen Umfangs, die sich über eine beträchtliche Zeit hinzogen und an denen zumindest ein souveräner Staat beteiligt war«, ergibt die noch höhere Summe von 410 für die Phase von 1815 bis 1984.[11] Das Projekt »Correlates of War« an der University of Michigan bedient sich einer engeren Definition und schließt die meisten kleineren Kolonialkriege wie auch Kriege aus, an denen Länder mit einer Bevölkerung von unter einer halben Million Menschen beteiligt waren, und solche, bei denen die Gesamtzahl der im Kampf Gefallenen weniger als tausend pro Jahr betrug. Für die Zeit von 1816 bis 1992 nennt die Datenbank dieses Projekts 210 Kriege zwischen Staaten und 151 Bürgerkriege.[12] Die niedrigste Zahl von allen für die moderne Zeit nennt Levy mit 31, aber sein Überblick berücksichtigt nur Kriege, an denen mindestens eine Großmacht beteiligt war.[13]

Man kann sich sogar eine noch längerfristige Perspektive zu eigen machen, wenngleich das Material für außereuropäische Konflikte immer dürftiger wird, je weiter man zurückgeht. Selbst die anspruchsvollsten Versuche vermeiden es, sich mit der Antike oder dem Mittelalter auseinanderzusetzen. Auf Grundlage seiner relativ breiten Definition dessen, was unter einem Krieg zu verstehen sei, gelangt Luard zu einer Gesamtsumme von mehr als tausend derartigen Auseinandersetzungen in der Zeit zwischen 1400 und 1984.[14] Levy dagegen zählt gerade einmal 119 große Kriege für die Zeitspanne von 1495 bis 1975. Doch selbst wenn man den Krieg enger definiert, ist er ein bemerkenswert dauerhaftes Phänomen.

»Die Großmächte waren während nahezu 75 Prozent der 481 Jahre [von 1495 bis 1975] an Kriegen zwischen Staaten beteiligt.[...] Im Durchschnitt beginnt alle drei Jahre ein neuer Krieg, und alle sieben oder acht Jahre fängt ein Krieg zwischen Großmächten an [das heißt, ein Krieg unter Beteiligung von mehr als einer Großmacht]. [...] Im typischen [durchschnittlichen] Jahr [...] ist etwas mehr als ein Krieg unter Beteiligung von Großmächten [...] im Gange, und zweieinhalb Großmächte befinden sich im Krieg.«[15]

Seit 1495 hat es kein einziges Vierteljahrhundert gegeben, das ganz ohne Krieg war.

Diese Bilanz der Kriege läßt sich aktualisieren. Das Stockholmer Internationale Institut für Friedensforschung (SIPRI) schätzt, daß es zwischen 1989 und 1997 103 »bewaffnete Konflikte« gab, davon waren sechs Konflikte zwischen Staaten.[16] Im Jahre 1999 waren etwa 27 größere bewaffnete Konflikte im Gange, allerdings nur zwei davon zwischen souveränen Staaten (Indien und Pakistan sowie Eritrea und Äthiopien).[17] Wendet man Levys Kriterium an, daß wenigstens eine Großmacht beteiligt sein muß, dann hat es seit Vietnam sechs Kriege gegeben: den chinesisch-russischen Krieg 1969, den chinesisch-vietnamesischen Krieg 1979, den sowjetisch-afghanischen Krieg 1979/89, den Falkland-Krieg 1982, den Golf-Krieg 1990/91, den Kosovo-Krieg 1999.[18]

Auffallend ist, daß es seit 1816 kein einziges Jahr gegeben hat, in dem nicht irgendwo auf der Welt ein Krieg tobte. Nur in Europa ist der Krieg seit 1945 seltener geworden. Nach den Zahlen von Luard fällt unter den Kriegen der Welt der Prozentsatz jener, die in Europa stattfanden, ständig von mehr als achtzig Prozent für die erste Teilperiode 1400 bis 1559 auf neun Prozent für die letzte Phase 1917 bis 1984.[19]

Welche der Großmächte führte die meisten Kriege? Auf der Grundlage einer leicht modifizierten und erweiterten Version des Datensatzes von Levy lautet die Antwort wohl Frankreich. Das Land hat an etwa fünfzig der 125 größeren Kriege seit 1495 teilgenommen. Österreich liegt mit 47 nicht weit dahinter zurück, ihm folgten Spanien mit 44 und England mit 43.[20] Nach Luards umfassenderer Liste von Kriegen waren die am stärksten zum Krieg neigenden Staaten zwischen 1400 und 1559 die Reiche der Habsburger und der Osmanen. Zwischen 1559 und 1648 lagen Spanien und Schweden an der Spitze, die in 83 dieser Jahre Krieg führten. Frankreich war mit Gewißheit der führende Kriegstreiber zwischen 1648 und 1789, als es in achtzig von 141 Jahren im Krieg stand, und im Hinblick auf europäische Kriege lag es wiederum von 1789 bis 1917 mit 32 von 128 Jahren vorn. Großbritannien dagegen war zwischen 1815 und 1914 mit 71 von 99 Jahren häufiger an Kriegen außerhalb Europas beteiligt. In den Jahren der Herrschaft von Königin Viktoria gab es 72 separate britische militärische Kampagnen, also mehr als eine pro Jahr, und dies in der Zeit der sogenannten Pax britannica.[21]

Nach Levys Berechnungen dauerten die Kriege im 18. Jahrhundert länger[22], und es waren mehr Mächte daran beteiligt als an den Kriegen der vorangegangenen oder der späteren Jahrhunderte. In diesem Sinne war der durchschnittliche Krieg, was vielleicht überrascht, im Zeitalter der Aufklärung eine größere Auseinandersetzung als der Durchschnittskrieg davor oder danach. Sogar in Hinblick auf »Härte« (Gesamtzahl der Toten im Kampf) rangiert der Krieg des 18. Jahrhunderts in der Regel vor dem Durchschnittskrieg des 20. Jahrhunderts. Ganz zu schweigen von den Kriegen aller anderen Jahrhunderte. Nur in Hinblick auf seine »Konzentration« (Kriegstote pro Nation/Jahr) lag der durchschnittliche Krieg des 20. Jahrhunderts vorn. Dies spiegelt die Tatsache wider, daß die Großmachtkriege des 20. Jahrhunderts stärker komprimiert waren als jene in der Phase vor 1815, wohingegen die Phasen des Friedens zwischen den Großmächten beträchtlich länger dauerten. Während die Durchschnittslänge eines Krieges von acht Jahren im 18. Jahrhundert auf viereinhalb im zwanzigsten sank, stieg die Zahl der Schlachten in jedem Kriegsjahr steil an.[23]

Beinahe ebenso bemerkenswert ist die relative Friedlichkeit des Jahrhunderts zwischen 1816 und 1913 in dieser Langzeitperspektive. Zwar schätzt Luard, daß es zu jener Zeit etwa hundert Kolonialkriege gab, in ihrer Mehrheit zwischen Großbritannien, Frankreich oder Rußland und einigen Randvölkern, doch war das Ausmaß dieser Kriege wegen der technischen Überlegenheit der Großmächte eher klein. Ebenfalls an Umfang relativ unbedeutend waren die zahlreichen nationalen Unabhängigkeitskriege.[24] Gleichzeitig hielten die Großmächte damals die Kriege untereinander auf einem historischen Tiefstand.[25] Abgesehen vom Krimkrieg, dauerten die Großmachtzusammenstöße der Zeit zwischen 1854 und 1871 selten länger als ein paar Wochen. Im späten 20. Jahrhundert gab es eine Rückkehr zu diesem Muster: Der Krieg gegen den Irak dauerte 85 Tage; der Krieg gegen Serbien um das Kosovo bloß 78. Wenn es im Laufe der letzten zwei oder drei Jahrhunderte eine erkennbare Tendenz gegeben hat, dann die zu einer wachsenden Konzentration oder Intensivierung des Krieges.

Krieger

Der dramatische Unterschied zwischen den Weltkriegen und dem Rest der modernen Geschichte wird deutlich, wenn wir uns dem Ausmaß der militärischen Mobilisierung zuwenden, also dem Anteil der Bevölkerung, der in den Streitkräften eingesetzt wurde. In absoluten Zahlen erreichten die Armeen im 20. Jahrhundert historisch beispiellose Dimensionen. Wohl die größte Armee der Geschichte war die sowjetische im Jahre 1945, sie umfaßte etwa 12,5 Millionen Menschen. Im Vergleich dazu zählten die Heere, die den Hundertjährigen Krieg ausfochten, selten mehr als 12.000 Kämpfer. Selbst heute, nach 15 Jahren des Truppenabbaus, beschäftigen die amerikanischen Streitkräfte immer noch 1,4 Millionen Menschen.

Aber solche Zahlen sagen uns wenig über den relativen Grad der Mobilisierung. Im 18. Jahrhundert betrug der höchste Prozentsatz der britischen Bevölkerung, der unter Waffen stand, im Jahre 1780 2,8 vom Hundert. Damals befand sich Großbritannien nicht nur im Krieg mit seinen amerikanischen Kolonien, sondern auch mit Frankreich, Spanien und den Niederlanden. Doch in friedlicheren Jahren fiel die Zahl der Mobilisierten auf ein Prozent. In Frankreich sank der Anteil der Männer in den Streitkräften im 18. Jahrhundert von 1,8 Prozent im Jahre 1710 auf 0,8 Prozent 1790. Österreich hielt während jenes Jahrhunderts ständig zwischen ein und zwei Prozent seiner Bevölkerung unter Waffen; aber das war ein weit niedrigerer Satz als in Preußen, wo 1760 nicht weniger als 4,1 Prozent der Bevölkerung der Armee angehörte. Für alle Länder bedeutete Napoleons »Revolution der Kriegführung« ein Wachsen des Anteils der Bevölkerung, der mobilisiert werden mußte. 1810 hatte Großbritannien mehr als fünf Prozent seiner Bevölkerung unter Waffen, Preußen 3,9, Frankreich 3,7 und Österreich 2,4 Prozent.[26]

Im Vergleich dazu erlebte das 19. Jahrhundert relativ niedrige Mobilisierungsraten. Mit Ausnahme Rußlands zur Zeit des Krimkriegs, der Vereinigten Staaten während des Bürgerkriegs sowie Frankreichs und Preußens im Krieg von 1870/71 mobilisierte keine der Großmächte zwischen 1816 und 1913 jemals mehr als zwei Prozent ihrer Bevölkerung. Abgesehen von den Jahren 1855/56, 1858 bis 1863 und 1900 bis 1902 blieb die Zahl in Großbritannien bis 1912 unter ein Prozent; den niedrigsten Stand erreichte sie im Jahre 1835 mit 0,5 Prozent. Im Durchschnitt verfügten Österreich und Italien-Piemont zwischen 1816 und 1913 über Streitkräfte, die weniger als ein Prozent der Bevölkerung umfaßten; für Preußen, Rußland und Frankreich lagen die durchschnittlichen Anteile jeweils unter 1,3 Prozent. Während des gesamten 19. Jahrhunderts gehörten nur 0,2 Prozent der Bevölkerung der Vereinigten Staaten den Streitkräften an. Selbst 1913 standen, obwohl man sich damals in der Sicht der Zeitgenossen wie der Historiker in einem Rüstungswettlauf befand, nur in Großbritannien, Frankreich und Deutschland mehr als ein Prozent ihrer Bevölkerung unter Waffen.

Der Erste Weltkrieg brachte die höchsten Mobilisierungsraten der Geschichte. Auf dem Höhepunkt der Auseinandersetzungen gehörten in Frankreich und Deutschland mehr als 13 Prozent der Bevölkerung den

Streitkräften an, in Großbritannien mehr als neun und in Italien mehr als acht Prozent, in Ungarn waren es etwas über sieben und in Rußland noch weniger. Nach dem Krieg gab es in allen wichtigen Mächten gleichsam eine Gegenbewegung. Im Durchschnitt mobilisierte jetzt nur Frankreich mehr als ein Prozent seiner Bevölkerung. In Großbritannien erreichte die Zahl mit 0,7 Prozent Mitte der dreißiger Jahre den niedrigsten Punkt; während sie in der Sowjetunion 1932 weniger als ein drittel Prozent betrug. Auch die Vereinigten Staaten kehrten zu dem niedrigen Niveau an militärischer Bereitschaft zurück, wie es im 19. Jahrhundert bestanden hatte. Selbst das nationalsozialistische Deutschland brauchte Zeit, um den Anteil der Bevölkerung in Heer, Marine und Luftwaffe nach der erzwungenen Verkleinerung aufgrund des Versailler Friedensvertrags von 1919 wieder zu steigern. Erst 1938 lag die Stärke der deutschen Streitkräfte wieder bei mehr als einem Prozent der Bevölkerung. Italiens Abenteuer in Abessinien trieb den Anteil der Streitmacht 1935 auf über drei Prozent hoch. Aber am Vorabend des Zweiten Weltkriegs war die Zahl erneut auf etwas mehr als ein Prozent gesunken.

Überraschenderweise mobilisierte zwischen 1939 und 1945 kein Land einen größeren Prozentsatz seiner Bevölkerung für die Streitkräfte als Frankreich 1940 mit beinahe 12 Prozent. Die höchste Zahl für Deutschland lag 1941 bei 8,3 Prozent, weniger als Großbritannien 1945 mit 10,4 Prozent. Es ist bemerkenswert, daß der sowjetische Anteil in jenem Jahr mit 7,4 Prozent niedriger als der amerikanische mit 8,6 Prozent lag. Im Ersten Weltkrieg hatte Deutschland, sicherlich auf Kosten der Industrie, zu viele Männer eingezogen. Im Zweiten Weltkrieg gab es eine ausgeglichenere Verteilung des Arbeitskräftepotentials.

Im Vergleich zu den Nachkriegszeiten nach 1815 und 1918 kam es nach 1945 nicht zu einer so schnellen und weitreichenden Demobilisierung wie zuvor. Im sowjetischen Fall stieg die Zahl der Angehörigen der Streitkräfte erneut sprunghaft von 1,5 Prozent der Bevölkerung 1946 auf 3,1 Prozent 1952; währenddessen wuchs der Anteil der Militärangehörigen in den Vereinigten Staaten von 0,9 Prozent 1948 auf einen Nachkriegshöhepunkt von 2,2 Prozent 1952. Auch Großbritannien erlebte im Zusammenhang mit dem Koreakrieg einen leichten Anstieg; während die französische Zahl im Jahre 1960 im Zusammenhang mit Konflikten um die Entkolonisierung einen Gipfelpunkt von 2,2 Prozent erreichte.

Dennoch sank in der Zeit des Kalten Kriegs in vielen wichtigen Ländern insgesamt der Anteil des Militärs an der Bevölkerung. Die Durchschnittsrate der Mobilisierung lag in Deutschland, Italien und Öster-

reich von 1947 bis 1985 niedriger als zwischen 1816 und 1913. Selbst
für die UdSSR lag die Zahl unter zwei Prozent. Das Zerbrechen des
Warschauer Pakts und der Zusammenbruch der Sowjetunion können
dazu geführt haben, daß der Anteil des Militärs an der Bevölkerung auf
den Stand der Zwischenkriegszeit und in einigen Fällen noch tiefer fiel.
Im Jahre 1997 dienten gerade einmal 0,37 Prozent der britischen
Bevölkerung in den Streitkräften. Das war die niedrigste Zahl seit 1816.
Die gegenwärtige Quote in Frankreich ist mit 0,65 Prozent die niedrigste seit 1821.

Die Rate der Angehörigen der Streitkräfte war also oberhalb einer relativ stabilen und langfristig vielleicht sogar sinkenden Grundlinie gelegentlich starken Schwankungen ausgesetzt. Die wichtigsten Kriege der
Neuzeit und insbesondere die Weltkriege haben große, aber nicht anhaltende Steigerungen des Anteils der Soldaten an der Bevölkerung mit
sich gebracht. Zum Teil ist es wohl auf diesen diskontinuierlichen,
nicht zyklischen Charakter der Entwicklung zurückzuführen, daß die
Kriegführung einen so entscheidenden Einfluß auf die Herausbildung
der finanziellen und politischen Institutionen ausgeübt hat.

Treffer pro Dollar

Das plötzliche Anwachsen des Anteils der Männer unter Waffen ist
jedoch nicht die Hauptursache des Drucks auf die Militärbudgets. Wichtiger sind militärtechnische Veränderungen. Seit der durch das Schwarz-
pulver ausgelösten Revolution im 14. Jahrhundert hat die Artillerie
immer wieder ihre Reichweite, ihre Genauigkeit und ihre Zerstörungskraft erhöht. Das Aufkommen der fahrbaren, gußeisernen Kanone machte parallele Entwicklungen im Befestigungswesen notwendig.[27] Tatsächlich war es teilweise auf die wachsenden Kosten der Befestigungen
zurückzuführen, daß die Finanzen der Mächte des europäischen Kontinents im 16. Jahrhundert unter Druck gerieten.[28] Desgleichen erhöhten die Standardisierung und Verbesserung der Handfeuerwaffen im frühen 18. Jahrhundert die Feuerkraft und die Kosten für die Ausrüstung
des einzelnen Infanteristen.[29] Im 18. Jahrhundert kam es auch zu einer
weiteren Verbesserung bei der Artillerie, insbesondere durch das ge-
bohrte Geschützrohr, das in Frankreich durch den Schweizer Ingenieur
Jean Maritz eingeführt wurde. Es setzte bis zum Aufkommen der Hin-
terladerkanone in den 1850er Jahren den Maßstab.[30] In Großbritannien gab es eine parallele Entwicklung in der Marinetechnologie: Schiffs-

rümpfe wurden mit Kupfer verstärkt, es wurden kurzläufige großkalibrige Karronaden [= glatte Haubitzen] und Steuerräder für Schiffe eingesetzt.[31] Dann beschleunigte sich im Lauf des 19. Jahrhunderts das Tempo des technischen Fortschritts. Auf See kam es zur Anwendung der Dampfkraft, es setzten sich Henri Paxihans' großkalibrige Granatfeuerkanone und die eiserne Panzerung durch, es folgten der Torpedo, das Unterseeboot und die Schiffskanonen von Nordenfeldt und Vavasseur, der Rohrkessel und die Turbine; dann tauchten die neuen Gewehre von Minié, Dreyse und Samuel Colt und die verbesserten Hinterladergeschütze von Alfred Krupp, Armstrong und Whitworth auf, ganz zu schweigen von Messingkartuschen 1867, Stahlartillerie 1883, der Maximkanone 1884, Magazingewehren 1888 und der 75-mm Schnellfeuerkanone von Schneider-Creusot 1893.[32] Im Hexenkessel des Ersten Weltkriegs gelangten neue Zerstörungsmittel zum Einsatz, wie man sie sich vor 1914 kaum hatte vorstellen können. Dazu zählten der Panzer, das Bombenflugzeug, das Jagdflugzeug, aber auch die Handgranate, der Granatwerfer und das Giftgas. Trotz allen Geredes über Kriegsmüdigkeit kam der Innovationsprozeß in den zwanziger und dreißiger Jahren nicht zum Stillstand. Dazu vergleiche man nur die Flugzeuge und Panzer von 1938 mit jenen von 1918. Doch das Tempo des Wandels erhöhte sich während des Zweiten Weltkriegs dramatisch. Die wichtigsten kriegführenden Staaten vergrößerten Tempo, Reichweite, Genauigkeit und Panzerung fast aller Militärgeräte. Die britische Spitfire beispielsweise wurde zwischen 1938 und 1945 beinahe tausendmal modifiziert, was ihre Höchstgeschwindigkeit um 160 Stundenkilometer erhöhte.[33] Fortschritte in der Funktechnik lösten eine Revolution des militärischen Fernmeldewesens aus, die durch drahtlose Kommunikation und Radarsuchgeräte geprägt war. In den letzten beiden Kriegsjahren gelangte eine Vielzahl von Erfindungen zum Einsatz: Düsenmotoren, Amphibienfahrzeuge, gelenkte Flugkörper, Raketen und Atombomben.[34] Das technologische Wettrennen ging im Kalten Krieg weiter, als Atombomben von Wasserstoff- und Neutronenbomben abgelöst wurden. Daneben entwickelte sich der Rüstungswettlauf im Weltraum.[35]

Die Ausgaben für militärische »Hardware« haben sich langfristig absolut gesteigert. 1982 konnte eine Kritikerin des Rüstungswettlaufs klagen: »Bomber kosten heute 200mal, Jäger mehr als 100mal, Flugzeugträger 20mal und Kampfpanzer 15mal so viel wie im Zweiten Weltkrieg.«[36] Paul Kennedy ging an diesem Punkt vier Jahre später noch weiter:

»Staatsmänner aus König Eduards Zeiten, die darüber entsetzt waren, daß 1914 ein Schlachtschiff 2,5 Millionen Pfund kostete, wären erschüttert, wenn sie erführen, daß heute der Ersatz einer Fregatte die britische Admiralität 120 Millionen Pfund und mehr kostet! Amerikanische Parlamentarier [...] zucken heute verständlicherweise bei der Schätzung des Pentagons, daß nur 100 der neuen B-1-Bomber über 200 Milliarden Dollar kosten werden, zusammen. [...] Die verschiedenen Vorschläge für eine ›Militärreform‹ in den Vereinigten Staaten können vielleicht noch dafür sorgen, daß die Prognose einiger Zyniker nicht eintrifft, im Jahre 2020 werde das gesamte Budget des Pentagon von einem Flugzeug verschlungen werden.«[37]

Nach Kennedy ist Großbritannien »besonders verwundbar durch die Tatsache, daß die Waffenpreise sechs bis zehn Prozent schneller steigen als die Inflation und daß jedes neue Waffensystem drei- bis fünfmal so teuer ist wie das, welches es ersetzt«.[38] »Obwohl sich der amerikanische Verteidigungsetat seit den späten siebziger Jahren fast verdreifacht hat«, kam es nur zu einem »fünfprozentigen Anstieg der aktiven Truppe.«[39] Kennedy hielt Warnungen vor einer bevorstehenden Militarisierung der Weltwirtschaft für durchaus angebracht.[40]

Selbst unter Berücksichtigung der Inflation und im Verhältnis zur Größe der Streitkräfte sind die militärischen Ausgaben tendenziell gestiegen. 1850 gab Großbritannien in Preisen von 1998 etwas weniger als £ 2.700 pro Angehörigem seiner Streitkräfte aus; im Jahre 1900 hatte sich die Summe auf £ 12.900 erhöht und 1950 betrug sie £ 22.000. 1998 lag sie fast bei £ 105.500. Die USA gaben im Jahre 1900, wiederum in Preisen von 1998, $ 30.000 pro Soldaten aus; 1950 waren es $ 71.900 und 1998 schließlich $ 192.500.[41] Diese Kostensteigerung ist überwiegend auf wachsende Quantität und Qualität der militärischen »Hardware« zurückzuführen, nicht aber auf Verbesserungen der Bezahlung und der Lebensumstände der Soldaten. Man kann durchaus behaupten, daß das Wachstum im Verhältnis zwischen Kapital und Militärpersonal im Laufe des 20. Jahrhunderts exponentiell war.

Beim Kauf einer neuen Waffe spielt nicht nur der Preis eine Rolle; es geht auch um ihre Fähigkeit, mehr Tod zu verbreiten als die Waffe, die sie ersetzen soll.

Der Tribut an Toten im Spanischen Erbfolgekrieg von 1701 bis 1713 betrug 1,2 Millionen Menschenleben. Ein Jahrhundert später kamen durch die Napoleonischen Kriege 1,9 Millionen Menschen zu Tode. Und ein weiteres Jahrhundert danach kostete der Erste Weltkrieg das Leben von mehr als neun Millionen Soldaten. Möglicherweise gingen acht Millionen Menschen im Mahlstrom des russischen Bürgerkriegs von 1918 bis 1921 unter. Die meisten von ihnen waren Opfer von Hunger und Seuchen, die durch den Krieg ausgelöst wurden. Selbst diese Zahl verblaßt zur Belanglosigkeit neben der Gesamtzahl der Toten des Zweiten Weltkriegs. Was das militärische Personal anging, so betrug der Gesamtverlust an Menschenleben etwa das Doppelte des Ersten Weltkriegs. Aber diese Zahl berücksichtigt die zivilen Opfer nicht. Nach den glaubwürdigsten Einschätzungen betrug die Summe der zivilen Opfer des Zweiten Weltkriegs 37,8 Millionen, so daß die Gesamtzahl an Toten bei nahezu 57 Millionen Menschen lag.[42] Die Mehrheit der Todesfälle war also im Zweiten Weltkrieg darauf zurückzuführen, daß alle Kriegsparteien zu Lande, zur See und aus der Luft bewußt auf das Leben von Zivilisten abzielten. Einschließlich aller kleineren Kolonialkriege wie dem Burenkrieg und aller Bürgerkriege, wie jenem, der nach der Unabhängigkeit in Indien wütete, beträgt die Summe der Kriegstoten zwischen 1900 und 1950 nahezu achtzig Millionen.

Die wachsende Zerstörungskraft des Krieges wird noch auffallender, wenn man die relativ kurze Dauer der Weltkriege berücksichtigt. Obwohl der Dreißigjährige Krieg fünfmal so lange währte, verursachte er im Vergleich zum Zweiten Weltkrieg nur ein Neuntel an Todesfällen auf dem Schlachtfeld, und der Anteil der zivilen Todesopfer war noch geringer. Der Erste Weltkrieg hatte in viereinhalb Jahren fünfmal mehr Tote zur Folge als alle Napoleonischen Kriege in einem Zeitraum von zwölf Jahren. Anders ausgedrückt, stieg die ungefähre jährliche Todesrate von 69.000 im Dreißigjährigen Krieg auf 104.000 im Spanischen Erbfolgekrieg, auf 124.000 im Siebenjährigen Krieg und auf 155.000 in den Napoleonischen Kriegen, und sie betrug in den beiden Weltkriegen 2,2 bzw. 3,2 Millionen – oder 9,5 Millionen, wenn man die zivilen Toten im Zweiten Weltkrieg berücksichtigt. Kurzum, zwischen dem 17. und dem 20. Jahrhundert vervielfachte sich die Tötungsleistung etwa um den Faktor achthundert. Von der Ära Napoleon Bonapartes bis zur Epoche Adolf Hitlers, also innerhalb von nur 120 Jahren, gab es eine mehr als dreihundertfache Steigerung.

Selbst wenn man das beschleunigte Wachstum der Weltbevölkerung berücksichtigt, waren die Weltkriege doch die zerstörerischsten Konflikte der Geschichte. Im Zweiten Weltkrieg wurden etwa 2,4 Prozent der gesamten Weltbevölkerung getötet, im Ersten Weltkrieg waren es 0,5 Prozent. Die Vergleichszahlen betragen 0,4 Prozent für den Dreißigjährigen Krieg und 0,2 Prozent für die Napoleonischen Kriege und den Spanischen Erbfolgekrieg. Der Gesamtverlust an Toten im Ersten Weltkrieg lag in allen vierzehn am Kampf beteiligten Staaten bei etwa einem Prozent der Vorkriegsbevölkerung, bei vier Prozent aller Männer zwischen 15 und 49 Jahren und bei 13 Prozent aller Mobilisierten. Für die Türkei betrugen die Zahlen vier Prozent der Bevölkerung, 15 Prozent der Männer zwischen 15 und 49 und fast 27 Prozent der Mobilisierten. Noch schlimmer war Serbien betroffen, es verlor sechs Prozent seiner Bevölkerung, fast ein Viertel der Männer im kampffähigen Alter und über ein Drittel aller Mobilisierten.[43] Im Zweiten Weltkrieg kamen etwa drei Prozent der gesamten Vorkriegsbevölkerung aller am Kampf beteiligten Länder ums Leben. In Deutschland, Österreich und Ungarn waren es etwa acht Prozent, in Jugoslawien und der Sowjetunion elf Prozent und in Polen, das am schlimmsten vom Krieg betroffene Land, nahezu 19 Prozent, also fast ein Fünftel der Vorkriegsbevölkerung. Die Heere einiger Länder wurden fast vollständig ausgelöscht. Der Anteil der Toten an der Gesamtzahl der mobilisierten Soldaten lag in den Fällen Polen und Rumänien bei etwa 85 Prozent. In Jugoslawien fielen 45 Prozent der Mobilisierten. Für die Sowjetunion und Deutschland, die über vier Jahre lang gegeneinander kämpften, betrugen die jeweiligen Zahlen 25 und 29 Prozent. Auf dem pazifisch-asiatischen Kriegsschauplatz starben jeweils etwa ein Viertel der japanischen und der chinesischen Soldaten.

Warum nahmen dann aber die Verluste, die die westlichen Streitkräfte in den Kriegen nach 1945 erlitten, tendenziell ab? Die Anzahl der US-Soldaten, die im Vietnamkrieg starben, betrug »nur« 57.939, die Zahl ihrer gefallenen Kameraden in Korea belief sich auf 37.904. Seitdem sind die Verluste an Menschenleben weiter zurückgegangen. Im Golfkrieg starben 148 Amerikaner, dabei sind die Opfer von Unfällen und »freundlichem Feuer« nicht berücksichtigt. Das ist ein winziger Prozentsatz einer Gesamtstreitmacht von 665.000 Mann. Im Krieg gegen Serbien im Jahre 1999 betrug die Verlustzahl tatsächlich Null. Man vergleiche diese Zahlen mit den Gefallenenzahlen der beiden Weltkriege von 114.000 amerikanischen Soldaten im Ersten und 292.100 im Zweiten Weltkrieg. Die Abnahme militärischer Verluste ist im britischen Fall sogar noch deutlicher. Im Ersten Weltkrieg verloren 720.000 Briten ihr Leben, im Zweiten Weltkrieg waren es über 270.000. Im Koreakrieg jedoch fielen nicht mehr als 537 britische Soldaten. Gerade einmal 24 Soldaten des Vereinigten Königreichs fielen im Golfkrieg, wobei jene neun nicht berücksichtigt sind, die von eigenen Leuten versehentlich getötet wurden.

Die Gründe für diese Entwicklung liegen im Wesen der Kriege seit

1945. Sie sind in allen Fällen gegen weniger gut gerüstete Gegner geführt worden. Die genannten Todesraten bedeuten jedoch kein Abnehmen der Zerstörungskraft der modernen Bewaffnung. Der Gesamtverlust an Kriegstoten für die Jahre von 1945 bis 1999 liegt einer Schätzung zufolge zwischen fünfzehn und zwanzig Millionen. Die Welt ist also nicht sehr viel friedlicher geworden. Es ist lediglich so, daß die überwältigende Zahl der Opfer von Kriegen aus Asiaten und Afrikanern bestanden hat.

Auch nach Ende des Kalten Kriegs ist das Potential für militärische Katastrophen immer noch ungeheuer. Im Januar 1992 verfügten die stationierten strategischen Nuklearstreitkräfte der beiden Supermächte insgesamt über eine »Schlagkraft« von 5.229 Megatonnen; und dies nach einer 22prozentigen Reduzierung der Gesamtzahl der nuklearen Sprengkörper seit dem Höhepunkt 1987. Bei diesen Zahlen bleiben nichtstrategische nukleare Sprengkörper unberücksichtigt. Wenn man zugrunde legt, daß die Bombe von zwölf bis fünfzehn Kilotonnen, die 1945 über Hiroshima abgeworfen wurde, auf der Stelle hunderttausend Menschen tötete, und daß weitere hunderttausend Menschen in der Folgezeit durch Strahlungsschäden zugrunde gingen, dann verfügten die Supermächte im Jahre 1992 über die fantastische Fähigkeit, allein mit ihren strategischen Streitkräften 387.302 Städte von der Größe Hiroshimas oder 77,5 Milliarden Menschen zu vernichten. Anders ausgedrückt: Wenn man annimmt, daß die Hiroshima-Bombe etwa dreißig Quadratkilometer total zerstörte, so besaßen die Supermächte nun die Fähigkeit, 4,7 Millionen Quadratkilometer vollkommen zu verheeren, eine Fläche also, die größer als das gesamte Staatsgebiet Indiens ist. Geht man davon aus, daß die Weltbevölkerung 1992 ungefähr fünf Milliarden Menschen betrug, dann sicherten die Nuklearwaffen den Supermächten das ungeheuerliche Potential, die Menschheit fünfzehnfach zu vernichten.[44] Jede Einschätzung der Veränderung der Militärausgaben muß das atemberaubende Anwachsen der Zerstörungskraft der Waffen in Betracht ziehen.

Des weiteren ist die Tatsache zu berücksichtigen, daß Techniken der Massenproduktion dazu geführt haben, die Stückkosten neuer »Hardware« herabzusetzen. Wegen des relativen Mangels an Wettbewerb auf dem Waffenmarkt hat sich die Verteidigungsindustrie den Ruf erworben, eine zügellose Preispolitik zu betreiben. Dies traf gewiß für die Rüstungsproduzenten in den Vereinigten Staaten und Großbritannien während der achtziger Jahre zu. Aber langfristig und unter Berücksichtigung aller Arten von Waffen scheint es nicht so zu sein, daß der Preis von Waffen stärker als der Preis von Konsumgütern steigt. Der Zweite Weltkrieg zeigte, wie neue Techniken der Massenproduktion die Stückkosten von Kanonen, Panzern, Flugzeugen und sogar Kriegsschiffen dramatisch senken konnten. Hohe Preise für neue Flugzeuge und Unterseeboote in der Schlußphase des Kalten Krieges spiegelten nur wider, welch geringe Mengen bestellt wurden; wo es jedoch weiterhin starke Nachfrage nach Rüstungsprodukten gab, scheinen die Preise keine überdurchschnittlichen Inflationstendenzen aufzuweisen.

Darüber hinaus hat die sowjetische Praxis, für kriegswichtige Güter systematisch zu niedrige Preise festzusetzen, eine Tradition billiger Waffenproduktion hinterlassen. Die Hauptnutznießer waren und bleiben Guerillaarmeen in Afrika südlich der Sahara, Terrorgruppen in Westeuropa und Drogenbanden in beiden Teilen Amerikas. Gegenwärtig kann man in den Vereinigten Staaten ein gebrauchtes AK-47-Sturmgewehr für $ 700 kaufen; ein neues kostet $ 1.395. Das entspricht exakt dem Preis des tragbaren Computers, auf dem dieses Buch geschrieben wurde. Und selbstredend sind die Preise für solche Waffen in den Entwicklungsländern beträchtlich niedriger. Ebenso liegen die realen Kosten für einen nuklearen Sprengkopf, und erst recht die realen Kosten einer Kilotonne nuklearer Zerstörungskraft, heute niedriger als 1945, da das Manhattan-Projekt sein Ziel nicht unter zwei Milliarden US-Dollar erreichte. Umgerechnet in Preise von 1993 verzehnfacht sich dieser Betrag. Er reicht aus, um vierhundert Raketen vom Typ Trident II zu kaufen.[45] Die Tatsache, daß Frankreich sein Nukleararsenal von 222 Sprengköpfen 1985 auf 436 in 1991 beinahe verdoppeln konnte, während es sein Verteidigungsbudget real um weniger als sieben Prozent steigerte, spricht für sich selbst.[46] Wenn man also in »Treffer per Dollar« rechnet, in Zerstörungskapazität im Verhältnis zu den Kosten, dann ist die hochentwickelte Militärtechnik nie billiger gewesen.

Die Überwindung der Entfernung

Einen letzten Faktor, der bei der Einschätzung militärischer Kosten zu berücksichtigen ist, stellt die geographische Ausdehnung der militärischen Verpflichtungen eines Staates im Verhältnis zur Mobilität seiner Streitkräfte und unter Berücksichtigung ihrer Versorgung dar. In seiner klassischen Untersuchung über die militärische Logistik hat Martin van Crefeld gezeigt, daß es zwischen dem 18. und dem frühen 20. Jahrhundert keinen wirklichen Durchbruch bei der Versorgung von Armeen

gab. Von der Schlacht bei Mons 1692 bis zu der Schlacht bei Mons 1914
konnten »Armeen nur solange ernährt werden, wie sie sich bewegten«:
Sie mußten sich aus dem Lande versorgen, indem sie lokale Produkte
kauften oder häufiger noch stahlen. In dieser Hinsicht hatten die
Eisenbahnen auf die Kriegführung des 19. Jahrhunderts eine weit geringere Auswirkung als viele Zeitgenossen, nicht zuletzt im preußischen
Generalstab, glaubten. Doch nach 1914 »übertrafen Fabrikerzeugnisse
[...] schließlich jene des Feldes als Hauptgegenstände des Verbrauchs von
Armeen. Dies führte dazu, daß die Kriegführung [...] durch gewaltige
Netzwerke von verwickelten Nabelschnüren gehemmt, gleichsam einge-
froren wurde und sich in eine fürchterliche Metzelei verwandelte«.[47] Die
Reductio ad absurdum dieser Art von statischer, industrialisierter Krieg-
führung bildete die Schlacht von Passchendaele, bei der 120.000 britische
Artilleristen in einem Vorbereitungsbombardement, das 19 Tage dauerte,
4,3 Millionen Granaten oder 107.000 Tonnen Sprengstoff abfeuerten. Die
darauffolgende Infanterieoffensive führte zum Gewinn von etwa 117
Quadratkilometern. Die Kosten pro Quadratkilometer berechnete J.F.C.
Fuller makaber auf 3.175 Tote und Verletzte.[48]

Trotz der Motorisierung der Heere im Zweiten Weltkrieg konnten sogar
die besten Armeen des 20. Jahrhunderts wegen wachsender Schwierigkeiten der Versorgung mit Munition und Ausrüstung die Spitzenge-
schwindigkeit ihrer Transportmittel nicht ausnutzen. 1942 gelangte
Rommel in Nordafrika zu der Erkenntnis, daß Schlachten durch Material und Mobilität entschieden werden.[49]

Auf diese Weise bremsten unvorhergesehene »Reibungsverluste« im
Nachschubwesen letztendlich 1941/42 das Vordringen der Deutschen
in die Sowjetunion und behinderten trotz weit besserer Wetterbedin-
gungen und Infrastrukturen den anglo-amerikanischen Vorstoß nach
Deutschland im August und Anfang September 1944. Zu diesem Zeitpunkt des Krieges verbrauchte eine im Einsatz stehende Division des
Heeres der Vereinigten Staaten täglich etwa 650 Tonnen Versorgungsgüter. Insgesamt befanden sich damals 22 amerikanische Divisionen in
Frankreich. Sie benötigten also täglich 14.300 Tonnen Nachschub. Ein
einzelner Armeelastwagen konnte gerade einmal fünf Tonnen transportieren, und da die Versorgungslinien sich von dreihundert auf sechs-
hundert Kilometer ausdehnten, sanken die Lieferungen an die vorsto-
ßenden Armeen von 19.000 Tonnen pro Tag auf 7.000.[50] Die sich daraus ergebende Verlangsamung hinderte die Amerikaner daran, ihre gewaltige Überlegenheit an Personal, Feuerkraft und Flugzeugen voll auszunutzen.

Die letzte Phase des Krieges offenbarte, wie wichtig es war, sehr vielen Soldaten logistische Aufgaben zuzuweisen, ohne direkt am Kampf teilzunehmen. Dieses Erfordernis haben sowohl die Deutschen als auch die Japaner ständig unterschätzt. Das Verhältnis zwischen Frontsoldaten und Nicht-Kämpfern betrug im deutschen Heer zwei zu eins, doch bei den Amerikanern lag es auf dem europäischen Kriegsschauplatz bei eins zu eins. Im Pazifik war diese Relation bei den Japanern eins zu eins, die Amerikaner aber hatten für jeden Frontkämpfer 18 Leute hinter den Linien im Einsatz.[51] Die hohen militärischen Beteiligungsraten bei den Briten und den Amerikanern in den letzten Kriegsjahren schlossen sehr viele Männer und Frauen ein, die zwar Uniform trugen, aber von den Kriegsschauplätzen weit entfernt tätig waren.

Dennoch haben Fortschritte des Transportwesens zu Wasser und in der Luft sehr stark dazu beigetragen, die Probleme der Versorgung auf dem Landweg zu mildern. So gestattete die Einführung der Dampfkraft es Großbritannien, über bislang unvorstellbare Entfernungen hinweg effektiv Macht auszuüben.[52] Zwischen 1815 und 1865 wuchs das Empire im Jahresdurchschnitt um 260.000 Quadratkilometer, zwischen 1860 und 1909 vergrößerte es sich von 24 auf 33 Millionen Quadratkilometer und damit auf ein Fünftel der Landoberfläche der Erde. Wollte man mit einer relativ kleinen Armee, dünn verteilt über gerade einmal zwanzig wichtige Garnisonen, auch nur eine minimale Kontrolle über ein derart gewaltiges Reich ausüben, dann war das nur mittels des schnellen Anwachsens der britischen Flotte an Zahl, Geschwindigkeit, Reichweite und Feuerkraft der Schiffe möglich. Zwischen 1857 und 1893 verminderte sich die Dauer der Seereise von England nach Kapstadt von 42 auf 19 Tage, während sich die Bruttotonnage der Dampfschiffe ungefähr verdoppelte.[53] Fast ebenso wichtig war die Ausbreitung der Telegraphie, die die Informationsflüsse an die Peripherie und zurück beschleunigte. Innerhalb von zehn Jahren nach Schaffung einer telegraphischen Verbindung zwischen London und Lagos verfünffachte sich die Zahl der Telegramme, die von dort zum Foreign Office geschickt wurden.[54] Das veranlaßte den Historiker J.R. Seeley zu dem verwunderten Ausruf:»Entfernung ist durch Dampfkraft und Elektrizität fast abgeschafft worden.«[55]

Ähnlich hing das Ausmaß der amerikanischen Macht in der zweiten Hälfte des 20. Jahrhunderts von der Fähigkeit der US-Marine und Luftwaffe, Distanzen zu überwinden, ab, von den Interkontinentalraketen zu schweigen. Die USA unterhielten während des Kalten Kriegs im Verhältnis zu ihrer Bevölkerung eine größere stehende Armee als das viktorianische Großbritannien auf dem Höhepunkt seiner Machtstellung; und die britische Armee erlitt niemals eine Demütigung in einem Kolonialkrieg, wie sie die Amerikaner in Vietnam erlebten. In den 1990er Jahren schließlich wurde die US-Armee in der gleichen Weise wie die britische im viktorianischen Zeitalter eingesetzt, nämlich sparsam und gegen viel schwächere Gegner, wobei die Operation »Wüstensturm« wie ein neuzeitliches Omdurman wirkte.[56] Schiffe und Flugzeuge tragen entscheidend dazu bei, daß Amerika sich in Übersee durchsetzt. Zu den überzeugendsten Symbolen des amerikanischen Kriegs gegen Serbien 1999 zählten die Piloten der »Stealth«-Bomber, die imstande waren, von ihren Basen in Knob Noster, Missouri, zu starten, ihre Bombenladungen auf Belgrad abzuwerfen und rechtzeitig heimzukehren, um Pizza zu essen und Baseball zu spielen.[57] Diese Flugzeuge scheinen mit Stückkosten von $ 2,2 Milliarden auf den ersten Blick sehr teuer, aber im Verhältnis zum amerikanischen Bruttosozialprodukt sind sie beträchtlich billiger, als es ein britisches Schlachtschiff mit £ 2,5 Millionen zu seiner Zeit war, und sie erfüllen eine sehr ähnliche Aufgabe.[58] Wenn man weiß, wie schwierig es für Spanien im Zeitalter der hölzernen Galeonen war, die Kontrolle über Südamerika aufrechtzuerhalten, dann kann man zumindest argumentieren, daß hier die Technik wieder einmal die Kosten des Krieges eher herabgesetzt als erhöht hat.

Kriegskosten

Vor diesem Hintergrund können wir nun die sich wandelnden finanziellen Belastungen des Krieges in langfristiger Perspektive betrachten. Bei den meisten Staatshaushalten ist es nicht leicht, zwischen militärischen und zivilen Ausgaben zu unterscheiden. Sollen wir bei der Summe der Militärausgaben strategisch sinnvolle Infrastrukturmaßnahmen etwa für Straßen und Eisenbahnen berücksichtigen? Wie steht es um die Pensionen für Veteranen oder um Rentenzahlungen an Witwen und Waisen gefallener Soldaten? Solche Fragen stellen sich, ob man nun das antike Rom oder das nationalsozialistische Deutschland betrachtet, und über die korrekte Definition gibt es unterschiedliche Meinungen.

Dennoch ist klar, daß sich der Anteil der Militärausgaben an den Staatsfinanzen von Ort zu Ort und von Zeit zu Zeit enorm verändert. Aus Xenophons Schriften kann man beispielsweise ableiten, daß etwas mehr als ein Drittel der Ausgaben des athenischen Staates zur Zeit des Perikles militärischen Zwecken diente, und dieser Anteil stieg während des Peloponnesischen Krieges sicherlich an.[59] Eine vergleichbare Schätzung für das Römische Reich um das Jahr 14 nach Christus dürfte etwa zwischen 45 und 58 Prozent ergeben.[60] Das frühe Kalifat der Abbasiden gab etwa ein Drittel aller Regierungseinnahmen für das Heer aus.[61]

Berechnungen für die frühe Neuzeit zeigen eine erstaunliche Bandbreite. Der Anteil der Militärausgaben am Staatshaushalt schwankte zwischen wenig mehr als zwei Prozent im Burgund des 15. Jahrhunderts und über neunzig Prozent in Österreich Ende des 17. Jahrhunderts.[62] Der Durchschnitt der zur Verfügung stehenden Zahlen für die europäischen Monarchien ergibt, daß die Militärausgaben von vierzig Prozent der Gesamtausgaben im 15. Jahrhundert auf 27 Prozent im 16. fielen, dann stiegen sie wieder auf 46 Prozent im 17. und 54 Prozent im 18. Jahrhundert. Stadtstaaten neigten dazu, einen geringeren Prozentsatz für ihre Verteidigung auszugeben. Allerdings betrug er in Hamburg im 17. Jahrhundert etwa fünfzig Prozent, aber das lag daran, daß die Stadt sich zur Selbstverteidigung entschieden hatte, während andere Städte in jener Zeit für ihre Sicherheit Beiträge an große Reiche zahlten, die für ihren Schutz sorgten. Eine detaillierte Analyse der Ausgaben einer Auswahl von Staaten, berechnet in Tonnen Silber, zeigt, wie kaum anders zu erwarten, daß die Höhepunkte der Militärausgaben fast stets mit Kriegen zusammenfielen.[63] Im Elisabethanischen England beispielsweise stiegen die Militärkosten von zwanzig Prozent des Budgets zwischen 1560 und 1585 als Ergebnis des 15 Jahre dauernden Konflikts mit Spanien auf 79 Prozent nach 1585.[64] Im 17. Jahrhundert wurden ungefähr neunzig Prozent des Haushalts der Niederländischen Republik aufgewandt, um den achtzig Jahre dauernden Befreiungskrieg gegen Spanien, die Kriege zwischen England und den Niederlanden finanzieren zu können. Die Kriege Österreichs gegen das Osmanische Reich trieben in der gleichen Phase den Anteil der Militärausgaben für das Habsburger Reich auf beinahe hundert Prozent hoch. Er fiel allerdings dann wieder auf 43 Prozent im Jahre 1716 zurück.[65]

Für die Großmächte setzte sich das von häufigen Kriegen und fiskalischem Militarismus geprägte Muster bis ins frühe 19. Jahrhundert fort. Im britischen Fall schwankten die Militärausgaben von 1685 bis 1813 zwischen 55 und neunzig Prozent der gesamten Regierungsausgaben.[66] In Preußen bewegte sich der Anteil von 1760 bis 1800 zwischen 74 und neunzig Prozent. Nach einem Niedergang vor und nach der Revolution erklomm die Quote der Militärkosten in Frankreich im Jahre 1810 einen Gipfel von 75 Prozent. Sogar die Regierung der Vereinigten Staaten gab im Jahre 1810 nahezu die Hälfte ihres Gesamthaushaltes für militärische

Zwecke aus.[67] Die Fähigkeit, derart große Summen auf Anhieb und zu minimalen wirtschaftlichen Kosten aufzubringen, war der Schlüssel zur Verbindung von militärischem Erfolg und innerer Stabilität. Im Laufe des 19. Jahrhunderts nahm die relative Bedeutung der Militärausgaben jedoch ab. Berechnungen für die Jahrzehnte von 1820 bis 1910 zeigen, daß die Militärausgaben im Durchschnitt 54 Prozent der Ausgaben der Vereinigten Staaten, 49 Prozent in Preußen/Deutschland, 34 Prozent in Großbritannien, 33 Prozent in Frankreich und 29 Prozent in Österreich betrugen.[68] Das lag natürlich hauptsächlich daran, daß die Kriege des 19. Jahrhunderts tendenziell kürzer und billiger waren. Doch die sinkenden Prozentsätze für Österreich und Deutschland zwischen 1880 und 1910 – von 82 auf 52 Prozent im deutschen Fall – sollten nicht als Zeichen der Reduzierung der Verteidigungsausgaben mißverstanden werden. In beiden Fällen wurden die Rückgänge hauptsächlich durch wachsende Staatsausgaben für nichtmilitärische Zwecke verursacht; darüber später mehr.[69] Wirft man einen genaueren Blick auf die britischen Zahlen, unter Berücksichtigung der Kolonialausgaben, die offiziell als »zivil« klassifiziert wurden, entsteht der Eindruck eines langfristigen Anstiegs des Budgetanteils für das Militärwesen und für die Aufrechterhaltung des Imperiums ab dem Tiefpunkt im Jahre 1836. Trotz des Gladstoneschen Glaubenssatzes vom »Abbau« fiel der Anteil nach dem Krimkrieg niemals unter dreißig Prozent und zeigte ab 1883 einen nachhaltigen Aufwärtstrend. Zwischen dem Burenkrieg und dem Ersten Weltkrieg lag er beständig über vierzig Prozent.[70]

Im 20. Jahrhundert nahm das militärische Engagement der Regierungen eher zu als ab. Tatsächlich war das Ausmaß der ökonomischen Mobilisierung in den beiden Weltkriegen so groß, daß die Unterscheidung zwischen militärischen und nichtmilitärischen Ausgaben immer fragwürdiger wurde, und das entsprach dem Wesen des Totalen Krieges. Die für den Ersten Weltkrieg vorliegenden Zahlen deuten auf die Rückkehr zu einem Niveau des fiskalischen Militarismus hin, wie es seit der frühen Neuzeit nicht mehr vorgekommen war. 1917, auf dem Höhepunkt des Krieges, betrug der Militäranteil 96 Prozent des Budgets der russischen Regierung. In Großbritannien lag die entsprechende Zahl bei neunzig Prozent; in Deutschland bei 86 Prozent, in Italien waren es 83 und in Frankreich 71 Prozent. Selbst die Vereinigten Staaten erlebten einen bislang unbekannten Anstieg der Militärausgaben, die 1919 mit 62 Prozent ihren Höhepunkt erreichten.[71] In der Zeit zwischen den Kriegen jedoch wurden die Militärausgaben absolut wie relativ drastisch herabgesetzt. Von 1923 bis 1934 entsprach das britische Militärbudget ständig weniger als einem Fünftel der Gesamtausgaben. In Deutschland sank der militärische Anteil am Reichshaushalt in den Jahren 1928 bis 1931 auf weniger als ein Zehntel. Bis Mussolinis Abenteuer in Abessinien begann, gab selbst das faschistische Italien weniger als ein Fünftel des Budgets für die Streitkräfte aus. Es waren die Franzosen, die mit durchschnittlich dreißig Prozent pro Jahr zwischen 1920 und 1935 das höchste Niveau an Militärausgaben in Europa aufwiesen.[72] Allerdings floß von diesem Geld nicht genug in die Anschaffung neuer Flugzeuge und Panzer.[73] So konnten die französischen Streitkräfte 1940 der deutschen Blitzkriegstaktik nicht standhalten.

Das tendenzielle Verschwinden des Unterschieds zwischen militärischen und zivilen Ausgaben macht es fast unmöglich, die gewiß großen Steigerungen quantitativ zu erfassen, die es während des Zweiten Weltkriegs und in der Zeit davor gab. Nach den etwas altertümlichen Regeln zur Erstellung des britischen Staatshaushalts erhöhte sich die Verteidigungs»quote« schnell von ihrem niedrigsten Stand mit 15 Prozent 1932 auf 44 Prozent 1938; auf dem Höhepunkt lag sie 1944 bei über 84 Prozent.[74] Das Dritte Reich »erbte« ein Militärbudget von weniger als zehn Prozent der Reichsausgaben; aber stets blieb kontrovers, wieviel in der Folgezeit für die Wiederaufrüstung ausgegeben wurde. Die Schätzungen für die Jahre 1933 bis 1938 reichen von 34,5 Milliarden Reichsmark –, diese Summe nannte der frühere Reichsbankpräsident Hjalmar Schacht –, bis zu der Berechnung des marxistischen Historikers Jürgen Kuczynski, die sich auf mehr als das Doppelte belief. Um seine Gegner bei Kriegsausbruch einzuschüchtern, behauptete Adolf Hitler persönlich, es seien neunzig Milliarden ausgegeben worden. Die plausibelsten Schätzungen gründen sich auf die Aussagen des früheren Reichsfinanzministers Lutz Graf Schwerin von Krosigk. Dabei sind beispielsweise Investitionen in der Industrie nicht berücksichtigt, die die militärischen Möglichkeiten des Reiches in der Zukunft hätten vergrößern können. Danach betrug die Gesamtsumme der Vorkriegsausgaben 48 bis 49 Milliarden Mark.[75] Das bedeutete einen Anstieg der Militärausgaben von weniger als einem Zehntel auf mehr als die Hälfte des Reichshaushalts. Die Zahlen aus der Kriegszeit sind ebenfalls nicht unproblematisch, aber es ist wahrscheinlich, daß der Anteil sich zwischen 1940 und 1944 auf drei Viertel erhöhte.[76] In Japan begannen die militärischen Ausgaben 1931/32 mit 31 Prozent auf einem höheren Niveau und erreichten 1937/38 bereits siebzig Prozent.[77]

Wegen des Kalten Krieges waren die scharfen Kürzungen der Militärhaushalte, die auf die Niederlage der Achsenmächte folgten, nur von kurzer Dauer. Nachdem sie 1949 auf 21 Prozent des Haushalts gefallen waren, stiegen die britischen Verteidigungsausgaben 1954 auf ein Nachkriegsmaximum von 38 Prozent. Dies war auch für Frankreich das Spitzenjahr. Die schmerzhaften Folgen der Entkolonisierung verminderten sich danach. Das britische Verteidigungsbudget befand sich zum Zeitpunkt der Suezkrise bereits im Niedergang, während das französische nach Dien Bien Phu sehr schnell sank. 1968 betrugen die Verteidigungsausgaben in beiden Ländern nur noch ein Fünftel der Staatsausgaben.[78] In Großbritannien wurde der Abwärtstrend durch die Regierung Margaret Thatcher nur verlangsamt. Der Anteil der Verteidigungsausgaben stieg leicht von zehn Prozent 1975 auf 11,8 Prozent 1986; aber 1990 waren sie wieder bei 10,7 Prozent angelangt.[79] In den Jahren 1997/98 betrugen sie weniger als sieben Prozent aller von der öffentlichen Hand kontrollierten Ausgaben. Damit liegt der Militäranteil niedriger als zu irgendeinem Zeitpunkt in der britischen Geschichte seit den Rosenkriegen.

Keine dieser Zahlen sagt jedoch etwas über die relative *ökonomische* Bedeutung der Militärausgaben aus. Angesichts der tiefgreifenden Veränderungen im Wesen der Staatsausgaben insgesamt, nicht nur auf zentraler, sondern auch auf dezentraler Ebene, kann es sein, daß sie uns eigentlich kaum etwas Bedeutsames mitteilen. Will man etwa deutsche und britische Zahlen nach 1870 vergleichen, muß man die Ausgaben der deutschen Länder jenen der Reichsregierung hinzuzählen; andernfalls müßte das Verteidigungsbudget anteilig an den öffentlichen Gesamtausgaben auf allen Ebenen der Regierungstätigkeit berechnet werden. Tabelle 1 liefert einen genaueren Hinweis auf den bemerkenswerten Niedergang militärischer Ausgaben im Verhältnis zu den öffent-

TABELLE 1: Prozentualer Anteil der
Verteidigungsausgaben an den gesamten
öffentlichen Ausgaben, 1891 bis 1997[80]

	Frankreich	Großbritannien	Deutschland
1891	24,9	26,7	26,3
1900	27,2	48,0	25,2
1913	28,8	29,9	26,6
1925	21,4	12,5	4,4
1935	20,5	12,6	24,8
1953	25,9	28,5	12,5
1962	15,3	16,7	15,9
1971	11,9	11,4	9,7
1997	5,5	6,6	3,3

lichen Ausgaben auf allen Ebenen während der letzten hundert Jahre. In Großbritannien, Frankreich und Deutschland ist der Anteil der Verteidigungskosten an den Gesamtausgaben des öffentlichen Sektors in gleicher Weise von etwa einem Viertel auf knapp ein Fünftel gesunken.

Wichtiger als alle Berechnungen dieser Art sind jene, die die »militärische Belastung« anteilig am gesamten ökonomischen Ertrag zum Ausdruck bringen. Ein klassisches Beispiel: Raymond Goldsmith schätzt die Gesamtausgaben des athenischen Staates auf ungefähr zwanzig Prozent des Sozialprodukts. Notwendigerweise muß er dabei eine sehr grobe Berechnung vornehmen. Dann vergleicht er die Ergebnisse mit den entsprechenden Zahlen für Rom unter Augustus, wo die Staatsquote nicht mehr als fünf Prozent betrug. In relativen ökonomischen Begriffen war daher die militärische Belastung in Griechenland möglicherweise höher als in Rom. Sie betrug in Athen etwa sieben Prozent des Sozialprodukts verglichen mit zwei bis drei Prozent in Rom. Diese Art von Berechnung, die die Militärausgaben zum Bruttosozial- oder Inlandsprodukt in Bezug setzt, ist bis heute nicht ohne technische Schwierigkeiten durchführbar, wenn auch Schätzungen des Sozialprodukts inzwischen recht zuverlässig sind. Dennoch gibt es keine bessere Methode, den relativen Anteil der militärischen Ausgaben zu bewerten, die Vergleiche zwischen Ländern und Zeiten zuläßt.

Das Verhältnis militärischer Ausgaben zum Sozialprodukt schwankt selbstverständlich recht stark im Hinblick darauf, ob ein Staat sich im Krieg befindet oder nicht. Im Fall von Florenz unter den Medici in den 1420er Jahren beispielsweise bewegte sich der Anteil der Militärausgaben am »Sozialprodukt« zwischen drei Prozent in Friedenszeiten und zwanzig Prozent im Krieg.[81] Die britischen Verteidigungsausgaben machten im 18. Jahrhundert zwischen vier und 18 Prozent des Nationaleinkommens aus, je nachdem, ob sich das Land im Krieg befand oder nicht.[82] Das war ein bedeutend größerer Anteil, als der französische Staat in jener Zeit ausgab. Einer Berechnung zufolge betrugen die gesamten britischen Kriegsausgaben der Jahre zwischen 1776 und 1782 in absoluten Zahlen fast das Zweieinhalbfache der entsprechenden französischen Kosten. Diese Unterscheidung berücksichtigt nicht die relative Größe der Ökonomien der konkurrierenden Staaten. Im Verhältnis zum geschätzten Bruttosozialprodukt war der Aufwand für Großbritannien sogar noch höher, als die absoluten Zahlen nahelegen. Er betrug nämlich 75 Prozent im Vergleich zu 15 Prozent in Frankreich.[83] Relativ gesehen, war der Krieg für Großbritannien eine weit größere Belastung als für Frankreich. Das heißt aber zugleich, Großbritannien war in der Lage, in militärischen Krisenzeiten einen größeren Anteil des Sozialprodukts zu mobilisieren. Wie Abbildung 2 zeigt, wurden solche Niveaus im 19. Jahrhundert selten erreicht. Zwischen 1850 und 1914 lag der Anteil des Bruttosozialprodukts, der durch die britischen Streitkräfte verbraucht wurde, im Höchstfall bei elf Prozent; das war im ersten Jahr des Krimkriegs. Selbst während des Burenkriegs stieg die Zahl nicht über sechs Prozent. Keine der europäischen Mächte gab jemals mehr als fünf Prozent ihres gesamtwirtschaftlichen Ertrages für Verteidigung aus. Eine Ausnahme bildet Italien 1866. Gäbe es allerdings Zahlen über das Bruttoinlandsprodukt Preußens vor der deutschen Einigung, so würde der militärische Anteil fast mit Sicherheit in der Zeit von 1866 bis 1871 über fünf Prozent liegen. Der Anteil der durchschnittlichen Verteidigungsausgaben am Nettosozialprodukt betrug zwischen 1870 und 1913 gerade einmal 3,1 Prozent in Großbritannien und Österreich, 3,2 Prozent in Deutschland, 3,3 Prozent in Italien und vier Prozent in Frankreich.

ABBILDUNG 2: **Prozentualer Anteil der Verteidigungsausgaben am Sozialprodukt, 1850 bis 1998 (logarithmische Darstellung)**[84]

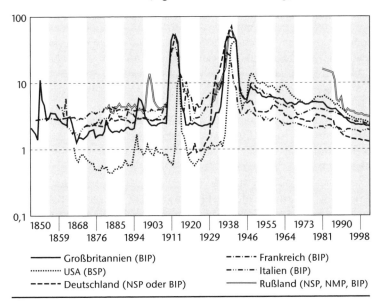

─────── Großbritannien (BIP)   —·—·—· Frankreich (BIP)

·············· USA (BSP)   —··—··— Italien (BIP)

─ ─ ─ ─ Deutschland (NSP oder BIP)   ════ Rußland (NSP, NMP, BIP)

Angesichts der Vielzahl von Erörterungen zum Rüstungswettlauf vor dem Ersten Weltkrieg und ebenso zum Wettlauf um Kolonialbesitz in Übersee liegen diese Zahlen überraschend niedrig. Besonders auffallend ist, daß Deutschland, jener Staat, der wegen seines »Militarismus« in jener Phase berüchtigt ist, in dieser Hinsicht etwas weniger militaristisch war als seine beiden Nachbarn und Rivalen Frankreich und Rußland. [85] Die Vorstellung eines »wildgewordenen Militarismus« als allgemein-europäisches Phänomen scheint eher nachvollziehbar, wenn man diese Zahlen mit jenen für die Vereinigten Staaten vergleicht. Im Durchschnitt gaben die Amerikaner zwischen 1870 und 1913 weniger als ein Prozent ihres Nettosozialprodukts für das Militär aus. Das änderte sich auch durch den Ersten Weltkrieg nicht erheblich. Nur in den Jahren 1918 und 1919 überstiegen die Verteidigungskosten der Vereinigten Staaten fünf Prozent des Bruttosozialprodukts; nach einem Höhepunkt von 13 Prozent 1919 fielen sie sehr schnell auf unter ein Prozent zurück, wo sie während des größten Teils der zwanziger Jahre blieben. Der Unterschied zu den europäischen Mächten ist sehr deutlich. Auf den jeweiligen Höhepunkten im Ersten Weltkrieg gaben Großbritannien und Deutschland mehr als fünfzig Prozent des Bruttoinlandsprodukts für das Militärwesen aus; Italien lag mit 35 Prozent nicht weit zurück.

Zwischen den beiden Weltkriegen gab es einen erfolglosen Versuch Großbritanniens, zur Vorkriegsstruktur der Staatsausgaben zurückzukehren. Keine andere Macht bemühte sich auch nur darum. Seit Mitte der zwanziger Jahre stiegen sowohl in Italien als auch in Frankreich die Militärausgaben stärker als die Wachstumsraten an. Die französische Verteidigungsbelastung übertraf 1930 fünf Prozent des Bruttoinlandsprodukts. In Italien war das 1935 der Fall. In Deutschland wurde das Militärbudget durch den Versailler Vertrag auf amerikanisches Niveau herabgedrückt. Nach Hitlers Machtübernahme gab es eine ungeheure Verlagerung von Mitteln. Der Militäranteil stieg von weniger als zwei Prozent 1933 auf 23 Prozent 1939.

Für die europäischen Mächte waren die relativen Kosten des Zweiten Weltkriegs tatsächlich nicht viel höher als die des Ersten. Der auffallendste Unterschied jedoch bestand darin, daß die Vereinigten Staaten von 1943 an begannen, Ressourcen in einem Ausmaß in die Kriegführung zu lenken, das dem europäischer Staaten vergleichbar war. Und nach diesem »Aufstieg zum Globalismus« hat es sich für die Amerikaner als unmöglich erwiesen, zum früheren Zustand geringer militärischer Einsatzbereitschaft zurückzukehren. Im Gegenteil, seit dem Koreakrieg

haben die Vereinigten Staaten ständig einen größeren Teil des Bruttoinlandsprodukts für Verteidigung ausgegeben als ihre wichtigsten Verbündeten. Das war selbstverständlich Ausdruck des hohen Niveaus an
militärischen Ausgaben, das sich im Kalten Krieg als notwendig erwiesen hatte.

Die größten Schwierigkeiten ergeben sich im Falle Rußlands und der
Sowjetunion: darauf sind die vielen Leerstellen im Kurvenverlauf der
Abbildung 2 zurückzuführen. Das liegt an der Lückenhaftigkeit der Zahlen aus der zaristischen Zeit und, was ernster zu nehmen ist, den Unzu-
länglichkeiten der sowjetischen Zählkonventionen, beispielsweise am
Begriff des »Nettomaterialprodukts«, der Dienstleistungen effektiv aus
der nationalen Gesamtrechnung ausschloß. Hinzu kam die bereits er-
wähnte Politik, die Preise für Waffen niedrig festzusetzen. Vor dem
Ersten Weltkrieg war das zaristische Rußland ganz gewiß ökonomisch
gesehen die militaristischste unter den Großmächten. Das Land gab
zwischen 1885 und 1913 mehr als fünf Prozent des Nettosozialprodukts
für die Verteidigung aus. Allerdings wurde der Durchschnitt durch die
Kosten des Krieges mit Japan 1904/05 in die Höhe getrieben. Zwischen
1915 und 1917 stieg die Belastung durch die Kriegführung möglicherweise etwas stärker als in den anderen am Kampf beteiligten Ländern.
In der sowjetischen Phase wird das Bild dann nebulös. Die Verteidigungsausgaben scheinen zu Zeiten der Neuen Ökonomischen Politik
und der Kollektivierung unter Stalin relativ niedrig gewesen zu sein. Sie
stiegen dann aber nach 1935 sehr schnell und rangierten vor den britischen, aber hinter den deutschen. Auf dem Höhepunkt des Zweiten
Weltkriegs stand die militärische Belastung bei über sechzig Prozent, lag
damit aber immer noch etwas unter der Bürde Deutschlands. Sehr viel
schwieriger ist es, mit Sicherheit zu bestimmen, wieviel von den sowjetischen Erträgen nach 1945 in die Verteidigung floß. Die offiziellen
Zahlen waren ganz gewiß zu niedrig angesetzt. Im Jahre 1975 verdoppelte die CIA auf der Grundlage neuer Preisdaten ihre Schätzung der sowjetischen Militärausgaben von sechs bis acht Prozent des Bruttosozialprodukts auf elf bis 13 Prozent.[86] Zehn Jahre später nannte das International Institute for Strategic Studies einen Anteil von 16 Prozent.[87]
Die entsprechende Zahl für die USA lag bei sechs Prozent. Selbst auf
dem Höhepunkt des Koreakriegs befanden sich dort die Verteidigungsausgaben im Verhältnis zu den Erträgen unter dem sowjetischen Niveau der achtziger Jahre.

Schließlich zeigt Abbildung 2, wie stark die Verteidigungsausgaben
seit Ende des Kalten Krieges gefallen sind. Die jüngsten Einschätzungen

des Friedensforschungsinstituts in Stockholm (SIPRI) gehen für 1999 von einem Ausgabenanteil von vier Prozent des Bruttoinlandsprodukts für Rußland, 3,2 für die USA, 2,8 für Frankreich, 2,6 für das Vereinigte Königreich, zwei für Italien und nur 1,5 Prozent für Deutschland aus.[88] Diese Zahlen erinnern an die zwanziger Jahre, ja sogar an das 19. Jahrhundert. Die Vereinigten Staaten, Rußland, Deutschland und Großbritannien haben seit den zwanziger Jahren nie so wenig wie heute für Verteidigung ausgegeben. Wenn das auch im Falle Deutschlands unter Zwang geschah. In Frankreich und Italien lagen die Verteidigungsausgaben seit den frühen 1870er Jahren niemals wieder so niedrig.

Die »Entmilitarisierung« des Westens

Die Entmilitarisierung des Westens im späten 20. Jahrhundert erscheint im Vergleich zum Zeitalter der beiden Weltkriege bemerkenswert. Der durchschnittliche männliche Bürger im Westen hat heute die Chance, dem Krieg ganz und gar aus dem Wege zu gehen. Und falls es ihm nach Krieg gelüstet, muß er sich mit elektronisch hergestellten Visionen zufriedengeben: mit gelegentlichen Fernsehmeldungen von fernen Orten und noch öfter mit Filmen, die vergangene Kriege nachspielen, oder mit literarischen Werken über zukünftige Kriege. Die Männer in der ersten Hälfte des 20. Jahrhunderts erlebten Gefechte. Ihre Enkel und Urenkel betrachten Schauspiele. In den letzten Jahren simulierten viele Tausende amerikanischer Schauspieler den Tod in quälenden, aber höchst populären Kriegsfilmen wie »Saving Private Ryan«. Nur einige wenige amerikanische Soldaten dagegen starben bei echten militärischen Operationen, und diese Toten fielen weit häufiger Unfällen als Aktionen des Feindes zum Opfer.

Es wäre falsch, die Entmilitarisierung auf jene Ablehnung des Krieges zurückzuführen, die sowohl die Kultur der Elite wie die »Popkultur« während des Vietnamkrieges und in seiner Folge charakterisierte. Entmilitarisierung war in Friedenszeiten die Regel. Es gab in Großbritannien wie in den Vereinigten Staaten eine langfristige Tendenz, den Einsatz in den Streitkräften durch die Ersetzung von Arbeit durch Kapital zu reduzieren.

Historisch gesehen, waren für die Beteiligten die beiden fesselndsten Aspekte des Krieges die Freude an der Kameradschaft und die Erregung durch den Kampf. Aber mit dem Fortschreiten der Militärtechnik im 20. Jahrhundert wurden beide Erfahrungen immer schwächer sinnlich

wahrnehmbar. Der Tiefpunkt der konventionellen Infanteriekriegfüh-
rung wurde im Zweiten Weltkrieg an der Ostfront erreicht. Damals betrug die Todesrate nahezu eins zu drei. Es konnten sich keine dauerhaften Bindungen entwickeln, ebensowenig konnte die Erregung des Kampfes aufkommen. Ein deutscher Offizier hat dies so formuliert:
»Der Mensch wird zum Tier. Er muß vernichten, um zu überleben.
Dieses Schlachtfeld hat nichts Heroisches. [...] Der Kampf nimmt hier
wieder seine urtümlichste, tierähnlichste Form an; wer nicht gut sieht,
zu spät schießt, nicht das Schleichen auf dem Boden vor ihm hört,
wenn der Feind naht, wird niedergemacht...Hier ist die Schlacht keine
unter ›Hurra‹-Rufen vorgetragene Attacke auf blumenbewachsenem
Feld.«[89]
In diesem Krieg benutzten weibliche medizinische Hilfskräfte ihre
Zähne, um zertrümmerte Gliedmaßen zu amputieren.[90] Hungernde
Kriegsgefangene wurden zu Kannibalen. Hier handelte es sich nicht nur
um einen totalen, sondern um einen totalitären Krieg, in dem sich der
Wert des menschlichen Lebens auf dem Schlachtfeld gegen Null bewegte, und wirklich Null betrug er in den Lagern der Sklavenarbeiter, die
auf beiden Seiten ein integrierter Bestandteil der Kriegsanstrengungen
waren.[91]
Der alternative Weg, den die Vereinigten Staaten und Großbritannien
einschlugen, um mit menschlichem Leben sparsam umzugehen, bestand
in der Industrialisierung des Krieges. Man lenkte Ressourcen in Artillerie, Panzer, Kriegsschiffe und vor allem Bomber. In vielfacher Hinsicht
lag der Wendepunkt im Jahr 1940. Damals evakuierten die Briten ihre
Bodentruppen aus Dünkirchen, und sie verließen sich dann auf eine
Streitmacht von gerade einmal 1.400 Jägerpiloten, um die Deutschen
von einer Invasion abzuschrecken und die weitere Teilnahme Großbritanniens am Krieg zu gewährleisten.[92] Doch der Bomber und nicht
der Jäger sollte sich zur entscheidenden Waffengattung bei der neuen
Strategie der beiden angelsächsischen Mächte entwickeln. Der massive
Einsatz der Bomber senkte die Verluste unter den alliierten Soldaten auf
Kosten von Zivilisten der Achsenmächte, ein Prozeß, der in Hiroshima
seinen Höhepunkt fand. Sobald einmal die Vorherrschaft am Himmel
errungen war, konnten die Truppen am Boden mit weit geringeren
Verlusten an Leib und Leben eingesetzt werden.
Die gegenwärtige »militärische Revolution«, die durch die Verbesserung der elektronischen Kommunikationsmittel möglich geworden ist,
bildet daher ein Element eines lange währenden Prozesses. Was sich
langfristig nicht ändert, ist die Tatsache, daß Geld beschafft werden

muß – ob nun für die Massenheere im Zeitalter des Totalen Krieges oder für die »intelligenten Waffen«, für die ein immer größerer Teil der heutigen Militärhaushalte ausgegeben wird. Und sehr oft muß das Geld sehr schnell aufgebracht werden. Die Summen, um die es dabei geht, unterlagen im Verhältnis zum wirtschaftlichen Wachstum wie auch zur Zerstörungskraft der Waffen sehr großen Schwankungen. Aber die fundamentale Notwendigkeit, den Krieg zu finanzieren, war bis in die jüngste Vergangenheit die wichtigste Triebkraft der Staatenbildung; sie zeugte all das, was nun folgt.

ZWEITES KAPITEL

»Verhaßte Steuern«

»In dieser Welt gibt es keinerlei Gewißheit außer
der Tatsache, daß man sterben und Steuern zahlen muß.«

Benjamin Franklin

DAS STREBEN nach Erhöhung der Staatseinnahmen hat die Politik in
verschiedene Richtungen geführt. In einigen Systemen, etwa in feuda-
len Monarchien und sozialistischen Republiken, ging ein beträchtlicher
Teil der Einkünfte des Staates aus Vermögenswerten hervor, die sich in
seinem Eigentum befanden, ob es sich dabei um königliche Domänen-
oder um verstaatlichte Monopolbetriebe handelte. Theoretisch sind
Steuern im hergebrachten Sinne daher nicht ganz unvermeidlich: Der
Staat könnte sich ausschließlich auf seine eigenen Vermögenswerte
stützen, um sich Einnahmen zu verschaffen. Die Profite daraus müßten
allerdings durch eine Art Steuern eingetrieben werden, sei es in Form
zusätzlicher Arbeit von Leibeigenen des Königs oder durch Abgaben
von Staatsindustrien, die aus Überschüssen resultieren. In jedem Fall
hat die Versuchung, öffentliches Vermögen zu verkaufen, um einem
plötzlichen Ansteigen der Staatsausgaben zu begegnen, dazu geführt,
daß die staatlichen Vermögenswerte im Laufe der Zeit dahinschwinden:
Der Verkauf von Kronländern im Mittelalter hat moderne Entsprechun-
gen, wenn Versorgungsunternehmen privatisiert werden, die sich in
öffentlichem Eigentum befinden. Steuern sind daher unbedingt notwendig, wenn man ihnen auch aus dem Wege gehen kann.

Systeme mit begrenzter politischer Repräsentation, die sich auf wohlhabende Eliten beschränkt, neigen dazu, sich sehr stark auf indirekte
Steuern, hauptsächlich auf Importzölle und auf Verbrauchsabgaben für
Konsumgüter zu stützen. Die Besteuerung des Konsums kann innerhalb
bestimmter Grenzen ökonomisch der anderen Möglichkeit, nämlich der
Besteuerung von Vermögen und Einkommen, vorzuziehen sein. Aber
indirekte Steuern reichen auf die Dauer selten aus. Denn erstens pfle-
gen in Krisenzeiten Handel und Konsum und damit auch die daraus

resultierenden Steuereinnahmen zurückzugehen. Zweitens wirkt indirekte Besteuerung gewöhnlich regressiv, und wenn man sich zu sehr auf sie verläßt, kann dies zu politischer Unruhe führen. Früher oder später waren die meisten Staaten daher gezwungen, direkte Steuern, etwa Vermögens- oder Einkommenssteuern, zu erheben. Im 18. Jahrhundert meinte dazu der österreichische Staatskanzler von Kaunitz, ein Herrscher, der hohe Einnahmen erzielen wolle, müsse am Wohlergehen seiner Untertanen interessiert sein, damit sie die Bürde tragen können.[1]

Die Geschichte des Steuerwesens läßt sich am besten als Streben nach einem schwer faßbaren, gerechten Mittelweg verstehen: nach einem System also, das möglichst hohe Staatseinnahmen einzieht und zugleich das Wirtschaftswachstum so wenig wie möglich einschränkt. Es geht hier um die sprichwörtliche Gans, die goldene Eier legt.

Staatsunternehmen

Staatliches Vermögen bildet seit der Antike eine Quelle von Staatseinkünften. Im klassischen Athen gab es die Silberminen von Laureion.[2] Rom erhielt etwa ein Sechstel seiner Einkünfte aus Land in Staatsbesitz.[3]

Die großen europäischen Monarchien begannen ihre Existenz mit großen königlichen Domänen, die eine Zeitlang ihre wichtigsten Einnahmequellen bildeten. Im England des 14. Jahrhunderts hielt das Parlament dem Herrscher als Reaktion auf die königlichen Requisitionen, die als »Beschaffungen« bezeichnet wurden, den Satz entgegen: »Der König soll sich selbst versorgen.« Dies war eine in Europa beinahe allgemein geteilte Auffassung: In Frankreich wurde der König zum »vivre du sien«, in Spanien zum »conformare con lo suyo« aufgefordert. Nur wenige Monarchen waren dazu imstande. Die Versuchung, Vermögenswerte zu verkaufen, um sich schnell Bares zu verschaffen – oder Übertragungen von Land als eine Art Bezahlung in Naturalien für treue Diener zu verwenden –, war allzu mächtig.

Dies galt insbesondere in Frankreich. Um 1460 erwirtschaftete der Besitz des französischen Königs weniger als drei Prozent der gesamten Einkünfte des Herrschers[4]; und während dieser Anteil in den 1520er Jahren bis auf etwa ein Zehntel anstieg, ging er anschließend innerhalb von fünfzig Jahren wieder auf vier Prozent zurück.[5] Im Jahre 1773 brachten die Kronländereien weniger als zwei Prozent der königlichen Gesamteinkünfte ein.[6] Nicht einmal die Konfiszierung von aristokratischen Gütern und von Kirchenland durch die Revolution trug viel dazu bei, das Staatsvermögen wieder aufzufüllen, und der beschlagnahmte Grund und Boden wurde bald verkauft, um flüssige Gelder zu beschaffen: Allein der Verkauf von Kirchenland sorgte während der napoleonischen Zeit für zwölf Prozent des Staatseinkommens.[7] Zeitweilig ging es der englischen Krone etwas besser als der französischen. In den 1470er Jahren schätzte Sir John Fortescue, daß Eduard IV. ein Fünftel des gesamten Ertrages des weltlichen Eigentums in seinem Reich einstrich, doch gegen Ende seiner Herrschaft genügte dies nicht mehr, um die königlichen Ausgaben zu decken.[8] Heinrich VII. war bei der Erhebung von herrscherlichen Einkünften so erfolgreich, daß er sich nur einmal, im Jahre 1504, wegen der Steuererhebung ans Parlament wenden mußte, während sein Sohn der königlichen Bilanz einen kurzen Aufschwung verschaffte, indem er sich klösterliches Land aneignete. Doch das meiste davon wurde schnell verkauft, um die Kriege gegen Frankreich und Schottland zu finanzieren: Während der letzten Jahre der Herrschaft von Eduard VI. waren sieben Achtel dahin.[9] Seine Schwester Elisabeth I. konnte nicht darauf hoffen, aus eigenen Mitteln zu leben. Tatsächlich war der Finanzbedarf der Krone im späten 16. und im 17. Jahrhundert der Hauptgrund für das Wachsen der Macht der Parlamente. Obwohl die erneuerte Monarchie sich wieder beträchtlichen Landbesitz verschaffte, hing sie in Zukunft für die Beschaffung zusätzlicher Mittel vom Parlament ab. Im Jahre 1760 überließ Georg III. die Einkünfte aus den königlichen Gütern dem Parlament; seitdem ist die Monarchie mit Hilfe der Zivilliste und anderen Zuschüssen weitgehend durch Steuern finanziert worden.[10] Weiter im Osten hatte der »Domänenstaat« länger Bestand. 1630 kam die königlich-schwedische Domäne, die Silber-, Eisen- und Kupferminen umfaßte, für 45 Prozent der königlichen Einkünfte auf, die dänische für 37 Prozent. Allerdings war der Anteil in Dänemark bis 1662 auf zehn Prozent gesunken, und Ende des 18. Jahrhunderts war die königlich-schwedische Domäne so gut wie verschwunden.[11] Preußen stellte den wohl langlebigsten Domänenstaat dar, und es zählte zu jenen mit dem stärksten Unternehmergeist. 1740 erbrachten die Domäneneinkünfte etwa 46 Prozent der gesamten Staatseinnahmen. Sie sanken in den folgenden fünfzig Jahren nur wenig. Selbst 1806 lag ihr Anteil immer noch bei dreißig Prozent; und die Entwicklung des staatlichen Eisenbahnwesens und anderer industrieller Anliegen führte im 19. Jahrhundert sogar zu einem Anstieg.[12] Etwa ein Drittel der Staatseinnahmen gingen 1847 aus staatlichen Unternehmen hervor; zehn Jahre später

waren es 45 Prozent; 1867 etwas mehr als die Hälfte.[13] Diese Aufwärtstendenz setzte sich nach der Reichsgründung fort. Der Anteil der Staatseinnahmen durch Unternehmertätigkeit am ordentlichen und außerordentlichen Gesamteinkommen des Reiches stieg von 48 Prozent 1875
auf 77 Prozent 1913. Allerdings übertreiben die Bruttozahlen, wieviel
disponibles Staatseinkommen diese Unternehmen hervorbrachten. Aber
selbst wenn die Betriebskosten der Staatsunternehmen abgezogen werden, war ihre Bedeutung noch erheblich: 1847 und 1857 deckten sie 16
Prozent der ordentlichen und außerordentlichen Ausgaben, 1867 waren
es 25 Prozent. Dennoch nahmen die Nettoeinkünfte des Staates aus
Unternehmertätigkeit nach der Reichsgründung an Bedeutung ständig
ab. Sie sanken von sechs Prozent 1875 auf weniger als zwei Prozent am
Vorabend des Ersten Weltkriegs.[14]

Selbst Großbritannien erzielte im 19. Jahrhundert trotz seines Rufs als
Nachtwächterstaat im Durchschnitt zwanzig Prozent seiner Bruttoeinnahmen durch staatliche Monopole, den Post-, Telefon- und Telegra-
phendienst.[15] Das war weit mehr als in Frankreich, wo der Anteil des
Staatsbesitzes am Gesamteinkommen sank: von mehr als zehn Prozent
1801 bis 1814 auf etwas über drei Prozent unter der Herrschaft der
Häuser Bourbon und Orléans und auf weniger als zwei Prozent von
1848 bis 1914.[16]

Außerdem sind staatliche Monopole für die Produktion und den
Verkauf von Waren errichtet worden. Die Tang-Dynastie führte 758 in
China ein Salzmonopol ein; es erbrachte 780 die Hälfte der Einnahmen
der Zentralregierung. Salzmonopole wurden außerdem in Venedig,
Genua, Siena, Florenz, Frankreich und Österreich geschaffen, oft waren
sie mit einer Steuer verbunden, die gewöhnlich die *gabelle* genannt
wurde. Auch in Rußland wurde ein Salzmonopol eingeführt, allerdings
war das nach 1895 errichtete Wodkamonopol einträglicher: Zu Beginn
des Ersten Weltkriegs erwirtschaftete es fast ein Fünftel des gesamten
Staatseinkommens – eine ganz erstaunliche Zahl.[17] Das französische
Tabakmonopol erzielte auf seinem Höhepunkt im 18. Jahrhundert mehr
als sieben Prozent der Staatseinnahmen.[18] Einer von Bismarcks gescheiterten Plänen, mit denen er sich aus der Abhängigkeit vom Reichstag
befreien wollte, lief 1871 darauf hinaus, in Deutschland ein ähnliches
Tabakmonopol zu schaffen. Ein Staatsmonopol auf den Alkoholverkauf
besteht in vielen Ländern immer noch. Etwa fünf Prozent der Einkünfte
der Einzelstaaten und der Kommunen in den Vereinigten Staaten stammen aus öffentlichen Versorgungsbetrieben und aus Schnapsläden.[19]
Staatliche Lotterien spielen eine ähnliche Rolle: Stets verschafft der

Staat sich hier das Monopol auf die Befriedigung eines bestimmten Lasters. Die Profite, die derlei Monopole erzielen, stellen im Grunde Sondersteuern für Trinker und Spieler dar. Und wie die Laster selbst können auch die dadurch geschaffenen Einkünfte Suchtcharakter annehmen. Einer der größten Mißerfolge Michail Gorbatschows war seine Kampagne gegen den Alkoholmißbrauch in der Sowjetunion: Das positive Ergebnis der Herabsetzung des Wodkaverbrauchs führte zu einem drastischen Sinken der Staatseinnahmen aus dieser Quelle.[20] Staatliche Ausgaben für die Infrastruktur werden manchmal als Entwicklungskosten angesehen. Der Staat springt in strategisch wichtigen Bereichen für unzureichende Investitionen des Privatsektors ein. Staatsunternehmen haben jedoch meist engere, auf Einkünfte abzielende Zwecke verfolgt. In nichtdemokratischen Staaten waren derlei öffentliche Unternehmen tatsächlich imstande, Geld zu verdienen oder zumindest Verluste zu vermeiden. Aber in vielen demokratischen Staaten verwandelte sich der öffentliche Sektor bald in einen Abflußkanal für versteckte Subventionen an die Armen und gleichzeitig in einen Schwamm, der überzählige Arbeitskräfte aufsaugte. Versteckte Arbeitslosigkeit und die damit verbundene Stagnation sowie das tatsächliche Sinken der Produktivität führten im 20. Jahrhundert dazu, daß Staatsunternehmen weit öfter Empfänger staatlicher Zuwendungen als Quelle von Einkünften waren. Eine gute Veranschaulichung hierzu bietet die Art und Weise, wie die Deutsche Reichsbahn aus einer beträchtlichen Einnahmequelle vor dem Ersten Weltkrieg in eine gewaltige Unternehmung zur Schaffung von Arbeitsplätzen in der Weimarer Republik und im Dritten Reich verwandelt wurde.[21]

Die verstaatlichten britischen Industrien liefern ein weiteres trauriges Beispiel. Die Verstaatlichungen begannen bereits vor 1945: Churchill hatte 1908 die Werften an der Themse in öffentliches Eigentum überführt, während die Forestry Commission, der Central Electricity Generating Board, die British Broadcasting Corporation, der London Passenger Transport Board und die British Overseas Airways sämtlich Geschöpfe der Zwischenkriegszeit waren. Zwischen 1945 und 1951 wurde das Staatseigentum auf die Bereiche Kohle, Flugzeugbau, Straßenbau, Eisenbahn, Gas, Elektrizität und Stahl ausgedehnt. Welche Motive auch immer hinter diesen Entscheidungen gestanden haben mochten – und der Wunsch, Verluste an Arbeitsplätzen oder Gehaltskürzungen zu vermeiden, wurde zweifellos ernster genommen als die Förderung der Produktivität oder der Nettoeinkünfte des Staates –, so waren die Verluste, die sich in der Folgezeit ergaben, jedenfalls gewaltig. Im Jahre

1982 wurden die Gesamtkosten durch Kapitalabschreibungen und Subventionen auf vierzig Milliarden £ geschätzt. Die 94 Milliarden £ an öffentlichen Geldern, die in die verstaatlichten Industrien gesteckt wurden,»erbrachten für die Staatskasse einen durchschnittlichen Ertrag von minus ein Prozent«.[22] Im Lichte dieser Tatsachen kann es nicht überraschen, daß die Regierung Thatcher die Privatisierung attraktiv fand. Der Verkauf der Mehrzahl der im Staatsbesitz befindlichen Vermögenswerte brachte etwa hundert Milliarden £ ein. Das waren Einkünfte, die man nicht als laufende Einnahmen hätte betrachten sollen, was man dennoch gewöhnlich tat. Doch gab es kaum eine Berechtigung für die Klage des früheren Premierministers Harold Macmillan, man habe das »Familiensilber« unter Wert verkauft.[23] Die Aktien der privatisierten Unternehmen wurden vom Schatzamt nicht systematisch unterbewertet; und die Produktivitätssteigerungen, die danach in den meisten privatisierten Industrien erzielt wurden, haben jene Politik reichlich gerechtfertigt, der seitdem immer wieder nachgeeifert wurde.[24]

»Steuern auf jeden Artikel«

Die einfachsten Steuern, die man erheben kann, richten sich auf leicht kontrollierbare Transaktionen. Seit der Antike waren teilweise aus diesem Grund Zollabgaben auf Importe Quelle von Staatseinnahmen. Das alte Athen erhob einen Durchschnittszoll von einem Prozent auf alle eingeführten Güter.[25] Rom kannte die *Portoria*, die während der Regierungszeit des Kaisers Augustus etwa ein Viertel aller Staatseinkünfte er-brachte.[26] Im mittelalterlichen England schuf König Johann einen Präzedenzfall, indem er eine allgemeine *ad valorem* Steuer von 16 Pennies pro £ auf eine Reihe von Ein- und Ausfuhren einzog. Obwohl diese Steuer zunächst mit Zustimmung der Kaufmannschaft eingeführt wurde, galt sie bald mehr und mehr als Teil der ordentlichen Einkünfte der Krone (von daher stammt das Wort »Customs« = Gewohnheit).[27]

Doch die Besteuerung des Handels war auch mit Nachteilen verbunden. Wird der Warenverkehr zu sehr durch Abgaben belastet, kann das zur Verringerung seines Umfangs führen und damit die Staatseinnahmen vermindern. Die hohen Abgaben auf englische Wollexporte im 14. Jahrhundert dürften zum langsamen Niedergang dieses Sektors beigetragen haben.[28] Hohe Einfuhrzölle ermutigen andererseits zum Schmuggeln. Selbst ein Inselstaat wie Großbritannien konnte unmöglich ver-

meiden, daß sich viele im 18. Jahrhundert diesen Zahlungsverpflichtungen weitgehend entzogen, als die Gestalt des »Schmugglers Bill«
geradezu als Held empfunden wurde und mehr als zwanzigtausend
Menschen am illegalen Handel beteiligt waren. Von größerer Bedeutung ist, daß Importabgaben eine Diskriminierung gegen ausländische
Waren darstellen, die sonst billiger als die im Lande hergestellten sein
könnten. Aus liberaler Sicht bedeuten Zölle nicht nur eine Belastung
der Verbraucher, weshalb die Forderung nach »Freihandel« Wähler
ansprach. Einfuhrzölle verringern auch die heilsamen Wirkungen des
Weltmarktes insgesamt, indem sie wenig leistungsfähige Unternehmen
vor Wettbewerb schützen, wenn sie sich auf der richtigen Seite der
Grenze befinden. Die Erwägung, daß niedrigere Tarife den Umfang des
Handelns erhöhen würden, verbunden mit einer entschieden protestantischen Ansicht von der Wirtschaft als von Gott gelenktem und
sich selbst regulierendem Mechanismus, führte die Mehrheit der britischen politischen Elite im Laufe des 19. Jahrhunderts auf die Seite des
Freihandels. Das begann in den 1820er Jahren beim liberalen Flügel der
Tories.[29] Allerdings wurden die Abgaben zu stark reduziert. Als schließlich in den 1840er Jahren der Handel rasch abnahm und die Ausgaben
für das Militär stiegen, mußte Sir Robert Peel daher die Notwendigkeit
einer Einkommenssteuer in Friedenszeiten akzeptieren, um den Haushalt auszugleichen.

Die Staaten des europäischen Kontinents folgten dem britischen Frei-
handelsmodell in unterschiedlichem Maße. Der Prozeß der Liberalisierung des Handels erreichte in den frühen 1870er Jahren seinen Höhepunkt. Doch der Niedergang der Preise für Produkte von Industrie und
Landwirtschaft im Laufe dieses Jahrzehnts, der weitgehend auf die starken Senkungen der Frachtraten bei Eisenbahnen und Schiffen zurückzuführen war, führte sehr bald zu einer Wiederbelebung des Protektionismus. Der »Manchester-Kapitalismus« war seit den 1840er Jahren von
Volkswirten wie Friedrich List kritisiert worden, der erkannte, daß die
jungen deutschen Textilunternehmen ohne Schutzzölle im Wettbewerb
mit überlegenen britischen Fabriken wenig Chancen besaßen. Aber
noch wichtiger war die politische Nützlichkeit von Schutzzöllen, boten
sie doch einen Weg, sich die Unterstützung von Interessengruppen wie
den Agrariern zu erkaufen.[30] 1878 führte Bismarck in Deutschland wieder Schutzzölle für industrielle und landwirtschaftliche Importe ein. Sie
erreichten 1902 ihren höchsten Stand in der Vorkriegszeit. Sie dienten
nicht nur der sozialen Klasse, der Bismarck entstammte, den junkerlichen Landbesitzern, sie hatten auch den Vorzug, seine liberalen Geg-

ner zu spalten. Nach Zahlen, die der Völkerbund veröffentlichte, waren die durchschnittlichen deutschen Einfuhrzölle bis zum Beginn des Ersten Weltkriegs auf zwölf Prozent gestiegen. In Frankreich betrugen sie 18 Prozent, in Großbritannien existierten sie immer noch nicht. Der Zoll auf Weizen war auf 36 Prozent in Deutschland und auf 38 Prozent in Frankreich gestiegen; in Italien, Spanien und Portugal lag er noch höher. Dagegen wurden in Rußland und in den Vereinigten Staaten importierte Industriewaren stark besteuert. Nicht anders sah es in Lateinamerika aus.[31] Zwischen 1861 und 1871 stiegen die US-amerikanischen Importabgaben von 14 auf immerhin 46 Prozent, um sich dann bei etwa dreißig Prozent einzupendeln.[32] Das Fordney-McCumber-Gesetz von 1902 erteilte der neugeschaffenen »Tariff Commission« den Auftrag, von Fall zu Fall Abgaben festzusetzen. Doch war ein Tarif einmal eingeführt, dann blieb er gewöhnlich unabhängig von allen Preisveränderungen bestehen.[33]

Nach dem Ersten Weltkrieg ging der Aufstieg des Protektionismus weiter. In den wichtigsten Industrieländern stieg der Wert des Anteils der Zolleinnahmen am Gesamtimport von elf Prozent in den Jahren 1923 bis 1926 auf 18 Prozent 1932 bis 1939.[34] Ein wichtiger auslösender Faktor der Weltwirtschaftskrise war die mühsame Verabschiedung des amerikanischen Zollgesetzes, das mit den Namen Smoot und Hawley verbunden ist, zwischen Oktober 1929 und Juni 1930, hier wurden Abgaben auf nicht weniger als 21.000 Artikel festgesetzt.[35] Selbst Großbritannien entschied sich nun für den Protektionismus, indem es im März 1932 einen Wertzoll von zehn Prozent einführte; schließlich setzte es im Juli 1932 einen Vorzugstarif für das Empire (»Imperial Preference«) fest.[36] Wie bereits im 19. Jahrhundert besaß die Schutzzollpolitik wortgewaltige Verteidiger. Bei einem Vortrag, den er im April 1933 in Dublin hielt, erklärte Keynes, er »sympathisiere [...] mit jenen, die wirtschaftliche Verflechtung zwischen den Nationen eher minimieren als maximieren wollten«.[37] Nur ganz allmählich erkannten Ökonomen und Politiker, daß es sich hier um ein destruktives Treiben handelte, daß darauf hinauslief, »den eigenen Nachbarn anzubetteln«. Zweifellos war es sinnvoll, Zölle zu erheben, statt in einer vom Protektionismus geprägten Welt einseitig eine Freihandelspolitik zu betreiben, noch weit sinnvoller war es allerdings, gemeinsam die Zollschranken herabzusetzen, was zunächst durch bilaterale Vereinbarungen und dann nach dem Zweiten Weltkrieg durch das Allgemeine Zoll- und Handelsabkommen GATT geschah. Die Lehre, die Adam Smith im 18. Jahrhundert als erster vertreten hatte, daß nämlich geringere Einfuhrzölle zu höheren Einnahmen des Staates führen, weil sie den Handel ankurbeln, mußte unter Schmerzen abermals gelernt werden.[38] Im Laufe der Geschichte haben Staaten auch immer wieder zu Steuern auf inländische Geschäftsabschlüsse Zuflucht nehmen müssen. Im antiken Athen gab es eine Abgabe auf den Verkauf von Sklaven.[39] In Rom existierte eine ähnliche Verkaufssteuer von vier Prozent, sowie eine Steuer auf die Freilassung von Sklaven und eine einprozentige Verkaufssteuer auf andere Güter.[40] Im mittelalterlichen Frankreich »revolutionierte« ein Anordnung vom Dezember 1360 das königliche Finanzwesen durch Auferlegung einer Pflichtabgabe (*gabelle*) auf Salz und von *aides* von fünf Prozent auf den Verkauf der meisten Waren, abgesehen von Wein, der höher besteuert wurde (zuerst acht, später 25 Prozent).[41] Im Florenz der Renaissance erbrachte eine ähnliche *gabelle*, die an den Stadttoren eingezogen wurde, ein Fünftel der Staatseinkünfte.[42] Kastilien unter den Habsburgern kannte die *alcabala*, eine zehnprozentige Verkaufssteuer.[43] Jahrhundertelang zählte eine Zwangsabgabe auf Wodka zu den wichtigsten Staatseinkünften in Rußland, und 1815 brachte sie davon ein Drittel auf.[44]

Wenige Staaten in der Geschichte waren so stark von der Besteuerung des einheimischen Verbrauchs abhängig wie Großbritannien unter der Herrschaft des Hauses Hannover; und das ist besonders interessant, weil sich hier die Industrielle Revolution abspielte.[45] Die Verbrauchssteuer, die in Dr. Johnsons Wörterbuch kurz und bündig als »eine verhaßte Steuer auf Waren« definiert wurde, hatte ihre Ursprünge in der Stuartzeit. Karl I. erhob Abgaben auf Stoffe, Wäschestärke, Seife, Brillen, Gold- und Silberdraht und Spielkarten. 1643 hatte das Parlament Steuern auf Tabak, Wein, Apfelwein, Bier, Felle, Hüte, Leder, Spitzen, Leinen und importierte Seide eingeführt.[46] 1660 war es dann soweit, daß auch Abgaben auf Bier, Salz, Safran, Hopfen, Zinn, Eisen und Glas erhoben wurden.[47] Um den Krieg gegen das revolutionäre Frankreich finanzieren zu können, setzte der jüngere Pitt zusätzlich Abgaben auf Hüte, Handschuhe, Fäustlinge sowie Parfüm auf die Liste der abgabenpflichtigen Güter. Die Verfügung über Läden und Dienerinnen wurde mit Abgaben belegt, ganz zu schweigen von Bausteinen, Pferden und der Jagd.[48] Am Ende der Napoleonischen Kriege herrschte der Eindruck vor, daß es in Großbritannien nichts gebe, was nicht besteuert werde. So klagte Sidney Smith 1820 in der *Edinburgh Review*:

»Die unvermeidliche Konsequenz dessen, daß man zu sehr auf Ruhm aus ist; – [sind] STEUERN auf jeden Artikel, der in den Mund eindringt, den Rücken bedeckt oder unter die Füße gelangt, Steuern auf alles, was man gern sieht, hört, fühlt, riecht oder schmeckt, Steuern auf Wärme, Licht und Bewegung, Steuern auf alles auf Erden und das Wasser unter der Erde, auf alles, was aus dem Ausland kommt oder daheim angebaut wird; Steuern auf Rohstoffe, Steuern auf jeden zusätzlichen Wert, der durch den Fleiß des Menschen hinzugefügt wird, Steuern auf die Soße, die den Appetit des Menschen anregt, und auf die Medizin, die ihm seine Gesundheit wieder schenkt; auf den Hermelin, der den Richter ziert, und auf das Seil, an dem der Verbrecher aufgehängt wird; auf das Salz des armen Mannes und das Gewürz des Reichen; auf die Messingnägel des Sarges und auf die Schmuckbänder der Braut, auf Bett oder Unterkunft; für alles müssen wir zahlen. Der Schuljunge spielt mit einem besteuerten Kreisel, der bartlose Jüngling reitet sein besteuertes Pferd mit einem besteuerten Zaumzeug auf einer besteuerten Straße – und der sterbende Engländer schluckt seine Medizin, für die er sieben Prozent Steuer gezahlt hat, mit einem Löffel, für den er fünfzehn Prozent entrichtet hat, wirft sich auf sein Bett, das mit 22 Prozent besteuert ist, und entschläft in den Armen eines Apothekers, der eine Lizenzgebühr von hundert Pfund für das Privileg bezahlt hat, ihn sterben zu lassen. Auf seinen gesamten Nachlaß wird dann sofort einer Steuer von zwei bis zehn Prozent erhoben, ganz abgesehen von den bewährten hohen Gebühren, die gefordert werden, um ihn im Chorraum zu bestatten; seine Tugenden werden der Nachwelt auf besteuertem Marmor überliefert, und dann gesellt er sich zu seinen Altvordern, um nicht länger mehr besteuert zu werden.«[49]

Es bleibt umstritten, wieweit diese Besteuerung von Konsum zum britischen Wirtschaftswachstum beitrug oder es behinderte. Gewiß ermutigte das Steuersystem unter dem Haus Hannover zu Exporten, die nicht nur abgabefrei waren, sondern in einigen Fällen auch durch Ausfuhrprämien subventioniert wurden; aber es ist zu bezweifeln, daß die gewaltigen Übertragungen von den Konsumenten zu den Rentiers, die keine Einkommenssteuer zahlen mußten, günstige makroökonomische Auswirkungen hatten.[50]

Axel Oxenstierna, ein schwedischer Reichskanzler des 17. Jahrhunderts, nannte indirekte Steuern »gottgefällig, sie benachteiligen niemanden und rufen keine Rebellion hervor«. Einige moderne Politologen stimmten damit überein und behaupten, Konsumsteuern seien weniger »sichtbar« und daher politisch weniger spürbar als andere Steuern.[51] Kein Staat kann allein von indirekten Steuern lange existieren. In einem Steuersystem, das zu regressiv ist, führt der Interessenkonflikt zwischen einer mächtigen und wohlhabenden Schicht und der mittellosen, ohnmächtigen Bevölkerungsmasse früher oder später zu Unruhe, was bereits Machiavelli im Lichte der florentinischen Erfahrungen klar war.[52] Nirgends kamen Proteste dieser Art häufiger vor als im Frankreich des *Ancien Régime*. Seit Tocqueville sehen die Historiker in der Steuerpolitik einen auslösenden Faktor für den Beginn der Französischen Revolution; allerdings war der regressive Charakter des Steuersystems vor 1789 mehr auf die vielen Ausnahmen und Anomalien im System der direkten Besteuerung als auf das Gesamtniveau der Steuerbelastung zurückzuführen.

Dazu bemerkte Edmund Burke:»Steuern zu erheben und dabei anderen eine Freude zu machen, ist dem Menschen genauso wenig gegeben, wie zu lieben und dabei weise zu sein.« Verständlicherweise löste die Ausdehnung der Verbrauchssteuern in Großbritannien unter dem Hause Hannover Proteste in der Bevölkerung aus.[53] Doch führten derlei Proteste niemals zu einer großen Revolte, wie sie anderswo vorkam. Dies lag zum Teil daran, daß die»Bedürfnisse der Armen« nur relativ geringfügig besteuert wurden. Die Abgaben auf Spirituosen, Wein und Tabak waren höher als jene auf Bier, Kerzen, Seife, Stärke und Leder, während die einzigen landwirtschaftlichen Produkte, die besteuert wurden, Felle, Salz, Pferde und Kalk waren.[54]

Der Unterschied zwischen der britischen und der französischen Entwicklung im 18. Jahrhundert legt die Annahme nahe, daß nicht die Höhe der indirekten Besteuerung entscheidend ist, sondern das Sortiment der Waren, die der Besteuerung unterliegen. Im 19. Jahrhundert waren Steuern auf Brot immer wieder eine entscheidende Ursache für Unruhe unter den ärmeren Bewohnern der Städte. Nichts verdeutlicht die politische Bedeutung der Brotsteuer mehr als die Rolle, die sie dabei spielte, während der wilhelminischen Zeit Zustimmung für die Sozialdemokratische Partei Deutschlands zu mobilisieren. Praktisch waren die regressiven Auswirkungen der Einfuhrzölle auf importiertes Getreide weit weniger bedeutend, als die linke Presse behauptete. Sie brachten nur zehn Prozent der Gesamteinnahmen der öffentlichen Hand im Jahre 1913 ein; und modernen Berechnungen zufolge verteuerte der Schutzzoll das Brot um nicht mehr als acht Prozent. Das entsprach 1,5 Prozent des Einkommens einer durchschnittlichen Arbeiterfamilie.[55] Aber die Behauptung, das»teure Brot« finanziere den»Militarismus« – das heißt, Einnahmen aus den Getreidezöllen sicherten den Aufbau der kaiserlichen Marine –, erwies sich als mächtiger Antrieb zur Erringung von Wählerstimmen für die SPD.

Im Gegensatz dazu waren sogenannte Stempelsteuern auf rechtliche und administrative Vorgänge selten umstritten, weil sie eher die Bessergestellten trafen. Insbesondere der französische Staat mußte sich sehr stark auf sie stützen: Im Jahre 1913 erbrachten Stempel- und Beurkundungssteuern mehr als ein Fünftel des gesamten Staatseinkommens.[56] Die Ausnahme, die die Regel bestätigt, bestand darin, daß die Pflichtabgaben auf beglaubigte Dokumente, Zeitungen, Landkarten und Spielwürfel, die den britischen Kolonien in Nordamerika durch das Stempelgesetz von 1765 auferlegt waren, derart heftige Reaktionen auslösten, daß sie in aller Eile zurückgezogen wurden. Bei diesen Auseinandersetzungen ging es jedoch um die konstitutionelle Rechtmäßigkeit der Besteuerung, nicht um die Auferlegung von Steuern an sich.[57]

Die Regierungen unserer Zeit haben aus den Fehlern der Vergangenheit gelernt. Im Westeuropa des späten 20. Jahrhunderts hat die Entwicklung der Mehrwertsteuer dem Staat eine neue lukrative Form indirekter Besteuerung bereitgestellt. Die Konsumenten waren in erstaunlichem Maße bereit, sie zu zahlen, und die Unternehmen waren bemerkenswert willens, sie zu verwalten. Zwischen 1979 und 1999 hat sich der Anteil der Mehrwertsteuer am Gesamteinkommen des britischen Staates verdoppelt, er beträgt derzeit fast 16 Prozent.[58] Im Jahre 2000 unterliegen 55 Prozent der Ausgaben der Verbraucher einer Mehrwertsteuer in Höhe von 17,5 Prozent. In Frankreich ist sie sogar noch wichtiger und bringt etwa 45 Prozent der gesamten Staatseinnahmen ein.[59] Der geringe Widerstand gegen die Mehrwertsteuer läßt sich erklären. Erstens waren die Regierungen sehr vorsichtig und ermäßigten die Steuern auf politisch empfindliche Güter oder verzichteten ganz darauf. Zweitens ist die Steuerrate mit großer Vorsicht schrittweise erhöht worden. Drittens wurde dieser Prozeß gebündelt in Paketen, die die Senkung anderer Steuern enthielten.

Als Ergebnis dieses Vorgehens hat sich die Mehrwertsteuer nicht, wie manchmal angenommen, zu einer regressiven Steuer entwickelt.[60] Doch die alte, regressive Verbrauchssteuer lebt in Form hoher Abgaben etwa auf Tabak, Alkohol und Treibstoff fort.

Insgesamt sollte man die Wirksamkeit der Mehrwertsteuer nicht übertreiben. Ein beträchtlicher Teil der sogenannten »Schwarzmarktwirtschaft« existiert deshalb, weil kleine Geschäftsleute danach streben, nicht für die Mehrwertsteuer oder andere Steuern, die Unternehmen betreffen, herangezogen zu werden. Nach einer Einschätzung der Europäischen Union von 1998 erwirtschaftet der »Schattenarbeitsmarkt« in Großbritannien etwa zwölf Prozent des Bruttosozialprodukts. Genauere

Untersuchungen über die österreichische Wirtschaft lassen die Vermutung aufkommen, daß die Vermeidung indirekter Steuern ein immer wichtigerer Antrieb für das Wachstum der »schwarzen« Wirtschaft geworden ist.[61] Wie bei den Einfuhrzöllen gibt es eine Grenze der Einnahmen, die durch Verbrauchs- und Mehrwertsteuern erzielt werden können. Das gilt insbesondere in einer Welt, in der Menschen und Güter höchst mobil sind.

»Die Früchte ernten«: Direkte Steuern

Die einfachste Form der direkten Steuer ist die sogenannte Kopfsteuer, die eine Zahlung von jedermann verlangt. Kopfsteuern waren ein Grundzug des englischen Finanzsystems im 14. und abermals Mitte des 17. Jahrhunderts; auch das französische *Ancien Régime* kannte die *capitation*.[62] Die »Seelensteuer« war die Grundlage des russischen Steuerwesens von den Zeiten Peters des Großen bis zur Revolution.[63]

Die Schwierigkeit bei den Kopfsteuern besteht darin, daß sie regressiv wirken. Die Armen müssen einen sehr viel größeren Anteil ihres Einkommens abgeben als die Reichen. Daher hat diese Steuerart manchmal Revolten provoziert. Sie nehmen in der englischen Geschichte einen besonderen Platz ein, denn es war eine Kopfsteuer – ein Schilling pro Kopf der Bevölkerung für alle Erwachsenen mit Ausnahme von Bettlern –, die den Bauernaufstand von 1381 auslöste; und es war die Einführung der »Gemeindesteuer«, die im Jahre 1990 Margaret Thatchers Position als Premierminister den entscheidenden Schlag versetzte.

Aus diesem Grund sind Kopfsteuern weit häufiger Minderheiten auferlegt worden als der Gesamtbevölkerung. In Athen mußten nur in der Fremde geborene Einwohner sie bezahlen.[64] Im frühen Kalifat der Abbasiden hatten nur Nicht-Muslime Kopfsteuern zu entrichten. Allerdings mußte diese Regelung aufgegeben werden, als immer mehr Ungläubige deshalb zum Islam konvertierten.[65] Im Heiligen Römischen Reich mußten die Juden Kopfsteuern zahlen.

Eine direkte Steuer, die die Mittellosen eindeutig ausklammert, ist eine Grundbesitz- oder Eigentumssteuer, die anteilig zum Besitz eines einzelnen oder einer Gemeinschaft an Grund und Boden erhoben wird. Dies war die Grundlage des angelsächsischen *geld*, das zur Finanzierung der Verteidigung des Königreichs gegen die Dänen erhoben wurde.[66] Es war auch die Basis für »Sondersteuern«, die sich in England und Frankreich im 12. und 13. Jahrhundert zur Finanzierung von Kreuzzügen und Kriegen entwickelten. Durch entsprechende Zahlungen konnten Landeigentümer ihre eigentliche Verpflichtung ersetzen, der Krone militärisch Dienst zu leisten.[67] Die französische *taille* war eine regional zugeteilte Umlage auf Einkommen aus Grund und Boden; ergänzt durch verschiedene Zusatzsteuern, war sie 1780 in Frankreich immer noch die wichtigste direkte Steuer. Mehr als sechzig Prozent der Staatseinkünfte stammten im osmanisch kontrollierten Ägypten Suleimans des Prächtigen im 16. Jahrhundert aus der Grundsteuer.[68] Die Grundsteuer in Japan unter dem Haus Tokugawa betrug vierzig Prozent des produzierten Reises, was etwa einem Viertel des Sozialprodukts entsprach.[69] Im Indien der Mogul-Kaiser belief sich die Grundsteuer am Ende der Herrschaft von Akbar auf ungefähr ein Sechstel des Sozialprodukts.[70]

In vielfacher Hinsicht ist die Grundsteuer die angemessene Steuerart für eine vorwiegend agrarische Gesellschaft. Für die französischen Physiokraten war eine Abgabe auf die Nettoeinnahmen aus Landbesitz die ideale und einzig notwendige Steuer.[71] Kaiser Joseph II. von Österreich träumte davon, das habsburgische Finanzwesen auf dieser Grundlage zu reformieren. Stärker kommerziell orientierte Gesellschaften haben die Grundsteuer ebenfalls gekannt, wenn auch in unterschiedlicher Art: Die Vereinigten Niederländischen Provinzen besteuerten landwirtschaftliche Nutzflächen mit zwanzig Prozent des Pachtwertes, bebautes Land aber nur mit 12,5 Prozent. Unternehmerprofite waren steuerfrei.[72]

Es gibt zwei Nachteile der Bodensteuer: Erstens diskriminiert sie die Landeigentümer im Vergleich zu den Besitzern von Kapital oder anderen beweglichen Vermögenswerten; zweitens macht sie ein genaues Wissen der Steuereinnehmer über die Struktur des Landbesitzes und die Qualität einzelner Grundstücke erforderlich. Der letzte Punkt bereitet die größten Schwierigkeiten: Wer kann wissen, wie viele Morgen Landes in der Zeit, die erforderlich ist, um genaue Untersuchungen über den Landbesitz durchzuführen, die Hände gewechselt haben? Nach den Worten von Adam Smith machte die Bodensteuer eine »ständige und mühselige Aufmerksamkeit der Regierung gegenüber allen Schwankungen des Zustands und der Erzeugung jedes einzelnen Bauernhofes im Lande« notwendig.[73]

Ein Weg, dieses Problem zu umgehen, besteht darin, Steuern auf einen Besitz zu dem Zeitpunkt zu erheben, da er vererbt wird. Dazu bemerkte Lloyd George sarkastisch: »Der Tod ist der günstigste Augenblick, um reiche Leute zu besteuern.« Das Rom der Antike kannte eine solche Erbschaftssteuer, für die der umgangssprachliche britische Ausdruck »Todessteuer« anschaulicher ist. Die Abgabe betrug in Rom fünf

Prozent und erbrachte einen ebenso hohen Anteil an den Gesamteinnahmen des Staates.[74] Obwohl diese Steuer in Großbritannien gewöhnlich als eine Neuerung des 20. Jahrhunderts angesehen wird, wurden
tatsächlich bereits 1853 sogenannte »Nachfolgesteuern« auf Grundbesitz erhoben, und wenngleich der liberale Schatzkanzler Sir William
Harcourt den Ruf hat, im Jahre 1894 moderne »Todesabgaben« eingeführt zu haben, war sein konservativer Vorgänger George Goschen ihm
1889 mit einer einprozentigen Abgabe auf alle Vermögen mit einem
Wert von über zehntausend £ vorangeschritten. Wie Kritiker argwöhn-
ten, war das nur der erste Schritt. Als Lloyd George sein »Volksbudget«
einbrachte, war die Erhebung von »Todesabgaben« für Schatzkanzler,
die links von der Mitte standen, bereits zu einer Routineangelegenheit
geworden. Auf dem Kontinent betrachteten selbst Konservative die Erbschaftssteuer mit Zuneigung. Als die deutsche Reichsregierung den Versuch unternahm, den Anteil des Reiches an der direkten Besteuerung
(die weitgehend in den Händen der Bundesstaaten lag) zu erhöhen, galt
der erste wichtige Vorschlag der Erbschaftssteuer. In beiden Fällen gab
es eine heftige, aber letztendlich erfolglose Opposition von seiten konservativer Aristokraten.

Wenn die Einkommensteuersätze auch für die Reichen im Laufe des
20. Jahrhunderts auf extrem hohe Sätze anstiegen, so hat es doch niemals genügend reiche Leute – oder, besser gesagt, genügend reiche Leute
ohne Steuerberater – gegeben, um wirklich beachtliche Summen aufzubringen. Heutzutage liefert die Erbschaftssteuer in Großbritannien und
Amerika jeweils weniger als ein Prozent aller Staatseinnahmen.

Die Hauptalternative zur Erbschaftssteuer besteht in einer Art von allgemeiner Einkommensteuer, die in ihrer einfachsten Form von jedem,
unabhängig von der Quelle des Einkommens, proportional gleiche Opfer
verlangt. Das erste von Adam Smiths vier »Prinzipien« der Besteuerung
lautet: »Die Untertanen jeden Staates sollten zur Unterstützung der
Regierung so weit wie möglich im Verhältnis zu ihren jeweiligen
Fähigkeiten beitragen; das heißt im Verhältnis zu den Einkünften, derer
sie sich jeweils unter dem Schutz des Staates erfreuen.«[75] Eine ähnliche
Formulierung war Bestandteil der Erklärung der Menschen- und Bür-
gerrechte der französischen Revolutionäre. Steuern seien entsprechend
ihren Fähigkeiten »proportional von allen Bürgern zu zahlen«.[76] Das
läßt sich kaum als neues Konzept bezeichnen. In der Antike war die
Steuer vielfach auf ein Zehntel des Jahreseinkommens festgesetzt worden. Ebenso sah es mit der *ushr* der Abbasiden im 8. Jahrhundert aus[77],
mit dem Kirchenzehnten im England des 14. Jahrhunderts wie auch

mit dem parlamentarischen »Zehnten«[78]; gleiches gilt von der venezianischen *decima*[79] sowie dem kurzlebigen französischen *dixième* im 18. Jahrhundert und später dem *vingtième*.[80] Der erste Versuch zur Erhebung einer Einkommenssteuer in England bestand in einer zwanzigprozentigen Abgabe auf alle Einkommen, die im Jahre 1692 eingeführt wurde.[81] Jedoch wird Pitts Einkommenssteuer von 1798 – wiederum eine Abgabe von zehn Prozent – gewöhnlich als der wirklich entscheidende Schritt in der Geschichte der Besteuerung gesehen. Letztendlich erbrachte sie fast dreißig Prozent der zusätzlichen Staatseinkünfte, die benötigt wurden, um die Kriege gegen Frankreich siegreich zu bestehen.[82]

Allerdings wurde Pitts Steuer 1802 wieder abgeschafft. Der modifizierten Version, die sein Nachfolger Addington einführte, als der Krieg im folgenden Jahr wieder aufgenommen wurde, wurde 1815 durch Parlamentsbeschluß ein Ende bereitet. Ein Marineoffizier sprach für viele, als er 1799 erklärte: »Es ist eine scheußliche jakobinische aufgeblasene Impertinenz — soll denn ein echter Brite keine Privatsphäre mehr kennen? Sollen die Früchte seiner Arbeit und seiner Mühen, Münze um Münze, durch die ekligen Häscher der Bürokratie gepflückt werden?«[83] 1842 wurde durch Sir Robert Peel erstmals in Friedenszeiten eine Einkommensteuer eingeführt, und zwar der Form nach als eine vorläufige Maßnahme.[84] Trotz wiederholter Versprechen Gladstones und Disraelis, diese »ungerechte, ungleiche und inquisitorische« Maßnahme wieder abzuschaffen, hat sie sich als dauerhaft erwiesen. Seit 1876 hat es überall eine deutliche Erhöhung dieser Steuer ergeben. In ihrer niedrigsten Phase betrug die Standardrate der britischen Einkommenssteuer Mitte der 1870er Jahre weniger als ein Prozent. Am Vorabend des Ersten Weltkriegs war sie auf fast sechs Prozent gestiegen. Bei Kriegsende lag sie bei dreißig Prozent. Am Vorabend des nächsten Weltkrieges war sie nur ein Prozent niedriger. 1945 betrug sie fünfzig Prozent. Der Standardsatz fiel in den Nachkriegsjahren nur langsam: 1972 lag er knapp unter 39 Prozent, und die Ermäßigungen dessen, was in den 1970er Jahren als die Basissteuer bekannt wurde, erfuhren einen Ausgleich durch höhere Steuersätze auf höhere Einkommen. Erst nach der Wahl Margaret Thatchers 1979 gab es wirkliche Bemühungen um eine Herabsetzung der Einkommensteuer; dennoch lag die Basissteuer, während dieses Buch geschrieben wurde, bei 23 Prozent und ist damit immer noch höher als im Durchschnitt der Jahre des Ersten Weltkriegs.

Es gibt unterschiedliche Wege, die Einkommensteuer weiter zu vervollkommnen. Auf der einen Seite ist es möglich, weniger wohlhabende

Steuerzahler auszunehmen, indem man eine Grenze festlegt, unterhalb derer diese Steuer nicht entrichtet werden muß. Oder es können Sonderregelungen gelten, die praktisch die Grenze der Einkommenssteuer für bestimmte Gruppen erhöhen, indem sie einen zusätzlichen Teilbetrag ihres Einkommens für steuerfrei erklärten. Die Politik der Aristokratie neigte selbstverständlich in gleicher Weise dazu, für die Reichen Ausnahmen von bestimmten Steuern zu gewähren: tatsächlich waren während des größten Teils der frühen Neuzeit Ausnahmen von der Besteuerung genausosehr ein Privileg von Bürgern mit hohem wie von jenen mit niedrigem Einkommen. Das war der Hauptnachteil der französischen *taille,* die vor allem deshalb unpopulär war, weil die große Zahl der Ausnahmen die Belastung für jene, die zahlten, in die Höhe trieb.[85] Auch war es nicht leicht, Privilegien wieder abzuschaffen, wenn sie einmal eingeführt worden waren. In Preußen betrachteten die junkerlichen Grundbesitzer die Steuerbefreiung als Standesprivileg, sie bestanden selbst dann noch darauf, keine Steuern zu zahlen, nachdem ihnen dies gesetzlich auferlegt worden war; den Boykott konnten sie leicht durchführen, da sie gleichzeitig örtliche Steuereinnehmer waren.

Als weniger leicht zu verwirklichen hat sich das Gegenteil erwiesen: was immer sonst Regierungen der Linken erreicht haben mögen, es ist ihnen nicht gelungen, die in der viktorianischen Zeit verwirklichte Freistellung der Arbeiterklasse von der Einkommenssteuer aufrechtzuerhalten. Die Hauptgründe dafür waren die gewaltigen Kosten der Weltkriege, die eine Ausdehnung des Steuernetzes notwendig machten; der Anstieg des Einkommens der Arbeiterklasse, der weit über das Subsistenzniveau hinausführte; schließlich die Auswirkungen der Inflation, die die reale Höhe der Eingangsschwelle herabgesetzt hat. In Großbritannien hat sich die Zahl der Einkommensteuerzahler von 1.130.000 im Jahre 1913 auf 3.547.000 1918 mehr als verdreifacht, während der Anteil der Gehaltsempfänger, die Steuern zahlten, von null auf 58 Prozent stieg.[86] In Deutschland erbrachten nach 1918 die Steuern, die direkt vom Lohn und Gehalt einbehalten wurden, einen ständig steigenden Teil der direkten Steuereinnahmen, während Steuerpflichtige aus der Mittelklasse die Zahlung ihrer Steuerschulden verzögerten und es der Inflation überließen, deren realen Wert zu mindern.[87]

Man kann auch zwischen verschiedenen Quellen von Staatseinkünften unterscheiden, so daß beispielsweise Einnahmen aus Kapitalanlagen zu einem höheren Satz versteuert werden als Einkünfte aus Löhnen und Gehältern. Die Einführung von Steuerermäßigungen für Geschäftskosten in Großbritannien im Jahre 1853 bedeutete bereits eine Unterscheidung zwischen verdientem und »unverdientem« Einkommen, also Einkommen »aus Arbeit« und »aus Investitionen«. Doch erst 1907 führte Asquith unterschiedliche Steuersätze ein. Er hob den Satz für verdientes Einkommen auf neun Pence pro £ an, jenen für unverdientes Einkommen aber setzte er auf einen Shilling herauf. In den britischen Budgets des 20. Jahrhunderts blieb die Schlechterstellung von Einkommen aus Investitionen bis in die achtziger Jahre hinein die Norm.

Die Einkommenssteuer kann außerdem gestaffelt werden, so daß der Steuersatz in irgendeinem Verhältnis steigt — selten in exakter Proportion zur Höhe eines Einkommens. Diese Idee wurde im 18. Jahrhundert unter anderem durch Jean-Louis Graslin in eine feste Form gegossen, der für eine Skala von direkten Steuern eintrat, die von Null bis zu zwanzig Prozent bei den höchsten Einkommen anstieg.[88] Während der Revolution griff Robespierre den Gedanken auf: »Bürger, deren Einkommen das nicht übersteigt, was für ihre elementaren Bedürfnisse notwendig ist, sollen von Leistungen für öffentliche Ausgaben freigestellt werden; die anderen sollen diese gemäß ihrem Vermögen ansteigend unterstützen.«[89] Die Gleichsetzung von Staffelung mit Jakobinismus sollte sich als langlebig erweisen. Und dies nicht nur in Frankreich; Gladstone sah in der Staffelung der Einkommenssteuer »eine entschiedene Tendenz zum Kommunismus«.[90] Sie könne, so warnte er, letztendlich »in Enteignungen ihren Höhepunkt finden«.

Der wirkliche Wendepunkt bestand in der Einführung von höheren Steuersätzen für gehobene Einkommensgruppen: Das geschah 1909 mit dem »Volksbudget« von Lloyd George. Hier gab es drei unterschiedliche Steuersätze, 3,75 Prozent für Einkommen bis 2.000 £ im Jahr, fünf Prozent für Einkommen bis 3.000 £ und schließlich 5,83 Prozent für Einkommen über 3.000 £. Hinzu kam ein Zuschlag von 2,5 Prozent auf Einkommen über 5.000 £. Lloyd Georges im Parlament gescheiterte Steuervorlage von 1914 strebte eine niedrigere Schwelle für den Eintritt in die Spitzengruppe und eine höhere »Steigung« an, darüber hinaus wurde erstmals eine Staffelung für Abgaben im Todesfall vorgeschlagen.[91] 1939 stand der Einkommenssteuerzuschlag schließlich bei 41 Prozent; 1945 betrug er für Einkommen über 20.000 £ 48 Prozent. Es sollte bis in die achtziger Jahre dauern, daß diese »surtax« herabgesetzt wurde.

Schließlich erlebte das 20. Jahrhundert das Aufkommen von Unternehmenssteuern entsprechend der Besteuerung von Einzelpersonen. In Großbritannien stellte auch in dieser Hinsicht der Erste Weltkrieg den Wendepunkt dar. Es kam zur Einführung der Excess Profits Duty, die den Unterschied zwischen den Profiten vor und im Krieg besteuerte.

Dieselbe Maßnahme wurde im Zweiten Weltkrieg angewandt, als der entsprechende Steuersatz auf hundert Prozent stieg; allerdings gab es nach dem Krieg eine zwanzigprozentige Erstattung. 1965 führte die Labourregierung eine Körperschaftssteuer auf Unternehmensgewinne und eine Kapitalertragssteuer auf die Wertsteigerung von Vermögen ein.

Die entscheidende Schwierigkeit bei der Einkommenssteuer bleibt die Methode der Festsetzung. Sollte das Einkommen durch den Staat nach »objektiven« Kriterien eingeschätzt werden, wie es bis 1914 in Frankreich der Fall war? Oder sollte der Staat den Bürgern, die ihre jährliche Steuererklärung einreichen, vertrauen und annehmen, daß die Mehrheit von ihnen ihre Einkünfte nicht zu sehr bagatellisieren werde? Wieviel inquisitorische Macht sollte man dem Staat andernfalls zugestehen? Daß Frankreich Steuereinschätzungen – nicht nur auf Land sondern auch auf Unternehmen, Einzelpersonen, bewegliche Güter, »Türen und Fenster« – vorzog, erwies sich als kostspielig, da die »objektiven« Werte eher hinter dem ökonomischen Wachstum herhinkten. Die Eintreibung des *vingtième* hing sehr stark von Einschätzungen vor Ort ab; aber nur ein Fünftel der Pfarrgemeinden in den *pays d'élections* wirkte in den 1770er Jahren dabei mit.[92]

Dagegen entwickelte sich in den Vereinigten Staaten und Großbritannien ein System persönlicher Steuererklärungen. In den USA gilt es bis heute unverändert. Die Zahl der individuellen Einkommensteuererklärungen liegt jetzt bei über 120 Millionen pro Jahr. Doch in Großbritannien bereiteten die enormen Kosten des Zweiten Weltkriegs, verbunden mit dem wachsenden Geldeinkommen der Arbeiterschaft, dem reinen Erklärungssystem ein Ende. Seit der Einführung des Lohnsteuerabzugs bei Gehaltsabrechnungen im Jahre 1944 werden in Großbritannien (anders als in den Vereinigten Staaten) die Steuern durch die Arbeitgeber bei Lohn- und Gehaltszahlungen »an der Quelle« entnommen und abgeführt. Es ist dennoch immer noch beträchtlich teurer, Einkommenssteuer einzutreiben als Zoll und Verbrauchsabgaben. Im Jahre 1992/93 holte die Zoll- und Abgabenverwaltung nur 16 Prozent weniger an Steuern herein als die Finanzämter. Die Kosten dafür betrugen gerade einmal ein Prozent der gesamten eingetriebenen Steuern im Vergleich zu zwei Prozent bei den Finanzämtern, die mehr als doppelt so viele Mitarbeiter beschäftigen.[93] Zumindest ein Teil der Erklärung für diesen Unterschied liegt in der Kompliziertheit des Systems, das sich herausgebildet hat, nachdem ein Schatzkanzler nach dem anderen mit Steuererleichterungen operiert hat, um ausgewählten Interessengruppen auf diese Weise Gefälligkeiten zu erweisen. Im Jahre 1989 gelangte der Labour-Abgeordnete Frank Field zu der Einschätzung, wenn man alle Steuerabschläge und -erleichterungen abschaffe, wäre ein Standardsteuersatz von 12 bis 15 Pence pro £ möglich.[94]

Selbstverständlich stellt die Einkommenssteuer den entscheidenden Hebel der modernen Finanzpolitik dar. In den meisten Staaten stieg sie von den 1890er bis in die 1970er Jahre gleichmäßig (siehe Abbildung 3). Doch ihre Bedeutung war von Ort zu Ort unterschiedlich. Die deutschen Einzelstaaten folgten in der zweiten Hälfte des 19. Jahrhunderts dem britischen Beispiel, aber das Reich sicherte sich die Kontrolle über die Einkommenssteuer erst nach dem Ersten Weltkrieg.[95] Während des Amerikanischen Bürgerkriegs führte die Regierung in Washington eine Bundeseinkommenssteuer ein, doch wurde diese nach dem Krieg wieder abgeschafft und im Jahre 1893 vom Obersten Gerichtshof für verfassungswidrig erklärt.[96] Das Prinzip der Radikalen Partei, daß es dem Staat nicht erlaubt sein solle, den Privatangelegenheiten des einzelnen auf den Grund zu gehen, hatte zur Folge, daß Frankreich erst im Jahre 1914 eine Einkommenssteuer einführte. Dieser Unterschied existiert immer noch. In Großbritannien und Amerika bringt die Einkommenssteuer heute ein Viertel der öffentlichen Einnahmen ein, in Deutschland 36 Prozent, in Frankreich nur 17 Prozent.

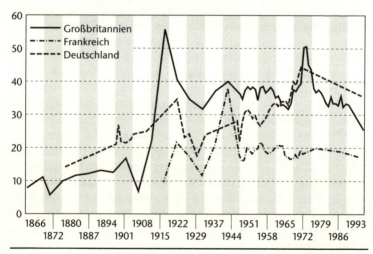

ABBILDUNG 3: Prozentualer Anteil der Einkommenssteuer an den gesamten Steuererträgen, 1866 bis 1999[97]

Erst kürzlich (und auf der Basis weit höherer Sätze, als die viktorianischen Gegner der »Enteignung« erwartet hatten) begannen die Erträge zu sinken. 1947 betrug der Standardsatz der Einkommenssteuer in Großbritannien 45 Prozent; die »surtax« lag bei 52 Prozent. Berücksichtigt man die Sonderbeiträge, die zu zahlen waren, wenn das Gesamteinkommen einer Person über 2.000 £ lag (fünfzig Prozent für Einkommen aus Investitionen über 5.000 £), dann trieb dies den effektiven Steuersatz auf Einkommen aus Investitionen auf 147,5 Prozent.[98] Zwanzig Jahre später hatte sich die Situation kaum verändert: Nun betrug der effektive Steuersatz auf Einkünfte dieser Art 136 Prozent. Unter Premierminister James Callaghan wurde der Höchststeuersatz im Vereinigten Königreich Mitte der siebziger Jahre auf 83 Prozent angehoben, das hatte einen Spitzensteuersatz von 98 Prozent für Einkommen aus Investitionen zur Folge.[99] Man kann sich kaum einen ökonomisch abschreckenderen Mechanismus vorstellen. Wie die indirekten Steuern führt eine überhöhte Besteuerung des Einkommens eher zu ausweichendem Verhalten als zur Abstinenz, zu schweigen davon, daß dadurch die Kunst der Vermeidung von Steuerzahlungen gefördert wird, wie sie die Steuerberater lehren. Letztendlich betrafen die exzessiven Einkommenssteuersätze der Nachkriegszeit durch ihren zweifellos dämpfenden Effekt auf das Gesamtwachstum direkt oder indirekt so viele Menschen[100], daß in den 1980er Jahren eine politische Reaktion hervorgerufen wurde.

Doch sollte man die Veränderungen des Finanzsystems unter den Regierungen Thatcher und Reagan nicht übertreiben. Die hohen Kosten der Eindämmung der Inflation machten es schwierig, Steuern allgemein herabzusetzen; und der Nettoeffekt war weit geringer, als man erwarten mochte. Zwar fiel der Spitzensteuersatz in Großbritannien zwischen 1978 und 1995 von 53 auf 44 Prozent. Aber ein verheirateter Vater von zwei Kindern mit Durchschnittseinkommen, der 1978 20,9 Prozent seiner Bruttoeinnahmen in Form von Einkommenssteuern und Beiträgen zur staatlichen Versicherung entrichtet hatte, mußte zwölf Jahre später immer noch 20,8 Prozent abführen. Hier kann man also kaum von einer gewaltigen Steuersenkung sprechen. Darüber hinaus stieg die Belastung unter der Regierung Major auf 22,5 Prozent im Jahre 1995. Auffallender noch ist die allgemeine Beständigkeit der direkten Steuern und der Steuerbelastung insgesamt.[101] Und man sollte nicht vergessen, daß der Anteil der Einkommenssteuereinnahmen, der vom obersten einen Prozent der Steuerzahler herrührte, unter Margaret Thatcher von elf Prozent auf 15 Prozent stieg: ein klassisches Beispiel dafür, daß niedrigere Steuern insgesamt höhere Erträge einbringen.[102]

Die beiden Schwestern

Das Verhältnis zwischen direkter und indirekter Besteuerung hat sich im Laufe der Zeit und von Staat zu Staat sehr stark verändert. Indirekte Steuern lieferten fast die gesamten Steuereinnahmen der englischen Krone im 14. und 15. Jahrhundert, aber in den 1550er Jahren erbrachten sie nur noch wenig mehr als ein Zehntel. Während des 16. Jahrhunderts lagen sie nur fünf mal über fünfzig Prozent; und während des »Commonwealth« unter Cromwell betrugen sie im Durchschnitt gerade einmal zwanzig Prozent. Erst in den 1750er Jahren stieg der Anteil der indirekten Steuern wieder auf Werte zwischen siebzig und achtzig Prozent.[103] Im Laufe des 19. Jahrhunderts änderte sich dies trotz deutlicher Senkung der Importabgaben kaum. Die liberale Theorie, derzufolge die Beschneidung von Abgaben die Staatseinnahmen steigern würde, erwies sich in großen Zügen als richtig. Doch die Einführung einer Einkommenssteuer in Friedenszeiten bestätigte, daß eine liberale Handelspolitik ohne direkte Steuer nicht mit einem fortgesetzten Imperialismus zu versöhnen war.[104]

Um Gladstones Bild zu gebrauchen, waren direkte und indirekte Steuern wie »zwei attraktive Schwestern, die in die fröhliche Welt Londons eingeführt worden sind; beide mit einem beträchtlichen Vermögen«. Während seiner gesamten Laufbahn träumte er von der Abschaffung der Einkommenssteuer, mußte aber zugeben: »Als Schatzkanzler [...] habe ich es stets nicht nur für erlaubt gehalten, sondern vielmehr noch für eine Verpflichtung, beiden den Hof zu machen.«[105] Doch blieb der Anteil der Bruttostaatseinkünfte, die aus direkten Steuern stammten, bemerkenswert niedrig. Als Gladstone 1832 erstmals ins Parlament gelangte, erzielten Zölle und Verbrauchssteuern allein siebzig Prozent der Bruttostaatseinkünfte; 1875 waren es immer noch 64 Prozent. Nur allmählich stieg der Anteil der direkten Steuern von einem Drittel 1868 auf 57 Prozent 1910.[106] Der Erste Weltkrieg und seine Folgekosten trieben die Zahlen auf fast siebzig Prozent im Jahre 1920 hinauf, ein Gipfelpunkt, der bis 1975 nicht übertroffen wurde. Die direkte Steuerbelastung neigte dazu, geringer zu werden. Heute kommen die direkten Steuern für etwa die Hälfte der gesamten Staatseinkünfte des Vereinigten Königreichs auf.

In Frankreich gab es unter dem *Ancien Régime* relativ hohe direkte Steuern. Sie lieferten etwa 41 Prozent der gesamten Staatseinkünfte. Am Ende des Ersten Kaiserreichs betrug der Anteil 43 Prozent.[107] Danach verlagerte sich das Gewicht in die andere Richtung, nicht zuletzt, weil die verschiedenen Steuerarten sich als wenig elastische Einkommensquellen erwiesen.[108] Zwischen 1815 und 1913 fiel der Anteil der direkten Steuern an den gesamten Staatseinkünften von 34 Prozent während der bourbonischen Restauration auf unter 24 Prozent im Zweiten Kaiserreich und auf 13 Prozent am Vorabend des Ersten Weltkriegs. Der Anteil, der aus den indirekten Steuern resultierte, stieg von 22 auf 55 Prozent.[109] Auf diese Weise wurde »das Prinzip der Gerechtigkeit im Sinne von Gleichheit der Verteilung der Steuerlast faktisch in wachsendem Maße verletzt, obwohl es *de jure* immer stärker verankert wurde«.[110] Unter dem Einfluß der Weltkriege schwang das Pendel wieder zurück: Zwischen 1920 und 1945 stieg der Anteil der direkten Steuern von 26 auf 52 Prozent. Doch zwischen 1950 und 1975 betrug ihre Quote im Durchschnitt lediglich 37 Prozent, ebenso war es 1997.

Die große Zeit der direkten Besteuerung war wohl vorüber; allerdings ist es nicht klar, ob ein neuer Gleichgewichtszustand erreicht wurde. Man hat behauptet, das Streben der Wähler in Großbritannien und in den Vereinigten Staaten nach Beschneidungen der direkten Steuern sei seit den 1980er Jahren zurückgegangen; auch heißt es, die britischen Wähler würden bereit sein, mehr Einkommenssteuern zu zahlen, wenn sie davon überzeugt wären, daß dies zu einer Verbesserung der öffentlichen Dienstleistungen führen würde. In Wirklichkeit ist das Ausmaß des Wettbewerbs unter den Staaten auf dem Steuersektor in dem Maße gestiegen, wie die Grenzschranken gegen die Migration qualifizierter Arbeitskräfte gefallen sind. Daher werden wir wahrscheinlich keine Rückkehr zu den abschreckend hohen Spitzensteuersätzen der 1970er Jahre erleben; das schließt allerdings nicht aus, daß die Gesamteinnahmen aus direkten Steuern nicht wachsen, obwohl die Steuersätze weiter gesenkt werden. Es bleibt die Tatsache, daß indirekte Steuern, ob sie sich nun auf den Verbrauch oder auf den Umsatz beziehen, leichter zu erheben sind und jenen, die sie zahlen müssen, weniger unangenehm vorkommen. Die Menschen neigen eher dazu, wegen einer Einkommenssteuer von siebzig Prozent ihr Land zu verlassen als wegen einer Tabaksteuer in gleicher Höhe. Wie Gladstone müssen sich auch die Finanzminister von heute beiden Schwestern zuwenden — so unattraktiv sie dem Steuerzahler auch immer erscheinen mögen.

DRITTES KAPITEL

Die Bürger und der König

Repräsentation und Administration

>»Die maßvollen Staaten bieten eine Entschädigung für den Steuer-
druck: eben die Freiheit. Die despotischen Staaten bieten eine
Entschädigung für die Freiheit: eben die geringfügigen Steuern.«
>
> *Montesquieu*[1]

IM LAUFE der Geschichte konnten direkte Steuern meist nur unter
Mitarbeit der wohlhabenderen Schichten der Gesellschaft kassiert
werden. Aus diesem Grunde war die Vergrößerung der direkten
Steuer»basis« sehr oft mit der Erweiterung der politischen Repräsentation verbunden. Steuerzahler haben Teile ihres Einkommens für die
Teilnahme am politischen Prozeß hergegeben. Ein wichtiger Teil dieses Tauschgeschäfts bildet die gesetzliche Fassung von Steuervor-
schriften. Im hier zugrundeliegenden Modell ist der Prozeß der Demokratisierung nicht vom Wachstum der Schicht jener zu trennen, die
Einkommens- und Vermögenssteuer zahlen. Das Schlagwort »Keine
Steuern ohne politische Vertretung« formuliert elegant den Ausgangspunkt dieses Prozesses.

Eine andere – oder häufiger noch zusätzliche – Strategie der Erhebung
von direkten Steuern hat darin bestanden, einen kompetenten, vom
Staat bezahlten Beamtenapparat zu schaffen, der die Steuern eintreibt.
In diesem Modell gibt es auch eine Art von Repräsentation; aber die
Mitwirkung an der Verwaltung unterscheidet sich eindeutig von der
Teilhabe an der Gesetzgebung. Während der Freiheit durch Vertretung
von Steuerzahlern in gesetzgebenden Versammlungen gute Dienste
geleistet werden, wird sie durch das Wachstum einer Steuern eintreibenden Bürokratie eingeengt.

Dieses Kapitel handelt von der Wechselwirkung zwischen den folgenden miteinander verknüpften Prozessen: der Steuererhebung, dem Wachsen der politischen Vertretung und der Zunahme der Beamtenschaft.
Wenn der Ausgangspunkt auch jedem Kenner der politischen Theorie
bekannt sein wird, so ist die Entwicklung doch ganz neuartig. Weit
davon entfernt, zu einer allmählichen Demokratisierung[2] oder zu einem

glücklichen »posthistorischen« Gleichgewicht zu führen, besteht der
Kern der Angelegenheit darin, daß die Wechselbeziehung zwischen Besteuerung, Repräsentation und Verwaltung unterschiedliche Ergebnisse
haben kann, die nicht alle günstig sind.

Vieles hängt hier vom Zahlenverhältnis zwischen Wählern und
Steuerzahlern ab. Wenn diese Relation sehr unausgewogen ist – wenn
es also Repräsentation ohne Steuern gibt –, dann kann die Exekutive
möglicherweise politischem Druck ausgesetzt sein, im wachsenden
Maße nicht-militärische Ausgaben für nicht oder geringfügig besteuerte
Wähler zu tätigen. Potentiell ebenfalls wichtig ist das Verhältnis zwischen öffentlich Bediensteten und Steuerzahlern. Es ist kein Zufall, daß
Demokratisierung oftmals mit einer Zunahme der Beschäftigungsverhältnisse im öffentlichen Dienst zusammenfällt. So verwandelt sich ein
relativ exklusives System der Patronage unter dem *Ancien Régime* – das
Reformer des 19. Jahrhunderts als »alte Korruption« verunglimpft haben
– in eine neue Form der Verfilzung, bei der Wähler und Klienten demokratischer politischer Apparate mit »Jobs für die Jungs« belohnt werden. Die Bürokratie, die zunächst dazu da war, die Einnahmemöglich-
keiten des Staates zu steigern, wird nun selbst zu einer teuren Angelegenheit.

Die Ausweitung des Wahlrechts und die Zunahme der Arbeitsplätze
im öffentlichen Sektor führen tendenziell dazu, nicht-militärische
Staatsausgaben in die Höhe zu treiben. Dies entspricht dem Gesetz
der wachsenden Staatstätigkeit, das der deutsche Nationalökonom
Adolph Wagner bereits 1863 formuliert hat.[3] Gleichzeitig wächst die
Bedeutung von Übertragungen von einer sozialen Gruppe zur anderen, während der Staatshaushalt zunehmend als Instrument zur Umverteilung von Einkommen eingesetzt wird. Zusätzlich zu den Kosten
des öffentlichen Dienstes steigen jene der öffentlich finanzierten
*Nicht*beschäftigung in dem Maße an, wie die erhebliche Aufstockung
der Erwerbslosenunterstützung den Arbeitsmarkt verzerrt. Die Lücke
zwischen den Staatseinnahmen, also dem, was die Wähler zu zahlen
bereit sind, und den Staatsausgaben, also dem, was sie vom Wohlfahrtsstaat an Leistung erwarten, wird zu einem ständigen Problem.
Dieser Prozeß veranlaßte den großen österreichischen Nationalöko-
nomen Joseph Schumpeter bereits vor mehr als achtzig Jahren, von
einer Finanzkrise des Steuerstaats zu sprechen.[4]

Besteuerung und Repräsentation

Seit den Zeiten des antiken Athen war der Zusammenhang zwischen Besteuerung und politischer Repräsentation stets ein schwieriges Feld der Demokratie. Im Athen des Perikles wurde von den Besitzenden erwartet, daß sie für öffentliche Feste und Kriegsschiffe aufkamen. Im Jahre 428 v. Chr. wurde eine Vermögenssteuer eingeführt, um einen Beitrag zur Finanzierung des Peloponnesischen Krieges zu leisten. Die natürliche Folge war das Aufkommen der Demokratie, wenn auch selbstverständlich nur die besitzende Elite repräsentiert wurde: Entscheidungen in Steuerfragen wurden bei Massenversammlungen erwachsener männlicher Bürger gefällt und von einem Rat der Fünfhundert administrativ umgesetzt.[5]

Auf der anderen Seite ziehen undemokratische Regierungssysteme Quellen von Staatseinkommen vor, die von allgemeiner Zustimmung unabhängig sind. So war die Aufrechterhaltung des königlichen Domänenbesitzes als Grundlage des preußischen Staatseinkommens im 19. Jahrhundert Bestandteil einer politischen Strategie zur Erhaltung der monarchischen Macht.[6]

Wie wir gesehen haben, liegt die Schwierigkeit darin, daß nicht auf Konsens beruhende Quellen von Staatseinnahmen sich als weit weniger dehnbar erwiesen haben als eine Besteuerung, die auf Konsens beruht. Aus diesem Grunde liegt es nahe, den Satz von Montesquieu umzuformulieren: Es ist gerade die Freiheit – im Sinn von repräsentativer Regierung –, die eine hohe Besteuerung erlaubt.

England besitzt die längste ununterbrochene Geschichte eines Steuerwesens, das sich auf Konsens gründet. Während des Hundertjährigen Kriegs setzte sich der Brauch durch, daß außerordentliche Steuern, die zur Finanzierung des Konflikts mit Frankreich notwendig waren, parlamentarischer Zustimmung bedurften.[7] Man kann sagen, daß Eduard I. die Praxis der Einberufung von Parlamenten der wichtigsten geistlichen und weltlichen Kronvasallen wie auch von Vertretern der Grafschaften und der Städte begründet hat. Vom 14. Jahrhundert an begannen zunächst das Oberhaus und dann das Unterhaus »Beschwerdelisten [vorzulegen], die sie ausdrücklich [...] mit der Bewilligung von Mitteln verbanden«. Im Gegenzug zur Bewilligung der Staatsausgaben erwarteten sie eine Gesetzgebung, die ihren Interessen dienlich war. Um die Mitte jenes Jahrhunderts war es schließlich weitgehend akzeptiert, daß die meisten Gesetzgebungsakte nur vom Parlament vollzogen werden konnten.[8]

Den Schlüsselfaktor der englischen Verfassungsentwicklung im 16. und 17. Jahrhundert bildet die strukturelle Abhängigkeit des Monarchen von Einnahmequellen, die von den Parlamenten kontrolliert werden: nämlich vom Zehnten, vom Fünfzehnten und von der Sondersteuer. Der relative Niedergang der übrigen Quellen von Staatseinkünften, die die Krone direkt kontrollierte, nämlich der Einkünfte aus Domänen und Zolleinnahmen, während der Herrschaft Elisabeths I. schwächte die Position ihrer Nachfolger aus dem Hause Stuart ernsthaft.[9] Jakob VI. war sich dessen wohl bewußt: »Die einzige Krankheit und Auszehrung, die mich gefährden könnte, besteht in diesem wuchernden Krebsschaden der Bedürfnisse. Würde er entfernt, könnte ich mich in jeder Hinsicht glücklicher schätzen, als es je ein König oder Herrscher seit Christi Geburt war.«[10] Neuerungen wie die »Abgaben« auf Handelsgeschäfte, Zwangsanleihen, Verkäufe von Monopolen und Titeln, königliche Vorrechte bei Beschaffung und Einkauf und dergleichen konnten den Widerstand von Parlamenten und Gerichten wecken.[11] Freilich war der Triumph des Parlaments in den 1640er Jahren in keiner Weise vorherbestimmt: Der Versuch Karls I., die außerparlamentarischen Finanzquellen zu vermehren, hätte sehr wohl Erfolg haben können, wenn er nicht einen so teuren und erfolglosen Krieg gegen die Schotten geführt hätte. In den späten 1630er Jahren brachte das »Schiffsgeld« bereits dreimal so viel ein wie die parlamentarischen Sondersteuern. Es drohte, wie ein Parlamentarier argwöhnisch formulierte, »eine ständige Versorgungsquelle für alle Gelegenheiten« zu werden.[12] Doch als es Karl nicht gelang, in seinen verschiedenen Königreichen Ordnung zu halten, war der Triumph des parlamentarischen Prinzips gesichert. Dies war bereits 1628 in der »inständigen Bitte« der »Petition of Rights« zum Ausdruck gekommen: danach sollte »kein Mann mehr gezwungen werden, ohne allgemeine Zustimmung durch Gesetz des Parlaments irgendein Geschenk, ein Darlehen, eine Wohltat, eine Steuer oder eine ähnliche Zahlung zu leisten oder zu geben«. Dies wurde durch die »Glorreiche Revolution« von 1688 verfassungsmäßig abgesichert, die dem Parlament das ausschließliche Recht verlieh, neue Steuern zu beschließen und die Ausgaben der Regierung zu überprüfen.[13]

In Frankreich entwickelten sich die Dinge ganz anders, und dies nicht zuletzt deshalb, weil der französische Adel nicht den Wunsch hatte, dem König gleicherweise Geld wie guten Rat anzubieten. Bereits im späten 15. Jahrhundert betonte Sir John Fortescue den Gegensatz zwischen dem französischen *dominium regale*, wonach der Souverän nach Belieben Steuern erheben konnte, und dem englischen *dominium politicum et regale*, demzufolge der Monarch Steuern nur mit Zustimmung erheben konnte.[14] Obwohl Philipp V., der von 1316 bis 1322 regierte, repräsentative Versammlungen nutzte, um Steuern zu erheben, führte sein Scheitern bei dem Versuch, sich in Friedenszeiten eine parlamentarische Sondersteuer an die Krone zu sichern, dazu, daß diese Praxis keine Wurzeln fassen konnte. Die französischen Stände traten vor 1789 nur sechsmal zusammen; die Versammlung der Notabeln wurde nur zweimal einberufen.[15] Einzig die *parlements* beanspruchten durchgehend ein Beschwerderecht und konnten einigen Einfluß auf die Finanzpolitik ausüben, indem sie sich weigerten, Anleihen des Königs zuzustimmen, wie es etwa 1784 und 1785 geschah.[16]

Als Finanzminister Calonne 1786 König Ludwig XVI. den Rat gab, eine Versammlung der Notabeln einzuberufen, um die geplante Reform der königlichen Finanzen zu sanktionieren, wobei es im wesentlichen um eine neue Grundsteuer ging, wurde damit der erste schicksalsvolle Schritt getan, um das seit langem praktisch außer Kraft gesetzte Repräsentativprinzip neu zu beleben. Zwar ging man davon aus, daß diese Versammlung nur die Rolle eines Jasagers spielen würde, doch Calonnes Entscheidung, sie mit Vertretern von Klerus und Adel aufzufüllen, erwies sich als Fehlgriff, da diese sogleich gegen jede Einschränkung ihrer Steuerbefreiungen protestierten. Außerdem verlangten sie eine ständige Kommission von Rechnungsprüfern zur Überwachung der königlichen Finanzen sowie – und das war von allerhöchster Bedeutung – die Einberufung der Generalstände. Als Ludwig XVI. Calonnes Nachfolger Loménie de Brienne den Auftrag erteilte, die Reformen trotz alldem voranzutreiben, mußte er feststellen, daß die Parlamente die neuen Steuern nicht bewilligten. Ludwig vertrieb das Parlament von Paris nach Troyes. Brienne war dennoch gezwungen, die Bodensteuer fallenzulassen. Als der König dann versuchte, bei einer Sitzung des wieder zusammengerufenen Parlaments am 19. November 1787 mit den Worten »das ist legal, weil ich es will«, die Bewilligung neuer Anleihen zu erzwingen, waren die Würfel gefallen. Im Mai 1788 erklärte das Parlament, jede Steuererhebung sei von der Zustimmung der Generalstände abhängig, und diese müßten regelmäßig zusammentreten. Am 8. August mußte Brienne ankündigen, daß die Generalstände im folgenden Mai tagen würden.[17]

Der revolutionären Auswirkungen des Zusammenhangs zwischen Besteuerung und Repräsentation hatten sich zwölf Jahre zuvor bereits in den britischen Kolonien in Nordamerika gezeigt.[18] Der kausale Zusammenhang zwischen der Entscheidung der britischen Regierung, den

dreizehn amerikanischen Kolonien Importabgaben aufzuerlegen, und
der Unabhängigkeitserklärung wird jedem amerikanischen Schulkind
eingepaukt. Nicht die Höhe der Steuern löste den Konflikt aus. In gewisser Hinsicht war es eine Steuerermäßigung an anderer Stelle des Empire, die die
»Boston Tea Party« entfachte: Es handelte sich um die Herabsetzung der
Abgaben auf nach Großbritannien importierten Tee der East India Company beim Weiterexport nach Amerika.[19] Hier ging es um die verfassungsrechtliche Problematik, daß die Kolonien in solchen Angelegenheiten keine Mitspracherechte hatten. Die Kolonisten gaben die Losung
aus: »Besteuerung ohne Repräsentation ist Tyrannei.« Für die Amerikaner war es von Anfang an ein revolutionärer Akt, die Frage der Vertretung im Zusammenhang mit einer Abgabe auf ihren Außenhandel
zu stellen. Adam Smiths Gegenvorschlag, den Amerikanern eine Vertretung in einer Art von »Generalständen des britischen Reiches« im
Austausch gegen die Ausweitung der Gesamtheit der britischen Steuern
auf die Kolonien zu gewähren, war zwar logisch, traf aber nicht die
Interessen der Amerikaner.[20] Diese wollten die Machtbefugnisse ihrer
örtlichen Vertretungskörperschaften erweitern und strebten schließlich
– wie auf dem »Continental Congress« deutlich wurde – nach gesetzgeberischer Gleichrangigkeit ihrer Institutionen mit dem Parlament zu
Westminster. Aber das verstieß gegen die Doktrin der parlamentarischen Souveränität, wie sie durch Sir William Blackstones »Commentaries« für unantastbar erklärt und von der Mehrheit der britischen
Unterhausabgeordneten bestätigt worden war.[21] Die Teesteuer von
1767 sollte dem britischen Staat Einnahmen verschaffen, um davon
»unabhängige Gehälter für die Beamten in Nordamerika« zu begleichen
– damit wären die Statthalter des Königs also *unabhängiger* von den
Versammlungen der Kolonisten geworden.[22]

Repräsentation ohne Besteuerung

Von politischen Theoretikern ist manchmal behauptet worden, »repräsentative Institutionen, nicht absolute Monarchien [hätten sich als]
überlegen [erwiesen], wenn es darum ging, Staatseinnahmen zu erzielen«.[23] Das war Montesquieus Ansicht. So sehr das auch für Großbritannien und Frankreich im 18. Jahrhundert stimmen mochte[24], war die
Verbindung zwischen Freiheit und Besteuerung doch nicht überall
gegeben. Eine Versammlung von Repräsentanten kann sich leicht als

Hindernis für die Fähigkeit eines Staates erweisen, Steuern zu erheben, wenn das Parlament den Ausgabeprioritäten der Regierung nicht zustimmt. Als Sir Francis Bacon erklärte, die Engländer seien »weit stärker Herren ihrer eigenen Wertbestimmung als irgendeine andere Nation in Europa«, hätte er hinzufügen können: »und deshalb werden sie am wenigsten besteuert«.[25] Polen im 18. Jahrhundert stellt geradezu die *reductio ad absurdum* dar: Hier gab es *wegen* der Repräsentation fast keine Steuern. Die im Sejm vertretene Aristokratie interpretierte Freiheit als Freiheit von Besteuerung, was dazu führte, daß die Einnahmen des Staates – und infolgedessen seine Heeresstärke – mit schwerwiegenden Folgen stagnierten.[26]

Der Sturz der absoluten Monarchie in Frankreich und der Sieg des Prinzips, daß Steuern auf der Zustimmung eines Zwei-Kammer-Parlaments beruhen müssen, erhöhen paradoxerweise nicht die Bereitschaft der Bevölkerung, Steuern zu zahlen: Die neuen, von der Nationalversammlung eingeführten Steuern (die *contribution foncière*, die *contribution mobilière et personnelle* und die *patente*) waren Fehlschläge, überwiegend wegen des hohen Anteils der Nichtzahler.[27] Selbst das britische Parlament unterlag manchmal der Versuchung zu finanzpolitischer Verantwortungslosigkeit. Die Einkommenssteuer wurde beinahe in dem Augenblick, da die Napoleonischen Kriege endeten, in unziemlicher Eile abgeschafft. Das geschah »unter dem größten Jubel und dem lautesten Jauchzen, das je innerhalb der Mauern des englischen Senats zu hören war«, und dies trotz der Tatsache, daß die Ausgaben die Einnahmen sogar inklusive Einkommenssteuer überstiegen.[28] Es ist ein starker Hinweis auf die verantwortungslose Haltung des Unterhauses, daß ein Antrag verabschiedet wurde, alle Bücher und Akten, die sich auf die Einkommenssteuer bezogen, zu vernichten. Glücklicher- oder unglücklicherweise hatte man aber schon Kopien aller Vorgänge an den zuständigen Beamten des Königs, den »King's Remembrancer«, geschickt.[29]

Dennoch kann man den Lauf der britischen Geschichte zwischen 1832 und 1918 als eine parallele und in mancher Hinsicht komplementäre Ausweitung des »Netzes« sowohl des Wahlrechts als auch der direkten Steuern interpretieren. Das Wahlrecht in Großbritannien gründete sich bis 1884 auf die Einkommenshöhe. Es galt vor allem für unabhängige Guts- oder Hausbesitzer, Pächter und Haushaltsvorstände, deren Vermögen einen gewissen Ertragswert überstieg. Die Verpflichtung, kommunale Steuern zu zahlen, war sowohl auf dem Lande wie in den Städten eine Voraussetzung des Wahlrechts. Vorschläge zur Wahlreform bezogen sich sehr häufig auf fiskalische Kriterien. Disraeli ging 1867 soweit, den wohl nicht ganz ernstgemeinten Vorschlag zu machen, alle, die 20 Shilling an Einkommenssteuer zahlten, sollten das Wahlrecht erhalten. Ein Plakat aus den frühen 1860er Jahren unterstützte Gladstones Kritik an Palmerstons kostspieligen Abenteuern in der Ferne: »Steuerzahler! [...] Wie lange noch werdet Ihr daran leiden, durch den Palmerstonismus beschwindelt oder durch die Streitkräfte beraubt zu werden sowie durch andere, die sogar in Friedenszeiten an Kriegsausgaben interessiert sind? [...] Der Schatzkanzler appelliert an Euch, ihm zu helfen. [...] Reformiert das Unterhaus. Und macht es diesmal gründlich.«[30] Die Wahlreform war also ein Weg, die Repräsentation und die Macht der Steuerzahler zu erweitern.

Zwischen 1832 und 1914 wuchs die Zahl der erwachsenen Männer mit Wahlrecht von 18 auf 88 Prozent, obwohl ein Drittel von ihnen faktisch immer noch ausgeschlossen war, weil das System der Wählerregistrierung einen langjährigen Wohnsitz in einem Wahlkreis voraussetzte. Demgegenüber blieb die Summe der Einkommenssteuerpflichtigen im Verhältnis zur Bevölkerung bemerkenswert stabil und niedrig. Während es also keine Besteuerung ohne Repräsentation gab, existierte eine ganze Menge an Repräsentation ohne direkte Besteuerung. Unter diesen Umständen kann es kaum überraschen, daß es nach dem Reformgesetz von 1884 zu einem wachsenden Druck kam, die direkte Besteuerung zu erhöhen: Zwischen 1867 und 1913 stieg ihr Anteil an den staatlichen Gesamteinnahmen von acht auf 36 Prozent. Der Standardsatz der Einkommenssteuer wuchs von gerade einmal zwei Pence pro £ 1876 auf 14 Pence 1913.[31]

Die Bedeutung des Zusammenhangs zwischen der Demokratisierung und dem Anstieg der direkten Besteuerung blieb den Zeitgenossen nicht verborgen. Lord George Hamilton bemerkte über die Art und Weise, wie das Reformgesetz von 1884 zu einem Wachsen des öffentlichen Drucks auf höhere Ausgaben für die Marine führte: »Die große Vermehrung der Wahlberechtigten [...] hatte in einer hohen Flutwelle die alte knickrige und knauserige Politik der Manchester-Schule überschwemmt. [...] Es stimmt, daß die große Masse jener, die kürzlich das Wahlrecht erhielten, sich direkter Besteuerung entziehen konnte, woraus neue Ausgabenbelastungen hauptsächlich gedeckt wurden; aber unabhängig von diesen persönlichen Erwägungen sind die lohnarbeitenden Klassen auf unsere Marine sehr stolz.«[32] Salisbury vertrat als Premierminister eine ähnliche Ansicht. Das Gesetz von 1884, so behauptete er, habe die Vertretung der Einkommenssteuerzahler im Unterhaus beträchtlich geschwächt. Daraufhin habe es zwangsläufig ein starkes Verlangen nach erhöhten öffentlichen Ausgaben seitens jener Parlamentarier gegeben, die Teile der Wählerschaft vertraten, die von Steuern freigestellt waren. Er warnte seinen Schatzkanzler davor, neue Marineausgaben ausschließlich aus der Einkommenssteuer zu decken:»Es ist gefährlich, sich in schwierigen Situationen allein auf realisiertes Eigentum zu stützen, weil dessen Besitzer politisch so schwach sind, daß die schädliche Finanzgebarung mit Sicherheit wachsen wird.«[33] Und nicht nur Konservative dachten so: Der liberale Robert Lowe erwartete während der Debatten um das Reformgesetz von 1867 einen Interessenkonflikt zwischen einer größer gewordenen Wählerschaft und der steuerzahlenden Elite. Derlei Befürchtungen hatten in Jeremy Bentham, Alexis de Tocqueville und John Stuart Mill respektable intellektuelle Vorläufer.[34] 1913 war es schon eine Binsenweisheit, daß»in der modernen Demokratie [...]die Politik letztendlich von der Mehrheit der Wählerschaft kontrolliert wird, die hauptsächlich aus den ärmeren Klassen besteht, und in deren Interesse manipuliert wird, während die Staatseinnahmen hauptsächlich von einer Minderheit wohlhabenderer Personen eingezogen werden«.[35]

Da der Erste Weltkrieg die Menge der Einkommenssteuerzahler stärker vergrößerte als die Zahl der Wähler, hatte er die Auswirkung, das Verhältnis zwischen Wählern und Steuerzahlern nur leicht von 7:1 auf 6:1 herabzusetzen. Spätere Reformen der Wahlgesetze, zu denen es zwischen den Kriegen kam – hauptsächlich die Herabsetzung des Wahlalters für Frauen –, ließen das Verhältnis sogar noch höher steigen, als es vor dem Krieg gewesen war: 1935 betrug es mehr als 8:1. Dazu heißt es im maßgeblichen Werk über die Geschichte der öffentlichen Ausgaben im modernen Großbritannien:»Die Ausweitung des Wahlrechts vergrößerte die politische Bedeutung von Gruppen, von denen mit höchster Wahrscheinlichkeit anzunehmen ist, daß sie überzeugt sind, die öffentlichen Ausgaben sollten zu ihrem Vorteil gesteigert werden, daß aber andererseits die notwendigen Staatseinkünfte von anderen (den Reicheren) durch solche Mittel wie progressive Besteuerung aufgebracht werden müßten.«[36] Angesichts dieser Zahlen ist es vielleicht das Überraschendste, daß es als Reaktion auf die Weltwirtschaftskrise nicht mehr Druck zugunsten der Erhöhung öffentlicher Ausgaben gab; wir werden später auf dieses Rätsel zurückkommen. Seit dem Zweiten Weltkrieg ist das Verhältnis zwischen Wählern und Einkommenssteuerzahlern von über 2:1 unmittelbar nach 1945 auf etwa 1,7:1 gefallen. Das bedeutet, daß es etwa siebzig Prozent mehr Wähler als Einkommenssteuerzahler gibt. Dieses Verhältnis hat sich seit Mitte der sechziger Jahre kaum verändert.[37] Im Gegensatz zu der These, daß im Sozialstaat »das allgemeine Wahlrecht mit dem fast allumfassenden Status des Einkommenssteuerzahlers verbunden wird«[38], verleiht die britische Demokratie mehr als 18 Millionen Menschen das Wahlrecht, die keine Einkommenssteuer zahlen, wenn sie auch selbstverständlich fast alle irgendeine Form von indirekten Steuern entrichten. Zusätzlich zu jenen Beschäftigten, deren Einkommen unter der Schranke der Einkommenssteuerpflicht bleiben, schließt diese Zahl auch die Arbeitslosen, die Empfänger von Sozialhilfe, arme Rentner, Arbeitsunfähige und Studenten ein. Angesichts des Umfangs dieser Gruppe ist es erstaunlich, daß die Bemühungen der Konservativen, die Gesamtbelastung durch direkte Steuern zu senken, in den 1980er Jahren erfolgreich waren.[39]

Die Verlagerung von der Besteuerung ohne Repräsentation zur Repräsentation ohne direkte Besteuerung bedeutet keineswegs eine britische Besonderheit. Viele Staaten des 19. Jahrhunderts knüpften das Wahlrecht an die Bedingung, daß jemand direkte Steuern zahlte. In Frankreich wurde das Wahlrecht zwischen 1824 und 1830 durch hohe Mindestsätze an direkten Steuern eingeschränkt, und jene, die die höchsten Steuern zahlten, wählten vierzig Prozent der Abgeordneten. Nur ein halbes Prozent aller Männer über 19 Jahren besaß das Wahlrecht.[40] Die Revolution von 1830 änderte daran kaum etwas. Unter dem »Bürgerkönigtum« von Louis Philippe galt als Voraussetzung für das Wahlrecht weiterhin ein Minimum an direkten Steuern. Nun durfte etwa ein Prozent der Männer über 19 wählen. Als Guizot wegen dieser hohen Schranke für die Wahlberechtigung zur Rede gestellt wurde, lautete seine Antwort einfach: »Enrichissez-vous! – Bereichert Euch!« In Preußen gründete sich das bis 1918 geltende ausgeklügelte Dreiklassenwahlrecht für das Abgeordnetenhaus auf die Zahlung direkter Steuern: Die Steuerzahler wurden je nach der Summe an Steuern, die sie zahlten, in eine Rangfolge gebracht. Anschließend wurden sie in drei Gruppen unterteilt. Jede davon brachte den gleichen Gesamtbetrag an Steuern auf. Selbstverständlich zählten zur obersten Gruppe weit weniger Personen als zu den beiden anderen, aber alle drei Gruppen waren gleichrangig im Landtag vertreten. Die meisten Einzelstaaten des Reiches begrenzten das Wahlrecht im Inneren auf ähnliche Weise; nur auf Reichsebene galt das allgemeine Wahlrecht für Männer. Insgesamt schwand die Exklusivität des Wahlrechts in Europa seit Mitte des 18. Jahrhunderts dahin. Zu beachten ist, daß Großbritannien vor 1914 im Wettlauf um die Demokratisierung hinter Frankreich und Deutschland herhinkte, während Italien hinter Großbritannien zurücklag. Nach dem Ersten Weltkrieg zerbrach jedoch der Zusammenhang zwischen Besteuerung und Repräsentation.

In den meisten modernen Demokratien besteht heute eine beträchtliche Diskrepanz zwischen der Anzahl der Menschen, die das Wahlrecht besitzen, und der Zahl jener, die Einkommenssteuer entrichten. Der britische Fall ist kein ungewöhnlicher. In den Vereinigten Staaten beträgt das entsprechende Verhältnis seit dem Krieg zwischen 1,6:1 und 1,8:1. Doch viele Wähler (ein hoher Anteil von ihnen keine Steuerzahler) üben ihr Recht, zu bestimmen, wer sie vertritt, nicht aus. Nur in den frühen sechziger Jahren übertraf die Zahl der Wähler, die an Kongreßwahlen teilnahmen, die Summe der Einkommenssteuerzahler. 1990 gingen nur etwas mehr als 61 Millionen Amerikaner zur Wahl; fast 114 Millionen (also fast doppelt so viele) zahlten Einkommenssteuer. Heute zahlen also Millionen US-Bürger Steuern, ohne vertreten zu sein; anders als bei ihren Vorvätern zur Kolonialzeit handelt es sich hier jedoch weitgehend um eine freiwillige Wahlenthaltung.

Kafkas Schloß

Es wäre ein Fehler, die Beziehung zwischen Besteuerung und politischer Vertretung so zu sehen, als beinhalte sie eine Art Modell fiskalischer Demokratisierung, als repräsentiere sie sozusagen das liberale Geschichtsverständnis, übersetzt ins Reich der Finanzen. Viele moderne autoritäre Staaten waren in der Lage, hohe Steuererträge zu erzielen, ohne der Bevölkerung irgendwelche Vertretungsrechte zu gewähren. Steuern können durchaus ohne die Zustimmung von Parlamenten eingetrieben werden. Dies gilt sowohl für die faschistischen wie die kommunistischen Regime nach dem Ersten Weltkrieg. Aber zur effektiven Durchführung benötigt man ein Heer von Steuereintreibern, eine Bürokratie.

Die Entstehung der Bürokratie im modernen Sinne – einer Körperschaft von fest besoldeten Beamten mit dem Auftrag, die Anweisungen der Exekutive auszuführen – entsprang ebensowenig wie das Auftauchen repräsentativer Versammlungen einer geradlinigen Entwicklung. Im Mittelalter und in der frühen Neuzeit wurde die weltliche Autorität dadurch eingeschränkt, daß die Kirche nahezu ein Monopol auf die Ausbildung von Menschen hatte, die fähig waren, schriftliche Anordnungen zu formulieren und durchzuführen. Die teilweise Säkularisierung des Erziehungswesens führte dann zur Ausbildung von Laien, die

imstande waren, Ämter zu besetzen. Aber das sollte uns nicht dazu ver-
führen, das Auftauchen der modernen Bürokratie zu früh anzusetzen.[41]
Die »neuen Männer«, deren Loblied die Historiker so häufig gesungen
haben, strebten oft mehr danach, sich in Form eines Gehalts oder der
Nebeneinkünfte eines Amtes ein Einkommen zu sichern, als die Effizienz der Verwaltung im Weberschen Sinn zu optimieren. Tatsächlich
waren viele Monarchen geneigt, Ämter wie staatliche Vermögenswerte
zu behandeln, was sie ja auch in dem Sinne waren, daß sie Einkünfte
hervorbrachten. Sie verkauften sie also einfach an den Meistbietenden.

Das konnte zwei verschiedene Formen annehmen: den Verkauf von
bestimmten Steuern an sogenannte Steuerpächter oder den Verkauf
von bestimmten Ämtern an Einzelpersonen. Dieses System spielte in
Frankreich eine sehr wichtige Rolle. In der ersten Hälfte des 17. Jahrhunderts kamen die drei wichtigsten Pachtbereiche, die *gabelle*, die
aides und die sogenannten *cinq grosses fermes,* die die Zölle nach 1584
kontrollierten, für achtzig Prozent der Einkünfte aus allen indirekten
Steuern auf. 1681 legte Colbert die verschiedenen Abgaben und Zölle
mit dem neuen Tabakmonopol zusammen und verpachtete sie allesamt
an ein Syndikat von vierzig Pächtern, die unter dem Namen Generalpächter bekannt wurden.[42] Die Pachtverträge wurden nach jeweils
sechs Jahren neu ausgehandelt. Der wichtigste Nachteil des Steuer-
pachtsystems ist offensichtlich: Wenn man die Steuerpächter sich
selbst überließ, dann schöpften sie einen weit größeren Teil der Staatseinkünfte ab, die durch ihre Hände gingen, als im Interesse der Exekutive lag. Die Hälfte aller Staatseinnahmen erreichte die französische
Regierung nie.[43] Obwohl es während des 18. Jahrhunderts Versuche
gab, zu einem System von *régies* zu gelangen, in dessen Rahmen die
Regierung den Steuerpächtern Gehälter und Prämien zahlte, erwies sich
der Widerstand überkommener Interessen gegen gründliche Reformen
als unüberwindlich.[44] Das Hôtel des Fermes sollte sehr bald als »gewaltige und teuflische Maschine, die jeden Bürger am Hals packt und ihm
das Blut aussaugt«, geschmäht werden.[45]

Ein anderes fiskalisches Instrument, von dem das *Ancien Régime* in
Frankreich immer stärker abhängig wurde, war der Verkauf von Ämtern. Dieses Verfahren ist »ein zweites System öffentlicher Schulden«
genannt worden, und zwar in dem Sinne, daß Amtsinhaber Kapital in
ein Amt investierten und das Einkommen daraus dann der Verzinsung
einer Anleihe entsprach.[46] 1660 gab es ungefähr 46.000 Amtsinhaber,
deren Ämter einen Kapitalwert von schätzungsweise 419 Millionen
Livres besaßen. Aus dem Blickwinkel der französischen Monarchie mag

dieses System durchaus politische Vorteile besessen haben. Als sie über den Sturz Jakobs II. nachdachten, der sich 1688 in England ereignete, kamen die Berater Ludwigs XIV. zu dem Schluß:»Hätte England so viele königliche Beamte unterhalten, wie es Frankreich tut, dann hätte sich diese Revolution nie ereignet. Denn eins ist gewiß: Eine bestimmte Anzahl von Beamten bedeutet ebenso viele Personen, die aus Überzeugung für die Aufrechterhaltung der königlichen Autorität eintreten. Ohne diese Macht wären sie nichts. Würde diese zerstört, dann würden sie sofort sehr viel Geld verlieren, mit dem sie ihre Stellungen gekauft haben.«[47]

Das Problem bestand darin, daß die haushaltswirtschaftlichen Kosten des Systems größer als sein Nutzen waren. Obwohl nur für eine Minderzahl der Ämter Gehälter gezahlt wurden, bedeuteten sie doch eine starke Belastung für die Krone, die nur teilweise durch Steuern ausgeglichen werden konnte, die, wie die *paulette,* von den Amtsinhabern zu entrichten waren. Bereits 1639 waren die jährlichen Zahlungen an Amtsinhaber höher als die neuerwirtschafteten Einnahmen durch den Verkauf von Ämtern. Zu Colberts Zeiten erhielt die Krone von Amtsinhabern Steuern in Höhe von zwei Millionen Livres, zahlte ihnen aber 8,3 Millionen Livres an Gehältern. Obwohl es Colbert gelang, 20.000 Ämter abzuschaffen, wurde seine Arbeit teilweise durch die hohen Kosten des Niederländischen Krieges der 1670er Jahre zunichte gemacht.[48] Der 1770 unternommene Versuch Maupeous, die Menge der Ämter zu reduzieren, verringerte deren Gesamtzahl nur um fünf Prozent.[49]

Anstelle der Steuerpacht und käuflicher Ämter entwickelte Großbritannien mit dem Department of Excise den Prototyp eines modernen Ministeriums, das sich auf»Rekrutierung durch Prüfung, Ausbildung, Beförderung aufgrund von Verdiensten, regelmäßige Gehaltszahlungen und Pensionen sowie standardisierte bürokratische Verfahren« gründet.[50] Gleichzeitig kam es zu einer Zentralisierung anderer Arten der Eintreibung von Staatseinkünften. Am Ende der Regierungszeit Karls II. war die Steuerpacht abgeschafft und das Schatzamt einzig und allein für die Rechnungsführung von Einnahmen und Ausgaben aller zentralen »Ministerien« verantwortlich, eine Aufgabe, die schließlich von der Treasury übernommen wurde.[51] Diese Reformen entsprachen beinahe einer»Verwaltungsrevolution« mit dramatischen Ergebnissen: »In den 1670er Jahren verfügte Karl II. über 2,7mal so viele Staatseinkünfte, wie sein Vater unter ungeheuren Schwierigkeiten hatte eintreiben können. Fünfzig Jahre später waren die Staatseinkünfte des neu eingerichteten Regimes des Hauses Hannover achtmal und in den

1770er Jahren elfmal so hoch wie die Summe, die Karl I. ausgegeben hatte. Nach den Kriegen gegen Napoleon verfügte der britische Staat über 36mal soviel Einnahmen, wie jener [...] Stuart-Monarch zwei Jahrhunderte zuvor eingetrieben hatte.«[52]

Eher in dieser institutionellen Hinsicht als in bezug auf ihre absoluten ökonomischen Ressourcen bleiben die kontinentalen Großmächte hinter Großbritannien zurück. Einer groben Berechnung zufolge gab es in Großbritannien auf jeweils 1.300 Menschen einen »Finanzbeamten«, die Vergleichszahl in Frankreich lag bei 4.100, in den Niederlanden bei 6.200 und in Preußen – das oftmals fälschlich als ein stärker als Großbritannien bürokratisierter Staat beschrieben wird – bei 38.000.[53] Die britische Finanzbürokratie hat sich zwischen 1690 und 1782 mehr als verdreifacht: Die Excise wurde allgemein als »das Ungeheuer mit den zehntausend Augen« bezeichnet.[54] Nach John Bosher ging es bei der Französischen Revolution teilweise darum, einen ähnlichen Übergang zu einem bürokratischen anstelle eines »korrupten« (oder eher unternehmerischen) Finanzwesens zu erreichen – ein Wandel, der vor 1789 durch Necker und Brienne ausgelöst wurde.[55] Symbolhaft wurden während der Revolution 36 Steuerpächter verhaftet, 28 von ihnen wurden am 8. Mai 1794 guillotiniert.[56] Unter ihnen befand sich der große Chemiker Antoine Lavoisier, der seine Forschungen aus seinem Einkommen als Steuerpächter finanziert hatte.[57]

Nach den napoleonischen Kriegen gab es in den meisten Staaten nachhaltige Bestrebungen, die Zahl der Beschäftigten im öffentlichen Dienst zu senken. Der Abbau der indirekten Steuern war nicht nur nach dem Prinzip *Laisser-faire, Laisser-passer* gerechtfertigt, sondern auch als ein Mittel, die Steuern eintreibende Bürokratie zu verkleinern. Es ist zwar viel über die Modernisierung der Regierungstätigkeit in der Mitte des 19. Jahrhunderts geschrieben worden, doch machen die Statistiken deutlich, daß der »Nachtwächterstaat« eine Realität war. 1891 betrug der gesamte Personalbestand des britischen Staatsdienstes weniger als zwei Prozent aller Arbeitskräfte im Lande. Auf dem Kontinent lagen die entsprechenden Zahlen ein wenig höher. In Italien betrugen sie 1871 etwas über 2,6 Prozent; in Deutschland waren es 3,7 Prozent im Jahr 1881. Selbst die höchst formvollendete Habsburger Bürokratie war im Verhältnis zur anschwellenden Bevölkerungszahl der Doppelmonarchie klein. Seit der Jahrhundertwende gab es überall freilich eine deutliche Zunahme der im öffentlichen Dienst Beschäftigten. In den 1920er Jahren betrug der Anteil der Staatsdiener in Italien mehr als fünf Prozent, in Großbritannien sechs, in Deutschland acht Prozent.

In seinem monumentalen Hauptwerk »Wirtschaft und Gesellschaft«
schilderte Max Weber die moderne Bürokratie als bewundernswert
rationale Institution. Doch als Webers Werk in den zwanziger Jahren
erschien, griff bereits Enttäuschung über die Bürokratie um sich. Das
geschah nicht zuletzt in der Folge der gewaltigen Expansion des öffentlichen Dienstes in den Jahren des Krieges und der Inflation, ein Phänomen, das stärker mit der Zunahme von Bürokratismus und Korruption
als mit der Ausbreitung von rationalem Handeln zusammenhing. Die
Realität der modernen Bürokratie gemahnte eher an Franz Kafkas
Roman »Das Schloß«, wo geheimnisvolle Akten auf grauen Fluren hin
und her geschoben und schließlich nach undurchschaubaren Regeln
gesichtslosen Federfuchsern hinter immergleichen Bürotüren zugeteilt
werden. Der Typus des Beamten, der ehemals als Inbegriff preußischer
Tugenden bewundert wurde, entwickelte sich zur Verkörperung von
Faulheit und Eigennutz.

Bezeichnenderweise machte Hitler aus der Bürokratie einen Popanz.
Er teilte die weitverbreitete Überzeugung, daß die Bürokratie sich selbst
erhalte. Doch die Art, wie der Diktator den Wettbewerb zwischen einander überlappenden Staats- und Parteiinstitutionen anfachte, förderte
eher die Bürokratisierung.[58]

Nicht nur in den totalitären Systemen dehnte sich der öffentliche
Sektor aus. 1950 war die Zahl der dort Beschäftigten in Großbritannien,
hauptsächlich aufgrund der Verstaatlichungen, auf über zehn Prozent
gestiegen.[59] Dieses Wachstum hat sich seitdem mehr oder weniger in
jedem entwickelten Land fortgesetzt. Nur in einem Fall gab es eine starke
Gegentendenz. In zwölf von 17 OECD-Ländern ist der Anteil der Staatsdiener kaum gesunken, seitdem sie Mitte der 1990er Jahre ihren Höhepunkt erreichte. In Schweden, Norwegen und Dänemark liegt die Quote
der Beschäftigten im öffentlichen Sektor bei mehr als 30 Prozent. In
Frankreich, Finnland, Österreich beträgt ihr Anteil über 20 Prozent. Portugal, Spanien, Italien und Deutschland erlebten in den 1990er Jahren
Beschäftigungsraten im öffentlichen Sektor von mehr als 15 Prozent
aller Erwerbstätigen. Die Schweiz und Griechenland standen nicht weit
dahinter zurück. Ausnahmen bilden die USA, wo die Zahl der Beschäftigungsverhältnisse im Regierungsdienst Mitte der siebziger Jahre den
Höhepunkt erreichte, sowie Großbritannien, Irland, Belgien und Japan,
wo der Gipfel in den achtziger Jahren erreicht wurde. Aber seit dieser
Höchstphase hat es nur in Großbritannien eine erhebliche Verminderung gegeben. Im Jahre 1983 erreichte die Beschäftigung im Regierungsdienst hier ein Nachkriegsmaximum von 22 Prozent aller Beschäf-

tigten; 1999 war der Anteil auf 13,6 Prozent gesunken, und er lag damit sogar noch unter jenem in den Vereinigten Staaten. Unter den entwickelten Länder beschäftigen nur Japan und Griechenland noch weniger Menschen im öffentlichen Dienst.

Wie hoch auch immer die volkswirtschaftlichen Kosten eines hohen Niveaus an Beschäftigung im Staatsdienst sein mögen, das fiskalische Problem im engeren Sinne liegt darin, die Gehälter im öffentlichen Dienst festzulegen, fehlt es doch an jenen Informationen, die es im privaten Sektor erlauben, die Produktivität zu messen; und dabei existieren in der Regel Gewerkschaften des öffentlichen Dienstes, die für Gehaltserhöhungen eintreten, die über den Inflationsraten liegen. Das schiere Volumen der Lohn- und Gehaltskosten im öffentlichen Sektor ist beunruhigend. Im Jahre 1992 betrugen sie ein volles Drittel aller Staatsausgaben in Großbritannien.[60] In den Vereinigten Staaten war es ein Fünftel.[61] Geringfügige Gehaltserhöhungen können daher gewaltige haushaltspolitische Auswirkungen haben. Ein Paradox der modernen Demokratie liegt in der Neigung der Regierungen, auf Kritik an öffentlichen Dienstleistungen durch Steigerung der Gehälter in diesem Bereich zu reagieren. Wählen wir ein Beispiel aus Großbritannien. Gehaltserhöhungen für das Pflegepersonal im Staatlichen Gesundheitsdienst können zur Kürzung der Summen führen, die für Krankenhäuser, Betten, medizinisches Gerät und Arzneien ausgegeben werden. Sie können daher zu einer weiteren Verschlechterung der Betreuung der Patienten führen. Allerdings bedeuten sie zweifellos eine Verbesserung des Lebensstandards des Krankenhauspersonals.[62]

Sklavenstaaten

Die Staaten können sich seit langem einen beträchtlichen Teil des Volkseinkommens durch Steuern sichern. Hohe Steuerbelastungen sind keineswegs ein Phänomen des 20. Jahrhunderts. Die Staatseinkünfte des Kalifats der Abbasiden im späten 8. Jahrhundert lagen zwischen einem Sechstel und einem Viertel des Sozialprodukts.[63] Die venezianischen Steuereinnahmen betrugen Ende des 16. Jahrhunderts zwischen 14 und 16 Prozent des Bruttosozialprodukts.[64] Die gesamten Staatseinkünfte der Vereinigten Provinzen der Niederlande entsprachen um 1688 ungefähr einem Viertel des gesamten Volkseinkommens.[65] Der große Wirtschaftshistoriker Alexander Gerschenkron schätzte die Steuerbelastung in Rußland auf etwa Zwei Drittel der gesamten Getreideernte von 1710, das war ein Niveau an fiskalischer Auspressung, das erst unter Stalin wieder erreicht werden sollte.[66] Die Geschichte des Aufstiegs Großbritanniens zur Großmacht ist aus guten Gründen auch die Chronik einer wachsenden Steuerbelastung. Zur Regierungszeit Elisabeths I. »übertrafen« die königlichen Einnahmen »niemals zwei Prozent des Volkseinkommens«, sie betrugen allerhöchstens fünf Prozent, wenn man gelegentliche Zwangsanleihen, durch Beamte erhobene Gebühren und lokale Abgaben einbezieht.[67] Noch im Jahre 1698 entrichteten die Briten nach Einschätzung des frühen politischen Ökonomen Charles Davenant einen kleineren Teil ihres Volkseinkommens an Steuern, als ihre Nachbarn auf dem Kontinent.[68] Im Laufe des 18. Jahrhunderts wuchs die Steuerbelastung in Großbritannien dann aber schnell an. Der Anteil aller öffentlichen Ausgaben am Volkseinkommen stieg von weniger als vier Prozent Mitte der 1680er Jahre auf einen Höchststand von 17 bis 20 Prozent in den Kriegsjahren des 18. Jahrhunderts.[69] Selbst damals lag der absolute Betrag an Steuereinnahmen in Großbritannien niedriger als im gering besteuerten Frankreich: Es wird allzu leicht vergessen, daß das französische Bruttosozialprodukt noch in den 1780er Jahren doppelt so hoch wie das britische war. Ein Grund, warum Großbritannien seinen größeren Nachbarn militärisch derart wirksam herausfordern konnte, bestand in den höheren Steuersätzen.[70] Prozentual am Bruttosozialprodukt gemessen, waren die gesamten Steuern im Jahre 1788 in Großbritannien nahezu doppelt so hoch wie in Frankreich: 12,4 Prozent gegenüber 6,8 Prozent. Wäre Frankreich imstande gewesen, nur ein wenig mehr Steuern zu erheben, dann hätte sich die Finanzkrise des Landes abwenden lassen.[71]

Wie in Kapitel 1 gezeigt, war der Hauptgrund für Steigerungen der Staatsausgaben und daher der Besteuerung in der Regel der Krieg. In Friedenszeiten pflegten Ausgaben und Besteuerung meist erheblich zu fallen. Das war ein Grund, warum im relativ friedlichen 19. Jahrhundert Steuerbelastungen in den meisten Ländern auf historische Tiefpunkte sanken. Im 20. Jahrhundert dagegen gingen nach beiden Weltkriegen die öffentlichen Ausgaben nicht wieder auf das Vorkriegsniveau zurück, dies galt in absoluten Zahlen ebenso wie inflationsbereinigt, pro Kopf wie im Verhältnis zum Bruttosozialprodukt. In Preisen von 1990 betrugen die Gesamtausgaben der öffentlichen Hand 1913 in Großbritannien 15,3 Milliarden £; zehn Jahre später waren es 27,5 Milliarden; und nach dem Zweiten Weltkrieg fielen sie niemals unter sechzig Milliarden.[72] Die öffentlichen Ausgaben stiegen seit 1945 Jahrzehnt um Jahrzehnt sowohl real als auch pro Kopf, obwohl es keinen großen

Krieg gab. Selbst ihr Anteil am Bruttosozialprodukt wuchs bis in die 1980er und 1990er Jahre, als gleichsam ein Hochplateau erreicht war. Die Ausgaben der Bundesregierung der Vereinigten Staaten betrugen 1950 gemessen am Bruttosozialprodukt 16 Prozent, 1992 waren 36,6 Prozent erreicht.[73] In Europa stieg die Staatsquote sogar noch höher: sie erreichte Spitzenwerte von 45 Prozent in Großbritannien 1993, 50 Prozent in Deutschland 1995, 55 Prozent in Frankreich 1996 und 57 Prozent in Italien 1993. Die höchsten Ausgabenquoten in den entwickelten Ländern gab es in Skandinavien: Schweden erklomm 1993 ein Maximum von 71 Prozent, Dänemark von 60 Prozent.[74]

Die übliche Erklärung für dieses fast universelle Phänomen liefert der Aufstieg des »Sozialstaats«. Aber was bedeutet diese abgedroschene Phrase genau? Wenn wir unter Sozialstaat eine politische Ordnung verstehen, die öffentliche Mittel einsetzt, um Einkommensungleichheiten zu vermindern, sei es durch direkte Subventionen für die weniger Gutgestellten, sei es durch Bereitstellung von Dienstleistungen für die Armen unter Marktpreisen, dann ist das keine vollkommen neue Erfindung. Die Hälfte der erwachsenen männlichen Bevölkerung Athens empfing im 5. Jahrhundert v. Chr. in irgendeiner Form staatliche Zahlungen. Ungefähr zehn Prozent der Staatsausgaben in Rom flossen unter Kaiser Augustus in Zuwendungen für die römische Plebs. Im Mittelalter und der frühen Neuzeit wanderten demgegenüber die meisten staatlichen Transferzahlungen von den Steuerzahlern an relativ wohlhabende Gruppen, nämlich Juristen, Soldaten, Waffenlieferanten und Finanziers.[75] Unter den Mogul-Herrschern in Indien erhielten der Kaiser und die 122 führenden Aristokraten – ein winziger Bruchteil einer Gesamtbevölkerung von 110 Millionen – etwa ein Achtel des Sozialprodukts.[76] Allerdings schwankten in den westlichen Gesellschaften die Einstellungen gegenüber der Armut. Manchmal wurde in Krisenzeiten staatliche Hilfe gewährt, häufiger aber blieb die Verantwortung für die Unterstützung der Bedürftigen der Mildtätigkeit und der Selbsthilfe überlassen. Der Staat hatte nur die Aufgabe zu erfüllen, disziplinierend gegenüber Randgruppen aufzutreten.

Wieviel man tun konnte, um ohne staatlichen Eingriff bei Armut und Krankheit Erleichterung zu verschaffen, wird oftmals vergessen. In Großbritannien brachten »Friendly Societies« (Versicherungsvereine auf Gegenseitigkeit/Arbeiterhilfsvereine) in erstaunlichem Maß klug angelegte Ersparnisse auf. Bis kurz vor 1914 sahen die Verhältnisse nach Jose Harris wie folgt aus: »Die jährlichen Einnahmen und Ausgaben von eingetragenen und nicht eingetragenen Wohltätigkeitsorganisationen,

Versicherungsvereinen auf Gegenseitigkeit, Sparvereinen, Beihilfe zahlenden Gewerkschaften und anderen Wohltätigkeits- und Selbsthilfeorganisationen überstiegen bei weitem das Jahresbudget für Leistungen nach dem Fürsorgegesetz – die ihrerseits sehr viel umfangreicher als die Ausgaben der Zentralregierung für Wohlfahrtszwecke waren.«[77] Bereits 1803 hatte es mehr als 9.000 Arbeiterhilfsvereine oder Versicherungsvereine auf Gegenseitigkeit mit über 700.000 Mitgliedern gegeben. 1877 war ihre Mitgliederzahl auf 2,75 Millionen gestiegen, und weitere vierzig Jahre später stand sie bei 6,6 Millionen. Hinzu kamen mehr als zwei Millionen Menschen, die Mitglieder nichteingetragener mildtätiger Gesellschaften waren.[78] Als 1911 in Großbritannien eine staatliche Versicherung eingeführt wurde, waren bereits Dreiviertel der von dem neuen Vorhaben Betroffenen Mitglieder von Arbeiterhilfsvereinen. Die privaten Versicherungen wuchsen nach 1911 sogar noch schneller als die staatliche Versicherung: Am Vorabend des Zweiten Weltkriegs überstiegen die Prämien für private Versicherungspolicen den Gesamtaufwand für staatliche Projekte, die Gesundheit, Arbeitslosigkeit und Altersversorgung betrafen.[79] Selbsthilfe war also weit mehr als ein frommer viktorianischer Wunsch; für einen beträchtlichen Teil der arbeitenden Bevölkerung war sie eine Realität. Die Konsequenz war ein häufig tiefsitzendes Mißtrauen gegenüber staatlichen Eingriffen. Das manifestierte sich insbesondere, um einen Bergarbeiter aus Longton zu zitieren, der 1912 von R.H. Tawney interviewt wurde, in Verärgerung über Außenstehende,»die uns unwissende Menschen veranlassen wollen, so zu leben, wie wir nach ihrem Dafürhalten leben sollten«.[80] Es waren also nicht nur libertäre Geister wie Hilaire Belloc, die dem« Sklavenstaat« feindlich gegenüberstanden.[81]

Darüber hinaus gab es auch, ohne daß der Staat dazu beitrug, Beistand für jene, die sich nicht selbst helfen konnten. Die Spenden an Wohltätigkeitsorganisationen summierten sich zu einer nicht unbeträchtlichen »freiwilligen Steuer«, durch die hauptsächlich im Erziehungs- und Gesundheitswesen eine Vielzahl humanitärer Bestrebungen finanziert wurden. 1910 betrugen die Gesamteinnahmen der eingetragenen Wohltätigkeitsorganisationen in Großbritannien 13 Millionen £: Das ist mehr als die 12,3 Millionen £, die die Kommunalbehörden ausgaben, um das Los der Armen zu erleichtern.

Dennoch wurden um die Jahrhundertwende die politischen Argumente für mehr staatliche Aktivitäten unwiderstehlich. Das geschah auf der Grundlage eines Zusammenspiels von sozialistischen Theorien, der Zurückweisung des *Laisser-faire* durch einen »neuen« Liberalismus und konservativen Sorgen um eine sinkende »Leistungsstärke der Nation«, wie sie sich vorgeblich im Burenkrieg offenbart hatte. Für den Anstieg der öffentlichen Ausgaben vor 1914 war die politische Rechte genauso verantwortlich wie die Linke. In Großbritannien wurden der kostenlose Grundschulunterricht sowie Subventionen für die irischen Bauern – »der Preis, den wir für die Union zu zahlen haben« – durch die konservative Regierung unter Lord Salisbury eingeführt. Aber die eigentliche Wende brachte die liberale Regierung der Jahre 1905 bis 1915. Sie führte freie Mahlzeiten und ärztliche Pflichtuntersuchungen in den Schulen ein. Die Übernahme eines Modells, das aus Bismarcks Reich stammte, gewährleistete ein System beitragsfreier Altersversorgung, auf die man ab dem Alter von siebzig Jahren Anspruch hatte.[82] Für die untersten Einkommensschichten entstand eine Form von staatlicher Zwangsversicherung gegen Krankheit und Arbeitslosigkeit, bei der der Staat die Beiträge der Arbeitgeber ergänzte. Wie viele Regelungen auf dem europäischen Kontinent stützte sich die staatliche Versicherung in Großbritannien auf bestehende Netzwerke von Arbeiterhilfsvereinen und Versicherungsgesellschaften. Zwischen 1912 und 1938 stieg die Zahl der von der Regelung betroffenen Menschen um mehr als das Vierfache. Von nun an bildeten Übertragungszahlungen an die Alten, Kranken und Armen eine integrale und wachsende Komponente der Staatsausgaben.

Die Zunahme der öffentlichen Ausgaben zeigte sich auch auf kommunaler und regionaler Ebene. In Großbritannien waren die Ausgaben der Gebietskörperschaften während eines Großteils des 19. Jahrhunderts weitgehend durch das neue Fürsorgegesetz, das berüchtigte »Poor Law« von 1834, unter Kontrolle gehalten worden. Nur die Allerbedürftigsten waren bereit, sich der gestrengen Obhut des Arbeitshauses anheim zu geben. Seit den 1880er Jahren begann sich das zu ändern. Die Grafschaftsräte erhielten die Verantwortung für die Wohnungsverhältnisse und das Erziehungswesen. Zwischen 1870 und 1913 verfünffachten sich die Ausgaben der Gebietskörperschaften.[83] In Deutschland gewährte das bundesstaatliche System den Landes- und Kommunalregierungen mehr Spielraum: Ihre Ausgaben für Erziehung, Wohlfahrt, Gesundheitsversorgung und Wohnungswesen stiegen ständig, und in jedem dieser Bereiche kamen sie 1913 auf fast die Hälfte aller Ausgaben des öffentlichen Sektors.[84]

Bekanntlich trieb der Erste Weltkrieg nicht nur die militärischen Ausgaben nach oben, er erweiterte auch den Umfang der Aktivitäten der Regierungen beträchtlich. In Großbritannien gab es nicht nur neue

Ministerien für das Munitionswesen und die Luftfahrt, sondern auch
für Ernährung und Arbeit sowie für Gesundheit. Obwohl die anspruchsvollen Pläne für Investitionen in »Heimstätten für Helden« scheiterten,
erwies es sich als unmöglich, den Staat in die Stellung zurückzudrän-
gen, die er vor dem Krieg innegehabt hatte. Was neu errichtete Woh-
nungen anging, so baute die öffentliche Hand in den Jahren 1921 und
1922 weit mehr als der private Sektor; danach setzte sie diese Aktivität
auf einem niedrigeren Niveau fort. Erneut übernahm der Staat hier in
allen Jahren zwischen 1941 bis 1959 die Führung.[85] Die beispiellose
Arbeitslosigkeit der Zwischenkriegszeit zwang die Regierungen überall
dazu, mehr Geld auszugeben, so sehr sie das auch vermeiden wollten.
Die vor dem Krieg entwickelten Modelle für eine Pflichtversicherung
konnten mit einer derart hohen und anhaltenden Arbeitslosigkeit nicht
fertig werden. In Ländern wie Deutschland, die nach dem Kriege eine
ausufernde Inflation erlebten, wurden die Rücklagen der Arbeitslosen-
versicherung einfach hinweggerafft. Nun mußten die Regierungen Unterstützung an Arbeitslose zahlen; oder sie mußten öffentliches Geld einsetzen, um ihnen Arbeit zu geben, was der teurere Ausweg zu sein
schien. Es ist sehr viel von der Macht des orthodoxen Denkens im britischen Finanzministerium gesprochen worden, was dazu führte, daß das
Ministerium während der Krisenjahre Widerstand gegen höhere Staatsausgaben leistete. Doch was die öffentlichen Ausgaben für Transferzahlungen oder öffentliche Arbeiten verschiedener Art angeht, so machte
die Treasury vor 1939 große Zugeständnisse.

Es stimmt wahrscheinlich, daß autoritäre Regime zwischen den beiden Weltkriegen auf diesem Gebiet mehr Ambitionen hegten oder sich
weniger respektvoll gegenüber der finanzpolitischen Orthodoxie verhielten, die letztendlich den Tod vorbildlicher Wohlfahrtsstaaten wie der
Weimarer Republik zu verantworten hatte.[86] Wenn es auch 1938 soweit
war, daß die Rüstungspolitik die deutsche Wirtschaft dominierte, so
vertraten die Nationalsozialisten doch ursprünglich eine Arbeitsbeschaf-
fungspolitik, die nicht bloß ein Nebeneffekt der Wiederaufrüstung war.
Sie gaben bis Ende 1934 fünf Milliarden Reichsmark für Arbeitsbeschaffung aus und steckten noch mehr Geld in den Bau von 4.000 Kilometern
Autobahn, bei dem bis zu 120.000 Arbeiter beschäftigt wurden. Dazu
erklärte Hitler im Juli 1933, entscheidend bei all dem sei die Schaffung
von Arbeitsplätzen.[87] Bekanntlich hat die Politik des Regimes, staatliche Investitionen in Infrastruktur und Aufrüstung zu stecken, dazu
geführt, daß Mitte der dreißiger Jahre Vollbeschäftigung herrschte. Allerdings diskutieren die Historiker immer noch über die relative Bedeu-

tung von zivilen Maßnahmen zur Arbeitsbeschaffung einerseits und Aufrüstung andererseits.

Die Sozialpolitik spielte im Denken der Nationalsozialisten bereits eine zentrale Rolle, ehe Hitler an die Macht gelangte. 1931 nahm Goebbels die Nationalsozialistische Volkswohlfahrt unter seine Fittiche. Ab Mai 1933 verbreitete sie sich über das ganze Reich und schluckte dabei die freien Wohlfahrtsverbände. 1939 erreichte sie die Hälfte aller Haushalte. Nur die Deutsche Arbeitsfront hatte mehr Mitglieder. Selbstverständlich vertrat der Nationalsozialismus seine besondere Auffassung von Sozialpolitik, »fremdrassische Elemente« wurden bewußt ausgeschlossen, und es wurden staatliche Aktivitäten gefördert, um die »Volksgemeinschaft« zu stärken, wie Hitler es wünschte. Ansonsten verfügte der nationalsozialistische Wohlfahrtsstaat über höchst »moderne« Züge: obligatorische Abzüge für die Winterhilfe von den Lohn- und Gehaltsabrechnungen, Kindergeld zur Förderung der Geburten, subventionierte Kreuzfahrten und Urlaubslager der Organisation »Kraft durch Freude«.[88]

Der Wohlfahrtsstaat war also keine Erfindung von William Beveridge oder der Labour-Regierung von 1945, die die Empfehlungen seines berühmten Berichts durchsetzte. Die meisten Schlüsselelemente der Wirtschaftspolitik jener Regierung – progressive Besteuerung, staatliche Versicherung, öffentlich finanzierte Erziehung und Staatseigentum an den Schlüsselindustrien – hatten ihre Ursprünge vor den vierziger Jahren. Selbst die Auffassung, daß man die Finanzpolitik entsprechend steuern könne, um Vollbeschäftigung zu erreichen, war gelegentlich bereits praktisch erprobt worden, bevor Keynes ihr in seiner »General Theory« von 1936 Respektabilität verlieh. Neu in Großbritannien nach 1945 war die universelle Geltung der Maßnahmen und die Abschaffung der behördlichen Einkommensermittlung als Grundlage für die Berechtigung, bestimmte Beihilfen zu erhalten. Die entscheidende Konsequenz war folgende: Solange die Beiträge zur staatlichen Zwangsversicherung nicht regelmäßig der Entwicklung angepaßt wurden, um nicht nur die Inflation, sondern auch die Nachfrage nach Gesundheitsfürsorge oder Arbeitslosengeld zu berücksichtigen, mußten die Leistungen, auf die man Anspruch hatte, fast unvermeidlich höher als das sein, was Berechtigte unter einem echten Versicherungssystem hätten erwarten können. Die Zerstörung des Zusammenhangs zwischen geleisteten Beiträgen und erhaltenen Leistungen war die schwache Stelle des britischen Wohlfahrtssystems.

Ursprünglich wirkte die National Insurance, die staatliche Pflichtversicherung, tatsächlich regressiv, solange Beiträge und Leistungen für alle einheitlich waren.[89] Zur ersten Abweichung von diesem Prinzip kam es 1959, als einkommensbezogene Ergänzungen für Altersrenten und Beiträge eingeführt wurden, was bezeichnenderweise die progressiven Wirkungen des Steuersystems erhöhte. Der zweite Verstoß erfolgte in den achtziger Jahren, als die Konservativen die Verbindung zwischen der Höhe der Einkünfte und jener der staatlichen Ruhegehälter abschafften. Das hat die Verpflichtungen der britischen Regierung in Hinblick auf Staatsrenten im Vergleich zu vielen anderen europäischen Ländern beträchtlich reduziert. Mitte der 1990er Jahre entsprach die effektive Kürzung der Altersversorgung einer Einsparung von drei Prozent des Bruttoinlandsprodukts.[90] Aber die Tatsache, daß die Verbindung zwischen Einkünften und Beiträgen zur staatlichen Zwangsversicherung *nicht* zerstört wurde, bedeutete einen weiteren Schritt in die Richtung, die Beiträge zur National Insurance als Schatteneinkommenssteuer zu behandeln.[91] Allzu selten wird darauf hingewiesen, daß die Regierung Thatcher zwar die Einkommenssteuern senkte, aber zugleich die Standardbeiträge der Arbeitnehmer zur staatlichen Versicherung von 6,5 auf neun Prozent heraufsetzte. Verdiente jemand nur die Hälfte des Durchschnittsgehalts, dann bedeuteten die Beiträge zur Pflichtversicherung eine fast ebenso große Belastung wie die Einkommenssteuer.[92]

In gleicher Weise hat die Schaffung eines Nationalen Gesundheitsdienstes, der durch Steuern finanziert wurde, aber vermeintlich »bei Benutzung kostenlos« war, sämtliche bei einer alternden Bevölkerung steigenden Kosten, zu schweigen von den Folgekosten immer komplizierterer medizinischer Behandlungsmethoden, direkt dem Staatshaushalt der Zentralregierung auferlegt. Nach Schätzung der Regierung aus den achtziger Jahren waren real ein Prozent Mehrausgaben pro Jahr notwendig, um die Ausgaben pro Kopf konstant zu halten; die Zahl für die 1990er Jahre dürfte näher bei zwei Prozent liegen.[93] Der Druck auf die Regierungen, von welcher der beiden Parteien sie auch gestellt werden mögen, die Staatsausgaben insgesamt zu zügeln, hat dazu geführt, daß eine derartige Steigerung nicht erreicht wird. Praktisch stellt der staatliche Gesundheitsdienst ein System zentraler Rationierung dar. Die Auswirkungen laufen darauf hinaus, die Gesamtausgaben für das Gesundheitswesen im Verhältnis zum Bruttosozialprodukt beträchtlich unter den europäischen und nordamerikanischen Durchschnittsstandards zu halten.[94]

Vom Militärstaat zum Wohlfahrtsstaat

Die in diesem Kapitel geschilderten Prozesse bieten in ihrer Gesamtheit eine historische Erklärung für den Übergang vom Militärstaat zum Wohlfahrtsstaat. Die Prozesse der Parlamentarisierung und der Bürokratisierung wurden zuerst durch die Kosten der Kriegsführung notwendig. Im 20. Jahrhundert entwickelten sie eine Eigendynamik. In zunehmendem Maße wurden Ressourcen von den Waffenträgern an die zivilen Beschäftigten im Staatsdienst sowie zur Umverteilung umgelenkt.

Die einfachste Methode, das Ausmaß dieses Wandels deutlich zu machen, bildet der Vergleich der Finanzen der Regierung in Großbritannien 1898 und 1998. Die Bruttoausgaben des Staates betrugen 1898 gerade einmal 6,5 Prozent des Bruttosozialprodukts. 1998 lag die vergleichbare Zahl bei 39 Prozent. 1898 war der größte Einzelposten des Haushalts mit 36 Prozent die Verteidigung, dann folgten mit 21 Prozent der Schuldendienst und mit 20 Prozent die Verwaltungskosten. Nur zehn Prozent wurden für »Erziehung, Kunst und Wissenschaft« ausgegeben. 1998 waren die größten Ausgabenposten soziale Sicherheit mit 30, Gesundheit mit 17 und Erziehung mit zwölf Prozent. Die beiden Posten, die vor einem Jahrhundert die größten waren, Verteidigung und Schuldendienst, müssen nun mit sieben respektive neun Prozent auskommen. Nicht weniger erheblich sind die Veränderungen auf der Ertragsseite. 1898 waren die wichtigsten Quellen des Staatseinkommens die Verbrauchsabgaben mit 29 Prozent, es folgten die Einnahmen durch Zölle mit 19, die Einkommenssteuer mit 15 und die Erbschaftssteuer mit 13 Prozent. 1998 sind die Haupteinnahmequellen die Einkommenssteuer mit 26 Prozent, Beiträge zur staatlichen Versicherung mit 16 Prozent und ebenfalls mit 16 Prozent die Mehrwertsteuer. Die Erbschaftssteuer bringt nunmehr weniger als ein Prozent ein; die Einnahmen aus Zöllen machen bloß ein halbes Prozent aus.[95]

Wie diese Zahlen zeigen, ist an der Vorstellung vom Staatshaushalt als Instrument zur Umverteilung nichts neu. Der hohe Anteil des Schuldendienstes 1898 stand für einen Transfer, der nicht viel weniger umfangreich war als 1998 das System der sozialen Sicherheit. Es hat sich nur das Wesen der Umverteilung verändert. Von einem System, das als Konsequenz der Art und Weise, wie es Kriege finanzierte, gesellschaftlich regressiv war, ging man zu einem System über, das sich vor allem die Aufgabe gesetzt hat, die materielle Ungleichheit erkennbar zu verringern.

Angesichts des allem Anschein nach unaufhaltsamen Wachstums der

Sozialausgaben können wir nun fragen, ob es »eine Grenze der Besteuerungsfähigkeit« gibt.[96] Der amerikanische Präsident Calvin Coolidge soll dazu gesagt haben: »Nichts ist leichter als öffentliches Geld auszugeben. Es scheint niemandem zu gehören. Die Versuchung ist überwältigend, es irgend jemand zu schenken.« Doch sogar die am stärksten zum Dirigismus neigenden Sozialdemokraten mußten irgendwo eine Grenze ziehen, wenn es überhaupt einen ernsthaften Unterschied zwischen ihrem Credo und dem totalitären Sozialismus geben sollte. 1976 erklärte der Labour-Innenminister Roy Jenkins: »Ich glaube nicht, daß man die öffentlichen Ausgaben über sechzig Prozent hinauftreiben und gleichzeitig die Werte der pluralistischen Gesellschaft mit angemessener Freiheit der Wahl aufrechterhalten kann. Wir befinden uns hier dicht an einer der Grenzen der Sozialdemokratie.«[97]

Es besteht keine Notwendigkeit, daß sich Politiker solche »Demarkationslinien« ausdenken. Denn es existieren wirkliche ökonomische Zwänge, die verhindern, daß die Staatsausgaben und die Beschäftigungsverhältnisse im Staatssektor über die Hälfte aller Arbeitserträge oder ein Drittel der Arbeitsplätze steigen. Einen der Gründe hierfür haben wir bereits kennengelernt: Es gibt eine Grenze dessen, was man an Steuern hereinholen kann, um Ausgaben zu finanzieren, bevor die Erträge nicht nur im Hinblick auf die Staatseinnahmen, sondern auch auf das ökonomische Gesamtwachstum zu schwinden beginnen.[98] Nun wenden wir uns einer anderen Variablen in Hinblick auf das Phänomen zu, das die Ökonomen »überzeitliche Haushaltseinschränkung« nennen: Wir beschäftigen uns mit der Grenze dessen, was ein Staat sich *leihen* kann.

VIERTES KAPITEL

Staatsschulden

Kreditaufnahme und Schuldendienst

»Der Bankrott ist gewaltig«

Thomas Carlyle

GEHT MAN die 6th Avenue in Manhattan in Richtung 43. Straße hinauf, dann kann man hoch oben auf einer Anzeigentafel eine 13stellige Zahl entdecken. Das letzte Mal, als ich dort war, am 17. Oktober 1999, lautete die Zahl:

5.601.723.423.979

Darüber standen drei Worte:»Unsere Staatsschulden«. Vor der Zahl stand das Dollar-Zeichen. Und darunter waren zwei kleine Berechnungen zu lesen:»Der Anteil Ihrer Familie: $ 73.192« und»Wachstum pro Sekunde: $ 10.000.«

Dieser Text stellt ein kleines Stück Geschichte dar. Er ist ein Relikt der früher einmal scharfen Debatte über die öffentlichen Finanzen Amerikas, die in der Politik der späten achtziger und frühen neunziger Jahre eine so bedeutende Rolle spielte. 1986 setzten Kritiker der Finanzpolitik Ronald Reagans eine Anzeige in die *New York Times*, in der sie die Leser warnten, daß die hochschießende Staatsverschuldung zum»Tod der Republik« führen würde. Paul Kennedy nannte die Gesamtschulden des Jahres 1985, und das waren damals bloß 1,8 Billionen, einen Indikator der bevorstehenden Überdehnung Amerikas:»Es fällt einem nur ein einziges historisches Beispiel einer großen Macht ein, die ihre Verschuldung in *Friedenszeiten* so erhöhte, und das ist Frankreich in den 1780ern, als die fiskalische Krise entscheidend zu der folgenden politischen Krise beitrug.«[1]

Akzeptiert man die Zahl von 10.000 $ pro Sekunde, dann wird die Staatsschuld zu Beginn des Jahres 2001 eine 14stellige Zahl erreicht haben: zehn Billionen $. Allerdings konnte Präsident Clinton im Februar 2000 behaupten, seinem jüngsten Haushaltsplan zufolge würden alle öffentlichen Schulden der Vereinigten Staaten bis zum Jahr 2013 zurückgezahlt[2], das hätte ein negatives »Anwachsen« in der Größenordnung von *minus* 1.000 $ pro Sekunde bedeutet. Wie also steht es um die amerikanische Schuldenkrise? Betrachtet man die öffentlichen Schulden langfristig, dann zeigt sich, daß dem Anschein nach gewaltige »Berge« von Schulden keineswegs abträglich sein müssen, wenn die Institutionen des Finanzsystems eines Landes entsprechend damit umgehen. In der Entwicklung dieser Institutionen, vor allem in der Einrichtung der fundierten Staatsschuld, liegt einer der Schlüssel zur modernen Geschichte.

Der Ursprung der Staatsschulden

Es ist einigermaßen überraschend, wie spät sich die Staatsschulden entwickelten. Viele Institutionen des Kreditwesens sind wesentlich älter als die öffentliche Kreditaufnahme in großem Ausmaß. Es war die einfache Tatsache der Besteuerung, also mehr oder weniger vorhersehbare Staatserträge, die im mittelalterlichen Italien die Grundlage für die frühesten Systeme öffentlicher Schulden lieferten. Die venezianische Staatsschuld, deren Ursprünge im 12. Jahrhundert liegen, wurde durch das staatliche Salzmonopol gesichert, dessen Erträge für Schuldendienst und Tilgung vorgesehen waren. Im 14. Jahrhundert erhöhte der wachsende Einsatz von Zwangsanleihen (*prestiti*) als Form der Besteuerung die Bedeutung der Schulden weiter. Etwas Ähnliches geschah im 16. Jahrhundert, als der Monte Nuevo[3] gegründet wurde, um eine zurückzuzahlende Steuer zu verwalten, die unter dem Namen *decima* bekannt wurde. In Genua wurden die Erträge der Salzsteuer auf Auktionen an *comperesti* verkauft, ein System, das im 15. Jahrhundert unter Kontrolle einer quasi öffentlichen Bank gestellt wurde, der Casa di San Giorgio.[4] Ein ähnliches System entwickelte sich in Florenz, wo die von der Monte Commune verwaltete öffentliche Schuld systematisch dadurch gesteigert wurde, daß der Fiskus sich sehr stark auf Zwangsanleihen (*prestanze*) stützte. Eine wichtige Entwicklung war hier die Übertragbarkeit von Forderungen auf den Monte. Sie konnten frei an andere Bürger und mit Sondergenehmigung auch an Fremde verkauft werden.[5] 1526 wurde der Monte della Fede gegründet, der sich um die Schulden des Heiligen Stuhls kümmerte.[6]

Die Stadtstaaten im Norden Europas entwickelten etwas andere Arrangements, die sich auf den Verkauf von Leibrenten gründeten, die teils unkündbar, teils tilgbar und teils Lebensrenten waren. Seit dem späten

14. Jahrhundert bot die Stadt Köln unkündbare, aber tilgbare Obligationen an, die zwischen fünf und 5,5 Prozent Rendite erbrachten.[7] Solche tilgbaren Staatspapiere wurden gewöhnlich »Kauf von Geld« oder »Verkauf von Ansprüchen« genannt und sehr häufig durch unbewegliches Eigentum gesichert, etwa durch eine Stadt; die Zinsen nannte man ein »Geschenk«, um das kirchliche Wucherverbot zu umgehen. Auf der anderen Seite gaben niederländische Städte *liffrenten* (Leibrenten auf Lebenszeit) und *losrenten* (immerwährende Darlehen) heraus. In den folgenden Jahrhunderten spielte sich der größere Teil der Geldaufnahme der Niederlande auf regionaler Ebene ab, denn es waren die Provinzen, die die meisten Steuereinnahmen kontrollierten.

Mittelalterliche Monarchen dagegen verließen sich, um ihre Defizite zu finanzieren, eher auf Kredite reicher Bankiersdynastien. Bankiers aus Siena und Florenz verliehen Geld an die Könige von England, die toskanischen Geldinstitute an die römische Kurie, die süddeutschen Geldhäuser an die Habsburger; schweizerische und italienische Bankbesitzer an die französischen Herrscher.[8] Die spanische Krone wandte sich ihres Geldbedarfs wegen zunächst an die Genueser Handelsbankiers (*hombres de negocios*), dann an portugiesische *marranos*.[9] Es war durchaus sinnvoll, sich auf ausländische Finanziers zu verlassen, da das Geld sehr oft zur Finanzierung von Heeren benötigt wurde, die im Ausland kämpften.[10] Doch muß daran erinnert werden, daß es sich hier oftmals um kaum mehr als um persönliche Kredite an einzelne Herrscher handelte, so etwa bei den 300.000 £, die sich König Eduard III. lieh.[11] Nur in Katalonien gab es im späten 15. Jahrhundert etwas Ähnliches wie das, was sich in den italienischen und deutschen Stadtstaaten entwickelt hatte. Das katalanische System garantierte den Investoren regelmäßige Zinsen aus Staatseinkünften, die für diesen Zweck bestimmt und von einer besonderen Kommission verwaltet wurden.[12]

Zögernd lernten die übrigen europäischen Monarchien im Laufe des 16. Jahrhunderts, die von den Städten entwickelten Techniken des Umgangs mit Staatsschulden nachzuahmen. In Frankreich beispielsweise gab das Pariser *hôtel de ville* vererbbare achtprozentige Papiere heraus, die unter dem Namen *rentes* bekannt wurden. Das Geld wurde der Krone im Gegenzug dafür gegeben, daß dem Pariser Generalsteuereinnehmer bestimmte königliche Einkünfte überlassen wurden; für die Investoren lag der Vorteil darin, daß der Generalpächter die Zinszahlungen direkt aus seinen Tresoren statt über die weniger zuverlässige königliche Finanzverwaltung leistete.[13] Die spanische Krone entwickelte ein duales System. Es gab kurzfristige Darlehensvereinbarungen mit hohen Zinszahlungen (*asientos*) und langfristige, schwächer verzinste Staatsanleihen, die gewöhnlichen Staatserträgen (*juros*) zugeordnet waren. In den 1560er Jahren waren diese übertragbar geworden und konnten in unkündbarer, lebenslänglicher oder rückzahlbarer Form verkauft werden.[14] In gleicher Weise wurden Jahreszahlungen auf Lebenszeit oder vererbliche Papiere in den 1540er Jahren in den habsburgischen Niederlanden aus den Einkünften der Verbrauchsabgabe und der Vermögenssteuer bedient.[15]

Eine wichtige Neuerung, die sich von Italien aus im Laufe des 17. Jahrhunderts über ganz Europa ausbreitete, war die öffentliche Bank. Hier ist es wichtig, zwischen zwei Funktionen zu unterscheiden, die ursprünglich von unterschiedlichen Institutionen wahrgenommen wurden: Es ging einerseits um die Verwaltung der Staatsschulden, andererseits um den Umgang mit Geld, das nicht die Form von Münzen hatte. Insbesondere der Verrechnungsverkehr war für die Entwicklung des Handels auf hoher Stufenleiter von äußerster Wichtigkeit. In Genua und im Florenz der Medici gab es Vorläufer dieser Art von Banken. Doch die erste wirkliche öffentliche Bank war wahrscheinlich der Banco della Piazza di Rialto, gegründet 1587, der das Währungs- und das Zahlungssystem reformierte, indem er Einlagen akzeptierte, Verrechnungen zwischen Konten durchführte und Wechsel, die an ihre Klienten zahlbar waren, annahm; daneben gab es seit 1619 den Banco del Giro, der einen Teil der kurzfristigen Staatsschulden in festverzinsliche und übertragbare Obligationen (*partite*) umwandelte.[16] 1609 erledigte die Amsterdamer Wisselbank ähnliche Aufgaben wie die Rialtobank, aber sie trieb auch Handel mit ungemünzten Gold- und Silberbarren sowie mit Münzgeld. Sie fand bald Nachahmer in Middleburg (1616), Hamburg (1619), Delft (1621) und Rotterdam (1635), später auch in Österreich (Wiener Stadtbank 1703), Dänemark (Kurantbanken 1736), Schweden (Riksen Ständers 1762), Preußen (Königliche Giro- und Lehnbank 1765) und Rußland (Assignationsbank 1768). Die Sverige Riksbank von 1668 ähnelte dagegen eher der venezianischen Girobank, dasselbe gilt für die Bank of England von 1694. Ihre wichtigste Aufgabe bestand darin, die Staatsschulden zu regeln. Doch das regionale Monopol auf die Ausgabe von Banknoten und das ausgedehnte Handelsgeschäft verliehen der Bank of England ein natürliches Interesse an der Währungsstabilität und im Laufe der Zeit auch die Verantwortung dafür. Das bedeutete die Erhaltung der Konvertibilität von Papierbanknoten in Münzgeld.[17]

In Frankreich dagegen wurde das öffentliche Bankwesen zwei Generationen lang durch die katastrophalen Schwindelgeschäfte der von John Law geschaffenen *Banque Royale* diskreditiert. Die 1776 gegründete *Caisse d'Escompte* hatte die Aufgabe, Handelswechsel zu diskontieren. Sie begann nicht vor 1787 damit, der Regierung Geld zu leihen – was zunächst heimlich und später erst offen geschah.[18] Auch ihr war nur eine kurze Existenz beschieden: Neckers Bemühungen, sie in eine Staatsbank zu verwandeln, wurden von einer neuen »Plutokratie« vereitelt (wobei sich Mirabeau und der Comte de Custine hervortaten). Das Institut wurde 1793 gemeinsam mit allen Aktiengesellschaften verboten. »Wir haben nichts dadurch zu gewinnen, daß wir uns zu englischen Bankiers und Finanziers machen«, erklärte der Baron de Batz. Das sollte sich als höchst fehlerhaftes Urteil erweisen.[19] Erst im Jahre 1800, nach einer kurzen Phase eines »freien Bankwesens«, wurde die Bank von Frankreich durch Komplizen des Staatsstreichs Napoleon Bonapartes vom 18. Brumaire gegründet. Im Unterschied zur Bank of England befand sich die Banque de France teilweise im Besitz der Regierung. Diese erwarb im Gegenzug zur Hinterlegung ihres neuen Tilgungsfonds Aktien.[20] Napoleon erklärte 1806, drei Jahre nachdem die Bank das Monopol auf die Ausgabe von Banknoten in Paris erhalten hatte: »Die Bank gehört nicht allein ihren Aktionären; sie gehört auch dem Staat, der ihr das Privileg verlieh, Geld hervorzubringen.«[21]

Die Entwicklung von öffentlichen Banken war nur ein Element der Finanzrevolution des 17. Jahrhunderts in den Niederlanden. Nicht nur wuchsen die Schulden Hollands, der reichsten unter den Vereinigten Provinzen, sehr schnell, sie nahmen auch die Form von Lebensrenten und rückzahlbaren Papieren an. Sie versorgten die Kaufmannselite mit einer Investitionsmöglichkeit, die sicher und sehr gut zu vermarkten war. Gleichzeitig entwickelte sich eine neue Art von Wertpapieren in Form von Aktien der Niederländisch-Ostindischen Kompanie, das war ein halbprivates Instrument der niederländischen Handels- und Kolonialexpansion.[22] Diese Neuerungen überquerten den Kanal, als Wilhelm von Oranien, Statthalter der Niederlande, nach der Glorreichen Revolution König von England und Wales wurde.[23]

Die Kosten, die sich aus dem darauffolgenden Krieg ergaben, machten sehr bald die Anwendung niederländischer Finanztechniken in England erforderlich. Das geschah jedoch unter erheblichen Modifikationen. Während Verkäufe von Jahresrenten auf Lebenszeit und Lotterielosen sich 1693 als Fehlschlag erwiesen, nahm der Markt im folgenden Jahr die Ausgabe von 1,2 Millionen £ an Sonderobligationen mit einer Zinsgarantie von acht Prozent voll an. Die Subskribenten wurden durch die Tatsache angelockt, das gewisse Steuern eigens dazu bestimmt wurden, die Zinsen dieser Papiere zu tragen. Hinzu kam das Recht der Zeichner, sich selbst als eine neue »Bank of England« amtlich als Körperschaft eintragen zu lassen, die praktisch das Monopol auf Staatsanleihen besaß. Die neue Institution löste »Coupons« der Exchequer ab und gestattete es der Treasury, statt dessen »amtlich genehmigte Schuldverschreibungen« der Bank of England herauszugeben. Außerdem konnte sie Gutschriftsanzeigen als Einlagen und als Zeichnungen für neue öffentliche Anleihen akzeptieren, wovon es von 1702 bis 1713 einen durch ständige Kriege geförderte Flut gab. Die Bank gab ihrerseits eigene Aktien aus. Hier handelte es sich nur um die erste Gründung in einer Reihe von Monopolgesellschaften: Es folgten 1698 die New East India Company, 1708 die United East India Company und 1710 die South Sea Company. Das führte dazu, daß London sehr bald Amsterdam im Umfang marktfähiger Vermögenswerte übertraf. Dabei sollte man nicht übersehen, daß ein großer Anteil der Geschäfte auf dem entstehenden Wertpapiermarkt immer noch in Händen der Regierung lag. Die South Sea Company war in erster Linie der aufwendigen Kriegsfinanzierung wegen mit dem Ziel gegründet worden, kurzfristige Regierungsobligationen im Wert von etwa neun Millionen £ zu finanzieren. Die Gesellschaft akzeptierte diese Papiere im Austausch gegen ihre Aktien zum Nennwert, was praktisch eine neue Methode der Regierung war, bei ihren Gläubigern Schulden zu begleichen. Zur Zeit des Friedens von Utrecht von 1713 zerfielen die Schulden der Regierung zu etwa gleichgroßen Teilen in jährlich zu zahlende Zinsen, Lotterieeinsätze sowie Darlehen der Bank of England und der South Sea Company. Vier Jahre später war ein Großteil des Lotteriegelds in einer neuen fünfprozentigen Staatsanleihe, finanziert von der Bank of England, »konsolidiert« worden.[24]

Die Experimente mit diesen Unternehmungen – einschließlich der traumatischen Erfahrung des Südseeschwindels (siehe unten) – brachten letztendlich eine nutzbringende Hinterlassenschaft, die den Bedürfnissen der Regierung vollkommen entsprach. Kurzfristig ließen Kapitalgewinne von Aktien der Südseegesellschaft und anderer Handelsunternehmen diese weit attraktiver erscheinen als die von der Regierung herausgegebenen Rentenpapiere, und viele Investoren beeilten sich, die Staatspapiere gegen Aktien der Company zu tauschen. Der Zusammenbruch der South Sea Company offenbarte den Investoren die traurige Tatsache, daß Aktienkurse sich genausoweit nach unten wie nach oben bewegen können. Um die vielen Investoren zu retten, die Rentenpapiere gegen Südseeaktien umgetauscht hatten, verwandelte die Regierung die meisten ihrer Bestände in neue, unbefristete Rentenpapiere mit einem Zinssatz von drei Prozent. Auf die Südseerente folgte 1726 die erste dreiprozentige Rente der Bank of England, deren rückzahlbare Version ein Jahr später in Umlauf kam. Nach dem Consolidating Act von 1751 konnte die Regierung schließlich selbst Papiere herausgeben, die als »*Consols*« oder konsolidierte Staatsanleihen bekannt werden sollten, sie sind der Vorläufer der modernen »*gilts*«, der mündelsicheren Wertpapiere.[25]

Wertpapiere, Banken und Schwindel

Die Entstehung des Marktes für Konsols bezeichnet den Anfang der Geschichte der Schulden der öffentlichen Hand in der Moderne.[26] Während die Rentenpapiere vor 1720 nicht flüssig und nicht rückzahlbar waren und eine Laufzeit von 99 Jahren hatten, waren die Konsols flüssig, zum Nennwert rückzahlbar, aber ansonsten ohne zeitliche Beschränkung. Ein Investor, der Konsols kaufte, konnte darauf vertrauen, daß er auf alle Zeiten zweimal jährlich einen bestimmten Prozentsatz seines nominellen Kapitals ausgezahlt bekam. Zwar bestand das Risiko, daß der Verkaufspreis am Markt deutlich unter dem liegen konnte, was er ursprünglich investiert hatte, aber bald wurde deutlich, daß es weit geringer als bei jedem vergleichbaren Wertpapier war. Die konsolidierten Staatspapiere wurden geradezu zum Inbegriff finanzieller Sicherheit. Sie wurden der Maßstab, an dem die Risiken aller anderen Investitionen gemessen werden sollten. Und aus dem Blickwinkel der Regierung bedeutete die Kreditwürdigkeit der Konsols, daß in einer Krise durch Verkauf solcher Papiere weit größere Summen als durch Steuererhöhung aufgebracht werden konnten, und dies, ohne höchst belastende Zinsverpflichtungen für die Zukunft einzugehen. Obwohl es später Neuregelungen gab, etwa die Einführung eines Tilgungsfonds, der jährliche Zahlungen zur Amortisation der Schulden verlangte, durch den jüngeren Pitt – blieben die konsolidierten Staatspapiere bis nach dem Zweiten Weltkrieg als Kernbestandteil der Staatsverschuldung unerreicht. Die Masse der neuen, öffentlichen Verschuldung, die von nun an durch Staatspapiere abgedeckt wurde, nahm die Form von Konsols an. Im Durchschnitt waren weniger als vier Prozent der Gesamtschuld des Staates zwischen 1801 und 1914 unfundiert, das heißt kurzfristig.[27]

Das britische System unterschied sich von den beiden wichtigsten kontinentalen Gegenmodellen – dem holländischen und dem französischen –, weil die Institutionen der Schuldenverwaltung mit einem zentralisierten bürokratischen System der Steuereintreibung, einem transparenten Prozeß der parlamentarischen Ratifizierung der Haushalte und einer entstehenden Zentralbank koexistierten. Allerdings sollte man hervorheben, daß die Aufrechterhaltung der Konvertibilität von Papierbanknoten in Geld ein wichtiger aber *nicht* unverzichtbarer Teil des Systems war. Als die Bank of England zwischen Februar 1797 und Mai 1821 gezwungen war,»Bargeldzahlungen« einzustellen, waren die Auswirkungen für das Verfahren nicht vernichtend.[28] Zusätzlich profitierte das System von der Entwicklung großer, liberal strukturierter Finanzmärkte, die nicht nur imstande waren, mit Staatsanleihen zu handeln, sondern auch mit einer großen Spannbreite von Finanzwerten des Privatsektors.[29] Neben dem Markt für konsolidierte Staatsanleihen blühten die Märkte für Anleihen und frühe Aktienpapiere des Privatsektors ebenso wie (an der nahegelegenen königlichen Börse) der Diskontmarkt für Handelswechsel, zu schweigen von den verschiedenen Märkten für Waren und Versicherungen. Die Ausdehnung von Märkten für private Wertpapiere in Friedenszeiten vertiefte und erweiterte den Kapitalmarkt. Diese Entwicklung steigerte die Fähigkeit, Staatsschulden im Falle eines Krieges zu absorbieren.

Von allen Großmächten hatte Frankreich die größten Schwierigkeiten, ein stabiles System der öffentlichen Schuldenverwaltung zu etablieren. Das war ein erheblicher Nachteil für eine Macht, die zwischen 1610 und 1800 Jahr für Jahr Defizite erzielte, sieht man von den neun Jahren zwischen 1662 und 1671 ab.[30] Dies lag nicht daran, daß man nicht versucht hätte, etwas dagegen zu unternehmen. Unter Ludwig XIV. hatte sich Jean-Baptiste Colbert sehr stark um die Erhöhung der Steuereinnahmen bemüht und die Einrichtung der *caisse des emprunts* durchgesetzt, einer Institution der modernen Schuldenverwaltung. Sie wurde nach seinem Tode wieder abgeschafft.[31] Im Jahre 1718 machte sich der Schotte John Law daran, die französische Kreditpolitik zu modernisieren, die unter Ludwig XIV. im wachsenden Maße von zahllosen kurzfristigen Darlehen, oft kaum mehr als Schuldscheinen von Steuerpächtern, Rechnungsprüfern und Lieferanten abhängig gewesen war.[32] Law wollte die besten Seiten des niederländischen und des britischen Systems kombinieren. Couragiert strebte er danach, die Funktionen zusammenzufassen, die in Großbritannien von der Bank of England und der South Sea Company getrennt wahrgenommen wurden. Laws Banque Générale wurde als Banque Royale neu gegründet, und für den Tausch ihres eigenen Gesellschaftskapitals gegen die bestehenden Regierungsschulden erhielt sie das Recht, Banknoten auszugeben. Doch von Anfang an war das Schicksal der Banque Royale auf Gedeih und Verderb mit jenem der Compagnie d'Occident verbunden, die Monopole für den französischen Handel im karibischen Raum und die wirtschaftliche Nutzung der Trockenlegung des Mississippi-Beckens erhalten hatte. Ein Viertel des Kapitals der Banque Royale bestand aus Aktien der Compagnie d'Occident; die Aufsichtsräte der beiden Gebilde überlappten sich; und Law persönlich zählte zu den Direktoren der Compagnie. Das bedeutete eine falsche Festsetzung von Prioritäten. Die Währungsstabilität stand bestenfalls an dritter Stelle.

Im Mai 1719 verschmolz Law die Compagnie d'Occident mit zwei anderen Handelskompanien, um die Compagnie des Indes zu bilden, dann benutzte er die Ausgabe von neuen Banknoten der Banque Royale, um die Preise für die Aktien der neuen Gesellschaft nach oben zu treiben. Er machte sich daran, das königliche Tabakmonopol und die Vereinigten Generalpächter, die Körperschaft der wichtigsten Steuerpächter, zu übernehmen. Zwischen August und Dezember 1719 stiegen die Aktien der Kompanie steil von etwa 3.000 Livres auf 10.000 Livres an. Auf dem Zenit seines »Systems« übernahm Law das Amt des obersten Generalkontrolleurs der Finanzen und verschmolz die Banque Royale mit der Compagnie des Indes. Damit hatte er den Bogen überspannt. Die Kombination von monetärer Inflation und Begrenzung der Zinssätze auf neue Kredite, die Law selbst verfügte, brachte die Blase zum Platzen. Im Juni fiel der Aktienpreis der Compagnie des Indes auf weniger als 6.000 Livres. Im September waren die Aktien »fast wertlos«; im Oktober hörten die Noten der Banque Royale auf, gesetzliches Zahlungsmittel zu sein; und im Dezember verließ Law fluchtartig Frankreich.

Der Zusammenbruch der Projekte von John Law zerstörte die bestehende Kreditstruktur in Frankreich.[33] Warum aber geschah nicht das gleiche in England, das schließlich auch seinen »Südseeschwindel« erlebte? Der Kurs der Südseeaktien hatte tatsächlich einen recht ähnlichen Aufstieg und Fall erlebt: Ihr Kurs stand am 1. Januar 1720 auf 128, am 1. Juli war er auf 950 emporgeschossen, zwei Monate später hatte er einen Abfall auf 775 erlebt, und am 14. Oktober lag er bei 170.[34] 1722 betrug der Durchschnittskurs gerade einmal noch 92.[35] Doch der institutionelle Schaden war weit geringer als in Frankreich. In Frankreich wurden sowohl die Compagnie des Indes als auch die Banque Royale aufgelöst. Darüber hinaus wurde ein sehr großer Teil der

Vermögenswerte und das Bargeld, das Law geschaffen hatte –gemeinsam entsprach dies einem Nennwert von etwa vier Milliarden Livres – einfach nicht länger mehr anerkannt: Die Auflösungskommission, die sogenannte *Visa*, akzeptierte nur 1,6 Milliarden, und diese wurden in Staatsanleihen umgewandelt, die bloß zwei oder 2,5 Prozent Zinsen brachten.[36] In England dagegen blieben die Bank of England und das Pfund – dessen Wert erst drei Jahre zuvor an das Gold gebunden worden war – intakt, während die Inhaber von Südseeaktien mit erträglichen Verlusten davonkamen.[37] Die Behörden erkannten, daß die Kompanie zu groß war, als daß man ihr Scheitern hätte zulassen dürfen. Die Schulden wurden teilweise vom Parlament übernommen, während 4,2 Millionen £ des nominellen Kapitals (das insgesamt über 38 Millionen £ betrug) gegen Bargeld durch die Bank of England aufgekauft und in Anleihen umgewandelt wurden, die fünf Prozent einbrachten. Als die Aktien der Kompanie 1723 wieder über dem Nennwert standen, wurde die Hälfte des Kapitals in Anleihen umgetauscht. Wer Leibrenten, die oftmals sogar 14 Prozent erbrachten, gegen Südseeaktien eingetauscht hatte, stand nun zweifellos schlechter da; das gleiche galt für jene, die während des Schwindels aus spekulativen Erwägungen Aktien gekauft hatten. Aber der Umfang der Verluste war weit geringer als in Frankreich, wo viele Investoren und Gläubiger alles verloren.

Wegen des Scheiterns von Law und der drastischen Art, wie damit umgegangen wurde, blieb Frankreich an ein System gefesselt, in dem Privatkredite auf das »Informationsnetzwerk« eingeschränkt wurden, das durch eine Elite von öffentlichen Notaren gebildet wurde[38], während der öffentliche Kredit im wachsenden Maße von alten Formen kurzfristiger Anleihen[39] sowie dem Verkauf von Ämtern abhing. Das Geld, das in Ämter gesteckt wurde, unterschied sich kaum von jenem, das in die britische Staatsschuld investiert wurde, allerdings wurde der Zins im ersten Fall in Form von Gehältern gezahlt. 1660 schätzte Colbert den Wert des in Ämtern angelegten Kapitals von etwa 46.000 Amtsinhabern auf 419 Millionen Livres. Als die Revolution diesem System schließlich ein Ende bereitete, entsprach die Kompensation, die den Amtsinhabern gezahlt wurde, fast dem Doppelten dieser Summe.[40] Mitte des 18. Jahrhunderts war deutlich, daß der Verkauf von Ämtern auf keinen Fall mehr die Finanzprobleme des *Ancien Régime* lösen konnte, sondern vielmehr einen Bestandteil derselben bildete, da die Amtsinhaber zu den mächtigsten Interessengruppen zählten, die gegen eine tiefgreifende Finanzreform opponierten. Auf der Suche nach neuen Quellen von Staatseinnahmen wandten sich die Minister nach 1750 den Leibrenten (*rentes viagères*) zu, die zunehmend die Rolle des Ämterverkaufs als verfügbare Finanzierungsquelle der Krone übernahmen. Doch ein wachsender Teil dieser Papiere wurde für einen Einheitspreis verkauft, der das Alter der Käufer nicht berücksichtigte.[41] Zwischen 1777 und 1781 nahm Finanzminister Necker mittels dieser und anderer Maßnahmen insgesamt 520 Millionen Livres auf. Die Laufzeiten reichten selten über zwanzig Jahre hinaus.[42] Seine Nachfolger Calonne und Brienne konnten nichts Gleichwertiges auf die Beine stellen, obwohl das *parlement* von Paris im November 1787 neue Anleihen billigte. Die königlichen Finanzen wurden nun immer abhängiger von der Erneuerung der kurzfristigen Vorauszahlungen – *anticipations* – auf zukünftige Steuereinnahmen, die sich auf etwa 240 Millionen Livres beliefen. Als die Regierung versuchte, sich über die Forderung des Parlaments nach Einberufung der Generalstände hinwegzusetzen,»weigerten sich die üblichen Gläubiger, der Regierung weiterhin Kredite zu geben«. Im August 1788 war Brienne gezwungen, die Zahlungen sogar für langfristige Rentenpapiere vorläufig einzustellen. Diese Schuldenkrise zwang die Regierung, die Generalstände einzuberufen.[43]

Nach einem weiteren großen finanziellen Zusammenbruch, der durch die Revolution verursacht wurde, unternahm man Schritte, das französische Finanzwesen nach britischem Vorbild neu zu gestalten. Von nun an nahm die Darlehensaufnahme der Regierung die Form von *rentes perpetuelles* an, die teils fünf, teils drei Prozent erbrachten. Dennoch war die *rente* nicht das gleiche wie der *consol*. Renten waren keine frei übertragbaren Schuldverschreibungen, vielmehr waren die Namen der Rentiers im *Grand Livre de la Dette Publique* festgehalten.[44] Im Gegensatz dazu konnten, wenn Zinsen fällig waren, Coupons von jedem, der gerade darüber verfügte, abgeschnitten und gegen Bargeld eingelöst werden.

Der Gegensatz zu dem Finanzsystem, das sich im anderen großen revolutionären Regime jenes Zeitalters entwickelte, ist bemerkenswert. Unter dem Einfluß von Alexander Hamilton bauten die Vereinigten Staaten ein System der öffentlichen Schulden auf, das in wesentlichen Zügen dem britischen entsprach – obwohl ihr bundesstaatliches Finanzsystem sehr viel stärker dem holländischen Muster ähnelte. Bereits 1779/80 entwarf Hamilton einen Plan zur »Wiederherstellung des offenen Wechselkredits und zur Errichtung eines permanenten Fonds für zukünftige dringende Bedürfnisse der Regierung [...] unter Heranziehung all dessen, was gut an [Laws] Projekt und an allen anderen ist, die es zuvor gegeben hat, unter Vermeidung ihrer Fehler und Auswüchse«.[45] 1789 konsolidierte Hamilton erfolgreich die alten Schulden der bank-

rotten *Confederation* und wandelte sie in neue sechsprozentige Bundesanleihen um (»Hamiltons Sechsprozenter«), die wie die Konsols zum
Nennwert einlösbar waren. Zwei Jahre später überwand er die Opposition von Thomas Jefferson und anderen gegen die Errichtung einer
»Bank of the United States«. Die Gründungsurkunde dieser Bank orientierte sich am Vorbild der Bank of England, man gab, wie es hundert
Jahre zuvor in England geschehen war, Bankaktien aus. Später fiel
Hamiltons Zentralbank politischen Gegenkräften zum Opfer. Das gip-
felte 1832 darin, daß Präsident Andrew Jackson gegen das Gesetz über
die erneuerte Gründungsurkunde der »Second Bank of the United States« sein Veto einlegte. Hamiltons Absicht, den Dollar auf eine Edel-
metallgrundlage zu stellen, wurde durch die Tendenz des Silbers unterminiert, sich in Richtung Lateinamerika davonzumachen. Während
des größten Teils des 19. Jahrhunderts verfügte Amerika über ein »freies
Bankensystem« und eine Papiergeldwährung. In diesem Rahmen gaben
bis zu 1.600 Banken beinahe zehntausend verschiedene Arten von
Banknoten heraus, wobei allerdings bis zum Bürgerkrieg zumindest in
der Theorie die Verknüpfung mit dem Silber aufrechterhalten wurde.
Erst 1863 erfolgten Maßnahmen, die Zahl der Banken, die Noten her-
ausgaben, herabzusetzen und eine einheitliche Banknote für die gesamte
Union zu schaffen. Erst 1879 wurde der Dollar wieder in ein Austauschverhältnis zu einem Edelmetall gestellt, doch es blieb umstritten,
um *welches* Metall es sich dabei handeln sollte. Erst im Jahre 1913
wurde mit der »Federal Reserve« eine Zentralbank geschaffen. Dennoch
überlebte die staatliche Schuldenverwaltung nach britischem Muster,
die Hamilton geschaffen hatte. Das amerikanische Finanzsystem ging
in vielfacher Hinsicht weiter als das britische, um die Emission von
Wertpapieren im Privatsektor zu fördern sowie den Kapitalmarkt zu ver-
tiefen und zu erweitern.[46]

Aus Gründen, die später erörtert werden, erlebte das 19. Jahrhundert
die weltweite Ausbreitung des britischen Systems der Staatsschulden. Es
wurde ebenso weithin zum Vorbild genommen wie die Institutionen
der parlamentarischen Beschlußfassung über Staatshaushalte, die bürokratische Eintreibung von Steuern und die sich zunehmend auf Gold
gründende Metallwährung. Die Konsols wurden zum Muster für langfristige Anleihen anderswo, wenn es auch einige Länder vorzogen,
Anleihen mit festgelegten, allerdings fernliegenden Fälligkeiten herauszugeben. Mit beträchtlichen nationalen Varianten wurde auch die Bank
of England zum Vorbild genommen.[47] Allerdings gab es weiterhin von
Land zu Land Unterschiede im System der Geschäftsbanken. So schränkte

etwa der American National Banking Act von 1864 die Einrichtung von
Filialen der Staatsbanken ein, und Zahlungsmittel durften nur ausgegeben werden, wenn die Emissionsbank Regierungsanleihen hielt.[48] Das
deutsche Bankensystem mit seinen die Industrie finanzierenden »Uni-
versalbanken« war wiederum von anderer Art.[49]
Trotz der Breite und Tiefe des Londoner Aktienmarktes verließ sich
die britische Regierung mehr und mehr auf eine Elite von Bankiers zur
Regelung ihrer Darlehensaufnahme durch den Mechanismus von Versteigerungen, die die Bank of England nach Wettbewerbsprinzipien ver-
anstaltete. Mindestens bis zum Krimkrieg spielten die Rothschilds dabei
eine führende Rolle. Allerdings trieb der Wettbewerb später die Profite
nach unten, die durch die Ausgabe von Konsols zu erzielen waren. Die
Banken garantierten der Regierung einen gewissen Preis für die neu
ausgegebenen Wertpapiere, die sie dann an das Publikum verkauften.
Die Kontinuität von der frühen Neuzeit an ist auffallend: Nathan Rothschild hat seinen Ruf in London erworben, indem er – wenn auch in
beispiellosem Ausmaß – genau die Art von Geldtransfers in Kriegszeiten
über den Kanal betrieb, die von Leuten wie Horatio Pallavicino in den
1570er und Edward Backwell in den 1650er Jahren durchgeführt worden waren.[50] Andernorts, wo das Bankwesen weniger entwickelt war,
gelangten die Rothschilds durch ihr multinationales Unternehmen
näher an ein Monopol für die Ausgabe neuer Anleihen heran. So war es
in unterschiedlichem Grad in Frankreich, Belgien, Österreich und Italien. Die Barings dagegen sollten am Ende die öffentliche Kreditaufnahme in Rußland beherrschen und die Morgan-Gruppe jene in den
Vereinigten Staaten. Manche Regierungen, die sich über die Macht der
Rothschilds ärgerten, versuchten Rivalen wie den Crédit Mobilier in
Frankreich und dessen zahlreiche Nachahmer überall in Europa zu fördern. Aber nur allmählich traten die neuen Aktienbanken wirklich an
die Stelle elitärer privater Personengesellschaften wie den Rothschilds.[51]
Die Alternative zur Vermittlung durch Bankiers war der direkte Verkauf von Anleihen an das Publikum. Dies wurde bereits 1506 in Basel
erprobt, aber der Erfolg hing von der Existenz eines relativ entwickelten
und breiten Kapitalmarktes ab. Für größere politische Einheiten erschien
das Risiko einer öffentlichen Zeichnung lange Zeit zu groß. Erst im 19.
Jahrhundert strebten Staaten wie Italien danach, sich von der Dominanz
der Rothschilds zu befreien, indem sie ihre Anleihen direkt verkauften.
   In der Praxis jedoch versuchten alle Schuldenverwaltungen eher mit
Finanzvermittlern als mit einzelnen Privatinvestoren Geschäfte zu tätigen.[52] Es gab beträchtliche Unterschiede hinsichtlich der Vertriebswege

der Staatsanleihen. In London entwickelte sich ein spezieller Berufsstand von »Maklern« die nur die Aufgabe hatten, neue Staatsanleihen zu kaufen, während Effektenhändler sie an Investoren verkauften. Das amerikanische System blieb dagegen eher am Modell der nach dem Konkurrenzprinzip veranstalteten Versteigerungen orientiert, wie es im 19. Jahrhundert üblich war. In Frankreich gab es eine Art Kartell großer Banken. Dennoch war überall die Beziehung zwischen der Schuldenverwaltung und wichtigen Finanzinstitutionen wie Pensionskassen und Versicherungsfonds entscheidend, die nun einen wachsenden Anteil von Anleihen in ihren Wertpapierbeständen hielten.

Kriegsschulden und ihre Erbschaft

Die gewaltigen Ausgaben, die der Erste Weltkrieg verursachte, machten einen Wandel der Kreditaufnahmetechniken der Regierungen erforderlich. Es sollte nicht lange dauern, bis der Jargon der Mobilmachung auch auf das Finanzwesen übertragen wurde. Das System des direkten Verkaufs von Kriegsanleihen an das Publikum wurde während des Weltkriegs durchgängig angewandt. Der Kauf von Kriegsanleihen wurde von der amtlichen Propaganda als patriotische Pflicht ausgegeben. Die britischen Filme *You!* und *For the Empire* ermunterten das Publikum, sein Geld in Kriegsanleihen zu investieren. Der letztgenannte Propagandafilm ging bis ins Detail, um »die Menge an Munition« vorzuführen, die für eine Investition von 15 Schilling und 6 Pence erworben werden konnte.[53] Ein deutsches Plakat aus dem Jahre 1917 zeigte einen Marineoffizier, der einem Matrosen angesichts eines sinkenden feindlichen Schiffs erklärt, daß in U-Boote gesteckte Mittel aus Kriegsanleihen feindliche Geschütze fernhalten.[54] Der amerikanische Finanzminister William Gibbs McAdoo verkündete 1917: »Ein Mann, der seiner Regierung nicht 1,25 Dollar zum Zinssatz von vier Prozent leihen kann, hat nicht das Recht, amerikanischer Bürger zu sein.«[55]

Doch im Laufe des Krieges wurde es insbesondere für die Mittelmächte immer schwieriger, ihre Untertanen zu veranlassen, ihr Geld in Kriegsanleihen anzulegen.[56] Aus diesem Grunde kam es zum Wiederaufleben kurzfristiger Anleihen, insbesondere kurzfristiger Schatzanweisungen. Und wenn sich dafür nicht genügend Käufer fanden, reichten die Regierungen diese einfach an die Zentralbank weiter – mit Konsequenzen für die Geldpolitik, die im nächsten Kapitel erörtert werden sollen. In Großbritannien hatte die fundierte Schuld des Staates, hauptsächlich in Form von konsolidierten Staatsanleihen, im März 1914 neunzig Prozent aller Staatsschulden ausgemacht; fünf Jahre später waren es weniger als fünf Prozent.[57] Doch das Schatzamt Seiner Majestät versuchte die überschüssige Liquidität in den Griff zu bekommen, die auf die eigenen kurzfristigen Anleihen und die Emission einer Vielzahl von mittelfristigen Papieren mit Fälligkeiten zurückging, die länger als bei Schatzanweisungen waren. So bestanden 31 Prozent der britischen Staatsschulden im Dezember 1919 aus Anleihen, die nach ein bis neun Jahren fällig waren.[58] Es waren nun mündelsichere Wertpapiere mit verschiedenen Fälligkeitsdaten verfügbar. Hier lag der wirkliche Unterschied zwischen der britischen und der kontinentaleuropäischen Kriegsfinanzierung. Im Durchschnitt waren nur 18 Prozent der britischen Kriegsschulden kurzfristig. Die Vereinigten Staaten, die relativ weniger für den Krieg ausgaben, waren als einzige Macht imstande, sich fast ausschließlich auf langfristige Anleihen zu verlassen.[59]

Die kompliziertere »Laufzeitstruktur« der Staatsschulden im Jahre 1914 hatte eine zwiespältige Bedeutung. Zunächst erhöhte die Diversifizierung der Darlehensfälligkeiten die Flexibilität des Systems, indem sie den Investoren breitere Wahlmöglichkeiten gab. Zweitens, und dies war weniger positiv, schuf das Wachstum kurzfristiger Schulden komplexe und nicht immer richtigverstandene Verbindungen zwischen Finanz- und Geldpolitik. Insbesondere solche Zentralbanken, die gesetzlich verpflichtet waren, kurzfristige Schatzanweisungen zu diskontieren, schrieben kurzfristigen Schulden einfach einen bestimmten Geldwert zu. Das führte nach dem Ersten Weltkrieg zu einem beträchtlichen inflationären Druck. Daneben konnte die Notwendigkeit, erneut regelmäßig kurzfristige Schulden aufzunehmen oder diese »umzuschulden«, moderne Staaten Konsolidierungskrisen aussetzen, die jener ähnelten, die das *Ancien Régime* in Frankreich untergraben hatte. Wenige Staaten teilten nach 1919 die Bereitwilligkeit Großbritanniens, Haushaltsüberschüsse anzustreben, um kurzfristige Schulden zurückzuzahlen oder sie durch Umwandlung in langfristige Schulden zu refinanzieren.[60] Tatsächlich führten die »Finanzierungskrisen« in Frankreich, Belgien und Italien, die auf die Weigerung der Gläubiger zurückzuführen waren, kurzfristige Verbindlichkeiten umzuschulden, Mitte der zwanziger Jahre zu ernsthafter monetärer Instabilität.

Im Zweiten Weltkrieg lief die britische Politik darauf hinaus, die Verkäufe mittel- und langfristiger Schuldpapiere mittels Einschränkung aller anderen Investitionsmöglichkeiten durch das Capital Issues Committee (Wertpapieremissionsausschuß) aufs äußerste zu steigern. Ein weites Spektrum von Wertpapieren und Schuldverschreibungen wurde eingesetzt, um die Liquidität aufzusaugen.[61] Die Fälligkeiten waren bei Kriegsende etwas kürzer, als sie es 1918/19 gewesen waren, aber der Unterschied war geringfügig.[62] Ähnlich fällt die Bilanz für die Vereinigten Staaten aus, wo Darlehen des Publikums und Geldschöpfung mit jeweils etwa einem Viertel ungefähr gleich große Anteile der Kriegsausgaben finanzierten.[63] Die Achsenmächte dagegen stützten sich sehr stark auf kurzfristige Papiere, was dazu führte, daß sie Geld druckten. In Deutschland und Japan versiebenfachte sich der Geldumlauf im Laufe des Krieges beinahe; in Italien verachtfachte er sich.[64] Wie im Ersten Weltkrieg war der Hauptanteil der Expansion darauf zurückzuführen, daß die Zentralbank kurzfristigen Staatsschulden einen bestimmten Geldwert beilegte.

In Großbritannien lag der wirkliche Unterschied zwischen 1918 und 1945 darin, daß es nach dem Zweiten Weltkrieg einen viel geringeren Druck gab, kurzfristige Schulden, die während des Krieges aufgelaufen waren, umzuschulden. Das führte dazu, daß das Land nun die Probleme kennenlernte, die mit einem beträchtlichen Stand an kurzfristigen Schulden und künstlich niedriggehaltenen Zinssätzen verbunden sind. Während des größten Teils der Nachkriegszeit wurde davon ausgegangen, daß eine Beziehung zwischen der Struktur der Staatsschulden, dem Angebot an Geld und der Nachfrage danach existiere. Die Regierung versuchte daher, den Bestand an flüssigen Mitteln zu begrenzen, die dem Bankensystem zur Verfügung standen. Gleichzeitig bediente sie sich zur Begrenzung der Kreditvergabe der Banken direkter Kontrollen. Statt den Versuch zu unternehmen, kurzfristige in langfristige Wertpapiere umzuwandeln, stützte sich die Bank of England auf ein passives Finanzierungssystem, wobei die Menge der langfristigen Wertpapiere, die verkauft wurden, von den Händlern am Markt abhing.

Dieses unbefriedigende (und mit theoretischen Mängeln behaftete) System wurde in den 1980er Jahren mit der Abschaffung des Kredit»korsetts«, der Wiederbelebung des Leitzinses der Bank of England als wichtigstem Instrument der Geldpolitik und schließlich dem »großen Knall« hinweggefegt, der die Wertpapierhändler als Vermittler zwischen Regierung und Investoren ausschaltete. Von nun an wurden neue Staatspapiere öffentlich an die großen institutionellen Anleger versteigert, wie es bereits zwischen den 1850er Jahren und dem Anfang des 20. Jahrhunderts üblich gewesen war. Doch die sich verändernde Einstellung konservativer Schatzkanzler zur Kreditaufnahme der Regierung mit ihren Auswirkungen auf die Geldmenge führte zu Widersprüchlichkeiten im Schuldenmanagement. Anfang der achtziger Jahre verkauften die staatlichen Stellen tatsächlich mehr mündelsichere Wertpapiere, als die institutionellen Anleger benötigten (»over-funding«). Das geschah in der Hoffnung, den Anteil zu erhöhen, den private Investoren hielten, die keine Banken waren. Von den Banken wurde angenommen, sie würden die zusätzlichen Papiere nur als Grundlage für neue Kreditgewährungen benutzen. Diese Praxis wurde schließlich fallengelassen, als der Fiskus seine Geldmengenziele aufgab. Statt dessen entschied man sich für das Prinzip einer »Vollfinanzierung«, demzufolge alle Kreditaufnahmen des öffentlichen Sektors außerhalb des Bankensystems übernommen werden sollten. Doch während der Rezession der frühen 1990er Jahre gestattete es sich die Regierung erneut, Verkäufe von Staatspapieren an Banken als Finanzierungsmittel zu verwenden. Schließlich verkündete der Bericht über Schuldenstrukturpolitik von Juli 1995 die vollständige Trennung von Schuldenverwaltung und Geldpolitik; das war ein theoretischer Bruch, der durch die Entscheidung institutionalisiert wurde, die Geldpolitik der seit 1997 »betrieblich unabhängigen« Bank of England zu überlassen und das Schuldenmanagement 1998 in die Hände des neuen Debt Management Office of the Treasury zu legen.[65] Diese Trennung zwischen öffentlicher Schuldenverwaltung und Kontrolle der Zentralbank über die Geldpolitik ist in mancher Hinsicht historisch und in Anbetracht der Ursprünge der meisten Zentralbanken als Verwalter der öffentlichen Schulden vollkommen neu. Vielleicht ist es von Bedeutung, daß sie zeitlich mit einem heftigen Sinken des Kreditbedarfs der Regierung zusammenfiel.

Schuldenberge vermessen

Soviel zu den Techniken der Kreditaufnahme von Regierungen. Nun wenden wir uns der Frage der Berechnungsmethoden und der Maßstäbe zu. Wie groß waren Defizite und Schulden in der Vergangenheit? In dem Jahrhundert nach der Glorreichen Revolution neigten alle Großmächte dazu, mehr auszugeben, als sie an Steuern einnahmen. Zwischen 1692 und 1815 betrug beispielsweise das durchschnittliche britische Haushaltsdefizit etwa 3,3 Prozent des Volkseinkommens.[66] Das russische Defizit betrug 1764 etwa 18 und 1796 29 Prozent der Staatsausgaben.[67] Als Ludwigs XVI. oberster Revisor Calonne im Jahre 1786 mühsam das Ausmaß der königlichen Überschuldung berechnete, schätzte er das Defizit auf 19 Prozent der Ausgaben.[68] Doch im revolutionären Frankreich sollte es noch weit größere Defizite geben: 1791 waren es siebzig Prozent der Gesamtausgaben, im Jahre III (1794/95) vierzig Prozent und im Jahre V (1796/97) fast fünfzig Prozent.[69] Die Kriege gegen Frankreich im 18. und frühen 19. Jahrhundert waren tatsächlich, wie der englische König Georg III. gesagt hat, in gewisser Hinsicht »Kreditkriege«.[70] Immanuel Kant schien es so offensichtlich, daß öffentliche Schulden die Grundlage der Kriegsfinanzierung geworden waren, daß er in seinen »Gedanken zum ewigen Frieden« (1795) für ein Verbot von Schuldenaufnahme eintrat, die außenpolitischen Zwecken diente.[71]

Auch im 19. Jahrhundert war der prozentuale Anteil aller Defizite an den Gesamtausgaben des Staates beträchtlich – obwohl man dieses Säkulum gewöhnlich für ein Zeitalter eines »gesunden Finanzwesens« hält. Nur in Großbritannien nach den napoleonischen Kriegen war ein ausgeglichenes Budget die Norm. Wenn man die Zahlungen für den Schuldendienst herausrechnet, dann waren die Überschüsse der britischen Haushalte im 19. Jahrhundert erheblich: Sie betrugen in den Jahren zwischen 1816 und 1899 durchschnittlich 4,6 Prozent des Bruttoinlandsprodukts und erreichten 1822 mit 11,1 Prozent einen Spitzensatz.[72] Auch die amerikanische Bundesregierung erzielte in der Regel außerhalb von Kriegszeiten Überschüsse.[73] Doch die meisten Länder des europäischen Kontinents hatten in der Mehrzahl der Jahre Budgetdefizite zu verzeichnen. Frankreich hatte zwischen 1816 und 1899 nur in sieben Jahren einen Haushaltsüberschuß aufzuweisen. Italien meldete in allen Jahren von 1862 bis 1899 ein Defizit; das gleiche gilt für das Deutsche Reich bis 1924. Zwischen 1870 und 1913 war der österreichische Staatshaushalt nur in den beiden Jahren 1892 und 1893 ausgeglichen. Rußland erreichte zwischen 1890 und 1913 nur drei Jahre lang Überschüsse. Allerdings waren die Defizite vor 1914 in der Regel im Verhältnis zum Volkseinkommen recht klein (siehe Tabelle 2). Nur im Deutschen Reich betrugen sie im Durchschnitt zwischen 1830 und 1913 mehr als drei Prozent des Nettosozialprodukts.[74] Wenn wir allerdings berücksichtigen, daß die Haushalte der Regierungen vor 1914 an Umfang relativ gering waren, dann machen die Defizite einen stärkeren Eindruck.

Nach jedem erdenklichen Maßstab führten die beiden Weltkriege in allen beteiligten Ländern zu gewaltig vermehrten Defiziten. In Großbritannien betrug der Fehlbetrag zwischen 1915 und 1918 über dreißig Prozent des Bruttosozialprodukts; in Deutschland stieg er auf über vierzig Prozent, und möglicherweise hat er sich 1917 sogar auf mehr als sechzig Prozent belaufen; in Italien lag er im Durchschnitt bei 22 Prozent. Im Zweiten Weltkrieg war die Größenordnung ähnlich: Die Defizite reichten 1943 von 19 Prozent des Nettomaterialprodukts in der Sowjetunion bis 36 Prozent des Bruttosozialprodukts in Deutschland.[75] Zwischen den Kriegen versuchten die meisten Staaten, wieder zu ausgeglichenen Haushalten zu gelangen, aber abgesehen von Großbritannien und den Vereinigten Staaten gelang dies nur wenigen. Sogar Großbritannien rutschte 1933 abermals vorübergehend in die roten Zahlen.[76] Nach dem Zweiten Weltkrieg war das Muster das gleiche, allerdings waren bis 1969 nicht nur Großbritannien, sondern auch die Verliererstaaten Deutschland und Japan in der Lage, Überschüsse zu erzielen.

TABELLE 2: **Durchschnittliches jährliches Haushaltsdefizit in Prozent des Volkseinkommens für ausgewählte Zeiträume[77]**

	Groß- britannien	Frank- reich	Italien	Deutsch- land	Öster- reich	Ruß- land	USA	Japan
1830–1859	-0,1	-1,5						
1860–1889	0,0	-1,6	-2,4				-1,0	0,4
1890–1913	0,1	0,0	-0,9	-3,2	-1,1	-1,9	0,0	1,9
1914–1918	-35,9	n/a	-23,5	-38,3			-2,7	3,2
1919–1938	1,2	-4,3	-9,9	-5,4			-1,8	1,9
1939–1945	-30,9	--	-23,9	-21,2		-22,2	-12,4	1,6
1946–1969	2,9	-1,1	-5,7	?			-0,3	1,4
1970–1989	-1,0	-2,1	-10,4	?	?		-2,7	-3,1
1990–1999	-3,8	-3,6	-7,2	-2,7	-3,1	-7,8	-1,5	-2,2

Das Fehlen von Defiziten in Großbritannien in allen Jahren zwischen 1948 und 1972 (mit teilweiser Ausnahme von 1965, als die Ausgaben in neue Kategorien gefaßt wurden) widerlegt die Vorstellung, daß es vor den 1970er Jahren so etwas wie eine »keynesianische Revolution« des öffentlichen Finanzwesens gegeben habe, also eine bewußte Strategie des Einsatzes von öffentlichen Kreditaufnahmen, um die Binnennachfrage zu stimulieren. Keynes trat bereits ab 1933 für »Ausgaben auf Kredit« als Methode zur Steigerung der effektiven Nachfrage ein. Aber er sah in der Defizitfinanzierung stets »eine aus Verzweiflung resultierende Notmaßnahme«. Sein Argument gegen die Anhänger eines jederzeit ausgeglichenen Haushalts lautete: »Es gibt keine Möglichkeit zum Ausgleich des Haushalts, außer durch wachsendes Volkseinkommen, und das ist mit zunehmender Beschäftigung gleichzusetzen.« Das heißt mit anderen Worten: In der Wirtschaftskrise führen kurzfristige Defizite mittelfristig zu ausgeglichenen Budgets. Darüber hinaus wollte Keynes das Defizit im Kontext eines »Kapitalbudgets« betrachtet wissen, es sollte dazu dienen, öffentliche Investitionen zu finanzieren, nicht laufende Ausgaben der Regierung.[78] In der Praxis erwiesen sich selbst jene Politiker, die sich für Keynesianer hielten, als nicht imstande, eine antizyklische Politik durchzuführen. Das ging nicht zuletzt auf ständige Zielkonflikte zwischen Vollbeschäftigung und Aufrechterhaltung eines stabilen Wechselkurses zurück. Den wohl einzigen glaubwürdigen Versuch einer fiskalischen Expansion nach den Vorstellungen von Keynes bildete Anthony Barbers Haushalt von 1972, der den Beginn von 16 Defizitjahren bedeutete. Nach einem fieberhaften Aufschwung 1973, als das Bruttoinlandsprodukt um sieben Prozent stieg, kollabierte die Wirtschaft, während das Zahlungsbilanzdefizit in die Höhe schoß. Gleichzeitig erlebte die britische Währung einen tiefen Sturz und die Inflation einen Höhenflug.[79]

Die Nicht-Existenz von Defiziten vor 1973 wirft auch Zweifel auf die Vorstellung eines unvermeidlichen »demokratischen Defizits« in dem Sinne, daß demokratische Regierungen stets dazu neigen, sich auf Fehlbeträge einzulassen, weil die Wähler öffentliche Ausgaben befürworten, aber keine Steuern zahlen wollen.[80] Daß die Zahl der Wähler im 20. Jahrhundert sehr viel höher als jene der direkten Steuerzahler ist, wie im vorangegangenen Kapitel beschrieben wurde, konnte die Erwartung auf ein politisch verursachtes Defizit wecken. Aber in Großbritannien wurde die Defizitfinanzierung erst nach dem Ölschock der frühen 1970er Jahre zu einem Hauptmerkmal der Politik. Das gleiche gilt für Japan.

Doch kann es sein, daß Großbritannien und Japan bloß die Ausnahmen bilden, die die Regel bestätigen. Die Tabelle zeigt, daß Defizite der Zentralregierung sowohl in Frankreich als auch in den Vereinigten Staaten zu allen Zeiten die Norm waren, außer zwischen 1890 und 1913. Der italienische Staat hat sich stets ein Haushaltsminus geleistet, sogar zu jenen Zeiten, da das Wahlrecht auf hohen steuerlichen Voraussetzungen basierte. Die Phase zwischen 1970 und 1999 war fast allenthalben durch Defizite gekennzeichnet, die höher als je zuvor in Friedenszeiten waren. Besonders bemerkenswert erschien die Art und Weise, wie Japan, das traditionell sogar in Kriegszeiten Haushaltsüberschüsse erzielte, in ein Defizit stürzte. Auch Großbritannien hatte mit Ausnahme der Jahre 1988 bis 1990 trotz aller Bemühungen einer bewußt antikeynesianisch eingestellten Regierung, die Finanzpolitik unter Kontrolle zu bringen, weiterhin Fehlbeträge zu verzeichnen.

Doch wie steht es um die Schulden in der Vergangenheit? 1427 belief sich die öffentliche Schuld in Florenz etwa auf fünf Millionen Florins und damit auf das Zehnfache dessen, was sie ein Jahrhundert zuvor betragen hatte. Das war ungefähr die Hälfte des gesamten Sozialprodukts.[81] Die öffentliche Verschuldung der Vereinigten Provinzen der Niederlande war noch erheblicher: Sie lag in den 1690er Jahren bei etwa hundert Prozent des Sozialprodukts, und in den Jahren der französischen Herrschaft zwischen 1795 und 1806 stieg sie sogar noch.[82] Im Vergleich dazu waren die Monarchien der frühen Neuzeit weniger stark verschuldet. So betrug die französische Staatsschuld 1561 beispielshalber etwa zwanzig Prozent des Bruttosozialprodukts.[83] Die Schulden der englischen Krone blieben im Verhältnis zum Volkseinkommen bis ins späte 17. Jahrhundert unerheblich. Selbst zur Zeit der Glorreichen Revolution bedeutete die königliche Schuld von drei Millionen £ nur wenig mehr als fünf Prozent des Sozialprodukts.[84] Im 17. Jahrhundert hatte die Helvetische Konföderation so gut wie keine Schulden; ja einige ihrer Mitglieder verfügten sogar über beträchtliche Vermögenswerte. So wurde beispielsweise um das Jahr 1600 ungefähr ein Drittel der Gesamtausgaben von Luzern in Darlehen an andere Staaten und Einzelpersonen investiert.[85]

Im Jahrhundert nach der Glorreichen Revolution jedoch stieg die Verschuldung Großbritanniens mit nur wenigen Unterbrechungen in Friedenszeiten auf 215 Prozent des Volkseinkommens im Jahre 1815 und erreichte 1821 mit 268 Prozent einen Gipfelpunkt.[86] Da kann es nicht verwundern, daß die Staatsschuld zu einem Inbegriff von Unermeßlichkeit wurde. So schrieb 1816 Christian Friedrich Freiherr von Stockmar, Sekretär Leopold von Sachsen-Coburgs, kurz nach der Heirat seines Herrn mit Prinzessin Charlotte, der Tochter des Prinzregenten: »Mein Herr ist der beste aller Ehegatten in allen fünf Winkeln der Erde, und seine Frau bringt ihm eine Liebe entgegen, deren Größe nur mit jener der englischen Staatsschuld vergleichbar ist.«[87] Die britische Schuldenlast war außerordentlich hoch, während die französische Staatsschuld nicht nur in absoluten Zahlen niedriger war; das französische Volkseinkommen war auch höher. Einer Einschätzung zufolge, entsprach die gesamte französische Staatsschuld in den späten 1770er Jahren gerade einmal 56 Prozent des Bruttosozialprodukts[88]; allerdings deutet eine andere Quelle 1787 auf über 80 Prozent hin, und ein dritter Überschlag spricht von 150 Prozent für 1789.[89] Doch selbst die höchste Schätzung liegt beträchtlich unter der entsprechenden britischen Zahl.

Abbildung 4 will eine möglichst langfristige Perspektive der Staatsschuld in Großbritannien, Frankreich, Deutschland und den Vereinigten Staaten vorlegen. Wie sogleich deutlich wird, hat Großbritannien zwei große Höhepunkte seiner Verschuldung erlebt, die auf die Kriege des 18. Jahrhunderts gegen Frankreich zwischen 1688 und 1815 und jene gegen Deutschland zwischen 1914 und 1945 zurückzuführen sind. Obwohl sie die gleiche Höhe erreichen, unterscheiden sich die beiden Maxima durch ihre Steigungsverhältnisse. Die Abhänge des späteren Schuldenberges sind weit steiler, was den Anstieg wie den Abstieg betrifft. Die»linke Seite« des zeitlich früheren Berges besteht tatsächlich in einer Reihe von kleineren Gipfeln (1698, 1721, 1750, 1764 und 1784); während der spätere Berg einen zerklüfteten Dreiergipfel – 1923, 1933 und 1946 – aufweist.

Im Vergleich dazu gingen sowohl Frankreich als auch Preußen aus der napoleonischen Zeit mit einem Verhältnis zwischen Schulden und Sozialprodukt hervor, das unter fünfzig Prozent lag. Die französische Schuldenbelastung blieb bis zum Krieg von 1870 unter 50 Prozent, danach stieg sie allerdings deutlich an und erreichte 1887 mit 117 Prozent einen Höchststand, sank dann aber wieder langsam auf gerade einmal 66 Prozent am Vorabend des Ersten Weltkriegs. Die preußische Staatsschuld fiel steil von 42 Prozent 1815 auf elf Prozent 1848 und lag 1872 immer noch bei nur 14 Prozent. Der dann folgende Aufstieg sollte im Zusammenhang mit dem Anstieg der Reichsschulden in Deutschland betrachtet werden. Während die preußische Schuldenlast 1892 fast fünfzig Prozent betrug, wuchs die Reichsschuld sehr schnell und erreichte 1894 einen Gipfel von 47 Prozent. Die wichtigsten kontinentalen Mächte hatten also, gemessen am Bruttosozialprodukt, eine Zunahme der Schulden zu verzeichnen, während deren Anteil in Großbritannien abnahm.

Alle drei europäischen Mächte erlebten während des Ersten Weltkriegs dramatische Anstiege im Verhältnis der Schulden zum Bruttosozialprodukt. Nach 1919 jedoch gingen die Entwicklungen stark auseinander. Während die britische und französische Schuldenbelastung unmittelbar nach dem Krieg anstieg, ging die deutsche Schuldenlast 1923 überstürzt auf null zurück. Die Gründe dafür werden im nächsten Kapitel erörtert. Nach einem Höhepunkt von 185 Prozent des Bruttosozialprodukts 1922 fiel auch die französische Schuldenbelastung in den Jahren bis 1930 steil ab. Sie lag jedoch weiterhin ständig bei mehr als hundert Prozent des BSP. Dagegen sank die britische Schuldenbelastung in den zwanziger Jahren kaum und stieg dann zwischen 1930

und 1933. Die Schuldenbelastung Deutschlands blieb während der Weltwirtschaftskrise relativ niedriger als die Großbritanniens und Frankreichs; doch nach 1933 schoß sie in erstaunlichem Tempo nach oben,
1943 überholte sie diejenige Großbritanniens. Sie fiel dann allerdings
nach Ende des Zweiten Weltkriegs wieder auf weniger als zwanzig
Prozent des BSP im Jahre 1950. Die französische Schuldenlast nahm
nach 1945 ebenfalls stark ab und sank in den fünfziger und sechziger

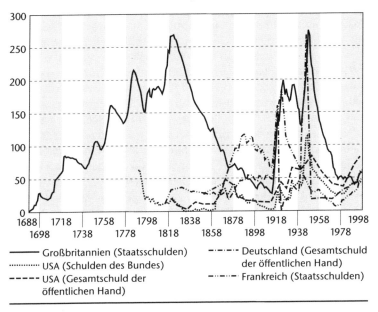

ABBILDUNG 4: Verhältnis Schulden/Bruttosozialprodukt
seit Ende des 17. Jahrhunderts.[91]

—— Großbritannien (Staatsschulden)
············ USA (Schulden des Bundes)
– – – – USA (Gesamtschuld der öffentlichen Hand)

–·–·–·– Deutschland (Gesamtschuld der öffentlichen Hand)
–··–··–·· Frankreich (Staatsschulden)

KOMMENTAR: Diese Zahlenreihen sind nicht unbedingt vergleichbar. Die amerikanischen und britischen Zahlen beziehen sich auf den Prozentsatz des Bruttosozialprodukts, die deutschen auf den Prozentsatz des Nettosozialprodukts. Auch die
Schuldenhöhen sind nicht exakt komparabel, denn bei den britischen und französischen Schulden sind jene der Kommunen ausgeklammert, die amerikanischen
schließen Schulden von Einzelstaaten und Kommunen wie auch solche Bundesschulden aus, die das Federal Reserve System trägt; die deutschen Zahlen dagegen
betreffen die gesamte öffentliche Verschuldung auf allen Ebenen der Tätigkeit der
öffentlichen Hand.

Jahren weiter: von über dreißig Prozent 1958 auf weniger als acht Prozent 1974.

Die Bundesschulden der Vereinigten Staaten konnten einem niedriger gelegenen und etwas sanfteren Pfad folgen. Sie sanken von über sechzig Prozent nach dem Unabhängigkeitskrieg auf null in den 1830er Jahren, stiegen dann aber steil von zwei Prozent 1860 auf 41 Prozent 1878. Selbst wenn man die Verbindlichkeiten der Einzelstaaten und der Kommunen einbezieht, war die gesamte Verschuldung der öffentlichen Hand im Amerika des 19. Jahrhunderts niedrig: Sie betrug 1825 etwa zehn Prozent des Bruttosozialprodukts, stieg auf fünfzehn Prozent 1843 und fiel dann leicht auf zwölf Prozent in den 1860er Jahren ab. Ihr höchstes Niveau erreichte sie 1870 nach dem Bürgerkrieg, als sie 49 Prozent des Bruttosozialprodukts betrug; danach fiel der Anteil 1913 auf 14 Prozent zurück.[90] Selbst der Erste Weltkrieg verursachte einen weit geringeren Anstieg, als ihn die europäischen Staaten erlebten: 1919 lagen die Zahlen für den Bund bei nur dreißig Prozent, verglichen mit europäischen Zahlen von etwa 150 Prozent. Die Schuldenlast stieg während der Weltwirtschaftskrise von einem Tiefpunkt von gerade einmal 16 Prozent 1929 auf 45 Prozent 1939. Die Schulden des gesamten öffentlichen Sektors lagen nun bei etwa hundert Prozent des BSP. Die Verbindlichkeiten stiegen als Ergebnis des Zweiten Weltkriegs sogar noch höher, an dessen Ende betrug allein die Bundesschuld 114 Prozent des BSP. Wie Großbritannien erlebten auch die Vereinigten Staaten in den Nachkriegsjahren ein rasches Sinken ihrer Schuldenlast. Im amerikanischen Fall ging sie 1974 bis auf 23 Prozent des BSP zurück. 1980 betrugen die öffentlichen Schulden aller drei Sektoren der Regierungstätigkeit in den Vereinigten Staaten knapp 38 Prozent des Bruttosozialprodukts. Sieht man diese Entwicklung in vergleichender Perspektive, dann war der darauffolgende Anstieg der Verschuldung unter Präsident Reagan, der damals den Kommentatoren so viel Angst einflößte, sehr bescheiden. Das macht die graphische Darstellung deutlich.

Bei Anwendung einer Definition der OECD für die Gesamtverschuldung einer Regierung erreichten die US-Zahlen nach der Präsidentschaft von Ronald Reagan einen Spitzenwert von 63 Prozent des Bruttoinlandprodukts, das ist eine niedrigere Zahl als bei mindestens neun anderen Mitgliedern der OECD.[92] Selbst wenn man die weitergefaßte Definition des »Statistical Abstract of the United States« anwendet, entsprach die Gesamtverschuldung der öffentlichen Hand nicht mehr als 82 Prozent des BIP. Wenn man berücksichtigt, daß diese Verschuldung mindestens zum Teil eine Folge des Sieges im Kalten Krieg ist, dann kommt sie der entsprechenden Zahl von 1946, unmittelbar nach dem siegreichen Ende des Zweiten Weltkriegs, auffallend nahe. Die Budgetüberschüsse der späten 1990er Jahre vergrößern die Aussicht auf eine beträchtliche, wenn nicht totale Rückzahlung der Bundesschuld.

Welche Rolle spielen Staatsschulden?

Wieviel ist zuviel? Nach Mr. Micawber, der Romangestalt von Charles Dickens, war jedes Defizit zuviel:»Jahreseinkommen 20 £, Jahresausgaben 19 £ 19 sh 6 p, Ergebnis: Glück. Jahreseinkommen 20 £, Jahresausgaben 20 £ und 6 sh, Ergebnis: Elend.«[93] Einige amerikanische Politiker sehen das öffentliche Finanzwesen auf diese Weise: sie treten für einen Ergänzungsartikel zur Bundesverfassung ein, der einen ausgeglichenen Haushalt vorschreibt, und den es in ähnlicher Weise in einigen anderen Staaten bereits gibt. Die Europäer neigen weniger dazu, sich an Micawber zu orientieren. Der Vertrag von Maastricht bestimmte, daß Länder, die Mitglied der Europäischen Währungsunion werden wollten, keine Haushaltsdefizite haben dürften, die über drei Prozent des Bruttoinlandsprodukts liegen, noch sollten sie Schulden von über sechzig Prozent des BIP haben, doch wurde keines der beiden Kriterien rigoros angewandt.

Jede Theorie der wirtschaftlichen Bedeutung der öffentlichen Schulden muß erklären, warum Großbritannien nicht nur fähig war, im 18. und im 20. Jahrhundert wirtschaftlich und demographisch überlegene Gegner zu besiegen; sie muß auch darlegen, warum es dem Inselreich gelungen ist, die innenpolitischen Krisen zu vermeiden, die in Frankreich und Deutschland im Zusammenhang mit hohen Schuldenlasten auftraten, vor allem aber muß sie erhellen, warum Großbritannien zur »ersten Industrienation« wurde, obwohl es eine Staatsverschuldung mit sich schleppte, deren Höhe und Dauer ohnegleichen war.

Sorgen wegen der makroökonomischen Auswirkungen hoher Staatsschulden sind nichts Neues. Als David Hume 1752 über die wachsende Staatsverschuldung nachdachte, sah er darin »die Saat des Ruins, [...] die hier derart überreichlich ausgestreut wird, daß es selbst dem achtlosesten Beobachter nicht entgehen kann«.[94] Sir James Stewart äußerte sich fünfzehn Jahre später im gleichen Sinne:»Wenn man dem Wachstum der öffentlichen Verschuldung nichts entgegensetzt, wenn man zuläßt, daß sie ständig größer wird, und wenn der Geist der Nation sich ruhig den natürlichen Konsequenzen solch eines Entwurfes unterwerfen kann, muß dies damit enden, daß aller Besitz, alles Einkommen von den Steuern aufgefressen wird.«[95] Adam Smith behauptete in *The Wealth of Nations*, daß Kreditfinanzierungen sehr häufig private Investitionen verdrängen und damit die Bildung von Privatkapital erschweren.[96] David Ricardo bezeichnete die Staatsschuld als »eine der schrecklichsten Plagen, [...] die jemals ausgedacht worden ist, um eine Nation zu quälen, [sie ist eine] außerordentliche Belastung, die alle Bemühungen lähmt«.[97] Der Moralismus dieser Art von Kritik übte mächtigen Einfluß auf viktorianische Politiker aus. Als Gladstone im März 1854 selbstgefällig behauptete, der Krimkrieg könne aus den laufenden Steuereinnahmen finanziert werden, bezeichnete er »die Kriegskosten« als »ein moralisches Hemmnis, das übermächtige Ambitionen und Eroberungsbestrebungen ausgelöst hat, die so vielen Nationen zu eigen sind«.[98] »Sich wegen einer Anleihe an den Geldmarkt zu wenden«, erklärte er außerdem, »würde eine Politik sein, die nicht aufgrund unserer Bedürfnisse erforderlich und daher unseres Charakters nicht würdig ist.« Indem er sich durchaus selektiv auf John Stuart Mill und McCulloch berief, behauptete er, »durch Darlehen aufgenommenes Kapital« könne »von Mitteln abgesondert werden, die entweder in der Produktion angelegt oder dazu bestimmt sind, dort eingesetzt zu werden«, so daß »ihre Ablenkung von diesem Zweck so wirken würde, wie wenn man den Arbeitern einen Teil ihrer Löhne wegnähme«. Auf der anderen Seite würde die Erhöhung von Steuern »die Gemeinschaft« ermutigen, »die ersten und frühesten Möglichkeiten [zu ergreifen], einen ehrbaren Frieden zu schließen«.[99] Es war zur Blütezeit der viktorianischen Epoche eine weitverbreitete Ansicht, daß »Steuern dem Einkommen und Darlehen dem Kapital entnommen werden«.[100] Auf dieser Grundlage behauptete Stanley Jevons 1865 in seinem Werk »Coal Questions«, die Staatsschulden sollten vollkommen getilgt werden, weil die britischen Kohlereserven – ein Kernbestandteil des Volksvermögens – nach einem Jahrhundert erschöpft sein würden. Das beunruhigte Gladstone derart, daß er Pläne entwarf, die Schulden durch eine Kombination von Haushaltsüberschüssen mit einer auf Frieden ausgerichteten Außenpolitik während der nächsten 250 Jahre auszumerzen.[101]

Doch seit langem schon kursiert das Gegenargument, daß staatliche Darlehensaufnahme wohltätige Auswirkungen haben könne. So meinte Isaak de Pinto, ein Autor des 18. Jahrhunderts, öffentliche Verschuldung könne das Wachstum fördern, da »die Schulden niemals fällig werden, und es also keine kritische Periode gibt, vor der man sich fürchten muß; es ist so, als existierten sie gar nicht«. Jede neue Anleihe, so behauptete er, »schafft ein neues künstliches Kapital, das zuvor nicht existiert hat, und das wird permanent, beständig und solide, als wäre es ein wirklicher Schatz«. »Wenn ein Fonds einmal geschaffen ist, dann bleibt er bestehen, und seine beisteuernde Fähigkeit wächst ebenso wie die Zirkulation, und dies ohne ein zu großes Anwachsen an Bargeld. [...] Eine leichte Steuer wird der Nation abgefordert, in deren Hände sie zu allgemeinem Vorteil des Ganzen wieder zurückkehrt.«[102] Thomas Malthus war mit einer Begründung gegen die Zurückzahlung der Staatsschulden, die man heute als »Realkasseneffekt« bezeichnen würde: Der verstärkte Konsum der Inhaber von Staatspapieren steigere die Gesamtnachfrage.[103] 1781 erklärte Alexander Hamilton, der Genius des frühen amerikanischen öffentlichen Finanzwesens: »Eine Staatsschuld, wenn sie nicht zu gewaltig ist, wird ein nationaler Segen für uns sein. Sie wird ein starkes Bindemittel für unsere Nation darstellen.«[104]

Im 20. Jahrhundert sind stärker differenzierte Rechtfertigungen der Staatsschuld vorgetragen worden. Die frühen Keynesianer behaupteten, eine »funktionale« Defizitfinanzierung könne zur Stimulierung einer Wirtschaft eingesetzt werden, die unterhalb des Niveaus der Vollbeschäftigung operiert: Defizite des öffentlichen Sektors, also Schulden, würden in der Krise eine gute Sache sein.[105] In jüngster Zeit ist die Ansicht vertreten worden, das Wachstum der öffentlichen Schulden könne bei unvollständigen Märkten durch Ermutigung zur Entwicklung von Finanzierungsmitteln, zur Kapitalbildung und zum Wirtschaftswachstum beitragen, genau gesagt, »durch Einführung neuer Wertpapiere die Möglichkeiten zur Streuung von Risiken erweitern«.[106] Wirtschaftshistoriker haben die Vermutung geäußert, das könne dazu beitragen, den wirtschaftlichen Erfolg zu erklären, den Großbritannien im 18. Jahrhundert trotz seiner hohen Schuldenbelastung hatte. Die positive Beziehung zwischen Verschuldung und Kapitalbildung sei in der Endphase der napoleonischen Kriege besonders stark gewesen, als Staatsanleihen eingesetzt wurden, um britische Schiffe und Rüstungsgüter zu finanzieren.[107] Es trifft zu, daß der Markt für privatwirtschaftliche Wertpapiere und Aktien praktisch durch die Kreditaufnahme der Regierung geschaffen wurde. Im Jahre 1853 machten britische Staatspapiere siebzig Prozent der Effekten aus, die an der Londoner Börse notiert wurden. 1913 war dieser Anteil unter zehn Prozent gefallen, doch die Weltkriege hatten ein Anwachsen der Staatsschulden und die Vereitelung der Emissionen des Privatsektors zur Folge. Sie trieben daher den Anteil 1950 wieder auf 64 Prozent hoch. Noch 1980 resultierten mehr als ein Fünftel des Marktwerts aller Wertpapiere an der

Londoner Börse und sechzig Prozent ihres nominellen Werts aus Staatspapieren. Eine andere Rechtfertigung für Staatsschulden lautet, die Transfers,
die sie auslösten, seien recht unbedeutend. In seinem »Essai Politique
sur le Commerce« vertrat der französische Theoretiker Jean-François
Melon 1736 die Ansicht, die Staatsschuld bestehe aus »Schulden der
rechten Hand an die linke, durch die der Körper nicht geschwächt wird,
wenn er die notwendige Nahrung erhält und sie zu verteilen weiß«.[108]
Dies setzte die Vorstellung voraus, daß Schulden, makroökonomisch
betrachtet, nicht notwendigerweise schlimmer als Steuern sind, was der
Wirtschaftswissenschaftler Robert Barro mit folgender Formulierung
begründet hat: »Haushalte sehen eine laufende Gesamtbesteuerung
von einem Dollar als gleichwertig mit einem laufenden Haushaltsdefizit von einem Dollar an.«[109] Die entscheidende Annahme lautet
hier: Für jeden Haushalt, der eine Verpflichtung gegenüber der nächsten Generation verspürt, bedeutet jede Steuer, die wegen einer Kreditaufnahme in der Gegenwart zukünftig zu zahlen ist, das gleiche wie
eine gegenwärtige Steuer.[110] Staatsdefizite wirken dieser Ansicht nach
nur auf »den zeitlichen Ablauf der realen Wirtschaftstätigkeit« ein,
indem sie die zeitliche Abstimmung der Besteuerung beeinflussen.
Wenn Steuern Verzerrungseffekte haben, wenn sie also einer Wirtschaft
Verformungen auferlegen, die dazu führen können, das Wachstum
unter das optimale Niveau zu drücken, dann können Defizite eine
wohltätige, die Steuerbelastung erträglicher machende Rolle spielen,
indem sie es ermöglichen, die Bezahlung für außerordentliche Ereignisse wie Kriege oder Wirtschaftskrisen auf wirtschaftlich bessere Zeiten
zu verschieben.[111] Da Steuern gewöhnlich verzerrende Effekte haben,
ist das ein wichtiges Argument für die öffentliche Kreditaufnahme in
Krisenzeiten. Es wurde vor fast eineinhalb Jahrhunderten von Sir
George Cornwall Lewis vorweggenommen, dem britischen Schatzkanzler, der während des Krimkriegs Gladstones Amt übernahm. Er
behauptete im April 1855: »Steuern, die das Unternehmertum schwächen und die Industrie stören oder in die normale Verteilung von
Kapital eingreifen, sind für die Gemeinschaft nachteiliger als Kredite,
die die Regierung aufnimmt.« Der Oxforder Wirtschaftswissenschaftler
G. K. Rickards formulierte im gleichen Jahr in einer Vorlesung: »Besser
Erfolg mit einem hypothekarisch belasteten Vermögen als ein erschöpf-
tes Vermögen.«[112]

All dies stellt vielleicht eine Diskussion um ein fragwürdiges Konzept
dar. Es wird bereits weithin anerkannt, daß der Begriff »Defizit« un-

scharf ist. Um den britischen Fall zu nehmen: Was Zeitgenossen von den 1870er bis zu den 1930er Jahren als Untergrenze eines Haushalts betrachteten, nämlich den Ausgleich des konsolidierten Staatsfonds, verführte dazu, den Umfang der laufenden Überschüsse zu niedrig anzusetzen, indem man Zahlungen an den Tilgungsfonds als Ausgaben deklarierte.[113] Das Schatzamt machte eine Unterscheidung zwischen Ausgaben »über dem Strich« und »unter dem Strich«, damit unterschied es begrifflich recht grob zwischen laufendem Aufwand und Anlagekosten. Ferner umfaßt der konsolidierte Staatsfonds nicht den Fonds der National Insurance und ebenfalls nicht die Anleihen von Kommunalverwaltungen und öffentlichen Körperschaften (diese *waren* im Public Sector Borrowing Requirement [Fremdmittelbedarf der öffentlichen Hand] eingeschlossen, der 1976 eingeführten Maßeinheit für das Defizit).[114] Auch das wird von einigen Ökonomen als eine Bemessungsgrundlage betrachtet, die dem zyklisch angepaßten Public Sector Fiscal Deficit unterlegen ist, das den Einfluß von Finanztransaktionen des öffentlichen Sektors, etwa in Form von Privatisierungen, und konjunkturelle Schwankungen des Wirtschaftswachstums auszuklammern versucht.[115]

Es gibt auch weitergehende methodische Ansätze.[116] In der modernen dynamischen Theorie der Finanzpolitik ist die zeitübergreifende Budgetrestriktion das Schlüsselkonzept. Man kann sie mit der Summe der »Generationskonten« der heute Lebenden plus jener der zukünftigen Generationen gegenüber der Summe zukünftiger Regierungskäufe plus der offiziellen Nettoverschuldung der Regierung gleichsetzen. Generationenbilanzen repräsentieren die Summe der gegenwärtigen Werte der zukünftigen *Nettosteuern* (bezahlte Steuern minus erhaltene Transferzahlungen), die Angehörige eines Jahrgangs während ihrer Lebenszeit voraussichtlich zahlen müssen, unter der Voraussetzung, daß die gegenwärtige Politik fortgesetzt wird. Die Summe der Generationskonten sämtlicher Mitglieder aller lebenden Generationen erfaßt, wieviel die jetzt Lebenden zur Begleichung der Rechnungen der Regierung zahlen werden. Staatsschulden sind andererseits die gegenwärtigen Wertsummen aller zukünftigen Käufe der Regierung an Gütern und Dienstleistungen plus ihrer offiziellen Nettoverschuldung (ihrer offiziellen Verpflichtungen minus ihrer offiziellen Vermögenswerte einschließlich des Wertes der Unternehmen des öffentlichen Sektors). Rechnungen, die von den gegenwärtigen Generationen nicht bezahlt werden, *müssen* von zukünftigen beglichen werden. Hierin besteht das Nullsummenprinzip der intergenerationellen Haushaltseinschränkung des Staates.

Im wesentlichen müssen bestehende Schulden langfristig voll durch kumulative Haushaltsüberschüsse gedeckt werden.

Dieser Ansatz gegenüber dem öffentlichen Finanzwesen – der als Generationenbilanz bekannt wurde – ist kaum ein Jahrzehnt alt, aber er ist bereits in mehr als zwanzig Ländern angewandt worden.[117] Wir werden in Kapitel 6 auf die politischen Folgen und die Verteilungskonsequenzen zurückkommen.

Schuldendienst

Der ökonomisch bedeutsamste Maßstab der öffentlichen Verschuldung besteht möglicherweise nicht im gegenwärtig offenstehenden nominellen Schuldenbetrag, sondern in der Beziehung zwischen aktueller und zukünftiger Steuerbelastung. Auf der anderen Seite sind die heutigen Kosten des Schuldendienstes im Verhältnis zu den Gesamtausgaben der Regierung mit großer Wahrscheinlichkeit die politisch wichtigste Maßeinheit öffentlicher Verschuldung. Sie ist mit Gewißheit die klarste Norm für eine Regierung, die darum kämpft, bestimmte Ziele zu erreichen. Dies gilt aus dem einfachen Grund, daß jeder Pfennig, der für den Schuldendienst ausgegeben wird, in der Praxis fortlaufende Kosten für eine Politik der Vergangenheit und damit einen Pfennig darstellt, der für die Politik von heute nicht eingesetzt werden kann.

Als die Staatshaushalte noch relativ bescheiden waren, konnten Schuldenbelastungen gewaltig sein. Im 15. und 16. Jahrhundert betrug der Schuldendienst deutscher Städte durchschnittlich ein Drittel des Gesamthaushalts. In monarchischen Staaten gab es größere Unterschiede. In der ersten Hälfte des 16. Jahrhunderts setzte Hessen zwischen zwei und neun Prozent seiner Gesamtausgaben für den Schuldendienst ein. In Württemberg liegt die Quote für die gleiche Phase bei achtzig Prozent. Spanien lag vergleichsweise irgendwo in der Mitte, dort wurden 1543 nahezu zwei Drittel der gewöhnlichen Staatseinnahmen für Zinsen auf die *juros* ausgegeben.[118] Auch Frankreich beendete das 16. Jahrhundert mit schweren Schuldenlasten. Etwa vier Fünftel der jährlichen Staatseinnahmen waren zu Beginn der Herrschaft Heinrichs IV. bereits abgetreten[119], aber dank der Reformen Sullys sank die Schuldenbelastung des Landes im Laufe des 17. Jahrhunderts auf etwa ein Fünftel der Gesamtausgaben zwischen 1663 und 1689. Dagegen mußte Neapel 1627 56 Prozent des Haushaltes an Kreditkosten aufbringen.[120] Auch der Schuldendienst des Papstes war hoch, er stieg von 36

Prozent 1526 auf ein Maximum von 59 Prozent 1654.[121] Im Vergleich dazu war der Schuldendienst Österreichs im 16. Jahrhundert niedrig, er lag bei einem Viertel bis einem Drittel der Gesamtausgaben.[122]

Die Geschichte liefert sehr viele Beispiele von Staatskrisen, die auf Belastungen durch Schuldverpflichtungen zurückzuführen sind. Die Fähigkeit deutscher Stadtstaaten zur Aufrechterhaltung ihrer Unabhängigkeit hing oftmals von diesem Faktor ab. So verlor Mainz, das 1411 fast die Hälfte seiner Staatseinnahmen an die Inhaber von Staatspapieren zahlte, im 15. Jahrhundert seine Unabhängigkeit. In Lübeck und Hamburg, wo die Schuldenlast geringer war, geschah dergleichen nicht.[123] Die politischen Schwierigkeiten der spanischen Monarchie im späten 16. und im 17. Jahrhundert hingen eng mit sehr häufigen Schuldenkrisen zusammen.[124]

Das vorrevolutionäre Frankreich ist möglicherweise der berüchtigtste Fall eines Staates, der wegen der Kosten des Schuldendienstes einen Niedergang erlebte. Zwischen 1751 und 1788 stiegen die Zinszahlungen und Tilgungskosten von 28 auf 49 Prozent der Gesamtausgaben oder von etwas mehr als einem Viertel der Steuereinkünfte auf 62 Prozent.[125] Allerdings war die Höhe des Schuldendienstes für Frankreichs wichtigsten militärischen Rivalen kaum geringer. Zwischen 1740 und 1788 stieg der Anteil der Schuldenlast an den britischen Steuereinnahmen von 37 auf 56 Prozent.[126] Entscheidend war, daß Frankreich sowohl absolut als auch in bezug auf den Anteil am Volkseinkommen beträchtlich niedrigere Schulden als Großbritannien hatte. Zwischen 1776 und 1782 betrugen die Kosten des französischen Schuldendienstes etwa 7,5 Prozent der Gesamtschulden im Vergleich zu acht Prozent im britischen Fall. Mit anderen Worten: Die Kosten der Bedienung des gleichen Betrages an Schulden waren für Frankreich ungefähr *doppelt* so hoch. Dieser entscheidende Nachteil war nur teilweise auf höhere Tilgungszahlungen zurückzuführen; der Hauptgrund wird im nächsten Kapitel untersucht.

Andere wichtige Staaten kamen erst in den 1870er Jahren Großbritannien in dieser Hinsicht nahe. Die britischen Daten zeigen, daß fast in sämtlichen Jahren zwischen 1818 und 1854 mehr als die Hälfte der Bruttoausgaben der Regierung in den Schuldendienst flossen, das kommt der Schuldenbelastung des französischen *Ancien Régime* am Vorabend der Revolution nahe. Aber Großbritannien war seit den späten 1830er Jahren imstande, die Schuldenlast schrittweise abzubauen, während die französischen (und italienischen) Schuldenlasten als Ergebnis der Kriege zwischen Sewastopol und Sedan gleichzogen. Vom Ende der 1860er bis

Mitte der 1880er Jahre gaben Großbritannien, Frankreich und Italien jeweils etwa ein Drittel ihrer Haushalte für Schuldenkosten aus. Steigende Ausgaben für andere zivile und militärische Aufgaben führten dazu, daß dieser Anteil bis 1913 auf das preußische Niveau von unter zehn Prozent fiel, nur in Frankreich blieb er bei über zwanzig Prozent. Die Belastungen, die die vier Staaten nach dem Ersten Weltkrieg trugen, waren allerdings unterschiedlich. Während der Schuldendienst in Großbritannien und Frankreich einen Höhepunkt bei etwa 44 Prozent der gesamten Regierungsausgaben erreichte, lag die Durchschnittszahl für die zwanziger Jahre in Italien knapp unter 18 Prozent. In Deutschland machte – aus Gründen, die wir bald kennenlernen werden – der Schuldendienst im Jahre 1925 nur zwei Prozent der Gesamtausgaben aus. Zinsen und Schuldentilgung haben in Deutschland und Frankreich nach 1945 sehr viel weniger Bedeutung gehabt, obwohl in beiden Fällen der Anteil an den Gesamtausgaben seit Anfang der achtziger Jahre gestiegen ist. In Großbritannien sank der Schuldendienst tendenziell von den fünfziger bis zu den neunziger Jahren, während Italien eher die Gegenrichtung einschlug. Hier erreichte der Schuldendienst Mitte der 1990er Jahre ein Maximun, als mehr als ein Fünftel der gesamten Regierungsausgaben für die Staatsschuld ausgegeben wurde.

Eine Erklärung für die sinkende Bedeutung des Anteils des Schuldendiensts an den Staatsausgaben liegt einfach darin, daß die Staatshaushalte im 19. Jahrhundert so klein waren. Die Entwicklung des Wohlfahrtsstaates hatte damals kaum eingesetzt, so daß Zahlungen an Inhaber von Staatspapieren die hauptsächlichen Überweisungen der staatlichen Schatzämter waren. Das ist gewiß ein Teil der Geschichte, wir werden in Kapitel 7 darauf zurückkommen. Es gibt allerdings noch andere Gründe, warum Schulden für Großbritannien im 18. und 19. Jahrhundert soviel weniger teuer als für seine Rivalen waren und warum zumindest für die entwickelten Volkswirtschaften des Westens Verschuldung heute relativ weniger kostspielig als in der Vergangenheit ist. Dies ist das Thema des nächsten Kapitels.

FÜNFTES KAPITEL

Wie man seine Schulden nicht bezahlt

»Zu wissen sei es jedem, ders begehrt:
Der Zettel hier ist tausend Kronen wert.
[...]
Du zogst sie rein, dann wards in dieser Nacht
Durch Tausendkünstler schnell vertausendfacht.
Damit die Wohltat allen gleich gedeihe,
So stempelten wir gleich die ganze Reihe:
Zehn, Dreißig, Fünfzig, Hundert sind parat.
Ihr denkt euch nicht, wie wohls dem Volke tat.
[...]
Unmöglich wärs, die Flüchtigen einzufassen;
Mit Blitzeswink zerstreute sichs im Lauf.
Die Wechslerbänke stehen sperrig auf:
Man honoriert daselbst ein jedes Blatt
Durch Gold und Silber, freilich mit Rabatt.«

Goethe, »Faust«[1]

IM JAHRE 1912 rief ein Verband in Deutschland, der sich für das Frauen-
stimmrecht einsetzte, zu einer Versammlung zum Thema »Inflation«
auf, die großen Zulauf fand. Zu diesem Zeitpunkt lag die Preissteigerung
für Konsumgüter in Deutschland – gemessen an den Nahrungsmitteln –
bei 5,3 Prozent im Jahr. Das bedeutete den höchsten Stand seit 1880:
Die durchschnittliche jährliche Inflationsrate hatte seit der Reichsgründung 1871 nur wenig über einem Prozent gelegen. Die Veran-
staltung war eine von vielen Ausdrucksformen der Befürchtungen in
der Öffentlichkeit wegen zu hoher Preise: Ein Leitartikler hatte ein Jahr
zuvor festgestellt, daß das Thema wachsende Lebenshaltungskosten in
aller Munde sei[2] Aber wer von Inflation spricht, versteht noch lange
nicht ihre Ursachen.

1924 versammelte sich der Frauenverband erneut, aber diesmal ging
es nicht um das Thema Inflation, sondern um die Stabilisierung. Als
Ergebnis der katastrophalen Hyperinflation des Vorjahres waren die Vermögenswerte des Verbandes nun noch genau 5,14 Mark wert. Wenngleich den weiblichen Bürgern des Deutschen Reiches das Wahlrecht

auch während des Ersten Weltkriegs versagt blieb, so hatten die Damen des Verbandes doch aus patriotischen Gründen ihr Vereinsvermögen in Kriegsanleihen des Deutschen Reiches gesteckt.[3] Diese Papiere waren inzwischen vollkommen wertlos.

Die Staatsverschuldung in Deutschland verschwand dank des totalen Zusammenbruchs des Werts der Währung im Zeitraum eines Vierteljahrhunderts zweimal vollkommen von der Bildfläche. Beide Male blieb jenen, die ihr Vertrauen in die Kreditwürdigkeit des Deutschen Reiches gesetzt hatten, nichts als wertloses Papier. Es sah so aus, als hätten es alle versäumt, Goethes Meisterwerk bis zum Schluß zu lesen, und dies obwohl der Vizepräsident der Reichsbank während der ersten Hyperinflation ein bedeutender Goethekenner war.[4] In der zweiten Szene des ersten Akts von »Faust II«, aus dem das obige Zitat stammt, scheint das Drucken von Geld zunächst zu Wohlstand zu führen. Das Papiergeld floß »zum Fleischer, Bäcker, Schenken;/Die halbe Welt scheint nur an Schmaus zu denken/Wenn sich die andre neu in Kleidern bläht./Der Krämer schneidet aus, der Schneider näht«. Daher verkündet Mephisto: »Ein solch Papier, an Gold und Perlen Statt,/Ist so bequem, man weiß doch, was man hat.«[5]

Doch im vierten Akt offenbart Mephisto, daß es sich hier nur um »falschen Reichtum« handelte, das Land, das er damit beglückte, »zerfiel [...] in Anarchie«:

> »Wo groß und klein sich kreuz und quer befehdeten
> Und Brüder sich vertrieben, töteten,
> Burg gegen Burg, Stadt gegen Stadt,
> Zunft gegen Adel Fehde hat,
> Der Bischof mit Kapitel und Gemeinde;
> Was sich nur ansah, waren Feinde.
> In Kirchen Mord und Totschlag, vor den Toren
> Ist jeder Kauf- und Wandersmann verloren.
> Und allen wuchs die Kühnheit nicht gering;
> Denn leben hieß sich wehren. – Nun, das ging.
> [...]
> Es ging – es hinkte, fiel, stand wieder auf,
> Dann überschlug sichs, rollte plump zuhauf.«[6]

Als Goethe diese Zeilen 1832 kurz vor seinem Tod schrieb, hatte er möglicherweise das Frankreich der 1790er Jahre im Kopf. Doch diese Stelle scheint auch in unheimlicher Weise vorausschauend die Frühgeschichte der Weimarer Republik zu behandeln.

Die deutschen Inflationserfahrungen waren in jeder Hinsicht extrem. Die Erinnerung an die Hyperinflation spielte in der deutschen Politik der späten 1980er Jahre immer noch eine Rolle, als Politiker versuchten, ihre Wähler zu überzeugen, daß eine neue europäische Währung ebenso gesund wie die Deutsch Mark sein würde, die tatsächlich in den 50 Jahren ihrer Existenz eine Entwertung von 75 Prozent erlebte. Die Erfahrung der Nichterfüllung von Zahlungsverpflichtungen durch Inflation ist durchaus universell verbreitet; sie ist so allgemeingültig wie die Geschichte des Dr. Faust. Seit 1899 vervielfachte sich in Großbritannien der Preis für ein Päckchen Zigaretten um den Faktor 15, für einen Laib Brot um 32, für eine Pinte Bier um 456. Der durchschnittliche Wochenlohn stieg derweil um den Faktor 89.[7] Im Unterschied dazu ist eine britische konsolidierte Staatsschuldverschreibung mit einem Nennwert von 1.000 £ im Preis gefallen.

Fünf Methoden, nicht zu zahlen

Es gibt fünf Methoden zur Reduzierung von Transferzahlungen in Form von Schuldzinsen und Rückzahlungen, wenn diese einen Punkt erreichen, der politisch als überzogen beurteilt wird. Erstens kann man einfach einen Teil seiner Verbindlichkeiten oder die Gesamtschulden tilgen. Ein Weg, dies zu erreichen, besteht darin, den Inhabern von Obligationen oder gar allen Wohlhabenden eine einmalige Kapitalabgabe aufzuerlegen. Zweitens kann der Zinssatz, den der Staat auf seine Schulden zu zahlen hat, durch gesetzgeberische Maßnahmen herabgesetzt werden, eine Maßnahme, die man »Konversion« oder »Umwandlung« nennt. Drittens können Regierungen die Zahlungen an Besitzer von Staatspapieren einfach vorübergehend einstellen. Viertens kann ein unvorhergesehener Anstieg der Inflation den realen Wert von Schulden wie von Zinszahlungen verringern, falls die Schulden nicht an einen Index gebunden, respektive in einer Auslandswährung oder in Gold benannt sind. Das ist häufig als der politisch leichter zu gehende Weg angesehen worden, und wie wir noch sehen werden, konnten viele Regierungen des 20. Jahrhunderts dieser Versuchung nicht widerstehen. Der beste, wenngleich schwierigste Weg, Schuldenlasten zu reduzieren, besteht darin, eine Steigerung der realen Wachstumsrate zu erreichen. Allerdings kann dies unter gewissen Umständen gerade durch die Existenz einer großen Staatsschuld erschwert werden.

Die politisch »respektabelste« Weise, die reale Schuldenlast herabzusetzen, besteht in der Rückzahlung. Das setzt ständige primäre Haushaltsüberschüsse voraus, also Überschüsse, die größer als die laufenden Zahlungen an Schuldzinsen sind. Es gibt jedoch in der Praxis nur relativ wenige Fälle, in denen eine Staatsschuld vollständig zurückgezahlt worden ist. So wurde etwa, um eines dieser seltenen Beispiele zu nennen, die gesamte Bundesschuld der Vereinigten Staaten zwischen 1816 und 1834 zurückgezahlt.[8] Sowohl den Vereinigten Staaten als auch Großbritannien gelang es regelmäßig, ihre Gesamtschulden durch laufende primäre Haushaltsüberschüsse zu *vermindern*. Zwischen 1822 und 1914 reduzierte sich die britische Staatsschuld als Ergebnis einer nachhaltigen Politik der Schuldenrückzahlung nominell um etwa ein Viertel. In den Vereinigten Staaten gab es zwischen 1805 und 1811, 1871 und 1893, 1920 und 1930 und wiederum, wenn auch in geringerem Umfang, zwischen 1947 und 1953 ebenfalls Rückgänge der Verschuldung.[9]

Aus Gründen, die in Kapitel 7 analysiert werden sollen, ist die Erhöhung von Steuern zur Auszahlung von Pfandbriefinhabern politisch selten populär. Sie ist auch wirtschaftspolitisch problematisch, denn die Einkommens- und Verbrauchssteuern, die gewöhnlich zur Finanzierung solcher Rückzahlungen eingesetzt werden, haben nach Aussagen der Ökonomen unerwünschte Nebenwirkungen.[10] Eine politische Alternative, die solche Verzerrungen vermeidet, besteht darin, den Besitzern von Staatspapieren selbst eine einmalige Kapitalsteuer aufzuerlegen. Das bedeutet, sie praktisch mit ihrem eigenen Geld auszuzahlen. Situationen, in denen das politisch als machbar erschien, waren dünn gesät, und die Fälle, in denen es erfolgreich geschah, waren noch seltener.[11] Der Versuch von Reichsfinanzminister Matthias Erzberger im Jahre 1919, das Defizit der Weimarer Republik mit einem einmaligen, stark progressiven Reichsnotopfer, das alle Vermögensbesitzer zu zahlen hatten, herabzusetzen, scheiterte erbärmlich, und dies aus dem einfachen Grund, daß diese Steuer in Raten über einen Zeitraum von 25 bis 47 Jahren gezahlt werden konnte, dabei sollte der Zinssatz ab Dezember 1920 nur fünf Prozent betragen. Solange die Inflation über fünf Prozent lag, konnte man durch verschleppte Rückzahlung den effektiven Wert der Schuld verringern.[12]

Wenn man sehr hoch verschuldet ist, besteht die einfachste Lösung natürlich darin, überhaupt nichts zurückzuzahlen. Falls die Kosten des Schuldendienstes einen zu großen Anteil ihres Einkommens verzehrten, war offene Zahlungsverweigerung im Mittelalter und in der frühen Neuzeit die gewöhnliche Reaktion vieler Monarchen. Eduard III. trieb auf diese Weise in den 1340er Jahren die Familien Bardi und Peruzzi in den Ruin.[13] Jacques Coeur, der französische Finanzmann des 15. Jahrhunderts, wurde Opfer einer ähnlichen Nichterfüllung der Zahlungsverpflichtungen König Karls VII.[14] In der frühen Neuzeit nahmen Zahlungsversäumnisse der Großmächte derart zu, daß sie mehr oder weniger institutionalisiert wurden. Es scheint richtiger, sie als Moratorien, als Umschuldungen oder als Zwangskonversion von Schulden, denn als Staatsbankrotte zu sehen.[15] In dieser Weise kam Spanien zwischen 1557 und 1696 vierzehnmal seinen Schuldverpflichtungen ganz oder teilweise nicht nach.[16] Dabei wurden bestehende Verpflichtungen erfolgreich umgeschuldet. Das geschah normalerweise durch die Umwandlung kurzfristiger *asientos* in langfristige *juros*. Sehr bald wurden erneut Darlehen aufgenommen. Aber die gewohnheitsmäßige Nichterfüllung von Zahlungsverpflichtungen hatte ihren Preis. Nach 1627 schränkten die genuesischen Finanzleute ihre Geschäfte mit *asientos* in Erwartung eines weiteren Bankrotts ein, dem sie sich entziehen zu können glaubten, indem sie in weniger ertragreiche *juros* investierten. Die Abnahme des offenstehenden Betrages an *asientos* von seinem Höhepunkt mit 12,4 Millionen Dukaten 1625 auf wenig mehr als eine Million 1654 spiegelte wider, wie sich der Spielraum Spaniens für fiskalische Schachzüge verengte. Das hatte direkte politische Auswirkungen zu einer Zeit, da Frankreich und die Niederlande in der Lage waren, im In- und Ausland weitere Kredite aufzunehmen.[17]

Auch Frankreich war in der frühen Neuzeit immer wieder ein säumiger Schuldner. Sir George Carew hat über Heinrich IV. gesagt, er habe die Finanzleute »wie Schwämme ausgepreßt und alle drei oder vier Jahre Lösegeld von ihnen verlangt«.[18] Es war eine Praxis, an der sich auch seine Nachfolger zu orientieren hatten. Die Regierung der Könige von Frankreich stellte ihren Schuldendienst in den Jahren 1559, 1598, 1634, 1648, 1661, 1698 und abermals 1714, 1721, 1759, 1770 und 1788 ganz oder teilweise ein. Wie im Falle Spanien wurden Zahlungsversäumnisse mehr oder weniger zu einem vorhersehbaren Verhalten. Das Muster sah so aus:»Borgen, um Krieg zu führen, vergebens danach streben, genügend Steuern zu erheben, um die Schulden zu bezahlen, noch mehr borgen, um den Schuldendienst leisten zu können und [...] letztendlich Nichterfüllung der Zahlungsverpflichtungen hinsichtlich eines Teils der Schuld, um das Konto wieder auszugleichen.«[19] Drei Arten der Nichterfüllung lassen sich unterscheiden: zeitweilige Einstellung von Rückzahlungen; eine»Reform«, also die Neufestsetzung der Schuldzinsen auf fünf Prozent; schließlich die unverblümte Zahlungsverweigerung, wenn der Zinssatz auf unter fünf Prozent gesenkt wurde.[20]

Seit der Regierungszeit Franz' I. hatte sich die Regierung immer wieder der *chambres des justices* bedient. Das waren Sonderausschüsse zur Untersuchung von Finanzschwindel. Dabei ging es nicht nur um die Säuberung des Systems der Staatsfinanzen, sondern auch um die Nichterfüllung verschiedener Verpflichtungen.[21] Die Weigerung Ludwigs XVI., sich seinen Zahlungsverpflichtungen in der üblichen Form zu entziehen, soll ihn zur Einberufung der Generalstände gezwungen und damit die revolutionäre Krise ausgelöst haben. Doch dadurch schob er die Finanzkrise nur hinaus und verschärfte sie gleichzeitig. Die Insolvenz von 1797 betraf volle zwei Drittel der gesamten Staatsschuld und übertraf sogar jene nach dem Zusammenbruch der Projekte von John Law.

David Hume meinte dazu zynisch, wäre Großbritannien seinen Verpflichtungen in der Weise nicht nachgekommen wie Frankreich im 18. Jahrhundert, dann wären die Auswirkungen nur geringfügig gewesen: »Die Menschen sind im allgemeinen derart leichtgläubig, daß es trotz solch gewaltsamer Erschütterungen des öffentlichen Kredits, wie sie ein bewußt herbeigeführter Bankrott Englands auslösen würde, wahrscheinlich nicht lange dauern würde, bis sein Kredit blühend wie zuvor wieder aufleben würde.«[22]

In einer Hinsicht hatte Hume wohl recht: Zahlungsverweigerungen können den Preis der Kreditaufnahme für ein Land steigern, aber selten schrecken sie Geldgeber auf lange Zeit ab. Großbritannien hatte in der Tat 1671 die Erfahrung einer teilweisen Nichterfüllung von Zahlungsverpflichtungen gemacht, als Karl II. ein Moratorium für alle »Kassenanweisungen« verkündete, die nicht aus einer dafür vorgesehenen Quelle zukünftiger Staatseinkünfte zu begleichen waren. Die »Schließung der Staatskasse« hatte verheerende Konsequenzen für die Goldschmiede von London, die der Regierung seit 1665 kurzfristige Kredite gewährt hatten. 1685 wurden die Zinszahlungen erneut vorläufig eingestellt und bis 1705 nicht wieder aufgenommen.[23] Dennoch sind die Kosten von Insolvenzen gewöhnlich in Form höherer Zinssätze und damit größerer Kosten des Schuldendienstes meßbar, die Regierungen, die ihren Verpflichtungen nicht nachgekommen sind, erbringen müssen, wenn sie aufs neue Darlehen aufnehmen. Genau hier liegt die überzeugendste Erklärung für die Unterschiede in der finanziellen Kraft Großbritanniens und Frankreichs im 18. Jahrhundert.

Konversion – der Umtausch einer Art von Staatspapieren gegen eine andere mit niedrigeren Erträgen – stellt im Grunde eine partielle Nichtzahlung dar, die durch Konsens geregelt wird. 1672 unterbrach das englische Schatzamt Zahlungen auf rückzahlbare, zeitlich befristete Staats-

anleihen und andere Schulden und wandelte sie in vererbbare mit festen
Zinssätzen ausgestattete Rentenpapiere um.[24] 1715 stellten die niederländischen Generalstaaten zunächst ihre Zinszahlungen vorübergehend
ein und reduzierten sie dann später, eine Maßnahme, die 1753 wiederholt wurde.[25] 1707/08, 1716/17, 1727, 1749/50, 1756, 1822, 1824, 1830,
1834 und 1844 gab es mehr oder weniger erfolgreiche Umwandlungen
von Teilen der britischen Staatsschuld; doch im Jahre 1853 scheiterte
Gladstones Angebot zum Umtausch von 490.000 »konsolidierten« und
»reduzierten« Jahresrenten in neue zweieinhalbprozentige Papiere. Erst
35 Jahre später sollte ein weiterer derartiger Versuch durch Sir Edward
Goschen unternommen werden, dem es gelang, die Zinsen für einen
beträchtlichen Teil der Schulden auf 2,75 Prozent zu vermindern.[26]
Eine bedeutsame Umwandlung gelang 1932, als die Verzinsung von
Kriegsschulden in Höhe von 2,1 Milliarden £, die immer noch offen-
standen, sehr spät von überhöhten fünf auf 3,5 Prozent herabgesetzt
wurde. Der Erfolg dieser umfangreichen Unternehmung, es ging hier
immerhin um ein Viertel der gesamten Staatsschuld, die etwa der Hälfte
des Volkseinkommens eines Jahres entsprach, bedeutete für die Regierung eine jährliche Ersparnis von 30 Millionen £.[27]

Im Unterschied zur Nichterfüllung von Verpflichtungen wurden derartige Maßnahmen in durchschaubarer und berechenbarer Weise als
Reaktion auf wahrnehmbare Niedergänge der Zinssätze am Markt vollzogen. Wichtiger aber noch ist, daß Konversionen sich auf Konsens
gründen oder zumindest darauf basieren sollten. Eine Umwandlung
wie jene von 1932 lud die Investoren praktisch ein, sich auf ein länger-
fristiges Papier mit geringerer Rendite umzustellen: Als die Midland
Bank sich weigerte, die Bedingungen der Bank of England zu akzeptieren, wurde sie nicht dazu gezwungen. Auf der anderen Seite wurde
Kleinanlegern nicht nur durch patriotische Propaganda gut zugeredet,
den Umtausch hinzunehmen, vielmehr kam neben dem Zuckerbrot
auch die Peitsche zum Einsatz. So wurden beispielsweise solche Wertpapiere, die nicht konvertiert worden waren, von der Bank of England
nicht mehr als rediskontierbar betrachtet.[28]

Die britische Tradition von Umstellungen auf der Basis von Verhandlungen bedeutete jedoch in vielfacher Hinsicht eine Ausnahme. Als
sich der französische Premierminister Joseph de Villèle 1824 um eine
Konversion nach britischem Muster bemühte, stieß er in der aristokratischen Ersten Kammer auf heftigen Widerstand, und das Projekt scheiterte schließlich. Der Vicomte de Chateaubriand war der Ansicht, es
handele sich hier um einen britisch-österreichischen Kniff, um die fran-

zösischen Rentiers zu betrügen, während die Tatsache, daß ein Teil der Einnahmen zur Finanzierung von Ausgleichszahlungen an aristokratische Opfer der Revolution beitragen sollte, die politischen Schwierigkeiten nur erhöhte.[29] Wenn sich ausgehandelte Konversionen als unmöglich erwiesen hatten, setzten autoritäre Regierungen in manchen Fällen Zwang ein, so etwa Mussolini bei der Stabilisierung der italienischen Staatsschuld. Es gab zwei Zwangskonversionen (*conversione forzosa*), die erste erfolgte im Jahre 1926, als kurzfristige Papiere in langfristige Staatsanleihen mit fünf Prozent Verzinsung (*titoli del Littorio*) umgetauscht wurden; die zweite geschah 1934, als diese neuen Papiere in 3,5-Prozenter mit einer Laufzeit von 25 Jahren umgewandelt wurden.[30]

Diese Beispiele machen deutlich, daß es in Wahrheit keinen eindeutigen Unterschied zwischen Nichterfüllung von Zahlungsverpflichtungen und Konversion gibt. Es kommt vor allem darauf an, wie die Gläubiger veranlaßt werden, ihre Ansprüche an den Staat zurückzunehmen. Wichtig ist auch das Ausmaß, in dem die Forderungen herabgesetzt werden.

Die Inflationssteuer

Kapitalabgaben, Insolvenzen und Konversionen sind offenkundig allesamt Methoden zur Reduzierung der Schuldenlast eines Staates. Doch ist seit langem bekannt, daß es auch eine verdeckte Methode gibt, dasselbe Ziel zu erreichen, nämlich die Verschlechterung der Maßeinheit, in der eine Schuld bezeichnet ist. Eine Erhöhung des Geldumlaufs, um einen beispiellosen Preisanstieg auszulösen, läßt sich in vielfacher Hinsicht als fiskalisches Werkzeug einsetzen. Erstens kann eine Regierung auf diese Weise an sich wertloses Papier (oder dessen elektronische Äquivalente) gegen reale Waren und Dienstleistungen eintauschen. Dieser reale Transfer an Regierungen, diese »Seigniorage«, wird vom privatwirtschaftlichen Sektor mit einem Niedergang des realen Wertes seiner Geldeinnahmen bezahlt, der durch die mit dieser Politik zusammengehenden Inflation verursacht wird. Zweitens setzen Preisanstiege durch das »Drucken« von Geld den realen Wert von Lohn- und Gehaltszahlungen, von Transfer- und Schuldenrückzahlungen des Staates herab, soweit diese nicht an einen Preisindex gebunden sind. Eine Inflation mindert schlicht und einfach den realen Wert der Schulden der Regierung unter der Voraussetzung, daß diese in der Landeswährung ausgewiesen sind. Drittens erlaubt es die Inflation dem Staat, das Publikum in höhere Steuerklassen zu drängen.

Im Lauf der Geschichte sind die meisten Staaten auf die oben geschilderte Weise mit schweren finanziellen Unausgewogenheiten umgegangen. Die »Inflationssteuer«, die Besitzern von Geld und Vermögensanlagen auferlegt wird, ist keine Erfindung des 20. Jahrhunderts, doch kam es in diesem Jahrhundert zum umfangreichsten und rücksichtslosesten Einsatz dieses Mittels. Obgleich Edelmetalle seit dem 3. Jahrtausend vor Christus die Grundlage des Geldwesens bilden, kamen Münzen erst ungefähr im 7. Jahrhundert vor Beginn unserer Zeitrechnung auf.[31] Spätestens seit den Zeiten der Römer scheint allgemein erkannt worden zu sein, daß die Reduzierung des Gold- und Silbergehalts von Münzen eine Quelle von Staatseinkünften bedeutet. Es gab eine sanfte, aber stetige Entwertung des römischen Dinar; sein Silbergehalt verminderte sich zwischen der Regierungszeit des Augustus und der Marc Aurels um etwa 25 Prozent.[32] Im Frankreich des Mittelalters und der frühen Neuzeit waren die Staatseinkünfte aus der »Seigniorage«, also aus der Differenz zwischen dem Real- und dem Nennwert von Münzen, hoch. Sie brachten im Jahre 1421 elfmal mehr als andere Ertragsquellen der Könige ein. Zwischen 1318 und 1429 wurde der Wert der französischen Münzen viermal gemindert.[33] In den 1540er Jahren emittierte Heinrich VIII. schlechte Münzen mit einem Nennwert von 4,4 Millionen £, das war das Doppelte des Werts des Metalls, das diese enthielten. Er machte dadurch einen Profit von 46 Prozent auf jede Münze oder von insgesamt etwa zwei Millionen £.[34] Die Legitimität derartiger Unternehmungen wurde im 14. Jahrhundert durch den Autor Nicolas Oresme beteuert, in dessen Werk *De Moneta* es hieß, wenn Münzverschlechterung einer gerechten Sache diene, sei sie eine legitime Steuerart.[35] Das war keine populäre Ansicht, und man wandte diese Methode eher heimlich an. Thomas Wriothesley, der Sekretär Heinrichs VIII., nannte die Münzprägeanstalt »unseren heiligen Anker«, drängte aber darauf, daß ihre Operationen geheimgehalten würden, »denn wenn herauskäme, daß die Angelegenheiten der Menschen dort auf diese Weise betrieben werden, würde es die Leute veranlassen, sich zurückzuziehen und damit einen Mangel auszulösen«.[36] Die Deutschen erinnerten sich an die Epoche des Dreißigjährigen Kriegs als »Kipper- und Wipperzeit«.

Geldverschlechterung und Preisinflationen hingen nur selten direkt zusammen: In der frühen Neuzeit wurden die Preise ebensosehr durch internationale Hartgeldströme beeinflußt, wie von landwirtschaftlichen und demographischen Schwankungen; und es gab auf jeden Fall physische Grenzen, die bestimmten, wie stark die Geldversorgung durch

Wertverschlechterung ausgedehnt werden konnte. Dennoch brachte der wahrnehmbare Zusammenhang zwischen Münzverschlechterungen und Preisanstiegen im 16. Jahrhundert eine theoretische und praktische Reaktion hervor. Für Jean Bodin, der sich 1568 dazu äußerte, handelte es sich hier um »eine Unterschlagung und ein pures Geschwätz von Höflingen, die behaupteten, der König und das Volk machten Gewinne [durch Münzverschlechterung]«; für den König mochte dies sehr wohl stimmen, aber für das Volk offenkundig nicht.[37] Im 17. Jahrhundert hatten fortlaufende Münzverschlechterungen dazu geführt, daß es in Europa beinahe zu einem Währungschaos kam. Im Jahre 1610 zirkulierten in Amsterdam ungefähr tausend verschiedene Gold- und Silbermünzen, was die Abwicklungskosten des Handels in die Höhe trieb.[38] Gleichzeitig wurden die Gewinne des Staates aus der Münzverschlechterung mit jeder der aufeinanderfolgenden Entwertungen tendenziell geringer.

Zwei Länder bemühten sich in der Folge darum, Systeme fester Wechselkurse zu entwickeln. 1638 wurde der Wert des niederländischen Gulden auf etwas weniger als zehn Gramm Silber festgesetzt, wenngleich der Gulden von 1544 weiterhin die Recheneinheit der Amsterdame Wisselbank blieb. Das erleichterte die Schaffung eines einheitlichen Zahlungssystems. Jedoch herrschte Flexibilität der Wechselkurse zwischen den umlaufenden Münzen, die meist für Inlandgeschäfte gebraucht wurden, und den Bankgulden, die dem Außenhandel vorbehalten waren. In England kam die Praxis, Silbermünzen zu verschlechtern, nach einer Häufung von Geldentwertungen in Kriegszeiten mit der großen Ummünzung von 1696 zum Stillstand.[39] Seitdem bestand das Ziel darin, ein bimetallisches System zu errichten. Der Preis der Goldguinea wurde in der Maßeinheit Silber festgesetzt; doch der festgelegte Kurs unterbewertete das Silber im Vergleich zu Frankreich und Holland. Das führte dazu, daß Silbermünzen aus der Zirkulation herausgezogen wurden. Die Tendenz zum Gold setzte sich 1717 fort, als der Leiter der königlichen Münzanstalt, der große Physiker und Gelehrte Sir Isaak Newton, den Münzpreis des Goldes auf drei Pfund 17 Shilling und 10,5 Pence per Unze festsetzte. Wieder einmal wurde das Gold im Verhältnis zum Silber überbewertet, und die Silbermünzen verschwanden praktisch aus dem Verkehr. Was größere Transaktionen anging, so wurde die Stellung des Silbers allmählich von Papiergeld übernommen, das sich auf Gold stützte. Ab 1774 war das Silber für Summen über 25 £ kein gesetzliches Zahlungsmittel mehr.[40]

Die Entwicklung von Papiergeld, die sich bis ins China des 14. Jahrhunderts zurückverfolgen läßt, begann im Westen nicht vor 1690. Sie schuf neue Möglichkeiten für die Erhebung einer Inflationssteuer.[41] Zwischen 1704 und 1707 gab die französische *caisse d'emprunts* bis zu 180 Millionen Livres an zinsbringenden Banknoten heraus, die der Markt allerdings bald auf etwa zwei Drittel ihres Nennwerts herabdrückte.[42] Eines der Hauptelemente des katastrophalen Experiments von John Law im französischen Finanzwesen bestand in einer massiven Ausweitung des Umlaufs von Papiergeld auf etwa 2.235 Millionen Livres 1720 im Vergleich zu 344 Millionen Livres 1708.[43] In der zweiten Hälfte des Jahres 1789 gab es eine weitere, weniger krasse Ausweitung des Papiergeldumlaufs. Ursache war die Kreditaufnahme der Regierung bei der Caisse d'Escompte.[44] Nach 1768 verließ sich auch Rußland sehr stark auf das Drucken von Papiergeld sowie auf die Verschlechterung der Münzen, um seine Defizite zu finanzieren.[45] Nicht anders handelte Spanien, wenn auch die *vales reales*, die Karl III. 1780 herausgab, verzinslich waren.[46] Auf gleiche Weise wurde ein beträchtlicher Teil der österreichischen Staatsschulden zwischen 1790 und 1820 durch die Ausgaben von Papier«*zetteln*« finanziert.[47] Bei den Papiernoten, um die es hier ging, handelte es sich im technischen Sinne oft um kurzfristige Schuldenfinanzierungsmittel und nicht um wirkliche Zahlungsmittel im Sinne von Bargeld, aber der inflatorische Effekt war im großen und ganzen der gleiche.

Die spektakulärste aller Inflationen des 18. Jahrhunderts war jene der »Assignaten«, die von der französischen Nationalversammlung in Vorwegnahme von Verkäufen beschlagnahmten Eigentums des Könighauses und der Kirche herausgegeben wurden. Obwohl sie ursprünglich dazu dienen sollten, die sogenannten *dette exigible*[48] des alten Regimes zurückzuzahlen und sie in der Tat ersetzten, wurden die Assignaten sehr schnell zu einem Finanzierungsmittel für die gewaltigen Kriegsdefizite des Revolutionsregimes. Die ursprünglich herausgegebenen 400 Millionen Livres von Dezember 1789 stellten zinsbringende Papiere dar. Aber im Oktober 1790 hörten die Assignaten auf, Zinsen abzuwerfen, und die Höhe ihres Umlaufs stieg sehr schnell von 1,2 Milliarden im September jenes Jahres auf 2,4 Milliarden im Oktober 1792. Als die Druckmaschinen im Februar 1796 zerstört wurden, waren bereits 40 Milliarden ausgegeben, das war ungefähr das Achtfache des nominellen Betrags der Schulden des *Ancien Régime*.[49] Die Kaufkraft der Assignaten im Vergleich zur Goldwährung fiel von 91 Prozent im Januar 1791 auf 0,5 Prozent im Jahre 1796.[50] Diese Art von Tilgung der Schulden des 18. Jahrhunderts führte dazu, daß die Schuldenbelastung pro Kopf der Bevölkerung in Frankreich 1818 fünfzehnmal so hoch wie in Großbritannien war.[51] Die Erfahrung mit den Assignaten hinterließ in der Seele der Franzosen eine dauerhafte Wunde. Sie zögerten nun, dem Papiergeld zu vertrauen, und dieses Mißtrauen hielt während des größten Teils des 19. Jahrhunderts an. 1850 wurden noch mehr als 90 Prozent aller Geldgeschäfte in Frankreich mit Münzgeld durchgeführt.[52] Die Erfahrung Frankreichs war keineswegs einzigartig. Zwischen 1786 und 1815 steigerte sich der Umlauf von Papierrubeln um den Faktor 18. Die entsprechende Zahl für Österreich zwischen 1719 und 1811 betrug 37.[53] Napoleon hatte recht, als er meinte, das Papiergeld bilde eine der Grundlagen der österreichischen Kriegsfinanzierung. Im September 1809 ordnete er sogar den Druck von 100 Millionen Gulden gefälschter österreichischer Banknoten mit dem Ziel an, »diese Papiergeldausgabe im Wert zu mindern und Österreich zur Metallwährung zurückzuzwingen«, dies sollte »es nötigen, sein Heer zu verkleinern«.[54] Die osteuropäischen Staaten waren bei der Abkehr vom Papiergeld sehr viel langsamer als Frankreich, das unter Napoleon mit der Schaffung des *franc germinae* im Jahre 1803 eine erfolgreiche und dauerhafte Währungsstabilisierung erreichte.

Selbst in Großbritannien führten der Krieg und die vorübergehende Aufhebung der Goldkonvertibilität 1797 zur Inflation. Allerdings war deren Ausmaß weit geringer als auf dem Kontinent. Die Preise stiegen zwischen 1797 und 1818 um etwa 80 Prozent, und 1822 waren sie als Ergebnis der Rückkehr zum Gold mehr oder weniger auf den Vorkriegsstand zurückgekehrt. Anders als auf dem Kontinent herrschte während des gesamten Krieges Vertrauen, daß die Behörden die Absicht verfolgten und über die Mittel verfügten, zur Goldkonvertibilität zurückzukehren, nachdem der Krieg vorüber war.[55]

Das 19. Jahrhundert wird gewöhnlich als eine Zeit angesehen, in der die Verbreitung des Goldstandards die Möglichkeit einer Schuldenreduzierung durch Währungsverschlechterung ausschloß. Das trifft nicht ganz zu. Während des amerikanischen Bürgerkrieges gab es in den Südstaaten eine Inflation, die an die Assignaten erinnerte. Auch in den Nordstaaten kam es zu einer Entwertung des Papierdollars mit entsprechender Verringerung des effektiven Werts der Staatsschulden.[56] Die Konvertibilität des Dollars wurde zwischen 1862 und 1879 aufgehoben, und selbst danach bestanden bis in die 1890er Jahre hinein weiter Zweifel an der Festigkeit der Bindung der Vereinigten Staaten an das Gold. Krieg und innenpolitische Krisen hatten auch das Scheitern der Versuche zur Folge, die russische und die österreichische Währung an das Silber zu binden, und zwangen die Regierungen zur »Monetarisierung« der Defizite. Zwischen 1847 und 1853 stieg die kurzfristige Schuld in Österreich von acht auf 25 Prozent der Gesamtschuld des

Staates.[57] In den drei Jahren 1849 bis 1851 stieg hochgetriebenes Geld ebenfalls um 25 Prozent, während die Lebenshaltungskosten 1854 einen Höhepunkt erreichten; sie lagen nun um 29 Prozent höher als sieben Jahre zuvor. Ähnliche Probleme ergaben sich aus den drei Kriegen, in die Österreich zwischen 1859 und 1866 verwickelt war.[58] Auch Italien löste sich zwischen 1866 und 1883 und erneut ab Februar 1894 vom Goldstandard. In Spanien wurde die Konvertibilität 1883 suspendiert.[59] Selbst unter dem Goldstandard war also ein gewisses Maß an Schulden»erlaß« durch Inflation möglich. Die Tatsache, daß viele europäische Länder zwischen 1890 bis 1914 eine Verringerung ihrer Schuldenlast erlebten, ist nicht nur höheren Wachstumsraten zugeschrieben worden, sondern auch der weltweiten Erhöhung der Goldmenge und damit steigender Inflation im Vergleich zu den negativen Wachstumsraten in den 1870er und 1880er Jahren.[60]

Dennoch war die Bedeutung dieser milden Inflation gering im Vergleich zu dem, was nach 1914 geschah, als Zahlungen in bar von nahezu allen Teilnehmerländern des Ersten Weltkriegs unterbrochen wurden. Nur Japan und Südafrika bildeten hier Ausnahmen. Die Defizite dagegen wurden in unterschiedlichem Ausmaß finanziert, indem man sich auf die Druckmaschinen verließ. Der Extremfall war Deutschland, wo sich die Großhandelspreise zwischen 1914 und 1923 um einen Faktor von etwa 1,3 Billionen vervielfachten. Ein Eindruck von der Erschütterung, die dieses Geschehen bei Menschen auslöste, die an die Stabilität der Goldmark gewöhnt waren, läßt sich aus Elias Canettis Erinnerungen an das Leben in Frankfurt im Jahre 1923 gewinnen:

»Es war mehr als Unordnung, was über die Menschen hereinbrach, es war etwas wie tägliche *Sprengungen*. [...] Das kleinste, das privateste, das persönlichste Ereignis hatte ein und dieselbe Ursache, die tobsüchtige Bewegung des Geldes. Ich hatte es mir [...] zur etwas billigen Tugend gemacht, Geld zu verachten. Ich hielt es für etwas Langweiliges, Immergleiches. [...] Jetzt plötzlich sah ich es von einer anderen, einer unheimlichen Seite – ein Dämon mit einer Riesenpeitsche, so schlug es auf alles ein und erreichte die Menschen bis in ihre geheimsten Mauselöcher.«[61]

Für manche war all das nicht zu ertragen. Der große Kunsthistoriker Aby Warburg erlitt einen Nervenzusammenbruch, und danach suchten ihn Visionen kulturellen Verfalls heim, bei denen Reproduktionen von Kunstwerken wie Banknoten aus der Druckerpresse herausgeschleudert wurden.[62] Andere jedoch erinnerten sich an ihren Goethe. Die *Nordwestdeutsche Zeitung* veröffentlichte sogar eine aktuelle Parodie des Lieds der Mignon aus »Wilhelm Meisters Lehrjahre«:

»Kennst du das Land, wo die Devisen blühen,
in dunkler Nacht die Nepplokale glühn?
Ein eis'ger Wind vom nahen Abgrund weht –
wo tief die Mark und hoch der Dollar steht.«[63]

Doch, wie Tabelle 3 zeigt, war die Inflation nach 1914 ein nahezu universell verbreitetes Phänomen. Es betraf sogar neutrale Staaten. Deutschland, Österreich, Ungarn, Polen und Rußland schienen an einem Phänomen zu leiden, das man als Hyperinflation bezeichnen kann.[64] Die Zeitpunkte der Währungsstabilisierung waren unterschiedlich: In den meisten Ländern hatte der Preisanstieg 1921 aufgehört; aber in einigen extremen Fällen ging die Inflation bis ins Jahr 1922 oder 1923 weiter. Italien, Frankreich und Belgien waren insoweit Sonderfälle, als die Inflation hier bis etwa 1926 nicht aufhörte, sich jedoch nie zur Hyperinflation steigerte.

Die Gründe für die Inflationen der Nachkriegszeit waren zwar vielgestaltig, sie wurzelten aber unleugbar in den kurzfristigen Darlehensaufnahmen der Regierungen und in der Finanzierung ihres Geldbedarfs durch die Zentralbanken. Die Inflation hörte erst auf, als deutlich wurde,

TABELLE 3: **Europäische Preisinflation während des Ersten Weltkriegs und danach[65]**

	Höchste Großhandelspreise in Papierwährung (1914 = 1)	Datum
Schweiz	2	1921
Spanien	2	1920
Niederlande	3	1919
Dänemark	3	1920
Großbritannien	3	1920
Schweden	4	1920
Norwegen	4	1920
Italien	6	1926
Frankreich	7	1926
Belgien	7	1927
Finnland	12	1921
Tschechoslowakei	14	1921
Österreich	14.300	1922
Ungarn	23.466	1922
Polen	2.484.296	1924
Rußland	4.146.849	1923
Deutschland	1.261.600.000.000	1923

daß es mit dieser Praxis zu Ende ging. Das setzte in Ländern, die unter Hyperinflation litten, einen beträchtlichen »politischen Wandel« voraus, also einen Wechsel der Regierungspolitik auf dem Gebiet des Währungs- und Finanzwesens. In Italien kam noch ein Umsturz des politischen Regimes hinzu.[66] Die Folgen starker Inflation waren in beträchtlichem Maße auch finanzpolitischer Art. Vor allem hatten unterschiedliche Inflationsentwicklungen radikal andersgeartete Auswirkungen auf die reale Schuldenbelastung der betreffenden Länder. In Großbritannien und in den Vereinigten Staaten mußte die Entscheidung für eine Rückkehr zum Goldstandard unter Wiederherstellung des Umrechnungskurses der Vorkriegszeit zur Deflation führen. Trotz eines gewissen Maßes an Schuldenrückzahlung verursachten die kombinierten Auswirkungen von fallenden Preisen und vermindertem Wachstum einen beträchtlichen Anstieg der realen Schuldenbelastung. Zwischen 1920 und 1931 sank der nominelle Wert der britischen Staatsschuld um ungefähr fünf Prozent; doch der reale Wert stieg deflationsbereinigt um 60 Prozent. Gleichzeitig hoben sich in den Vereinigten Staaten Schuldenrückzahlung und Deflation in ihren Auswirkungen gegenseitig auf, was dazu führte, daß die reale Schuldenbelastung unverändert blieb. Aber Länder, die den inflationären Weg bis zum bitteren Ende gingen, erreichten schließlich einen Punkt, wo die Kriegsschuld im Inneren großteils, wenn nicht insgesamt, verschwunden war. Im Extremfall Deutschland wurde die Staatsschuld im Jahre 1923 buchstäblich auf null reduziert. Wenn auch spätere »Neubewertungs«gesetze einiges dazu beitrugen, den Inhabern von Staatspapieren aus der Vorkriegszeit ein gewisses Maß an Entschädigung zu verschaffen, wurden Kriegsanleihen nicht auf diese Weise behandelt.[67] In einer Parodie auf die patriotische Kampagne »Gold gab ich für Eisen« tauschte das deutsche Anlegerpublikum sein Gold gegen wertlose Papiere ein. Irgendwo zwischen den Extremen lagen Länder wie Frankreich und Belgien. In Frankreich stieg die gesamte inländische Verschuldung zwischen 1920 und 1929 nominell um etwa 37 Prozent. Aber im Verhältnis zum Nettosozialprodukt fiel sie um genau den gleichen Betrag.[68]

In mancher Hinsicht wiederholte sich diese Geschichte während des Zweiten Weltkriegs und danach. In Deutschland gab es sogar einen noch steileren Anstieg sowohl der Staatsverschuldung als auch des Umlaufs von Papiergeld, und nur streng durchgeführte Preiskontrollen verhinderten während der letzten beiden Kriegsjahre eine inflationäre Explosion. Als das nationalsozialistische Regime 1945 zusammenbrach, ging die Reichsmark fast gleichzeitig mit ihm unter, und ihr folgte mit erstaunlicher Schnelligkeit eine Besatzungswährung, die die Amerikaner und »in exzessiven Mengen« die Sowjets druckten. Damals waren Sieger wie Besiegte bis zur Währungsreform von Juni 1948 gleichermaßen zu Improvisationen mit Zigarettengeld und anderen Ersatzwährungen gezwungen. Andere Länder, die in der Nachkriegszeit eine starke Geldentwertung erlebten, waren Griechenland, China und Ungarn; in zweien dieser Fälle waren Bürgerkriege Hauptursache des Problems.[69] Großbritannien gelang es, die Ausweitung des Geldumlaufs und die Inflation unter dem Niveau des Ersten Weltkriegs zu halten: Die Preise stiegen gegenüber 1938 um nur etwas über 50 Prozent.[70]

Zwischen 1914 und 1945 schwankte die Welt zwischen Inflation und Deflation. Von ein paar Ausnahmen abgesehen, war sie seit 1945 von Inflation geprägt. Allerdings gab es in der Nachkriegszeit unterscheidbare Phasen niedriger und hoher Inflation. In den fünfziger und sechziger Jahren erlebten die meisten Volkswirtschaften unter den sanften Einschränkungen des Systems von Bretton Woods eine milde Inflation (siehe Kapitel 11). In den siebziger und achtziger Jahren des 20. Jahrhunderts führte der Zusammenbruch dieses Systems jedoch zu einer mehr oder weniger globalen Durchsetzung des Papiergelds. Die Konsequenz war eine generell wachsende Inflation, wenn auch mit beträcht-

ABBILDUNG 5:   Geldversorgung und Inflation in Großbritannien (jährliche Wachstumsraten) 1871 bis 1997[71]

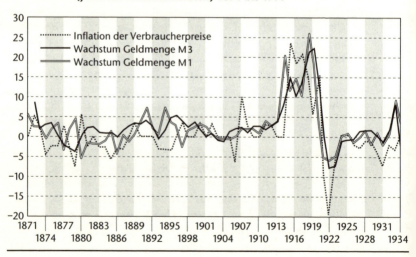

lichen Unterschieden zwischen den Staaten, je nachdem, wie die finanz-
und geldpolitisch Verantwortlichen auf die höheren Ölpreise reagierten, die in den Jahren 1973 und 1979 vom OPEC-Kartell durchgesetzt
wurden. Seit den späten achtziger Jahren gab es jedoch in den meisten
Ländern einen deutlichen Rückgang der Inflationsraten. Die Geldentwertung in Portugal, die im Mai 1977 bei über 50 Prozent lag, sank
1999 auf unter drei Prozent. In Frankreich, wo die Inflation im November 1981 14 Prozent erreichte, fiel sie zum Jahrtausendende auf gerade
einmal 0,2 Prozent. Einige kühne Beobachter wagten es sogar, vom
»Ende der Inflation« zu sprechen.

Regeln und Ermessen

Die großen Unterschiede der Inflationsentwicklung über lange Zeiträume hinweg und zwischen verschiedenen Ländern lassen sich vielleicht genausogut durch institutionelle Veränderungen wie durch allgemein gültige ökonomische Gesetze wie etwa die Mengentheorie des
Geldes oder seiner Derivate erklären.[72] Abbildung 5 präsentiert das
langfristige Quellenmaterial zur Inflation der Verbraucherpreise in Groß-

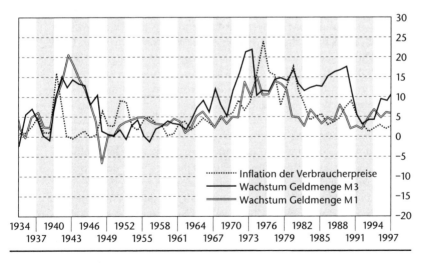

britannien seit 1871. Sie zeigt, daß es tatsächlich grobe Zusammenhänge zwischen der Inflationsentwicklung und der Wachstumsrate der Geldmenge, also der Rate des Wachstums der Geldversorgung gibt, ob man sie nun eng definiert, so daß sie nur Geld, Banknoten und Münzen im Umlauf einschließt, oder ob man sie im weitesten Sinne unter Einschluß von Bankeinlagen versteht.[73] Diese Verhältnisse haben sich im Laufe der Zeit eindeutig in dem Maße verändert, wie sich das Wesen des Geldes und der Institutionen, die es hervorbringen, entwickelt haben. Ein gutes Beispiel für die Schwierigkeiten einer engen monetaristischen Interpretation der Inflation bildet das Auseinanderdriften zwischen der umlaufenden Geldmenge im weitesten Sinne und der Inflation um die Mitte der 1980er Jahre. Das passierte zu einer Zeit, da ironischerweise die Regierungspolitik ihrem Anspruch nach monetaristisch war.

Jeder institutionelle Ansatz betont die sich wandelnde Rolle der Zentralbanken, insbesondere die fundamentalen Unterschiede zwischen »Regeln« und »Ermessen«. Hauptsächlich sind die Notenbanken dazu da, den Regierungen zu helfen, ihre vorwiegend durch Kriege verursachten Defizite zu finanzieren. Doch der Goldstandard entwickelte sich zu einem System, das darauf abzielte, die Möglichkeiten der Zentralbanken zu begrenzen, in Friedenszeiten freizügig Geld zu verleihen. Nur allmählich entwickelte sich der Gedanke, daß die Zentralbank für die Währungspolitik und die Stabilität des Bankensystems insgesamt verantwortlich sein sollte.[74]

Nach der Theorie der klassischen Ökonomen war Preisstabilität nicht der Daseinsgrund des Goldstandards. Vielmehr sorgte ihrer Ansicht nach die Aufrechterhaltung einer festen Austauschrate zwischen Gold und Währung automatisch für ein ausgewogenes Verhältnis zwischen Binnenwirtschaft und Weltmarkt. Nach der Theorie des »Flusses von Preisen und Münzgeld«, wie sie zuerst von David Hume vertreten wurde, mußte sich ein Goldabfluß auf das einheimische Preisniveau auswirken, indem er dessen Sinken verursachte, während gleichzeitig das äußere Preisniveau stieg, was zu einem Anwachsen der Exporte, einer Abnahme der Importe und einem Rückfluß von Gold führte.[75] Gemäß den in Entstehung begriffenen »Spielregeln« – der Ausdruck wurde tatsächlich nicht vor 1930 geprägt – erwartete man von der Bank of England, daß sie auf einen Abfluß von Gold durch Erhöhung des Diskontsatzes reagiere[76], wodurch sie den Spielraum für Kredite einschränkte und so das Austauschverhältnis zwischen Banknoten und Gold aufrechterhielt. Die sich daraus ergebende Geldverknappung sollte in der Theorie dazu führen, daß die Preise in Großbritannien im Vergleich zum Rest der Welt sanken. Das erhöhte die Wettbewerbsfähigkeit der britischen Exportwirtschaft; gleichzeitig wurde dadurch im Inneren die Nachfrage nach Importen herabgedrückt. Das war der Gedanke, der Sir Robert Peels Bank Charter Act von 1844 zugrunde lag. Das Gesetz trennte die Abteilung der Bank of England, die für die Notenausgabe zuständig war, von jenen Geschäftsbereichen, die sich um ihre Operationen als Handelsbank im Depositengeschäft kümmerten.[77]

Es ist wichtig, zwischen den formalen, gesetzlichen Regelungen über den Umgang mit der Goldreserve und der Ausgabe von Banknoten sowie den ungeschriebenen »Spielregeln« zu unterscheiden. Oft wird die Ansicht vertreten, die Regeln liefen einfach darauf hinaus, daß die Bank den Diskontsatz erhöhen sollte, wenn die Goldreserve zusammenschmilzt, und daß sie ihn herabsetzen sollte, wenn der Goldbestand wächst. Das ist nicht immer so. Was die Bank angeht, so wurde »der Diskontsatz, der verlangt wurde, [...] eher durch das Verhältnis der Reserve[78] zu den Verpflichtungen als durch irgendwelche anderen Überlegungen geregelt«.[79] Änderungen in diesem Verhältnis wurden täglich überprüft, während der amtliche Diskontsatz wöchentlich bekanntgegeben wurde, wenn die Direktoren zusammentrafen. Der Gouverneur der Bank konnte jederzeit aus eigener Machtvollkommenheit eine Erhöhung oder Herabsetzung des Diskontsatzes anordnen, wie es in der Krise von 1907 geschah. Neuere Forschungsergebnisse haben bestätigt, daß Veränderungen der Goldreserve tatsächlich die entscheidenden Bestimmungsfaktoren bei Neufestsetzungen des Diskontsatzes waren.[80] Doch die Reaktion der Bank of England auf Veränderungen ihrer Reserve war nicht ganz und gar symmetrisch. Dazu hieß es in einer Stellungnahme gegenüber der American National Monetary Commission aus dem Jahre 1909:

»Der Diskontsatz wird mit dem Ziel heraufgesetzt, entweder Gold daran zu hindern, das Land zu verlassen, oder Gold ins Land hineinzuziehen, und er wird herabgesetzt, wenn er sich vollkommen anders als die Zinsen am Markt entwickelt hat, und wenn die Umstände es nicht notwendig machen, den Import von Gold zu fördern.«[81]

Man sollte nicht meinen, daß die Bank of England kurzfristige Zinssätze für den Geldmarkt insgesamt »festsetzte«. In seiner 1873 erschienenen klassischen Darstellung »Lombard Street« stellte Walter Bagehot das Ausmaß des Einflusses der Bank auf den Markt in Frage:

»Der Wert des Geldes ergibt sich wie bei anderen Waren durch Angebot und Nachfrage [...] Wer sehr viel von einem Artikel besitzt, kann eine Zeitlang seinen Wert entscheidend beeinflussen, wenn er den Mindestpreis, den er verlangen will, festsetzt und stur daran festhält. So wird der Wert des Geldes in der Lombard Street geregelt. Die Bank of England [...] legt den Mindestpreis fest, zu dem sie ihre Bestände abgibt, und das macht es anderen Händlern die meiste Zeit möglich, diesen Preis oder einen, der in seiner Nähe liegt, zu erzielen. [...] Die Auffassung, daß die Bank of England den Geldmarkt kontrollieren und den Diskontsatz beliebig festlegen kann, hat aus alten Tagen vor [dem Bankgesetz von] 1844 überlebt. [...] Selbst damals war diese Vorstellung falsch.«[82]

Vor 1914 war es für die Bank meist schwierig, ihren Diskontsatz »effektiv« durchzusetzen.[83] Die am weitesten verbreitete zeitgenössische Erklärung für dieses Phänomen verwies auf die Abnahme der Größe der Bank of England im Vergleich zum übrigen Finanzsektor, insbesondere gegenüber Aktienbanken wie Salomon's. Zwischen 1826 und 1858 schwand das ursprüngliche Monopol der Bank of England als einzige Aktienbank des Landes dahin. Das ermöglichte das Wachstum großer Handelsbanken, die gemeinsam den Verrechnungsverkehr entwickelten, und von Diskonthäusern, die auf dem Markt für Handelswechsel arbeiteten.[84] Theoretisch verfügte die Bank of England selbst nach der Jahrhundertwende immer noch über »das größte eingebrachte Kapital aller Banken der Welt«: Es betrug 14,5 Millionen £ plus weiterer drei Millionen »akkumulierter und nicht ausgeschütteter Gewinne«. Aber das war nicht viel mehr als das Kapital von N.M. Rothschild & Sons, der größten Geschäftsbank in der City, die im Jahre 1905 über ein Gesamtkapital von 8,4 Millionen £ verfügte. Und wenn man die Rothschild-Bankhäuser in London, Paris und Wien zusammennimmt, dann war die Bank of England tatsächlich kleiner als der Rothschild-Konzern, der zu diesem Zeitpunkt ein Gesamtunternehmen mit etwa 37 Millionen £ Kapital bildete.[85] Das Wachstum der Aktienhandelsbanken, die sehr selten Kredite bei der Bank of England aufnahmen, reduzierte den Einfluß der Londoner Zentralbank noch weiter.[86] In den Jahren 1894 bis 1901 machten die Reserven der Bank of England im Durchschnitt gerade etwas mehr als drei Prozent der Einlagen, der laufenden Konten und der Banknotenzirkulation aller Banken des Vereinigten Königreiches aus.[87] Das beunruhigte manche Zeitgenossen. Palgrave war, als er »die Schaffung einer wirklich ausreichenden Reserve« forderte, nur einer von vielen Kritikern. Doch umsonst. Es blieb bei einer »dünnen Schicht von Gold«.[88] Zusätzlich zur Festlegung des Diskontsatzes mußte die Bank of England daher eine Vielzahl ergänzender Methoden entwickeln,

die dazu geeignet waren, ihren Diskontsatz »effektiv« zu machen: Dazu
zählten prototypische Unternehmungen auf dem offenen Markt, etwa
das »Zusammenkehren« von überflüssigem Bargeld auf dem Geldmarkt
durch »sofortigen« Verkauf von konsolidierten Wertpapieren und
Rückkauf zu einem späteren Zeitpunkt; Darlehensaufnahme bei wichtigen Kunden wie dem India Office, der Bank von Japan oder sogar
wie 1905/06 den Clearing-Banken; Beschneidung ihrer Anleihe- und
Rediskontierungsmöglichkeit auf dem Markt und Beeinflussung ihrer
Kauf- und Verkaufspreise für ausländisches Gold in bar und in Münzen.[89] Es gab sogar einige Hinweise darauf, daß die Bank of England
gelegentlich antizyklisch reagierte und die Diskontsätze herabsetzte,
um Abschwünge der Konjunktur zu mildern.[90] Tatsächlich reduzierte
sie manchmal ihre Reserven, wenn die Zinssätze stiegen. Das war genau
das Gegenteil der Abläufe, wie sie die Spielregeln verlangten.[91] Bei all
dem war langfristige Preisstabilität nur ein Nebenprodukt der Geldpolitik. Tatsächlich war kurzfristige *Instabilität* ein Nebenergebnis der
Geldpolitik vor 1914.

Entscheidend ist, daß die Bank of England weiterhin mehrere Aufgaben wahrnahm: Sie besaß eine politische Verpflichtung, sich um die
finanziellen Bedürfnisse der Regierung zu kümmern, die in der viktorianischen Zeit kaum eine Rolle spielten. Sie hatte die gesetzliche Zuständigkeit, für die Umtauschbarkeit von Banknoten in Gold zu sorgen,
und die kommerzielle Schuldigkeit, ihren Aktionären Dividende zu zahlen. In den 1870er Jahren kam eine vierte Aufgabe hinzu: Sie sollte als
»Kreditgeber letzter Instanz« für das Banksystem insgesamt dienen. In
Rettungsunternehmen wie 1890 für das Bankhaus Baring war die Bank
of England tatsächlich imstande, ihre besonderen Beziehungen zur
Regierung einzusetzen, damit diese eine Hilfsaktion der wichtigsten Geschäftsbanken durch eine Bürgschaft sicherstellte.[92] Die Krise von Juli
und August 1914 dehnte die Rolle des Kreditgebers in letzter Instanz
noch weiter aus. Nachdem mit der Aufhebung des Gesetzes von 1844
und der Suspendierung der Goldkonvertibilität die herkömmlichen
Notmaßnahmen ergriffen worden waren, führte ein Moratorium für
Wechselgeschäfte dazu, daß die Bank of England eine unbekannte, aber
beträchtliche Menge an schlechten Schulden übernahm. Das bedeutete
Erleichterung für die Wechselmakler, bei denen infolge der diplomati-
schen Krise keine Auslandsüberweisungen mehr eingingen. Die Ausgabe von Banknoten des Schatzamts im Wert von ein und zehn £ galt
als Geldspritze.[93] Gewiß gab es 1914 außerordentliche Umstände, doch
bedeutete dies eine beträchtliche Ausdehnung der politischen Rolle der

Bank of England: Nachdem sie zunächst ihren Blick auf »die Proportionen« konzentriert hatte, mußte sie sich nun auch mit der allgemeinen finanziellen und schließlich sogar mit der makroökonomischen Stabilität beschäftigen.[94] Erst allmählich wurden sich die Ökonomen des Problems der »moralischen Gefahr« bewußt, die sich daraus ergab, daß die Bank of England zum Darlehensgeber wurde, wenn alle anderen Institutionen versagten. Wenn sich die Geschäftsbanken mehr oder weniger darauf verlassen konnten, vom Staat gerettet zu werden, wenn sie »zu groß waren, um in Konkurs zu gehen«, dann wurden sie wahrscheinlich in ihrem Geschäftsgebaren weniger vorsichtig.

Die Entwicklung der Aufgaben der Zentralbank weist von Land zu Land beträchtliche Unterschiede auf. Die Gesetze über den Umgang mit Goldreserven waren nicht überall die gleichen, und nicht alle Staaten garantierten eine Einlösung von Verpflichtungen in Münzgeld sowie in Gold- und Silberbarren.[95] Manche Länder übertrugen ihren Zentralbanken von Anfang an Aufgaben, die über die Austauschverpflichtung gegen Münzgeld hinausreichten. So war es in Deutschland seit 1875 »nach §12 Bankgesetz Aufgabe der Reichsbank, den ›Geldumlauf im gesamten Reichsgebiet zu regeln, die Zahlungsausgleichung zu erleichtern und für die Nutzbarmachung verfügbaren Kapitals zu sorgen‹«.[96]

Das amerikanische Federal Reserve System, wie es durch das Gesetz von Dezember 1913 geschaffen wurde, war verpflichtet, seine Geldpolitik mit dem Umlauf von »Noten, Schecks und Wechseln, die sich aus laufenden Geschäftsvorgängen ergaben« abzustimmen. Das war ein Echo auf die Lehre von den »Realbanknoten«, die von den britischen Gegnern der Theorie der reinen Metallwährung in den 1810er Jahren vorgetragen wurde.[97]

In mancher Hinsicht führten der Erste Weltkrieg und seine Folgen zumindest theoretisch zur Verringerung dieser Unterschiede. Denn in allen am Krieg teilnehmenden Staaten entwickelte sich die Beziehung zwischen Zentralbank und Staat zu den Zuständen des 18. Jahrhunderts zurück. An erster Stelle stand das Staatsdefizit. Die Aufhebung der Goldkonvertibilität diente nicht nur als Mittel, eine allgemeine Liquiditätskrise zu vermeiden, sondern auch zur Zentralisierung des Goldes, das zur Finanzierung der in die Höhe schießenden Handelsdefizite benötigt wurde. Eine noch größere Neuerung war die Art, wie die Zentralbanken überall in Europa versuchten, ihre Wechselkurse ohne das Gold als Bezugsgröße zu regulieren. Die Devisenbewirtschaftung und die Beschlagnahme von Auslandsanlagen in privaten Portefeuilles dienten dazu, die Wertminderung gegenüber dem Dollar zu begrenzen. Nach dem Krieg versuchten die Banken sich durch Wiedergewinnung oder Steigerung ihrer Unabhängigkeit gegenüber der Regierung zu behaupten. So formulierte die Brüsseler Konferenz von 1921: Alle »Notenbanken sollten von politischem Druck befreit werden«.[98] Sie verkündete darüber hinaus ihr Vertrauen in die »Regeln« eines wiederhergestellten Goldstandards. 1922 verlangte die Konferenz von Genua nachdrücklich die Unabhängigkeit der Zentralbanken und die Goldkonvertibilität.[99]

Warum aber gab es in der geldpolitischen Praxis nach 1918 so große Unterschiede, als einige Länder Inflationen und andere Deflationen erlebten? Die Antwort lautet, daß die Bankiers trotz aller oberflächlicher Ähnlichkeiten ganz unterschiedliche Prioritäten vertraten. Rudolf Havenstein, Präsident der Reichsbank während der Inflationsjahre, sah die Aufrechterhaltung der deutschen Industrieproduktion und der Vollbeschäftigung als seine Hauptziele an; die Währungsstabilität war ihm dagegen unwichtig, weil er wohl die Ansicht vertrat, die Entwertung der Mark würde Großbritannien und die Vereinigten Staaten veranlassen, die Reparationslasten herabzusetzen, die Deutschland auferlegt worden waren. Vielleicht glaubte er auch an Knapps legalistische »Staatstheorie des Geldes«, die behauptete, daß das Papiergeld seinen Wert behalten würde, wenn der Staat dies verkündete.[100] Havensteins Nachfolger Hjalmar Schacht war allem Anschein nach ein Anhänger der Goldwährung und der Unabhängigkeit der Notenbank. Auch er betrachtete die Währungspolitik als potentielles Instrument einer revisionistischen Außenpolitik, und er schloß sich am Ende Adolf Hitler an.[101] In Großbritannien dagegen wurde die Wiederherstellung und Verteidigung des Wechselkurses der Vorkriegszeit als Bedingung für das Vertrauen in das Finanzzentrum Londons betrachtet, und genau darin sah Montagu Norman seine Mission als Gouverneur der Bank of England. In der Zwischenzeit schrieben Frankreich und die Vereinigten Staaten den Zuständen im Inland eine größere Bedeutung als den Spielregeln zu: Beide Länder vermieden es bewußt, Zuflüsse von Gold gewinnbringend anzulegen, wollten sie doch verhindern, daß sich ihre großen Überschüsse in der Zahlungsbilanz in eine höhere Inflationsrate im Inland umsetzten.[102] Teilweise aus dem Grund, aber auch weil die Sterlingwährung nach der Rückkehr zum Goldstandard überbewertet wurde, endete der britische Versuch, die Uhr der Währungsgeschichte zurückzustellen, mit der großen internationalen Finanzkrise von 1931, und danach gab ein Land nach dem anderen den Goldstandard auf.

Nachdem ihr Präsident Benjamin Strong 1928 gestorben war, entwickelte die Federal Reserve Bank of New York eine besonders irrige Geldtheorie. In der Überzeugung, es habe in den zwanziger Jahren eine exzessive Ausdehnung der Geldmenge gegeben, stellte sie nominelle Zinsraten und Bankdarlehen in den Mittelpunkt ihrer Überlegungen. Wiederholt tat die »Fed« nun das Falsche: sie versäumte es nach dem großen Krach an der Wall Street im Oktober 1929, der Schrumpfung Einhalt zu gebieten. Sie unterließ es, Zuflüsse an Gold gewinnbringend anzulegen und löste sogar eine widersinnige Einschränkung des Notenumlaufs aus. Im September 1931 und erneut im Februar 1933 erhöhte sie die Zinssätze, um den Goldabfluß zu stoppen, und unterbrach 1932 die Käufe von Staatspapieren auf dem offenen Markt, obwohl ihre Rücklage doppelt so hoch wie das vorgeschriebene Minimum war.[103] Wenn man einer bestimmten Institution die Schuld am Ausmaß der Weltwirtschaftskrise zuweisen kann, dann dieser.

Von der Unterordnung zur Unabhängigkeit

Revolution, Wirtschaftskrise und ein weiterer Weltkrieg führten fast überall zur Unterordnung der Zentralbanken unter die Regierungen. Angesichts des Unheils, das sie in den zwanziger und dreißiger Jahren angerichtet hatten, war dies ein Schicksal, das die meisten von ihnen verdient hatten. Der extremste Fall war in der Sowjetunion zu beobachten, wo das Kreditwesen im Rahmen der Fünfjahrespläne total zentralisiert wurde. In Deutschland erlegte die Reichsbank unter Schacht dem Finanzsystem eine Reihe von Kontrollen auf, wurde dann aber ihrerseits von Hitler, der auf Schachts Warnungen vor den inflationären Auswirkungen der Aufrüstung mit dessen Entlassung reagierte, in den Dienst seiner Politik gestellt. Auch in manchen Demokratien kam es zum Zerfall der Macht der Zentralbank: Bereits vor dem Zweiten Weltkrieg wurden die Zentralbanken in Dänemark, Neuseeland und Kanada verstaatlicht. Das Federal Reserve System der Vereinigten Staaten wurde im Rahmen der Politik des »New Deal« praktisch dem Finanzministerium untergeordnet. Allerdings schloß dies 1936/37 eine weitere vermeidbare Rezession nicht aus, als die »Fed« unnötigerweise die Rücklageanforderungen erhöhte.[104] Am Ende des Zweiten Weltkriegs war die Bank of England so offensichtlich zur Gelddruckerei des Finanzministeriums geworden, daß sie verstaatlicht wurde.[105] Auch heute noch befinden sich die meisten Zentralbanken in Staatseigentum.[106]

Der Verstaatlichung lag der Gedanke zugrunde, Privateigentum an Zentralbanken sei mit deren gesamtwirtschaftlicher Verantwortung nicht vereinbar, und das hieß in der Praxis, mit der Aufrechterhaltung niedriger Zinssätze, während sich die Finanzpolitik der ernsthaften »keynesianischen« Aufgabe widmete, ein ideales Niveau an Nachfrage zu erreichen. Dazu erklärte die Radcliffe-Kommission 1959: »Währungspolitik [...] kann nicht als eine Form von ökonomischer Strategie betrachtet werden, die eigene Ziele verfolgt. Sie ist ein Teilbereich der gesamten Wirtschaftspolitik eines Landes und muß als solche geplant werden.«[107] In der Praxis, und das galt besonders in Großbritannien, beherrschte der Kampf um die Aufrechterhaltung fester Wechselkurse gegenüber dem Dollar im Rahmen des Systems von Bretton Woods die Geldpolitik. Die Bank of England verließ sich nicht länger darauf, die Diskontsätze zu verändern; sie verfügte nun über einen weiten Spielraum an Kreditkontrollen. Mehrere Schatzkanzler nacheinander widmeten sich dem fast unmöglichen Versuch, die Vollbeschäftigung ohne Schwächung des Pfund Sterling aufrechtzuerhalten.[108] In den Vereinigten Staaten dagegen behielt die Federal Reserve beträchtliche Freiheiten, um ökonomische Bremsen mit dem Ziel einzusetzen, die Inflation zu reduzieren oder »sich gegen den Wind zu lehnen«. Das tat sie zwischen 1947 und 1979 sechsmal mit beträchtlichen und dauerhaften praktischen Auswirkungen. Jede Wende zur antiinflationären Politik führte im Durchschnitt zu einer Verminderung der Industrieproduktion um zwölf Prozent bei einem gleichzeitigen zweiprozentigen Anwachsen der Arbeitslosigkeit.[109] Das meinte William McChesney Martin, der Gouverneur der Federal Reserve von 1951 bis 1970, als er davon sprach »die Bowle genau dann wegzunehmen, wenn die Party in Schwung gerät«.

Zwei Ereignisse machten die inflationären Gefahren deutlich, die sich aus der Schwäche einer Zentralbank ergaben: erstens der Vietnamkrieg, der, vom wohlfahrtsstaatlichen Programm der »Great Society« begleitet, die amerikanischen Defizite in die Höhe trieb, wenn auch nicht so stark, wie oft behauptet.[110] Zweitens die Ölkrisen, die vom Jom-Kippur-Krieg 1973 und der iranischen Revolution 1979 ausgelöst wurden. Weil die Europäer sich weigerten, ihre Währungen gegen den Dollar neu zu bewerten, beseitigte der Zusammenbruch des Systems von Bretton Woods das externe Hemmnis der monetären Expansion. Für die Anhänger der Theorie der »politischen Konjunkturzyklen« blieb nun nichts übrig, was die Politiker daran hätte hindern können, die Geldpolitik zu manipulieren, um ihre Wiederwahl zu sichern – außer einer schnellen

Verschlechterung des Verhältnisses zwischen Inflation und Beschäftigung, während die Erwartungen der Öffentlichkeit sich anpaßten und die »nicht die Inflation beschleunigende Rate der Arbeitslosigkeit« (non-accelarating inflation rate of unemployment –»nairu«) anstieg. (Siehe Kapitel 8)

Wie weit die hohe Inflation der 1970er Jahre direkt für das geringe Wachstum verantwortlich war, bleibt umstritten. Einige Ökonomen behaupten, eine Senkung der Inflation auf Null würde das Wachstum fördern, da Inflation sich zugunsten des Konsums und gegen das Sparen auswirke[111]; andere behaupten, wenn man die Arbeitslosenrate unter die »nairu« treibe, habe das nur geringfügige inflatorische Folgen.[112] Selbst wenn es stimmt, daß Inflation dem Wachstum nur schadet, wenn sie Raten von mehr als 40 Prozent erreicht, und daß sie sogar segensreich sein kann, wenn sie um acht Prozent liegt[113], gab es andere einleuchtende Gründe, der Beschleunigung der Inflation Einhalt zu gebieten, das betraf nicht zuletzt die umstrittene Legitimation von Einkommens- und Wohlstandsumverteilung durch dieses Mittel.[114]

Es gab drei konzeptionelle Reaktionen auf die Krise der »Stagflation«. Die erste lautet, die Zentralbanken müßten nun die Preisstabilität zu ihrem überragenden, wenn nicht einzigen Ziel erheben. Die zweite argumentierte, sie sollten das tun, indem sie das Wachstum der Geldmenge kontrollierten. Die dritte betonte, sie müßten vom Druck der Regierungen unabhängiger werden.

Niemals haben sich die Spielregeln so schnell verändert wie in den 1970er Jahren, als verschiedene Zentralbanken mit einer Vielzahl von monetären Zielen experimentierten.[115] An sich war der »Monetarismus« fast von Anfang an eine gefährdete Revolution, da die Wirtschaftstheoretiker nicht damit einverstanden waren, daß sich die Bankiers auf das alte Werkzeug der Zinssätze verließen. Sie wollten vielmehr, daß die Geldmenge direkt kontrolliert werde, um die Geldmengenziele zu erreichen. Auf jeden Fall hatte die Deregulierung des Finanzsystems, die, besonders in Großbritannien, mit der neuen Politik verbunden war, die böse Nebenwirkung, genau die Gesamtgeldmengen zu verändern, um die es ging. Beinahe in dem Augenblick, da sie ein System fester Wechselkurse aufgegeben hatten, begannen die europäischen Politiker, nun selbst ein neues System dieser Art zu ersinnen. Sogar die Briten und die Amerikaner räumten Mitte der 1980er Jahre ein, daß man die Wechselkurse nicht einfach sich selbst überlassen könne. Die wirkliche Bedeutung des Monetarismus lag darin, daß er eine Komponente einer breit angelegten politischen Wende war, die durch die Wahl von Margaret Thatcher und Ronald Reagan sowie den Aufstieg von Helmut Kohl zur Kanzlerschaft in Deutschland symbolisiert wurde. Die monetären Erschütterungen der Jahre 1979 bis 1982, als die nominellen Zinssätze scharf anstiegen, zerstörten die nach oben gerichtete Spirale inflationärer Erwartungen.

Dieser Erfolg glich das theoretische Versagen aus. Hinter der Bühne wurden »Regeln« in aller Ruhe zugunsten von »Ermessen« fallengelassen. Damit meinte man das Vertrauen auf eine Vielzahl von Regeln, die nicht alle klar waren und nicht immer miteinander im Einklang standen. Die Rache dieser Widersprüche traf Großbritannien am schmerzhaftesten, wo Nigel Lawson monetäre Ziele zugunsten einer »schattenhaften Anbindung« an die Deutsche Mark fallenließ und man sich letztlich dem Europäischen Wechselkursmechanismus genau in dem Augenblick anschloß, da die deutsche Wiedervereinigung die deutsche Währung aufwärtstrieb.[116] Nach dem schmählichen Ausscheiden des Pfund Sterling aus dem Europäischen Wechselkursmechanismus folgte die Bank of England dem Beispiel der Bank of New Zealand, indem sie weder aufs Geld noch auf den Wechselkurs, sondern auf die Inflation selbst abzielte. Im Laufe der 1990er Jahre wurde dieser Ansatz von mehr als fünfzig anderen Zentralbanken übernommen, allerdings nicht der »Fed« in den Vereinigten Staaten. Sie entschied sich dafür, ihre gesetzlich festgelegten beiden Ziele, nämlich »ein Höchstmaß an Beschäftigung« bei »stabilen Preisen«, durch Operationen am offenen Markt und unter Anwendung eines eklektischen Gemischs von Variablen weiter zu verfolgen.[117]

Im nachhinein gelten die 1990er Jahre manchmal als »Zeitalter der Zentralbanker«.[118] Dank der üppigen Zunahme der Zahl der Staaten gab es mehr Zentralbanken denn je: Waren es im Jahre 1900 gerade einmal 18, und gab es 1950 immerhin 59, so hatte sich ihre Zahl 1990 auf 161 und 1999 auf 172 erhöht. Über 90 Prozent aller Mitgliedsstaaten der Vereinten Nationen verfügen heute über eine eigene Zentralbank.[119] Der kleinen Spitzengruppe unter diesen Institutionen wird häufig große Macht zugeschrieben. Vor der Wirtschafts- und Währungsunion in Europa wurde die Bundesbank als »die Bank, die Europa beherrscht« bezeichnet.[120] In den Vereinigten Staaten hatten Paul Volcker und Alan Greenspan derartige Erfolge bei der Erweiterung von Macht und Prestige des Vorsitzenden des Federal Reserve Board errungen, daß diese beiden Männer in ökonomischer Hinsicht für mächtiger als der Präsident gehalten wurden. Die Tatsache, daß die Inflation in Ländern mit unabhängigen Zentralbanken erkennbar niedriger als anderswo war[121], überzeugte viele Theoretiker, Bankiers und Politiker, daß die Unabhängigkeit der Notenbank der Schlüssel zur Preisstabilität, wenn nicht gar zu höherem Wachstum sei.[122] Das war, wie es in der Geschichte der Wirtschaftspolitik so oft vorkommt, ein alter Gedanke in neuem Gewand. 1931 hatte Otto Niemeyer, der Geldexperte in der Bank of England und Keynes' Erzrivale seit ihren gemeinsamen Tagen in Cambridge, dieses Prinzip in einem Bericht an das Repräsentantenhaus von Neuseeland so formuliert:

»Die Bank muß sowohl von der Tatsache als auch von der Befürchtung politischer Eingriffe völlig frei sein. Kann das nicht sichergestellt werden, wird ihre Existenz mehr Schaden als Gutes stiften, denn eine Zentralbank muß der Allgemeinheit dienen, und sie kann ihre schwierigen technischen Aufgaben nicht erfüllen und hoffen, ein Verbindungsglied zu anderen Zentralbanken der Welt zu bilden, wenn sie politischem Druck unterliegt oder Einflüssen ausgesetzt ist, die nicht ökonomischer Natur sind.«[123]

Die Wiederentdeckung dieser Argumentation hat für einen großen Teil der Zentralbanken der Welt zu größerer Autonomie geführt. Weniger als eine Woche nach Übernahme der Regierungsgeschäfte 1997 verlieh die neue Labourregierung der Bank of England unerwartet die »operationale Unabhängigkeit«, also die Freiheit, Zinssätze festzulegen, um ein öffentlich bekanntgegebenes Inflationsziel zu erreichen.[124] Heute wird der Vorsitzende der Federal Reserve so hoch geachtet, daß er keine expliziten Ziele formulieren muß, statt dessen genügt es, wenn er ab und zu geheimnisvolle Äußerungen von sich gibt.

Von der Unabhängigkeit zur Bedeutungslosigkeit?

Dennoch sollte die Vorrangstellung von Regierung und Parlament gegenüber der Zentralbank nie aus den Augen verloren werden: Im Falle eines nationalen Notstandes wird sich selbst die unabhängigste Zentralbank der Welt letzten Endes den Wünschen der Regierung unterwerfen müssen. Dabei muß es nicht notwendigerweise um einen Krieg gehen. Das mußte die Deutsche Bundesbank zu ihrem Unbehagen feststellen, als Kanzler Helmut Kohl sich über Bundesbankpräsident Karl Otto Pöhl hinwegsetzte, als es um die währungspolitischen Bedingungen der deutschen Wiedervereinigung ging. Nach Meinung eines Beobachters haben Zentralbanken nur deshalb an Unabhängigkeit gewonnen, weil der politische Wille gewachsen ist, die Inflation zu mindern. Es gibt keine Beweise, daß sie zu niedrigeren Kosten in Hinblick auf Wachstum und Beschäftigung eine geringere Inflation erreichen als Banken, die nicht unabhängig sind.[125] Noch wichtiger ist, daß die dramatische Ausdehnung und Fortentwicklung der Finanzmärkte seit den 1980er Jahren den Einfluß von Zentralbanken auf das private Kreditwesen bedeutend verringert hat. Wie Benjamin Friedman dargelegt hat, beträgt das gesamte Volumen an Reserven, die Banken und andere Finanzinstitutionen innerhalb des Federal Reserve System unterhalten, weniger als 50 Milliarden $, das ist mit 0,5 Prozent ein winziger Bruchteil des gesamten Bruttoinlandsprodukts der Vereinigten Staaten. Im Vergleich dazu beträgt das offenstehende Volumen an Wertpapieren des US-Finanzministeriums 3,7 Billionen $. Fügt man die Emissionen von Institutionen hinzu, die von der Regierung gefördert oder garantiert werden, dann beträgt die Gesamtsumme 7,1 Billionen $. Und wenn man die festverzinslichen Papiere des Privatsektors mit einbezieht, dann umfaßt der gesamte Markt für festverzinsliche Papiere in den Vereinigten Staaten 13,6 Billionen $. Der Markt für Dividendenpapiere ist sogar noch größer. Sicherlich stimmt es, daß die Zentralbank immer noch das Monopol hat, Geldreserven zur Verfügung zu stellen oder zurückzuziehen. Deshalb können relativ kleine Veränderungen ihrer Politik theoretisch das Finanzsystem als Ganzes beeinflussen. Aber Innovationen im Zahlungssystem wie elektronisches Geld und »smart cards« können dazu führen, die Notwendigkeit für die Existenz traditioneller Geldreserven und eines zentralisierten, nationalen Verrechnungssystems zu verringern.[126]

Die Zunahme von Krediten außerhalb des Bankensystems, etwa Darlehen von Institutionen, die keine Banken sind, auf der Grundlage von anderen Verbindlichkeiten als Bankreserven, führt tendenziell zur Begrenzung der Wichtigkeit von Bankreserven. Pensionskassen und Versicherungsgesellschaften halten keine Reserven, und doch ist ihr Anteil am US-Kreditmarkt ständig gewachsen. 1950 waren die Geschäftsbanken für mehr als die Hälfte des gesamten US-Kreditmarkts verantwortlich; 1998 war ihr Anteil auf weniger als ein Viertel gefallen. Das spiegelt die Verbesserung der Datenverarbeitungs- und Informationstechnologie wider, die jene »Informationsasymmetrien« beträchtlich vermindert haben, die die Existenzgrundlage der traditionellen Geschäftsbanken bildeten. Gleichzeitig hat das Wachstum der »Absicherung«, mit der traditionelle Formen von Bankdarlehen an Investoren außerhalb des Bankensystems vertrieben und in aggregierte Portfolios eingefügt werden, die Verbindung zwischen dem Reservebestand der Zentralbank und dem Kreditsystem insgesamt weiter geschwächt. Aus all diesen Gründen hat Friedman die Zentralbank der nächsten Zukunft als »ein Heer [charakterisiert], das nur über eine Fernmeldeeinheit verfügt«.[127] Auf jeden Fall stützen sich Zentralbanken, die sich zur Aufrechterhaltung der Preisstabilität auf Veränderungen der kurzfristigen Zinsraten verlassen, auf Vorhersagen von Preisinflationen, die sich mindestens zwei Jahre in die Zukunft erstrecken.[128] Daher können die Signale, die sie aussenden, sich als falsch erweisen, falls die Prognosen nicht stimmen.

Manche Beobachter meinen, daß Zentralbanken solange überleben werden, wie die Menschen die Anonymität des Bargelds den verfolgbaren Spuren der elektronischen Zahlungsmittel vorziehen; solange sie Banken benötigen, die ihnen helfen, zwischen guten und schlechten Kreditrisiken zu unterscheiden, wenn sie ihr Vermögen anlegen; und solange Regierungen das Geld der Steuerzahler bei dem Versuch riskieren wollen, kurzfristige Zinssätze zu kontrollieren.[129] Auf der anderen Seite wird schon lange erkannt, daß man ohne Zentralbanken auskommen könnte.[130] Bereits in der Vergangenheit hat es Experimente mit einem »freien Bankwesen« gegeben. Die Vereinigten Staaten im 19. Jahrhundert bilden ein Beispiel dafür. Es ist keineswegs selbstverständlich, daß das nicht funktionierte. Zwar wurde das Federal Reserve System 1907 nach einer Finanzkrise in dem Glauben gegründet, wenn man einen Kreditgeber für den äußersten aller Fälle besitze, würde das die Stabilität des amerikanischen Finanzsystems steigern. Es lohnt sich jedoch, daran zu erinnern, daß die viel größere Finanzkrise, die die amerikanische Wirtschaft in den Jahren nach 1929 mit katastrophalen Folgen befiel, sehr viel mit der Art und Weise zu tun hatte, wie die »Fed« ihre Macht falsch einsetzte. Man kann durchaus die Ansicht vertreten, die Weltwirtschaftskrise wäre weniger heftig gewesen, hätte die »Fed« nicht die amerikanische Währungspolitik kontrolliert, und das gilt nicht nur für die Vereinigten Staaten.

Um solche Argumente weiter zu verfolgen, ist es jedoch notwendig, unsere Aufmerksamkeit auf einen Begriff zu richten, der bislang bewußt ausgeklammert worden ist, nämlich den Zinssatz. Dementsprechend fällt jetzt der Vorhang über Goethes »Faust«, und er geht auf für Shakespeares »Shylock«.

SECHSTES KAPITEL

Über die Zinsen

»Ich glaube nicht an Prinzipien,
aber ich glaube an Interessen«
James Russel Lowell

IN WILLIAM SHAKESPEARES Drama »Der Kaufmann von Venedig«
erfahren wir niemals, zu welchem Zinssatz Shylock dem Bassanio 3.000
Dukaten für drei Monate geborgt hätte, bevor ihm der bösartige Gedanke kam, dieses Geld gegen die Sicherheit von einem Pfund Fleisch
des Körpers von Antonio zu verleihen. Eine sinnvolle Schätzung dürfte
bei zehn Prozent liegen. Im Laufe des 16. Jahrhunderts fielen die Zinsraten in den italienischen Handelszentren beträchtlich. Im ersten Viertel betrug der Zins
auf die Zwangsanleihen des Stadtstaates Venedig zwischen 6,75 und
9,62 Prozent. Gegen Ende des Jahrhunderts, als Shakespeare sein Drama
schrieb, lagen die Zinssätze in Genua, für das wir die zuverlässigeren
Berichte haben, nur bei etwa 1,88 bis 4,38 Prozent.[1] Andererseits handelt es sich hier um den Diskontsatz auf die gebilligten Dividenden der
Bank von San Giorgio, einer halböffentlichen Institution von einwand-
freiem Ruf. Dagegen wollte sich Bassanio von Shylock Geld auf Grundlage der Stärke des Unternehmens seines Freundes Antonio leihen.
Antonio mag durchaus mit Vertrauen in die Zukunft geblickt haben:
»Schon in zwei Monden, einen Monat früher/Als die Verschreibung fällig, kommt gewiß/Zehnfältig der Betrag davon mir ein.« Shylock freilich hatte jeden Grund, skeptisch zu sein:
»Aber seine Mittel stehen auf Hoffnung: er hat eine Galeone, die auf
Tripolis geht, eine andre nach Indien. Ich höre ferner auf dem Rialto,
daß er eine dritte zu Mexiko hat, eine vierte nach England – und so hat
er noch andre Auslagen in der Fremde verstreut. Aber Schiffe sind nur
Bretter, Matrosen sind nur Menschen; es gibt Landratten und Wasser-
ratten, Wasserdiebe und Landdiebe – ich will sagen, Korsaren; und
dann haben wir die Gefahr von Wind, Wellen und Klippen.«[2]
Antonio aufzufordern, als Sicherheit ein Pfund seines eigenen Flei-
sches, also tatsächlich sein Leben zu verpfänden, bedeutete, eine außer-

ordentlich große Risikoprämie zu verlangen. Shylock hatte dennoch recht, wenn er feststellte, daß eine Darlehensvergabe, bei der Antonios Schiffe als Sicherheit dienten, eine ganz andere Sache war als ein Darlehen an den venezianischen Staat oder die genuesische Bank.

Renditen

In diesem Kapitel geht es um Zinssätze, hauptsächlich um jene Zinsen, die Staaten zahlen, wenn sie, vor allem von den eigenen Bürgern, Geld aufnehmen. Weitgehend aus der Diskussion ausgeklammert bleiben die Zinssätze, die Kaufleute wie Antonio zu allen Zeiten für Kredite zahlen mußten, obwohl es wichtig ist, daß sich bereits im 16. Jahrhundert ein Unterschied zwischen dem Zinssatz, den ein finanziell gut etablierter Staat zu entrichten hatte, und den Zinsen auf Wechsel oder Obligationen von Unternehmen zu entwickeln begann. Im Mittelpunkt steht hier die Verzinsung, also die Rendite von Staatspapieren, weil sie der entscheidende Bestimmungsfaktor für die Kosten von Kreditaufnahmen der Regierungen ist.

Für Leser ohne Detailkenntnisse sind hier einige erklärende Worte angebracht. Die »Rendite«, die ein Investor von einem Staatspapier, das er gekauft hat, erhält, die langfristige Zinsrate also, ist selten identisch mit dem nominellen Couponbetrag, der auf das Papier gezahlt wird. Denn Staatsanleihen werden im allgemeinen unter Nennwert verkauft. Daher bedeutet der dreiprozentige Coupon eines typischen unkündbaren Staatspapiers wie einer Rente tatsächlich einen Ertrag von 3,75 Prozent, wenn der Preis, der für dieses Papier gezahlt wurde, 80 Prozent des Nennwerts betrug.

Aber was hat eigentlich die Erträge bestimmt? Eine Möglichkeit, die die Ökonomen lange beschäftigt hat, besteht darin, daß es eventuell eine Art von positiver Beziehung zwischen den nominellen Zinssätzen und der Inflation gibt (das »Gibson-Paradox« oder der »Fisher-Effekt«). Die britische Langzeiterfahrung legt nahe, daß es die besonderen fiskalischen Auswirkungen von Kriegen waren, die eine solche Wirkung hervorbrachten.[3] Wie wohl zu erwarten, gibt es auch statistisch bedeutsame Beziehungen zwischen dem Ertrag von konsolidierten staatlichen Rentenanleihen, dem wichtigsten langfristigen Staatspapier in Großbritannien, und dem Wachstum der Geldmenge. Allem Anschein nach kann jedoch die Möglichkeit ausgeschlossen werden, daß es eine eindeutige Beziehung zwischen Schulden, Bruttosozialprodukt und Renditen gibt.

Die statistische Analyse langfristiger britischer Datensätze aus den Jahren 1727 bis 1997 offenbart nur negative oder ganz schwache Beziehungen zwischen dem Ertrag konsolidierter Staatspapiere und den wichtigsten Indikatoren der Finanzpolitik. Das gilt sowohl für das Verhältnis zwischen Schulden und Bruttosozialprodukt wie auch für die Beziehung zwischen Defizit und Bruttosozialprodukt. Der einzige fiskalische Indikator, der beinahe statistisch signifikant wird, ist die Belastung durch den Schuldendienst. Selbst wenn man den langen Zeitraum der Betrachtung in kleinere Abschnitte unterteilt, ergeben sich kaum deutlichere Resultate. Eine andere Möglichkeit besteht darin, daß das gesteigerte *Ausgabevolumen* im Zusammenhang mit Kriegen und nicht die gewachsene Kreditaufnahme es war, was in Großbritannien im 18. und 19. Jahrhundert immer wieder die Zinssätze in die Höhe trieb. Aber man kann unmöglich zwischen den Auswirkungen steigender Ausgaben und wachsender Schulden unterscheiden, da sich beide in einem engen Nexus entwickeln. Auch mögen höhere Erträge teilweise Veränderungen der Prämie für das Insolvenzrisiko britischer Staatspapiere und Erwartungen hinsichtlich der zukünftigen Konvertibilität der Währung in Gold widergespiegelt haben.[4]

Eine mögliche Erklärung für dieses Phänomen besteht darin, daß die Zeitgenossen einfach nichts über das Verhältnis zwischen Schulden und Bruttoinlandsprodukt wußten. Obwohl die Begriffe Volkseinkommen oder Volksvermögen nicht unbekannt waren[5], erfolgten die Schätzungen zu ungenau und zu unregelmäßig, um Zahlenreihen auf regelmäßiger Basis berechnen zu können. Selbst wenn man ähnliche Aufstellungen für eine vergleichbare Auswahl von Ländern für die Zeit von 1960 bis 1999 vornimmt, ist die Korrelation zwischen dem Verhältnis Schulden/Bruttoinlandsprodukt und dem Ertrag langfristiger Staatspapiere in fünf von sieben Fällen negativ.[6] Japan bildet einen Extremfall. Ein rapides Schuldenwachstum fiel mit einem fast ebenso schnellen Niedergang der Erträge zusammen. Zwischen 1990 und 1999 hat sich die Bruttoverschuldung des japanischen Staates von 61 auf 108 Prozent des Bruttosozialprodukts erhöht. Die langfristigen Erträge japanischer Staatspapiere fielen von über acht Prozent im September 1990 auf ein Minimum von weniger als einem Prozent im November 1998.[7] Der Grund für das Fehlen eines engen Zusammenhangs zwischen Schuldenbelastungen und Erträgen liegt darin, daß der laufende Betrag an offenstehenden Schulden im Verhältnis zur wirtschaftlichen Gesamtleistung nur einer von vielen Faktoren ist, die die Erwartungen von Investoren beeinflussen. In manchen Fällen mag diese Determinante sie überhaupt nicht interessieren. In den 1990er Jahren waren die Erwartungen der Investoren auf eine sinkende Inflation in den Industrieländern und im japanischen Fall auf eine deutliche Deflation bedeutsamer als das ansteigende Verhältnis zwischen Verschuldung und Bruttoinlandsprodukt.

In der Wirtschaftstheorie entspricht die Rendite eines Staatspapiers dem »reinen« oder realen Zinssatz, der gleichbedeutend mit der Mindesteffizienz von Kapital in der Volkswirtschaft ist, plus einer Prämie für Ungewißheit, die erstens das Risiko einer Nichterfüllung von Zahlungsverpflichtungen durch den Kreditnehmer und zweitens die Erwartung des Kreditgebers in Hinblick auf Inflation und/oder Wertverlust berücksichtigt. Dabei ist die Risikoprämie gewöhnlich um so höher, je ferner das Rückzahlungsdatum liegt. Beim einfachsten Modell, das man sich vorstellen kann, »spiegeln die Ertragsraten von Staatspapieren [...] die Summe der realen Wachstums- und Inflationserwartungen wider«.[8] In der Wirklichkeit werden die Renditen auch durch die Liquidität der Märkte und insbesondere die Verfügbarkeit und relative Attraktivität alternativer Anlageformen beeinflußt. Außerdem gibt es juristische Bestimmungen und Einschränkungen, wie sie etwa Pensionsfonds und Lebensversicherungsgesellschaften zu beachten haben, die Staatspapiere halten. Hinzu kommt schließlich die Versteuerung »unverdienten« Einkommens. Aber im Grunde dürften die Erträge in der Hauptsache Erwartungen an Wachstum und Inflation widerspiegeln. John Maynard Keynes hat dies so formuliert:

»Da der Zinsfuß die Belohnung für die Aufgabe der Liquidität ist, ist er somit jederzeit ein Maß für die Abneigung derer, die Geld besitzen, sich von der liquiden Verfügung darüber zu trennen ...Er ist der ›Preis‹, der das Verlangen, Vermögen in der Form von Bargeld zu halten, mit der verfügbaren Menge von Bargeld ins Gleichgewicht bringt. [...] Es gibt jedoch eine notwendige Bedingung, ohne die es keine Vorliebe für flüssiges Geld, als ein Mittel zum Halten von Vermögen geben könnte. Diese notwendige Bedingung besteht in der *Ungewißheit* über die Zukunft des Zinsfußes, das heißt über den Komplex der Zinssätze für verschiedene Fälligkeiten an zukünftigen Zeitpunkten.«[9]

Erwartungen im Hinblick auf die Inflationsentwicklung und die Möglichkeiten einer zukünftigen Nichterfüllung von Zahlungsverpflichtungen zeigen sich an der »Ertragskurve«, die die Erträge nach dem Maßstab ihrer Fälligkeit darstellt. Um ein einfaches Beispiel zu nennen: Wird eine Inflation erwartet, dann neigt sich die Ertragskurve nach oben, was bedeutet, daß kurzfristige Zinssätze niedriger als langfristige liegen.[10] Liegen die Erwartungen völlig falsch, werden sich größere Veränderungen bei der Verteilung ergeben. Das geschieht, wenn es zu unerwarteten Nichterfüllungen von Zahlungsverpflichtungen oder nicht vorhergesehenen Änderungen des Preisniveaus kommt. Es werden sich auch, wie es in den 1980er Jahren der Fall war, Probleme ergeben, wenn Inflationsängste dazu führen, daß die erwartete Inflationsrate höher liegt als die tatsächlich eintretende.[11] Die entscheidende Beziehung beim Schuldenmanagement ist daher jene zwischen Zinssätzen, Inflation und Wachstum. Das gilt besonders, wenn der reale Zinssatz, das heißt die langfristigen Erträge von Staatspapieren minus Inflationserwartung, größer als die reale Wachstumsrate der Wirtschaft ist. Dann ist das Verhältnis zwischen Schulden und Bruttoinlandsprodukt »wirklich explosiv«.[12] In Großbritannien gab es seit den 1830er Jahren relativ wenige Phasen, in denen die realen Zinssätze durchgehend höher als das Wachstum lagen. Die schlimmste Zeit bildeten in dieser Hinsicht die Jahre 1920 bis 1932, und die Konsequenz war in der Tat ein sehr schnelles Wachstum der Schuldenlast. Im Gegensatz dazu stehen die Erfahrungen Frankreichs zwischen 1921 und 1929, als der reale Zinssatz im Durchschnitt minus 2,8 Prozent betrug, während das reale Wachstum im Jahresdurchschnitt bei 6,25 Prozent lag.[13] In Phasen, in denen das Wirtschaftswachstum über dem realen Zinssatz lag, etwa die frühen fünfziger und die späten siebziger Jahre des 20. Jahrhunderts, zeigt sich selbstverständlich der umgekehrte Effekt.

Es gibt einen Faktor, der die Dinge kompliziert, da er die Schulden hochbrisant machen kann. Es besteht nämlich die Möglichkeit, daß hohe Schulden die realen Zinssätze in die Höhe treiben. Zwischen 1970 und 1987 gab es in den wichtigsten Industrieländern der Welt deutlich positive Zusammenhänge zwischen einem steigenden Verhältnis Schulden/Bruttoinlandsprodukt und den realen Zinssätzen. Wachsende Belastungen durch den Schuldendienst fielen außerdem mit sinkenden Investitionen im öffentlichen Sektor zusammen.[14]

Zur Verdeutlichung des Wirkungszusammenhangs zwischen Schulden, Inflation und Wachstum versucht Tabelle 4 drei wichtige Paare von Einflüssen auf die britische Staatsverschuldung zu unterscheiden: Ausgabe neuer Staatspapiere versus Schuldenabtragung; Inflation versus Deflation und Wachstum versus Rezession. Auffallend ist dabei, daß unterscheidbare Perioden erkennbar werden. Von 1822 bis 1914 gab es fast keinerlei Schuldenverminderung durch Inflation, sondern man tilgte seine Schulden durch Rückzahlung. Das verminderte die Verschuldung absolut um etwa ein Viertel. Außerdem verließ man sich auf das Wachstum. All dies reduzierte die Staatsschulden im Laufe von ebenso vielen Jahren real um 90 Prozent. Zwischen 1915 und 1923 kam es zu einer Versiebenfachung der nominellen Schuld, die durch die Inflation nur schwach ausgeglichen wurde. Dagegen hatte das Wachstum kaum eine mäßigende Wirkung. In den Jahren von 1924 bis 1941 war die Verschuldung sowohl nominell wie auch real mehr oder weniger beständig. Sie fiel dank eines höheren Wachstums relativ um 31 Prozent. 1941 bis 1946 wuchs die Verschuldung erneut um einen Faktor von 2,4. Das war ein Anstieg, der durch das Wachstum nur leicht und durch die Inflation so gut wie gar nicht abgeschwächt wurde. Im Nachkriegszeitraum 1947 bis 1975 hoben die Inflation und in geringerem Maße auch das Wachstum die Auswirkung eines 79prozentigen Anstiegs der nominellen Summe der Schulden vollkommen auf. Real sank die Verschuldung um 61 Prozent, im Vergleich zum Bruttosozialprodukt um 82 Prozent. Zwischen 1976 und 1997 gab es ein eher stillschweigendes Zusammenspiel zwischen diesen drei Faktoren. Die nominelle Schuld hat sich in dieser Zeit mehr als versiebenfacht, doch hat die Inflation ihr Anwachsen auf einen Faktor von etwas unter zwei reduziert, und das allgemeine Wirtschaftswachstum verminderte diesen Anstieg auf etwas über 20 Prozent. Ähnliche Berechnungen kann man für die Vereinigten Staaten vornehmen, wo sich eine ähnliche Tendenz, wenn auch mit anderen Hochs und Tiefs zeigt. Zwischen 1969 und 1997 stieg die Verschuldung der Bundesregierung der Vereinigten Staaten nominell um den Faktor 13, real um den Faktor 3,5, aber relativ zum Bruttosozialprodukt nur um den Faktor von 1,6.[15] Diese Zahlen machen die Bedeutung von Preisbewegungen und Wachstum deutlich, wenn es darum geht, wie lange gewaltige nominelle Schuldenbelastungen in der Realität fortbestehen.

TABELLE 4: **Wachstum oder Verminderung der britischen Staatsschulden nach Zeitabschnitten zwischen 1822 und 1997[16]**

	Mehrfaches			Veränderung in Prozent		
	Nominal	Real	In Prozent des BSP*	Nominal	Real	In Prozent des BSP
1822–1914	0,7	0,8	0,1	-26	-24	-90
1915–1923	7,0	5,0	4,9	598	396	388
1924–1940	1,0	1,0	0,7	3	-1	-31
1941–1946	2,4	2,3	1,9	138	132	94
1947–1975	1,8	0,4	0,2	79	-61	-82
1976–1997	7,4	1,9	1,2	642	88	23

*BSP = Bruttosozialprodukt

Die Leichtigkeit, mit der reale Schuldenlasten im 20. Jahrhundert durch Inflation reduziert worden sind, legt den Schluß nahe, daß solch periodische »Jubelfeiern« ein immer wiederkehrender Grundzug der modernen politischen Ökonomie sind. Die Inflationssteuer ist jedoch unter gewissen Umständen ein effektives Mittel zur Verminderung von Schuldenlasten. Wenn die Struktur der Schulden auf kurzfristige Papiere ausgerichtet wird, können die Gläubiger der Inflation zuvorkommen oder schnell auf diese reagieren, indem sie höhere Zinssätze verlangen.[17] Selbst wenn eine Regierung sich hauptsächlich auf langfristige Staatspapiere verläßt, wird ein Anstieg der Inflation zu einem Wachstum der Rendite führen und damit die Kosten jeder neuen Kreditaufnahme erhöhen. Darüber hinaus fällt es leichter, eine Inflation auszulösen, als sie bei hoher öffentlicher Verschuldung zu stoppen. Eine Zentralbank, die darauf aus ist, der Inflation durch Erhöhung der Zinssätze für kurzfristige Kredite Einhalt zu gebieten, wird wahrscheinlich keinen Erfolg ernten, falls die Regierung sich weiterhin hohe Defizite leistet.[18] Das Problem besteht darin, daß das Steigen des Diskontsatzes der Zentralbank sowie Erwartungen, die sich auf eine niedrigere Inflation richten, zu einem Anstieg der realen Zinssätze auf Regierungsverbindlichkeiten führen. Damit steigen die Kosten des Schuldendienstes, und das Haushaltsdefizit nimmt zu. All dies untergräbt die Glaubwürdigkeit der Politik der Zentralbank. Höhere Zinssätze haben in der Regel die Reduzierung der Differenz zwischen Real- und Nennwert zur Folge. Sie führen wegen ihrer negativen Auswirkungen auf das Wachstum zur Verminderung der Einkünfte und zum Anwachsen der Ausgaben des Staates.[19]

Ganz eindeutig hängt vieles von der Art der Erwartungen ab. Wenn diese »anpassungsfähig« sind, wenn es also nur allmähliche Reaktionen auf Veränderungen in der Geldpolitik gibt, weil Arbeitnehmer und Unternehmer ihre Erwartungen im Durchschnitt an Inflationen in Gegenwart und Vergangenheit orientieren, wird eine antiinflationäre Politik unvermeidlich negative Auswirkungen auf den Produktionsertrag und die Beschäftigung haben. Sind die Erwartungen aber rational, und schließen die wirtschaftlich Handelnden aufgrund eines politischen Kurswechsels sofort auf niedrigere zukünftige Inflationsraten, dann kann die Inflation bei geringeren Kosten unter Kontrolle gebracht werden. Das setzt allerdings voraus, daß die politische Veränderung »sogleich umfassend verstanden wird und auf weitgehende Zustimmung stößt [...], und es daher unwahrscheinlich ist, daß sie wieder revidiert wird«.[20] Angesichts der »Zufälligkeit« von »teilweiser Nichterfüllung von Zahlungsverpflichtungen mittels Inflation« sind einige Ökonomen zu dem Schluß gelangt, daß »die Nominalschuld insgesamt ein schlechter Begriff zu sein scheint« und daß indexgebundene, also inflationssichere Staatsanleihen vorzuziehen sind.[21] Eine entsprechende Politik wurde nur selten verfolgt, da die Inflationsangst während der 1990er Jahre nachließ. Statt dessen haben viele Regierungen praktisch die Möglichkeit einer inflationären Nichterfüllung von Zahlungsverpflichtungen ausgeschlossen, indem sie den Anteil kurzfristiger Schulden erhöht haben. Es läßt sich zeigen, daß kurzfristige Schulden einen relativ geringen Anteil an den Gesamtschulden Deutschlands, Österreichs und der Niederlande ausmachen, daß sie aber in Italien, Frankreich und Spanien mehr als ein Drittel des Schuldenvolumens umfassen. In Großbritannien besaß 1997 etwa ein Viertel der Staatsschulden eine Fälligkeit von fünf Jahren; mehr als ein Fünftel hatte ein Fälligkeitsdatum von über 15 Jahren.[22] In den Vereinigten Staaten jedoch hat ungefähr ein Drittel der in Privathand befindlichen Bundesanleihen eine Fälligkeit von weniger als einem Jahr, und 72 Prozent, also nahezu drei Viertel, haben eine Fälligkeit von weniger als fünf Jahren.[23]

Diese Stützung auf kurzfristige Anleihen steht in deutlichem Gegensatz zum 19. Jahrhundert. Abgesehen davon, daß die Regierungen so davon abgehalten werden, den Versuch zu unternehmen, ihre Schulden durch Inflation loszuwerden, macht dies die Belastungen durch Staatsschulden sehr viel anfälliger gegenüber den Veränderungen der Zinssätze. Das kann vorteilhaft sein, wenn die Zinssätze fallen, wie es in den 1990er Jahren geschah. Einer Schätzung zufolge kosteten die langen Fälligkeiten britischer Regierungspapiere den Steuerzahler 1999 drei Milliarden £ mehr an Schuldenbelastungen, als es bei Papieren mit kürzerer Laufzeit der Fall gewesen wäre.[24] Aber kurzzeitige Verschuldung kann sehr schnell zu Schwierigkeiten führen, wenn sich die Dinge in die andere Richtung entwickeln.

Erwartungen in Vergangenheit und Gegenwart

Ob Erwartungen nun anpassungsfähig oder rational sind, sie ruhen jedenfalls weitgehend auf historischen Grundlagen. Selbst die ausgefeiltesten ökonometrischen Modelle wie auch die mehr oder weniger informellen Vorbilder, auf die Kleinanleger ihre Entscheidungen gründen, setzen einige Daten aus der Vergangenheit voraus, um zu Entscheidungen zu gelangen.

Vom Standpunkt des Investors besteht ein Hauptgrund für die Befürchtung, daß ein Land seinen Zahlungsverpflichtungen nicht nachkommen oder seine Währung abwerten werde, in der einfachen Tatsache, daß es sich in der Vergangenheit genauso verhalten hat. Das erklärt, warum die kurzfristigen Vorteile von Zahlungsversäumnissen und Geldverschlechterungen in Hinblick auf die Reduzierung der Schuldenlast einer Regierung vor dem Hintergrund langfristiger Kosten gesehen werden müssen, die sich aus dem Verlust an Ansehen ergeben, das gewöhnlich den Preis zukünftiger Kreditaufnahmen erhöht. Das ist ein entscheidender Faktor, wenn wir verstehen wollen, warum einige Länder imstande gewesen sind, weit höhere Niveaus an Schulden als andere Staaten aufrechtzuerhalten.

Die Quellen aus der frühen Neuzeit unterstreichen den Zusammenhang zwischen Fehltritten in der Vergangenheit und aktuellen Zinssätzen. Offensichtlich konnten kreditwürdige Stadtstaaten eher zu niedrigeren Zinssätzen Geld aufnehmen als Monarchen, die zu Insolvenzen neigten. Die Rendite der konsolidierten Staatsschuld Genuas in der zweiten Hälfte des 14. Jahrhunderts schwankte zwischen fünf und zwölf Prozent.[25] Für die Stadtstaaten der Renaissance war das nichts Ungewöhnliches: im Florenz des 15. Jahrhunderts lagen die Renditen zwischen fünf und 15 Prozent.[26] Im Gegensatz dazu erbrachten habsburgische *aides* in Antwerpen in den 1520er und 1530er Jahren beträchtliche 20 Prozent, fielen allerdings 1550 auf 10 Prozent. Die Erträge kurzfristiger *asientos* stiegen während des 16. Jahrhunderts, als die Kreditwürdigkeit des Habsburger Reiches aufgrund aufeinanderfolgender Insolvenzen ständig abnahm, und zwar von 18 Prozent in den 1520er Jahren auf 49 Prozent in den 1550ern.[27]

Das niederländische System des öffentlichen Finanzwesens erwies sich als das erfolgreichste bei der Niedrighaltung von Zinssätzen. Die holländischen Erträge fielen ständig von über acht Prozent in den 1580er Jahren auf fünf Prozent in den 1630ern, drei Prozent in den 1670ern und gerade einmal 2,5 Prozent in den 1740er Jahren.[28] Das war auch die Zeit, da die Vereinigten Provinzen ihre Verschuldung laufend erhöhten, was bestätigt, daß es keinen automatischen Zusammenhang zwischen dem absoluten Betrag einer Schuld und der Rendite der Staatspapiere gibt, die diese begründen. Das gleiche gilt für die Schulden der Schweizer Kantone und die Erträge daraus während des Großteils des 16. Jahrhunderts.[29]

Im Gegensatz dazu offenbaren die französischen Renditen im 18. und 19. Jahrhundert sehr stark die Auswirkung fiskalischer Unzuverlässig-

keiten auf das Vertrauen der Investoren. Die Auswirkungen der institutionellen Schwierigkeiten Frankreichs, insbesondere der schlechten Gewohnheit des *Ancien Régime*, alle paar Jahrzehnte eine Zahlungsunfähigkeit zu verkünden, schränkten nicht nur den absoluten Betrag ein,
den der französische Staat borgen konnte, sie trieben auch die *Kosten*
für die Darlehensaufnahme in die Höhe. Wegen der komplexen Struktur der französischen Staatsschulden ist es möglich, eine Vielzahl unterschiedlicher Erträge zu berechnen. Die Renten galten wie Grund und
Boden als *biens immeubles,* und mit ihnen konnte nicht ohne weiteres
Handel getrieben werden. Die Leibrenten, die 1798 den größten Teil
der Staatsschuld bildeten, wurden nicht am Markt gehandelt, da sie
an die Existenz einer Einzelperson gebunden waren. Der Zinssatz, der
am ehesten mit dem für Großbritannien verglichen werden kann,
ist daher wohl jener für die *emprunt d'octobre* (Oktoberanleihe) von
1745 der neuen *Compagnie des Indes.* Allerdings muß berücksichtigt
werden, daß dieses Papier nur einen kleinen Bruchteil der Gesamtschulden des französischen Staates repräsentierte. Dennoch weisen
die Zahlen auf das Ausmaß fiskalischer Unterschiede zwischen Frankreich und Großbritannien hin.[30] Betrachtet man die Durchschnitts-
zahlen für die Zeit von 1754 bis 1789, wird deutlich, daß die Kosten
der Kreditaufnahme in Frankreich beträchtlich höher waren als bei
seinem Konkurrenten jenseits des Kanals. Der Unterschied betrug
nahezu 2,5 Prozent.

Diese Unterschiede gründeten sich auf Erfahrungen in der Vergangenheit, aus denen geschlossen wurde, bei welchen Staatspapieren die
Wahrscheinlichkeit am größten war, daß es zur Nichterfüllung von Verpflichtungen kam. Hier zeigt sich ein Element von »im voraus bezahlter
Nichtanerkennung einer Staatsschuld«.[31] Aber es gab auch ganz eindeutig nach den Zahlungsverweigerungen von 1759 und 1770 einen Er-
tragssprung, was darauf hindeutet, daß der Markt nicht völlig hellse-
herisch war.[32] Darüber hinaus war der Betrag, den die französische Regierung für neue Kredite bezahlen mußte, die in jener Phase aufgenommen wurden, fast immer bedeutend höher als die Rendite der Oktoberanleihe. Die im Mai 1760 ausgegebene zehnjährige Anleihe brachte den
Investoren 9,66 Prozent ein, und das zu einem Zeitpunkt, da der Ertrag
der Oktoberanleihe bei 6,87 Prozent lag. Die Leibrenten, die am weitesten verbreitete Form der Anleihe, erzielten im Jahre 1771 immerhin elf
Prozent.[33] Das waren viel höhere Sätze, als die britische Regierung sie
für alte oder neue Anleihen zahlen mußte. Der Unterschied spiegelte
hauptsächlich das größere Insolvenzrisiko in Frankreich wider, wenn

auch die größere Liquidität des britischen Markts zweifellos eine Rolle spielte.[34] Genau das meinte Bischof George Berkeley, als er erklärte, es sei eine Tatsache,»daß Kredit der größte Vorteil ist, den England gegenüber Frankreich besitzt«.[35] Isaac de Pinto sagte dasselbe, als 1771 die französischen Erträge in die Höhe schossen:»Nicht der Kredit hat die französischen Finanzen ruiniert. [...] Im Gegenteil, was das Unglück auslöste, war das Fehlen von Kredit zu einem Zeitpunkt, da er gebraucht wurde.«[36] Der entscheidende Unterschied zwischen Großbritannien und Frankreich im 18. Jahrhundert war daher keine Angelegenheit wirtschaftlicher Ressourcen. Frankreich verfügte über mehr davon. Es war vielmehr eine Frage der Institutionen. Großbritannien besaß das überlegene System der Eintreibung von Staatseinnahmen, die Excise. Nach der Glorreichen Revolution verfügte das Inselreich außerdem über ein repräsentatives Regierungssystem, das sich nicht nur bemühte, Haushalte transparent zu machen, sondern, was wichtiger war, die Wahrscheinlichkeit von Zahlungsverweigerungen verringerte, da die Inhaber von Staatspapieren nun zu den Interessengruppen gehörten, die im Parlament am besten repräsentiert waren.[37] Die Staatsschuld war größtenteils fundiert, also langfristig, und wurde in nachvollziehbarer Weise verwaltet. Das galt insbesondere nach dem Aufkommen konsolidierter Staatsanleihen, und die Bank of England, für die es in Frankreich kein Gegenstück gab, garantierte die Umtauschbarkeit der Währung in Gold, außer in extremen Notfällen, was das Risiko von Schuldenabschreibungen durch Inflation verringerte, wenn nicht gar beseitigte. Es waren diese Institutionen, die Großbritannien instand setzten, ein sehr viel günstigeres Verhältnis zwischen Schulden und Bruttoinlandsprodukt aufrechtzuerhalten als Frankreich, denn sie sorgten dafür, daß die Zinsen, die Großbritannien auf seine Schulden zahlte, erheblich niedriger waren als jene, die Frankreich für die seinen entrichtete. Sucht man eine finanzpolitische Erklärung für Großbritanniens Triumph über Frankreich im globalen Wettbewerb, dann findet man sie hier.

Entscheidend aber ist, daß die Effektivität von Finanzinstitutionen aus ihrer Glaubwürdigkeit resultiert. Es hat in diesem Zusammenhang höchste Bedeutung, daß jedesmal, wenn sich die Chancen für eine Restauration des Hauses Stuart erhöhten, etwa 1745 während des Aufstands der Jakobiten, auch die Erträge von Staatspapieren anstiegen.[38] Für die Zeitgenossen bestand keine Garantie, daß der durch die Glorreiche Revolution erreichte Regimewechsel von Dauer sein würde. Man konnte, selbst nach der Zerschlagung des Aufstands von 1745 in der

Schlacht von Culloden, die Möglichkeit nicht ausschließen, daß ein Zusammenspiel zwischen den Franzosen auf dem Kontinent und den schottischen Highlanders auf der Insel zur Wiedereinsetzung der Stuarts führen würde. Aber im Vergleich zu den Insolvenzrisiken, mit denen Investoren bei französischen Staatsanleihen zu rechnen hatten, war diese Gefahr recht gering.

Angesichts all dessen überrascht es auf den ersten Blick, daß die politische Krise von 1789 keine größeren Auswirkungen auf die französischen Renditen hatte. Die Erlöse neuer Anleihen, die 1782 und 1784 herausgegeben wurden, stiegen zwar auf über elf Prozent, doch dies geschah 1788, also genau ein Jahr vor der Revolution. In den Jahren 1789 und 1790 schwankten die Renditen um die Marke von neun Prozent, in der ersten Jahreshälfte 1791 fielen sie auf Werte zwischen fünf und sechs Prozent. Die Oktoberanleihe wurde sogar von der ersten Phase der Revolution noch weniger beeinflußt, sie stieg nie auf Werte über acht Prozent, was weit unter der Ertragsspitze von 1771 lag.[39] Das legt die Annahme nahe, daß der Markt ursprünglich das Aufkommen einer verfassungsmäßigen Regierung begrüßte, weil die Alternative eine weitere große Nichterfüllung von Zahlungsverpflichtungen war.[40] Im Laufe der 1790er Jahre jedoch ließen die Traumata des Krieges, des Terrors und der Insolvenz die französischen Erträge von etwa sechs Prozent auf über 60 Prozent in die Höhe schießen.[41] Die Revolutionskriege konnten nur durch das Drucken von Geld finanziert werden: Während des größten Teils der 1790er Jahre kam es überhaupt nicht in Frage, daß die Regierung erhebliche langfristige Kredite aufnahm.

Der französische Staatskredit erholte sich von diesen Erschütterungen nur langsam. Unter Napoleon sanken die Renditen von einem Spitzenwert, der 1802 etwa 12,5 Prozent betrug, auf unter sechs Prozent Ende 1807, und sie hielten sich dann bis zum Winter 1812 mehr oder weniger beständig auf etwa sechs Prozent. Die Niederlage in Rußland erteilte Napoleons hochfliegenden Plänen einen schicksalhaften Schlag. Die entscheidende Völkerschlacht von Leipzig im Oktober 1813 führte dazu, daß die französischen Erträge einen Sprung auf zehn Prozent machten, und ihre darauffolgende Erholung wurde im März 1815 durch die Nachricht von Napoleons Rückkehr von Elba und die anschließenden 100 Tage gebremst. Napoleons endgültige Niederlage bei Waterloo und die beträchtlichen Reparationen, die Frankreich auferlegt wurden, hielten die Renditen danach auf einem hohen Niveau: In den Jahren 1816/17 betrugen sie im Durchschnitt zwischen acht und neun Prozent. Aber mit dem Rückzug der alliierten Truppen und der Normalisierung der Beziehungen des restaurierten Bourbonenregimes zu den Siegermächten sanken die Renditen ständig. 1825 fielen sie zum ersten Mal seit 1753 unter fünf Prozent.[42] In der Folgezeit wurden die französischen Institutionen den britischen immer ähnlicher. Die Revolution und das Empire reformierten das Steuersystem; die Zusammensetzung der Deputiertenkammer wurde nach 1830 repräsentativer; die Ausgabe von fünf- und dreiprozentigen *rentes perpetuelles* wurde die Basis einer neuen staatlichen Kreditaufnahme; und die Bank von Frankreich, eine andere Erbschaft Napoleons, verwaltete die Hartgeldwährung. Doch häufig wiederkehrende revolutionäre Zwischenspiele ließen in den Jahren 1830, 1848 und 1870/71 für die Investoren Erinnerungen an die 1790er Jahre wieder aufleben. Erst 1901 fielen die französischen Erträge erstmals unter die britischen.

Ein anderer Fall, bei dem eine bedeutende Nichteinlösung von Zahlungsverpflichtungen zu einer nachhaltigen Risikoprämie auf die Staatspapiere eines Landes führte, läßt sich von den 1920er bis in die 1950er Jahre verfolgen. So wie die französische Erfahrung der 1790er Jahre hinterließ die deutsche Hyperinflation von 1919 bis 1923 Narben in den Erinnerungen der Investoren. Die hohen Renditen deutscher Staatspapiere nach 1923 hatten tiefgreifende Wirkungen. Beispielsweise erdrosselte die Beengtheit des Anleihemarktes in den späten zwanziger Jahren Investitionen von Kommunalverwaltungen im Wohnungsbau, was sich als ein wichtiger Vorbote des Wirtschaftszusammenbruchs herausstellte.[43] Auf Reichsebene war eine keynesianische Reaktion auf die große Krise mehr oder weniger wegen der Befürchtung ausgeschlossen, daß eine Defizitfinanzierung beharrliche Bedenken der Öffentlichkeit im Hinblick auf eine zweite große Inflation aufleben lassen würde.[44] Nur die verschleierte Herausgabe der sogenannten »Mefowechsel«, die in Wirklichkeit kurzfristige Regierungswechsel waren, durch eine obskure »Metallurgische Forschungsgesellschaft mbH«, ermöglichte es Hjalmar Schacht, die erste Phase der nationalsozialistischen Wiederaufrüstung zu finanzieren.[45] Es war nicht nur die Hyperinflation, die die Inhaber von Staatspapieren traumatisierte und dadurch die Finanzpolitik künftig in ihren Möglichkeiten einschränkte. Die italienischen »Zwangskonversionen« von 1926 und 1934, die *de facto* Nichteinlösungen von Verpflichtungen bedeuteten, hatten vergleichbare Auswirkungen. Sie trieben die Kosten für jegliche spätere Darlehensaufnahme durch das faschistische Regime in die Höhe und machten illegale Machenschaften wie die geheimen Darlehen der Städte Mailand und Rom notwendig.[46] Die

Erfahrung Frankreichs mit einer hohen Inflation in den zwanziger Jahren, die allerdings keine Hyperinflation war, mag als optimale Politik in der Zeit nach dem Ersten Weltkrieg erscheinen. Sie war aber ein Grund, warum die französische Regierung in den dreißiger Jahren verbissen am Goldstandard festhielt, während Großbritannien in der Lage war, die Wohltaten der Abwertung zu ernten.[47] Wir werden in Kapitel 11 auf diesen Punkt zurückkommen.

»Ereignisse«

Sicherlich sind Ereignisse in der Vergangenheit nicht die einzige Bestimmungsgröße für Unterschiede bei den Erträgen. Investoren, die Staatspapiere erwerben, verfolgen genauso aufmerksam alle Hinweise auf die künftige Fiskal- und Geldpolitik einer Regierung. Damit stellt sich für die Wirtschaftstheorie ein kniffliges Problem. Denn die Investoren stützen sich nicht nur auf ökonomische Fakten, wenn sie ihre Erwartungen hinsichtlich einer zukünftigen Politik abwägen. Sie sind ebenso sehr an den politischen Ereignissen interessiert.

Um dies im Zusammenhang eines großen und liquiden innerstaatlichen Schuldenmarkts zu verdeutlichen, habe ich den jährlichen Prozentsatz des Anstiegs der Erträge von britischen konsolidierten Staatsanleihen seit 1750 berechnet (siehe Abbildung 6).[48] Solch eine Berechnung unterscheidet sich von der stärker verbreiteten Messung des absoluten Steigens oder Sinkens von Renditen, ausgedrückt in Basispunkten. Der Grund für die Betrachtung der Veränderung der Prozentsätze liegt darin, daß ein Anstieg von hundert Basispunkten die Kosten der Kreditaufnahme stärker erhöht, wenn die Erträge von zwei auf drei Prozent steigen, als wenn sie von sieben auf acht Prozent zunehmen. Nach diesem Maßstab war das 20. Jahrhundert nur ein wenig unbeständiger als das 18., wogegen das 19. ein Zwischenspiel von relativer Stabilität bedeutete. Das Krisenjahr 1974 nimmt einen besonderen Platz in der Rangliste des Anstiegs von Renditen britischer Staatsanleihen ein, damals stieg der durchschnittliche jährliche langfristige Ertrag um etwa 38 Prozent. Vergleichbar damit ist nur das Jahr 1779, als es zur Unterbrechung der Goldauszahlungen durch die Bank of England kam: Das war die »politische Vergewaltigung« der »alten Dame in der Threadneedle Street« durch William Pitt d.J.[49] 1998 kam es dagegen zum stärksten *Sinken* der Jahreserträge, das jemals zu verzeichnen war, doch wurde das kaum bemerkt. Es stellte weitgehend eine Reaktion auf die erfolg-

reiche Rückkehr zur »betrieblichen Unabhängigkeit« der Bank of England dar.[50]
Schlußfolgerungen auf politische Ursachen kann man mit etwas mehr Sicherheit ziehen, wenn die gleiche Berechnung unter Verwendung von monatlichen Zahlen angestellt wird.[51] Hier sind die hervorstechendsten Monate: März 1778, November 1792 und März 1803. In jedem von ihnen stieg der Ertrag auf konsolidierte britische Staatspapiere um mehr als 14 Prozent. An vierter Stelle steht der Juni 1974 mit einem Anstieg um etwas weniger als 13 Prozent. Es folgt der März 1814 mit 12 Prozent. Es ist denkbar, daß alle diese dramatischen Schwankungen auf monetäre Faktoren zurückzuführen sind. Von einer Ausnahme abgesehen, war Großbritannien in all diesen Fällen vom Goldstandard abgegangen. Auf der anderen Seite ist bemerkenswert, daß jeder Sprung der Erträge mit einer größeren internationalen oder inneren politischen Krise zusammenfiel. Am 6. November 1792 besiegten französische Streitkräfte das österreichische Heer bei Jemappes, sie besetzten dann die habsburgischen Niederlande, das heutige Belgien; am 19. desselben Monats bot die französische Nationalversammlung allen Völkern, die ihre Regierungen stürzen wollten, Unterstützung an.

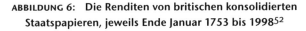

ABBILDUNG 6: Die Renditen von britischen konsolidierten Staatspapieren, jeweils Ende Januar 1753 bis 1998[52]

In ähnlicher Weise verlief der Zusammenbruch der Preise für Staatspapiere im März 1778, kurz nachdem die Vereinigten Staaten zwei Verträge mit Frankreich unterzeichnet hatten, was Großbritannien veranlaßte, Frankreich den Krieg zu erklären. Im März 1803 lösten die Annexion italienischer Territorien durch Napoleon und sein Eingreifen in die inneren Angelegenheiten der Schweiz große Sorgen in London aus. Im Mai begann der Krieg mit Frankreich erneut. Der Anstieg der Erträge, zu dem es im März 1814 kam, bildet die Ausnahme, denn er fiel mit Napoleons Niederlage bei Laon und Arcis-sur-Aube, dem Fall von Boulogne am 12. März und dem von Paris am 31. März zusammen. Zu dem 13prozentigen Anstieg im Juni 1974 kam es dagegen nach einer Reihe politischer Rückschläge für die neugebildete Labour-Regierung. Zu nennen sind hier das Scheitern der Vereinbarung von Sunningdale über Nordirland am 28. Mai und die Explosion einer Bombe vor der Westminster Hall am 17. Juni. Beide Ereignisse machten eine ernsthafte Verschärfung der Nordirlandkrise deutlich. Gleichzeitig erlitt die Regierung eine Reihe von Niederlagen im Parlament. Das führte schließlich am 20. September, nur sieben Monate nach der Wahl, zu einer erneuten Auflösung des Parlaments.

Der ersichtliche Zusammenhang zwischen politischen Ereignissen und der Entwicklung des Markts für Staatsanleihen wird sogar noch deutlicher, wenn man die Erfahrungen Frankreichs in der Zwischenkriegszeit in Betracht zieht,. Den deutlichsten Anstieg der Renditen von Rentenpapieren in der Geschichte der Dritten Republik gab es im August 1925, mit einer Zunahme um mehr als zehn Prozent.[53] Das mag überraschen. Im Juni war eine vorläufige Vereinbarung mit Deutschland unterzeichnet worden, die die bestehenden Grenzen in Westeuropa bestätigte, die endgültige Vereinbarung wurde schließlich im Oktober in Locarno ratifiziert. Am 13. Juli hatten die französischen Truppen das Rheinland geräumt. Doch anderswo gab es weniger friedliche Ereignisse. Im Mai 1925 war in Marokko eine Revolte gegen die Herrschaft Spaniens und Frankreichs ausgebrochen. Die Regierung in Paris beschloß, den Aufstand niederzuschlagen, und ließ General Philippe Pétain eine beträchtliche Streitmacht gegen die Rebellen ins Feld führen. Der Krieg dauerte bis Mai 1926.[54] Die anderen großen Krisen des französischen Anleihemarkts sind leichter zu begreifen. Viermal stiegen zwischen 1933 und 1935 die Erträge um 8,5 bis zehn Prozent: im März 1933, im März 1935, im April 1937 und im Januar 1939. Es scheint zumindest vorstellbar, daß die Verschlechterung der Beziehungen zwischen Frankreich und Deutschland und die Möglichkeit eines weiteren großen Krieges Ursache des Anstieges waren. Am 5. März 1933 festigten die Nationalsozialisten ihre Macht in Deutschland mit einem gewaltigen Wahlsieg. Elf Tage später machte die neue Reichsregierung den letzten britischen Abrüstungsplan in Genf zunichte. Das Ermächtigungsgesetz vom 23. März gab Adolf Hitler diktatorische Vollmachten. Am 1. März 1935 wurde das Saarland an Deutschland zurückgegeben. Zwei Wochen später wies Hitler die Abrüstungsklauseln des Versailler Vertrags zurück und führte die allgemeine Wehrpflicht wieder ein. Im April 1937 wurde Belgien von seinen Verpflichtungen aus dem Vertrag von Locarno befreit, und deutsche Flugzeuge bombardierten die Stadt Guernica im Baskenland. Die Krise von Januar 1939 unterschied sich von den vorausgegangenen Erschütterungen nur dadurch, daß sie eher Italien als Deutschland betraf. Tatsächlich hatten am 6. Dezember Frankreich und Deutschland sogar ein Abkommen unterzeichnet, das ihre bestehenden Grenzen bestätigte. Doch am 17. Dezember hatte Italien seine Vereinbarung mit Frankreich von 1935 widerrufen, die Korsika und Tunesien betraf. Das veranlaßte den französischen Ministerpräsidenten Edouard Daladier, beiden Regionen eine Visite abzustatten, die Italien als Herausforderung empfand. Daladier wurde der Boden unter den Füßen weggezogen, als Chamberlain und Halifax am 10. Januar Rom besuchten, um Gespräche mit Mussolini zu führen.

Aufschlußreich ist ein Vergleich zu den Schwankungen des Anleihemarkts in Deutschland im gleichen Zeitraum. Allerdings sind hier die Daten wegen der Unterbrechungen nicht vollständig, die durch die Hyperinflation von 1923, die Bankenkrise von 1931 und das Gesetz von 1935, das Höchstzinssätze festlegte, verursacht wurden. Für jene Zeiten, da der Markt jedoch mehr oder weniger normal funktionieren konnte, wird die Rolle politischer Ereignisse erneut deutlich, wobei es sich in diesem Falle hauptsächlich um innenpolitische Geschehnisse handelt. Die beiden größten Ertragssprünge ergaben sich im Juni 1932 mit acht und im Juli 1934 mit neun Prozent. Der erste Sprung ereignete sich angesichts der politischen Instabilität nach Reichskanzler Franz von Papens Entscheidung, den Reichstag aufzulösen und Neuwahlen auszuschreiben, eine Maßnahme, die den Nationalsozialisten entgegenkam und in den Städten Deutschlands beispiellose politische Gewalttätigkeiten auslöste. Die »Nacht der langen Messer« war am 30. Juni 1934 das politische Hauptereignis, als über 130 radikale Nationalsozialisten und andere politisch »verdächtige« Persönlichkeiten ermordet wurden, darunter der Führer der SA, Ernst Röhm, und der frühere

Reichskanzler Kurt von Schleicher.[55] Die Reaktion des Anleihemarkts auf Hitlers Ernennung zum Regierungschef war zweideutig: Die Renditen fielen im Januar 1933 um sechs Prozent, stiegen aber im folgenden Monat wieder an; sie sanken erneut im März und April, erhöhten sich aber im Mai um vier Prozent, das war der Monat, in dem es zum ersten Boykott gegen jüdische Unternehmen kam.

Für die übrige Zeit des Nationalsozialismus muß man außerhalb der gesteuerten Wirtschaft Deutschlands nach Hinweisen auf die Erwartungen von Investoren Ausschau suchen. Eine erhellende Studie hat Schwankungen der Preise deutscher Staatspapiere, die in der Schweiz gehandelt wurden, untersucht. Sie gelangt zu dem Ergebnis, daß die Investoren kaum daran glaubten, daß das Dritte Reich den Zweiten Weltkrieg siegreich beenden könnte. Der schweizerische Markt für deutsche Anleihen erlebte im September 1939 einen Absturz um etwa 39 Prozent; dem war bereits ein Sinken um 17 Prozent nach der Besetzung der Tschechoslowakei im vorangegangenen März vorausgegangen. Aufgrund von Rückschlägen während des Krieges kam es zu weiteren Einbußen. Das zeigte sich besonders beim Eintritt der Vereinigten Staaten in den Krieg mit minus fünf Prozent und anläßlich der russischen Gegenoffensive bei Stalingrad im November 1942 mit minus sieben Prozent. Schließlich stürzten die Preise um 34 Prozent ab, nachdem die Alliierten auf der Konferenz von Jalta beschlossen hatten, eine bedingungslose Kapitulation Deutschlands zu verlangen.[56]

Eine ähnliche Betrachtung kann für die Renditen amerikanischer Staatspapiere seit 1919 angestellt werden. Bemerkenswerterweise ereigneten sich die fünf größten prozentualen Anstiege bei langfristigen Papieren allesamt zwischen 1979 und 1984. Man kann behaupten, daß der Anleihemarkt einfach den gestiegenen kurzfristigen Zinssätzen der Federal Reserve folgte. Das war ganz sicher im Oktober 1979 der Fall, als Paul Volcker seine neue Politik einführte, nicht geliehene Reserven zu überwachen, und die Zinssätze auf zwölf Prozent anhob.[57] Im gleichen Monat stieg der Ertrag langfristiger Staatspapiere um neun Prozent oder 76 Basispunkte. Im Februar 1980 stiegen die Renditen doppelt so stark an, nämlich um 18 Prozent oder 152 Basispunkte. War das eine weitere Reaktion auf die Verschärfung der Lage auf dem Geldmarkt? Oder war es eine Antwort auf die Spannung zwischen den Supermächten, die durch die sowjetische Invasion in Afghanistan ausgelöst wurde? Diese hatte zu Weihnachten des Vorjahres begonnen und wurde von Präsident James Carter am 8. Januar als die größte Gefahr für den Weltfrieden seit dem Zweiten

Weltkrieg bezeichnet. Am 23. Januar, einen Tag nach Ausrufung des Kriegsrechts in Kabul, ging Carter noch weiter. Er warnte die Russen vor jeder Einmischung am Persischen Golf. Eine ähnliche Übereinstimmung zwischen Politik und Anleihemarkt zeigte sich im Januar 1982. Am 29. Dezember 1981 hatte Präsident Ronald Reagan wegen der Einführung des Kriegsrechts in Polen ökonomische Sanktionen gegen die Sowjetunion verhängt. Die Erträge amerikanischer Staatspapiere stiegen um zehn Prozent, das entspricht 85 Basispunkten. Im August 1981 und im Mai 1984 kam es zu etwas geringeren, aber dennoch beträchtlichen Steigerungen, die beide Male in der Größenordnung von 8,7 Prozent lagen. Am 9. August 1981 verkündete Reagan seine Entscheidung zur Herstellung der Neutronenbombe. Zehn Tage später schossen US-Flugzeuge libysche Jagdflugzeuge vor der Küste dieses Landes ab. Am 24. Mai 1984 griffen iranische Flugzeuge Öltanker vor der Küste Saudi Arabiens an, was dazu führte, daß die Vereinigten Staaten den Saudis Antiflugzeugraketen vom Typ Stinger lieferten.

Vorläufig mag dies alles als zufälliges Zusammentreffen erscheinen. Eine formale Beweisführung, daß es ein kausales Wechselverhältnis zwischen politischen Ereignissen und Anleihemarkt gibt, folgt später. Jedoch verstärkt sich die Vermutung, daß ein ursächlicher Zusammenhang besteht, wenn man wöchentliche Daten zu Rate zieht und diese mit zeitgenössischen finanzpolitischen Kommentaren vergleicht. Um das zu tun, habe ich die wöchentlichen Schwankungen der britischen konsolidierten Staatspapiere in der Phase von 1845 bis 1910 berechnet und gleichzeitig die Analysen des Londoner Marktes in den Leitartikeln des *Economist* herangezogen. Hier handelt es sich um die Zeit, da die Renditen am stabilsten waren. Der Markt war liquide. Großbritannien hielt am Goldstandard fest. Es gab gewöhnlich Haushaltsüberschüsse. Praktisch existierte kein Insolvenzrisiko. Die wöchentlichen Schwankungen waren relativ niedrig. Dennoch gab es erhebliche Bewegungen, und wegen der Bedeutung des Marktes für konsolidierte Staatspapiere verfolgte der *Economist* diese für seine Leser sehr aufmerksam.

Wieder einmal ist es höchst bemerkenswert, daß die größten kurzfristigen Ertragssprünge sich zu Zeitpunkten ergaben, die dem politischen Historiker bedeutsamer erscheinen als dem Wirtschaftshistoriker. So kam es 1848 unmittelbar nach Ausbruch der Revolution in Paris zur größten Erschütterung des Anleihemarkts. Die Ereignisse in Frankreich begannen am 22. Februar, also zu spät, um die britischen Märkte in der laufenden Woche zu beeinflussen, die mit dem 24. Februar endete. Zwischen diesem Datum und dem 3. März stieg die Rendite der staatlichen Rentenanleihen um 7,6 Prozent.[58] Wie 1830 machten sich die britischen Investoren hauptsächlich wegen der Erinnerungen an die 1790er Jahre Sorgen vor einer Revolution in Frankreich. Sie sahen die Möglichkeit eines Krieges mit einem revolutionären Frankreich. Am 31. März bezeichnete der *Economist* einen weiteren Anstieg der Renditen um 2,4 Prozent als »Konsequenz der wachsenden Wahrscheinlichkeit eines Kriegsausbruches«.[59] Kriege scheinen auch die Ursache für den zweit- und drittgrößten Sprung der Renditen in den Wochen zu sein, die mit dem 31. März 1854 und dem 29. April 1859 endeten (im ersten Fall 4,2, im zweiten sechs Prozent). Am 28. März 1854 hatte Großbritannien Rußland den Krieg erklärt. Am 17. November vermerkte das Londoner Wirtschaftsmagazin einen weiteren steilen Abfall der Preise für konsolidierte Staatspapiere und schrieb den Niedergang »dem Eindruck [zu], daß es noch eine ganze Menge mehr für die britischen Truppen auf der Krim zu tun gibt, als zuvor erwartet wurde«.[60] Der 29. April 1859 war der Tag, an dem die österreichischen Truppen die Grenze nach Sardinien-Piemont überquerten. Zehn Tage zuvor hatte Wien der Regierung des Grafen Cavour ein Ultimatum gestellt. Der *Economist* bemerkte dazu:»Bis zum allerletzten Augenblick hatte man sich ganz eindeutig Friedenshoffnungen hingegeben.«[61]

Wäre die Analyse um weitere Jahre ausgedehnt worden, dann hätte die Woche, die am 31. Juli 1914 endete, Platz zwei eingenommen. Damals stiegen die Erträge für konsolidierte Staatspapiere um 6,6 Prozent. Wäre die Börse nach dem 1. August 1914 nicht geschlossen worden, dann hätte es sogar einen noch größeren Anstieg der Renditen gegeben als 1848. Das Sinken der Preise für Staatspapiere um fünf Prozent am 1. August 1914, dem Tag, da Deutschland Rußland den Krieg erklärte, war dem *Economist* zufolge ebenso ohne Beispiel wie das Auseinanderklaffen der Spanne zwischen Angebot und Nachfrage um einen vollen Prozentpunkt. Diese Differenz hatte im historischen Durchschnitt ein achtel Prozent betragen.[62]

Aber wie kann man sicher sein, daß diese Übereinstimmungen zwischen politischen und ökonomischen Krisen keine Ausnahmen waren? Tabelle 5 präsentiert eine Analyse der Kommentare des *Economist* über wichtige Bewegungen des Markts für konsolidierte Staatspapiere. Um die Dinge deutlicher zu machen, unterscheide ich zwischen 22 verschiedenen Erklärungen, die das Blatt für Anstiege von Erträgen konsolidierter Staatspapiere des Vereinigten Königreichs anbot. Dabei habe ich die Unterschiede, die gemacht wurden, selbst dann herangezogen, wenn sie sich nach modernen Maßstäben zu überlappen scheinen.

TABELLE 5: Bestimmungsfaktoren
von Preisschwankungen der britischen
konsolidierten Staatspapiere 1845 bis 1900,
wie im *Economist* genannt.[63]

Ereignis	Zahl	Prozent der Gesamtwerte
Krieg	237	15,7
Innenpolitik	32	2,1
Außenpolitik	134	8,9
POLITIK	*403*	*26,6*
Finanzpolitik	43	2,8
Umschuldung	12	0,8
Commissioners of National Debt	34	2,2
Bank of England	318	21,0
FINANZPOLITIK	*407*	*26,9*
Geldmarkt	192	12,7
Liquidationstermin	76	5,0
Eisenbahnen	28	1,8
Börse	5	0,3
Industrie	6	0,4
Spekulation	51	3,4
Investition	64	4,2
Kurssicherung	9	0,6
Bankrotte	19	1,3
EINHEIMISCHE MÄRKTE	*450*	*29,7*
Zahlungsbilanz	1	0,1
Gold	90	5,9
Auslandsanleihen	65	4,3
Wechselmärkte	3	0,2
Internationaler Markt	45	3,0
AUSLÄNDISCHE MÄRKTE	*204*	*13,5*
Wetter	48	3,2
Landwirtschaft	2	0,1
Gesamt	1.514	100,0

Selbstverständlich sind Statistiken dieser Art mit Vorsicht zu verwenden. Dennoch bieten sie einige Einblicke, wie die Menschen damals dachten, und damit in die Art, wie sich Erfahrungen herausbildeten. Auffallend ist der hohe Anteil von Bewegungen des Markts für konsolidierte Staatspapiere, die der *Economist* von außen einwirkenden politischen Ereignissen zuschrieb, in erster Linie Kriegsgefahren oder anderen internationalen Entwicklungen (insgesamt mehr als ein Viertel der Erklärungen). Der Anteil der Hinweise auf Veränderungen in der Finanz- und Geldpolitik lag nur wenig höher, Handlungen der Bank of England waren die am häufigsten genannten Erklärungen für die Veränderung der Renditen. Interessanterweise unterschied der *Economist* in der Regel zwischen Veränderungen kurzfristiger Zinssätze, von denen er meinte, sie ergäben sich am Geldmarkt spontan, und jenen Bewegungen, die auf spezifische Handlungen der Bank of England zurückzuführen seien. Die Tabelle macht die Vielfalt von Einflüssen deutlich, die sich auf dem Anleihemarkt auswirkten. Dazu zählte schließlich sogar das Wetter, vor allem wegen dessen Folgen für die Landwirtschaft. Aber es ist gar keine Frage, daß die politischen Ereignisse alle anderen Faktoren an Bedeutung überragten.

Für den ökonomischen Determinsten löst der wirtschaftliche Wandel politische Ereignisse aus. Auf den Finanzmärkten haben politische Ereignisse jedoch auch ökonomische Konsequenzen. Ursachen und Wirkungen erstrecken sich in beide Richtungen. Wenn eine politische Krise einen Anstieg der Renditen um immerhin 178 Basispunkte auslöst, wie es in Großbritannien im Juli 1974 geschah, dann gehen die ökonomischen Folgen weit über den Anleihemarkt hinaus, da sich die gesamte Struktur der Zinssätze in der Volkswirtschaft verändert. Vor allem muß sich die Regierung mit wachsenden nominellen, ja sogar realen Kosten der Kreditaufnahme auseinandersetzen. Das ist eine Angelegenheit von einiger Bedeutung, wenn, wie es damals der Fall war, sowohl das Defizit als auch die Schuldzinsen mehr als vier Prozent des Bruttoinlandsprodukts betrugen.

Als man Harold Macmillan einmal fragte, was denn die größte Gefahr darstelle, der jede Regierung ausgesetzt sei, gab er die berühmte Antwort: »Ereignisse, mein Lieber, Ereignisse.« Dieser Satz gilt für alle, die sich Geld leihen, wie Antonio feststellen mußte, als die Ereignisse dazu führten, daß seine Schiffe sanken. Aber er ist ganz besonders auf Regierungen mit umfangreichen kurzfristigen Schulden anwendbar.

SIEBTES KAPITEL

Tote Lasten und Steuerfresser
Zur Sozialgeschichte des Finanzwesens

>»So haben unsere Herren das französische Volk geschlagen.
>Zunächst einmal haben sie sechshundert Millionen ausgegeben, die
>sie sich geliehen haben, und für die sie die Staatserträge verpfändet
>haben. [...] Sie haben die arbeitenden Klassen zu Armen gemacht
>und der Nation eine permanente jährliche Belastung von acht oder
>neun Millionen auferlegt, eine Gesamtschuld von zweihundert
>Millionen. [...] Aber die Konsequenzen haben sie nicht bedacht. [...]
>Und die werden eintreten.«
>
>*William Cobbett,*»*Rural Rides*«[1]

MAN MUß SICH NICHT dem Marxismus verpflichtet fühlen, um die
Klassenspaltung für die wichtigste gesellschaftliche Folge des Kapitalis-
mus zu halten. In einprägsamer Weise beschrieb Émile Zola 1877 in
»Der Totschläger«, wie die Arbeiter die gesellschaftliche Kavalkade an-
führten, die auf dem Boulevard de la Chapelle in der Nähe des Gare du
Nord jeden Morgen um sechs Uhr begann:

»Man erkannte die Schlosser an ihren blauen Jacken, die Maurer an
ihren weißen Leinenhosen und die Maler an ihren Überziehern, unter
denen lange Kittel hervorsahen. Von weitem wahrte diese Menge eine
gipsartige Verwischtheit, einen neutralen Ton, in dem verschossenes
Blau und schmutziges Grau vorherrschten. Ab und zu blieb ein Arbeiter
stehen und zündete seine Pfeife wieder an, während rings um ihn die
anderen stets weitergingen ohne ein Lachen, ohne ein an einen Kum-
pel gerichtetes Wort, die Wangen erdfahl, das Gesicht hingestreckt
nach Paris, das sie einen nach dem anderen [...] verschlang.«

Um acht Uhr hatte sich die Szene jedoch gewandelt:

»Den Arbeitern waren die Arbeiterinnen gefolgt, die Poliererinnen,
die Modistinnen und die Blumenmacherinnen, die sich fest in ihre
dünnen Kleidungsstücke hüllten und die äußeren Boulevards entlang-
trippelten. Sie gingen in Gruppen zu dreien oder vieren, unterhielten
sich lebhaft mit leichtem Lachen und in die Runde geworfenen blitzen-
den Blicken. [...] Dann waren die Angestellten vorbeigekommen, die in
ihre Finger bliesen und im Gehen ihr Ein-Sou-Brötchen aßen: schmäch-

tige junge Leute mit zu kurzen Anzügen und Rändern um die Augen, die noch ganz trübe vor Schläfrigkeit waren, und kleine alte Männer, die mit bleichem, von den langen Bürostunden verbrauchtem Gesicht auf ihren Füßen hin und her schwankten und auf ihre Uhr sahen, um ihren Gang bis auf einige Sekunden genau zu regulieren. Und die Boulevards hatten ihren Morgenfrieden wiedergewonnen. Die Rentiers aus der Nachbarschaft gingen in der Sonne spazieren ...«[2]

Die wirklich Reichen aber, etwa die Rothschilds, die den Bau des prächtigen Bahnhofs finanziert hatte, dürften sich in einem derartigen Viertel kaum sehen gelassen haben.

Wie Zolas Beschreibung deutlich macht, gab es innerhalb der Arbeiterklasse zahllose Abstufungen nach Beschäftigung, Geschlecht und Alter. Doch, und das war Marx' Überzeugung, waren dies Nebenaspekte gegenüber dem fundamentalen Widerspruch zwischen den eigentumslosen Massen und der besitzenden Elite. Es gibt keinen Zweifel daran, daß Industrialisierung und Verstädterung Prozesse waren, die diese Spaltung vertieft hatten. Kaufleute, Industrielle, Eigentümer und Rentiers besaßen 53 Prozent aller Vermögenswerte im Paris des Jahres 1820. 1911 lag dieser Anteil bei 81 Prozent.[3] Dieselbe Tendenz war überall zu beobachten. Zwischen 1850 und 1880 wuchs die britische Wirtschaft real um etwa 130 Prozent. Nach jüngsten Forschungsergebnissen stiegen die Durchschnittslöhne jedoch gerade einmal um 25 Prozent.[4] In dieser Zeit hinterließen 39 Personen mehr als eine Million £. Dazu zählten 18 Industrielle, zwölf Bankiers, vier Großgrundbesitzer, zwei Kaufleute, zwei Reeder und ein Bauunternehmer. Der Gesamtwert ihrer Vermögen betrug 57 Millionen £, das entspricht etwa zwei Fünftel des Bruttosozialprodukts.[5]

Trotz ihrer offensichtlichen Nützlichkeit und ihrer subjektiven Resonanz[6] haben Klassenbegriffe ihre Grenzen. Die Rolle des Staates als Instrument der Umverteilung läßt sich nicht leicht mittels dieser Terminologie erklären, solange man den Staat nicht allzu sehr simplifiziert und ihn, wie Heinrich Heine es einmal im Scherz sagte, als »comité de surveillance [Aufsichtsrat] unserer ganzen bürgerlichen Gesellschaft« betrachtet.[7] Im großen und ganzen haben Staatsschulden seit ihren Ursprüngen am Vorabend der industriellen Revolution Konflikte zwischen Besitzern von Staatspapieren und Steuerzahlern herbeigeführt, zwischen Gruppen also, die selten so eindeutig voneinander zu unterscheiden waren wie Besitzende und Besitzlose.

Es ist natürlich möglich, fiskalische Konflikte in die Sprache der Klassenauseinandersetzungen zu übersetzen, wenn man jenes Dreiecksmodell anwendet, das die Ökonomen seit David Ricardo bevorzugten und das auch Marx übernahm. Es unterteilt die Gesellschaft in Rentiers, Unternehmer und Arbeiter. Aber eine solche Vorgehensweise setzt, so bequem sie theoretisch auch sein mag, eine etwas unrealistische Aufspaltung zwischen sozialen Gruppen und auch zwischen unterschiedlichen Arten der Finanzpolitik voraus. Das Wachstum der Zahl der Gläubiger des Staates, und dazu zählen nicht nur Besitzer von Staatspapieren, sondern auch Pensionäre, führt zu komplexen Überlappungen, die nicht unbeachtet bleiben dürfen. Staatsschulden führen auch zur Übertragung von Ressourcen zwischen Generationen, weil, wie wir in Kapitel 4 gesehen haben, jede Kreditaufnahme von Regierungen in der Gegenwart Einschränkungen von Ausgaben oder die Erhöhung von Steuern in der Zukunft zur Folge hat. Da kommende Generationen noch nicht an Wahlen teilnehmen und politisch nur indirekt durch ein oder zwei Abgeordnete mit ungewöhnlicher Voraussicht im Parlament vertreten sind, stand das Verhältnis zwischen gegenwärtigen Steuer-zahlern und Empfängern von Wohltaten während des größten Teils des 20. Jahrhunderts im Denken der Politiker an erster Stelle. Heute wächst die Erkenntnis, daß die Generationenkonflikte nicht weniger wichtig sind, und möglicherweise den Schlüssel zur Zukunft des öffentlichen Finanzwesens liefern.

Die Geburt des Rentiers

Als die Monarchen sich bei der Aufnahme von Darlehen auf einzelne Bankiers stützten, waren die Bankinhaber stets durch die Nichterfüllung der Rückzahlungsverpflichtung verwundbar, die sich oftmals hinter Verfolgungen wegen angeblichen Betrugs versteckte. So war beispielsweise der Finanzier Jacques Couer 1451 gezwungen, aus Frankreich zu fliehen, nachdem man ihn der Veruntreuung beschuldigt hatte.[8] Periodische »Säuberungen« von Kreditgebern des Königs wurden sehr bald durch die *chambres de justice* institutionalisiert. Bis ins 18. Jahrhundert hinein blieben Finanziers derartigen Belästigungen ausgesetzt, besonders wenn sie Juden waren, wie der Fall des Josef Süß Oppenheimer veranschaulicht. Dieser Mann, der seine Karriere als Hoffaktor des Herzogs von Württemberg begonnen hatte, wurde schließlich dessen Geheimer Staatsrat und 1733 sein Vertreter in Frankfurt. Vier Jahre später wurde er hingerichtet, nachdem er für schuldig befunden wurde, exzessive politische Macht ausgeübt und die Stellung der württembergischen Stände untergraben zu haben.

Als jene, die dem Staat Geld geliehen hatten, schließlich eine breitere
Schicht bildeten, konnten sie allerdings politisch ungeheuer stark werden. Bereits in der Renaissance brachte das ausgefeilte öffentliche Schul-
densystem der italienischen Stadtstaaten rentierähnliche Gruppen hervor. In Genua waren die *comperisti* 1323 imstande, sich eine ständige
politische Repräsentation in Form von gewählten *protectores compera-
rum* zu verschaffen.[9] In Florenz gab es 1380 etwa 5000 Gläubiger des
Monte, die sich sehr stark im obersten Zehntel der Vermögensbesitzer
konzentrierten.[10] Im mittelalterlichen England kam dem die Macht der
Kaufleute von London am nächsten. Es ist sogar behauptet worden, der
Sturz Heinrichs VI. habe mit der Entscheidung der Londoner Kaufleute
zu tun gehabt, die Herrschaft des Hauses Lancaster nicht länger mehr
finanziell zu unterstützen.[11] Auch der Machtverlust Karls I. läßt sich
teilweise auf dessen Mangel an Kreditwürdigkeit zurückführen. Wenn
Historiker in der Vergangenheit auch versucht haben, den englischen
Bürgerkrieg unter Anwendung der Klassenterminologie zu erklären und
wenn die Erinnerungen an den »Sturm über der Gentry« nicht ganz
und gar verblichen sind, so war doch von größerer Bedeutung, daß es
den Stuarts nicht gelang, das Vertrauen einer relativ kleinen Gruppe
tatsächlicher und potentieller Kreditgeber zu gewinnen. Die Glorreiche
Revolution war mit der Umwandlung des Souveräns als Schuldner in
den »King-in-Parliament« verbunden. Das Auftauchen der Besitzer von
Staatspapieren als einflußreiche Lobby im Unterhaus minderte das
Risiko einer Nichterfüllung von Schuldverpflichtungen durch den britischen Staat und vergrößerte damit dessen Möglichkeiten, sich billig
Geld zu leihen.[12]

Unter dem *Ancien Régime* in Frankreich war der Kreis jener, die ihr
Geld dem Monarchen liehen, möglicherweise weiter. Die Klasse der
Rentiers, so hieß es, umschloß »Adlige und Bürgerliche, Bischöfe und
Priester, Amtsinhaber und Staatsdiener, Kaufleute und Handwerker,
männliche und weibliche Diener«.[13] Doch die meisten dieser Leute verfügten über keine institutionalisierte politische »Stimme«, was die Häufigkeit der Nichteinlösung von Schuldverpflichtungen im Frankreich
des 18. Jahrhunderts zum Teil erklärt. Gleichzeitig macht es das Zögern
der revolutionären Nationalversammlung verständlich, in der diese
Kreise repräsentiert waren, offen die Streichung der langfristigen Schulden der Krone zu proklamieren. Alle Versuche Jacques Neckers, durch
Umwandlung der *Caisse d'escompte* in eine wirkliche Staatsbank die
kurzfristigen Schulden in eine Art langfristiger Verpflichtungen im modernen Sinne zu transformieren, scheiterten angesichts von Angriffen

auf die »Plutokratie« (*plutonarchie*), die hauptsächlich von aristokratischen Abgeordneten vorgetragen wurden. So erklärte der Comte de Custine: »Ich habe nie die Notwendigkeit verstehen können, [...] einen Hofbankier und mehrere Finanzagenten zu haben, um Zahlungen zu leisten [...] und Geldmittel zur Verfügung zu stellen.« Diese Leute seien »Blutsauger am politischen Körper. [...] Ihre Vermögen seien durch den Schweiß und das Blut des Volkes zustande gekommen«. Und Mirabeau drängte: »Wir sollten das Kapital fürchten, das seit langem die Gewohnheit angenommen hat, aus den Notwendigkeiten des Staates Möglichkeiten zu entwickeln, ein Vermögen zu machen.«[14] Diese revolutionäre Kritik an einem »parasitischen« Finanzwesen hatte ihre Ursprünge in den Werken der *philosophes*. Sowohl Montesquieu als auch Hume hatten Staatsschulden abgelehnt, weil diese den Umfang einer müßiggängerischen Rentierklasse vergrößerten.[15] Am Vorabend der Revolution lautete ein Schlachtruf der Pariser Pamphletisten: »Gegen das Finanzwesen.«

Obwohl das britische System der Staatsschulden nach 1688 im Vergleich zu dem, was in Frankreich geschah, im großen und ganzen als institutioneller Triumph betrachtet wird[16], provozierte es nach den Napoleonischen Kriegen eine ähnliche »finanzkritische« Haltung gegenüber seinen Verteilungskonsequenzen. In seinen »Rural Rides«, 1830 veröffentlicht, schilderte William Cobbett eine englische Landwirtschaft, die unter der Last der Schulden ächzte, die durch die Kriege gegen Napoleon entstanden waren. Cobbett wandte sich gegen zeitgenössische Ökonomen wie Ricardo (der selbst ein Börsenmakler gewesen war), die die Tatsache verteidigten, daß sich die Regierung in Kriegszeiten auf Kredite verlassen hatte. Der politische Zweck der Verschuldung, so behauptete er, sei es gewesen »die Freiheit in Frankreich zu zerschmettern und die Reformen in England zu verhindern«[17]; aber nach dem Krieg sei Umverteilung die wichtigste Auswirkung: »Die Staatsschuld und all die Steuern und Glücksspiele, die damit verbunden sind, haben die natürliche Tendenz, *Reichtum in großen Massen [...] zum Vorteil einiger weniger zu konzentrieren.*«[18] »Die Schuld, die allerheiligste Schuld hängt wie ein Mühlstein um den Hals dieser Nation.«[19] Die Staatsschulden seien »ein Sog«, der im Interesse der neuen Plutokratie das Geld der Armen absaugte.[20] Die Entscheidung der Regierung, zum Goldstandard zurückzukehren, könne die Dinge nur schlimmer machen, weil sie die reale Schuldenbelastung erhöhe.[21] Scharfsinnig sah Cobbett in der Zunahme der Staatspensionen während des Krieges und danach das Bindeglied zwischen der alten und der neuen Elite. Es seien diese

Pensionen, die »tote Last« auf dem Staatshaushalt, die die Aristokratie mit der wachsenden Macht der Inhaber von Staatspapieren versöhne. Nur allzu spät fingen die landbesitzenden »Schafsköpfe« an zu begreifen, daß auch sie verlieren würden, wenn ihre Renten an Wert abnähmen. Es müsse, so Cobbett »einen Kampf zwischen dem *Land* und den *Staatsschulden*« geben.[22] Andernfalls würde der Grundbesitz Gut um Gut in die Hände jener fallen, »die Geld von ihm geliehen haben, um dieses Monstrum von System aufrechtzuerhalten [...] Anleihemakler, Börsenspekulanten [...] und Juden und der ganze Stamm der Steuerfresser«.[23]

Wie die meisten Radikalen sah Cobbett in einer Wahlreform und nicht in einer Revolution das notwendige Gegenmittel. »Das Unterhaus erlegte sich die tote Last auf: Das Haus bereitete 1797 den Zahlungen in Gold ein Ende: Das Haus nahm einstimmig Peels Gesetz [über Rückkehr zum Goldstandard] an.«[24] Eine Reform des Unterhauses würde die Macht sowohl der »alten Korruption« des königlichen Klüngels als auch die neue Korruption der Inhaber von Staatspapieren und der Pensionäre schwächen. Cobbett war außerdem wie Carlyle im Grunde ein romantischer Konservativer. Er bedauerte den Niedergang des ländlichen Lebens im Südosten, während der »große Kropf« London unaufhaltsam ins Umland wucherte. Im Frühsozialismus finden sich häufig Anklänge an Cobbetts Denken. Er hatte einen kausalen Zusammenhang zwischen Staatsverschuldung, Konzentration von Reichtum und Entwicklung der Industrie gesehen.[25] Im »Kapital« finden sich Anklänge an die »Rural Rides«, wenn Marx das Wachstum der britischen Staatsschuld in Zusammenhang mit dem »Auftauchen dieser Brut von Bankokraten, Financiers, Rentiers, Maklern, Stockjobbers und Börsenwölfen« bringt. Dies, so stimmte er Cobbett zu, war das Vorspiel zum Aufkommen des eigentlichen Industriekapitalismus.[26] Heinrich Heine teilte ebenfalls Cobbetts Ansicht, die Besitzer von Staatspapieren würden die traditionelle Aristokratie des Reichtums an Grund und Boden berauben. Dieser Prozeß, so behauptete Heine, »zerstörte die Oberherrschaft des Bodens, indem er das Staatspapiersystem zur höchsten Macht emporhob, dadurch die großen Besitztümer und Einkünfte mobilisierte, und gleichsam das Geld mit den ehemaligen Vorrechten des Bodens belehnte«.[27]

Der antisemitische Ton in Cobbetts Werk fand auf der rassistischen Rechten ein Echo, nachdem diese sich nach 1848 von der sozialistischen Linken trennte. Nahezu alle frühen Führer der deutschen antisemitischen Bewegungen klagten das »wucherische Kapital« der Börse an und riefen das deutsche Volk auf, sich von der »Zinsknechtschaft« jüdischer Finanziers zu befreien.[28] Die frühe NS-Propaganda knüpfte daran an.[29]

Doch Cobbetts Schmährede gegen die Juden, die für den heutigen Leser so anstößig klingt, sollte uns nicht von der Gültigkeit seiner Ausführungen über die sozialen Umverteilungskonsequenzen der Staatsschuld ablenken.[30] Im Großbritannien der 1820er Jahre wurde der Schuldendienst weitgehend durch regressive Besteuerung des Verbrauchs finanziert, der Transfer ging also in der Tat von der besitzlosen Mehrheit zu einer winzigen, sehr reichen Elite.

Die Steuerfresser

Es läßt sich kaum mit Sicherheit sagen, wie viele Menschen tatsächlich Staatspapiere besaßen. Wir wissen nur, wie viele Abrechnungen für die verschiedenen Papiere existierten, die die Regierung ausgab. Den jüngsten Schätzungen zufolge gab es 1804 etwa 300.000, 1815 340.000 und 1822 300.000 davon. Wenn man die Lebensrenten ausklammert, die das Schatzamt zu zahlen hatte, dann lautet die Zahlenreihe 296.500, 334.500 und 290.000. Ende 1850 war die Summe auf 274.000 gefallen, und 1870 stand sie bei 225.500. Es war möglich, daß ein einzelner über mehrere derartiger Abrechnungskonten verfügte. Wollen wir die Gesamtzahl der Inhaber von Staatspapieren schätzen, müssen wir die genannten Zahlen etwa um zehn Prozent herabsetzen. Demzufolge gab es 1815 etwa 300.000 Staatspapierbesitzer, 55 Jahre später waren es 200.000. Der prozentuale Anteil der Inhaber von Staatspapieren an der Bevölkerung von England und Wales war also winzig und umfaßte eine dahinschwindende Oberschicht. Er sank von 2,7 Prozent, als Napoleon I. geschlagen wurde, auf 0,9 Prozent, als Napoleon III. dasselbe Schicksal erlitt.[31]

Cobbett hatte also recht mit seinen Aussagen über die Vorteile, die diese winzige Elite genoß. Abbildung 7 zeigt, wie hoch die wirklichen Erträge britischer Staatspapiere zur Zeit seiner »Rural Rides« lagen: Sie betrugen zwischen 1820 und 1829 mehr als 9,6 Prozent. Das gleiche Phänomen zeigte sich erneut in den 1870er Jahren, der Zeit der sogenannten »großen Krise«, richtiger gesagt, »der großen Deflation«. Damals trieben fallende Preise die Renditen von Staatspapieren in den Vereinigten Staaten auf bis zu zwölf Prozent in die Höhe.

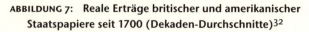

ABBILDUNG 7: Reale Erträge britischer und amerikanischer Staatspapiere seit 1700 (Dekaden-Durchschnitte)[32]

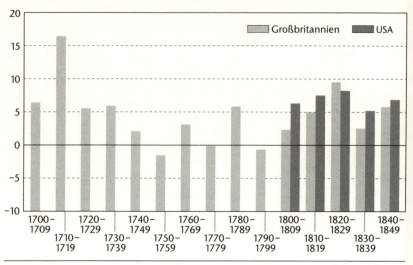

Die damit verbundenen Transfers waren in der Tat stark regressiv. So entsprach der nominelle Wert der Vermögenswerte in Form von Staatspapieren mehr als 200 Prozent des britischen Volkseinkommens im Jahre 1804. Die gesamten jährlichen Zinszahlungen, die an Inhaber von Staatsanleihen flossen, kamen dem Wert von mehr als sieben Prozent des Volkseinkommens gleich. Als Anteil der gesamten Regierungsausgaben betrachtet, stiegen die Zinszahlungen von etwas weniger als einem Viertel 1815 auf fast die Hälfte 1822. 1850 betrugen sie immer noch etwa zwei Fünftel und 1870 ein Drittel. Die Regierungseinkünfte in Großbritannien in den 1820er Jahren stammten überwiegend aus indirekten Steuern. Sie machten 1822 69 Prozent aus, und diese Quote fiel im Laufe der nächsten fünfzig Jahre nur leicht. In den 1870er Jahren war die amerikanische Besteuerung ebenfalls regressiv. Damals hatten die realen Erträge von Staatspapieren ihren Höhepunkt erreicht.[33] Diese Zahlen verdeutlichen ein in der Tat erstaunlich unausgewogenes System von Geldübertragungen von der Mehrheit der Armen zu der Minderheit jener, die Staatspapiere besaßen.[34]

Überdies kam es im 19. Jahrhundert nicht zum Dahinscheiden der »Plutokratie«, wonach sich Cobbett und andere Radikale sehnten, son-

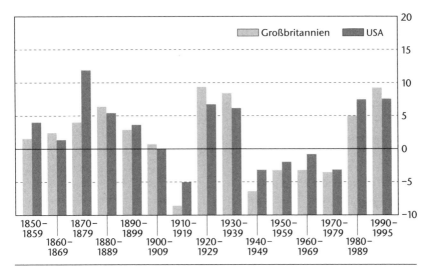

dern zu einer stark zunehmenden Abschirmung der Inhaber von Staatspapieren gegen Insolvenz und andere Formen der Enteignung. Die Verbreitung des Goldstandards, so hat man behauptet, spiegelte die Tatsache wider, daß die Staatspapiere besitzende Bourgeoisie es zum Schutz ihrer Investitionen vorzog, stabile Preise und Wechselkurse zu haben.[35] Gleichzeitig kann man die Stabilität des internationalen Währungssystems vor 1914 im Zusammenhang mit dem Weiterbestehen undemokratischer Systeme des Klassenwahlrechts sehen, die dafür sorgten, daß die Schicht der Rentiers überrepräsentiert blieb.[36]

Die Macht der Inhaber von Staatspapieren beruhte nicht nur auf ihrer überproportionalen Vertretung in den Parlamenten und unter den politischen Eliten. Ihre Stellung als Darlehensgeber des Staates verlieh ihnen reale ökonomische Druckmittel auf die Regierung. Denn die Preisbewegungen existierender Staatspapiere, also der Produkte der Finanzpolitik der Vergangenheit, haben bedeutsame Auswirkungen auf die gegenwärtige und zukünftige Finanzpolitik. Um es ganz einfach zu formulieren: Wünscht eine Regierung mehr Kredite aufzunehmen, indem sie mehr Papiere emittiert, dann führt ein Sinken der Preise ihrer existierenden Papiere zu einem ernsthaften Problem, denn es bedeutet, daß die Renditen aller neuen Papiere höher sein müssen, was wiederum heißt, daß die Regierung weit weniger für jede nominelle 100 £ an Forderungen zurückbekommt, die sie ans Publikum verkauft. Tatsächlich kann das Fallen von Staatspapieren als »Votum« des Marktes gegen die Finanzpolitik der Regierung und gegen jede Art von Politik interpretiert werden, die der Markt so einschätzt, als steigere sie die Wahrscheinlichkeit von Insolvenzen, Inflation oder Wertminderung.

Die Preise von Staatspapieren und ihre Erträge haben also eine politische Bedeutung, die die Historiker allzu selten erkannt haben. Sie sind selbstverständlich Ergebnis einer Einschätzung der ökonomischen Gesamtsituation durch individuelle und institutionelle Investoren. Sie entsprechen in mancher Hinsicht einer Art von täglicher Meinungsumfrage, sind Ausdruck des Maßes an Vertrauen in Regierungen, die Papiere ausgeben. Selbstverständlich handelt es sich hier um »Meinungsumfragen«, die sich auf eine Auswahl von Befragten stützen, die nach demokratischen Maßstäben höchst unrepräsentativ ist. Nur Inhaber von Staatspapieren, oder heutzutage Manager von Anlagefonds, besitzen ein »Stimmrecht« und können ihre Ansichten über jene Staaten ausdrücken, deren Papiere zu kaufen oder zu verkaufen sie sich entscheiden. Auf der anderen Seite war das unter den Bedingungen des 19. Jahrhunderts keine allzu unrepräsentative Art von Umfrage; denn jene Menschen, die Regierungspapiere kauften und verkauften, waren in den meisten Ländern für einen Großteil jener Epoche die Art von Leuten, die politisch repräsentiert wurden – von den Politikern selbst gar nicht zu reden.[37] Um die Sache in Begriffen, die jeder Zeitgenosse verstanden haben würde, auszudrücken: Wenn diese Interessenten den Preis von Regierungspapieren in die Höhe trieben, dann konnte die betreffende Regierung sich sicher fühlen; taten sie das Gegenteil, dann lebte die Regierung, was Zeit und Geld anging, mit großer Wahrscheinlichkeit nur noch auf Kredit.

Die Ironie der Sache bestand darin, daß das Abrutschen der Preise für Staatspapiere nach der trotzigen Bemerkung des Duke of Wellington im Jahre 1830, das Wahlsystem sei »so perfekt, wie der menschliche Geist es sich nur vorstellen könne«, einen entscheidenden Schub zugunsten der Sache der Wahlreform auslöste. Daraufhin fielen die Preise für konsolidierte Staatspapiere von 84 auf 77,5 Prozent, was einen Anstieg des Ertrages um etwa 30 Basispunkte bedeutete. Selbst wenn die Inhaber von Staatspapieren die Reform nicht begünstigten, so verstanden sie doch die Gefahren, die damit verbunden waren, ihr Widerstand entgegenzusetzen.[38] Als Lloyd George umgekehrt die Herren der City of

London 1909/10 mit seinem »Volksbudget« herausforderte, trug die Tatsache, daß die Renditen stabil blieben, zu seinem Erfolg bei. Was auch immer die selbsternannten Sprecher der City gegen die Erhöhungen von Einkommens- und Erbschaftssteuer sagen mochten, der Anleihemarkt insgesamt begrüßte sie als Schritt zum Ausgleich des Haushalts.[39]

Doch sollte man den Einfluß der Eigentümer von Obligationen im 19. Jahrhundert nicht übertreiben. Mit Ausnahme jener, die in Konsoln oder anderen Papieren, für die die britische Regierung garantierte, investiert hatten, war die Stellung eines Investors in Staatspapiere in dem weniger demokratischen halben Jahrhundert vor 1880 nicht sehr viel sicherer, als sie es in dem demokratischeren halben Jahrhundert nach 1914 war. Vor und nach diesem kurzen »goldenen Zeitalter« störten Kriege, Nichterfüllung von Zahlungsverpflichtungen und Abwertungen immer wieder die Ruhe der Couponschneider. Wenn man diese Geschehnisse als »Notfälle im recht verstandenen Sinne« bezeichnet, dann spielt man ihre Unberechenbarkeit herunter.[40]

Wenn auch Cobbetts Hoffnungen auf eine künftige, auf Gesetzen beruhende Verminderung der Staatsverschuldung enttäuscht wurden, so kam es doch zu Entlastungen von der »geheiligten Schuld« durch Schuldenrückzahlung, verringerte reale Zinssätze und höheres Wirtschaftswachstum. Zwischen 1850 und 1870 erfolgte im Verhältnis zum Volkseinkommen eine beträchtliche Verringerung des Umfangs der Schuldenbelastung wie auch der Kosten ihrer Bedienung. Die Verzinsung der fundierten Staatsschuld betrug 1870 weniger als zwei Prozent des Bruttoinlandsprodukts. Andernorts reduzierte die Ausbreitung des Goldstandards nicht nur das Risiko von Investitionen in Staatspapiere von Ländern, die in der Vergangenheit Insolvenzen oder Wertverminderungen erlebt hatten. Sie führte auch zur Verringerung der Erträge von Staatsanleihen. Als dieser Rückgang weiterging, nachdem Wachstum und Inflation Mitte der 1890er Jahre wieder anstiegen[41], bestand die Wirkung, wie Abbildung 7 zeigt, eindeutig darin, die realen Erträge von Staatspapieren herabzusetzen. Sowohl in Großbritannien als auch in den Vereinigten Staaten fielen die Renditen von Staatspapieren in den 1890er Jahren auf nahezu drei Prozent, und in der Dekade, die mit der Jahrhundertwende begann, standen sie nahe bei Null. Das goldene Zeitalter für die Inhaber von Staatspapieren war bereits mindestens zehn Jahre vorbei, als der Goldstandard selbst in die Krise geriet.

Sterbehilfe für den Rentier?

Der Prozeß, durch den die Ansprüche der Inhaber von Staatspapieren schmerzlos durch Wachstum, sanfte Inflation und niedrige Erträge zurückgeschraubt wurden, gelangte 1914 zu einem plötzlichen Ende. Durch den Ersten Weltkrieg geriet ganz Europa in die Lage, in der sich Großbritannien hundert Jahre zuvor befunden hatten. 1918 hatten alle Staaten gewaltige Schulden aufgehäuft. Die britischen und amerikanischen Staatsschulden verneunfachten sich, die deutschen wuchsen um das Sechsfache, die italienischen um das Vierfache, die französischen um das Dreifache. Alle Staaten hatten erlebt, wie sich die Preise nach der Aufhebung des Goldstandards und der Ausdehnung der Zirkulation von Banknoten in Kriegszeiten zumindest verdoppelten oder verdreifachten. Nur wenige entschieden sich dafür, dem kleinen Kreis der Staatspapierbesitzer mit einer Politik der Deflation, wie Großbritannien sie nach 1815 betrieben hatte, einen Gefallen zu tun. Zu den wenigen zählte erneut Großbritannien. Warum war das so?

In einer Analyse, die der Pionierarbeit von Charles Maier über die Erfahrungen Frankreichs, Italiens und Deutschlands nach dem Ersten Weltkrieg sehr viel verdankt[42], hat sich Alberto Alesina darum bemüht, ein einfaches Modell aufzustellen, das solche Verteilungskonflikte verständlich macht. Hier gibt es wie in dem bekannten Klassenmuster drei Gruppen, die die Staatsverschuldung jeweils in unterschiedlicher Weise betrachten. Die Rentiers sind natürlicherweise gegen Nichterfüllung staatlicher Verpflichtungen und gegen hohe Inflation. Sie treten für Steuererhöhungen ein, falls diese sich hauptsächlich auf den Konsum und weniger auf hohe Einkommen richten, denn sie gehören meist den höheren Steuerklassen an. Unternehmer dagegen bevorzugen eher die Inflation und sogar die Nichterfüllung von Schuldverpflichtungen, wenn sie auch mit den Rentiers dahingehend übereinstimmen, daß die Besteuerung lieber regressiv als progressiv sein sollte. Der Vorteil der Inflation besteht für sie darin, daß sie nicht nur den realen Wert der Schulden von Regierungen mindert, sondern auch jenen der Schulden der Unternehmen. Sie kann auch Reallöhne verbilligen und, wenn sie mit einer Schwächung der Valuta zusammenfällt, die Exporte in die Höhe treiben. Natürlicherweise sind Geschäftsleute auch gegen Vermögenssteuern, wenn diese sich auf das materielle Kapital erstrecken. Schließlich treten die Arbeiter für die Nichterfüllung von Schuldverpflichtungen ein, denn sie zählen nicht zu den Inhabern von Staatspapieren. Sie bevorzugen darüber hinaus progressive Einkommenssteuern und Steuern auf alle Formen von Vermögen. Zur Inflation nehmen sie eine ambivalente Stellung ein: Sie kann Reallöhne nach unten treiben, wenn die Arbeiter nicht imstande sind, effektive Tarifverhandlungen zu führen. Auf der anderen Seite kann sie mit expansiver Finanz- und Geldpolitik in Verbindung stehen, was die Beschäftigung fördert.[43] Demnach lag der Grund für die hohe Inflation in Italien, Frankreich und Deutschland nach dem Ersten Weltkrieg darin, daß die »sozialistischen ›Arbeiter‹ stark genug waren, um eine glaubwürdige Bedrohung darzustellen, [so daß] die Rentiers und die Unternehmer wegen der Furcht vor kommunistischen Aufständen allzu harte Maßnahmen gegen die Arbeiterklasse nicht durchsetzen konnten«.[44] Insbesondere Deutschland erlebte einen staatlich geförderten »inflationären Konsens« zwischen dem Großunternehmertum und der organisierten Arbeiterschaft. Dies ist das klassische Zusammenspiel, das von einigen späteren Autoren als »Korporatismus« bezeichnet wird.[45] In Großbritannien kam es nicht dazu. Rentiers und Geschäftsleute wirkten hier auf der Grundlage »altbewährter Weisheiten« zugunsten einer finanzpolitischen Orthodoxie zusammen. Es gelang ihnen, den Arbeitern in Form hoher Arbeitslosigkeit die Kosten der Deflation aufzuerlegen.[46]

In einem Großteil der neueren Literatur über die deutsche Hyperinflation zeigt sich eine Bereitschaft, jenes Phänomen in einem positiven Licht zu betrachten, das John Maynard Keynes als »Sterbehilfe für den Rentier« bezeichnet hat. In seinem »*Tract on Monetary Reform*« von 1923 argumentierte Keynes:

»Jeder Prozeß, die Inflation und die Deflation in gleicher Weise, hat schwere Schäden angerichtet. Jeder hat eine Wirkung, indem er die *Verteilung der Güter* auf verschiedene Klassen beeinflußt; und darin ist die Inflation der schlimmere von beiden. Jeder hat auch eine Wirkung, indem er die *Erzeugung von Gütern* steigert oder hemmt, obschon hier die Deflation die schädlichere ist. [...]

So ist Inflation ungerecht und Deflation hemmend. Von den beiden ist vielleicht Deflation die schlimmere [...]; denn es ist in einer verarmten Welt schlimmer, Arbeitslosigkeit hervorzurufen, als den Rentier zu enttäuschen.«[47]

Diese Analyse hat viele Historiker zu dem Schluß veranlaßt, bei der »Abwägung materieller Gewinne und Verluste« der deutschen Hyperinflation könne man »unter dem Strich von einem Gewinn« sprechen.[48] Die ökonomisch wohl ausgefeilteste Geschichte der Inflation bildet ein Echo auf diese Schlußfolgerung, sie zeigt, daß die Inflation zu einer gleichmäßigeren Verteilung der Einkommen, wenn nicht der Vermögen führte.[49] Die Inflation war daher eine hochmoderne Version von Solons *seisachtheia*: ein Jubeljahr, in dem alle Schulden, auch jene des Staates, einfach gestrichen wurden, und zwar zum Wohle der verschuldeten Mehrheit.[50]

Die führenden britischen Politiker waren sich sehr wohl bewußt, daß eine Politik der Deflation dagegen regressive soziale Folgen haben würde. Bereits im Januar 1918 gab das britische Schatzamt ein Papier zum Thema »Vermögensabgabe« heraus, das voller Besorgnis den Interessenkonflikt der Nachkriegszeit voraussah:

»Solange wir eine Staatsschuld von 6.000.000.000 bis 8.000.000.000 £ mit einer jährlichen Schuldenlast von 300.000.000 bis 400.000.000 £ haben, wird der Rentier Gegenstand ständigen Neids und ständiger Angriffe sein. Die Besitzer anderer Arten von Kapitalvermögen, deren Eigentum auf jeden Fall nach Meinung eines großen Teils der Öffentlichkeit geeignet ist, die Forderungen der Rentiers zu erfüllen, werden sich in einer kaum weniger verwundbaren Stellung befinden. Je langsamer sich die Wiederherstellung des allgemeinen Wohlstands vollzieht, desto heftiger wird der Steuerdruck werden und um so größer die Unzufriedenheit in der Öffentlichkeit.«[51]

Wie in den 1820er Jahren bedeutete Deflation auch diesmal einen schnellen Anstieg des realen Werts der Schuldenlast und der Kosten ihrer Bedienung. Wie ein Jahrhundert zuvor bildeten die Inhaber von Staatspapieren eine wohlhabende Elite. 1924 waren 72 Prozent aller britischen Staatspapiere, die nach 1914 herausgegeben wurden und sich in privater Hand befanden, Eigentum von Personen, deren Vermögen mit mehr als 10.000 £ bewertet wurde.[52] Und wie im Jahrzehnt nach 1820 waren, wie Abbildung 7 zeigt, die wirklichen Erträge ihrer Investitionen außerordentlich hoch: Sie betrugen 9,5 Prozent in den 1920er und nur ein Prozent weniger in den 1930er Jahren.

Inzwischen repräsentierte die Zahl der Inhaber von Staatspapieren gewiß einen sehr viel höheren Anteil an der Bevölkerung als 1815. Das war auf Bemühungen während der Kriegszeit zurückzuführen, Anleihen an Kleinanleger zu verkaufen. Hinzu kam die wachsende Bedeutung von Sparkassen. Etwa zwölf Prozent der inländischen Staatsschuld in Großbritannien befand sich 1924 in den Händen von Kleinsparern. Einige der wichtigsten Inhaber von Kriegsanleihen waren institutionelle Investoren, nämlich Versicherungsgesellschaften, Sparkassen und dergleichen, deren größte Käufe in Kriegszeiten praktisch im Auftrag von kleinen Sparern durchgeführt wurden.[53] Das Steuersystem war nach 1918 auch bedeutend progressiver orientiert als nach 1815.[54] Schließlich ist es wichtig, sich an die Vorteile niedriger Zinssätze zu erinnern, deren sich alle Länder erfreuten, die zum Goldstandard zurückkehrten.[55] Auch sollten wir die Risiken einer inflationären Politik nicht unterschätzen. Angesichts seines späteren, nicht ganz verdienten Rufes als Befürworter einer Inflation, lohnt es sich, daran zu erinnern, daß wenige Zeitgenossen die Risiken dieser Politik lebendiger schilderten als eben Keynes. In seinem Werk »Die wirtschaftlichen Folgen des Friedensvertrages« von 1919 äußerte er sich sehr kritisch über die Auswirkungen einer hohen Inflation auf die Vermögensverteilung:

»Durch fortgesetzte Inflation können Regierungen sich insgeheim und unbeachtet einen wesentlichen Teil des Vermögens ihrer Untertanen aneignen. Auf diese Weise konfiszieren sie nicht nur, sondern sie tun es auch *willkürlich*, und während viele arm werden, werden einige in der Tat reich. Der Anblick dieser willkürlichen Verschiebung des Reichtums vernichtet nicht nur die Sicherheit sondern auch das Vertrauen auf die Gerechtigkeit der bestehenden Verteilung des Reichtums. Diejenigen, denen das System über Verdienst und sogar über ihre Erwartung oder ihre Wünsche hinaus Gewinn bringt, werden ›Kriegsgewinner‹ und sind der Bourgeoisie, die durch die Inflation arm geworden ist, nicht weniger verhaßt als dem Proletariat. Je mehr die Inflation wächst und je wilder der wahre Wert der Währung von Monat zu Monat schwankt, desto mehr geraten alle dauernden Beziehungen zwischen Schuldnern und Gläubigern, die die unterste Grundlage des Kapitalismus bilden, in Unordnung, bis sie fast ihre Bedeutung verlieren, und die Reichtumsbildung zum Spiel und zur Lotterie wird. [...] Es gibt kein feineres und kein sichereres Mittel, die bestehenden Grundlagen der Gesellschaft umzustürzen, als die Vernichtung der Währung.«[56] Das gleiche formulierte er in seinem »Traktat über Währungsreform« wie folgt: »In Deutschland und in Österreich [...] hat die Veränderung des Geldwertes die Last der schweren Zeiten auf den Mittelstand gelegt. [...] Die Wirkungen der Verarmung der Mittelklasse in Europa, aus der die meisten kulturellen Leistungen entsprungen sind, müssen allmählich zu einem Zusammenbruch [...] sich auswachsen.«[57]

Es lassen sich tatsächlich eine Menge Argumente für die Ansicht anführen, daß, von makroökonomischen Kosten- und Nutzenfaktoren abgesehen, der Schaden, den das Vertrauen der deutschen Bourgeoisie in liberale Institutionen erlitt, für das Weimarer System tödliche Konsequenzen hatte.[58] Es ist bezeichnend, daß Keynes in seiner Kritik gegenüber inflationsfördernden Finanzierungstechniken während des Zweiten Weltkriegs nicht nachließ, als er empfahl,»verschobener Bezahlung« sei der Vorzug gegenüber»freiwilligem Sparen« zu geben. Verlasse man sich auf das traditionelle System der Darlehensaufnahme des Staates, so argumentierte er, würde es einfach wie im Ersten Weltkrieg zu einer»bösartigen« und»unsinnigen« Inflationsschraube in Kriegszeiten führen.[59]

Es liegt eine gewisse Ironie darin, daß die Politik, die die Inflation der 1970er Jahre hervorbrachte, so häufig als keynesianisch gebrandmarkt wurde. Wenn auch die Sterbehilfe für den britischen Rentier zwischen den Kriegen mit Entschiedenheit zurückgewiesen worden war, wurde nach 1945 eine Politik des langsamen Aushungerns gegen diese Schicht angewandt. Zwischen 1940 und 1979 war der reale Ertrag britischer Staatspapiere in jedem Jahrzehnt negativ: Im Durchschnitt lag er bei minus vier Prozent.[60] Inhabern amerikanischer Staatsanleihen ging es nur wenig besser. Es war die Zeit, da der effektive Wert der Schulden, die während der Weltkriege aufgelaufen waren, nicht nur durch Wachstum, sondern auch durch Inflation dramatisch vermindert wurde. Tatsächlich bezahlten die Inhaber von Staatspapieren, um einen modernen politischen Ausdruck zu benutzen, die größte»getarnte Steuer« der Geschichte. Das Überraschendste daran ist wohl, wie langsam sie auf die niedrigen Renditen reagierten. Inhaber von Staatspapieren in der Weimarer Republik konnten nicht ganz ohne Plausibilität behaupten, sie seien die Opfer einer schnellen und nicht vorhersehbaren Hyperinflation gewesen. Selbst die nominellen Erträge von Staatspapieren in den 1950er und 1960er Jahren waren mager; und eine mächtige»Geldillusion« oder ein institutionelles Beharrungsvermögen muß wirksam gewesen sein, um Investoren während der inflationären 1970er Jahre zu veranlassen, an Staatspapieren festzuhalten.

Die neuen Steuerfresser

Die Sterbehilfe für den Rentier war nicht die einzige Methode, mittels derer die Finanzpolitik Mitte des 20. Jahrhunderts in ihren Verteilungseffekten egalitärer wurde. Die Besteuerung war in den meisten Industrieländern im Jahre 1900 bereits stärker progressiv geworden, während die öffentlichen Ausgaben aufgrund einer»Sozialpolitik« anstiegen, durch die die Einkommen direkt oder indirekt von den Reichen zu den Armen umverteilt wurden. Nach dem Ersten Weltkrieg beschleunigten sich diese Tendenzen. In der Zwischenkriegszeit stellte Sozialpolitik im wesentlichen einen Transfer von den Reichen, einer Minderheit direkter Steuerzahler, an die Armen, also an die Arbeitslosen und die verarmten Älteren, mithin wiederum eine Minderheit, dar. Das umfassende Wohlfahrtssystem, das nach dem Zweiten Weltkrieg in Westeuropa entstand, verfügte über das Potential, die Einkommen nahezu aller Bürger einander anzugleichen.

Im Jahre 1948 waren eine Million Briten von staatlicher Fürsorge abhängig. Das entsprach zwei Prozent der Bevölkerung. Mitte der 1990er Jahre gab es fünf Millionen Menschen, die von der entsprechenden Institution Geld erhielten, was sich nun »Einkommenssicherung« nannte. Die Zahl der Empfänger entsprach nahezu neun Prozent der Bevölkerung. Ungefähr die Hälfte des Einkommens aller Ruhegeldbezieher stammt aus der Sozialversicherung.[61] Vom Gesamteinkommen der Haushalte des unteren Fünftels der britischen Bevölkerung resultieren, ohne Berücksichtigung von Steuern, erschütternde 74 Prozent aus Zuwendungen in Bargeld und Sachleistungen.[62] Mit anderen Worten: Ein *Fünftel* aller Haushalte sind vom Staat abhängig, der *drei Viertel* ihres Einkommens zur Verfügung stellt.[63] Doch hier handelt es sich nur um die Minderheit, die wirklich darauf angewiesen ist. Das wohlfahrtsstaatliche Ziel, alle zu versorgen, bedeutet, daß nahezu jedermann in irgendeiner Form Empfänger von Transferzahlungen ist. Im Jahre 1993 schätzte das Ministerium für Soziale Sicherheit die Zahl der Menschen, die mindestens eine Sozialleistung erhielten, auf insgesamt 46 Millionen: Das sind fast 80 Prozent der Bevölkerung oder vier von fünf Briten.

Frédéric Bastiat, ein französischer Liberaler des 19. Jahrhunderts, bezeichnete den Staat als »das große fiktive Gebilde, durch das jeder versucht, auf Kosten aller anderen zu leben«.[64] So übertrieben das zu Bastiats Zeiten auch sein mochte, so beschreibt es doch angemessen den Wohlfahrtsstaat des späten 20. Jahrhunderts. Denn selbstverständlich ist nahezu jedermann gleichzeitig ein Steuerzahler, selbst wenn er nur indirekte Steuern bezahlt.

Lenins berühmte Frage lautete: »Wer wen?« Im Wohlfahrtsstaat wird diese Frage umformuliert und lautet nun: »Wer zahlt für wen?« Da es kein integriertes System von Besteuerung und sozialer Sicherung gibt, ist es tatsächlich für einige Individuen nicht leicht zu sagen, ob sie Nettogewinner oder -verlierer sind. Einer Schätzung zufolge sind 46 Prozent der Haushalte Nettogewinner, 54 Prozent dagegen Nettoverlierer. Aber es sind Zweifel angebracht, ob die meisten Haushalte wissen, welcher dieser Gruppen sie selbst angehören. Betrachten wir einmal das mittlere Fünftel der Haushalte in Hinblick auf das disponible Einkommen. Zum Beispiel erhält das mittlere Fünftel der Haushalte fast genau so viel in Form von Leistungen in Bargeld oder Sachwerten, wie sie in Form von Steuern bezahlen. Zwei Kritiker des sozialstaatlichen Systems in Großbritannien haben dazu ausgeführt:»In ihrer modernen überspitzten Absurdität hat die Besteuerung am Ende die Scherer und die Geschorenen miteinander vermischt.«[65] Auf diese Weise steht der Durchschnittshaushalt aufgrund der Kosten der gesamten Umverteilungsbemühung am Ende netto um fast 1.000 £ im Jahr schlechter da. Noch perverser aber ist die Tatsache, daß die große Masse der Wohltaten des umfassenden sozialstaatlichen Systems, einschließlich aller öffentlichen Subventionen im Gesundheits-, Erziehungs- und Transportwesen, nicht den Armen, sondern den Reichen zufließt. Einer Schätzung zufolge erhalten die wohlhabendsten Schichten der Bevölkerung des Vereinigten Königreichs 40 Prozent mehr aus staatlichen Zuwendungen für das Gesundheitswesen als das ärmste Fünftel; im Hinblick auf Sekundarschulen sind es 80 Prozent; bei der Universitätsausbildung 500 Prozent; bei den Eisenbahnsubventionen 1.000 Prozent.[66]

Hauptsächlich wegen der Auswirkungen der progressiven Besteuerung reduziert das europäische wohlfahrtsstaatliche System die Ungleichheit dennoch beträchtlich. Wie Abbildung 8 zeigt, würden beim Fehlen von Steuern und Transferzahlungen nahezu alle größeren industriellen Volkswirtschaften mehr»tiefe Armut« hervorbringen. Gäbe es das sozialstaatliche System nicht, würden in elf von 15 Ländern, die in der Abbildung berücksichtigt sind, mehr als ein Fünftel aller Familien Einkommen beziehen, die unter 40 Prozent des mittleren Familieneinkommens liegen. Die Abbildung macht deutlich, daß in allen kontinentaleuropäischen Ländern Steuern und Transferzahlungen den Anteil der Familien, die an»tiefer Armut« leiden, auf fünf Prozent oder weniger herabdrücken. In Großbritannien und seinen früheren Kolonien Kanada und Australien gibt es trotz der finanzpolitischen Umverteilung etwas mehr Armut. Nur die Vereinigten Staaten stellen einen Sonderfall dar, weil, selbst nach Berücksichtigung von Steuern und Transferzahlungen, noch fast zwölf Prozent der Familien unter tiefer Armut leiden. Anders formuliert: Bis auf eines verringern alle fiskalischen Systeme die tiefe Armut um mehr als zwei Drittel; das belgische System reduziert sie um mehr als 90 Prozent. Das amerikanische aber setzt sie nur um 44 Prozent herab.

ABBILDUNG 8: Relative Armutsraten* vor Steuern
und Transferleistungen, 1991[67]

* Definiert als Prozentsatz der Familien mit einem Einkommen, das weniger als vierzig Prozent
des Durchschnitts beträgt.

Gibt es eine Kehrseite der Gleichheit? Erklären Europas stärker egalitäre Sozialsysteme dessen relativ langsameres ökonomisches Wachstum in den letzten Jahren? Was diesen Punkt angeht, so sind die empirischen Hinweise zwiespältig.[68] Trotz der seit 1994 zunehmenden Unterschiede zwischen den Vereinigten Staaten und Europa in Hinblick auf das Produktionswachstum gibt es immer noch keine zwingenden Beweise, daß die stärker egalitären Systeme die ökonomisch schwerfälligeren sind.[69] Nicht zu leugnen ist allerdings, daß umfassende Wohlfahrtssysteme mit größerer Wahrscheinlichkeit widernatürliche Anreize hervorbringen, da sie Verhaltensformen fördern, die ihrerseits höhere Staatsausgaben notwendig machen. Das Scheitern der britischen Konservativen bei dem Versuch, die Dauer der Zahlung von Leistungen an Arbeitslose zu begrenzen, war ein kostspieliger Fehlschlag angesichts der empirisch erwiesenen Tatsache, daß die zeitlich unbegrenzte Berechtigung zum Empfang von Arbeitslosengeld nicht gerade zur Suche nach Arbeitsplätzen anreizt. Ein anderes offenkundiges Beispiel bildet die Art, wie die Finanzpolitik in den letzten Jahrzehnten verheiratete Paare mit Kindern gegenüber unverheirateten Alleinerziehern und kinderlosen Paaren benachteiligt hat.

In einem gewissen Sinn ist es gleichgültig, ob diese oder andere fehlgerichteten Anreize das Wachstum bremsen. Die entscheidende Frage lautet, wie weit solche Systeme finanzpolitisch aufrechterhalten werden können. Angesichts ihrer emporschießenden Kosten und der Art, wie diese finanziert werden – oder nicht –, gibt es Gründe zur Skepsis.

Zwischen 1960 und 1992 stiegen die jährlichen Transferzahlungen und Subventionen von acht auf 21 Prozent des Bruttoinlandsprodukts der Industrieländer. Ein großer Teil dieser Zunahme wurde durch Kreditaufnahme finanziert. Der Erhöhung der Staatsschulden führt in die Umverteilungsgleichung erneut eine alte Variable ein, nämlich die traditionellen Transfers von den Steuerzahlern an die Inhaber von Staatspapieren in Form von Schuldzinsen. Eine unvorhergesehene Konsequenz des Sozialstaats besteht in der Tat in der Wiederbelebung des Rentiers.

Der Inhaber von Staatspapieren hat jedoch aus der Vergangenheit gelernt. Weit stärker als im 19. Jahrhundert erfreut er sich nun einer quantitativ begründeten Sicherheit, da ein großer Teil der modernen Staatspapiere in seinem Auftrag von Institutionen wie Rentenversicherungen gehalten wird. Versicherungsgesellschaften, Pensionsfonds und Investmenttrusts hielten im Jahre 1975 etwa 29,5 Prozent aller Staatsanleihen. Bis 1999 war dieser Anteil auf 62,3 Prozent gestiegen. Bestände von Einzelpersonen waren in der Zwischenzeit von 18 auf weniger als neun Prozent gefallen.[70] Allerdings umfaßten Investitionen in Staatspapiere einen sinkenden Teil des Gesamtvermögens des Privat-sektors, was auf die Ausbreitung von Wohnungseigentum und Aktienbesitz zurückzuführen war. In Großbritannien betrug der Wert der Staatspapiere 1970 40 Prozent aller Vermögenswerte; 25 Jahre später lag der Anteil gerade einmal bei einem Viertel.[71] Doch trägt der wachsende Anteil der Bevölkerung, der Ende der 1970er Jahre durch Institutionen indirekt Staatspapiere hielt, dazu bei, im Sinne der politischen Ökonomie zu erklären, warum es in den achtziger und neunziger Jahren eine Rückkehr zu positiven realen Zinssätzen gab. Die Renditen britischer Staatspapiere stiegen in der ersten Hälfte der 1990er Jahre auf über neun Prozent. Damit waren sie mehr oder weniger wieder dort angelangt, wo sie in den 1820er und 1920er Jahren gestanden hatten, siehe wiederum Abbildung 7. Ein britischer Investor, der sein Geld Anfang 1997 in Staatspapieren anlegte, erfreute sich eines Gesamtertrages von 14,85 Prozent im Jahr.[72]

Heute müßten sogar die institutionellen Inhaber von Staatspapieren ein gewisses Unbehagen verspüren. Die Ausweitung der öffentlichen Schulden kann sich in einigen entwickelten Ländern erneut als ein auf die Dauer nicht aufrechtzuerhaltender Prozeß erweisen. Die Bedrohung für den modernen Rentier geht jedoch nicht von einer politisch mächtigen, inflationsfreudigen Koalition aus Arbeitern und Unternehmern aus. Sie gründet sich vielmehr auf die größte der Gruppen, die kein Wahlrecht besitzt und dennoch in den heutigen Demokratien noch existiert: auf die Jungen und die Ungeborenen.

Generationenspiele

Nach Ricardos Theorie der Staatsschulden wird ein Anstieg der Darlehensaufnahme der Regierung in der Gegenwart durch ein Wachsen des privaten Sparens ausgeglichen, weil die jetzige Generation weiß, daß die nächste ohne ein derartiges Sparen die Staatsschulden aus ihrem Einkommen wird zurückzahlen müssen. Selbst wenn die einzelnen keine endlos fernen Planungshorizonte kennen, sollte die Tatsache genügen, daß Generationen durch Vermächtnisse an Erben miteinander verknüpft sind. Die Erfahrung legt jedoch nahe, daß das nicht die Art und Weise ist, wie die Dinge wirklich funktionieren.[73] Ob es nun an der »fiskalischen Illusion« oder an der Gleichgültigkeit gegenüber dem finanziellen Schicksal der nächsten liegt, jedenfalls scheint die gegenwärtige Generation sich nicht mit uneingeschränktem Altruismus gegenüber ihren Erben zu verhalten. Vielmehr neigt sie dazu,»zukünftige Verpflichtungen zu übersehen und anzunehmen, daß durch Schulden finanzierte öffentliche Dienstleistungen kostenlos sind«.[74] Auf diese Weise hinterlassen die Menschen von heute der nächsten Generation unbezahlte Rechnungen. Oder anders formuliert:»Der Schuldenbestand ist der kumulative Betrag von Transfers, die Steuerzahler in der Vergangenheit von zukünftigen Steuerzahlern erhalten haben.«[75] Das Ausmaß dieses Phänomens läßt sich am besten unter Anwendung der neuen Methode begreifen, die in Kapitel 4 vorgestellt wurde und die sich Generationenbilanzierung nennt.[76]

Generationskonten umfassen einfach die gesamten Nettosteuern ganzer Lebenszeiten oder, um es genau auszudrücken, die Summe aller zukünftigen Steuern, die die in einem Jahr geborenen Staatsbürger während ihres Lebens zahlen werden, falls die gegenwärtige Politik fortgesetzt wird. Davon sind staatliche Zahlungen abzuziehen, die sie erhal-

214   Tote Lasten und Steuerfresser

ten werden. Vergleicht man die Generationskonten heutiger Neugeborener unter angemessener Berücksichtigung des Wachstums von Bevölkerung und Wirtschaft mit den Konten zukünftiger, so erhält man einen Maßstab für Gleichgewicht oder Ungleichgewicht zwischen den Generationen.[77] Wenn zukünftige Generationen sich mit höheren Unausgewogenheiten zwischen den Generationen auseinanderzusetzen haben als die heutigen Neugeborenen, dann ist die aktuelle Politik, was die Alterskohorten angeht, nicht ausgeglichen und daher auf die Dauer nicht haltbar. Wegen des nicht zu durchbrechenden zeitübergreifenden Budgetzwangs kann eine Regierung nicht einfach die gleichen Steuern von zukünftigen Generationen einziehen, wie sie sie im Rahmen der gegenwärtigen Politik von den Neugeborenen von heute erheben würde.

Bei der Berechnung von Ungleichgewichten zwischen Generationen handelt es sich um ein höchst aufschlußreiches kontrafaktisches Verfahren, nicht um ein wahrscheinliches politisches Szenario, weil es den *gesamten* fiskalischen Ausgleich, der notwendig ist, um zeitübergreifenden Haushaltszwängen zu genügen, jenen auferlegt, die in der Zukunft geboren werden. Dennoch liefert eine solche Berechnung in Hinblick auf notwendige politische Korrekturen eine deutliche Botschaft. Es stellt sich daraufhin die Frage, wie man ein Gleichgewicht zwischen den Generationen herstellen kann, ohne alle Schadensregulierungen zukünftigen Generationen aufzuerlegen.

Ein Beispiel: Wir können die Verringerung aller zukünftigen Anschaffungen der Regierung berechnen, die notwendig wäre, um den Umfang der Generationskonten zukünftiger Generationen angemessen herabzusetzen, um einen Ausgleich zwischen den Generationen zu erreichen. Wie groß auch immer das Volumen dieser Verminderung in Prozenten gemessen sein mag, die neue Politik könnte durch eine sofortige und permanente jährliche Herabsetzung jener Erwerbungen um eben diesen Prozentsatz eingeführt werden. Alternativ wäre ein dauerhafter Anstieg der jährlichen Steuererträge denkbar. Das würde die kollektiven Generationskonten jener, die heute leben, zusätzlich belasten und daher jene der zukünftigen Generationen reduzieren.

Wenn man »Generationskonten« aufstellt, zeigen diese eindeutig, daß die Finanzpolitik heute in den meisten entwickelten Staaten in der Tat »Mitgliedern der gegenwärtigen Generation erlaubt, im Zustand der Insolvenz zu sterben und die Schulden ihren Nachkommen zu hinterlassen«.[78] Berechnungen von Generationskonten für 19 Länder verweisen auf zwei einander ausschließende Methoden, durch die diese Länder einen Ausgleich zwischen den Generationen erreichen könnten: durch Erhöhung sämtlicher Steuern oder Beschneidung aller Transferzahlungen. Jede dieser politischen Möglichkeiten wird anhand der erforderlichen unmittelbaren und ständigen Anpassung in Prozent beschrieben. Die Größenordnungen der jeweiligen Anpassungen bilden einen indirekten Maßstab für die Ungleichgewichte zwischen den Generationen in den verschiedenen Ländern.

Danach müßten sieben Länder ihre Steuern um mehr als zehn Prozent erhöhen, um ein Gleichgewicht zwischen den Generationen zu erreichen. In Österreich und Finnland wären Steigerungen notwendig, die nahe bei 20 Prozent liegen. In Deutschland würden die Steuersätze aller Gebietskörperschaften (Bund, Länder, Kommunen) und aller Steuerarten (Mehrwertsteuer, Lohnsteuer, Einkommenssteuer für Gesellschaften und Privatleute, Verbrauchssteuer, Umsatzsteuer, Grundsteuer, Vermögens- und Schenkungssteuer) um mehr als neun Prozent steigen müssen, in den Vereinigten Staaten um elf; in Japan um 16 Prozent. Eine Reihe von Ländern wie Australien, Belgien, Kanada, Dänemark, Portugal und Großbritannien könnte mit relativ bescheidenen Steuererhöhungen von unter fünf Prozent ein Gleichgewicht zwischen den Generationen erreichen. Nur Irland müßte seine Steuern nicht erhöhen. Es könnte sogar seine Einkommenssteuer um etwa fünf Prozent herabsetzen, bevor es sich Sorgen machen müßte, zukünftigen Generationen Belastungen aufzuerlegen.

Steuererhöhungen sind selten politisch populär. Wie steht es aber um die Alternative, nämlich die Herabsetzung von Transferzahlungen der Regierung? Das ist schließlich die Ursache eines Großteils des Anwachsens von Ausgaben und Kreditaufnahmen der Staaten in letzter Zeit. Fünf von 19 Ländern müßten alle Transferzahlungen der Regierung um mehr als ein Fünftel herabsetzen, um ein Gleichgewicht zwischen den Generationen zu erreichen. Es sind Österreich, Finnland, Japan, die Niederlande und die Vereinigten Staaten. Am schlechtesten steht Japan da. Das Land würde seine Transferzahlungen um über 25 Prozent beschneiden müssen. Am günstigsten ist wiederum die Situation in Irland. Das Land könnte seine Übertragungen durchaus um vier Prozent steigern. Auch Neuseeland könnte sich einen leichten Anstieg leisten.

Diese Zahlen sind höchst ernüchternd. Sie zeigen, daß nur drei der entwickelten Volkswirtschaften dieser Welt eine Finanzpolitik verfolgen, die den Ausgleich zwischen den Generationen gewährleistet. Die beiden größten Wirtschaftsmächte der Welt, die Vereinigten Staaten und Japan, zählen zu jenen Ländern, die am weitesten von einem Gleichgewicht dieser Art entfernt sind. Unter anderem zeigt sich hier der Phantomcharakter der vermeintlichen Haushaltsüberschüsse in den Vereinigten Staaten, die seit 1997 angeblich realisiert und fröhlich vorausgesagt worden sind. Während die Präsidentschaftskandidaten darüber diskutieren, wie man denn die »Überschüsse« ausgeben solle, zählen die Generationenbilanzen der Vereinigten Staaten weiterhin zu den schlechtesten der Welt. Nach den hier angewandten Maßstäben sehen sie schlimmer aus als jene Italiens.[79] Nur wenn sich die offiziellen Wachstumsvoraussagen als zu pessimistisch erweisen, wird sich die Stellung Amerikas verbessern. Andernfalls wird es fast mit Gewißheit eine Reform des Systems der staatlichen Altersversorgung geben müssen.

Es fällt außerdem auf, daß Generationskonten eine ganz andere Rangfolge fiskalischer Schwäche in Europa offenbaren, vergleicht man sie mit konventionellen Messungen von Schulden und Defiziten im Verhältnis zum Bruttoinlandsprodukt, wie es sowohl im Maastricht-Vertrag als auch im Stabilitäts- und Wachstumspakt von 1997 vorgesehen ist. Beim Verhältnis der Schulden zum Bruttoinlandsprodukt verlangte der Vertrag von Maastricht vergeblich, diese sollten in allen Ländern, die an der Europäischen Wirtschafts- und Währungsunion teilnehmen wollten, nicht über 60 Prozent liegen. Belgien, Italien und die Niederlande weisen in dieser Hinsicht die ernsthaftesten finanzpolitischen Probleme auf.[80] Betrachtet man aber die Dinge nach den Maßstäben einer Bilanz zwischen den Generationen, so haben Österreich, Finnland, Spanien und Schweden die größten Schwierigkeiten. Großbritannien und seine früheren Kolonien, also Australien, Kanada, Irland und Neuseeland, müssen sich am wenigsten Sorgen machen. Die Bilanz könnte in Großbritannien sogar vollständig ausgeglichen werden, wenn die Arbeitsproduktivität um 0,25 Prozent stärker als erwartet stiege und die Staatsausgaben nicht im Gleichschritt mit dem Anwachsen der Steuereinkünfte erhöht würden.

Wie lassen sich diese Differenzen zwischen den verschiedenen Ländern erklären? Die Antwort liefern teilweise Besonderheiten der Finanzpolitik, hauptsächlich aber Unterschiede der gegenwärtigen und zukünftigen demographischen Struktur. In Tabelle 6 finden sich Zahlen für Abhängigkeitsverhältnisse, das heißt zum Verhältnis des Bevölkerungsanteils unter oder über dem Arbeitsalter, also unter 15 oder über 65, zur Bevölkerung zwischen 15 und 65 Jahren, und in den letzten beiden Spalten zur aktiv in Beschäftigungsverhältnissen stehenden Bevölkerung. Die Zahlen erweisen im Gegensatz zu einigen beunruhigenden Voraussagen, daß Abhängigkeitsverhältnisse heute in den meisten bedeutenden Volkswirtschaften mit Ausnahme Frankreichs schwächer ausgeprägt sind als vor hundert Jahren. Der Unterschied liegt darin, daß im Jahre 1900 die meisten Abhängigen Kinder waren: Im Durchschnitt war damals ein Drittel der Bevölkerung dieser Länder unter 15 Jahre alt. Heute beträgt der Kinderanteil gerade einmal 17 Prozent, während der Teil der Bevölkerung im Alter von 65 Jahren und darüber im Durchschnitt von 5,6 auf 16 Prozent gestiegen ist. Der größte Unterschied zwischen den verschiedenen Generationskonten resultiert aus dem Maß, in dem eine zunehmende Überalterung der Bevölkerung im Laufe der nächsten fünfzig Jahre erwartet wird. In allen sechs Fällen in Tabelle 6 wird die erwartete Überalterung der Bevölkerung die Abhängigkeitsverhältnisse bis 2050 auf unvergleichliche Höhen treiben. Falls die »tatsächliche ökonomische Abhängigkeitsrate« in Betracht gezogen wird, dürfte in Japan, Deutschland, Frankreich und Italien der abhängige Bevölkerungsanteil den der Arbeitenden tatsächlich an Zahl übertreffen.[81] In diesen Ländern wird in zehn Jahren bereits mehr als ein Fünftel der Bevölkerung über 65 Jahre alt sein. In Deutschland wird die Lage dadurch verschlechtert, daß man in den siebziger und achtziger Jahren des 20. Jahrhunderts massenhafter glaubte, vorzeitiger Ruhestand vieler sei ein Weg, die Arbeitsmarktchancen für die Jüngeren zu verbessern. Heute arbeiten nur 39 Prozent der Deutschen im Alter zwischen 55 und 64 Jahren.[82] Im Vergleich dazu ist ein Land wie Thailand beneidenswert jung: Der Anteil der Bevölkerung im Alter von mehr als 64 Jahren wird 2010 gerade einmal zehn Prozent betragen.[83] Das erklärt in Verbindung mit bestimmten Eigenheiten des Steuersystems, warum das Ungleichgewicht zwischen den Generationen in Thailand positiv ist, anders gesagt, sich zum Vorteil zukünftiger Generationen auswirkt.[84]

TABELLE 6: **Abhängigkeitsverhältnisse,**
real und projiziert, 1900 bis 2050[85]

	Abhängigkeitsquoten*					Effektive wirtschaftliche Abhängigkeitsquoten**	
	1900	1938	1950	2000	2050	2000	2050
USA	0,62	0,47	0,51	0,52	0,66	0,72	0,93
Japan	0,63	0,71	0,48	0,47	0,86	0,63	1,16
Deutschland	0,61	0,42	0,52	0,47	0,69	0,75	1,11
Frankreich	0,52	0,52	0,57	0,53	0,73	0,91	1,26
Großbritannien	0,59	0,44	0,56	0,53	0,69	0,77	0,99
Italien	0,68	0,62	0,55	0,48	0,78	0,91	1,47

* Verhältnis von unter 14jährigen und über 65jährigen zu 15- bis 65jährigen
** Verhältnis von unter 15jährigen und über 65jährigen zu Berufstätigen

Die Zahlen machen deutlich, daß eine neue Art von Verteilungskonflikt den Platz des traditionellen, auf Klassen basierenden Modells übernimmt, welches das 20. Jahrhundert beherrschte. In einem gewissen Sinn war der Wohlfahrtsstaat dazu bestimmt, den alten Kämpfen zwischen Rentiers, Unternehmern und Arbeitern ein Ende zu bereiten. Darin war er weitgehend erfolgreich. Der Preis des Erfolges bestand in der Schaffung eines Systems universell verbreiteter Ansprüche, die man sich heute nicht mehr leisten kann. Kommen die Generationskonten nicht in Ordnung, werden in der Zukunft beträchtliche Beschneidungen der Staatsausgaben oder Steuererhöhungen unvermeidlich sein. So ist die Lage in den größten Teilen Europas, in Japan und den Vereinigten Staaten. Einem Szenario zufolge wird die nächste Generation am Ende mit höheren Steuern rechnen müssen, um die Renten der gegenwärtigen Generation und andere Übertragungsleistungen zahlen zu können. Dazu gehört auch die Verzinsung von Staatspapieren, die einen großen Teil der privaten Altersversorgung bilden. Andernfalls müssen Ansprüche, die den Älteren zustehen, am Ende zurückgenommen werden. Das kann mit einem scharfen Schnitt bei den staatlichen Renten und Pensionen, durch Nichterfüllung von Verpflichtungen gegenüber Inhabern von Staatspapieren oder einen gewaltigen Anstieg der Inflation geschehen. Die Rechnung wird dann an die Generation zurückgereicht, die sie Jahre zuvor hat auflaufen lassen.

Eine Umverteilung zwischen den Generationen ist selbstverständlich nichts Neues. Gewaltige Staatsschulden und ungesicherte staatliche Renten haben stets Übertragungen von den Jungen und Ungeborenen auf die Alten bedeutet, so wie öffentliche Ausgaben für das Erziehungswesen den Transfer von Mitteln von den Alten auf die Jungen bedeuten.[86] Das gegenwärtige Ausmaß der Ungleichgewichte zwischen den Generationen ist allerdings möglicherweise ohne Beispiel. Die Alten ziehen in den meisten Finanzsystemen der »Ersten Welt« netto beträchtliche Vorteile, und das nicht nur wegen ihrer Renten, sondern weil sie auch die Hauptkonsumenten subventionierter Gesundheitsversorgung sind. Sie werden damit zur Zielscheibe einer Politik, die eine Ausgabenminderung anstrebt. Im Unterschied zu den Jungen und Ungeborenen verfügen die Älteren jedoch über Wählerstimmen. Das wirft die Frage auf, wie weit objektive Interessenkonflikte zwischen Generationen zu subjektiv wahrgenommenen politischen Konflikten führen können.

In der Vergangenheit neigten Generationen dazu, sich heftiger über Fragen der Politik, der Kunst oder der Länge des Haarschnitts auseinanderzusetzen als über Verteilungseffekte in der Finanzpolitik. Selbst heutzutage werden Generationskonflikte über Finanzfragen durch die Tatsache eingedämmt, daß jene, die durch die gegenwärtige Politik die schwersten Nachteile haben dürften, noch nicht zur Wahl gehen. Dazu meinte der italienische Wirtschaftswissenschaftler Guido Tabellini: »Wenn die Jungen über Entscheidungen abstimmen könnten, die darauf hinauslaufen, Schulden zu machen, dann würden sie alle dagegen sein.«[87] Dennoch ist anzunehmen, daß kommende Debatten über die Reform der Altersversorgung Generationenkonflikte deutlicher als Finanzproblem darstellen werden.

Eine gar nicht willkommene Antwort

Eine Lösung des Problems der Überalterung besteht selbstverständlich in gesteigerter Einwanderung, da Einwanderer in der Regel im arbeitsfähigen Alter stehen und eine überdurchschnittliche ökonomische Motivation besitzen. Anfang der 1990er Jahre schätzte man, daß 80 Millionen Menschen außerhalb des Landes ihrer Geburt lebten. Bis zum Jahr 2000 ist ihre Zahl auf 120 Millionen gestiegen. Das entspricht ungefähr zwei Prozent der gesamten Weltbevölkerung.[88] Das gewaltige Hineinströmen von neuen Einwanderern in die Vereinigten Staaten seit den 1980er Jahren – 850.000 im Jahresdurchschnitt – kann sehr wohl die größte Zukunftshoffnung für das System der sozialen Sicherung in Amerika bedeuten, wenn man die Neuankömmlinge schnell ins Steuersystem integriert.[89] Auch Deutschland dürfte höchstwahrscheinlich von einer starken Einwanderung profitieren, wie es dies bereits in den 1950er Jahren tat. Heute leben dort 7,3 Millionen Ausländer, das sind neun Prozent der Bevölkerung.[90]

Unglücklicherweise zählen eine Reihe jener Länder, die die Einwanderer am stärksten benötigen, gerade zu denen, die am wenigsten dazu bereit sind, sie hineinzulassen. In Österreich leidet das System der Staatsfinanzen unter einem der größten Ungleichgewichte zwischen den Generationen in Europa. Doch nirgendwo hat eine gegen Einwanderung gerichtete Politik mehr Unterstützung bei den Wählern gefunden. Darüber hinaus haben gegen Immigration gerichtete Gesetze böse Nebenwirkungen: Da man die meisten Grenzen in der Praxis unmöglich vollkommen dichtmachen kann, fließen durch solche Regelungen beträchtliche Zahlen an illegalen Immigranten ins Land, die vom Steuersystem nicht erfaßt werden und daher keine direkten Beiträge zum Staatshaushalt leisten. In der Europäischen Union gibt es Schätzungen zufolge etwa drei Millionen illegale Einwanderer; in den Vereinigten Staaten halten sich zwei von sieben Millionen in Mexiko geborenen Bewohnern illegal im Land auf. Die Gesamtzahl illegaler Einwanderer in den Vereinigten Staaten ist auf etwa sechs Millionen geschätzt worden.[91] Falls die Vergangenheit überhaupt irgendwelche Lehren erteilen kann, bestehen wenig Gründe zu der Annahme, daß diese kaum durchsetzbaren Gesetze in naher Zukunft gemildert werden. Es geschah genau auf dem Höhepunkt des letzten Zeitalters der Globalisierung, daß die USA und andere Staaten, die Arbeitskräfte importierten, damit begannen, die Einwanderung einzuschränken. Das fing vor dem Ersten Weltkrieg mit dem Ausschluß von Einwanderern aus China und Japan an.[92]

Die Verabschiedung von Gesetzen gegen die Einwanderung ist ein gutes Beispiel dafür, wie demokratische Entscheidungen den langfristigen ökonomischen Interessen eines Landes entgegengesetzt sein können. In der Regel führt die Immigration dazu, die Reallöhne von einfachen Arbeitern zu drücken, aber sie trägt zur Wirtschaft des Aufnahmelands insgesamt positiv bei. Dementsprechend sind die meisten Anhänger von Generationskonten ohne Hoffnung, daß ihre Empfehlungen befolgt werden, ob sie nun auf Steuererhöhungen oder Ausgabeverminderungen hinauslaufen. Politiker sind wohl kaum imstande, weiter nach vorn als bis zur nächsten Wahl zu blicken. Es ist daher unwahrscheinlich, daß sie für eine Politik eintreten, die im Interesse von noch ungeborenen Wählern liegt, wenn diese mit materiellen Nachteilen für heutige Wähler verbunden ist.

Um diese Thematik weiter zu untersuchen, geht das nächste Kapitel über den Bereich der Verteilungskonflikte hinaus und zum Schauplatz der Politik über. Cobbett glaubte, Demokratisierung würde zu einer Verbesserung der Finanzpolitik führen. Die Erweiterung des Wahlrechts würde der Herrschaft der »Steuerfresser« Einhalt gebieten, indem sie Politiker zwinge, durch welche Mittel auch immer, die Schulden zu verringern. In der Praxis jedoch hat man neue Schuldenberge aufgetürmt, und die Ränge der Steuervertilger sind stärker geworden und keineswegs zusammengeschrumpft. Wie konnte es dazu kommen?

ACHTES KAPITEL
Der Mythos vom Wohlfühlfaktor

»Geht es euch heute nicht besser als vor vier Jahren?«
Ronald Reagan, 1980

ES IST in der modernen Politik zu einer stillschweigenden Voraussetzung geworden, daß es eine kausale Beziehung zwischen der wirtschaftlichen Aktivität und der Beliebtheit einer Regierung gibt. Oder, um es genau zu sagen, daß die Entwicklung der Wirtschaft eine direkte Auswirkung auf die Wiederwahl einer Regierung hat. Eine gute Veranschaulichung dieses neuen ökonomischen Determinismus liefert die weitverbreitete Erklärung für das Scheitern des Amtsenthebungsverfahrens gegen Präsident Clinton wegen Meineids und Rechtsbehinderung im Zusammenhang mit seinen zahlreichen sexuellen Fehltritten. Im Februar 1999 glaubte eine Mehrheit der Amerikaner, daß Clinton in den gegen ihn vorgebrachten Anklagepunkten schuldig war; aber nur eine kleine Minderheit wünschte, daß er als Präsident zurücktrete. Nach Ansicht von Senator Robert Byrd und vielen anderen Kommentatoren war die Erklärung ganz einfach: »Kein Präsident wird jemals aus dem Amt entfernt werden, [...] wenn die Wirtschaft Rekorde erreicht. Die Menschen stimmen an den Wahlurnen mit ihren Brieftaschen ab.«[1]

Hier lag, so vermutete der Korrespondent der *Financial Times*, der Unterschied zwischen Clinton und Richard Nixon, der sich im August 1974 gezwungen sah, das Weiße Haus zu verlassen. In den letzten eineinhalb Jahren vor Nixons Sturz »sank die Zustimmung für ihn von etwa 60 Prozent [...] auf weniger als 30 Prozent. [...] Während dieser Zeit erlitt die Produktion ihre stärkste Abschwächung seit dem Zweiten Weltkrieg. Die Arbeitslosigkeit stieg um fast eine Million, und die Inflationsrate verdoppelte sich. [...] In der Wall Street fielen die Aktien um ein Drittel«. Die Zustimmung für Clinton stieg dagegen von einem Tiefpunkt bei 40 Prozent, als Kenneth Starr zum Sonderermittler ernannt wurde, auf über 70 Prozent Ende 1999, und dies nach einem Jahr, das vom Skandal um Monica Lewinsky beherrscht wurde. Die Gründe dafür sah die *Financial Times* in folgenden Faktoren: »Seit Aus-

bruch der Lewinsky-Affaire [...] haben die Vereinigten Staaten mehr als
drei Millionen Jobs geschaffen, die Rate der Arbeitslosen ist auf den tief-
sten Punkt in 40 Jahren gefallen, und das Wachstum hat das stärkste
anhaltende Niveau seit mehr als einem Jahrzehnt erreicht. In der Wall
Street ist der Down-Jones-Index der durchschnittlichen Industriewerte
um mehr als 15 Prozent gestiegen.« Präsident Clintons Schlagwort während seiner Präsidentschaftskampagne 1992 – »Es kommt auf die Wirtschaft an, du Dummkopf« – scheint also durch seine Erfahrung im Amt
bestätigt worden zu sein.

Wirtschaftspolitik und Wahlsiege

In Großbritannien sind die Politiker lange Zeit ökonomische Deterministen gewesen. Die Vorstellung, daß der Zustand der Wirtschaft über
den Wahlerfolg einer Regierung entscheidet, läßt sich bis in die viktorianische Zeit zurückverfolgen. Die Ansicht der Anhänger Robert Peels,
die von William Gladstone übernommen wurde, lief darauf hinaus, daß
die Fähigkeit der Regierung, die Wirtschaft zu beeinflussen, an enge
Grenzen stoße. Nach den Vorstellungen der liberalen Torys »war öffentliche Wirtschaft öffentliche Tugendhaftigkeit«. Ziel der Regierung sollte
es sein, die Steuern, und wenn möglich auch die Staatsverschuldung, zu
reduzieren. Angriffe auf die Wirtschaftspolitik der Whigs in den 1840er
Jahren konzentrierten sich sehr stark auf die Finanzpolitik. Dabei wurden eher haushaltspolitische Einschränkungen als Wirtschaftswachstum verlangt.[2] Aber in den 1870er Jahren begann hier ein Wandel.
1872 erklärte Benjamin Disraeli, die »historische Aufgabe« der Konservativen Partei bestehe in der »Verbesserung der Lage des Volkes«.[3] Allerdings blieb unklar, auf welche Weise eine Regierung zum Wirtschaftswachstum beitragen konnte, und in der Praxis neigte Disraeli dazu,
Staatshaushalte zu benutzen, um spezifischen Interessengruppen steuer-
politisch entgegenzukommen, es ging ihm weniger um die Förderung
des Gesamtertrages. Typisch war Gladstones Klage nach seiner Wahlniederlage 1874, er sei »von einer Woge aus Gin und Bier hinweg-
geschwemmt worden«, das sei ein Ergebnis der Opposition der Brauer
und der Kneipenwirte gegen die von ihm betriebene Reform der Malz-
steuer gewesen.[4] Dem entsprach auf der anderen Seite der liberale
Wahlsieg von 1880, den manche dem gescheiterten und unpopulären
Gesetzentwurf zuschrieben, der die Wasserwerke zu öffentlichen Unternehmen machen wollte. Daher stammt der nicht unterzukriegende

Scherz, die Torys seien »von Bier an die Macht geschwemmt und von Wasser hinausgespült worden«.[5] Bei der Wahl von 1880 gab es erstmals in der Neuzeit den Versuch, die schlechte wirtschaftliche Gesamtlage einer amtierenden Regierung zuzuschreiben. In einem liberalen Flugblatt, das in Manchester unter dem Titel »Tatsachen sind störrische Angelegenheiten« erschien, wurde die Zahl der Bewohner und Leistungsempfänger des Arbeitshauses von Salford zu verschiedenen Zeitpunkten verglichen: »als Gladstone sein Amt übernahm« und »als er zurücktrat«, sowie mit der Lage, »als Lord Beaconsfield das Amt übernahm« und dem »1. Januar 1880«. Die Zahlen waren unter den Liberalen gesunken und hatten sich unter den Torys stark erhöht. Das Flugblatt kam zu einer ironischen Schlußfolgerung: »Die Herrschaft der Torys bedeutet also schlechte Wirtschaftslage und sehr hohe Steuern. Wenn ihr davon die Nase nicht voll habt, dann stimmt für die Torys.«[6] Disraeli war von derlei Argumenten so beeindruckt, daß er gegenüber Robert Salisbury bemerkte: »[Dickens' Roman] ›Harte Zeiten‹ war, wenn ich die Dinge richtig verstehe, unser Feind und ganz gewiß ein Grund für unseren Sturz.«[7]

Dies hätte das Zeitalter der Wirtschaftspolitik ankündigen können, wäre auf der Regierungsseite irgend jemand in der Lage gewesen, ein überzeugendes Gegengift gegen »Harte Zeiten« anzubieten. Es gab allerdings verschiedene Versuche, das zu tun. Nicht untypisch für die Stimmung der 1880er Jahre war das Gefühl vieler Liberaler, daß Randolph Churchills, »Tory-Demokratie« wenig mehr als ein Mittel bedeute, die Wirtschaftspolitik für wahlpolitische Zwecke zu manipulieren. Im Jahre 1883 publizierte das liberale Magazin *Truth* eine aufschlußreiche Parodie auf Churchills Ansatz.

»Unter dem paternalistischen Einfluß dieses Edelmanns [...] sollen wir einfachen Leute als Gegenleistung für die politische Macht bessere Häuser, ein System staatlicher Zwangsversicherung, Gemeindewiesen, Parks, Museen, Bibliotheken und Arbeitshäuser erhalten [...] Die so eingerichtete Tory-Demokratie soll die Liberalen so oft wie möglich in die Minderheit versetzen und so häufig wie möglich zu einer Tory-Regierung führen, um aus öffentlichen Einkünften das Äußerste an Profit zu ziehen.«[8]

Churchill behauptete später, er selber habe »nach nichts, nach absolut nichts gestrebt, es sei ihm nur darum gegangen, die wesentlichen Interessen [des Volkes] zu schützen und zu fördern«. Die Ironie des Schicksals lag darin, daß er seine politische Karriere zerstörte, indem er anbot, wegen der »großen Streitfrage der Wirtschaft und der Einschränkungen« als Schatzkanzler zurückzutreten. Eben dieses Thema trieb Gladstone selbst 1893 zu seinem letzten Rücktritt. Ein anderer spätviktorianischer Politiker, der versuchte, die Politik in ökonomischen Begriffen neu zu definieren, war Joseph Chamberlain. Er erklärte 1892: »Die dringendsten Fragen unserer Zeit sind soziale Fragen, bei denen es um die materielle Lage der großen Masse der Bevölkerung geht.« Auch er blieb jedoch älteren Ideologien verhaftet. Seine Kampagne für »Empire-Vorzugszölle« oder eine »Zollreform«, erschien, wenn sie auch in makroökonomische Theorien über Methoden zur Förderung der Beschäftigung verpackt war, sehr vielen Wählern nur als eine Rückkehr zur Schutzzollpolitik, wie sie die Torys vor 1846 praktiziert hatten.[9] Als die Liberalen das alte Schlagwort des Freihandels – »Euer Essen wird teurer werden« – wiederbelebten und ihren »großen Brotlaib« dem kleinen der Konservativen entgegensetzten, errangen sie 1906 einen erdrutschartigen Sieg.[10]

Von Gladstone geprägte Vorstellungen über Freihandel, gesundes Geld und finanzpolitische Orthodoxie erwiesen sich als so elastisch, daß sie sogar die massive Ausdehnung staatlicher Wirtschaftskontrolle während des Ersten Weltkriegs überlebten. Nach dem Krieg scheiterte der Protektionismus ebenso wie zuvor an den Wahlurnen, und aufeinanderfolgende Regierungen waren bis einschließlich der Labour-Regierung von 1929, obwohl weiterhin beispiellose Arbeitslosigkeit herrschte, nicht imstande, irgend etwas anderes als die alten Heilmittel anzubieten, nämlich niedrige Steuern, hohe Zinssätze und ausgeglichene Haushalte. Erst nach Abschaffung des Goldstandards und des Freihandels wurde während der dreißiger Jahre eine antizyklische Wirtschaftspolitik möglich. Dieser improvisierte Bruch mit der von Gladstones Rezepten bestimmten Vergangenheit machte die Bildung einer Koalitionsregierung erforderlich, die bis 1945 praktisch jede offene Parteikonkurrenz ausschaltete.

In der Nachkriegszeit standen zwei unterschiedliche Modelle der Wirtschaftspolitik im Wettbewerb um die politische Macht: der gemäßigte Sozialismus der Labour-Partei, der Verstaatlichung ausgewählter Industrien und allgemeine Bereitstellung umfassender Sozialleistungen anbot, und der vulgarisierte Keynesianismus der Konservativen Partei. Für viele Wähler schien die Labour-Politik in den späten vierziger Jahren für Sparmaßnahmen in Form fortgesetzter Kontrollen wie in Kriegszeiten zu stehen. Die Konservativen reagierten darauf, indem sie die Wähler als Konsumenten ansprachen. Zum ersten Mal machten sie sich offen Keynes' Gedanken der Nachfragegestaltung durch Manipulation

von Finanz- und Geldpolitik als politisches Instrument zunutze. Be-
zeichnenderweise betrachteten sie »Rab« Butlers Budget von 1953 als
Schlüssel zum Erfolg in der darauffolgenden Nachwahl von Sunderland
South, dem ersten Sieg der Regierung gegen die Opposition bei einer
Nachwahl seit 30 Jahren.[11] Vielleicht war kein Politiker der Nachkriegs-
zeit stärker von Keynes' »General Theory« – oder, besser gesagt, Roy
Harrods Zerrbild dieser Theorie – beeinflußt als Harold Macmillan. Der
Premier befürwortete ganz eindeutig mäßige Inflation und niedrige Ar-
beitslosigkeit als Grundlagen eines politischen Erfolgs der Konservati-
ven Partei. So sagte er im Juli 1957 in seiner berühmten Rede vor den
Konservativen von Bedford: »Wir wollen es ganz deutlich aussprechen:
Die meisten unserer Menschen haben es nie so gut gehabt.«[12] Zwei
Jahre später lautete der Wahlslogan der Partei: »Es lebt sich besser mit
den Konservativen: Laßt nicht zu, daß Labour das zerstört.«[13]

Es dauerte nicht lange, bis sich die Labour-Partei der gleichen Methode
bediente. Für Harold Wilson war es charakteristisch, daß er sich über das
Zusammenfallen von zwei Nachwahlen mit der Bekanntgabe neuer Zahlen über die Arbeitslosigkeit aufregte, weil er annahm, das eine würde das
andere beeinflussen.[14] 1968 erklärte er der *Financial Times*: »Die gesamte
politische Geschichte zeigt, daß die Stellung einer Regierung und ihre
Fähigkeit, das Vertrauen der Wählerschaft bei allgemeinen Wahlen zu
behalten, vom Erfolg ihrer Wirtschaftspolitik abhängt.«[15]

In den siebziger Jahren des 20. Jahrhunderts war es soweit, daß die
Vorstellung, die Popularität einer Regierung hänge von ihrer ökonomischen Leistungsbilanz ab, und Wirtschaftspolitik könne und solle
manipuliert werden, um die Unterstützung der Öffentlichkeit zu erringen, beinahe eine Selbstverständlichkeit geworden war.

Der Zynismus, der sich bei den Politikern in diesen Jahren durchgesetzt hatte, wird an den Tagebüchern von Tony Benn überdeutlich. Am
13. September 1977 besuchte Benn James Callaghan, und es entwickelte sich folgender Dialog:

»›An welches Wahldatum denken Sie?‹ fragte er.
›So spät wie möglich.‹
Wir unterhielten uns über Umfang und Zeitablauf einer inflationären
Wirtschaftsbelebung, und ich schlug vor, wir sollten ein bißchen versteckte Inflationspolitik treiben. ›Wir müssen das nicht öffentlich
machen. Sie haben gesagt, Sie wünschen keinen Boom unmittelbar vor
der Wahl. Warum können wir das nicht in aller Ruhe schon früher tun
– Pensionen erhöhen, ein wenig die Löhne fördern und dem öffentlichen Sektor, besonders dem Gesundheitswesen, helfen?‹«[16]

Obwohl sie ansonsten wenig mit ihren Amtsvorgängern gemein-
sam hatten, glaubten die Konservativen der Ära Thatcher ebenso fest
daran, daß die Wirtschaft der Schlüssel zum politischen Erfolg sei.
Von dem Slogan »Labour schafft es nicht« im Jahre 1979 bis zu »Labours
Steuergranate« 1992 standen ökonomische Fragen im Zentrum der
Wahlkampagnen. Margaret Thatcher und ihre Berater »stellten die
Wirtschaft in den Mittelpunkt der konservativen Kritik am Sozialismus«.[17]
Natürlich erwies sich die Hervorhebung der Arbeitslosigkeit im Wahlkampf der Torys von 1979 sehr bald als zweischneidige Angelegenheit,
da nach Geoffrey Howes deflationärem Haushalt ein Gipfel von 3,2 Millionen Arbeitslosen erreicht wurde. Das waren zweieinhalbmal so viele
wie bei Übernahme der Regierung durch die Torys. In ihren Memoiren
gab Frau Thatcher für ihre anfängliche Unbeliebtheit eine streng ökonomische Erklärung:
»Damals bot die wirtschaftliche Lage ein äußerst bedrückendes Bild.
Die Inflationsrate, die seit 1980 stark zurückgegangen war, hielt sich
hartnäckig zwischen elf und zwölf Prozent. [...] Die Zinssätze hatten
nun eine schwindelerregende Höhe von 16 Prozent erreicht.
Vor allem aber stieg die Zahl der Arbeitslosen unerbittlich an: Im Januar 1982 würde sie die schlagzeilenträchtige Marke von drei Millionen
erreichen, doch bereits im Herbst 1981 schien das kaum mehr zu verhindern zu sein. Die meisten Leute waren deshalb nicht davon überzeugt, daß die Rezession allmählich zum Stillstand kam, und es war
noch zu früh, als daß der neu eingeschlagene Weg im Kabinett – den
die Umbildung sicher bringen würde – die öffentliche Meinung hätte
beeinflussen können. [...] Am Vorabend unseres Parteitages hieß es in
der Presse, ich sei ›die unbeliebteste Premierministerin seit der Erfindung der Meinungsumfrage.‹«[18]
Trotz der Bedeutung des Sieges im Falklandkrieg zweifelte Frau Thatcher nicht daran, daß der Ausgang der Wahlen von 1983 »letztlich von
der Wirtschaftslage abhängen würde«. Als die Wahl von 1987 näher-
rückte, sah sie die Lage so:
»Die Wunden, die Westland, British Leyland und die Reaktion auf
den US-amerikanischen Angriff auf Libyen der Regierung und der
Konservativen Partei geschlagen hatten, brauchten einige Zeit, um zu
heilen. Der Wirtschaftsaufschwung würde rechtzeitig die Gemüter be-
ruhigen, denn dann würde sich klar zeigen, daß unsere Politik Wachstum plus niedrige Inflationsraten, höheren Lebensstandard und – seit
dem Sommer 1986 – stetig sinkende Arbeitslosenzahlen bescherte.«

Zur Zeit des Parteitags der Konservativen von 1986»mehrten sich
glücklicherweise die Zeichen für den wirtschaftlichen Aufschwung, der
sich nicht zuletzt in sinkenden Arbeitslosenzahlen spiegelte. Dadurch
stieg die Moral, und die Meinungsumfragen fielen erfreulicher für uns
aus. Und damit waren, im Rückblick betrachtet, vermutlich die Wei-
chen für unseren nächsten Wahlsieg gestellt«.[19]
Auch Nigel Lawson, Schatzkanzler der Regierung Thatcher zwischen
1983 und 1989, glaubte, der Erfolg der Partei von 1983 sei ebenso stark
auf die Wirtschaft wie auf den»Falkland-Faktor« zurückzuführen.»Die
Aussichten der Regierung hatten sich seit den letzten Monaten des
Jahres 1981 verbessert, als die Erholung von der Rezession deutlich
wurde [...] Der wirtschaftliche Aufschwung und die starke Abnahme der
Inflation [...] sprachen für einen frühen Wahltermin.« Die Furcht, die
Inflation könne im Herbst wieder steigen, zählte zu den Gründen,
warum Lawsons Vorgänger für eine baldige Wahl eintrat. Doch Lawson
zählte zu jenen Ministern, die argumentierten,»daß wir gewinnen,
wann immer die Wahl stattfindet, vor allem, weil sich die Wirtschaft
gut erholte und die Inflation niedrig war«.[20]
Bei der Planung der Wahlkampagne der Konservativen für 1987 zielte
Norman Tebbit darauf ab,»negative Themen wie Arbeitslosigkeit früh
aus dem Weg zu räumen und den Endkampf mit unseren starken
Themen zu bestreiten, also Wirtschaft, Steuern und Verteidigung«.[21]
Norman Fowler wertete den Wahlsieg von 1987 mit dem Argument:
»Wir haben die Wahl gewonnen, weil unsere Politik eine geringe Infla-
tion, ein solides Wirtschaftswachstum, Steuerermäßigungen und mehr
Hauseigentum herbeigeführt hat. [...] Die meisten Menschen hatten das
Gefühl, nun besser zu leben, und sie fürchteten, daß Labour all dies
gefährden würde.«[22] Umgekehrt faßte Kenneth Baker die Sorgen der
Regierung im Frühjahr 1989 als Konsequenz ökonomischer Schwierigkeiten zusammen:»Die Zinsen waren hoch, die Handelsbilanz bewegte
sich auf rote Zahlen zu, die Regierung war unpopulär.« Im Sommer
»raste die Wirtschaft auf eine Rezession zu, die Zahlungsbilanz ging in
rote Zahlen über, die Arbeitslosigkeit begann zu steigen. Hohe Zinssätze
und teure Hypotheken trieben unsere Anhänger in Scharen davon«.[23]
Doch der strikteste ökonomische Determinist unter den Thatcher-Mini-
stern war Nicholas Ridley. Margaret Thatcher kam ihm zufolge nicht
nur wegen der Wirtschaft an die Macht und blieb ihretwegen oben, sie
wurde auch durch das Schwert der Ökonomie gefällt:
»Die Zahlen über ihre persönliche Popularität bei Meinungsumfragen
standen im Herbst [1989] auf einem sehr niedrigen Niveau. [...] Der

wichtigste Vorzug der Torys bei den Wählern – man sah sie als die beste
Partei an, wenn es um Wirtschaftspolitik ging – wurde sehr plötzlich in
Frage gesellt. *Historisch betrachtet, scheint es beinahe eine direkte Beziehung
zwischen dem Zinssatz und der Popularität einer Regierung zu geben. Langfristig gilt die Regel: Je höher der Zinssatz, desto weniger populär eine Regierung in den Meinungsumfragen und umgekehrt.*«[24]

Ein theoretisches Problem

Für ökonomische Deterministen war das Wahlergebnis von Mai 1997
nicht leicht zu erklären. Der erdrutschartige Sieg der Labour-Partei bedeutete einen Zusammenbruch der vermeintlich existierenden traditionellen Beziehung zwischen der Wirtschaft und der Popularität einer
Regierung.[25] Die Einleitung des Wahlmanifests der Konservativen stand
unter der Überschrift:»Verdoppelung des Lebensstandards«.[26] Der
wichtigste Wahlslogan der Partei hieß:»Großbritannien lebt im Boom.«
Das gründete sich auf die Annahme, wirtschaftlicher Wohlstand werde
erneut dazu führen, daß die Wähler ihre Stimme den Konservativen geben würden.[27] Und Großbritannien erlebte in der Tat einen Boom. Seit
April 1992, dem Zeitpunkt der vorangegangenen Wahl, waren der Diskontsatz von 10,5 auf sechs Prozent gefallen; die Inflationsrate war von
4,3 auf 2,6 Prozent gesunken; die Arbeitslosigkeit hatte von 9,5 auf 7,2
Prozent abgenommen, das reale Bruttoinlandsprodukt war um 15,8 Prozent gestiegen, und das jährliche Durchschnittswachstum betrug gesunde 2,4 Prozent. Noch wichtiger ist: Im Jahre 1997 wußten die Wähler,
daß es der Wirtschaft gutging. Eine Umfrage von MORI, veröffentlicht
am 24. April, also eine Woche vor der Wahl, zeigte, daß nahezu die
Hälfte der Wähler dem Satz –»Die Regierung hat starke Grundlagen für
Großbritanniens Wiederaufschwung gelegt« – zustimmte. Zum Unglück
für die Torys glaubte jedoch nur ein Fünftel der Befragten, daß diese
Partei es verdiene, die Wahl zu gewinnen.[28] Der Stimmenanteil der
Konservativen fiel um fast elf Prozent, und die Zahl der von ihnen
gehaltenen Sitze im Unterhaus sank um 170.

Wie nicht anders zu erwarten, rangen wirtschaftspolitische Kommentatoren darum, ihre deterministischen Modelle den Tatsachen anzupassen. Nach Feststellung des Institute for Fiscal Studies stimmte es zwar,
daß die Einkommen seit 1992 gestiegen waren, jedoch nicht so stark
wie in früheren Wahlperioden. Nach Abzug der Steuern war das Realeinkommen einer Durchschnittsfamilie mit zwei Kindern zwischen

1991 und 1996 um 765 £ im Jahr gestiegen. Aber die Zuwächse in der Phase 1983 bis 1987 waren doppelt und jene in der Zeit von 1987 bis 1992 dreimal so hoch. Die geringere Einkommenssteigerung reichte nicht aus, um im Jahre 1997 »den Wohlfühlfaktor zu verstärken«.[29] Der Journalist Will Hutton behauptete, der »Erfolg« der Wirtschaft sei seit 1992 nur ein Oberflächenphänomen gewesen: An der »eigentlichen Leistung der Wirtschaft« habe sich nichts geändert, und die Wähler hätten das erkannt.[30] Eine dritte Auffassung besagte, man habe den Konservativen einfach die ökonomischen Fehlleistungen nicht vergeben, die 1990 zur Rezession und 1992 zum Ausscheiden des Sterling aus dem europäischen Wechselkursmechanismus geführt hatten.[31] Das war in der Tat die Erklärung, die auch der wichtigste Gestalter der konservativen Wahlkampagne vorbrachte:

»Nur eine Sache änderte sich zwischen der Wahlniederlage 1997 und den vier Wahlsiegen, die vorausgegangen waren. Es gab eine 40-Punkte-Wende gegen uns [...] bei der Antwort auf die übliche [...] Frage: ›Wenn Großbritannien sich in wirtschaftlichen Schwierigkeiten befindet, welche Partei hat dann die beste Politik, um damit umzugehen?‹ Das einzige, was sich zwischen Sieg und Niederlage änderte, war die Vorstellung von der relativen ökonomischen Kompetenz der Parteien.«[32]

Dieses Kapitel zeigt, daß wirtschaftliche Faktoren zumindest im britischen Fall langfristig keine entscheidende Rolle bei Wahlen gespielt haben. Tatsächlich gab es nur eine relativ kurze Phase, die mit dem Höhepunkt der keynesianischen Nachfragepolitik in den sechziger Jahren zusammenfällt, in der die Wechselbeziehung den linearen Zusammenhängen auch nur nahekam, die in der Theorie des »Wohlfühlfaktors« vorausgesetzt werden. In allen anderen Fällen hat es niemals einen Kausalzusammenhang zwischen wirtschaftlichem und politischem Erfolg gegeben. Das hat zwei Gründe. Erstens hatten Versuche der Politik, auf die Wirtschaftszyklen Einfluß zu nehmen, unerwartet negative Folgen. Das wurde in den siebziger Jahren schmerzlich deutlich, als – wie wir in Kapitel 5 gesehen haben – Finanz- und Geldpolitik darauf abzielten, den Arbeitsmarkt durch Ankurbelung zu beleben, und sie daraufhin den Vorwurf einstecken mußten, die Inflation gewaltig zu beschleunigen. Zweitens belohnen die Wähler nicht einfach die Amtsinhaber, wenn die Wirtschaft gedeiht, und bestrafen sie, wenn dies nicht der Fall ist: Ihre Reaktionen auf wirtschaftliche Veränderungen sind weit komplexer.

Das britische Beispiel

Will man die denkbar langfristigste Perspektive im Hinblick auf die Rolle der Wirtschaft in der britischen Politik einnehmen, lohnt es sich, bis zum Dezember 1832 zurückzugehen, als die erste Unterhauswahl nach der großen Wahlreform stattfand. Dabei sind jedoch eine Reihe von Einschränkungen zu machen. Erstens sind die britischen Regierungen nicht immer durch allgemeine Wahlen entstanden oder gestürzt worden. Seit 1832 hat es ungefähr 51 Kabinette gegeben: etwas mehr, wenn wir jede Wahl so betrachten, als bedeutete sie einen Regierungswechsel; etwas weniger, wenn wir nur Umbesetzungen im Amt des Premierministers zählen. Es gab 41 Unterhauswahlen. Unter allen hier aufgeführten 50 Regierungswechseln kann man nur von 18 behaupten, daß sie Ergebnisse von Wahlniederlagen waren. Insgesamt 22 amtierende Regierungen haben Wahlen gewonnen. Zwei Wahlen hatten völlig unklare Ergebnisse: Die Konservativen verloren die Wahl von 1852, aber sie konnten die Macht noch einige Monate lang halten. Dagegen erbrachte die Wahl von November 1885 ein Unentschieden in dem Sinn, daß die irischen Nationalisten das Zünglein an der Waage bildeten. Die übrigen Gründe für einen Regierungswechsel sind in Tabelle 7 zusammengefaßt

TABELLE 7: **Gründe für Wechsel der Regierung oder des Premierministers 1832 bis 1997**

Gründe	Anzahl
Wahl	18
Wirtschaftsfragen	4
Verfassungsfragen	1
Irlandfrage	4
Außenpolitik	4
Verteidigungspolitik	5
Monarchie	2
Tod oder Krankheit	11
Sonstige	1

Nur in vier Fällen lassen sich ökonomische Fragen für Regierungswechsel direkt verantwortlich machen: Beim Sturz Peels wegen Widerrufs der Getreidegesetze 1846, obwohl er, genau betrachtet, wegen eines Irlandgesetzes scheiterte; bei der Entmachtung der Regierung Derby wegen des Haushalts von 1852; beim Zusammenbruch der Regierung Arthur

Balfours 1905 über die Frage der Schutzzollpolitik, beim Zerbrechen der Labour-Regierung unter Ramsey MacDonald wegen der Herabsetzung der Arbeitslosenunterstützung 1931. Im Vergleich dazu war die Irlandfrage beim Scheitern von Regierungen ebenso bedeutsam. Fragen der Außen- und Verteidigungspolitik waren bedeutend wichtiger und hatten insgesamt neun Regierungswechsel zur Folge. Nicht weniger als elf Wechsel im Amt des Premierministers waren auf Krankheit zurückzuführen, doch keiner davon hatte eine Änderung in der parteimäßigen Zusammensetzung der Regierung zur Folge.

Lassen sich noch präzisere Aussagen über die langfristige Rolle wirtschaftlicher Faktoren bei britischen Wahlen treffen? Da für die Zeit vor 1945 keine Meinungsumfragen vorliegen, kann man nicht mehr tun, als sich die Zunahme oder Abnahme der Stimmen für die regierende Partei anzuschauen und dies mit Veränderungen bei zwei ökonomischen Schlüsselindikatoren, nämlich Inflation und Arbeitslosigkeit, während der gleichen Phase zu vergleichen. Dieser Vergleich legt nahe, daß es im Großbritannien des 20. Jahrhunderts nur geringfügige oder gar keine Beziehungen zwischen ökonomischen Erfolgen und Wahlsiegen gab. Nur bei zehn von 21 Wahlen fiel ein Anstieg der Inflation mit Stimmenverlusten der Regierung zusammen. Bei Arbeitslosigkeit beträgt die Zahl nur neun, wiederum unter der Voraussetzung, daß ein Anstieg zu einem Sinken der Popularität der Regierung führen würde. Einfache Korrelationen offenbaren eine negative Beziehung zwischen Leistungen einer Regierung und Inflation. Sie deuten darauf hin, daß Regierungen besser abschnitten, wenn sie die Inflation reduzierten; doch mit Hilfe von Regressionsanalysen gelangt man zu der Erkenntnis, daß dies falsch ist. Die einzige statistisch robuste Beziehung ist eine *positive* zwischen der Popularität einer Regierung und der Rate der Arbeitslosigkeit.

Noch ein weiterer Schluß, der intuitiven Annahmen zuwiderläuft, läßt sich aus diesen Zahlen wohl ziehen. Zu großen Niederlagen von Regierungen kam es in der Vergangenheit eher in Zeiten relativen wirtschaftlichen Wohlstands. Das scheint zumindest in den Fällen Dezember 1923 und Mai 1929 sowie Mai 1997 plausibel. Es gilt wohl ebenfalls für die Wahl von 1906, deren Ergebnis, ein Erdrutsch zugunsten der Liberalen, mit dem Labour-Sieg von 1997 vergleichbar ist. Wenn auch gewöhnlich davon ausgegangen wird, daß ein wirtschaftspolitisches Thema bei der Wahl eine bedeutende Rolle gespielt habe – vor allem die Differenzen innerhalb der konservativen Regierung wegen der Schutzzollpolitik – war die Ökonomie damals höchst gesund: Die Arbeitslosigkeit war seit 1904 gefallen, und die Exporte waren seit der vorange-

gangenen Wahl stark gestiegen.[33] Umgekehrt fiel eine Reihe von großen Siegen der Regierung mit ökonomischem Verfall zusammen: Das
klassische Beispiel der Zwischenkriegszeit ereignete sich im Oktober
1931, also in den Abgründen der Weltwirtschaftskrise. Der Sieg der
Regierung Major im April 1992 trug sich ebenfalls im Kielwasser einer
Rezession zu – wäre der »Wohlfühlfaktor« entscheidend gewesen, müßte
das zu einem Labour-Sieg geführt haben.

Für die Phase nach 1945 läßt sich eine nähere Betrachtung durchführen. Hier stehen auf Monatsbasis Meinungsumfragen sowie Daten über
Arbeitslosigkeit und Inflation zur Verfügung. Oberflächlich betrachtet,
gibt es Anzeichen jener reziproken Beziehung, wie sie vom »Wohlfühl-
modell« unterstellt wird. Danach macht der Anstieg von Arbeitslosigkeit und Inflation – beide Faktoren addiert zu einem »Elendsindex« –
Regierungen weniger beliebt. Als der Elendsindex im Jahre 1951 scharf
anstieg, sank die Popularität der Regierung Clement Attlee, was zu ihrer
Niederlage bei den Wahlen im Oktober jenes Jahres führte. Die darauffolgenden Wellentäler des Elendsindex fallen wohl dicht mit den Gipfeln der Beliebtheit der Konservativen im Sommer 1955 und Herbst 1960
zusammen; während der Anstieg des Elendsindex auf über sieben Prozent im Mai 1962 zu einem Sinken der Führungsposition der Torys
führte. Aber von Mitte der sechziger Jahre an war der Zusammenhang
weniger deutlich. Bei einer Kabinettssitzung am 14. Juli 1966 bemerkte
Harold Wilson vielsagend über eine NOP-Meinungsumfrage, die eine
16-Punkteführung von Labour vor den Konservativen ergab: »Er könne
nicht verstehen, wie oder warum! Es sehe so aus, als würden wir um so
beliebter, je unpopulärere Maßnahmen wir ergreifen.«[34] Doch als sehr
bald danach die Führungsposition der Regierung zusammenbrach,
schien der Verlust an Ansehen ohne jeden Zusammenhang mit dem
Anstieg des Elends, den der Index messen konnte. Der vergleichbare
Zusammenbruch zwischen 1974 und 1977 läßt sich wohl eher in wirtschaftlichen Begriffen erklären; aber ein ähnlich hohes »Elend« hatte
1980 und 1981 weit weniger Auswirkungen auf die Popularität der
Regierung Thatcher. Seither entwickelt sich die Führungsposition der
Regierung mehr oder weniger unabhängig vom Elendsindex.

Unter Benutzung elaborierter statistischer Methoden zur Unterscheidung der Auswirkungen von Arbeitslosigkeit, Inflation und Zinssätzen[35] können wir recht präzise Aussagen über den Niedergang des Wohlfühlfaktors machen. Der Abstieg war am Anfang der Phase zu beobachten. Unter den konservativen Regierungen der 1950er Jahre trat ein einprozentiger Anstieg der Arbeitslosigkeit zusammen mit einer Abnahme

des Beliebtheitsvorsprungs der Regierung um nahezu fünf Prozent auf;
die Konsequenzen, steigende Inflations- und Zinsraten, waren ebenfalls
negativ, wenn auch weniger zerstörerisch. Bei der ersten Regierung
Wilson waren die Folgen wachsender Arbeitslosigkeit sogar noch ernsthafter: ihr Anstieg um gerade einmal ein Prozent konnte die Volkstüm-
lichkeit der Regierung um nahezu zehn Prozent vermindern. Wachsende Zinssätze wurden auch mit dem Absturz der Popularität der Regierung in Zusammenhang gebracht. Die steigende Inflation hat offensichtlich keine bedeutenden Folgen gehabt. Interessanterweise lagen
die Zahlen unter Edward Heath jenen unter seinen konservativen
Vorgängern außerordentlich nahe. Und zwischen 1974 und 1979, unter
Wilson und Callaghan, wurde die Arbeitslosigkeit mit stärker sinkender
Unterstützung in Zusammenhang gebracht.

Es gab jedoch nur bei der Arbeitslosigkeit eine statistisch signifikante
Beziehung zur Popularität der Regierungen Wilson und Callaghan. Für
alle danach folgenden Regierungen war jeweils nur einer der drei genannten Indikatoren signifikant: Zinssätze im Fall der Konservativen,
Arbeitslosigkeit im Fall von Labour. Dies gibt Anlaß zu der Annahme,
daß Frau Thatcher bei der Bemühung Erfolg hatte, die Aufmerksamkeit
der Wähler von der Arbeitslosigkeit weg zu verlagern, und das hatte
zwischen 1979 und 1992 eine leicht positive, aber signifikante Korrelation zur Beliebtheit der Regierung. Angesichts von Frau Thatchers anti-
inflatorischer Rhetorik überrascht es wohl, daß der Zusammenhang
zwischen Inflation und Unbeliebtheit einer Regierung nicht stärker
war. Aber Ridleys »Gesetz« – »Je höher der Zinssatz, desto weniger beliebt ist eine Regierung bei Meinungsumfragen« – erwies sich wohl als
zutreffend: jeweils ein Prozent Anstieg im Eckzins korrelierte mit einem
dreiprozentigen Absinken der Popularität einer Regierung.

Und wie sieht es mit der Zeit vor den Wahlen von 1997 aus? Angesichts von John Majors öffentlich abgelegter Verpflichtung auf Preisstabilität als einem »Vorteil«, der beträchtlicher »Mühen« wert sei, überrascht es nicht, daß die Beziehung zwischen Inflation und Beliebtheit
der Regierung von 1992 bis 1997 stark negativ war, wenn das auch vielleicht eine Zufallskorrelation ist. Der auffallendste Zug dieser Jahre lag
in der »Verdrehtheit« der Beziehung zwischen den Zinssätzen und den
Einstellungen gegenüber der Regierung. Seltsamerweise verband sich
ein einprozentiger Anstieg des Eckzinses der Bank of England mit einem
Wachsen der Regierungspopularität um rund acht Prozent; ansonsten
fielen sinkende Zinssätze ab September 1992 mit einem Zusammenbruch der Unterstützung für die Regierung zusammen. Diese Umkeh-

rung des »Wohlfühl«modells, auf das die Konservativen voller Vertrauen ihre Kampagne gestützt hatten, verdammte sie zur Niederlage. Noch stärker gegen intuitive Vorstellungen spricht die positive Beziehung zwischen Arbeitslosigkeit und Popularität der Regierung seit 1997. Es zeigt sich, daß die Beliebtheit der Regierung Blair tatsächlich gesunken ist, während die Arbeitslosigkeit weiterhin fiel – ein beispielloses Phänomen in der Geschichte der modernen Labour-Partei.

Der politische Konjunkturzyklus

Es gibt Erklärungen dafür, warum Wahlergebnisse möglicherweise nicht oder zumindest nicht immer durch die Wirtschaft bestimmt werden. Eine Hypothese lautet, daß es den Politikern einfach an handwerklichem Können fehlt, um die Wirtschaft erfolgreich zu beeinflussen.

In seiner »Economic Theory of Democracy« von 1957 vertrat Anthony Downs die Ansicht: »Parteien formulieren eine bestimmte Politik, um Wahlen zu gewinnen, es geht ihnen nicht darum, Wahlen zu gewinnen, um eine Politik zu formulieren.« Wenn sie einmal gewählt sind, »handeln demokratische Regierungen rational, um ihre politische Stellung zu verbessern«.[36] Diese Thesen bilden auch die Grundlage von William Nordhaus' Theorie des »politischen Konjunkturzyklus«, die davon ausgeht, daß Regierungen die Wirtschaft so manipulieren wollen, daß der Konjunkturzyklus kurz vor Neuwahlen den Höhepunkt erreicht. Wie die Tagebücher von Tony Benn und andere oben zitierte Quellen belegen, kann es wenig Zweifel daran geben, daß solche Versuche unternommen wurden. Für ein derartiges Verhalten haben wir empirische Hinweise. In den Vereinigten Staaten, Deutschland und Neuseeland hat sich die Arbeitslosigkeit anscheinend einem politischen Konjunkturzyklus folgend entwickelt. Sie stieg jeweils in den ersten beiden Jahren der Amtszeit einer Regierung und fiel in den letzten beiden Jahren.[37] In Großbritannien folgen die Zahlen nicht diesem Muster. Unter Anwendung leicht modifizierter Methoden ist allerdings gezeigt worden, daß bis in die 1970er Jahre in zwei Drittel aller Wahljahre der Anstieg des verfügbaren Einkommens jeweils über dem Durchschnitt des Vorwahljahres lag.[38]

Die Schwierigkeiten einer ausgabefreudigen Politik, die das Ziel verfolgt, die Arbeitslosigkeit herunterzuschrauben, bestanden darin, daß sie eine Inflation hervorrief, die höher als erwartet war: Die Phillips-Kurve – die die vermeintlich enge Beziehung zwischen Beschäftigung und Inflation darstellt – begann steil zu steigen. Beobachter zogen daraus den Schluß, daß die Theorie vom politischen Konjunkturzyklus möglicherweise nicht zu halten sei, da sie nach einer Formulierung von Samuel Brittan zu einer »Politik der exzessiven Erwartungen« führe.[39] Für Peter Jay, der sich Mitte der siebziger Jahre dazu äußerte, schien »eine Krise der politischen Ökonomie« unmittelbar bevorzustehen.[40] In Großbritannien und Amerika nahm sie die Form eines konterinflationären Gegenschlags unter Thatcher und Reagan an.

Die Polarisierung der Politik, zu der es in den spätern siebziger Jahren kam, löste eine »parteiliche« Modifizierung der Theorie der politischen Konjunkturzyklen aus. Die Parteien entwickelten dabei unterschiedliche politische Präferenzen: Politiker der Linken machten sich stärker wegen der Arbeitslosigkeit Sorgen, da die Arbeiter zu ihrem Wählerstamm zählten. Konservativen dagegen bereitete eher die Inflation Verdruß, da sie Anhänger unter den Rentiers hatten. Eine einflußreiche Untersuchung von 1977 enthielt die Berechnung, daß in Großbritannien nach dem Zweiten Weltkrieg die Arbeitslosigkeit im Durchschnitt unter den Konservativen höher als unter Labour war.[41] In Amerika steuerten die Demokraten eher niedrigere Arbeitslosigkeit und höhere Inflationsraten an als die Republikaner.[42] Die Wahl konservativer Regierungen bedeutet dagegen in vielen Ländern nicht das Ende der politischen Beeinflussung der Wirtschaft, sondern eher eine Erkenntnis der Tatsache, daß die Vorzüge der Inflation von ihren Kosten überholt worden waren. Wie Brittan während der 1980er Jahre ständig beklagte und wie die Memoiren von Politikern bestätigen, existierten die politischen Konjunkturzyklen unter den Konservativen weiter, wobei die Veränderungen der Zinssätze unter Berücksichtigung ihrer politischen Auswirkungen zeitlich sorgfältig abgestimmt wurden. Es scheinen kaum Zweifel angebracht, daß die Torys zwischen 1983 und 1987 »die Geldmenge manipulierten, [...] um die öffentliche Meinung zu beeinflussen«; sie reagierten durch Lockerung der Geldpolitik auf Anzeichen dafür, daß ihre Popularität schwand.[43] Eine weitere theoretische Erklärung für die zeitlich gut abgestimmte Verschwendungssucht einiger konservativer Regierungen läuft darauf hinaus, daß Konservative dazu neigen, Haushaltsdefizite genau deshalb durch Steuererleichterungen zu vergrößern, um Konkurrenten von links Einschränkungen aufzuerlegen, falls diese Aussichten haben, an die Macht zu gelangen. Sie wollten sie damit zwingen, staatliche Ausgaben auf der anderen Seite des Budgets zu begrenzen oder sogar zu beschneiden.[44] Doch dürfte derlei politische Flickschusterei mit nominellen Indikatoren weniger sichtbare Auswirkungen haben, wenn die Wähler die Absichten der Politiker durchschauen könnten. Mit anderen Worten: Der politische Konjunkturzyklus dürfte sich eher in der Haushalts- oder Geldpolitik enthüllen als bei Daten, die Wachstum, Beschäftigung und Inflation betreffen. Studien, in denen alle OECD-Länder verglichen werden, scheinen das zu bestätigen.[45] Eine mögliche Erklärung des Niedergangs des »Wohlfühlfaktors« nach den 1970er Jahren könnte daher einfach mit der allgemeinen Desillusionierung zusammenhängen, die eintrat, als die Politik einer Regierung nach der anderen neue ökonomische Schwierigkeiten hervorbrachte. Je mehr eine Regierung auf eine bestimmte Variable abzielte, um so wahrscheinlicher hörte dieser Faktor auf, eng mit ihrer Popularität zu korrelieren, während sich anderswo in der Wirtschaft andere Probleme entwickelten. Das ist eine Variante von C.A.E. Goodharts berühmtem »Gesetz«, daß der bloße Schritt, die Politik auf einen Indikator zu stützen, möglicherweise dessen Vorhersagekraft zunichte macht.

Es gibt allerdings noch eine zweite Erklärung für die Nichtexistenz oder den Niedergang des politischen Konjunkturzyklus. Diese bezieht sich auf die andere und weit komplexere menschliche Variable in der Wahlgleichung, nämlich die Wähler.

Die Funktion der Stimmabgabe

Der Politologe Helmut Norpoth hat argumentiert: »Die Wirtschaft stellt ein Interessengebiet dar, das fast überall Wählerschaft und Regierung so eng wie siamesische Zwillinge aneinanderbindet, die an der Hüfte zusammengewachsen sind. [...] Wirtschaftlich bestimmtes Abstimmungsverhalten [...] ist im Hirn der Bürger von Demokratien fest verankert.«[46] Die Befunde legen nahe, daß dieser »Kreislauf« höchst empfindlich ist und gelegentlich eine Sicherung durchbrennt. Die Vorstellung, es könnte einen An- und Ausschalter auf der Strecke zwischen Wohlstand und Popularität geben, muß angesichts einer Fülle empirischer Forschungsergebnisse aus allen Teilen der demokratischen Welt fallengelassen werden.[47]

Detailliertere Untersuchungen, die sich allerdings zum Großteil auf die Vereinigten Staaten beziehen, haben zur Formulierung von acht Fragen über die Art und Weise geführt, wie Wirtschaft und Wählerverhalten zusammenhängen:

1. Machen sich Wähler Sorgen über die Inflation, die Arbeitslosigkeit oder irgendeinen anderen Maßstab wirtschaftlichen Wohlbefindens?

2. Werden Wähler durch persönliches Eigeninteresse motiviert, oder berücksichtigen sie das Gemeinwohl?

3. Sehen Wähler, je nach dem, mit welcher Partei sie sich identifizieren, die Wirtschaft anders?

4. Sehen Wähler, je nach dem, welcher Schicht sie angehören, die Wirtschaft anders?

5. Handeln Wähler asymmetrisch, bestrafen sie also Fehlschläge stärker, als sie Erfolge belohnen?

6. Schauen Wähler zurück oder nach vorn?

7. Sind Wähler eher kurzsichtig oder rational?

8. Ist »Wohlfühlen«, also die Empfindung von Wohlstand, für die Wähler wichtiger als die Tatsache, daß es ihnen wirklich bessergeht?

Die folgenden Absätze fassen die wichtigsten Antworten zusammen, die Politologen zu diesen Fragen gegeben haben.

1. Wirtschaftliche Indikatoren. Aus zahllosen Einzelstudien über verschiedene Länder wird deutlich, daß es beträchtliche Unterschiede hinsichtlich wirtschaftlicher Indikatoren gibt, die für Wähler eine Rolle spielen. Eine Untersuchung über US-Kongreßwahlen zwischen 1896 und 1964 fand einen signifikanten Zusammenhang zwischen Veränderungen von Realeinkommen und Wahlergebnissen sowie eine etwas schwächere negative Korrelation zwischen Preisen und Wählerverhalten heraus, es zeigte sich aber keine wirkliche Beziehung zur Arbeitslosigkeit.[48] Bei der Betrachtung von Präsidentenwahlen in der Zeit zwischen 1916 und 1976 entdeckte Ray Fair, daß Veränderungen sowohl des realen Bruttosozialprodukts als auch des Anteils der Arbeitslosen im Vorwahljahr von Bedeutung waren: So sicherte ein einprozentiger Anstieg des Bruttosozialprodukts der im Amt befindlichen Partei zusätzliche 1,2 Prozent der Wählerstimmen, während ein entsprechender Anstieg der Rate der Arbeitslosen sie immerhin 2,3 Prozent kostete.[49]

In Großbritannien hat man dem Zusammenhang zwischen Inflation und Arbeitslosigkeit mehr Aufmerksamkeit gewidmet. Eine Pionieruntersuchung über britische Wahlen, die 1970 veröffentlicht wurde, ergab, daß beide Indikatoren die Popularität britischer Regierungen in der Nachkriegszeit beeinflußt haben. Dabei berücksichtigte man eine sechsmonatige Zeitverzögerung der Auswirkungen von Veränderungen der Beschäftigungslage, die »Euphorie« nach der Bildung einer neuen Regierung und den »Rückschlag« für die Regierung kurz vor einer

Wahl.[50] Vergleichbare Ergebnisse für das Vereinigte Königreich unter der Regierung Thatcher sind seitdem vorgelegt worden.[51] Andere Analytiker haben argumentiert, im Großbritannien jener Zeit sei die Inflation der wichtigere Indikator gewesen.[52] Im September 1977 war es Vorzeichen eines sich veränderten wirtschaftlichen Klimas, als James Callaghan nicht länger mit Tony Benn übereinstimmte, daß »der Schlüssel« zum Wahlerfolg die »Vollbeschäftigung« sei:

»›Nun, um ehrlich zu sein‹, sagte Jim [Callaghan], ›ich weiß nicht, was wir tun sollen. Macht es sehr viel aus? Ich erinnere mich an die Wahl von 1935, als es drei Millionen Arbeitlose gab und Labour dennoch schlecht abschnitt.‹

[Benn:] ›Im Jahre 1945 war das die Kernfrage der ganzen Wahl.‹

›Die furchtbare Wahrheit lautet‹, [sagte Callaghan] ›daß die Inflation jeden betrifft und die Arbeitslosigkeit nur vergleichsweise wenige.‹«[53]

Mit wachsender Inflation zweifelte Callaghan immer mehr an der Bedeutung der Wirtschaftsbelebung durch »Reflation« vor den Wahlen. Der damalige Schatzkanzler Dennis Healey teilte diese Einstellung. Am 14. September 1978 sagte Healey seinen Kabinettskollegen »der einzige Grund, warum Arbeitslosigkeit an der Spitze [der allgemeinen Befürchtungen, wie sie in den Umfragen zum Ausdruck kamen] rangierte, bestand darin, daß die Preise stabil waren. Würden sie zu steigen beginnen, dann würde die Inflation wieder die Sorge Nummer eins sein«.[54]

Wachsende Unruhe der Öffentlichkeit wegen der Inflation könnte der Grund sein, warum es in Großbritannien in den 1980er Jahren zu einer weit radikaleren konservativen Reaktion als in anderen europäischen Ländern kam. Für Deutschland gab es dagegen Hinweise, daß die Arbeitslosigkeit zwischen 1971 und 1986 von größerer Bedeutung als die Inflation war, wenn es darum ging, Wähler zu veranlassen, die Partei zu wechseln.[55] In Frankreich hingen zwischen 1978 und 1987 beide Indikatoren eng mit den Zustimmungsraten für die an der Macht befindliche Partei zusammen.[56] Allerdings erreichte die Inflation in jenen Ländern nie das Niveau, das sie im Großbritannien der 1970er Jahre erlangt hatte, wo die maximale Inflationsrate 27 Prozent im August 1975 betrug. In Frankreich lag sie bei elf und in Deutschland unter sechs Prozent. Die britischen Konservativen mußten schwer daran arbeiten, eine antiinflationäre Politik zu verteidigen, deren wichtigste Nebenwirkung in der Verdoppelung der Arbeitslosigkeit bestand. »Die Inflation war von 20 auf vier Prozent – auf das niedrigste Niveau seit 13 Jahren – gefallen«, erinnerte sich Frau Thatcher später an ihre erste Amtszeit. »Erfolg bei der Bekämpfung der Inflation war die einzige Leistung, auf die wir die Aufmerksamkeit in starkem Maße lenken konnten, als wir uns der Wahl [von 1983] näherten. [...] Der Schwachpunkt unserer Leistungsbilanz war selbstverständlich die Arbeitslosigkeit, die immer noch weit über drei Millionen lag. Es war von entscheidender Bedeutung, im Wahlkampf zu erklären, warum dies so war und was wir dagegen tun.«[57] Auch Nigel Lawson betrachtete die Wahl von 1983 so, als habe sie die »weitverbreitete Überzeugung umgestürzt, daß ansteigende Arbeitslosigkeit [...] mit Sicherheit eine Katastrophe für die im Amt befindliche Partei bringen werde«. Arbeitslosigkeit habe aufgehört, »ein guter Indikator des allgemeinen Gefühls wirtschaftlichen Wohlbefindens« zu sein, denn »Arbeitslosigkeit, die entstand, weil man jahrzehntelanger personeller Überbesetzung ein Ende bereitete, und dies zu einer Zeit, da sich die Wirtschaftslage spürbar besserte und der Lebensstandard jener, die Arbeit hatten, stieg, war eine völlig andere Sache«.[58]

Als weitere Faktoren des Wahlverhaltens wären die Steuerpolitik, die Handelspolitik oder eine Politik der Privatisierung zu berücksichtigen. Es ist sehr wohl möglich, daß sich die Bedeutung bestimmter Indikatoren im Laufe der Zeit und auch von Ort zu Ort verändert.[59]

2. Eigeninteresse oder Gemeinwohl? Einige Forschungsarbeiten über die Vereinigten Staaten haben die Vermutung nahegelegt, daß Bürger bei ihren Wahlentscheidungen eher durch allgemeine ökonomische Faktoren als durch ihre persönlichen wirtschaftlichen Umstände beeinflußt werden. Daraus wird geschlossen, daß Wähler eher »sozialgeleitet« oder altruistisch sind; oder, anders gesagt, daß Amerikaner, die »sich auf sich selbst verlassen«, nicht dazu neigen, die Regierung für ihr individuelles Schicksal verantwortlich zu machen.[60] So führten 1984 nur etwa fünf Prozent der amerikanischen Wähler Veränderungen ihrer persönlichen wirtschaftlichen Lage auf die Steuerpolitik der Regierung zurück.[61] Es ist allerdings keineswegs einfach, zwischen persönlichen und allgemeinen wirtschaftlichen Einflüssen auf Wählerentscheidungen zu unterscheiden.[62]

3. Parteibezogene Asymmetrie. Eine weitere Komplikation gründet sich darauf, daß Wähler verschiedenen Parteien unterschiedliche ökonomische Erwartungen entgegenbringen. Sie werden von Regierungen der Rechten meist geringere Inflation, aber höhere Arbeitslosigkeit erwarten, und bei Regierungen der Linken sieht es umgekehrt aus.[63] Das schien in gewissem Maße zu erklären, warum die Wähler sich nicht von den Regierungen Thatcher und Reagan abwandten, als die Arbeitslosigkeit während der frühen 1980er Jahre anstieg.[64] Betrachtet man die Dinge jedoch genauer, sind mehrere Einschränkungen notwendig: Es zeigt sich, daß die britischen Wähler 1979 glaubten, Labour werde besser als die Konservativen imstande sein, die Inflation zu bekämpfen. Zu jener Zeit erbrachten Umfragen immer noch, daß es sich hier um die wichtigste ökonomische Streitfrage handelte. Dennoch verlor Labour die Wahl. Als die Arbeitslosigkeit in den nächsten drei Jahren zunahm, wandten sich die Wähler nicht der Labour Party, sondern der neuen Social Democratic Party zu.[65]

4. Abstimmungsverhalten nach Klassengesichtspunkten. Bisher haben wir uns die Wähler als homogene Gruppe vorgestellt. Doch die Politologen haben seit langem nachzuweisen versucht, daß die ökonomischen Präferenzen der Wähler in einem bestimmten Maße von ihrer Klassen- und Schichtzugehörigkeit abhängig sind. Von politischen Kommentatoren in Großbritannien ist oft behauptet worden, der Zusammenhang zwischen sozialer Schicht und Parteipräferenz habe seit einem Höhepunkt in den 1950er Jahren abgenommen.[66] Frühe Vertreter von »Wohlfühlpolitik«, etwa Anthony Crosland, waren sehr stark von derlei Thesen beeinflußt, sie behaupteten, in dem Maße, wie die Wähler ihre alten Klassenbindungen fallenließen, würden sie einfach jener Partei folgen, die für die niedrigsten Preise und die höchste Beschäftigungsrate sorge. Neuerdings heißt es, die Schichtzugehörigkeit sei durch andere gesellschaftliche Faktoren in den Schatten gestellt worden: Nun sollen Ethnizität oder religiöse Bindung mehr bedeuten.[67] Damit ergibt sich die Frage, ob die stärkeren Korrelationen zwischen Wirtschaft und Politik in den fünfziger und sechziger Jahren mit dem Weiterbestehen von Klassenbindungen zu tun hatten, während die Auflösung von Klassenidentitäten nach 1970 die Bedeutung makroökonomischer Indikatoren verminderten. Gewiß hat es den Anschein, daß die Bedeutung der sozialen Schicht abgenommen hat, wenn man einfache Maßstäbe wie den »Alford-Index« benutzt, der die Differenz zwischen dem Prozentsatz der Handarbeiter und der übrigen Arbeiter mißt, die für Labour stimmen. Aber ausgefeiltere Methoden, beispielsweise die Überprüfung der Abnahme des prozentualen Anteils der Handarbeiter an der Bevölkerung, scheinen das Weiterbestehen von klassenpolitischen Affinitäten zu beweisen. Es liegen sogar aus neuester Zeit zahlreiche Untersuchungen vor, die zeigen, daß bei Anstieg der Arbeitslosigkeit die Unterstützung für die Linke eher unter der Arbeiterklasse als unter anderen sozialen Gruppen steigt.[68]

5. Es gibt keine Dankbarkeit... Einige Politologen behaupten, Wähler handeln »asymmetrisch«: sie bestrafen die Politiker stärker für eine schlechte Wirtschaftsentwicklung, als sie ihnen danken, wenn die

Dinge gut laufen.[69] Unter den britischen Wählern, die in den Jahren 1963 und 1964 befragt wurden, bestand bei jenen, die glaubten, ihre wirtschaftliche Lage habe sich im letzten Jahr verschlechtert, eine doppelt so hohe Wahrscheinlichkeit eines »Wechsels« gegen die Regierungspartei als bei jenen, die meinten, ihre Situation habe sich verbessert.[70] Doch das rapide Wirtschaftswachstum, seit die Torys 1951 die Macht übernommen hatten, dürfte dafür gesorgt haben, daß die Verlierer eine klare Minderheit bildeten. Als er über die sinkende Popularität der Regierung seit 1960 nachdachte, kam Macmillan auf den Gedanken, vielleicht seien »die Menschen nach zehn Jahren beispiellosen Wohlstands gelangweilt«.[71] Mit anderen Worten: die Mehrheit, »die es noch nie so gut hatte«, war weniger willens, die Leistung der Regierung anzuerkennen, als die Minderheit der ökonomischen Verlierer bereit war, diese zu bestrafen.

6. *Vergangenheit oder Zukunft?* All das setzt jedoch voraus, daß Wähler Politiker im nachhinein nach ihren Leistungen in der Vergangenheit und nicht vorausschauend in Hinblick auf ihre erwartete Leistung in der Zukunft beurteilen. Es gibt einiges Material über retrospektives Wahlverhalten in den Vereinigten Staaten[72], allerdings scheint es sich bei Präsidentschaftswahlen stärker als bei Kongreßwahlen auszuwirken, während retrospektive Urteile eindeutig mit anderen Faktoren wie langfristiger politischer Zugehörigkeit vermischt sind. (»Wir haben immer republikanisch gewählt in dieser Familie/Straße/Stadt.«)[73] Andere amerikanische Untersuchungen legen nahe, daß es eher Voraussagen als Erinnerungen sind, die die Wähler motivieren.[74] In Großbritannien kann man die Wahl von 1992 als Beispiel nach vorn blickenden Wahlverhaltens betrachten. Statt sie für die vergangene Rezession zu bestrafen, stimmte die Mehrheit auf einer Welle steigender finanzieller Erwartungen erneut für die Konservativen.[75] Einer Argumentation zufolge haben die Tory-Wähler während der 1980er Jahre stets vorausschauend gewählt, allerdings blieb ihr Urteil in bezug auf die Labour-Partei streng retrospektiv.[76] Aus diesem Grunde dürften Antworten auf die Frage »Wer würde der beste nächste Premierminister sein?« die Wählerabsichten zuverlässiger erkennen lassen als Zustimmungsaussagen, die sich auf vergangene Leistungen stützen.[77]

Fast mit Sicherheit handelt es sich hier um einen Scheinantagonismus, denn Erwartungen müssen sich in einem gewissen Maße auf Erfahrungen aus der Vergangenheit stützen.[78] Selbst ein Modell, das sich sowohl auf die Vergangenheit als auch auf die Zukunft gründet, kann falsch sein. Die »große Hoffnung« der Konservativen vor der

Wahl 1997 lautete, daß »der Zunahme des persönlichen verfügbaren Realeinkommens in den vorangegangenen zwölf Monaten ein Wachsen der Nettoerwartungen von Haushaltsvorständen im Hinblick auf ihre finanzielle Position in den nächsten zwölf Monaten folgen würde, was wiederum die Absicht verstärke, die Konservative Partei zu wählen«.[79] Wäre Politik doch nur eine so simple Angelegenheit!

7. Das Volk zum Narren halten. Die Frage nach Vergangenheit oder Zukunft führt zu einer tiefen Meinungsverschiedenheit über die zugrundeliegende Haltung der Wähler. Die einen denken, daß Wähler kurzsichtig seien und die inflationären Kosten von »Schmiergeldern« vor Wahlen nicht voraussähen.[80] Die anderen setzen demgegenüber voraus, daß Wähler rational und mit Voraussicht handeln und daher nicht »ständig von der Regierung zum Narren gehalten werden können«. Das sei der Grund, warum amerikanische Wähler dazu neigen, in der Mitte der Amtszeit eines Präsidenten ihre Parteineigung zu wechseln.[81]

8. Gefühl gegen Wirklichkeit. Eine letzte Möglichkeit besteht darin, daß »Wohlfühlen« etwas anderes bedeuten kann, als einfach besser dazustehen: Nach Aussage von Maurice Saatchi sind es die »ökonomischen Wahrnehmungen und Vorstellungen«, nicht die »ökonomischen Fakten«, die zählen.[82] Wenn dem so ist, dann könnte es wichtiger sein, die Menschen zum Narren zu halten, als ihnen etwas in die Tasche zu stecken.

Wenn das Wählerverhalten so unterschiedliche Interpretationen zuläßt, die allesamt auf empirischem Material beruhen, kann es wohl nicht verwundern, daß die Geschichte von Wirtschaft und Politik einen »chaotischen« Charakter in dem Sinne besitzt, daß das Wählerverhalten von Zufällen bestimmt und unvorhersagbar ist. Die politischen Gleichungen sind nicht linearer Art.[83] Man kann das auch anders formulieren, indem man sagt, daß wirtschaftliche Verhältnisse, selbst wenn sie ein gewisses Element von Regelmäßigkeit aufweisen, immer wieder durch politische Ereignisse »überschwemmt« werden. Drei bemerkenswerte Begebenheiten der jüngsten britischen Geschichte sind in dieser Hinsicht der Falklandkrieg, dessen siegreicher Abschluß 1983 zweifellos dazu beitrug, eine konservative Wahlniederlage abzuwenden[84]; die ganz und gar vermeidbare Krise, die im Jahre 1990 durch die Einführung der »Kopfsteuer« ausgelöst wurde, eine Maßnahme, der es an jedweder politischen oder wirtschaftlichen Rationalität fehlte; schließlich 1992 das Ausscheiden des Sterling aus dem europäischen Wechselkursmechanismus, was letztlich eine Konsequenz des Anstiegs der Zinsraten in Europa war, der durch die deutsche Wiedervereinigung ausgelöst wurde.

Die einzige Methode für ökonomische Deterministen, einige Spurenelemente einer linearen Korrelation zwischen Wirtschaft und Politik zu retten, liegt darin, Ereignisse dieser Art auf irgendeine Weise in ihre Modelle einzubauen.

So hat man die konservativen Wahlergebnisse seit 1979 erklärt – und zumindest zweimal mit beträchtlicher Genauigkeit vorhergesagt –, indem man ein Modell benutzte, das politische Pseudovariablen einsetzte, um die Auswirkung derartiger Ereignisse exakt berücksichtigen zu können.[85] Kann die Theorie des »Wohlfühlfaktors« so gerettet werden? Das scheint höchst zweifelhaft. Von den acht Elementen der Gleichung, die David Sanders entworfen hat, um die Stimmabgabe für die Konservativen zwischen 1979 und 1997 zu erklären, sind nur zwei ökonomische Größen – die Veränderungen des Steuerindex und die Bilanz positiver und negativer finanzieller Erwartungen von Haushalten. Daneben stehen vier politische Pseudovariablen, nämlich zusätzlich zu den drei oben erwähnten das Auftauchen von Tony Blair als vertrauenswürdiger Führer der Labour-Partei.[86] Es gibt selbstverständlich keinen Grund, warum nicht nach Belieben der Autoren mehr Pseudofaktoren dieser Art eingeführt werden sollten, wann immer die Notwendigkeit sich ergibt, die Voraussagen des Modells einer unbequemen, ihm nicht entsprechenden Realität anzupassen.

»Politikverdrossenheit«

Wenn die Werbeleute und die politischen Manipulateure, die inzwischen die britische und amerikanische Politik beherrschen, recht haben, dann spielt der Zusammenbruch der Beziehung zwischen *realen* wirtschaftlichen Indikatoren und der Popularität von Regierungen keine Rolle. Sollten ausschließlich Vorstellungen zählen, dann müssen sich Politiker nur darauf konzentrieren, die effektivste Wahlkampagne einzukaufen, und deren Thema sollte im Idealfall lauten: »Ihr habt euch unter unserer Partei in den letzten Jahren wohlgefühlt, und ihr werdet euch noch besser fühlen, wenn ihr uns wiederwählt.«

Es gibt zwei hauptsächliche Gründe, warum diese Strategie nicht lange erfolgreich sein wird. Der erste lautet einfach, daß geringfügige Steigerungen menschlicher Befriedigung durch Wirtschaftswachstum immer winzigere Erträge einbringen. Einigen Umfragen zufolge scheinen reichere Leute glücklicher als ärmere zu sein. Aber wenn man alle

Befragten nach weiteren fünf Jahren, die von schnellem Wirtschaftswachstum gekennzeichnet sind, nochmals befragt, dann wird sich ihr Glücksgefühl nicht so schnell wie ihr Einkommen gesteigert haben. In Japan beispielsweise haben sich die Realeinkommen seit den 1950er Jahren verfünffacht, doch Umfragen zufolge hat es keine Veränderungen im Glücksgefühl gegeben.[87] In den reichsten Ländern der Welt leben keineswegs die glücklichsten Menschen: Bei einem Versuch, weltweit Glücksgefühle zu messen, belegten die Vereinigten Staaten nur den 13. Platz, Island ist demnach das glücklichste Land in der Welt. Mißt man das Bruttoinlandsprodukt pro Kopf, dann stehen die USA an 7. und Island an 16. Stelle.

Immerhin kann wirtschaftliches Wachstum für eine Zunahme der Glaubwürdigkeit der politischen Ordnung sorgen. Aber dieser Effekt schwindet in dem Maße dahin, wie Wohlstand als Selbstverständlichkeit erscheint oder nivelliert wird. Es kann also durchaus die Neuartigkeit von Wachstum gewesen sein, die dessen Auswirkungen bei Wahlen in den 1950er und 1960er Jahre auslöste: Die entscheidenden Erfahrungen bestanden damals nicht so sehr darin, daß man sich gutfühlte, sondern daß man sich *besser*fühlte.[88] Über einen gewissen Punkt hinaus tragen wachsende Einkommen nicht notwendigerweise zur Steigerung von »Wohlgefühl« bei. Nach einer Formulierung des Psychologen Donald Campbell müssen die Reichen feststellen, daß sie in einer »hedonistischen Tretmühle« unerfüllter Konsumwünsche gefangen sind.[89] Die Hetzjagd, die mit Lebensumständen verbunden ist, die durch schnelles Wachstum gekennzeichnet sind, kann auch Gefühle der Unsicherheit verstärken.[90] Auch kann es einfach so sein, daß die üblichen Indikatoren, die wir zum Messen von Wohlstand benutzen, »Unannehmlichkeiten«, also negative Auswirkungen von Wachstum, etwa Umweltverschmutzung und Verkehrsstaus, nicht berücksichtigen.[91]

Der zweite Grund, warum Wähler heute weniger geneigt sind, politischen Versprechungen zu glauben, die darauf hinauslaufen, ihr Wohlbefinden zu erhöhen, bildet generell das Phänomen der *Politikverdrossenheit*. Ein offensichtliches Symptom dieser Erscheinung ist die abnehmende Wahlbeteiligung. Manche vertreten die Ansicht, die Wahlbeteiligung werde hauptsächlich durch die »Bedeutung« von Wahlen bestimmt. Falls eine Wahl wichtig zu sein scheint und die eigene Stimmabgabe sich wahrscheinlich auf das Ergebnis auswirkt, werden die Bürger nicht zu Hause bleiben. Diese Ansicht übersieht allerdings die Tatsache, daß Wahlen heute *im allgemeinen* »weniger bedeutend« als vor dreißig Jahren erscheinen.[92]

Gleichzeitig hat es ein bemerkenswertes Anwachsen der Unbeständigkeit des Wahlverhaltens gegeben. Der Anteil der britischen Wähler mit »sehr starken« Parteibindungen lag 1964 bei 47 Prozent, betrug aber 1987 gerade einmal 16 Prozent.[93] In Irland erklärten 1981 24 Prozent der Wähler, sie fühlten sich keiner Partei »nahestehend«. Acht Jahre später waren es mit 58 Prozent mehr als doppelt so viele.[94] Untersucht man die Gesamtverlagerung der Stimmen von einer Wahl zur nächsten, entsprechend den Gesamtgewinnen aller siegreichen Parteien, dann erbrachten die italienischen Wahlen von 1994 einen Stimmenumschwung von 37 Prozent, eine der höchsten Zahlen dieser Art bei irgendeiner Wahl in Europa zwischen 1885 und 1989.[95] In Deutschland betrug die entsprechende Zahl 48 Prozent im nachrevolutionären Jahr 1919, in Frankreich nach dem Ende der nationalsozialistischen Besatzung 36 Prozent.

Das Phänomen der Politikverdrossenheit hat in Deutschland aus naheliegenden historischen Gründen besondere Besorgnis ausgelöst. Es lohnt sich daher, die Belege in Deutschland näher zu betrachten. Es wäre sicherlich irreführend, betonte man zu sehr das Sinken des Prozentsatzes der Deutschen, die sich selber für politisch interessiert erklärten, von 57 Prozent 1990 auf 40 Prozent 1997. Die deutsche Vereinigung führte nach 1989 zu einem stark anwachsendem Interesse an der Politik, ein Effekt, der 1992 nachließ, jedoch 1994 und 1995 immer noch spürbar war. Jedenfalls lag das ausdrückliche Interesse an der Politik in den 1950er und 1960er Jahren bedeutend unter 40 Prozent. So bezeichneten sich im Juni 1952 nur 27 Prozent der Bevölkerung als politisch interessiert.[96] Allerdings hat es in den letzten zwanzig Jahren zweifellos einen merklichen Wandel der Haltung gegenüber den Politikern als Gruppe gegeben. Im Jahre 1972 antworteten etwa 63 Prozent der Westdeutschen mit Ja auf die Frage »Glauben Sie, man benötigt beträchtliche Fähigkeiten, um Bundestagsabgeordneter in Bonn zu werden?« Gerade einmal 23 Prozent sagten dazu Nein. 1996 dagegen sagten nur 25 Prozent der Befragten Ja, während 59 Prozent mit Nein antworteten. Der Prozeß der Desillusionierung verlief in den ehemals ostdeutschen Ländern seit ihrer Angliederung an die Bundesrepublik sogar noch schneller. Im Jahre 1991 antworteten etwa 44 Prozent der Ostdeutschen mit Ja auf die Frage nach den Fähigkeiten der Bundestagsabgeordneten; 1996 war die Zahl auf 22 Prozent gesunken.[97] Mehr als zwei Drittel aller 1995 befragten Deutschen meinten, die wichtigste Aufgabe eines Abgeordneten bestehe darin, die Wünsche und Interessen der Wähler zu vertreten, doch nur ein Drittel nahm an, daß ihre gewählten Vertreter dieser Aufgabe tatsächlich Vorrang gaben. Fast ebenso viele meinten, daß die Abgeordneten sich genauso stark um die »Verwirklichung ihrer persönlichen Vorstellungen und Ziele« kümmerten.[98]

Im Jahre 1983 sagten gerade einmal 29 Prozent der Westdeutschen, sie seien über alle großen Parteien »enttäuscht«; zehn Jahre später erreichte diese Zahl mit 57 Prozent einen Spitzenwert. Während das Gefühl der Desillusionierung 1993 und 1994 beträchtlich abnahm, stieg es im April 1997 wieder auf über 50 Prozent. Die Einstellungen der Ostdeutschen haben sich seit 1990 beinahe deckungsgleich entwickelt.[99] Vielleicht noch überraschender ist die Abnahme des Wissens der Bürger über das deutsche Wahlsystem, das jedem Wähler zwei Stimmen gibt, eine für einen Wahlkreiskandidaten und eine für eine Parteiliste. Dabei entscheidet die letztgenannte Stimme über das tatsächliche Kräfteverhältnis der Parteien im Bundestag. Dieses System von Erst- und Zweitstimme kannten 1980 54 Prozent der Wähler. Neueren Untersuchungen zufolge wußte jedoch nur noch ein Viertel, daß die zweite Stimme die ausschlaggebende ist.[100]

Politikverdrossenheit ist jedoch keine besondere deutsche Erscheinung. Als man die französischen Wähler im November 1999 fragte, wie sie auf Politik reagierten, erwiderten 57 Prozent »mit Mißtrauen«, 27 Prozent »mit Langeweile« und 20 Prozent »mit Verachtung«. Nur 25 Prozent meinten, sie würden durch eine Partei oder einen führenden Politiker gut vertreten.[101]

1956 erklärte der Demokratische Präsidentschaftskandidat Adlai Stevenson vor dem Wahlparteitag seiner Partei: »Die Vorstellung, man könne Kandidaten für hohe Ämter wie Frühstücksflocken bewerben, man könne also Wählerstimmen wie Rabattmarken sammeln, bedeutet für ein demokratisches Verfahren das Äußerste an Unwürdigkeit.«[102] Stevenson wahrte seine Würde, aber er verlor gegen Eisenhower nacheinander zwei Wahlen. Vielleicht verdankte »Ike«, wie die Theorie vom »Wohlfühlfaktor« nahelegt, seine Siege dem schnellen Wachstum der amerikanischen Wirtschaft in den 1950er Jahren. Aber die Möglichkeit, daß er sie einer überlegenen Wahlkampagne schuldet, ist nicht auszuschließen. Und das hat mit dem Geldzusammenhang zu tun, dem wir uns nun zuwenden: dem Nexus zwischen Parteifinanzierung und Wahlerfolg.

NEUNTES KAPITEL

Das Silverbridge-Syndrom

Zur Ökonomie demokratischer Wahlen

ALS ANTHONY TROLLOPES ungestümer jugendlicher Held Phineas
Finn als Liberaler für das Unterhaus kandidierte, war die Wahl eine von
vornherein entschiedene Sache. Im Wahlkreis gab es nur 307 registrierte
Wähler, und »die Einwohner waren von der Menschheit so weit abgeschnitten und kannten die guten Dinge der Welt so wenig, daß sie
nichts von Bestechung wußten«.[1] Doch als Trollope ein Jahr nach Abschluß seines Romans selbst für das Parlament kandidierte, hatte er
weniger Glück. Sein Wahlkreis Beverley, in der Region East Riding in
Yorkshire, zählte zu den korrumpiertesten in England. Seitdem er 1857
dort aufgetaucht war, hatte der konservative Unterhausabgeordnete des
Wahlkreises, Sir Henry Edwards, systematisch alle Wähler »gekauft«.
Das ging so weit, daß »die Arbeiterklasse [die seit 1867 das Wahlrecht
besaß] das Stimmrecht nur als Mittel betrachtete, sich Geld zu verschaffen«.[2] Auch die Kneipenwirte wurden von Edwards bezahlt, damit sie
Freibier ausschenkten. Selbst bei Kommunalwahlen pflegten die Wahl-
agenten der Konservativen in der zu Recht so genannten Golden Ball
Taverne zu sitzen und Münzen zu verteilen. Sie notierten die Namen
der Empfänger sorgfältig in einem Buch. Trollope gab für seine Kampagne 400 £ aus, aber er erhielt nur 740 Stimmen, während sich 1.132
Wähler für Edwards entschieden. Die Bestechung erfolgte derart dreist,
daß eine königliche Untersuchungskommission eingesetzt wurde. Sie
kam zu dem Ergebnis, daß mehr als 800 Wähler bestochen worden seien.
Daraufhin wurde Beverly von der Liste der Wahlkreise gestrichen.[3]

Wenn man Trollopes romanhafte Versionen seiner Erfahrungen in
»The Prime Minister« und »The Duke's Children« nachliest, dann erkennt man, wie wenig sich das politische Leben in England zwischen
den 1750er und den 1860er Jahren verändert hatte. In dem imaginären

---

Das Kapitel entstand in Zusammenarbeit mit Glen O'Hara

Wahlkreis »Silverbridge« sind die Kandidaten gezwungen, Schecks über 500 £ an örtliche Anwälte zu geben, »ehrbare Bürger« bitten unverschämt um »die bescheidenste geldliche Hilfe« als Anerkennung für ihre Stimmen, der ortsansässige Bierbrauer wird durch den Protegé eines lokalen Aristokraten besiegt, und ein geschlagener Kandidat bedroht einen seiner Rivalen mit einer Reitpeitsche.[4] In den Jahren 1832 und 1867 waren zwei große Reformgesetze verabschiedet worden; doch die Verhältnisse in Trollops »Silverbridge« waren kaum besser als bei den Wahlen unter der Herrschaft des Hauses Hannover, die William Hogarth 1753 so anschaulich im Bild festgehalten hat.

Nichts dergleichen, so wird man meinen, würde in einem Silverbridge unserer Tage vorkommen. Heutzutage kann ein Abgeordneter aus dem Unterhaus ausgeschlossen werden, wenn sich herausstellt, daß er einige wenige Pfund mehr als die gesetzliche Summe für Wahlkampfkosten ausgegeben hat. Und selbstverständlich fließt nichts von dem Geld, das Kandidaten heute aufwenden, direkt in die Taschen von Wählern. Aber in anderer Hinsicht erinnert die Politik unserer Tage durchaus an das Zeitalter Trollopes. Der Wähler wird nun, ohne bestochen zu werden, durch ein Sperrfeuer politischer Werbung an die Wahlurne getrieben. Es sind eher die steigenden Kosten des Verfahrens als die moralischen Mängel einzelner Politiker, die dazu führen, daß sich neue Züge von Korruption heimtückisch im politischen Körper ausbreiten.

Politik als Geschäft – Die Wohlfahrts-AG

Drei Monate nach dem Wahlsieg der Labour-Partei im Mai 1997 lieferte der neue Premierminister einen Einblick in seine Denkweise, als er den Einsatz von »Bürgerausschüssen« rechtfertigte, um die Ansicht der Öffentlichkeit zu bestimmten politischen Fragen festzustellen: »Wenn man ein Unternehmen wie Sainsbury's oder Mark's and Spencer leitet, dann muß man ständig kontrollieren, was man tut.« Dazu lautete der Kommentar des *Guardian*: »Der Vorstandsvorsitzende Tony Blair möchte seinen Job behalten, und deshalb gibt er den Kunden das, was sie wirklich haben wollen.«[5] Derweil drängte der *Observer* Blair dazu, seine Partei »wie ein modernes Unternehmen« zu managen; er solle jedem »einen Anteil am neuen Regierungsunternehmen« geben. Sehr bald wurde dieser Schönrednerei entsprechend gehandelt. Nie zuvor stammten so viele Labour-Minister aus der Geschäftswelt wie in Blairs Regierung. Die Konservativen in Großbritannien, seit den Tagen von Stanley Baldwin unzweifelhaft die Partei der Unternehmer, hatten nichts Eiligeres zu tun, als das neue Modell der Partei als Wirtschaftsunternehmen nachzuahmen. Auf der Suche nach Führungsstärke wandten sie sich einem früheren Managementberater aus dem Hause McKinsey sowie dem Vorstandsvorsitzenden der Supermarktkette Asda zu. William Hague und Archie Norman sorgten schnellstens dafür, der Partei eine neue Struktur zu geben, bei der die höchste Entscheidungsgewalt nun bei einem »Vorstand« liegt.[6]

Überall auf der Welt geht die Entwicklung dahin, daß sich die Sprache des Managements und der Jargon der Politik mehr und mehr decken. Ross Perots Ansprüche auf das Präsidentenamt 1992 und 1996 gründeten sich auf die Vorstellung, nur ein Geschäftsmann könne in den Vereinigten Staaten eine Wende herbeiführen, als handle es sich hier um ein großes, aber unprofitables Unternehmen. Im Juli 1999 drängte der Vorstandsvorsitzende der Firma Siemens Bundeskanzler Gerhard Schröder, seine Finanzpolitik auf Methoden zu gründen, wie sie in Wirtschaftsunternehmen üblich sind.[7] Im gleichen Monat erklärte der Chef des russischen Sicherheitsrates, Boris Beresowsky, es sollten sich mehr Geschäftsleute ins Parlament wählen lassen: »Um es ganz offen zu sagen, das Kapital heuert die Behörden für die Arbeit an. Die Form der Einstellung wird Wahlen genannt. Und so weit Wahlen in Form von Wettbewerb stattfinden, ist die Wahlentscheidung rational.«[8] Beresowsky verdiente im Autohandel und in der Werbeindustrie viele Millionen, bevor er in die Politik ging. Das *Wall Street Journal* vertrat weitgehend dieselbe Ansicht, als es Ideen »als die einzige Ware auf dem politischen Marktplatz« bezeichnete. »Die beste Idee ist das, was sich verkaufen läßt, die Konsumenten sind die Wähler, sie treffen ihre Auswahl in der Wahlkabine.«[9] Die Annahme ist weit verbreitet, daß Geschäftsleute bestimmte Fähigkeiten in die Politik einbringen können, die sie in der Unternehmenswelt erworben haben, und die in der Regierungsarbeit anwendbar sind. Hierin liegt der Kern der politischen Erfolge, die der Medienmogul Silvio Berlusconi in Italien errungen hat. In seiner extremsten Form jedoch reduziert sich dieses Phänomen auf die Auffassung, die Politik selbst sei einfach eine Art von Geschäft.

Aber wie weit ist die Eroberung von Wählerstimmen tatsächlich ein Geschäft wie jedes andere? Vielleicht besteht der beste Weg, diese Gleichsetzung zu überprüfen, darin, daß man sich Wahlen als Übernahmeschlachten um die Kontrolle eines großen öffentlichen Versorgungsunternehmens vorstellt, das man in Anbetracht seines Kerngeschäfts die Wohlfahrts-AG nennen könnte. Diese Wohlfahrts-Aktiengesellschaft ist

ein Riese mit vielen Sorgen und Problemen. Sie besitzt zwar in einer
Reihe von Massenmärkten fast ein Monopol und verfügt über eine
gewaltige Kundenbasis, nämlich die Steuerzahler und die von ihnen
Abhängigen, und die meisten von ihnen sind außerdem Aktionäre, also
Wähler. Ein großer Teil davon erhält Dividenden, die Leistungen genannt werden. Die AG versorgt die Konsumenten mit einer bunten
Palette an Dienstleistungen. Sie unterhält Krankenhäuser, Schulen und
ein gewaltiges Straßennetz. Außerdem ist sie ein Sicherheitsunterneh-
men und betreibt die Polizei, die Gefängnisse und die Streitkräfte. Sie
hat die Kontrollmacht über eine Reihe anderer Unternehmen, die von
den Universitäten bis zum Rundfunk reichen. Das Problem der Wohlfahrts-AG besteht darin, daß sie seit 1973 nahezu jedes Jahr Verluste gemacht hat. Um weiter Dividenden zahlen zu können, war das Unternehmen gezwungen a) die Kapitalanlagen zusammenzustreichen, b)
die Preise seiner Dienstleistungen durchgängig zu erhöhen, c) die Löhne
seiner gewaltigen Mitarbeiterschaft immer wieder einzufrieren, d) die
effektive Höhe der Dividenden herabzusetzen und sie an gewisse Gruppen von Aktionären überhaupt nicht mehr zu zahlen, e) die Kontrolle
der Zentrale über ihre regionalen und lokalen Zweigstellen zu steigern.

Angesichts all dessen ist es kein Wunder, daß etwa 58 Millionen Konsumenten, etwa 43 Millionen Aktionäre und 3,6 Millionen Beschäftigte
ausnahmslos unzufrieden sind.

Wenden wir uns nun den politischen Parteien zu. Es sind weit kleinere Gebilde, deren Hauptziel darin besteht, Wahlen zu gewinnen und
sich die Kontrolle über das Unternehmen Wohlfahrts-AG zu sichern.
Um das zu erreichen, muß sich die Opposition auf einen langdauernden Übernahmekampf einlassen und dabei die Mängel des gegenwärtigen Managements darlegen. Das Ziel derartiger Kampagnen besteht
darin, die Aktionäre, also die Wähler, zu veranlassen, ihrer Bewerbung
bei der nächsten Hauptversammlung in fünf Jahren, also bei den Unterhauswahlen, zuzustimmen. Wenn die Oppositionspartei damit Erfolg
hat, kommt es zur Übernahme der Wohlfahrts-AG. Im Ergebnis wird
die gegenwärtige Geschäftsleitung durch den Vorstand der Opposition
ersetzt. Es ist auch möglich, daß die Opposition ihren Übernahmefeld-
zug vorantreibt, indem sie die Kontrolle über Zweigunternehmen der
Wohlfahrts-AG, also über Kommunalverwaltungen, erringt und deren
Personal durchsetzt.

Einer der deutlichsten Unterschiede zwischen dem »politischen Geschäft« und dem wirklichen Wirtschaftsleben besteht in der tiefen
Unglaubwürdigkeit aller politischen Übernahmeansprüche. In der Oppo-

sition ist eine politische Partei nicht viel mehr als eine Kreuzung zwischen einer Denkfabrik und einer Werbeagentur. Solange sie nicht über beträchtliche Macht auf lokaler oder regionaler Ebene verfügt, hat die Oppositionspartei tatsächlich nichts mit den Regierungsgeschäften zu tun, von denen sie behauptet, sie beherrsche sie vortrefflich. Ist sie jedoch an der Macht, erhält die Partei den Auftrag, eine gewaltige monopolistische Unternehmung zu managen, wie der moderne Staat sie darstellt. Wie im 19. Jahrhundert müssen die Wähler dazu gebracht werden werden, ihre Loyalitäten zu wechseln, aber das kann nicht länger dadurch geschehen, daß man ihnen am Wahltag Freibier spendiert. Statt dessen müssen sie gewonnen werden, indem man ihnen für die Zukunft eine bessere Unternehmenspolitik der Wohlfahrts-AG verspricht, sei es nun in Form höherer Investitionen, niedrigerer Preise, also Steuersenkungen, besserer Arbeitsbedingungen für die Beschäftigten, höherer Dividenden, das heißt höherer Sozialleistungen, oder Umstrukturierungen zur Steigerung der Effizienz. Die regierende Partei jedoch kann all dies sofort anbieten; darüber hinaus verfügt sie über weit umfangreichere Ressourcen, um Erhebungen durchzuführen und ihre Politik zu propagieren.

Und genau hier, im Bereich der Finanzen, liegt der entscheidende Unterschied zwischen Politik und Wirtschaftsleben. Der auffallendste Zug der modernen Demokratie besteht womöglich in der gewaltigen Diskrepanz zwischen den Budgets der Parteien und den Haushalten der Staaten, die sie leiten möchten. Während die Staatshaushalte im letzten Jahrhundert im Verhältnis zum Bruttoinlandsprodukt stiegen, sind die Parteibudgets real dramatisch gesunken. Die Gesamtausgaben von Kandidaten bei den Wahlen von 1880 lagen bei über 1,7 Million £.[10] In Preisen von 1997 bedeutet das mehr als 20 £ pro Stimme, gegenüber 42 Pence, die ein Kandidat im Jahre 1997 pro Wähler ausgab.

Im Laufe der letzten zwei Jahrzehnte hat es zweifellos wieder einen Anstieg der Betriebskosten von Parteien gegeben. In dem Maße, wie Parteien mehr und mehr Wirtschaftsunternehmen ähneln und sich der Wettbewerb zwischen ihnen verschärft, erhöhen sich unvermeidlich ihre Betriebskosten. Sie verlassen sich weniger auf Freiwillige, die umsonst arbeiten, und mehr auf professionelle Administratoren und Berater. Die Unterhauswahl von 1997 war bedeutend teurer als die von 1992. Die Konservativen gaben 24 Millionen £ aus, Labour 17 Millionen £ und die Liberaldemokraten etwas weniger als drei Millionen £ – insgesamt betrugen die Ausgaben also 44 Millionen £ gegenüber Gesamtausgaben der drei wichtigsten Parteien von 32 Millionen £ fünf

Jahre zuvor.[11] 1997 gaben die Konservativen fast dreimal so viel aus, wie sie im Februar 1974 eingesetzt hatten, bei Labour sah es nicht anders aus. Sogar der Anteil der Gesamtausgaben der Parteien am Bruttoinlandsprodukt ist seit 1979 um fast 55 Prozent gestiegen. Die Zahlen berücksichtigen nicht die wachsenden Ausgaben für die laufende Betriebsführung der Parteien. Wenn man die Ausgaben der zentralen Parteiorganisationen, einschließlich regelmäßiger Zahlungen, die nichts mit Wahlen zu tun haben, betrachtet, dann zeigt sich die Aufwärtsentwicklung der Parteiausgaben bei der Labour-Partei am deutlichsten. Auch bei den Konservativen gab es seit Mitte der achtziger Jahre eine eindeutige Steigerung ihrer regelmäßig anfallenden Ausgaben. [12]

Überall in Europa zeigt sich das gleiche Muster. In Österreich haben sich die Wahlkampfkosten zwischen 1975 und 1990 verdoppelt; desgleichen in Schweden zwischen 1982 und 1988. Auch in Irland haben die Parteien immer mehr für die Wahlkämpfe ausgegeben: Das Budget von Fine Gael vervierfachte sich real zwischen 1969 und 1989.[13] Die Niederlande bilden eine Ausnahme, die die Regel bestätigt.[14]

Nur allzu berüchtigt ist das amerikanische Beispiel. Nach Schätzungen von Mitte 1999 kann die Kampagne zur Wahl des Nachfolgers von Präsident Clinton durchaus 50 Prozent mehr als der Wahlfeldzug von 1995/96 kosten.[15] Kandidaten für das Repräsentantenhaus und den Senat der Vereinigten Staaten gaben im zweijährigen Wahlzyklus 1987/88 459 Millionen $ aus, das ist mehr als doppelt so viel wie zehn Jahre zuvor. Die Kandidaten bei Vorwahlen zur Präsidentschaft verbrauchten weitere 250 Millionen $; die Präsidentschaftskandidaten selbst wandten 90 Millionen $ auf.[16] Die entsprechende Zahlenreihe für 1995/96 lautete: 765 Millionen $, etwa 244 Millionen $ und mindestens 153 Millionen $.[17] Diese Zahlen sind nach europäischen Maßstäben erschreckend. Die britischen Unterhauswahlen kosten die drei wichtigsten Parteien weniger als 66 Millionen $. Doch die Gesamtkosten des Wahlprozesses auf Bundesebene lagen in den Vereinigten Staaten im Jahre 1995/96, einschließlich Vorwahlen, Präsidentschaftswahlen und Wahlen zu Kongreß- und Repräsentantenhaus, bei über zwei Milliarden $.

Wie im britischen Fall müssen die Dinge gewiß auf lange Sicht gesehen werden. In absoluten Zahlen mögen die Kosten für die Zyklen von Präsidentschaftswahlen zwischen 1987/88 und 1995/96 um mehr als ein Viertel gestiegen sein. Aber real, unter Berücksichtigung der Inflationsentwicklung, blieben die Ausgaben mehr oder weniger auf dem gleichen Niveau. Und im Verhältnis zum Bruttosozialprodukt sind die

Präsidentschaftswahlen sogar *billiger* geworden. Die Kosten sind von 0,016 auf 0,014 Prozent gesunken. Die amerikanische Demokratie ist also keineswegs so unerschwinglich, wie allgemein angenommen wird. Der Gesamtbetrag, der 1996 für Wahlen ausgegeben wurde, lag ein wenig unter dem Werbebudget des Tabakkonzerns Philip Morris vom Jahr zuvor.[18]

Das Problem besteht darin, daß die Parteien versuchen, Stimmen zu erobern, nicht aber ein Produkt zu verkaufen, das Erträge erbringt. Sie müssen sich daher auf Finanzierungsquellen stützen, die aus der Unternehmerperspektive nicht normal sind. Mitgliedsbeiträge lassen sich wohl mit Abonnements von Zeitungen vergleichen, aber weder Parteien noch Zeitungen können sich allein auf diese Einnahmen verlassen, denn Parteien können im Unterschied zu Unternehmen, die im Internet kommerziell tätig sind, keine Anzeigen verkaufen. Jedenfalls nimmt die Zahl der Mitglieder von politischen Parteien nahezu überall ab.

In Großbritannien konnten die Konservativen 1953 nahezu drei Millionen Mitglieder vorweisen. Ende der 1990er Jahre ist diese Zahl um etwa 86 Prozent gefallen, sie liegt jetzt bei nur 400.000. Die Summe der Einzelmitglieder der Labour-Partei erreichte 1952 mit 1.015.000 ihren Höhepunkt. Darüber hinaus gab es mehr als fünf Millionen Mitglieder durch Verbandszugehörigkeit, hauptsächlich Gewerkschafter.[19] Trotz der Erfolge der Rekrutierungsbemühungen von New Labour liegt die Einzelmitgliedschaft der Partei heute bei etwa zwei Fünftel des Spitzenwertes von 1953.[20]

Das volle Ausmaß der Krise kann man am besten ermessen, wenn man die Zahl der Einzelmitglieder von Parteien zur Gesamtbevölkerung des Vereinigten Königreichs prozentual ins Verhältnis setzt. Danach ist die Mitgliederzahl der Labour-Partei in den 1980er Jahren relativ auf einen Stand gesunken, wie er seit den 1920er Jahren nicht mehr vorkam.

Ein ähnlicher Prozeß läßt sich inzwischen auf dem Kontinent wahrnehmen. In Österreich beispielsweise hatte die Mitgliederzahl der wichtigsten Parteien um 1980 ihren Höhepunkt erreicht und ist seitdem gefallen. Trotz des Erfolgs der Freiheitlichen (FPÖ) bei der Rekrutierung neuer Mitglieder fiel die Gesamtzahl aller Parteimitglieder prozentual zur Wählerschaft von 29 Prozent 1962 auf 23 Prozent 1990.[21] In Dänemark sank die Mitgliederzahl der vier wichtigsten Parteien von 600.000 im Jahre 1960 auf 220.000 Ende 1990. Die vier neuen Parteien, die in dieser Phase auftauchten, konnten nur 28.000 Mitglieder rekrutieren, das sind gerade einmal 0,7 Prozent der Wahlberechtigten.[22] Auch in den Niederlanden nahm die Zahl der Mitglieder von politischen Par-

teien von 745.000 im Jahre 1960 auf 320.000 Anfang der 1990er Jahre
ab: der Anteil sank von 15 Prozent der Wählerschaft 1946 auf weniger
als vier Prozent heute.[23] In Italien gab es seit 1993 einen Einbruch der
Mitgliedschaft der drei wichtigsten Parteien, und die neuen Organisationen, etwa die Lega Nord, waren nicht imstande, das auszugleichen.
Auch in Norwegen sank die Mitgliederzahl sowohl bei der Arbeiterpar-
tei als auch bei den Konservativen; und ein großer Teil jener, die Parteimitglieder blieben, zahlte die Mitgliedsbeiträge nicht mehr.[24] Es hat
den Anschein, daß politische Aktivitäten gesellschaftlich und ökonomisch ihren Reiz verloren haben.

Heute bilden, was diese Abwendung von den Parteien angeht, nur
Schweden und Belgien Ausnahmen. In Schweden hielt sich die Gesamt-
mitgliederzahl von Parteien bei etwa 1,5 Millionen, so daß deren Anteil
an der Bevölkerung nur leicht von 21 Prozent 1960 auf 18 Prozent 1989
gesunken ist.[25] Die schwedischen Sozialdemokraten können immer
noch den Anspruch erheben, daß 46 Prozent ihrer Wähler Parteimitglieder sind.[26] Auch in Belgien blieb der Prozentsatz der Bevölkerung,
der Parteien angehört, stabil, allerdings auf dem weit niedrigeren Niveau
von acht bis zehn Prozent.[27]

Die starke Abnahme der Zahl der Parteimitglieder, die mit wachsenden Kosten von Wahlen zusammenfällt, hat viele Parteien in akute
finanzielle Krisen getrieben. Das Gesamtdefizit der britischen Konservativen stieg von 500.000 £ 1975 auf 19 Millionen £ 1992. Es ist allerdings seitdem auf etwa zehn Millionen £ gesunken. Die Schulden der
Labour-Partei wurden 1999 auf 3,5 Millionen £ plus einer Kontenüber-
ziehung von 4,75 Millionen £ geschätzt, und das trotz der Tatsache, daß
eine stattliche Reihe der Marketingexperten, die für die Shadow Com-
munications Agency arbeiteten, ihre Dienste ohne Bezahlung leisteten.
Was die irischen politischen Parteien anging, so schätzte man 1992/93,
daß sie Schulden von etwa 5,5 Millionen £I haben, was für diese vergleichsweise kleinen Organisationen ein immenser Betrag ist.[28]

Genau das erklärt, warum sich so viele politische Parteien in wachsendem Maße auf Zuwendungen von privater Seite stützen. In den letzten
Jahren sind die Schleier weggezogen worden, die in der Vergangenheit
die Finanzierung der Konservativen Partei verborgen haben. Im Jahre
1987 brachte die Partei fast 15 Millionen £ an Spenden auf, davon kamen
vier Millionen von Aktiengesellschaften, weitere vier Millionen £ von
Privatunternehmen und etwa sechs Millionen £ von Einzelpersonen.[29]
Schätzungen zufolge stieg der Anteil der Spenden am Einkommen der
Torys durch Zuwendungen von Unternehmen und Einzelpersonen von

knapp unter 78 Prozent 1988/89 auf 83 Prozent 1994/95.[30] Für das darauf folgende Jahr gibt es eine detaillierte Aufstellung über Zuwendungen von Aktiengesellschaften, die offenbart, daß die Konservativen 120 Schenkungen erhielten, deren Wert insgesamt 2,88 Millionen £ betrug, darunter sieben Zuwendungen von jeweils über 100.000 £.[31] Eine noch vollständigere Auskunft, die die Partei im November 1998 gab, enthielt eine Liste von 33 Förderern, die jeweils 5.000 £ oder mehr gespendet hatten, allerdings wurden hier die Gesamtsummen nicht genau ausgewiesen.

Eine Neuerung des letzten Jahrzehnts besteht in der wachsenden Bedeutung der Zahlungen von Unternehmen an die Labour-Partei, die sich traditionell für den größten Teil ihrer Finanzierung auf die Gewerkschaften verlassen hat, die 1974 noch 92 Prozent aufbrachten.[32] Die Anwerbung von Mitteln bei Unternehmen spielte noch 1986 für die Einkünfte der Labour-Partei kaum eine Rolle, während *Labour Research* neun Jahre später in der Lage war, zwölf Schenkungen aus Unternehmerkreisen aufzuführen, die insgesamt 1,25 Millionen £ umfaßten. 1996 war diese Summe auf über sechs Millionen £ gestiegen, demgegenüber beliefen sich die Gewerkschaftszuwendungen auf acht Millionen £.[33] Insgesamt erhielt die Partei zwischen Juni 1996 und März 1997 nicht weniger als 15 Millionen £ aus Unternehmerkreisen.[34] Es ist unwahrscheinlich, daß die Partei je wieder in der Lage sein wird, sich so wie zuvor auf die organisierte Arbeiterschaft zu stützen.

Die Zuwendungen für politische Parteien in den Vereinigten Staaten bewegen sich allerdings in ganz anderen Größenordnungen. Nach Feststellungen des Washingtoner Centre for Responsive Politics erhielten die Bundesparteien und die Kandidaten bei den Bundeswahlen von 1997/98 Einzelzahlungen, Zuwendungen an Political Action Committees und »weiches Geld« in Höhe von 1,5 Milliarden $. Die Schenkungen erfolgten in einer Phase, in der es keine Präsidentschaftswahl gab. Allein die Beiträge aus der Finanz-, Versicherungs- und Immobilienbranche beliefen sich auf mehr als 154 Millionen $.[35] Überdies gibt es Anzeichen für eine wachsende Bedeutung »politischer Kleinanleger«. Im Juli 1999 hatten etwa 160.000 Einzelpersönlichkeiten Zuwendungen für die Kampagnen von George W. Bush und Al Gore gegeben.[36] Die Frage lautet: Warum eigentlich nicht?

Die politische Ökonomie des Filzes

In einer ironischen Formulierung nannte Gibbon die Korruption »das unfehlbarste Symptom verfassungsmäßiger Freiheit«.[37] Gewiß waren die 1990er Jahre durch einen Sturm von Korruptionsskandalen in fast allen wichtigen Demokratien gekennzeichnet. Aber ist moderne Politik in besonderem Maße käuflich?

Es war William Ewart Gladstone, der Ende 1875 eine osmanisch-ägyptische Staatsanleihe von 1871 im nominellen Wert von 45.000 £ zum Preis von gerade einmal 38 Prozent des Nennwerts, also für 17.100 £ kaufte. Wie der Herausgeber seiner Tagebücher darlegte, erwarb er bis 1878, dem Jahr des Berliner Kongresses, weitere Papiere im Nennwert von 5.000 £; und er kaufte dann 1879 noch für weitere 15.000 £ osmanische Staatspapiere von 1854, die ebenfalls die ägyptischen Tributzahlungen sicherstellten. 1882 umfaßten diese Papiere im Nominalwert von 51.500 £ nicht weniger als 37 Prozent von Gladstones gesamtem Anlagebesitz. Selbst vor der militärischen Besetzung Ägyptens durch die Briten im Jahre 1882, die er selbst befahl, erwies sich dies bereits als gute Investition: Der Preis der Papiere von 1871 stieg im Sommer jenes Jahres von 38 auf 57. Die Machtübernahme durch die Briten erbrachte noch weit größere Profite für den Premier: Im Dezember war der Preis dieser Anleihen auf 82 gestiegen. Er hatte, gemessen an seiner ursprünglichen Investition von 1875, einen Gesamtkapitalgewinn von fast 20.000 £ erzielt.[38] Nimmt man an, daß es in der zweiten Jahreshälfte 1882 zu einem Anstieg von 25 Prozent im Wert seines Gesamtbesitzes an ägyptisch-osmanischen Anleihen kam, dann verdiente Gladstone an der Entscheidung, Ägypten militärisch zu besetzen, persönlich 12.785 £. Nach heutigen Preisen bedeutet das mindestens eine halbe Million £. Berücksichtigt man Wachstumsfaktoren und Inflation, dann dürfte der heutige Gegenwert von Gladstones Profit aufgrund der Invasion tatsächlich bei 7,5 Millionen £ liegen.

Die Überzeugung, daß die modernen Politiker korrupter als jene der Vergangenheit seien, ist trotz solcher historischer Gegenbeispiele sehr weit verbreitet. 1997 war der britische Wahlkampf durch Vorwürfe wegen Verfilzung von seiten aller Oppositionsparteien gegen die Konservativen beherrscht, und er wurde in gewisser Hinsicht auch dadurch entschieden. Nach viktorianischen Maßstäben sind die britischen Politiker heute jedoch bemerkenswert vorsichtig und trennen ihre öffentliche Rolle von ihren privaten Interessen.

Spricht man von Verfilzung, ist es sehr wichtig, zwischen sexuellen

Übertretungen, wie sie in der menschlichen Natur liegen, belangloser Bestechlichkeit, über die man das gleiche sagen kann, und wirklicher Korruption zu unterscheiden, also Fällen, in denen die Regierungspolitik durch private Interessen in ihren Möglichkeiten eingeschränkt oder bestimmt wird. Wenn die Regierung Major auch genügend Affären der ersten beiden Arten erlebte, so fehlten Skandale der dritten Art fast völlig.

Die Mehrheit der Finanzskandale unter den Konservativen hatte mit Bemühungen von Parlamentariern zu tun, ihre Einkünfte aufzubessern, indem sie beispielsweise gegen Bezahlung Fragen im Parlament stellten oder auf andere Weise Privatinteressen unterstützten.[39] Bestechlichkeit dieser Art stellt für Berufspolitiker eine Verführung dar, nicht zuletzt, weil ihre Gehälter niedriger als jene von vergleichbaren Kräften in anderen Berufen liegen. Real gesehen verdoppelten sich die Gehälter britischer Parlamentarier zwischen 1911 und 1964. Während der folgenden 30 Jahre stagnierten sie und betrugen in Preisen von 1997 weniger als 30.000 £ im Jahr. Zwar wurden die Zuschläge für Bürokosten nach ihrer Einführung 1969 erhöht und übertrafen 1986 tatsächlich das Grundgehalt, man kann sie aber nicht mit Gehaltszahlungen gleichsetzen.[40] Selbst eine Diätenerhöhung um 26 Prozent auf 43.000 £ im Jahre 1996 hat kaum dazu geführt, die Position eines Parlamentsmitgliedes finanziell attraktiv zu machen. Die Verschärfung der Vorschriften über die Deklarierung ihrer privaten Interessen für Unterhausabgeordnete machte es schwierig, zur Ergänzung ihres Einkommens bezahlte Positionen als Direktoren oder Berater anzunehmen. Trollope hätte über die Auffassung gestaunt, daß es Parlamentarier geben könne, die außerhalb des Hauses keine Interessen oder Einkünfte hätten.

Noch schwerer zu rechtfertigen ist die Diskrepanz zwischen Ministergehältern und denen von führenden Managern mit vergleichbar großer Haushaltsverantwortung. Als die Senior Salaries Review-Kommission sich mit dieser Frage beschäftigte, verglich sie explizit die Stellung des Premierministers mit jener des Chefs eines »großen multinationalen Unternehmens, beispielsweise in der Mineralölwirtschaft, wo massive Kapitalinvestitionen erforderlich sind, und das einen deutlichen Einfluß auf die Weltwirtschaft ausübt«. Auf dieser Basis hätte der Premier ein Gehalt von mindestens 450.000 £ haben müssen und seine Kabinettskollegen als geschäftsführende Direktoren des selben Unternehmens wenigstens 375.000 £. Statt dessen erging die Empfehlung, daß die Entlohnung der Kabinettsminister von 69.651 £ auf 103.000 £ und die des Premierministers von 84.217 £ auf 143.000 £ steigen sollte. In seiner Eigenschaft als Vorstandsvorsitzender der Firma Unilever hatte der Chef dieses Untersuchungsgremiums, Sir Michael Perry, eine Gesamtjahresvergütung von 2,94 Millionen £ erhalten.[41] Da kann es kaum überraschen, daß Politiker sich darum bemühen, ihre Gehälter als Direktoren oder Berater zu ergänzen.

Um es zu wiederholen: Der Begriff »Korruption« beinhaltet unbedingt, daß private Interessen die Regierungspolitik beeinflussen, und dies mutmaßlich, auch wenn es öfter angenommen als bewiesen wird, zum Schaden öffentlicher Interessen. Aus diesem Grunde geben Zahlungen an Minister mehr Anlaß zur Sorge als Zahlungen an Abgeordnete, deren Aufgabe ja darin besteht, Interessen zu repräsentieren. Der einzige ernsthafte Vorwurf, der gegen ein Parlamentsmitglied vorgebracht werden kann, das Geld annimmt, um im Interesse eines Unternehmens eine Frage zu stellen, lautet, daß der Parlamentarier, wenn er so handelt, es unterläßt, den Rest seiner Wähler zu vertreten, die als Steuerzahler für seine Diäten aufkommen. Aber wenn man die Dinge so sieht, dann bedeutet jede Frage, die ein Abgeordneter im Interesse eines Wählers stellt, die Nichtberücksichtigung von Interessen der übrigen. Die Vorstellung, daß man alle Interessen in gleicher Weise repräsentieren kann, ist, wie es die Unterhausabgeordneten des 18. Jahrhunderts sehr wohl verstanden, eine Fiktion. Wenn Minister Bargeld oder Zuwendungen annehmen, ist das eine andere Angelegenheit. Jonathan Aitkens unbezahlter Aufenthalt im Pariser Hotel Ritz 1993 unterschied sich von demjenigen Neil Hamiltons ein paar Jahre zuvor hauptsächlich deshalb, weil Aitken zu jener Zeit ein Juniorminister im Verteidigungsministerium war und seine Rechnung von der saudischen Regierung beglichen wurde, der es darum ging, einige britische Unterseeboote zu pachten.[42] Ähnlich standen die Dinge, als 1998 offenbar wurde, daß die Londoner Wohnung von Peter Mandelson mit einem nicht deklarierten Kredit über 373.000 £ seines Ministerkollegen Geoffrey Robinson gekauft worden war. Der wirkliche Skandal lag in der Tatsache, daß Mandelsons eigenes Ministerium gleichzeitig eine Untersuchung über die Geschäfte Robinsons durchführte.[43] In keinem dieser Fälle ist es jedoch sehr wahrscheinlich, daß die Politik auf die eine oder andere Weise beeinflußt wurde: Es war die Leugnung oder die Verheimlichung dieser Vorgänge, die das Übel ausmachten.

Ein Grund, warum in aller Offenheit gekaufte Politik in der britischen jüngeren Geschichte recht selten war, liegt in der Rolle des britischen Systems von Ehrungen. Der Verkauf von Ehrentiteln wurde zwar durch den Honours Act von 1925, der Mißbrauch verhindern sollte, verboten, nachdem Lloyd George zuvor ganz unverhüllt Adelstitel für 50.000 £ pro Stück versteigert hatte. Doch es läßt sich kaum leugnen, daß eine derartige Praxis fortbestand. Nicht mehr als sechs Prozent aller Unternehmen geben Zuwendungen an die Konservative Partei, aber die Hälfte aller Ritterschläge und Erhebungen in den Adelsstand sind an die Direktoren genau dieser Unternehmen gegangen.[44] Weniger harmlos ist die Praxis, den Zugang zu Mitgliedern der Regierung zu verkaufen. Auch hier war Bill Clinton ein Pionier, wie Videobänder von Frühstücken für Spender im Weißen Haus offenbarten. Im Jahre 1998 wurde bekannt, daß Berater von britischen Labour-Ministern ebenfalls gegen Geld den Zugang zu ihren Vorgesetzten öffneten.[45] Doch auch eine Tasse Kaffee mit dem Regierungschef ist nicht mehr als eine Tasse Kaffee, sie enthält keine bindende politische Verpflichtung. Die entscheidende Frage lautet, wie weit die Zuwendungen mit bestimmten politischen Zusagen verbunden sind. Das war wohl der Fall, als Präsident Clinton an Unternehmen, die Geld für die Demokratische Partei aufbrachten, Lizenzen für den Export hochwertiger technischer Geräte nach China erteilte, was möglicherweise schädliche Konsequenzen für die nationale Sicherheit der Vereinigten Staaten hatte. Diese Art von Transaktion ist besonders in Hinblick auf gewisse landwirtschaftliche Interessen bedenklich: einige amerikanische Schutzzölle und Subventionen, besonders jene für die Erzeuger von Erdnuß- und Zuckerprodukten, verdanken ihr Fortbestehen Zuwendungen, die mit Bedingungen verknüpft waren. Diese Praxis ist in Großbritannien weniger offensichtlich, obwohl Geschäftsleute und Gewerkschaftsführer immer wieder versucht haben, sich politische Zusagen gegen Geld zu verschaffen. Vor den Wahlen von 1997 versuchte Bernie Eccleston durch eine Spende von einer Million £ an die Labour-Partei eine Ausnahmegenehmigung für die Firma Formula One zu erlangen, das von der Partei vorgeschlagene Verbot gegen Tabakwerbung im Sport umgehen zu dürfen.[46]

Und genau hier hört die Ähnlichkeit zwischen dem Geschäftsleben und der Politik auf. Denn im Hinblick auf Erträge aus Investitionen ist die Ethik der modernen Demokratie grundsätzlich unvereinbar mit jener des modernen Geschäftslebens. Theoretisch macht der, der einer politischen Partei eine Zuwendung gibt, ein Geschenk. Das ist der Zielsetzung nach nichts anderes als eine Spende an eine Wohltätigkeitsorganisation. Der »Ertrag« eines Geschenks besteht in der Erfüllung eines ethischen Gebots. In der Praxis erwarten die meisten politischen Spender jedoch einen materiellen Ertrag; und in diesem Sinne betrachten sie Zahlungen an Politiker als Investitionen oder zumindest als »Versicherungsprämien« und weniger als reine Geschenke. Der Gedanke an einen politischen Ertrag bei einer politischen Investition wird von den meisten liberalen Theoretikern als unzulässig betrachtet, und diese Ansicht wird von der Wählerschaft geteilt. Aus diesem Grunde haben die meisten Demokratien Gesetze geschaffen, die die Finanzierung der Politik regeln. Die Auswirkung der Gesetzgebung besteht jedoch darin, so in den politischen Markt einzugreifen, daß die Parteien einfach nicht imstande sind, sich so zu verhalten, wie es Unternehmen in anderen Bereichen tun.

Von der privaten zur öffentlichen Korruption

Politiker haben ein Interesse, die Wahlkampfkosten zu begrenzen. Die Öffentlichkeit möchte den Einfluß wohlhabender Spender auf die Politik einschränken.[47] Das mögen eindeutige Gründe sein, die Finanzierung der Politik gesetzlich zu regeln. Beide Feststellungen bedürfen allerdings der Einschränkung. Für die Politiker stellen die Kosten von Wahlkämpfen ein klassisches spieltheoretisches Problem dar, wie es dem berühmten »Gefangenendilemma« entspricht. Wenn zwei konkurrierende Parteien zusammenarbeiten, um die Kosten von Wahlkämpfen zu begrenzen, dann werden die Gesamtkosten einer Wahl zugunsten beider, des Gewinners und des Verlierers, gedrückt. Die Versuchung, die Zusammenarbeit zu verweigern, ist sehr groß, da die Vorteile des Sieges, die Macht, größer als die Kosten einer teuren Wahl sind. Wie auch immer die Regeln lauten mögen, beide »Gefangenen« werden mit Wahrscheinlichkeit jede Vereinbarung in der Überzeugung nicht einhalten, sich dadurch den Sieg sichern zu können. Auch die Öffentlichkeit hat ein Interesse daran, die Betriebskosten für politische Parteien anderen zu überlassen. Das Zögern, Mitglied politischer Parteien zu werden, deutet auf einen fundamentalen Mangel an Interesse für diese Form von Repräsentation hin. Wenn Wohlhabende und Unternehmen bereit sind, die Rechnung für Wahlfeldzüge zu bezahlen, hat die Mehrheit der Wähler möglicherweise nichts dagegen, selbst wenn das dazu führt, daß ihre gewählten Vertreter Spendern gegenüber »in der Schuld stehen«. Genau diese Zwangslagen machen es so schwierig, die Finanzierung der Politik verbindlich zu regeln.

Eine deutliche Mehrheit der Demokratien besitzt inzwischen irgendeine Art von gesetzlich festgelegter Kontrolle der Wahlkampffinanzierung. Die meisten Länder haben versucht, die Parteienfinanzierung auf drei verschiedene Weisen gesetzlich zu regeln: Festsetzung einer Höchstgrenze für politische Ausgaben; Begrenzung privater Zuwendungen; staatliche Finanzierung politischer Parteien als Alternative zur Privatfinanzierung. Die Erfahrung zeigt jedoch, daß ein Ausgabenlimit die Unterschiede in der Finanzstärke verschiedener Parteien nicht notwendigerweise verringert. Begrenzungen von Wahlkampfausgaben haben die Parteien dazu veranlaßt, ihre Aufmerksamkeit auf die laufenden Betriebskosten zu richten.[48]

Die meisten Länder erlegen den Ausgaben durch Verbot von bezahlten politischen Werbesendungen im Fernsehen nun zumindest indirekt Einschränkungen auf. Nur zwölf von 45 Ländern erlauben einer kürzlich durchgeführten Untersuchung zufolge bezahlte politische Werbung im Fernsehen, während Frankreich auch Presseanzeigen, Plakate und sogar kostenlose Telefonate verbietet. In den Vereinigten Staaten waren Versuche zur Begrenzung der Ausgaben dagegen weniger erfolgreich. Ergänzungsvorschriften zum Federal Election Campaign Act von 1974 zielten auf zwangsweise Ausgabeneinschränkungen. Diese Bestrebungen wurden 1976 vom Obersten Gerichtshof mit der Begründung abgelehnt, sie begrenzten das Recht der freien Rede und verletzten daher den ersten Zusatz zur Verfassung der Vereinigten Staaten von Amerika. Das führte dazu, daß die wichtigste Einschränkung der politischen Finanzierung nun die Begrenzung politischer Zuwendungen von einzelnen auf 25.000 $ pro Jahr ist, was eine entscheidende Vorschrift des Gesetzes von 1974 war. Hinzu kommt das erst kürzlich erfolgte Verbot von Zuwendungen aus dem Ausland.[49] Theoretisch besteht nach diesem Gesetz auch ein Verbot, daß Unternehmen und Gewerkschaften Beiträge leisten, wenngleich »freiwillige Beiträge« von Aktionären oder Angestellten im Jahre 1975 für legal erklärt wurden.[50] Die Political Action Committees sind ebenfalls Einschränkungen in Hinsicht auf die Beiträge, die sie leisten dürfen, unterworfen worden. Wichtiger allerdings ist, daß die nationalen Komitees der beiden wichtigsten Parteien imstande waren, hunderte von Millionen Dollar an »weichem Geld« für »Parteiaufbau«, »Mobilisierung von Wählern« und andere Zwecke aufzubringen, die vermeintlich nicht spezifisch mit den Kampagnen bestimmter Kandidaten zu tun hatten. In der Praxis sind auch die mit weichem Geld finanzierten »thematischen Anzeigen« nicht von sonstiger Wahlkampfpropaganda zu unterscheiden.

Die einzige Einschränkung der Finanzierung der Politik in den Vereinigten Staaten liegt demgemäß in der Tatsache, daß Informationen über die Quellen von Wahlkampfmitteln recht leicht einzuholen sind: Alle Unterstützungen, die 250 $ überschreiten, müssen deklariert werden. Andere Länder, darunter auch Großbritannien und Kanada, ziehen zur Kontrolle privater Zuwendungen die Offenlegung einer Begrenzung vor. Dementsprechend empfahl Lord Neill, daß nur Zahlungen aus dem Ausland an britische politische Parteien verboten werden, daß aber alle inländischen Zuwendungen, die 5.000 £ überschreiten, deklariert werden sollen. In Deutschland muß jede Spende von mehr als 20.000 DM publiziert werden; in Frankreich sogar alles, was über 1.000 Francs, etwa 300 DM, liegt. Die Franzosen beschränken außerdem Unterstützungen an einzelne Kandidaten für die Nationalversammlung auf 50.000 Francs.

Nahezu alle Demokratien sind jedoch einen Schritt weitergegangen, indem sie den Parteien unmittelbar eine beträchtliche staatliche Finanzierung zukommen lassen. Allerdings sind die Verteilungssysteme unterschiedlich. Die am weitesten verbreitete direkte Subventionsform vergibt das Geld pro Stimme oder pro Sitz an die Parteien. Heute machen »nur in den Niederlanden, im Vereinigten Königreich und den USA ›private‹ Quellen der Parteifinanzierung [...] immer noch einen größeren Teil der Einnahmen aus als jene Mittel, die aus der öffentlichen Kasse kommen«.[51] Manche politische Systeme gewähren zusätzlich indirekte Subventionen, etwa in Form von Steuerermäßigungen für Beiträge an Parteien.

Man kann also durchaus die Ansicht vertreten, daß die politischen Parteien im Westen langsam verstaatlicht werden. Sie sind in der Praxis zu bloßen Anhängseln des Staates geworden.

Aber ist die staatliche Parteienfinanzierung ein wirksames Mittel gegen die Korruption oder, präziser gesagt, gegen private Zuwendungen, die mit Bedingungen verknüpft sind? Oder könnte es sich hier, wie Karl Kraus einmal über die Psychoanalyse sagte, um »das Leiden handeln, das sie zu kurieren behauptet«? Vor allem ist keineswegs klar, daß eine öffentliche Finanzierung die Privatfinanzierung ersetzt. Es kann sich genau so gut um eine Ergänzung handeln, auch wenn der Privatfinanzierung Grenzen gesetzt werden. Trotz staatlicher Subventionen hat man geschätzt, daß die italienischen Parteien zwischen 1979 und 1987 insgesamt 60 Milliarden Lire im Jahr in Preisen von 1986 durch illegale Zuwendungen erhielten.[52] Die staatliche Finanzierung scheint auch für die Christlichen Demokraten in Deutschland nicht ausgereicht zu haben. Davon zeugen die Summen, die unter Helmut Kohl illegal eingeworben worden sind. Einige stammen vermutlich aus Be-

stechungen bei Waffengeschäften, andere wohl von der französischen
staatlichen Ölgesellschaft Elf, weitere möglicherweise sogar aus dem
Vermögen der ostdeutschen Kommunisten.[53]
Auch wenn solche Mißbräuche vermieden werden können, muß doch
ernsthaft bezweifelt werden, ob die zunehmende Identität zwischen
politischen Parteien und Staat erwünscht ist. Wenn man den Staat als
einen neutralen, unparteiischen Vermittler betrachtet, wie ihn die preußische Legende sehen will, dann mag dies in der Tat ein Schritt in
Richtung auf das Nirwana der »unpolitischen Politik« sein. Betrachtet
man den Staat aber so, als besäße er eine »zugreifende Hand«, als sei er
der Wahrer seiner eigenen Interessen und weniger der Wächter des
öffentlichen Interesses, dann ist es beunruhigend zu sehen, wie die traditionell unabhängigen politischen Parteien zu bloßen Chiffren werden. In der verblichenen Deutschen Demokratischen Republik präsen-
tierte sich eine Vielzahl von Parteien, wenn die Menschen zur Wahlurne gingen, aber sie waren allesamt feste Bestandteile des Systems und
boten daher keine wirkliche Alternative zur Sozialistischen Einheits-
partei. Westeuropa geht das Risiko ein, eine recht anders geartete, aber
nicht weniger künstliche Form von Demokratie zu schaffen, wenn traditionell eigenverantwortliche Parteien von Finanzministerien abhängig werden. Was soll die Wählerschaft mit Politikern anfangen, die
gewählt werden wollen, um sich selbst Geld zu bewilligen – um ihre
Wiederwahl zu erreichen?

Die Tendenz zum politischen Markt

Sicher wird wohl keine noch so große Zahl an Regelungen die organisatorische Entwicklung etablierter Parteien von freiwilligen Vereinigungen mit Massenmitgliedschaft in Quasi-Unternehmen rückgängig machen können, die miteinander in immer ausgefeilteren und teureren
Kampagnen konkurrieren, um die »Wohlfahrts-AG« zu managen.
Eine denkbare Entwicklung läuft darauf hinaus, daß die etablierten
Parteien, teilweise wegen der ihnen auferlegten gesetzlichen Vorschriften, durch Interessengruppen, die Einzelziele verfolgen, oder (wie sie
lieber genannt werden) Nichtregierungsorganisationen (NGO) heraus-
gefordert, wenn nicht ersetzt werden. In Großbritannien gehören heute
etwa zwanzigmal so viele Menschen Freiwilligen- oder Selbsthilfe-
gruppen an, wie es Mitglieder von politischen Parteien gibt.[54] Die Königliche Gesellschaft zum Schutz der Vögel hat mehr Mitglieder, näm-

lich insgesamt eine Million, als die drei wichtigsten politischen Parteien des Landes zusammen.[55] Die sich lange hinziehende und absurde Debatte, ob man die Fuchsjagd im Vereinigten Königreich verbieten soll oder nicht, illustriert sehr schön die unterschiedlichen Formen, die derartige Organisationen an den »Graswurzeln« annehmen können: Auf der einen Seite gibt es eine Reihe vergleichsweise kleiner, aggressiver und aktiver Gruppen zum Schutz der Tierrechte; dagegen steht ein lockeres Bündnis von Jägern, Bauern, Einwohnern von ländlichen Gebieten und Sympathisanten in den Vorstädten.

Es ist jedoch höchst überraschend, daß die Gegner der Jagd heute fast so weit sind, ihr Ziel – ein das gesamte Land umfassendes Verbot der Jagd mit Hunden – zu erreichen, indem sie nach dem Vorbild von Eccleston der Labour-Partei eine Million £ spendeten. Dieses Zusammenspiel zwischen außerparlamentarischen Organisationen und Parteien ist nicht neu. Ähnliche Rollen spielten einstmals die Liga gegen das Getreidegesetz Mitte des 19. Jahrhunderts, die Antialkoholikerbewegung in Großbritannien und den Vereinigten Staaten in den 1920er Jahren, die Kampagne für Nukleare Abrüstung und ihre kontinentalen Schwesterorganisationen in den 1950ern und 1980ern. Wenn man sagt, daß diese Gruppen, die nur jeweils ein Ziel verfolgen, in der Zukunft in den Demokratien eine wichtige Rolle spielen werden, dann bedeutet das wieder einmal, daß die Zukunft der Vergangenheit ähnlich sein wird. Der Unterschied liegt nur darin, daß die Interessengruppen wie die Parteien sich heute in einer viel stärker unternehmerischen Weise als in der Vergangenheit organisieren müssen. Und obwohl sie gegenwärtig mehr auf freiwillige Unterstützung zählen können als etablierte politische Parteien, werden die NGOs früher oder später feststellen müssen, daß die Kosten effektiver Lobbyarbeit auf dem teurer werdenden politischen Markt höher sind als ihre Einkünfte aus Mitgliedsbeiträgen und Sammelaktionen. Streng wirtschaftlich betrachtet, ist es nicht effizient, jedesmal eine neue politische Organisation mit all den dazugehörigen festen Kosten zu schaffen, wenn man ein bestimmtes politisches Ziel erreichen will. Ein Grund, warum die Liberale Partei im 19. Jahrhundert entstand, lag genau darin, daß eine Vielzahl einzelner Interessenverbände mit bestimmten Zielen den Sinn erkannten, der darin lag, sich die Macht im Parlament zu sichern, indem man zu diesem Zweck die Ressourcen zusammenlegte.[56]

Die wirklich wichtige Frage lautet: Sollten die etablierten Parteien von den gegenwärtigen, weitgehend widernatürlichen Einschränkungen ihrer Aktivitäten befreit werden oder nicht? Was wären die Aus-

wirkungen, beendete man nicht nur die Einschränkungen der privaten
Finanzierung politischer Aktivitäten, sondern auch die Anormalitäten
im System der öffentlichen Finanzierung der Parteien? Nimmt man einmal an, anstatt Steuerzahlergelder an alle Kandidaten bei Parlaments-
wahlen auszuzahlen, würde eine Umverteilung von Ressourcen vorge-
nommen, um die Ministergehälter den Einkommen vergleichbarer Lei-
stungsträger im Privatsektor anzugleichen. Es ist zumindest denkbar,
daß hohe Ministergehälter talentiertere Leute reizen würden, eine politische Karriere anzustreben, während sie den Druck auf die Kabinetts-
mitglieder verringern würden, im Interesse reicher Leute Einfluß zu
üben. Man nehme außerdem an, die einzige gesetzliche Bestimmung
zur Parteifinanzierung bestehe in dem Gebot, die Quelle von Zuwendungen und die Konten der Parteien nach den Maßstäben offenzule-
gen, wie sie für Aktiengesellschaften gelten.

Das übliche Gegenargument lautet, daß solch ein »freier Markt« in
der Politik den Reichen nützen und die Armen von politischem Einfluß
ausschließen würde. Vielleicht wäre das so, doch würde es nichts an der
Tatsache ändern, daß in der Demokratie alle »Aktionäre« des Staates,
unabhängig von ihren Beiträgen zur Parteifinanzierung, über die gleiche Wählerstimme verfügen. Eine Partei, zu deren Programm es gehört,
die Steuern für die obersten 0,5 Prozent der Steuerzahler zu senken,
könnte durchaus imstande sein, von den Reichen eine Menge Zuwendungen einzutreiben, sie würde aber ganz gewiß gegen eine Partei verlieren, die im Wahlkampf verspricht, verbesserte öffentliche Dienstleistungen ohne Veränderung der Steuerbelastung zu gewährleisten. Dies
gilt unter der Voraussetzung, daß die zweite Partei sich eine Zuwendung von mindestens einem Pfund von jedem Bürger sichern könnte,
der von dieser Politik profitieren würde. Insgesamt dürften die Risiken
eines freien politischen Marktes geringer sein als die Gefahren einer
exzessiven Regulierung.

Denn entscheidend ist, daß politische Parteien, jene unverzichtbaren
Institutionen einer funktionierenden Demokratie, durch Vorschriften
um ihre Ressourcen gebracht werden, die darauf abzielen, die Privatfinanzierung einzuschränken. Zur gleichen Zeit werden sie gezwungen,
in ungesunder Weise vom Staat abzuhängen. Ihre Entwicklung als
Organisationen ist verkümmert. Doch die Stigmatisierung privater Zuwendungen an Parteien ist in vielfacher Weise irrational. All das erinnert ein wenig an die Forderung, man solle den Reichen nicht gestatten, mehr Aktien einer Gesellschaft zu kaufen als die Kleinaktionäre
oder mehr Geld als Durchschnittsverdiener an Wohltätigkeitsorganisa-

tionen zu spenden. Schlimmer noch, die Verstaatlichung der Parteien droht den echten Wettbewerb zwischen freien politischen Vereinigungen durch die Machenschaften eines homogenen Staatsapparats zu ersetzen.

Ein politischer Markt, auf dem es keine Einschränkungen für offengelegte private Zuwendungen und nur minimale staatliche Subventionen gibt, würde keine Korruption hervorbringen, er könnte diese sehr wohl einschränken, indem er Hintertürchen überflüssig macht. Das bedeutet keine Empfehlung zur Rückkehr nach Trollopes Silverbridge; es soll aber deutlich machen, daß die westliche Politik bedenklich nahe daran ist, einer neuen Art von Korruption anheimzufallen, die genau so schlecht ist wie jene, die Trollopes politische Ambitionen vereitelte.

ZEHNTES KAPITEL

Herren des Universums

Finanzielle Globalisierung

>»Die Masters of the Universe waren finstere, raubgierige Plastik-
>puppen, mit denen seine ansonsten vollkommen untadelige
>Tochter so gern spielte. [...] Sie waren ungewöhnlich vulgär, selbst
>für Plastikspielzeug. Doch eines schönen Tages, nachdem er zum
>Telefon gegriffen und eine Order über Zero-Bonds angenommen
>hatte, die ihm eine Provision von 50.000 $ einbrachte, war ihm
>in einem Anfall von Euphorie, einfach so, eben diese Bezeichnung
>in den Sinn gekommen. In der Wall Street waren er und noch ein
>paar andere – wie viele? Dreihundert, vierhundert, fünfhundert? –
>genau das geworden: Masters of the Universe, Herren des
>Universums.«
>*Tom Wolfe, Fegefeuer der Eitelkeiten.* [1]

Jeden erschrecken

ZU ANFANG von Bill Clintons ersten hundert Tagen als Präsident bemerkte sein Wahlkampfmanager James Carville: Wenn es so etwas wie
eine Reinkarnation gäbe, dann würde er nicht gerne als Präsident oder
als Papst, sondern als Anleihemarkt wieder auf die Erde kommen, denn
dieser sei es, der die Welt wirklich regiere:»Damit kann man jeden in
Schrecken versetzen.«[2] Er bezog sich dabei auf die Nervosität des Marktes beim Amtsantritt des ersten demokratischen Präsidenten seit Jimmy
Carter. In den zwei Monaten vor Clintons Wahl, als seine Erfolgschan-
cen wuchsen, hatten die Märkte langfristige US-Staatsanleihen um 35
Basispunkte[3] nach oben getrieben, und das zu einem Zeitpunkt, da die
Erträge in den meisten anderen wichtigen Volkswirtschaften sanken.
Die ersten Initiativen Clintons zur Gesundheitsvorsorge und zur Frage
der Homosexuellen in den Streitkräften bedeuteten für die Herren des
Universums keine Beruhigung.

Der globale Anleihemarkt ist gewiß erschreckend groß. Zwischen
1982 und 1997 versechsfachte er sich auf etwa 25 Billionen $.[4] Mitte
des Jahres 1990 hatte der Gesamtwert der ausgegebenen Staatspapiere
34 Billionen $ erreicht. Das ist nicht nur mehr als das gesamte Kapital-

volumen aller Aktienmärkte der Welt, das 1999 27,5 Billionen $ betrug, sondern auch mehr als das Bruttoinlandsprodukt aller Länder der Welt zusammen, das 1997 30,1 Billionen $ umfaßte. Mehr als die Hälfte aller festverzinslichen Wertpapiere waren 1999 von Regierungen und anderen Institutionen des öffentlichen Sektors herausgegeben, und etwas weniger als die Hälfte dieser Papiere waren amerikanischen Ursprungs. Der Aufstieg oder besser gesagt, die Renaissance des Anleihemarkts in den 1980er Jahren ist häufig mit der Firma Salomon Brothers in Zusammenhang gebracht worden.[5] Das Schicksal dieses Hauses ist seitdem ins Wanken geraten; aber amerikanische Institutionen blieben in den 1990er Jahren die wichtigsten Marktgestalter. Im Jahre 1997 wurden ungefähr 90 Prozent der neuen Anleihen von gerade einmal zwanzig Firmen am Markt untergebracht.[6] Entscheidend an Carvilles Bemerkung ist jedoch, daß kein US-Präsident der Dominanz amerikanischer Banken über den Anleihemarkt Einhalt gebieten kann. Es gibt zuviele individuelle und institutionelle Investoren mit zuviel Geld, und allzuviele darunter sind keine Amerikaner. Als Clinton sein Amt antrat, befanden sich mehr als 13 Prozent der Anleihen der amerikanischen Bundesregierung in ausländischen Händen.

Das außerordentliche Anwachsen des Marktes für festverzinsliche Wertpapiere muß im Zusammenhang mit einem umfassenderen Prozeß finanzieller »Globalisierung« gesehen werden. Die Kapitalbewegungen haben in den letzten zwanzig Jahren dramatisch zugenommen. 1980 entsprachen grenzübergreifende Transaktionen in Staatspapieren und Aktien von Unternehmen gerade einmal acht Prozent des japanischen Bruttoinlandsprodukts. 1998 machten sie 91 Prozent aus. Was die Vereinigten Staaten betrifft, so war der Anstieg sogar noch größer, nämlich von neun auf 230 Prozent. In Deutschland haben die grenzübergreifenden Transaktionen von sieben auf 334 Prozent des Bruttoinlandsprodukts zugenommen.[7] Exponentiell hat sich auch die Darlehensvergabe von Banken über die Grenzen hinweg ausgedehnt. Zwischen 1993 und 1997 stiegen die internationalen Bankforderungen brutto von 315 Milliarden auf 1,2 Billionen $. Obwohl das Anwachsen der Darlehensvergabe 1998 niedriger war, erreichte die gesamte offenstehende Summe internationaler Bankforderungen am Ende jenes Jahres eine Rekordhöhe von elf Billionen $.[8] Der tägliche Umsatz der Weltdevisenmärkte stieg von 1,6 Billionen $ 1995 auf 2,0 Billionen $ 1998, das bedeutete jährliche Umsätze von mehr als 400 Billionen $.[9] Das Wachstum des internationalen Marktes für Derivate verlief sogar noch schneller. Der Gesamtumfang an Terminkontrakten und Optionen, die an den Börsen

gehandelt wurden, stieg von 7,8 Billionen $ 1993 auf 13,5 Billionen $
Ende 1998. Die Summe von sogenannten Over-the-counter-(OTC)-Pa-
pieren, mit denen außerhalb etablierter Börsen Handel getrieben wurde,
stieg von 8,5 Billionen $ auf erstaunliche 51 Billionen $.[10] Der Markt
für OTC-Derivate ist inzwischen nach jedem denkbaren Maßstab der
größte Finanzmarkt der Welt, er ist sogar noch »schreckenerregender«
als der 34 Billionen $ umfassende Anleihemarkt.

Im strengen Sinne sind nur etwa 14 Prozent der Anleihen internationale Papiere; Anleihen im Wert von ungefähr 29 Billionen $ waren im
Jahre 1999 als inländisch klassifiziert, das bedeutete, sie wurden innerhalb jenes Landes ausgegeben, das das Darlehen aufnahm. Ferner ent-
fallen weniger als ein Drittel der internationalen Anleihen auf den
öffentliche Sektor. Aber der Anteil der Staatsanleihen, die sich in den
Händen ausländischer Investoren befinden, ist gleichwohl bemerkenswert hoch. In den frühen 1990er Jahren betrugen Auslandsschulden
zwischen einem Sechstel und der Hälfte der Staatsschulden der meisten
wichtigen Volkswirtschaften. In Großbritannien und den Vereinigten
Staaten ging der Trend seit Ende der 1970er Jahre eindeutig nach oben.
Während des größten Teils der 1990er Jahre spielten ausländische
Käufe langfristiger US-Staatsanleihen, die gewöhnlich »Treasuries«
genannt werden, eine entscheidende Rolle bei der Finanzierung des
amerikanischen Zahlungsbilanzdefizits, das 1999 mit 3,9 Prozent des
Bruttosozialprodukts sein höchstes Niveau seit 1960 erreichte. Die
Nettoinvestitionen von Ausländern in den Vereinigten Staaten erreich-
ten 1999 ebenfalls ein Rekordniveau von 14,6 Prozent des Bruttosozialprodukts.[11]

Kapitalflüsse: Zwischen Politik und Markt

Internationale Kapitalflüsse sind indessen kein neues Phänomen. Zu
internationalen Bewegungen von Kapital ist es stets gekommen, wenn
es umfangreiche grenzüberschreitende Bewegungen von Gütern und
Menschen gab.

In der Neuzeit wurde der Kapitalexport meist durch eine Mischung
von wirtschaftlichen und politischen Faktoren angeregt. Die ökonomische Grundlage des Kapitalexports besteht in der Sicherung höherer
Erträge, als sie bei Investitionen im Inland möglich wären. Sogar kurzfristige Kredite hätte man im Mittelalter nicht an ausländische Kaufleute gegeben, wenn nicht die Aussicht auf höhere Profite aus dem

internationalen Handel bestanden hätte. Doch seit den Zeiten des Hundertjährigen Kriegs, wenn nicht schon früher, waren Kapitalflüsse über die Grenzen hinweg sehr häufig durch militärische Feldzüge im Ausland notwendig geworden. Die englischen Könige, die Ansprüche auf Frankreich oder Teile davon erhoben, schickten Armeen über den Kanal, um ihre Forderungen durchzusetzen. Nur ein Bruchteil ihres Nachschubs konnte aus England herangeschafft werden. Es war einfacher, Geld hinüberzubringen und die Versorgungsgüter dort zu kaufen, wo sich der Krieg abspielte. Es war, wie spätere Regierungen in England erkannten, noch besser, einen anderen Staat, der sich bereits auf der richtigen Seite des Kanals befand, dafür zu bezahlen, daß er als Stellvertreter kämpfte. Beide Vorgehensweisen machten den Transfer von Geldsummen von London auf einen kontinentalen Kriegsschauplatz notwendig. Ein sehr großer Teil der Geschichte der internationalen Kapitalmärkte ist auf dieses militärische Grundbedürfnis zurückzuführen.

In der Theorie sollte zwischen privatem, profitmotiviertem Kapitalexport und staatlichem, strategisch motiviertem Kapitalexport zu unterscheiden sein. In der Praxis neigen beide zur Überlappung. Oftmals sind private Investitionen in Übersee offiziell sanktioniert worden, und manchmal waren sie mit politischen Zusatzbedingungen verbunden. Es gibt zahllose Fälle von Darlehen, die in der Absicht erfolgten, ausländischen Regierungen bei der Selbstreform zu helfen, selbst wenn es nur darum ging, sie in verläßlichere Alliierte zu verwandeln. Die bekanntesten Fälle dieser Art waren im späten 19. Jahrhundert die immensen französischen Kredite an Rußland, die nicht nur dazu bestimmt waren, das russische Eisenbahnnetz zu finanzieren, sondern auch die Bündnistreue des Zaren für den Fall eines Krieges mit Deutschland zu sichern.[12] Außerdem sichert die Unterstützung der eigenen Regierung den Investoren den Vorteil, das Risiko einer Nichterfüllung von Zahlungsverpflichtung durch den ausländischen Darlehensnehmer zu senken. Die Rothschilds waren zwischen 1865 und 1914 für ungefähr ein Viertel aller Emissionen von ausländischen Regierungsanleihen in London zuständig. Sir Ernest Cassel hat über diese Bankiersdynastie gesagt, daß sie »kaum irgend etwas aufgreife, wofür die britische Regierung nicht garantierte«.[13] Als der deutsche Bankier Max Warburg 1904 während des russisch-japanischen Krieges von der japanischen Regierung darauf angesprochen wurde, eine Anleihe in Umlauf zu bringen, tat er das, was jeder vernünftige Bankier in solch einem Fall macht, er begab sich ins Auswärtige Amt.[14]

Es gibt bei Auslandsinvestitionen im Unterschied zu inländischen

Anlagen drei grundsätzliche, rein ökonomische Probleme, die allerdings auch deren Reiz ausmachen. Es ist schwieriger sicherzustellen, daß ein ausländischer Schuldner seinen Verpflichtungen nachkommt, als zu gewährleisten, daß Zinsen und Tilgung von einem Darlehensnehmer, der unter der gleichen nationalen Gesetzgebung wie der Darlehensgeber lebt, mit Sicherheit gezahlt werden. Insolvenzen schaffen für ausländische Besitzer von Staatspapieren ernsthaftere Probleme als für einheimische, weil die Fremden keine Stimme in den repräsentativen Institutionen haben und es ihnen schwererfallen mag, das Rechtssystem zu nutzen, um ihre Forderungen gegen die Regierung durchzusetzen.[15] Außerdem läßt es sich schwerer gewährleisten, daß ein ausländischer Gläubiger fremde Mittel gut einsetzen wird: Die von den Ökonomen sogenannten »informationellen Asymmetrien« sind im allgemeinen um so größer, je weiter der Kreditgeber vom Schuldner entfernt ist. Schließlich kann eine Darlehensvergabe über Grenzen hinweg mit einem zusätzlichen Risiko verbunden sein, das mit dem Insolvenzrisiko gar nichts zu tun hat: Der Wechselkurs zwischen der Währung des Kreditgebers und jener des Gläubigers kann sich, je nach den Bedingungen des Darlehensvertrages, unerwartet zum Nachteil einer der beiden Seiten auseinanderentwickeln.

Wenn man die Vergabe von Darlehen ins Ausland an Bedingungen knüpft, um sie als politischen Hebel einzusetzen, ergeben sich auch hierbei drei ernstzunehmende Probleme. Das erste besteht darin, daß es nicht leicht ist, einen ausländischen Schuldner zu zwingen, versprochene Reformen durchzuführen oder internationale Verpflichtungen einzuhalten. Das ist überhaupt ein Grundproblem bei der Kreditvergabe. Sobald einmal Geld geflossen ist, kann es eine unverantwortliche Regierung durchaus instand setzen, ihr Treiben fortzusetzen oder sogar zu intensivieren. Das war die immerwährende Crux bei der Kreditvergabe an den osmanischen Sultan. Das zweite Problem besteht insbesondere bei einem regressiven Steuersystem darin, daß die Kosten des Schuldendienstes revolutionäre politische Entwicklungen innerhalb des Schuldnerstaates auslösen können, die auf das Gegenteil dessen hinauslaufen, was der Kreditgeber sich erhofft. Drittens kann es geschehen, daß aus den genannten rein ökonomischen Gründen, trotz politischer Argumente für eine verlängerte Kreditvergabe, Kapital kurzfristig zurückgezogen wird. Die verderblichen Auswirkungen plötzlicher Kapitalabflüsse können die Vorteile der zuvor erfolgten Zuflüsse vollkommen rückgängig machen. Nur wenn die aus einer Anleihe resultierenden Verpflichtungen effektiv von einem Staat übernommen werden – wie es 1917 geschah, als die Vereinigten Staaten die britischen Kriegsschulden von J. P. Morgan übernahmen –, kann sich die politische gegen die ökonomische Logik durchsetzen.

Dieser Analyse liegt die Annahme zugrunde, daß es eine oder mehrere kapitalexportierende Mächte gibt, die politische oder strategische Ziele verfolgen. Und dies war gewöhnlich der Fall. Was das späte 20. Jahrhundert so ungewöhnlich macht, ist das Fehlen einer solchen finanziell hegemonialen Macht.

Ursprünge des Anleihemarktes

Wenngleich die Monarchen des Mittelalters sich oftmals an ausländische Bankiers wandten, wenn sie Darlehen benötigten[16], und einige italienische Städte es zuließen, daß Obligationen an Nichtbürger verkauft wurden[17], entwickelte sich ein internationaler Anleihemarkt im modernen Sinne nicht vor dem 16. Jahrhundert.[18] Philipp II. und Philipp III. finanzierten ihre Kriege nicht einfach, indem sie via Spanien Edelmetalle aus Amerika in die Niederlande schafften, sie waren auch auf die Herausbildung eines internationalen Marktes für *asientos* und *juros* angewiesen, um die Lücke zwischen Steuereinnahmen und Militärausgaben zu füllen.[19] Bereits während der Regierungszeit Elisabeths I. wurde ein beträchtlicher Teil der britischen Kronschulden in Antwerpen finanziert[20]; doch begann sich London während des 17. Jahrhunderts zu einem eigenständigen internationalen Finanzzentrum zu entwickeln.

Mitte des 18. Jahrhunderts gab es ein starkes Maß an Integration zwischen den Märkten von London und Amsterdam. Aktien der Niederländischen und Britischen Ostindien-Kompagnie, der Bank of England, der Südsee-Kompagnie und später konsolidierte britische Staatspapiere wurden mit minimalen Preisunterschieden oder Zeitverzögerungen zwischen beiden Zentren gehandelt. In bemerkenswert synchroner Weise bliesen sich die Schwindelgeschäfte der 1720er Jahre in allen wichtigen Finanzzentren auf und platzten schließlich.[21] Beweise für die Integration der Märkte lassen sich auch in den Registern finden, die die Namen der Aktionäre enthalten. 1750 lag der Gesamtanteil der ausländischen Beteiligungen an den drei großen britischen Kompagnien bei über 19 Prozent. Ein bedeutender Teil der gesamten Staatsschuld in der Größenordnung von 14 Prozent befand sich ebenfalls in Händen von Ausländern, hauptsächlich niederländischen Investoren, eine Quote, die bis

1776 auf 16 Prozent stieg.[22] Zugleich spielte die Stadt Frankfurt eine ähnliche Rolle bei der Finanzierung der Schulden des Habsburger Reiches und bei der Anlage des Kapitals des sehr wohlhabenden Kurfürsten von Hessen-Kassel in einer Vielzahl von europäischen Staatspapieren.[23] Österreichische Papiere wurden außerdem in Antwerpen, Amsterdam, London, Genf und Genua verkauft und gehandelt.[24] Unter der Herrschaft der Hannoveraner führte Großbritannien lange Zeit indirekt Krieg, indem es Verbündete auf dem Kontinent finanziell unterstützte. Zwischen 1757 und 1760 hatte Friedrich der Große Zuschüsse im Wert von 670.000 £ im Jahr erhalten.[25] Umfang, Dauer und Kosten der Kriege in der Zeit von der amerikanischen Unabhängigkeitserklärung bis Waterloo führten dazu, daß sich solche Transferzahlungen in einer Aufwärtsspirale befanden. Zwischen 1793 und 1815 zahlte Großbritannien 65,8 Millionen £ in Form von Subventionen an seine Verbündeten, die Hälfte davon in den letzten fünf Jahren des Krieges gegen Napoleon.[26] Dies entsprach einem Fünftel bis einem Viertel des Volkseinkommens eines Jahres. 1823 betrugen allein die Gesamtvorauszahlungen an Österreich 23,5 Millionen £, davon mußte die Regierung bis auf 2,5 Millionen £ letztendlich alles abschreiben.[27] Die Summe solcher Zahlungen sowie die Notwendigkeit, immer größere britische Armeen ins Feld zu führen, machten enorme Transaktionen über die Grenzen hinweg notwendig. Die hätte man nicht durchführen können, wenn es nicht zwei einander ergänzende Märkte gegeben hätte: jene für Staatsanleihen und für Handelswechsel.[28]

Anleihen konnten dazu dienen, im Vorgriff auf Steuern Geldmittel im Lande aufzubringen; sie konnten aber nicht in genügenden Mengen an Ausländer verkauft werden, um Übertragungen zu den Kriegsschauplätzen zu erleichtern. Im Siebenjährigen Krieg kaufte die britische Staatskasse Wechsel von Londoner Kaufleuten, die auf ihre Korrespondenten im Ausland ausgestellt waren; sie wurden dann an die Quartiermeister im Felde geschickt, die sie benutzen konnten, um ihre Truppen zu entlohnen und Proviant zu kaufen. Die Ausländer akzeptierten auf London gezogene Wechsel gern, weil sie zum Kauf höchst begehrter britischer Manufaktur- und Kolonialwaren eingesetzt werden konnten. Die Maßnahmen der napoleonischen Kontinentalsperre waren ein Versuch, dies durch Abdrosselung britischer Exporte auf den Kontinent zu vereiteln. Die Kaufleute auf dem Kontinent strebten danach, an ihren Londoner Wechseln festzuhalten oder Überschüsse in konsolidierten britischen Staatspapieren anzulegen. Das geschah in der Erwartung, daß es am Ende einen britischen Sieg geben würde.[29] Als Wechsel nur noch unter ruinösen Abzügen als Zahlungsmittel benutzt werden konnten, sprang Nathan Rothschild ein. Er benutzte, wann immer er konnte, sein eigenes umfangreiches Kreditnetzwerk, um Gold- und Silberbarren aufzukaufen und sie dann an die britische Regierung weiterzuleiten. Allein im Jahre 1815 liehen Rothschild und seine vier Brüder der Regierung in London alles in allem 9,8 Millionen £, die sie direkt an die Heere und die Verbündeten Großbritanniens auszahlten.[30] Als diese Operation jedoch nicht länger mehr Rendite abwarf, investierten sie die Gewinne in Konsoln in der richtigen Erwartung, daß die Preise steigen würden, wenn das Pfund wieder zur Konvertibilität zurückkehrte und es erneut einen ausgeglichenen Haushalt geben würde.

Die Gegner Großbritanniens unternahmen ähnliche Transaktionen, wenn diese auch nicht die Dimension der Geschäfte der Rothschilds erreichten. Von den sechsprozentigen US-Staatsanleihen im Wert von 77 Millionen $, die von Alexander Hamilton zur Finanzierung der Staatsschuld der neugeschaffenen Vereinigten Staaten herausgegeben worden waren, wurden Papiere im Wert von zwölf Millionen $ von Ausländern gekauft. Für nahezu die Hälfte der Staatsschuld der Vereinigten Staaten gab es 1803 ausländische Gläubiger. Der Kauf von Louisiana wäre unmöglich gewesen, hätte Napoleon nicht amerikanische Staatsanleihen als Entgelt akzeptiert.[31] Der Kaiser der Franzosen investierte persönlich eine Million Francs in preußische Staatsanleihen; 1811 legte er mehr als drei Millionen in sächsischen Papieren an.[32] Aber er zog es vor, fremde Länder zu erobern und zu besteuern, statt sich Geld aus dem Ausland zu leihen, und das begrenzte seine Ressourcen, wie es auch später Hitlers Möglichkeiten einschränkte. Zwischen dem britischen und dem französischen Vorgehen gab es eine Art von gegenseitiger Ergänzung: die Briten liehen den Österreichern Geld, die Österreicher verloren den Krieg, und Napoleon eignete sich einige der ursprünglich britischen Vermögenswerte an, indem er Entschädigungszahlungen erzwang.[33] Napoleon hätte aus seinen Siegen mehr Profit schlagen können, wenn er beispielsweise den Amsterdamer Kapitalmarkt angezapft hätte, statt ihn abzuwürgen. 1803 war die Besteuerung pro Kopf in der sogenannten Batavischen Republik, wie die eroberten Niederlande nun genannt wurden, mehr als viermal so hoch wie in Frankreich, aber die Börse, die einstmals die größte der Welt gewesen war, lag am Boden.[34]

»Die wahren Herren Europas«

Nach 1815 gab es eine allmähliche Ausbreitung dessen, was die Zeitgenossen als das britische Finanzsystem ansahen. Die bestimmenden Grundzüge dieses Systems waren eine professionelle, Steuern eintreibende Bürokratie, parlamentarische und öffentliche Überprüfung der Haushalte, eine gesicherte, vom Parlament garantierte Nationalschuld und eine Zentralbank mit einem Teilmonopol über die Ausgabe von Banknoten. Der Goldstandard und der Freihandel waren spätere und fakultative Ergänzungen dieses Systems. Die freie Kapitalbewegung zählte von Anfang an zu seinen integralen Bestandteilen, denn es war nur durch den Londoner Anleihemarkt möglich, daß die kontinentaleuropäischen Finanzsysteme, zu schweigen von jenen der nord- und südamerikanischen Republiken, die sich während der Kriegsjahre ihre Unabhängigkeit gesichert hatten, in der Nachkriegszeit stabilisiert werden konnten.

Zugunsten ausländischer Regierungen wurden zwischen 1818 und 1832 in London 26 Anleihen mit einem nominellen Wert von 55,8 Millionen £ aufgelegt.[35] Eine der ersten dieser Anleihen, die preußische von 1818, macht deutlich, wie versucht wurde, gemeinsam mit dem britischen Kapital auch das britische institutionelle Modell zu exportieren.[36] Von Anfang der Verhandlungen an argumentierte Nathan Rothschild, jedes Darlehen müsse durch eine Hypothek auf die preußischen königlichen Domänengüter gesichert werden, die von den repräsentativen Ständen der betroffenen Domänen zu garantieren sei. Als die Preußen Einwände erhoben, machte Rothschild seine Gründe deutlich, warum er eine solche Garantie wünschte: Eine konstitutionelle Monarchie galt ihm als ein besseres Kreditrisiko als ein neoabsolutistisches Regime.[37]

Allerdings war Rothschild durchaus bereit, im Fall Preußen auf eine parlamentarische Kontrolle zu verzichten. Der schließlich zustandegekommene Vertrag enthielt in diesem Zusammenhang die folgende Bestimmung:»Es wird nämlich zur Sicherung der Gläubiger das Pfand aus den in Gefolge des mit Zuziehung aller Provinzialstände errichteten und von Sr. Maj. dem Könige von Preußen und den Prinzen des Kgl. Hauses vollzogenen Hausgesetzes vom 6. November 1809 völlig disponiblen Domänengütern gebildet.«[38] Das entsprach bei weitem noch nicht der parlamentarischen Kontrolle nach britischem Muster. Indes gibt es einen offensichtlichen Zusammenhang zwischen Rothschilds Verhandlungen und dem § 2 der Verordnung wegen der zukünftigen

Behandlung des Staatsschuldenwesens von 1820, in dem eine Höchstbegrenzung für die Staatsschuld festgelegt wurde. Die Einkünfte aus den königlichen Domänengütern wurden für den Schuldendienst bestimmt. Weiterhin hieß es hier:

»Sollte der Staat künftighin zu seiner Erhaltung oder zur Förderung des allgemeinen Besten in die Notwendigkeit kommen, zur Aufnahme eines neuen Darlehns zu schreiten, so kann solches nur mit Zuziehung und unter Mitgarantie der künftigen reichsständischen Versammlung geschehen.«[39]

Dies bedeutete, daß jede zukünftige Darlehensaufnahme des preußischen Staats automatisch zur Einberufung der Stände führen würde; mit anderen Worten, es räumte einen Zusammenhang zwischen öffentlicher Kreditaufnahme und Verfassungsreform ein. Das erklärt, warum gerade Preußen in den 1820er und 1830er Jahren unter allen deutschen Staaten die wenigsten Kredite aufnahm. Als diese Politik der Zurückhaltung in den 1840er Jahren zusammenbrach, waren die Konsequenzen revolutionär.

Nathan Rothschild war die Schlüsselfigur am größten Markt der Welt, der Urtyp eines finanzpolitischen Herrn des Universums. Im Mai 1818 richtete er einen Brief an den Direktor des preußischen Schatzamtes ab, der perfekt sein eigenes Machtgefühl – das auf der Macht des Geldes beruhte – wiedergibt.[40]

Es ist kaum verwunderlich, daß kritische Bemerkungen und Sottisen über die Macht der Rothschilds und ihrer Konkurrenten in der Korrespondenz von Politikern des 19. Jahrhunderts wie auch bei Journalisten, Romanciers und Dichtern immer wieder auftauchen.

In Disraelis Roman »Coningsby« heißt es über den älteren Sidonia, er habe 1815 »in Spanien vorausgesehen, daß Europa nach der Erschöpfung durch einen fünfundzwanzigjährigen Krieg Kapital benötigen würde, um den Frieden durchzustehen. Er erntete den fälligen Lohn seines Scharfsinns. Europa brauchte wirklich Geld, und Sidonia war bereit, es Europa zu leihen. Frankreich brauchte etwas, Österreich mehr, Preußen ein wenig, Rußland ein paar Millionen. Sidonia konnte sie alle bedienen«. Dadurch wurde er »Herr und Meister der Geldmärkte der Welt und natürlich faktisch auch von allem übrigen, was mit Geld zu tun hatte. Die öffentlichen Einnahmen Süditaliens waren ihm buchstäblich verpfändet, und Monarchien wie Minister aller Länder buhlten um seinen Rat und ließen sich von seinen Vorschlägen leiten«.[41]

Der Schlüssel zur Macht der Rothschilds liegt darin, daß sie ein wirklich multinationales Unternehmen mit »Häusern« nicht nur in London und ihrem Geburtsort Frankfurt, sondern auch in Wien, Neapel und Paris schufen.

Es war nicht nur Nathan, der die Vorstellungskraft seiner Zeitgenossen beschäftigte; es war die Tatsache, daß er *primus inter pares* unter den fünf Bonapartes der Finanzwelt war (ein Ausdruck, den Metternichs Sekretär Friedrich von Gentz prägte). Balzacs Romangestalt Nucingen ist ganz nach dem Vorbild von Nathans Bruder James gestaltet. Dem jungen Heinrich Heine erschienen in den 1820er Jahren James und seine älteren Brüder als Bollwerk der reaktionären Ordnung der Heiligen Allianz nach dem Wiener Kongreß.[42]

Anleihen und politische Risiken 1830 bis 1870

Trotz derartiger zeitgenössischer Einschätzungen der Macht der Rothschilds war der Anleihemarkt heftigen und unvorhersehbaren Krisen ausgesetzt, die selbst der größte Mitspieler nicht völlig unter Kontrolle halten konnte.

In den frühen 1820er Jahren wurde der Londoner Markt mit Anleihen südamerikanischer Staaten überschwemmt, darunter solchen, die überhaupt nicht existierten. Doch die Straffung der Finanz- und Geldpolitik in Großbritannien führte 1825 in Verbindung mit politischer Instabilität in den Schuldnerstaaten zu einem katastrophalen Zusammenbruch. Brasilianische Anleihen, die die Rothschilds zum Kurs von 85 auf den Markt gebracht hatten, fielen auf 56; mexikanische, kolumbianische und peruanische sanken auf unter 20.[43] Die Monarchien der romanischen Länder erwiesen sich beinahe ebenso unbeständig wie die lateinamerikanischen Republiken. Portugal und Spanien zogen in den 1830er Jahren Investoren an, erwiesen sich aber als beinahe so instabil wie die lateinamerikanischen Staaten es in den 1820er Jahren gewesen waren. In den späten 1830er Jahren bezeichneten die Brüder Rothschild in ihren Privatbriefen spanische und portugiesische Anleihen als »Scheißdreck«. Nicht nur Staaten der iberischen Halbinsel kamen ihren Zahlungsverpflichtungen nicht nach. Zwischen 1837 und 1843 versäumten dies auch acht nordamerikanische Staaten.[44] In den Jahren 1847/49 kam es wegen schlechter Ernten und revolutionärer Erschütterungen zur schlimmsten europäischen Finanzkrise des Jahrhunderts. Die Erholung, die in den 1850er Jahren erfolgte, war durchaus nicht solide. Eine Reihe von Kriegen, beginnend mit dem Krimkrieg und fortgesetzt mit bewaffneten Konflikten, bei denen es um die Einheit Italiens und

Deutschlands ging, führte zu neuen Anleiheemissionen, steigerte aber gleichzeitig die Risiken für die Investoren. Weil sich vor den 1870er Jahren nur wenige Länder Großbritannien anschlossen, was den Goldstandard anging, zählten nicht nur Insolvenzen, sondern auch Abwertungen zu den Risiken.

Wenn heutige Investoren Staatsanleihen bewerten, sehen sie sich zunächst die neuesten Indikatoren der Finanz- und Geldpolitik an, beispielsweise das Haushaltsdefizit im Verhältnis zum Bruttoinlandsprodukt oder die monatlichen Raten des Geldwachstums; ihre Einschätzung wird in einem gewissen Maße durch Kenntnis der Zahlen der vorangegangenen Jahre bestimmt sein. So formulierte ein angesehener Verkäufer von Anleihen:

»Der amerikanische Anleihemarkt [...] liegt auf der Lauer, wann immer das US-Handelsministerium wichtige ökonomische Daten veröffentlicht. [...] Die Märkte entscheiden, was wichtige Daten sind und was nicht. In einem Monat ist es das Handelsdefizit der USA, im nächsten Monat der Index der Verbraucherpreise.«45

In der Vergangenheit gab es allerdings nicht so zahlreiche ökonomische Daten, auf die man Urteile über Insolvenzrisiken oder zukünftige Inflationen und Abwertungen gründen konnte. Im frühen 19. Jahrhundert verfügten die Investoren über recht gute und regelmäßige Informationen über Warenpreise, Goldreserven, Zinssätze und Wechselkurse, aber Haushaltsdaten lagen, abgesehen von Jahresbudgets, nur selten und in großen Abständen vor. Auch gab es keine regelmäßigen oder zuverlässigen Zahlen über das Volkseinkommen. In Monarchien ohne parlamentarisches Regierungssystem waren nicht einmal die jährlichen Staatshaushalte in allen Fällen zugänglich, und wenn sie veröffentlicht wurden, konnte man sich nicht auf sie verlassen. Vor dem Ersten Weltkrieg gab es auch keinen Index der Lebenshaltungskosten.

Hinweise aus zeitgenössischen Quellen machen deutlich, daß die Investoren Mitte des 19. Jahrhunderts Veränderungen in der Finanz- und Geldpolitik eher aus politischen Ereignissen ableiteten. Zu den wichtigsten Grundlagen für solche Schlußfolgerungen zählen vier Annahmen.

1. Ein politischer Linksruck, der von offener Revolution bis zu einem Regierungswechsel aufgrund von Wahlen reichen kann, löst die Neigung zu Lockerungen in der Finanz- und Geldpolitik aus.

2. Eine neue und radikale Regierung wird mit einer gewissen Wahrscheinlichkeit eine aggressivere Außenpolitik verfolgen, die zum Krieg führen kann.

3. Jeder Krieg wird den Handel stören und daher die Steuereinnah-

men des Staates mindern. Der französische Premier Joseph de Villèle hat
das Mitte der 1820er Jahre so ausgedrückt:»Kanonenfeuer ist schlecht für
das Geld.«[46]

4. Direkte Beteiligung an einem Krieg steigert die Ausgaben des
Staates und reduziert zugleich seine Steuereinnahmen, was zu erheblichen neuen Darlehensaufnahmen führt.

Wenn das auch in gewissem Maße Selbstverständlichkeiten sind, verdanken diese Annahmen der Erfahrung der Zeit zwischen 1793 und
1815 sehr viel: Ein Krieg unter Beteiligung eines revolutionären Frankreich war der größte Alptraum der Mächte. Tatsächlich klangen 1830,
1848 und 1871, also nahezu ein Jahrhundert lang, die Erfahrungen der
1790er Jahre wie die Marseillaise nach. Damals hatten Revolution,
Krieg, Nichterfüllung von Zahlungsverpflichtungen und Inflation die
Erträge der französischen Staatspapiere von sechs auf sechzig Prozent
steigen lassen.[47] Jedesmal, wenn Paris niesen mußte, erkälteten sich,
um ein Wort Metternichs abzuwandeln, die europäischen Märkte. Allerdings zog London jenes Kapital an, das Paris auf dem Weg zum sichere-
ren Markt jenseits des Kanals verließ. Erst 1887/88 verschwand mit dem
Ende der Krise um Georges Boulanger endgültig die Furcht vor innenpolitischen Erschütterungen in Frankreich, die zu einem europäischen
Krieg hätten führen können.

Tabelle 8 faßt den Umfang der Krisen der Anleihemärkte zusammen,
die durch die wichtigsten Kriege und Revolutionen jener Zeit ausgelöst
wurden. Hier fallen einige Faktoren auf. Zur größten Erschütterung des
europäischen Anleihemarkts im 19. Jahrhundert kam es während der
ersten zwei Monate nach Ausbruch der Revolution von 1848 in Paris. In
London waren österreichische und französische Anleihen schwer betroffen, die Erträge stiegen um bis zu 662 Basispunkte im ersten und
505 im zweiten Fall. Sogar russische Anleihen blieben nicht unberührt.
Nur die Erträge britischer Staatspapiere fielen in dieser Zeit. Das spiegelte
gleichermaßen die Erholung des britischen Geldmarkts von der Finanzkrise von 1847 wie den Wechsel von Investoren aus kontinentalen Anleihen zu den sicheren britischen Konsoln wider. Ganz sicher rechnete
der gesamte Markt nicht mit einer Revolution in London. Die Stadt
wurde von vielen kontinentalen Investoren als vollkommen sicherer
Zufluchtsort angesehen.[48] Der Ausbruch des Krimkriegs hatte Auswirkungen auf alle wichtigen Anleihen, selbst auf die konsolidierten britischen Staatsanleihen, und das aus offensichtlichen Gründen. Es ist
jedoch interessant, daß die österreichischen Erträge sogar noch schneller als die russischen stiegen, nämlich um 243 Basispunkte gegenüber

175. Der Unterschied zwischen dem eindeutig überlasteten Habsburger Regime und seinen Rivalen verbreiterte sich durch die Kriege zwischen 1859 und 1866 katastrophal: Österreichs Niederlage gegen Frankreich und Italien trieb die Erträge um mehr als 400 Basispunkte nach oben, und sein Fiasko gegen die Preußen erhöhte sie um beinahe 300.

Die Erträge der britischen Konsoln stiegen ebenfalls im Jahre 1866, aber das war auf eine Finanzkrise zurückzuführen, die durch den Zusammenbruch der Discountbank Overend Gurney verursacht wurde. Daher habe ich diese Zahlen nicht berücksichtigt. Die österreichischen Erträge blieben hoch. Nach Mai 1870 wurden die österreichischen Staatspapiere formal von der Londoner Börse ausgeschlossen. Das hing mit Maßnahmen im Rahmen der Konversion von 1868 zusammen, die unter anderem eine Besteuerung ausländischer ebenso wie inländischer Inhaber von Staatspapieren brachte.[49]

Es läßt sich leicht demonstrieren, daß Investoren des 19. Jahrhunderts die Preise für Staatsanleihen gleichermaßen als Reaktion auf politische Nachrichten wie auf weniger zugängliche fiskalische oder monetäre Indikatoren festsetzten. So schätzte James Rothschild die Auswirkungen der Revolution in Frankreich im Oktober 1830 als Gefährdung für alle

TABELLE 8:   Kriege, Revolutionen und
der Anleihemarkt 1830 bis 1914[50]

	Ereignis	Großbritannien		Frankreich		Rußland	
	Beginn	Maximum	Wachstum	Maximum	Wachstum	Maximum	Wachstum
1	27.07.1830	08.10.1831	67	02.04.1831	273		
2	22.02.1848			07.04.1848	505	07.04.1848	172
3	02.06.1853	31.03.1854	52	07.04.1854	106	24.03.1854	175
4	19.04.1859	29.04.1859	18	20.05.1859	50	27.05.1859	46
5	07.06.1866			08.06.1866	9	08.06.1866	29
6	02.07.1870			31.03.1871	181		
7	24.04.1877	04.05.1877	5	27.04.1877	12	27.04.1877	60
8	04.02.1904					10.05.1906	129
9	28.06.1914	31.07.1914	22	31.07.1914	5	31.07.1914	52

Staatspapiere ein.[51] Einen Monat später unternahm er den Versuch, das Risiko zu bemessen, bliebe der Frieden erhalten, so würden die Renten steigen, andernfalls würden sie fallen.[52] Schon seit langem interessierte ihn die Möglichkeit eines Krieges weit mehr als der Wechsel von Dynastien. James' Bruder Salomon fühlte sich erleichtert, als er erleben konnte, wie Louis Philippe im Krönungseid schwor, an einer leicht veränderten Konstitution festzuhalten.[53] Es bestand stets die Gefahr, daß Louis Philippe nicht imstande sein würde, seine Minister zu bremsen, unter denen sich einige befanden, die die Erinnerungen an die 1790er Jahre höchst berauschend fanden. Dazu bemerkte James' Neffe Nathan während einer späteren Krise in Frankreich, wenn sich die Truppen in Bewegung setzen, würden die Inhaber von Staatspapieren ängstlich.[54]

Gegen Ende seiner Karriere war die Neigung James Rothschilds, politische Ereignisse auf diese Weise einzuschätzen, bereits zum Stoff einer Börsenlegende geworden. So fragte ihn der piemontesische Premierminister Camillo Cavour 1859, einen Monat, bevor sein Land in den von Frankreich unterstützten Krieg gegen Österreich eintrat:»Also Herr Baron, stimmt es, daß die Börsenkurse an dem Tag, da ich als Premierminister zurücktrete, um zwei Francs steigen würden?«»Oh, Herr

Österreich		SCHLÜSSEL:
Maximum	Wachstum	1 Revolution 1830: Revolte gegen Verordnungen Karls X.
		2 Revolution 1848: Revolte in Paris gegen Versammlungsverbote
		3 Krimkrieg: Britische Flotte an die Dardanellen geschickt
		4 Krieg zwischen Österreich und Italien: Ultimatum Wien
28.04.1848	662	5 Krieg zwischen Österreich und Preußen: Preußische Truppen erobern Holstein
31.03.1854	243	6 Krieg zwischen Frankreich und Deutschland: Leopold von Hohenzollern akzeptiert spanischen Thron
24.06.1859	426	7 Krieg zwischen Rußland und der Türkei: Rußland erklärt der Türkei den Krieg
26.04.1867	298	8 Krieg zwischen Rußland und Japan sowie Ausbruch der Revolution 1905: Kriegsausbruch
27.04.1877	59	9 Ausbruch des Ersten Weltkriegs: Attentat von Sarajewo
31.07.1914	42	KOMMENTAR: Alle Anstiege in Basispunkten (ein Prozent = 100 Basispunkte). Die Vergleichbarkeit der Zahlen für 1914 ist begrenzt, da die Börsen am 31. Juli geschlossen wurden.

Graf«, erwiderte dieser,»Sie unterschätzen sich!«[55] In ähnlicher Weise reagierte Rothschild auf die flammende Rede Napoleons III. in Auxerre am 6. Mai 1866, bei der der Kaiser die Verträge von 1815 kündigte. Früher hatte Napoleon den Nachbarn Frankreichs versichert:»L'Empire, c'est la paix.« Aber nun meinte Rothschild:»L'Empire, c'est la baisse.«[56] Nicht nur Bankiers dachten so. Als Henry Palmerston 1840 das Verlangen des französischen Premiers Adolphe Thiers um einen Kompromiß zur Rettung des Gesichts in der orientalischen Frage zurückwies, äußerte König Leopold von Belgien zu seiner Nichte Queen Victoria:»Die Politik spielt die wichtigste Rolle im Denken der Menschen. Jeder hat durch den hastigen Absturz von Staatspapieren mehr oder weniger große Verluste erlitten. Ich stelle mit einiger Befriedigung fest, daß englische Papiere, die vor der [gescheiterten englisch-französischen] Konvention auf 91 standen, sich nun bei 87 und sogar noch darunter befinden, ich hoffe, das wird unseren Freund Melbourne [den britischen Premierminister] wachrütteln.«[57]

Disraeli war eine weitere bedeutende Persönlichkeit der viktorianischen Zeit, die den Zusammenhang von militärischen Krisen und Finanzkrisen begriff. Im Januar 1859, am Vorabend der französisch-italienischen Herausforderung an Österreich, schrieb er dem Earl of Derby:»Die Unruhe in der City ist sehr groß: ›Der gesamte Mittelmeerhandel hat aufgehört.‹ Die Wertminderung von Staatspapieren beträgt nicht weniger als 60 Millionen £ Sterling, der größere Teil davon in Frankreich. Eine weitere derartige Woche dürfte die Pariser Börse zum Zusammenbruch bringen. ›Und all dies, weil ein Mann [nämlich Napoleon III.] sich dafür entschieden hat, alles durcheinander zu bringen.‹«[58]

Sogar der Marquess von Salisbury bediente sich gelegentlich der Sprache der Börse, als er zum Mangel an auswärtigen Investitionen in Irland trocken bemerkte:»Die Kapitalisten haben lieber den Frieden und drei Prozent als zehn Prozent und Kugeln im Frühstückszimmer.«[59]

Das war keineswegs eine Besonderheit des britischen Gentlemen-Kapitalismus. Als er im Januar 1865 über das wahrscheinliche Ergebnis des Kampfes um die Vorherrschaft in Deutschland nachdachte, bemerkte der jüngere Talleyrand:»Preußen wird sowohl in der Politik wie an der Börse über dem Nennwert notiert.«[60]

Auch Bismarck verstand die Bedeutung des Anleihemarkts. Tatsächlich machte es ihm Freude, Amschel von Rothschild im Februar 1854 einen Schreck zu versetzen, als er die Nachricht von der Abberufung des russischen Botschafters aus Paris empfing:

»Gestern erhielt ich die telegraphische Nachricht, daß Kisseleff Paris verlasse. Ich war grade auf dem Club und besann mich, wen ich wohl am besten damit erschrecken könnte; mein Auge fiel auf Rothschild; er wurde kreidebleich; als ich es ihm zu lesen gab. Sein erster Ausruf war: ›Hätte ich das heut früh gewußt!‹; sein zweiter: ›Wollen wir morgen ein Geschäftche zusammen machen? Exzellenz riskieren nichts dabei.‹ Ich lehnte es freundlich dankend ab und überließ ihn seiner erregten Stimmung.«[61] Bismarck wurde später selber zum Thema von Spekulationen. Als der britische Botschafter Lord Ampthill 1882 mit Gerson Bleichröder zusammentraf, war ein Telegramm von den Pariser Rothschilds eingegangen, in dem um baldige Nachrichten über den Gesundheitszustand des Kaisers gebeten wurde. Der Botschafter fragte den Bankier, »welche Wirkung auf die Pariser Börse die französische Finanzwelt vom Tod des Kaisers erwarte«. Bleichröders Antwort lautete: »Eine allgemeine Baisse von zehn bis fünfzehn Prozent [...] wegen der Unsicherheit, ob Bismarck unter einem neuen Regime sein Amt behält.«[62]

Empire

Es wird oftmals vergessen, daß Frankreich und Großbritannien bis zum Ende der 1860er Jahre als Kreditgeber ans Ausland mehr oder weniger Kopf an Kopf im Rennen lagen. Zwischen 1861 und 1865 war der Wert der Staatsanleihen, die in Paris lanciert wurden, fast genauso hoch wie der Wert jener, die in London auf den Markt gelangten.[63] Erst nachdem die Deutschen im Krieg von 1870/71 die Franzosen geschlagen hatten, übernahmen die Briten eindeutig die Führungsrolle. Wenn Europa nach Herbert Feis' berühmter Formulierung der »Bankier der Welt« war, dann war Großbritannien von 1870 bis 1914 die Zentrale dieser Bank.[64]

Zwischen den 1870er Jahren und dem Ersten Weltkrieg gab es zwei große Wellen britischer Kapitalexporte. Von 1861 bis 1872 stiegen die britischen Nettoinvestitionen im Ausland von knapp 1,4 auf 7,7 Prozent des Bruttosozialprodukts, um dann 1877 wieder auf 0,8 Prozent zurückzufallen. Anschließend kletterten sie 1890 erneut auf 7,3 Prozent, bevor sie 1901 bis auf ein Prozent absanken. Beim zweiten Aufschwung erreichten die Auslandsinvestitionen 1913 mit 9,1 Prozent ein Niveau, das erst in den 1990er Jahren übertroffen wurde.[65] In absoluten Zahlen führte das zu einer gewaltigen Akkumulation von Auslandsanlagen, sie stiegen von 370 Millionen £ 1860 um mehr als das Zehnfache auf 3,9 Milliarden £ 1913, das entsprach mehr als 140 Prozent des Bruttosozialprodukts Großbritanniens.[66] Der Anteil britischen Kapitals, das im Ausland investiert wurde, stieg von 17 Prozent 1870 auf 33 Prozent 1913.[67] Kein anderes Land investierte auch nur annähernd soviel jenseits seiner Grenzen. An nächster Stelle folgte Frankreich, dessen Auslandsanlagen die Hälfe der britischen betrugen. Deutschland lag bei etwas über einem Viertel. Etwa 44 Prozent aller Auslandsinvestitionen am Vorabend des Ersten Weltkriegs lagen in britischen Händen.[68] Keineswegs wurde die britische Industrie, wie manchmal behauptet wurde, damit »ausgehungert«, wenn es um Investitionen ging. Vielmehr zahlte sich dieser Abfluß von Kapital tatsächlich aus. In den 1890er Jahren betrugen die britischen Nettoinvestitionen im Ausland 3,3 Prozent des Bruttosozialprodukts gegenüber Nettovermögenseinkünften aus dem Ausland von 5,6 Prozent. Im nächsten Jahrzehnt lauteten diese Zahlen 5,1 beziehungsweise 5,9 Prozent.[69]

Über die Gründe für diesen Abfluß hat es seit John A. Hobsons Werk »Imperialism« von 1902 eine ständige Debatte gegeben. Der Autor hatte behauptet, die britische Gesellschaft bringe aufgrund ihrer Ungleichheit mehr Ersparnisse hervor, als im Land investiert werden könnten. Das scheint jedoch nicht der Fall gewesen zu sein.[70] Lenins Argumentation während des Ersten Weltkriegs lautete, Investitionen in Übersee seien eine Reaktion auf sinkende Erträge im Inland gewesen; und spätere Forschungen haben einige Belege dafür erbracht. Die Renditen inländischer Investitionen lagen zwischen 1897 und 1909 merklich niedriger als in den 1870er Jahren. Selbst wenn man das höhere Ausmaß an Risiken berücksichtigt, das mit ihnen verbunden war, so waren die Erträge ausländischer Staatsanleihen von 1870 bis 1913 im Durchschnitt zwischen ein und zwei Prozent höher als jene von inländischen Staatspapieren.[71] Hinter diesen Durchschnittsdaten verbergen sich jedoch beträchtliche Schwankungen. Inländische Staatspapiere waren manchmal eine bessere Investition als vergleichbare Papiere aus fremden Ländern. Das galt beispielsweise in dem Jahrzehnt zwischen 1887 und 1896 und in den letzen drei Vorkriegsjahren.[72] Eine neuere Interpretation stellt eine Beziehung zwischen dem Kapitalfluß und den Familienstrukturen in der Neuen Welt her, wo die Ehepaare jung heirateten, sowie mehr und gesündere Kinder hatten als ihresgleichen in der alten Heimat; entsprechend niedrig waren die Sparraten.[73]

Wie der Titel von Hobsons Werk nahelegt, neigten Fachleute lange Zeit zu der Annahme, es bestehe ein Zusammenhang zwischen dem Kapitalexport und dem Imperialismus Großbritanniens. Zweifellos fiel der Boom der Kreditvergabe aus London nach Übersee mit einer dramatischen Ausdehnung des britischen Kolonialreichs zusammen. Im Jahre 1909 betrug die Gesamtfläche des britischen Empire 32,9 Millionen Quadratkilometer im Vergleich zu 24,6 Millionen 1860. Am Vorabend des Ersten Weltkriegs lebten etwa 444 Millionen Menschen unter irgendeiner Form von britischer Herrschaft. Das war ein Viertel der Weltbevölkerung. Nur einer von zehn Untertanen der britischen Krone lebte unmittelbar auf den britischen Inseln.

Es ist aber auch richtig, daß zwischen 1865 und 1914 insgesamt nur etwa ein Viertel der britischen Investitionen ins Empire gingen, während 45 Prozent in andere Wirtschaftsräume flossen. Darüber hinaus scheinen die Gesamterträge von Investitionen im Empire relativ gesunken zu sein: In der Zeit vor 1884 waren sie ungefähr um zwei Drittel höher als die Erträge von Inlandsinvestitionen, aber danach um zwei Fünftel niedriger.[74] Wenn es um die Ausdehnung der Grenzen des Empire ging, spielten Ende des 19. Jahrhunderts strategische Gesichtspunkte in wachsendem Maße eine wichtigere Rolle als ökonomische Erwägungen. Das soll allerdings nicht heißen, daß Überseeinvestitionen außerhalb des Empire politisch bedeutungslos waren. Es gab viele Länder, die Großbritannien nicht direkt regieren konnte, deren Regierungen dennoch von britischen Investoren abhängig waren.

Die Beziehung zwischen dem Kapitalexport und dem britischen Imperialismus formeller und informeller Art läßt sich sehr gut an den beiden Kontrastbeispielen Ägypten und Türkei verdeutlichen. Nach dem Krimkrieg begannen sowohl der Sultan in Konstantinopel als auch sein Vasall, der Vizekönig (oder »Khedive«) in Kairo, immense, letztlich nicht abtragbare Schulden im In- und Ausland zu machen. Zwischen 1855 und 1875 wuchs die osmanische Staatsschuld von etwa neun Millionen auf 251 Millionen türkische Lira. Im Verhältnis zu den finanziellen Möglichkeiten der osmanischen Regierung war das eine kolossale Summe: Der Anteil dieser Schulden an den laufenden Einnahmen stieg von 130 auf 1.500 Prozent; als Anteil der Ausgaben stiegen Zinszahlungen und Tilgungen von 15 Prozent 1860 auf einen Höhepunkt von 50 Prozent 1875.[75]

Der Fall Ägypten lag ähnlich: Zwischen 1862, dem Zeitpunkt der ersten ägyptischen Auslandsanleihe, und 1876 stieg die gesamte Staatsschuld von 3,3 Millionen ägyptischen £ auf 76 Millionen, das war etwa das Zehnfache der gesamten Steuereinnahmen. Zusätzlich hatte der Khedive Ismail ungefähr elf Millionen £ private Schulden. Im Jahre 1876 betrugen die Kosten für die Bedienung der Staatsschulden mehr als die Hälfte aller Ausgaben, nämlich 55,5 Prozent.[76] Im Vergleich zu anderen wichtigen Schuldnern auf dem internationalen Weltmarkt wie Brasilien oder Rußland waren die türkischen und ägyptischen Staatsschulden völlig außer Kontrolle geraten. Die Außenstände Brasiliens und Rußlands waren nie mehr als dreimal so groß wie die gesamten Steuereinnahmen dieser Staaten, während der Schuldendienst im Durchschnitt weniger als 15 Prozent der Gesamtausgaben betrug.

Der allmähliche Übergang Ägyptens von einem osmanischen Lehensgebiet in die Abhängigkeit von Großbritannien begann mit der Erklärung des türkischen Staatsbankrotts im Oktober 1874. Dadurch war der Khedive gezwungen, der Regierung in London seine Anteile am Suezkanal für vier Millionen £ anzubieten. Das war eine gewaltige Summe, aber die Rothschilds waren imstande, Disraeli innerhalb von Tagen, wenn nicht von Stunden mit den nötigen Vorschüssen zu versehen.[77] Nach diesem Coup wurde die Caisse de la Dette Publique geschaffen, um die ägyptischen Staatsfinanzen der Oberaufsicht von Vertretern der Hauptgläubigerländer Großbritannien, Frankreich, Italien und Österreich zu unterstellen. Die neugeschaffene Institution legte die gesamte Schuldsumme auf 76 Millionen £ fest. Darin nicht enthalten waren 15 Millionen Privatschulden des Khedive, die durch Grundbesitz abgesichert waren, und eine beträchtliche schwebende Schuld, die durchaus sechs Millionen £ betragen haben kann.[78] 1878 sprach die Caisse die Empfehlung aus, daß eine »internationale« Administration mit einem Engländer als Finanzminister und einem Franzosen als Minister für öffentliche Arbeiten geschaffen werden sollte.[79] Im April 1879 entließ der Khedive jedoch die »internationale« Verwaltung, die sich, wie nicht anders zu erwarten, bei den ägyptischen Steuerzahlern unbeliebt gemacht hatte. Die Mächte setzten sich durch, indem sie den Khedive durch seinen Sohn Tewfiq ablösten. Doch eine nationalistische Militärrevolte unter Arabi Pascha veranlaßte die britische Regierung schließlich zu direktem militärischen Eingreifen. Im Juli 1882 wurde Alexandrien mit Granatfeuer beschossen, und im September war Arabi geschlagen. Das war der Anfang einer langdauernden, jedoch niemals uneingeschränkten Besetzung. Zwischen 1882 und 1922 fühlte sich Großbritannien veranlaßt, den anderen Mächten nicht weniger als 66 mal zu versichern, daß es die Okkupation Ägyptens beenden werde.

Obwohl die Besetzung Ägyptens zum Teil ein strategischer Gegenzug zu französischen Aktivitäten in Tunesien war, blieb die finanzielle Grundlage des britischen Handels kaum verborgen. Im Jahre 1884 wurde der Erste Lord der Admiralität Lord Northbrook, ein Mitglied der Bankiersfamilie Baring, nach Ägypten geschickt, um die Finanzen des Landes zu prüfen; sein Neffe Evelyn Baring, der spätere Lord Cromer, wirkte damals bereits als Generalkonsul in Kairo. Letzterer leistete bei der Stabilisierung der ägyptischen Finanzen einen Großteil der Arbeit.[80] Die absolute Schuldenlast wurde von einem Höhepunkt von 106 Millionen £ 1891 auf 94 Millionen £ 1913 reduziert; Steuererhöhungen sorgten gleichzeitig dafür, daß sich das Verhältnis zwischen Schulden und Staatseinkommen halbierte. Cromer trieb außerdem genügend frisches ausländisches Geld auf, um erhebliche Infrastrukturinvestitionen durchzuführen.[81] Das kann für die Ägypter kaum schlecht gewesen sein. Aber ganz gewiß war es gut für die ausländischen Anleger. Die Besetzung Ägyptens durch die Briten im Jahre 1882 verhinderte die totale Insolvenz und sorgte für eine außerordentlich günstige reale Ertragslage ägyptischer Staatsanleihen.[82] Auch die Aktien der Suezkanalgesellschaft sollten sich für das britische Schatzamt als hervorragende Investition erweisen.

Dagegen machten es die russischen und später die deutschen Interessen in Konstantinopel unmöglich, über eine Kontrolle der osmanischen Finanzen durch die Großmächte hinauszugehen. Das pagodenähnliche Gebäude der internationalen Administration de la Dette Publique ist heute noch in Istanbul zu besichtigen. Auf dieser Grundlage machte die Regierung und das Finanzwesen der Türkei generell weiter wie bisher. Nach einer großen Reform des staatlichen Schuldenwesens im Jahre 1881 lag das Verhältnis zwischen Schulden und Steuererträgen 1889 bei 8,7 zu 1; 1909 betrug es wieder mehr als zehn zu eins, wie es schon 1879 der Fall gewesen war. Der Anteil des Schuldendienstes an den Gesamtausgaben des Staates stieg von zwölf Prozent 1890 auf 33 Prozent 1910, dem Jahr des Aufstands der Jungtürken.[83]

Das Problem des »informellen Imperialismus«, also von Investitionen ohne direkte politische Kontrolle, lag darin, daß eine finanzielle Überwachung schwieriger durchzusetzen war und damit das Insolvenzrisiko hoch blieb. Zwischen 1880 und 1914 ereigneten sich nahezu alle großen Nichterfüllungen von Schuldverpflichtungen, von der Türkei abgesehen, in Lateinamerika: Argentinien 1890, Brasilien 1898 und 1914 sowie Mexiko 1910. Länder unter britischer Kontrolle – wie Australien, Kanada, Ägypten – boten überseeischen Investoren bedeutend höhere reale Erlöse als unabhängige Staaten wie Japan, Rußland und die Türkei. Im Durchschnitt lagen die lateinamerikanischen Staaten irgendwo dazwischen, allerdings ragt Mexiko dabei wegen wiederholter Insolvenzen heraus.

Das Paradox der Konvergenz 1870 bis 1914

Von den 1870er Jahren bis 1914 gab es eine deutliche Konvergenz bei den langfristigen Zinssätzen der meisten wichtigen Volkswirtschaften. Die Spannweiten zwischen britischen konsolidierten Staatsanleihen und den Erträgen von mehr oder weniger gleichwertigen französischen, deutschen, russischen und italienischen langfristigen Staatsanleihen waren ausnahmslos geringer. Für dieses Phänomen haben Wirtschaftshistoriker drei Erklärungen angeboten, die sich jedoch nicht gegenseitig ausschließen. Die eine hebt einfach das hohe Niveau der Integration der globalen Kapitalmärkte hervor. Eine Reihe von Untersuchungen hat gezeigt, daß es in der Zeit von 1880 bis 1914 zwischen Ersparnissen und Investitionen eine außerordentliche Trennung gab. Das war auf internationale Geldflüsse, sinkende Transaktionskosten und eine nicht eingeschränkte Ausnutzung von Kursunterschieden zurückzuführen.[84] Tatsächlich ergibt ein Vergleich von Preisen für dieselben Staatsanleihen auf unterschiedlichen Märkten während sieben Finanzkrisen zwischen 1745 und 1907, daß die finanzielle Integration Anfang des 20. Jahrhunderts etwas geringer als Mitte des 18. Jahrhunderts war.[85] Doch diese Schnappschüsse können möglicherweise durch Probleme der Marktliquidität in Krisenphasen verzerrt sein. Angesichts des Wachstums von Kursunterschieden nach 1870[86] und der zunehmenden Leichtigkeit der Kommunikation nach Einführung und Verbreitung des Telegraphen[87] scheint es unleugbar einen allmählichen Prozeß der internationalen finanziellen Integration gegeben zu haben, der jedoch durch gelegentliche und schwere Krisen unterbrochen wurde.

Eine zweite Erklärung der Konvergenz liegt im Bereich der Finanzpolitik. Einer Argumentation zufolge hatten die unterschiedlichen Zinssätze mit den Relationen zwischen Schulden und Bruttoinlandsprodukt zu tun: Man kann sie daher als »einen ungefähren Maßstab von Insolvenzrisiken« betrachten, obwohl viele »Länder sehr tief in Schulden eintauchen mußten, bevor sie begannen, die Schmerzen zu spüren«, und dies in Form von höheren Renditen.[88] Doch die Verhältniszahlen zwischen Schulden und Bruttoinlandsprodukt sagen uns relativ wenig. Einige Länder hatten sehr hohe Kontingente an langfristigen Schulden, andere beträchtliche kurzfristige Verpflichtungen.[89] Manche Staaten, vor allem Rußland, hatten erhebliche Auslandsschulden; andere, insbesondere Großbritannien und Frankreich, hatten fast nur Schulden im Inland. Einige wiesen einen Großteil ihrer Schulden

in Gold aus; andere taten das nicht. Auf jeden Fall kannten die zeitgenössischen Investoren das Verhältnis Schulden/Bruttoinlandsprodukt
überhaupt nicht, da das Bruttoinlandsprodukt – wie wir in Kapitel 4
dargelegt haben – ein Konzept des 20. Jahrhunderts ist und in der Zeit
vor dem Ersten Weltkrieg nur wenige Versuche zur Einschätzung von
Volksvermögen und Volkseinkommen gemacht worden sind.

Die dritte Erklärung für die Angleichung der Erträge liegt darin, daß
die steigende Zahl von Staaten mit Goldstandard nach 1870 die Bedeutung von Währungsrisiken unter den Faktoren reduzierte, die bei den
Berechnungen von Investoren eine Rolle spielten.[90] Dieser Ansicht
nach war das Festhalten am Goldstandard ein Zeichen fiskalischer Recht-
schaffenheit, das den »Zugang peripherer Länder zu Kapital aus den
Kernländern Westeuropas erleichterte«. Die Mitgliedschaft im Klub der
Goldstandardländer deutete an, daß ein Land »eine besonnene Finanz-
und Geldpolitik« verfolgte. Die Ausnahme, die die Regel bestätigte, lag
in »einer wirklichen Notsituation, etwa einem größeren Krieg«; doch
wenn ein Land in solch einer Notlage den Goldstandard aufgab, dann
wußte die Öffentlichkeit, daß es sich um eine vorübergehende Maßnahme handelte. Der Goldstandard war daher eine »bedingte Regel
oder Regel mit Fluchtklausel«; er sorgte um den bezahlbaren Preis von
ausgeglichenen Haushalten in Friedenszeiten für die Wohltaten niedriger Zinssätze.

Es gibt jedoch auch bei dieser Analyse eine Schwierigkeit: Sie liegt in
der Annahme, daß es sich bei Kriegen um »wohlverstandene Notfälle«
hielt. In der historischen Realität war die Zeit von 1890 bis 1914 durch
die wachsende Gefahr eines großen Krieges zwischen allen Großmächten charakterisiert. Das war den Investoren durchaus bekannt. Der polnische Finanzmann Ivan Bloch sagte bereits 1899 für den Fall eines großen Krieges den Zusammenbruch des Anleihemarktes voraus.[91]

Wie sollen wir das Paradox der Ertragskonvergenz auf einem Niveau,
das beträchtlich unter dem Durchschnitt der 1870er Jahre lag, zu einer
Zeit wachsender internationaler Spannung erklären? Eine Möglichkeit
besteht darin, daß die Investoren einfach vergessen hatten, was eine
große politische Krise auf den internationalen Finanzmärkten anrichten konnte.[92] In den 1980er Jahren schließlich, so hieß es, lautete »das
leitende Prinzip der Salomon Brothers in der Abteilung für Kundenbe-
ziehungen«, daß »Kunden ein sehr kurzes Gedächtnis haben«.[93] Es gibt
Hinweise darauf, wie diese Vergeßlichkeit in den viereinhalb Jahrzehnten zwischen 1870 und 1914 möglicherweise gefördert worden ist. Verglichen mit den vorangegangenen vierzig Jahren hatten die größten

politischen Krisen jener Zeit bemerkenswert wenig dramatische Auswirkungen auf internationale Anleiheerträge. Die französische Katastrophe von 1870/71 beeinflußte beispielsweise die Staatsanleihen anderer Länder kaum. Die Orientkrise von 1876/78 hatte ebenfalls nur relativ schwache Auswirkungen auf Erträge, obgleich die türkischen Anleihen durch Nichterfüllung von Zahlungsverpflichtungen stark getroffen wurden. Selbst die Fähigkeit einer Revolution, Investoren in Alarm zu versetzen, scheint im Laufe der Zeit schwächer geworden zu sein. Dies zeigt sich am Anstieg der russischen Staatsanleihen während der Krise von 1904/1906 um 129 Basispunkte.

Im Lichte der Tatsache, daß die finanziellen Auswirkungen politischer Krisen geringer wurden, mag die Hypothese plausibel klingen, daß die Investoren zu viel Vertrauen entwickelt hatten. Wie der liberale Journalist Norman Angell gelangten sie zu der Ansicht, daß nichts – weder Krieg noch Revolution – langfristig die Geschäfte an den Börsen der Welt stören könne. »Die enge gegenseitige Abhängigkeit der internationalen Finanzen« – so Angell in seinem Bestseller »The Great Illusion« – habe zur Folge, daß ein Krieg zwischen den Großmächten mehr oder weniger unmöglich geworden sei.[94]

Am 23. Juli 1914 warnte der britische Außenminister Sir Edward Grey den österreichischen Botschafter Graf Albrecht Mensdorff, ein großer Krieg »müsse [...] meines Erachtens solch ungeheure Geldsummen verschlingen und eine derartige Störung des Welthandels verursachen, daß der Krieg von einem vollständigen Zusammenbruch des Kreditwesens und der Industrie Europas begleitet sein oder einen solchen nach sich ziehen werde«.[95] Ein Krieg auf dem Kontinent, so teilte er am nächsten Tag dem deutschen Botschafter mit, würde bedeuten, daß »eine gänzliche Erschöpfung und Verarmung Platz greife, Industrie und Handel vernichtet und die Kapitalkraft zerstört würde. Revolutionäre Bewegungen wie im Jahre 1848 infolge der darniederliegenden Erwerbstätigkeit würden die Folge sein«.[96] Die Prognose eines Zusammenbruchs des Handels erwies sich kurzfristig als richtig; und Grey hatte auch vorausgesehen, was letztendlich in den ost- und mitteleuropäischen Ländern passieren sollte. Er und andere ahnten jedoch nicht, daß die Aufhebung der Goldkonvertibilität und die Ausweitung einheimischer und internationaler Anleihemärkte genügen würden, einen Weltkonflikt mehr als vier Jahre lang zu finanzieren.[97]

Die Krise des internationalen Anleihemarkts:
Lehren für die Gegenwart?

Die Erschütterungen, die 1914 nahezu alle Finanzmärkte ergriffen, zwangen überall auf der Welt zur Schließung der Börsen. Selbst der Londoner Aktienmarkt öffnete nach dem Bankfeiertag am 3. August 1914 bis zum Jahresende nicht wieder. Aber das bedeutete nicht den Tod des internationalen Anleihemarktes. Im Gegenteil, der Erste Weltkrieg wurde ebensosehr durch Kapitalbewegungen wie durch Blutvergießen entschieden. 1917 schuldete Rußland ausländischen Gläubigern etwa 824 Millionen £.[98] Auch Italien und Frankreich waren beträchtlich mit Auslandsschulden belastet.[99] 1919 hatte Großbritannien seinen Dominions und seinen Verbündeten 1,8 Milliarden £ geliehen, das entsprach 32 Prozent seines Bruttosozialprodukts, und es hatte selber 1,3 Milliarden £ (22 Prozent des Bruttosozialprodukts) von den Vereinigten Staaten und anderen fremden Ländern geborgt.[100] Die USA waren ein Nettokreditgeber in der Größenordnung von mehr als sieben Milliarden $, etwa neun Prozent ihres Bruttosozialprodukts. Die Jahre 1914 bis 1918 bedeuteten tatsächlich den historischen Höhepunkt des internationalen Darlehensmarktes.

Auf die gewaltigen Transaktionen während der Kriegszeit folgte in den 1920er Jahren eine neue Welle internationaler Anleihen. Der Durchschnittsanteil der Nettoauslandsinvestitionen am Volkseinkommen fiel in zehn bedeutenden Volkswirtschaften von einem Höhepunkt von 5,5 Prozent in den Jahren 1915 bis 1919 nur leicht auf vier Prozent für den Zeitraum von 1920 bis 1924. Diese Zahl lag höher als jene der Jahre zwischen 1910 und 1914.[101] Insgesamt betrugen die Kapitalbewegungen international zwischen 1924 und 1930 etwa neun Milliarden $. Jetzt war allerdings Amerika der Bankier der Welt. Die Gesamtheit langfristiger Darlehen der USA ans Ausland betrug zwischen 1919 und 1928 6,4 Milliarden $, davon gingen mehr als die Hälfte an die Regierungen von Staaten und Gebietskörperschaften.[102] Wie die Rothschilds im 19. Jahrhundert den ausländischen Darlehensnehmern beigebracht hatten, ihre Institutionen nach angelsächsischem Muster zu gestalten, so predigten nun »Geldärzte« wie Edwin Kemmerer der Welt die Amerikanisierung als Gegenleistung für Dollarkredite.[103]

Doch es zeigten sich bereits Anzeichen einer Krise. Erstens hatte das bolschewistische Regime in Rußland nach der Oktoberrevolution 1917 wohl die größte Nichterfüllung von Zahlungsverpflichtungen in der Geschichte verfügt, sie betraf Anleihen im Wert von etwa 800 Millionen £. Wie bei der türkischen und der mexikanischen Revolution sieben Jahre zuvor bildeten ausländische Gläubiger bequeme Ziele für ein radikales neues Regime, das sich erklärtermaßen im Kriegszustand mit der Bourgeoisie befand. Die Investoren konnten kaum die Ankündigungen Trotzkis ignorieren, die russische Revolution in den Rest der Welt zu exportieren. Zweitens betrog die neugeschaffene Weimarer Republik ausländische und inländische Investoren gleichermaßen, indem sie es zuließ, daß die deutsche Währung und damit alle Regierungsanleihen in Mark bis zur Wertlosigkeit verfielen. Der Nettokapitalzufluß nach Deutschland dürfte zwischen 1919 und 1923 immerhin sechs oder sieben Prozent des Nettosozialprodukts betragen haben. Ein großer Teil des ausländischen Geldes, das in Staatsanleihen der jungen Republik und in die deutsche Währung floß, wurde durch die Inflation vernichtet: Das war eine Art von »amerikanischen Reparationen an Deutschland«.[104] Drittens erfolgten viele der wichtigen internationalen Anleihen der 1920er Jahre, wie sich bei näherer Betrachtung zeigt, um Vorkriegsanleihen in Sterling mit Nachkriegsdollars zu refinanzieren.[105] Viertens nahmen die Geldströme aus den wichtigsten Gläubigerländern, USA, Vereinigtes Königreich und Frankreich, real bedeutend ab: In Preisen von 1913 betrug der jährliche Fluß ins Ausland 1924 und 1928 nur 550 Millionen $ gegenüber 1.400 Millionen $ zwischen 1911 und 1913. Schließlich war kurzfristiges Verleihen, also »heißes Geld«, jetzt bedeutend wichtiger als vor 1914; und zu den größten kurzfristigen Schuldnern zählten die wichtigsten langfristigen Netto-Gläubiger.[106] Am auffälligsten an den Kapitalflüssen der Zwischenkriegszeit ist die Schnelligkeit, mit der diese sich umkehrten, und das mit katastrophalen Konsequenzen.[107] Kurzfristig verstärkten Rückzüge von Kapital die Rezessionen, die in den meisten wichtigen Industrieländern Mitte der zwanziger Jahre begonnen hatten. Doch nach 1931 führten Insolvenzen und Abwertungen zu größeren Umverteilungen von Ressourcen von Gläubiger- an Schuldnerländer.[108] Es gab Insolvenzen in der Türkei, China, den meisten Staaten Osteuropas und in allen lateinamerikanischen Ländern.[109] Bolivien kam seinen Zahlungsverpflichtungen seit Januar 1931 nicht mehr nach, es folgten Peru, Chile, Kuba, Brasilien und Kolumbien. In Ungarn, Jugoslawien und Griechenland geschah das gleiche im folgenden Jahr, in Österreich und Deutschland passierte es 1933.[110] 1934 hatten alle Schuldnerländer mit Ausnahme von Argentinien, Haiti und der Dominikanischen Republik ihren Schuldendienst vorübergehend eingestellt.[111]

Das Ziel dieses Kapitels besteht nicht darin, zu erklären, warum es zu diesem Zusammenbruch des weltweiten Finanzsystems kam. Die Antwort hängt so eng mit der Arbeitsweise des internationalen Währungssystems zusammen, daß sie in das folgende Kapitel gehört. Hier geht es zunächst einfach um die Feststellung, daß die finanzielle Globalisierung *zusammenbrach*. Daraus ergeben sich zwei Fragen. Die erste lautet: Kann sich das wiederholen? Die zweite: Gab es einen Zusammenhang zwischen dem Kollaps des globalen Finanzwesens zwischen den Kriegen und dem Verfall der Fähigkeit Großbritanniens, als Hegemonialmacht zu wirken, also die internationale finanzielle Stabilität politisch durch einen formellen und informellen Imperialismus zu unterstützen?

Globalisierung in Vergangenheit und Gegenwart

Unter Wirtschaftshistorikern herrscht keine Übereinstimmung in Hinblick auf die Frage, ob die Globalisierung heute weiter geht als im Jahrzehnt vor dem Ersten Weltkrieg oder nicht. Die Antwort hängt davon ab, an welchen Indikatoren sie sich orientieren – und möglicherweise auch davon, aus welchem Lande sie kommen. Ein erster Blick auf das Verhältnis zwischen Auslandsschulden und Bruttosozialprodukt großer internationaler Schuldner wie Indien und Rußland legt nahe, daß sich Gegenwart und Vergangenheit unheimlich ähneln: Die Anteile lagen vor 1913 zwischen 25 und 30 Prozent, und 1997 liegen sie wieder dort.[112] Nur wenige große Volkswirtschaften sind heute so stark von Auslandskapital abhängig, wie es Argentinien vor 1914 war, als sich die Hälfte des Kapitalstocks in ausländischen Händen befand und die laufenden Kontodefizite bei immerhin zehn Prozent des Bruttoinlandsprodukts lagen. Zwischen 1870 und 1890 betrugen die argentinischen Kapitalimporte nahezu 20 Prozent des Bruttoinlandsprodukts, in den 1990er Jahren lagen sie dagegen bei gerade einmal zwei Prozent.[113] Der Höhepunkt des Kapitalexports wurde tatsächlich im Ersten Weltkrieg erreicht, als die durchschnittlichen aktuellen Kontenstände etwa fünf Prozent des Bruttoinlandsprodukts erreichten, dagegen betrugen sie an ihrem Tiefpunkt in den Jahren 1932 bis 1939 nur 1,2 Prozent. Die entsprechende Zahl für die Phase von 1989 bis 1996 lag immer noch bei nur 2,3 Prozent.[114]

Die globalen Märkte für Güter und Kapital sind heute offener als je zuvor. Die Exporte von Handelsgütern betrugen 1913 höchstens neun Prozent des Bruttoprodukts der Welt; die Zahl für 1990 lag bei 13 Prozent, und sie ist heute höchstwahrscheinlich höher.[115] Das spiegelt die

Tatsache wider, daß die Zollschranken zwischen den Staaten nun niedriger sind, als sie es im ersten Jahrzehnt des 20. Jahrhunderts waren: Vor 1914 war eher das Sinken der Frachtkosten als eine liberale Wirtschaftsweise der Faktor, der den Handel vorantrieb.[116] Auslandsanlagen machten etwa 18 Prozent des Weltprodukts von 1913 aus; im Jahre 1995 lag diese Zahl bei erstaunlichen 57 Prozent. Es zeigt sich auch, daß die Kapitalexporte von den 1930er bis in die 1960er Jahre sehr viel drastischer sanken als die Exporte von Gütern. Auf dem niedrigsten Punkt betrugen die Auslandsanlagen 1945 weniger als fünf Prozent des Weltprodukts. Auch in anderer Hinsicht ist die Globalisierung heute weiter fortgeschritten als ein Jahrhundert zuvor. Die Direktinvestitionen im Unterschied zu den durch Aktienmärkte vermittelten Wertpapierinvestitionen sind heute wegen des Wachsens der multinationalen Unternehmen viel größer.[117] Auch die Informationsströme sind nun schneller und umfangreicher, was Investitionsentscheidungen über die Grenzen hinweg erheblich erleichtert. Wichtiger noch ist: Dieser Prozeß könnte weitergehen. Nach Aussage des Internationalen Währungsfonds gab es 1997 immer noch in 144 Ländern Kapitalkontrollen bei Auslandsinve-stitionen, während 128 Länder nach wie vor alle internationalen Finanztransaktionen regulierten.[118] Baut man solche Kontrollen ab, dann dürften Kapitalbewegungen über die Grenzen sogar noch umfangreicher werden.

Auf der anderen Seite ist der globale Markt für Arbeitskräfte höchstwahrscheinlich weniger offen, als er es vor einem Jahrhundert war. Das erste Zeitalter der Globalisierung erlebte zwei gewaltige Wellen der Migration, die erste durch Zwang, die zweite freiwillig. Bis zu den 1820er Jahren waren etwa acht Millionen Afrikaner als Sklaven in die Staaten beider Amerikas und der Karibik verschifft worden. In dem Jahrhundert, das darauf folgte, wanderten 60 Millionen Europäer dort ein, davon drei Fünftel in die Vereinigten Staaten.[119] Aus dem Vereinigten Königreich kamen zwischen 1881 und 1890 mehr als 3,2 Millionen, das waren sieben Prozent der Bevölkerung.[120] Die Auswanderung aus Deutschland umfaßte in der gleichen Phase 1,3 Millionen Menschen, nahezu drei Prozent.[121] Irland war natürlich der große Exporteur von Menschen: Seine Auswanderung umfaßte in den 1880er Jahren 14 Prozent der Bevölkerung. Trotz der Lockerung der Einwanderungsbeschränkungen der USA in den 1980er und 1990er Jahren hat die Immigration immer noch nicht wieder die Maxima erreicht, die für das Jahrzehnt nach 1900 verzeichnet wurden, als die Gesamteinwanderung etwa zehn Prozent der Bevölkerung entsprach. In Argentinien lag diese Zahl in derselben Zeit bei schwindelerregenden 29 Prozent.[122]

Das ist ein zutiefst wichtiger Unterschied zwischen Vergangenheit und Gegenwart, denn nichts leistete mehr als die Immigration zur Herabsetzung der Ungleichheiten bei den Einkommen zwischen den verschiedenen Ländern im ersten Zeitalter der Globalisierung. Die Lücke zwischen reichen und armen Ländern vergrößert sich eher, wenn Kapitalflüsse vorherrschen. Falls Menschen sich bewegen, gehen die Armen in die reicheren Länder, wo Arbeitskräfte relativ knapp sind. Begibt sich das Kapital auf Wanderschaft, dann neigt es dazu, wirklich arme Länder zu meiden, nicht zuletzt wegen der niedrigen Produktivität ihrer Arbeiter.[123]

Vielen Beobachtern gilt Globalisierung als eine wohltätige Kraft, die nichts Geringeres verspricht als »eine vollendete Zukunft«.[124] Der Soziologe Antony Giddens heißt die Art und Weise gut, wie die Globalisierung nicht nur den Nationalstaat, sondern auch »traditionelle« Kulturen und sogar die Familie aushöhlt.[125] Doch kann wenig Zweifel daran bestehen, daß Freihandel und freie Kapitalbewegung ohne ein dazu im richtigen Verhältnis stehendes Maß an internationaler Migration zu noch nie erlebten Ausmaßen von Ungleichheiten in der Welt führen. 1999 schätzte die UNO, daß die Vermögen der drei führenden Milliardäre der Welt größer waren als das gemeinsame Bruttosozialprodukt der ärmsten Länder der Welt, die zusammen über 600 Millionen Einwohner haben. 1960 hatte das reichste Fünftel der Weltbevölkerung ein Gesamteinkommen, das 30mal so hoch war wie dasjenige des ärmsten Fünftels; 1998 betrug dieses Verhältnis 74 zu 1.[126] Nach Feststellung der Weltbank leben heute 1,3 Milliarden Menschen in tiefster Armut. Sie haben ein Einkommen von weniger als einem Dollar pro Tag. So wie sich die Dinge auf der Welt entwickeln, kann sich in absehbarer Zukunft die Lücke zwischen reichen und armen Nationen nur vergrößern.[127] Wenn das erste Zeitalter der Globalisierung eine erhebliche Konvergenz der Einkommen erlebte, dann herrscht heute eine deutliche Divergenz vor. Die neueren Untersuchungen über die »erste Phase« der Globalisierung vor 1914 sind von einer Frage beherrscht: Könnte es im 21. Jahrhundert »einen weiteren Rückschlag« geben, sei es nun in der Form von Protektionismus, Fremdenfeindlichkeit oder gar Krieg?[128] Das setzt die Annahme voraus, daß der »Rückschlag« aus den entwickelten Volkswirtschaften kommen wird.

Eine andere Einschränkung bezieht sich auf die sehr unterschiedlichen Rollen, die die Weltmächte in den beiden Zeitaltern der Globalisierung spielten. Bedeutsamerweise sind jene, die glauben, daß die Gegenwart globaler als die Vergangenheit ist, in der Regel Amerikaner,

die sich hauptsächlich auf amerikanische Daten stützen.[129] Doch wie
Tabelle 9 zeigt, erzählen britische Daten eine ganz andere Geschichte.
Da Großbritannien die Hegemonialmacht während der Globalisierung
des frühen 20. Jahrhunderts war, können diese Zahlen durchaus eine
angemessenere Meßlatte abgeben. Die britischen Exporte von Handelsgütern entsprachen 1913 nahezu 30 Prozent des Bruttoinlandsprodukts
oder 76 Prozent der Wertschöpfung, dagegen betrugen die entsprechenden Zahlen für die USA in den 1990er Jahren acht beziehungsweise 36
Prozent. Amerikanische Ökonomen argumentieren, Exporte von Dienstleistungen seien heute wichtiger als damals. Während das für die USA
stimmt, trifft es für das Vereinigte Königreich nicht zu.[130] Die amerikanische Handelspolitik ist gewiß liberaler denn je; aber sie ist immer
noch nicht so liberal wie die britische vor 1914. Und Großbritannien
war vor 1914 ein Nettoexporteur von Menschen, während Amerika
heute wieder einmal ein wichtiger Importeur ist, wenn auch nicht in
dem Umfang wie in der ersten Dekade des 20. Jahrhunderts.

TABELLE 9: **Entwicklung zweier Hegemonialmächte,**
1870 bis 1995[131]

	Großbritannien				
	Prozentualer Anteil der Warenexporte am BIP	*Prozentualer Anteil der Warenexporte an der Wertschöpfung durch Handel*	*Durchschnitts- abgaben auf Produkte*	*Prozentualer Nettoanteil der Auslands- investitionen am BIP*	*Einwanderungs- quote pro 1000 Einwohner*
1870				5,0	5,0
1875			0,0	4,3	5,3
1890	27,3	61,5		7,3	8,6
1910				7,7	7,0
1913	29,8	76,3	0,0	9,1	
1930					4,7
1935			17,0		
1950			23,0		3,0
1960	15,3	33,8			
1970	16,5	40,7			
1990	20,6	62,8	5,7		0,5
1995			4,6		

Vielleicht besteht der entscheidende Unterschied zwischen damals und heute darin, daß Großbritannien ein Nettoexporteur von Kapital war, während es sich bei den Vereinigten Staaten heute ganz anders verhält. Sie haben ihre Vorherrschaft über die internationalen Kapitalmärkte nicht benutzt, um Kapital zu *exportieren* – was sie netto bis etwa 1972 taten –, sondern um es zu importieren. Das schränkt die finanziellen Druckmittel ihrer Außenpolitik sehr stark ein, kann es doch keine »Dollardiplomatie« ohne Dollars geben. Die Hegemonialmacht der Welt im heutigen Zeitalter der Globalisierung besitzt sehr viel weniger finanzielle Druckmittel als jene des ersten Zeitalters. Das ist einer der Gründe, warum die Vereinigten Staaten, obwohl sie über einige wenige quasikoloniale, abhängige Gebiete verfügen, dennoch nicht die Art von formeller oder informeller Kontrolle über die Weltwirtschaft ausüben können wie Großbritannien zu seiner imperialen Glanzzeit.

Einige werden behaupten, all dies spiele keine Rolle. Im Jahre 1999 veröffentlichte der amerikanische Journalist Thomas Friedman ein ima-

USA				
Prozentualer Anteil der Warenexporte am BIP	Prozentualer Anteil der Warenexporte an der Wertschöpfung durch Handel	Druchschnittsabgaben auf Produkte	Prozentualer Nettoanteil der Auslandsinvestitionen am BIP	Einwanderungsquote pro 1000 Einwohner
				6,4
		45,0		
5,6	14,3			9,2
				10,4
6,1	13,2	44,0		
				3,5
		48,0		
		14,0		0,7
3,4	9,6		2,4	
4,1	13,7		1,5	1,7
8,0	35,8	4,6	-4,7	2,6
		3,0	-5,3	

ginäres Gespräch zwischen dem früheren US-Finanzminister Robert
Rubin und dem malaysischen Premierminister Mahathir bin Moham-
mad. Dabei ließ er sich von der Absage an die Globalisierung durch den
malaiischen Regierungschef beim Treffen der Weltbank in Hongkong
1997 inspirieren:
»Bitte entschuldigen Sie, Mahathir, aber in welcher Welt leben Sie
eigentlich? Sie reden von Teilnahme an der Globalisierung, als hätten
Sie in dieser Hinsicht eine Wahl. Globalisierung unterliegt keiner Wahl.
Sie ist eine Realität. Es gibt heute nur noch einen globalen Markt, und
die einzige Art, wie Sie in dem Tempo, in dem Ihr Volk zu wachsen
wünscht, wachsen können, besteht darin, daß Sie sich die globalen Ak-
tien- und Anleihemärkte erschließen, daß Sie multinationale Unternehmen ersuchen, in Ihrem Land zu investieren, und daß Sie im globalen Handelssystem verkaufen, was Ihre Fabriken produzieren. Die Grund-
wahrheit über die Globalisierung lautet: *Niemand hat zu befehlen,* nicht
George Soros, nicht die ›Großmächte‹ und nicht ich. Ich habe nicht mit
der Globalisierung angefangen. Aber ich kann sie auch nicht aufhalten,
und Sie können es auch nicht ...«[132]

Wie am Beginn dieses Kapitels begegnen wir hier dem Gedanken, daß
die internationalen Finanzmärkte eine Macht von übermenschlicher
Kraft seien – daß sie ganz gewiß außerhalb der Kontrolle der Regierung
der Vereinigten Staaten liegen. Friedman sieht darin eine gute Sache:
ein Hindernis für Politiker und eine deutliche Verbesserung gegenüber
dem ersten Zeitalter imperialistischer Globalisierung. Aber können die
gewaltigen und unbeständigen Märkte der Gegenwart wirklich so gesehen werden, als seien sie aus eigener Kraft einflußreich? Friedman
beschreibt internationale Investoren und die vermeintlichen »Herren
des Universums«, die in ihrem Auftrag handeln, als eine »elektronische
Herde«. Das Problem liegt darin, daß eine Herde – insbesondere ohne
einen Hirten – dazu neigt, in panischer Flucht davonzujagen.

Das nächste Kapitel untersucht die verschiedenen Bemühungen, durch
Aufrichtung monetärer »Zäune« das Risiko panischer Fluchten, nämlich plötzliche Kapitalrückzüge und Währungskrisen, zu mindern.

ELFTES KAPITEL

Fesseln aus Gold, Ketten aus Papier

Internationale Währungssysteme

>»Ex uno plures«

*Umkehrung des Mottos »E pluribus unum«, das auf jeder
amerikanischen Dollarnote zu lesen ist.*

IN IAN FLEMINGS ROMAN »Goldfinger« von 1959 gibt der mit einem
ganz und gar unglaubhaften Titel ausgestattete Colonel Smithers von
der Bank of England James Bond eine kurze Erklärung des Goldstandards im Zeitalter von Bretton Woods, daß nämlich »Gold und gold-
gedeckte Währung das Fundament unseres internationalen Kredits
sind«. Das Gold wird durch den finsteren Edelmetallhändler Auric
Goldfinger, der von diesem Stoff bereits Mengen im Wert von mehr als
20 Millionen £ angesammelt hat, aus der Bank of England gestohlen.
Und während die Nachfrage nach Gold weiterhin unerbittlich ansteigt,
sei es zur Anlage von Vorräten, für Zahnfüllungen oder für Juwelen, wie
auch für die Reserven von Zentralbanken, nähert sich das Angebot der
Erschöpfung:
>»Die gesamte Produktion von Klondike, Homestake und Eldorado,
einstmals die Wunder der Welt, ergäbe nur die Menge von zwei oder
drei Jahren der heutigen Förderung in Afrika! Man muß sich vor Augen
halten, daß in der Zeit von 1500 bis 1900, für die es ungefähre Ziffern
gibt, insgesamt etwa achtzehntausend Tonnen Gold produziert wurden.
Hingegen haben wir von 1900 bis heute einundvierzigtausend Tonnen
gefördert. Bei diesem Tempo, Mr. Bond, würde es mich nicht wundern,
wenn in weiteren fünfzig Jahren die Goldvorräte der Erde erschöpft
wären!«
Dann kommt Smithers schließlich zum entscheidenden Punkt: »Wir
von der Bank können nichts mehr tun. Deshalb, Mr. Bond, ersuchen
wir Sie, diesen Goldfinger zur Strecke und das Gold zurückzubringen.
Sie wissen von der Währungskrise und dem hohen Diskontsatz? Nun,
England braucht dieses Gold dringend – lieber heute als morgen.«[1]
Tatsächlich stellt sich heraus, daß Goldfinger sich ein über die Bank
of England noch weit hinausgehendes Ziel gesetzt hat. Wie James Bond-
Liebhaber sich erinnern werden, verfolgt er den Plan, mit Hilfe der

Mafia und eines tödlichen Nervengases die US-Goldreserven in Ford Knox auszurauben, das zu jener Zeit Goldbarren im Wert von 15 Milliarden $,»etwa die Hälfte des Weltvorrats«, enthielt.

Hinzu kommt, daß Goldfinger nur ein Handlanger der sowjetischen Spionageorganisation SMERSH ist, deren Endziel darin besteht,»das Goldherz Amerikas« nach Rußland zu schaffen.

Im Jahre 1959 wäre Goldfingers geraubtes Edelmetall pro Unze 35 $ wert gewesen. Das Verschwinden einer derart großen Goldmenge aus den US-Reserven hätte vermutlich den Dollarpreis steil hinaufgetrieben und dabei nicht nur das System der festen Wechselkurse von Bretton Woods zerstört. Wie sich die Dinge jedoch entwickelten, war es nicht notwendig, daß ein Goldfinger auftauchte, um das fertigzubringen. Das System von Bretton Woods löste sich etwa ein Jahrzehnt nach der Veröffentlichung von Flemings Buch auf, es fiel nicht einem von den Sowjets unterstützten Raubzug zum Opfer, sondern den wachsenden Kosten des Vietnamkriegs und des wohlfahrtsstaatlichen Programms der »Great Society«. Nach langem Druck auf den Wechselkurs des Dollar hob Präsident Nixon am 15. August 1971 dessen Konvertibilität auf, indem er »das Goldfenster schloß«. Von da an war es nicht mehr für jedermann in den Vereinigten Staaten möglich, Dollarnoten gegen das wertvolle Edelmetall einzutauschen. Der Dollarpreis des Goldes schoß sogleich in die Höhe, was bedeutet, daß der Goldpreis des Dollar zusammenbrach. Im Januar 1980 hatte der Preis des Goldes den historischen Höhepunkt von 850 $ pro Unze erreicht.

Nach weiteren vierzig Jahren könnte man sich fragen, ob es sich für einen Goldfinger heute noch lohnen würde, Fort Knox auszurauben, nachdem der Goldpreis auf etwa 260 $ pro Unze gesunken ist. Ein derartiger Raub würde nun zu spät kommen, um das sowjetische System zu retten. Aber es gibt eine Gruppierung, die aus solch einem Raub Vorteile ziehen könnte: nämlich die Goldproduzenten der Welt. Wenn sie immer noch darauf abzielen, daß der Preis des gelben Metalls zum Höchstwert von 1980 zurückkehrt, dann ist einzig ein Goldfinger imstande, das durchzusetzen.

Seit den späten 1990er Jahren haben sich die Goldproduzenten selbst als Opfer eines Raubzuges empfunden. Im Mai 1999 gab das britische Schatzamt die Entscheidung des Kabinetts bekannt, 415 Tonnen Gold zu verkaufen.[2] Das war mehr als die Hälfte der Goldreserven in den Kellern der Bank of England. Sogleich fiel der Goldpreis um mehr als zehn Prozent. Im Januar und Februar 1999 hatte er meist um 290 $ pro Unze geschwankt. In der zweiten Juniwoche lag der Preis knapp über

258 $, es war der Tiefpunkt der letzten zwanzig Jahre. Die Aktien von Goldminen fielen um etwa ein Viertel. Damit sank natürlich auch der Wert des Goldes der Bank of England, die Kosten für den britischen Steuerzahler lagen fiktiv etwa bei 660 Millionen $. Aber nicht nur die Entscheidung Großbritanniens, mit dem Verkauf von Gold zu beginnen, löste 1999 auf dem Edelmetallmarkt Beunruhigung aus. Potentiell von gleicher Bedeutung waren die Auswirkungen der Europäischen Wirtschafts- und Währungsunion auf das Gold. Die Europäische Zentralbank klammerte das Gold nicht – wie sie es hätte tun können – vollständig aus ihrer Bilanz aus. Aber ihre Entscheidung, weiterhin 15 Prozent ihrer Reserven in Form von Gold zu halten, was 860 Tonnen entsprach, wurde durch den kleiner gewordenen Bedarf der elf nationalen Zentralbanken mehr als ausgeglichen, die im Januar 1999 praktisch zu Tochtergesellschaften der EZB wurden. Insgesamt besaßen die nationalen Zentralbanken am Vorabend der Europäischen Währungsunion etwa 12.447 Tonnen Gold, das entsprach etwa 17 Prozent ihrer gesamten Reserven vor der Währungsunion. Angesichts der Schaffung einer einheitlichen Währung konnten sie andere Währungen der europäischen Währungsunion nicht länger mehr zu den Devisenreserven zählen. Sie waren gezwungen, Gold nach seinem Marktpreis zu bewerten, was eine Reihe von ihnen, darunter die Deutsche Bundesbank, bislang nicht getan hatten. Das bedeutete, daß am 1. Januar 1999 der Anteil des Goldes an ihren Rücklagen über Nacht auf fast ein Drittel der Gesamtreserven anstieg.[3] Es war unter diesen Umständen zu erwarten, daß andere europäische Länder sich irgendwann Großbritannien anschließen und Gold verkaufen würden. Die schweizerische Zentralbank sah sich ebenfalls vor der Notwendigkeit, ihren Goldbesitz um 1.300 Tonnen zu vermindern, was etwa die Hälfte ihrer Gesamtreserven ausmachte.[4] Als das Jahr 2000 heranrückte, geriet der Internationale Währungsfonds unter einen politischen Druck, der nicht zuletzt vom britischen Schatzkanzler Gordon Brown herrührte. Es ging darum, den Entwicklungsländern Schuldennachlaß zu gewähren. Dazu sollte der Verkauf von Teilen der gewaltigen Goldbestände des IWF, den zweitgrößten in der Welt, dienen.[5] Die Abenddämmerung des Goldes schien angebrochen zu sein.

Doch die totale Verfinsterung liegt noch vor uns. In den 1970er und 1980er Jahren gab es mehrere Runden von Goldverkäufen durch westliche Zentralbanken. Diese wuchsen sich aber nicht zu einer totalen Entwertung aus.[6] Darüber hinaus wurde dem Markt für Edelmetalle im September 1999 gleichsam eine Aussetzung der Hinrichtung gewährt,

als die europäischen Zentralbanken eine Begrenzung von Goldverkäufen auf 400 Tonnen pro Jahr bekanntgaben.[7] Dennoch lohnt es sich
darüber nachzudenken, was geschehen würde, wenn alle Zentralbanken sich wie die Bank of England entscheiden und ihre Goldvorräte um
etwa die Hälfte vermindern würden. Sollten Deutschland, Frankreich,
Italien, die Niederlande, Portugal, Spanien, Österreich das tun, würden
5.753 Tonnen Gold auf die Märkte drängen. Wenn, was weit weniger
wahrscheinlich ist, die USA und Japan ihre Goldbestände um die Hälfte
reduzierten, dann stünden weitere 4.446 Tonnen zum Verkauf. Falls
man zu diesen Summen die potentiellen Verkäufe Großbritanniens, der
Schweiz und des Internationalen Währungsfonds hinzuzählt, dann
könnte die Gesamtmenge des zur Verfügung stehenden Goldes 12.224
Tonnen betragen. Das entspräche der gesamten Goldproduktion der
Welt für vier bis fünf Jahre.[8]

Die Abenddämmerung des Goldes

Langfristig war der Fall des Goldpreises selbstverständlich zu erwarten.
Auf der Grundlage der durchschnittlichen Kaufkraftparität des Geldes
im Zeitraum von 200 Jahren hätte der Preis des Goldes im Jahre 1997
gerade einmal bei 234 $ pro Unze liegen dürfen.[9] Der Anstieg des Goldpreises während der 1970er Jahre bedeutete eine historische Anomalie.
Er spiegelte ein plötzliches Anwachsen der Nachfrage nach Gold wider,
die eintrat, nachdem Amerika die Konvertibilität aufgehoben hatte und
nachdem die meisten westlichen Währungen im Vergleich zum Erdöl
und anderen Rohstoffen eine schnelle Entwertung erfahren hatten.

Gold hat durchaus eine Zukunft, aber hauptsächlich als Schmuck,
dessen Nachfrage mehr als drei Viertel des Goldes betraf, das 1992 verkauft wurde. Die durchschnittliche saudi-arabische Braut trägt fünf
Kilogramm 24-karätigen Goldschmucks. Indien allein verbraucht heute
etwa 700 Tonnen Gold pro Jahr, während es 1993 weniger als 300 Tonnen waren; insgesamt verfügen indische Privatleute über etwa 10.000
Tonnen Gold. Um diese Zahlen in die richtige Perspektive zu stellen:
Die Goldvorräte der Welt oberhalb des Erdbodens betrugen Ende 1997
134.800 Tonnen, davon besaßen die Zentralbanken weniger als ein
Viertel, nämlich 31.900 Tonnen. Die Jahresproduktion aller Goldminen
der Welt im Jahr 1998 betrug 2.500 Tonnen. Das entspricht nicht einmal dem Vierfachen des indischen Jahresverbrauchs. Zum Glück für die
Goldproduzenten erfreuen sich jene Kulturen, die am stärksten am

Gold als Schmuck hängen, gegenwärtig eines schnellen Wachstums, was Bevölkerung und Einkommen angeht.[10] In Gegenden mit primitiven oder instabilen Geld- und Finanzsystemen hat Gold auch als Wertanlage eine Zukunft. Das ist auf seine langfristige »Tendenz zurückzuführen, zu einem historischen Wechselkurs mit anderen Waren zurückzukehren«.[11] Tatsächlich kann man für eine Unze Gold heute fast die gleiche Menge Brot kaufen wie zur Zeit von Nebukadnezar, dem König von Babylon vor mehr als 2.500 Jahren.[12] Der wirkliche Reiz des Goldes liegt darin, daß es sogar, wenn die etablierten Währungsinstitutionen versagen, zugänglich und austauschbar bleibt. Die amerikanische Bankenkrise vor 1914, die extreme Hyperinflation der frühen zwanziger Jahre und der Bankenkollaps der frühen dreißiger Jahre waren die Zeiten, da ein Goldschatz seinem sprichwörtlichen Wert entsprach. Als im Zweiten Weltkrieg staatliche Finanzsysteme angesichts von Invasionen und Bombardements zusammenbrachen, war Gold eine Vermögensanlage, die sich als unzerstörbar erwies. Weil Großbritannien in den Jahren 1938/40 große Mengen an Gold in die Vereinigten Staaten schaffen konnte, war dafür gesorgt, daß der Fluß von Importen über den Atlantik weiterging. Selbst wenn Schiffe mit Gold an Bord versenkt wurden, wie es im April 1944 mit der SS Fort Sitikine im Hafen von Bombay geschah, konnte das Gold noch gerettet werden.[13] Ein großer Teil des Goldes, das die Nationalsozialisten aus den von ihnen besetzten Ländern rauben konnten, ist seitdem wiedergefunden worden: Es überlebte, wenngleich seine rechtmäßigen Eigentümer umkamen. In allen Ländern, die im vergangenen Jahrhundert die Erfahrung der Hyperinflation gemacht haben, hat sich Gold über hundert Jahre hinweg gegenüber Anleihen und Aktien als die bessere Investition erwiesen. Selbst bei der jüngsten Asienkrise fiel auf, wie viele finanziell angeschlagene Personen vor vollständiger Zahlungsunfähigkeit bewahrt blieben, weil sie noch ein wenig Gold zurückbehalten hatten. Gold wird weiterhin überall dort als Wertanlage ansprechen, wo die Währungen oder das Bankwesen instabil sind. Naheliegende Beispiele dafür geben die Länder der früheren Sowjetunion.

Als wichtiger Bestandteil der Zentralbankreserven in entwickelten Ländern scheint Gold sich jedoch überlebt zu haben. Unerbittlich bewegen wir uns auf eine Entwertung des Goldes zu, vergleichbar mit der Wertminderung des Silbers, die in den 1870er Jahren begann.

Aus dem Blickwinkel des Privatinvestors im Westen hat die Abenddämmerung des Goldes einen gewissen Sinn. Als Investition hat Gold in den USA und dem Vereinigten Königreich im vergangenen Jahrhun-

dert eindeutig weniger als Aktien und Staatsanleihen abgeworfen: Wenn
ein Urgroßvater in den 1890er Jahren eine Unze Gold gekauft und an
seine Erben vermacht hat, dann besitzen diese immer noch eine Unze
Gold; sollte er aber – wenn es so etwas damals schon gegeben hätte –
Anteile an einem erfolgsorientierten Fonds im Vereinigten Königreich
erworben haben, dann könnten die Nachkommen von ihrem Erbe etwa
88 Unzen Gold kaufen.[14] Zwischen 1968 und 1996 allerdings entwickelten sich die Renditen von Anlagen in Gold im umgekehrten Verhältnis
zu den Erträgen von Aktien- und Anleihebesitz, so daß in dieser Zeit ein
Portfolio, zu dem auch Gold gehörte, durchschnittlich einen höheren
Ertrag erzielte und ein geringeres Risiko beinhaltete als ein Bestand an
Wertpapieren, der ausschließlich aus Aktien zusammengesetzt war.[15]
Das führt zu der Frage: Sollten Zentralbanken Entscheidungen über ihre
Reserven in der gleichen Weise fällen, wie Investoren ihren Wertpapier-
besitz zusammenstellen?

In historischer Perspektive verkörpert die schleichende Entwertung
des Goldes einen weiteren Unterschied zwischen der Globalisierung in

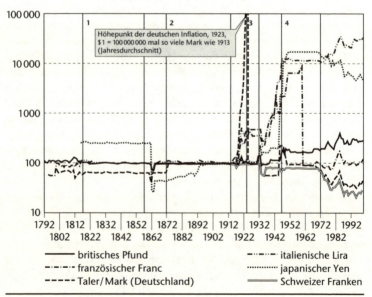

ABBILDUNG 9:   Wechselkurse wichtiger Währungen pro US-Dollar,
1792 bis 1999 (1913 = 100)[16]

britisches Pfund	italienische Lira
französischer Franc	japanischer Yen
Taler/Mark (Deutschland)	Schweizer Franken

der Phase 1870 bis 1914 und der Globalisierung heute. Der Prozeß der finanziellen Globalisierung, wie er im vorangegangenen Kapitel beschrieben wurde, verlief im Gleichklang mit der Ausbreitung des Systems fester Wechselkurse, die sich auf Gold gründeten. In den Augen vieler Zeitgenossen bildete der Goldstandard die Voraussetzung für internationale Investitionen im großen Umfang. Die finanzielle Globalisierung heute findet zu einer Zeit beträchtlicher Schwankungen der Wechselkurse statt, in der allem Anschein nach ein geringer Bedarf an Goldreserven herrscht.

Seit der Periode des monetären Chaos, das durch die Revolutionskriege und die napoleonischen Kriege verursacht wurde, hat es vier Phasen weltweiter Wechselkursstabilität gegeben (siehe Abbildung 9). Zwischen 1819[17] und etwa 1859 funktionierte ein informelles System des Bimetallismus relativ einwandfrei. Zwischen 1859 und 1871 zerstörte eine Reihe von größeren Kriegen in Europa und Nordamerika diese Ordnung. Nach 1871 trat die Welt in eine zweite Phase der Währungsstabilität ein, die bis 1914 dauerte. Allmählich gaben immer mehr Länder ihre Bindung an das Silber auf und stützten sich allein auf den Goldstandard. Die neun von Krieg und Revolution geprägten Jahre zwischen 1914 und 1923 erlebten erneut eine Unbeständigkeit der Wechselkurse; aber zwischen 1924 und 1931 setzte sich eine wiederhergestellte Wechselkursrate auf der Grundlage von Gold durch, die allerdings angesichts der Weltwirtschaftskrise zerfiel. Die vierte Phase internationaler Währungsstabilität – unter dem System von Bretten Woods mit dem Dollar als Leitwährung – währte von 1947[18] bis 1971, als die Entscheidung, die Konvertibilität des Dollars zu beenden, in die gegenwärtige Phase sich mehr oder weniger frei bewegender Wechselkurse hineinführte.

Zwischen 1971 und 1987 hat es eine Vielzahl von Bemühungen gegeben, der Unbeständigkeit der Wechselkurse Einhalt zu gebieten. Sie führten zu mehr oder weniger kurzlebigen internationalen Vereinbarungen, zu staatlichen Kursunterstützungen, zu regionalen Systemen von Wechselkursen und Währungsunionen. Die wichtigsten Wechselkurse werden in erster Linie durch die Devisenmärkte bestimmt. Ein besseres Arrangement ist zur Zeit wohl unmöglich. Wie Milton Friedman behauptet hat, wiegen Wechselkursbewegungen mit sehr viel weniger Reibung Inflation und Produktivitätsunterschiede auf, als es die Angleichung von Unterschieden bei Nominallöhnen und -preisen unter festgesetzten Kursen vermag. Das ist gewiß auf lange Sicht richtig. Kurzfristig jedoch tendieren die von den Valutamärkten festgesetzten Wechselkurse zu Über- und Unterschreitungen bezogen auf die Kaufpreisparitäten, die durch Unterschiedlichkeiten der nationalen Inflationsraten ausgelöst werden.[19] Wo auch immer die Gründe dafür liegen mögen, so handelt es sich hier offensichtlich um eine Quelle periodischer und schwerwiegender regionaler Instabilität. Währungskrisen in Mexiko und Asien führten in den 1990er Jahren zu schweren Rezessionen, bei denen die Wechselkurse im Sturzflug nach unten schossen. Diese Ereignisse ruinierten in den betroffenen Ländern Banken mit großen Verbindlichkeiten in Auslandswährungen, zerstörten das inländische Kreditwesen und senkten massiv die Einkommen von Millionen Menschen.[20]

Zwei Alternativen bieten sich hier an, die beide eine historische Einschätzung verdienen. Soll die Welt – mit oder ohne Goldstandard – versuchen, zu einem System fester Wechselkurse zurückzukehren? Oder liegt die Zukunft eher bei Währungsunionen von der Art, wie elf europäische Länder sie geschaffen haben?

Feste Wechselkurse

Der Weg, der zum internationalen Goldstandard führte, war tatsächlich gewundener, als oftmals zugegeben wird. Während eines Großteils des 19. Jahrhunderts hatten zwei der fünf Großmächte – Österreich und Rußland – sehr stark fluktuierende Wechselkurse.[21] Die Vereinigten Staaten gaben die Konvertibilität 1862 als Konsequenz des Bürgerkriegs auf und blieben bis 1879 bei einer Papierwährung. Obwohl der Anspruch auf Einlösung von US-Staatsanleihen gegen Gold 1869 wiederhergestellt und der Silberdollar beim sogenannten »Verbrechen von 1873« fallengelassen wurde, gab es eine anhaltende politische Kampagne gegen das Gold, die sich bis in die 1890er Jahre hinzog.[22] Nach Ansicht der Populisten handelte es sich beim Goldstandard um eine britische oder britisch-jüdische Verschwörung zur Herabdrückung der Preise für landwirtschaftliche Produkte aus dem Mittleren Westen und zur Bereicherung der Finanzleute in der Wall Street. 1868 galt nur noch in Großbritannien und einer Reihe wirtschaftlich von ihm abhängiger Länder, so in Portugal, Ägypten, Kanada, Chile und Australien, der Goldstandard. Frankreich und die übrigen Länder der Lateinischen Münzunion sowie auch Preußen, Persien und einige lateinamerikanische Staaten besaßen ein System des Bimetallismus. Der Rest der Welt beharrte weitgehend auf dem Silberstandard. Der Übergang zum Gold war nicht vor 1900 mehr oder weniger abgeschlossen. 1908 hielten nur noch China, Persien und eine Reihe mittelamerikanischer Staaten am Silber fest. Der

Goldstandard war praktisch zum weltweit verbreiteten Währungssystem
geworden, wenn auch in der Praxis eine Reihe asiatischer Volkswirtschaften einen Goldwechselkurs hatten, bei dem die lokalen Währungen eher in Sterling als wirklich in Gold konvertibel waren. Eine Reihe
»lateinischer« Wirtschaften in Europa und Amerika gab die Umtauschbarkeit von Banknoten in Gold praktisch auf.[23]

Wie der Goldstandard tatsächlich funktionierte, ist von den Volkswirten bis zum Überdruß erörtert worden. International bestand seine
Hauptaufgabe offensichtlich darin, die Wechselkurse festzusetzen oder
genauer gesagt, die Bandbreite ihrer Schwankungen bis hinunter zu den
sogenannten »Goldpunkten« einzuengen, den Wechselkursen, an denen
es profitabel wurde, Gold zu importieren oder zu exportieren.[24] Das klassische Modell des Systems ergab sich aus Ricardos »price-specie flow«-
Mechanismus, von dem man annahm, er würde Ungleichgewichte des
Handels durch die Auswirkungen von Goldströmen auf die relativen
Preise ausgleichen. Später entdeckten Theoretiker das Wirken eines
Mechanismus, der für schnellere Anpassung sorgte, dadurch reagierten
kurzfristige Kapitalströme mehr oder weniger sofort auf den Anstieg
oder die Senkung von Diskontsätzen. Die Keynesianer konzentrierten
sich auf die Auswirkungen des Goldstandards auf Einkommen und Nachfrage in randständigen Ländern wie etwa Argentinien.[25] Die Monetari-
sten haben dagegen zu zeigen versucht, daß der Goldstandard nicht
durch Veränderungen der *terms of trade* wirksam wurde, weil die Ausnutzung der Kursunterschiede die Preise aller über die Grenzen gehan-
delten Güter weltweit auf gleicher Höhe hielt.[26]

Den »Spielregeln« entsprechend schrieb man den Zentralbanken die
Rolle des Vermittlers zwischen internationaler und heimischer Wirt-
schaft zu, die sich dabei unterschiedlicher Zinssätze als Reaktion auf die
Goldströme bedienten. Es gibt starke Hinweise auf direkte Verletzungen
dieser Regeln, beispielsweise durch die Zentralbanken Frankreichs und
Belgiens.[27] Manche Zentralbanken neigten eher dazu, Zinssätze als
Antwort auf einen Abfluß zu erhöhen, statt sie als Reaktion auf einen
Zufluß herabzusetzen; einige manipulierten den Preis von Gold, um die
»Goldpunkte« zu verändern.[28]

Worin bestanden die Vorteile des Goldstandards? Ganz eindeutig beseitigen feste Wechselkurse ein Element der Ungewißheit aus dem internationalen Handel. Es gibt jedoch wenig Anlaß zu der Annahme, daß
der Grund für den wachsenden Umfang des Handels zwischen 1870
und 1914 hier lag. Dazu hätte es auch ohne feste Wechselkurse durchaus kommen können. Gemeinhin heißt es, der Goldstandard habe für

langfristige Preisstabilität gesorgt. Tatsächlich lag die durchschnittliche jährliche Veränderung der Großhandelspreise zwischen 1870 und 1913 bei minus 0,7 Prozent im Vereinigten Königreich und bei 0,1 Prozent in den Vereinigten Staaten. Insgesamt waren unter dem Goldstandard die Preise in den Industriestaaten am stabilsten.

Wie auch immer die kurz- oder mittelfristigen Schwankungen des Preisniveaus aussehen mochten, die Menschen konnten darauf vertrauen, daß die Preise letztendlich zu ihren historischen Mittelwerten zurückkehren würden.[29] Hatte dies günstige wirtschaftliche Auswirkungen? In der Theorie ist Preisstabilität stets eine positive Angelegenheit. Es gibt auch einige empirische Hinweise, daß der Goldstandard von Vorteil war. In Großbritannien und den Vereinigten Staaten schwankte das Pro-Kopf-Einkommen zwischen 1870 und 1913 in geringerem Maße als in der Zeit danach. Die Arbeitslosigkeit war niedriger als zwischen den Kriegen.[30] Das gleiche gilt für die langfristigen Zinsen, wenn auch nicht notwendigerweise für die realen Erträge.[31] Doch ist es nicht sicher, ob man diese Unterschiede allein oder auch nur partiell dem Goldstandard zuschreiben kann. Es spricht einiges für die These, der Bimetallismus wäre dem »Monometallismus« vorzuziehen gewesen: das wirkliche »Verbrechen von 1873« sei die französische Entscheidung gewesen, das Silber und damit die Rolle von Paris als wichtigstem Zentrum der internationalen Devisenarbitrage aufzugeben.[32] Darüber hinaus haben die erheblichen kurzfristigen Schwankungen von Inflation und Erträgen unter dem Goldstandard die Zeitgenossen möglicherweise stärker in Besorgnis versetzt, als sie die langfristig niedrige Inflation beruhigt hat.[33] Keynes' berüchtigte Bemerkung, daß wir auf lange Sicht alle tot sein werden, verdient es, hier wiederholt zu werden: Die Menschen sind sich weit stärker temporärer Schwankungen der Wirtschaft als langfristiger Bewegungen von Preisen und Leistungen bewußt. Wenn man danach strebt, eine niedrige, aber beständige Inflation mit hohem und stabilem Wachstum zu verbinden, dann war das System von Bretton Woods vorzuziehen, dessen Hauptarchitekt Keynes hieß. Allerdings gab es gewiß weitere Faktoren, die mehr als das System der Wechselkurse zum wirtschaftlichen Aufschwung in der Nachkriegszeit beitrugen.[34]

Die oben erwähnten Preisschwankungen waren auf Veränderungen der globalen Goldvorräte zurückzuführen. Der weltweite Übergang zum Gold hätte verheerende deflationäre Konsequenzen haben können, hätte sich das Angebot an Gold nicht als relativ elastisch erwiesen. In den 1840er Jahren betrug die jährliche Goldproduktion der Welt im Durchschnitt 42 Tonnen, davon kam mehr als die Hälfte aus Rußland. In den 1850er Jahren war die Gesamtproduktion auf 965 Tonnen gestiegen. Der Anstieg war zur Hälfte auf Kalifornien und zur Hälfte auf Australien zurückzuführen.[35] Dank der Entwicklung der Goldförderung im südafrikanischen Rand-Gebiet und auf dem Kalgoorlie-Feld in Westaustralien in den 1890er Jahren wie auch durch die Entdeckungen in Colorado, Klondike und Sibirien verdreifachten sich die weltweiten Vorräte an Gold zwischen den 1850er Jahren und dem ersten Jahrzehnt des 20. Jahrhunderts.[36] Andererseits hing der Goldstandard nicht direkt von der Goldversorgung ab. Finanzielle Innovationen wie der Gebrauch von Papiergeld und Schecks erreichten weite Verbreitung, und sie lockerten die goldenen Fesseln. Der größte Teil der monetären Expansion, die sich zwischen 1885 und 1913 ereignete, war auf die Verfünffachung der kurzfristigen Einlagen zurückzuführen. Dagegen wuchsen die Goldreserven nur um das Dreieinhalbfache.[37] Trotz seiner vielfach hervorgehobenen »Hegemonialstellung« verfügte das Vereinigte Königreich 1913 überraschenderweise nur über 3,6 Prozent allen Goldes in den Händen von Zentralbanken und Staatskassen.[38] Die Bank of England war einem »Mann mit wenig Fleisch auf den Knochen [vergleichbar, sie hatte] nur eine dünne Goldreserve, die einen verwundbaren Rahmen des Goldstandards umgab«.[39] Der Nachteil lag darin, daß es ein klares Wechselverhältnis zwischen dem Umfang der Goldreserve und der Beweglichkeit der kurzfristigen Zinssätze gab: Länder mit größeren Reserven, etwa Frankreich, mußten die Diskontsätze nicht so häufig verändern.[40] Eine andere Argumentation lautet, durch Beseitigung des Wechselkursrisikos und Verpflichtung eines Landes auf eine »gesunde« Fiskal- und Geldpolitik reduziere der Goldstandard die Kosten von Darlehensaufnahmen im Ausland. Hier handelte es sich um einen »Verpflichtungsmechanismus«: Bindung an den Goldstandard sei eine Methode, jeglicher »nicht zeitgemäßer« Finanz- und Geldpolitik abzuschwören, etwa dem Drucken von Geld, um die Differenz zwischen Real- und Nennwert einzustreichen oder um Schulden loszuwerden.[41] Dennoch sei Goldkonvertibilität »eine Zufallsregel oder eine Regel mit Rücktrittsklauseln«: Sie könne »im Fall einer einmütig erkannten, von außen verursachten Notlage, etwa eines Krieges, auf der Basis des Einvernehmens außer Kraft gesetzt werden, daß die Konvertibilität zur alten Parität wiederhergestellt würde, wenn die Notlage ganz sicher vorüber sei«.[42] In einigen Fällen gab es eine zweite legitime Ausnahme von der Regel: Bei Bankenkrisen, wie sie sich 1847, 1857 und 1866 in Großbritannien ereigneten, konnten die staatlichen Stellen zeitweise die »goldene Regel« aufgeben, als Geldgeber im äußersten Notfall einzuspringen.[43]

Die Vorstellung, Kriege oder Finanzkrisen seien »einmütig als solche erkannte Notlagen«, bildet das schwache Glied dieser Argumentationskette. Ihre Anhänger leiten nur aus statistischen Daten ab, daß derlei Abweichungen von der Regel der Goldkonvertibilität einvernehmlich erfolgt seien, sie liefern allerdings so gut wie keine historischen Belege dafür, daß die Zeitgenossen das so sahen. Auch ist nicht ganz klar, warum einige Notlagen als legitime Anlässe gesehen wurden, von dieser Regel abzuweichen, andere dagegen nicht.[44] Doch gilt gewiß: Länder, die das »Gütesiegel« trugen, das aufgrund einer Mitgliedschaft im Club der Staaten mit Goldstandard verliehen wurde, konnten unter günstigeren Bedingungen Geld aufnehmen als solche, die nicht dazugehörten. Allerdings fallen die damit verbundenen Prämien überraschend niedrig aus, betrachtet man die erheblichen Abwertungen, zu denen es zwischen 1880 und 1914 in Argentinien, Brasilien und Chile kam. Bereits 1895 waren die Währungen dieser drei Länder um etwa 60 Prozent gegenüber dem Sterling abgewertet worden. Der Aufschlag, den sie für in Gold bewertete Staatspapiere zu zahlen hatten, betrug nicht mehr als zwei Prozentpunkte im Vergleich zu Gläubigerländern, die am Goldstandard festhielten, so Kanada und Australien. Die Durchschnittsrendite chilenischer Anleihen, notiert in Papierwährung, betrug damals knapp sieben Prozent im Vergleich zu etwas mehr als vier Prozent für US-Papiere. Doch 1914 war der Wechselkurs der chilenischen Währung auf nur noch 20 Prozent im Vergleich zu 1870 gefallen, dagegen war der Dollar stabil geblieben.[45] Die Grenzen dieses Ansatzes offenbaren sich angesichts der Tatsache, daß die entsprechenden Berechnungen für die Zwischenkriegsjahre ähnliche Ergebnisse zeitigen.[46] Was die Renditen der Anleihen eines Staates anging, so war das Festhalten am Goldstandard zwischen 100 bis 200 Basispunkte [1 Basispunkt = 1/100 Prozent] wert. Aber wie hoch waren die Kosten des Festhaltens am Gold?

Es sollte festgehalten werden, daß ein Verpflichtungsmechanismus ohne feste Wechselkurse möglich sein könnte. Die gegenwärtige Mode des Festsetzens von Höchstgrenzen der Inflation oder der Annahme irgendeiner anderen Form von verbindlicher Norm durch unabhängige Zentralbanken könnte am Ende zu einer Art von glaubhafter Verpflichtung führen. Es bleibt abzuwarten, wie weit heterogene nationale Zielsetzungen jemals zur Basis internationaler Verpflichtungsmechanismen werden können, die mit dem Goldstandard vergleichbar sind.[47] Angesichts der erwiesenen Tatsache, daß in den 1970er und 1980er Jahren monetäre Ziele ins Treiben gerieten, scheint es zweifelhaft, ob Inflationsvorgaben jemals das Maß an Glaubhaftigkeit erreichen werden, das mit einer Goldkonvertibilitätsrate verbunden ist.[48]

Trotz dieser Einschränkungen läßt die Kombination von langfristiger Preisstabilität, einer Verpflichtung zu stabiler Finanz- und Geldpolitik und niedrigeren Zinsen auf Auslandsschulden den Goldstandard recht attraktiv erscheinen. Nach dem Zusammenbruch des Systems von Bretton Woods gab es eine Phase, da viele amerikanische Ökonomen, darunter der junge Alan Greenspan, aus genau diesen drei Gründen für die Rückkehr zum Goldstandard eintraten. Diese Ansicht hat sich heute keineswegs überlebt. Unter Hinweis auf die hohen Kosten der ungeheuren Zahl von Währungstransaktionen, die jedes Jahr trotz des Fehlens von festen Wechselkursen durchgeführt werden, ist der Ökonom Robert Mundell für »die Einführung [einer] internationalen gemischten Währung« eingetreten, um wenigstens mit irgendeiner Art von »vertrauensbildender Identifikation mit dem Gold« einen Anfang zu machen.[49] Im Mai 1999 versicherte Greenspan dem Bankenausschuß des amerikanischen Repräsentantenhauses, Gold repräsentiere immer noch »die höchste Form von Zahlungsmittel in der Welt«.[50]

Der Grund, warum die meisten Ökonomen solche Argumente mit Skepsis betrachten, findet wohl in der Vorstellung eines politischen »Trilemmas« seine beste Zusammenfassung. Im Kern besteht es darin, daß ein Land äußerstenfalls zwei der folgenden drei wirtschaftspolitischen Ziele – gebundener Wechselkurs, freie Kapitalbewegung und unabhängige Geldpolitik – verwirklichen kann.[51] Jene, die dem Club angehörten, der den alten Goldstandard aufrecht erhielt, oder jene, die irgendeinem Nachfolgesystem verpflichtet waren, erreichten gewöhnlich die ersten beiden Ziele, nicht aber das dritte. Daraus ergab sich die Möglichkeit, daß jene Geldpolitik, die notwendig ist, um Wechselkursstabilität im Rahmen freier Kapitalbewegungen zu gewährleisten, vom Standpunkt der Binnenwirtschaft eines Landes unangemessen sein kann. Diesen Zusammenhang hat Keynes in seiner Schrift »Ein Traktat über Währungsreform« hervorgehoben: »In Wahrheit ist der Goldstandard bereits ein barbarisches Überbleibsel. Wir alle, vom Gouverneur der Bank von England ab, sind jetzt in erster Linie daran interessiert, die Stabilität des Wirtschaftslebens, der Preise und des Arbeitsmarktes zu erhalten, und werden sie nicht so leicht, falls wir zur Wahl gezwungen werden, bewußt dem veralteten Dogma opfern, von £ 3.17.10 per Unze, einem Dogma, das einst seinen Wert gehabt hat. Die Befürworter des alten Standards übersehen, wie weit er heute vom Geist und von den Bedürfnissen unserer Zeit abweicht.«[52] Aus diesem Grund war der Preis, der für die Mitgliedschaft im Club der Goldstandardländer zu zahlen war, nicht notwendigerweise so niedrig, wie einige Berechnungen nahezulegen scheinen. Eine Regierung, die sich auf feste Wechselkurse verpflichtet hatte, mußte möglicherweise feststellen, daß die inländischen Kosten größer als die Vorteile waren. Die Glaubwürdigkeit des Wechselkurses würde in dem Maße schwächer werden, wie die Kosten im Inneren stiegen. In diesem Teufelskreis würden Versuche zur Stärkung der Glaubwürdigkeit durch Anhebung von Zinssätzen nur die Pein für inländische Schuldner erhöhen. Sehr bald würden jenseits eines bestimmten kritischen Punkts Spekulanten auftauchen; und ohne effektive Hilfe von außen könnte die Fähigkeit der Zentralbank zu schnellen Maßnahmen gegen Dumpingversuche sehr bald erschöpft sein.

Währungskrisen dieser Art hat es häufig gegeben, denn selbst ohne ein internationales System fester Wechselkurse neigen viele Entwicklungsländer mit Außenschulden, die in ausländischen Währungen benannt sind, eher dazu, ihre Wechselkurse zu stützen, als eine durch den Markt verursachte Wertminderung hinzunehmen. Eine Methode zur Einschätzung der Kosten fester Wechselkurse besteht im Vergleich von Finanzkrisen[53] vor 1914 mit Finanzkrisen nach dem Zusammenbruch des Systems von Bretton Woods. Es gibt tatsächlich einige Hinweise darauf, daß Krisen zur Zeit des Goldstandards nicht weniger schwer waren – die Krise in Argentinien 1890 war sogar schlimmer als jene in Thailand 1997 –, doch dauerten sie immerhin nicht solange wie entsprechende Krisen in der modernen Welt mit ihren mehr oder weniger frei beweglichen Wechselkursen. Das ist als Beweis zugunsten der Ansicht genannt worden, die im Goldstandard einen »Vertrauensmechanismus« sieht: Weil die Staaten so gesehen wurden, als seien sie der Konvertibilität verpflichtet, wurde ihr Regelbruch in Krisenzeiten als kurzzeitiges Phänomen hingenommen, was Investoren zur Rückkehr ermutigte.[54] Doch die Unterschiede sind recht unbedeutend, und Schlußfolgerungen sind riskant angesichts der Schwierigkeit, Daten aus einer ernsthaft vergleichbaren Beispielsgruppe von Ländern zu finden.[55] Falls Krisen vor 1914 überhaupt schneller beigelegt wurden, dann kann das auch auf ganz andere Faktoren zurückzuführen sein[56]: auf die größere Flexibilität von Preisen und Löhnen, auf die größere Mobilität von Arbeitskräften angesichts des Fehlens von Restriktionen für grenzüberschreitende Migration, auf die eingeschränkte politische

Repräsentation jener sozialen Gruppen, die durch solche Krisen am stärksten getroffen wurden, vielleicht auch auf die weitverbreitete Übernahme britischer Maßstäbe der Gesetzgebung und der Buchführung in kolonialen Volkswirtschaften.[57] Zudem fehlten vor 1914 aufkommenden Märkten im Notfall meist Geldgeber, so daß Rettungen aus Bankenkrisen tatsächlich langsamer als in den 1990er Jahren erfolgten.[58]

Die Erfahrungen der Zwischenkriegszeit deuten außerdem darauf hin, daß feste Wechselkurse mit dem Risiko verbunden sind, Finanzkrisen zu »exportieren«, ein Phänomen, das »Ansteckung« genannt wird. So hatten die verhängnisvollen Fehler in der amerikanischen Geldpolitik der 1930er Jahre katastrophale Auswirkungen nicht nur auf die Vereinigten Staaten, sondern auf alle Volkswirtschaften mit Währungen, die an den Dollar gebunden waren. Das betraf praktisch den größten Teil der Welt, da 1929, auf dem Höhepunkt des Systems, nicht weniger als 46 Nationen dem Goldstandard anhingen.[59] Zu Genesungsprozessen kam es erst, als manche Länder Ende der 1930er Jahre die Goldwährung aufgaben.[60]

Ebenso unterwarf schließlich das System der »festen, aber anpassungsfähigen« Wechselkurse, wie es in Bretton Woods etabliert wurde, den Rest der Welt letztendlich der amerikanischen Geldpolitik.[61] Obschon das mit einer Phase schnellen wirtschaftlichen Wachstums zusammenfiel, ist es wichtig, daran zu erinnern, wie unstabil das System von Bretten Woods als ein Gefüge fester Wechselkurse war. Angesichts der Probleme um die britische Zahlungsbilanz gab es fast von Anfang an Zweifel an der Stabilität der Austauschrate zwischen Dollar und Sterling. Nach dem gescheiterten Versuch einer Wiederherstellung der Konvertibilität im Jahre 1947 wurde das Pfund Sterling zweimal abgewertet: im September 1949 und im November 1967. Der französische Franc wurde dreimal abgewertet. Derweil wurde die Deutsche Mark zweimal aufgewertet. Bis 1959 war der Dollar die einzige voll konvertierbare Währung. Wegen der Knappheit an Valutareserven außerhalb der USA blieben anderswo Kapital- und Devisenkontrollen aufrechterhalten. Danach machte der Druck auf den Dollar im wachsenden Maße internationale Interventionen (den »Goldpool«) und andere Mittel zur Begrenzung des Umtausches von Dollar in Gold notwendig. Ab März 1968, als der »Pool« abgeschafft wurde, befand sich das System im endgültigen Niedergang, während sich in Deutschland und Japan Dollarreserven ansammelten. Beide Länder hatten nun auf ihren laufenden Konten große Überschüsse gegenüber den USA.[62] Der entscheidende Grund für den Zusammenbruch des Systems lag in der Abneigung anderer Länder – insbesondere Frankreichs –, die ansteigende amerikanische Inflation zu »importieren«.[63]

Die Krise des Europäischen Wechselkursmechanismus in den 1990er Jahren erinnert an den Niedergang des Systems von Bretton Woods, denn die Beteiligten am Wechselkursmechanismus waren in Wirklichkeit Geiseln der deutschen Geldpolitik. Der 1979 ins Leben gerufene Mechanismus schien gegen Ende der 1980er Jahre die Wohltaten der deutschen Geldpolitik auf seine Mitgliedsländer zu übertragen. Die Vorteile bestanden in einer glaubwürdigen Verpflichtung auf niedrige Inflation und damit relativ niedrige Zinssätze. Das war sechs Wochen vor Margaret Thatchers Entmachtung im Jahre 1990 der Hauptgrund für die britische Entscheidung zum Anschluß. Doch fiel dieser Schritt ausgerechnet mit dem Zusammenbruch des Sowjetimperiums in Osteuropa und der deutschen Vereinigung zusammen. Das führte zu einem dramatischen Anwachsen des Haushaltsdefizits der Bundesrepublik. Die sich daraus ergebende Welle neuer Kreditaufnahmen des deutschen Staates durch Anleihen zur Finanzierung der Vereinigung mit der früheren DDR trieb nicht nur das Verhältnis von Schulden zum Bruttoinlandsprodukt, sondern auch die Zinssätze in die Höhe. Die Schulden der öffentlichen Hand in Deutschland stiegen von 42 Prozent des Bruttoinlandsprodukts 1991 auf mehr als 60 Prozent 1996, das war fast doppelt so viel wie 1980; das durchschnittliche Defizit des staatlichen Sektors in den Jahren 1991 bis 1996 lag bei 5,5 Prozent des Bruttoinlandsprodukts. Ohne den Europäischen Wechselkursmechanismus wäre die Mark ganz sicher im Vergleich zu anderen europäischen Währungen angemessen bewertet worden. Die Regeln des Systems machten es jedoch erforderlich, daß die Zinssätze innerhalb desselben überall stiegen. 1992 wurde deutlich, daß die Kosten höherer Zinssätze im Inneren, die sich nicht zuletzt auf die Hypothekenbelastungen konservativer Wähler auswirkten, in Großbritannien und Italien nicht länger tragbar waren. Im September jenes Jahres wurden beide Länder durch einen Spekulationsangriff, dem die verschiedenen Zentralbanken nicht widerstehen konnten, vielleicht im Falle der Bundesbank auch nicht wollten, gezwungen, das System zu verlassen. Spanien, Portugal und Irland sahen sich ebenfalls zur Abwertung veranlaßt; und im Sommer 1993 führte Druck auf den französischen Franc zur Erweiterung der Spielräume, innerhalb derer sich die im System verbliebenen Währungen bewegen konnten.[64]

Schließlich kann es an der Peripherie auch ohne eine große politische Erschütterung, die vom Kern ausgeht, zur »Ansteckung« kommen. Sobald in Asien die Glaubwürdigkeit einer Währungsankopplung ver-

lorenging, als dem thailändischen Baht am 2. Juli 1997 das »Floaten«
und damit effektiv das Sinken gestattet wurde, war es mit dem Vertrauen in die benachbarten Währungen bald ebenfalls vorbei.[65] Das
war zum Teil darauf zurückzuführen, daß ausländische Investoren überhaupt keine Unterschiede zwischen den Märkten verschiedener asiatischer Entwicklungsländer machten. Hinzu kamen ähnliche Probleme,
die aus uneingeschränkter Darlehensaufnahme in Auslandswährungen,
kurzfristigen Anleihen zur Finanzierung langfristiger Investitionen und
einem Hasardspiel resultierten, nämlich der Annahme, daß die Regierung oder der Internationale Währungsfonds dem Privatsektor aus
einer Krisis »heraushelfen« würde.[66]

Hauptnutznießer der Asienkrise waren die Amerikaner, die von sehr
stark fallenden Importpreisen profitierten – und insbesondere die amerikanischen Ökonomen, die mit einem frischen Untersuchungsgegen-
stand versorgt wurden, als das Interesse an den Problemen des post-
sowjetischen »Übergangs« nachließ. Einige Analytiker gaben den asiatischen Volkswirtschaften wegen der Praktizierung eines »Klüngelkapi-
talismus« die Schuld, womit eine Vielzahl von Problemen gemeint war,
die mit unzulänglichen finanziellen Kontrollvorschriften zusammen-
hingen. Andere schoben dem Internationalen Währungsfonds den
Schwarzen Peter zu, hatte er es doch unterlassen, als Retter in höchster
Not einzugreifen.[67] Seitdem sind politische Rezepte im Übermaß ausgestellt worden. Es hieß, die Asienkrise verdeutliche die Notwendigkeit von
Kontrollen oder zumindest des Bremsens kurzfristiger internationaler
Kapitalflüsse, so wie Chile sie in den 1980er Jahren eingeführt hatte. Eine
andere Denkschule empfahl die Herausbildung von umfassenderen einheimischen Kapitalmärkten, um mehr langfristige Darlehen in einheimischer Währung möglich zu machen. Manche traten einfach für den
Dollar als Leitwährung oder eine Rückkehr dazu ein. Das sollte für Asien
insgesamt, also für Japan ebenso wie für die aufstrebenden Märkte gelten.[68] Das wohl überraschendste Argument, das im Kielwasser der Krise
auftauchte, hob die Notwendigkeit einer »Dollarisierung« hervor, also
einer totalen Ersetzung des Baht und anderer Währungen durch den US-
Dollar, wie seit langem schon in Panama praktiziert.[69]

Diese Position, die für eine Währungsunion mit den USA eintrat,
hatte eine Parallele in einem Argument, das 1992 unter anderem der
Economist vertrat: Der Zusammenbruch des Europäischen Wechselkursmechanismus beweise die Notwendigkeit einer Europäischen Währungsunion. Dieser Alternative einer Lösung des Wechselkursproblems
wollen wir uns im folgenden zuwenden.

316 Fesseln aus Gold, Ketten aus Papier

Währungsunionen

Von seiner Zeugung über seine Austragung und seine Geburt bis hinein in seine frühe Kindheit hat der Euro die Skeptiker stets ins Unrecht gesetzt. Einige meinten, nationalistisch gestimmte Wähler würden die europäische Einheitswährung in Volksabstimmungen ablehnen. Andere zweifelten daran, ob alle Bewerber das Defizitkriterium von Maastricht erfüllen würden. Manche wiederum sagten voraus, daß die Auseinandersetzungen über die Präsidentschaft der Europäischen Zentralbank das ganze Unternehmen zum Scheitern bringen würden. Doch bislang hat sich die Europäische Wirtschafts- und Währungsunion programmgemäß entwickelt. Das »kleine Ja« der Wähler beim französischen Referendum mag wohl ein wenig sanfte Massage notwendig gemacht haben, und die Konvergenzkriterien des Maastricht-Vertrages sind wohl hier und da nicht ganz erfüllt worden. Doch wichtig ist, daß die festen Wechselkurse innerhalb der »Eurozone« trotz aller Unterschiede in den wirtschaftspolitischen Grundentscheidungen stabil geblieben sind.

Es stimmt, daß die neue Währung seit ihrem Start einen Wertverlust von 25 Prozent gegenüber dem Dollar hinnehmen mußte. Aber niemand hat je behauptet, daß der Euro einen festen Wechselkurs gegenüber dem Dollar oder irgendeiner anderen fremden Währung haben werde. Auch kann niemand sicher sagen, ob sich die europäische Einheitswährung in den nächsten zwölf Monaten nach unten oder nach oben bewegen wird. Doch wie Abbildung 10 zeigt, befindet sich der Euro im Vergleich zur Entwicklung seines Vorgängers, der Zahlungseinheit ECU, immer noch oberhalb des historischen Tiefpunkts. Andererseits spricht einiges für die Annahme, daß der Euro früher oder später eine Belebung gegenüber dem Dollar erfährt, wenn die US-Währung schwächer wird. Dies wird wahrscheinlich die Konsequenz des größer werdenden Zahlungsbilanzdefizits der Vereinigten Staaten und ihrer zunehmenden Auslandsschulden sein.[70] Wenn das geschieht, werden sich die Propheten und Architekten der Einheitswährung bestätigt fühlen. Aber auch dieser Triumph der Freunde des Euro wird sich mutmaßlich als vorübergehend erweisen. Denn keine Währungsgemeinschaft kann lange Bestand haben, wenn die Mobilität der Arbeitskräfte derart durch kulturelle Schranken und gesetzliche Vorschriften eingeschränkt wird und wenn die Finanzpolitik ihrer Mitgliedsstaaten so sehr in Unordnung ist.[71]

ABBILDUNG 10: Entwicklung des ECU/Euro72

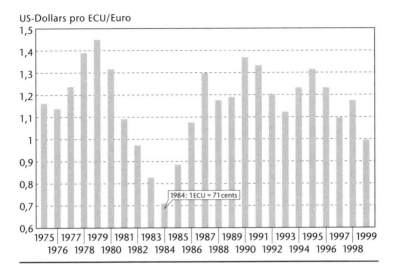

US-Dollars pro ECU/Euro

1984: 1 ECU = 71 cents

Die Vorstellung, daß Währungsunionen durch fiskalische Ungleichgewichte zerstört werden können, gründet sich zum Teil auf geschichtliche Vergleiche. Die Schwierigkeit besteht in der Entscheidung darüber, welche Währungsunionen der Vergangenheit am ehesten der Europäischen Währungsunion ähneln. Und angesichts der Tatsache, daß es sich bei allen Mitgliedern der EWU um Demokratien handelt und daß die Geldpolitik heute als »das primäre makroökonomische Stabilisierungsinstrument« betrachtet wird, kann man behaupten, es gäbe gar keine wirklichen historischen Parallelen.73

Nach meiner Auffassung hat die Europäische Währungsunion sehr wohl Vorgänger in der europäischen Geschichte. Eine mögliche Entsprechung findet sich in der österreichisch-ungarischen Währungsunion nach dem »Ausgleich« von 1867, denn die Habsburger Doppelmonarchie war »eine ökonomische Einheit, die für die freie Zirkulation von Gütern und Kapital sorgte, mit einer einzigen Zentralbank und *vollständiger* fiskalischer Autonomie für jeden Reichsteil«; außerdem lebten in diesem Reich zahlreiche Nationalitäten.74 Im Unterschied zur Europäischen Union gab es eine gemeinsame Armee. Sowohl Österreich als auch Ungarn wiesen vor 1914 regelmäßig beträchtliche Defizite auf, aber diese wurden mit wenig Schwierigkeiten durch den inländischen und internationalen Anleihemarkt aufgefangen. Das dramatische, aber asymmetrische Anwachsen bei Ausgaben und Darlehensaufnahmen, das durch den Ersten Weltkrieg verursacht wurde, führte zur Beschleunigung der Inflation. Die politische Auflösung der Doppelmonarchie am Ende des Krieges hatte sogleich den Zerfall der Währungsunion zur Folge. Er begann mit der Entscheidung Jugoslawiens, sich loszusagen, indem buchstäblich alle Banknoten auf seinem Gebiet im Januar 1919 überstempelt wurden. Diesem Beispiel folgten im März sehr schnell die neuen Regierungen der Tschechoslowakei und Österreichs. Als die Österreichisch-Ungarische Bank dagegen protestierte, erwiderte der tschechische Finanzminister, dies sei eine notwendige Reaktion auf »systematische Zerstörung der österreichisch-ungarischen Krone« durch Inflation. Sobald dieser Prozeß einmal begonnen hatte, war es für die ehemals von den Habsburgern beherrschten Staaten riskant, sich dem nicht schnell anzuschließen, da die Österreichisch-Ungarische Bank bis zu ihrer Auflösung im September 1919 fortfuhr, ungestempelte Noten zu drucken. Diese ungestempelten Geldscheine standen hoch im Kurs, denn sie konnten überall dort eingesetzt werden, wo die Politik des Abstempelns nicht angewandt wurde, so in Polen und Ungarn bis zum Frühjahr 1920.[75]

Ein noch aufschlußreicherer Präzedenzfall ist die Lateinische Münzunion, die von 1865 bis 1927 existierte. Sie sorgte dafür, daß das Münzgeld Frankreichs, Belgiens, der Schweiz, Italiens, des Kirchenstaates und später auch Griechenlands frei austauschbar und gesetzliches Zahlungsmittel in einem gemeinsamen Währungsgebiet war. Allerdings gab es keine Zentralbank für die Union. Doch eine offensichtliche Parallele zur Europäischen Währungsunion liegt darin, daß der Lateinischen Münzunion eine bewußt politische Motivation zugrunde lag. Treibende Kraft hinter der Konvention der Lateinischen Münzunion vom 23. Dezember 1865 war der Franzose Felix Parieu, der davon träumte, daß die Münzunion letztendlich zu einer »europäischen Union« mit einer »europäischen Kommission« und einem »europäischen Parlament« führen würde.[76] Doch waren die Kosten hoch, die für die anderen Mitglieder durch die italienische und insbesondere die päpstliche Nachlässigkeit in finanziellen Angelegenheiten entstand. Die Regierung des Kirchenstaates finanzierte ihre Defizite durch Ausgabe einer versilberten Münze, die hohe Gewinne erbrachte, die aus der Differenz zwischen Real- und Nennwert, also aus Münzverschlechterung resultierten. Und sie gestattete es geheimen Bevollmächtigten, diese in den Rest der Union auszuführen. Das war ein eindeutiger Bruch der Konvention. Gleichzeitig gab die italienische Regierung zur Finanzierung ihrer Defizite eine weitgehend nicht konvertierbare Papierwährung heraus. Das verstieß gegen den Geist, wenn nicht gegen den Buchstaben der Konvention. Es erklärt, warum trotz anfänglicher Bemühungen, neue Mitglieder zu gewinnen, nach Griechenland niemand mehr hinzukam, und das trotz Aufnahmeanträgen aus Spanien, Österreich-Ungarn, Rumänien, San Marino, Kolumbien, Serbien, Venezuela, Bulgarien und Finnland.[77] Der Krieg von 1870 zerstörte die politische Grundlage einer französischen Kontinentalhegemonie; und der einzige Grund, warum die Lateinische Münzunion nach 1878 überlebte, bestand darin,»die Kosten ihrer Auflösung zu vermeiden«.[78] Wie das bescheidenere skandinavische Modell einer Währungsunion, die Schweden und Dänemark 1873 gegründet hatten, wurde die Lateinische Münzunion in den 1920er Jahren verspätet für tot erklärt.

In jüngerer Zeit hat es drei Währungsunionen gegeben, die nach dem Zerbrechen früherer politischer Zusammenschlüsse kaum länger als ein paar Jahre überlebt haben: diejenige zwischen den elf Mitgliedern der Gemeinschaft Unabhängiger Staaten, die aus der früheren Sowjetunion hervorging; jene zwischen den früheren Teilrepubliken der Bundesrepublik Jugoslawien; schließlich die zwischen der tschechischen und der slowakischen Republik nach ihrer Trennung. In zwei Fällen war die Auflösung mit Hyperinflation verbunden, da sich innerlich schwache Mitgliedsstaaten auf simple Weise Staatseinkünfte verschafften, indem sie Geld druckten.

Die historische Erfahrung legt daher die Annahme nahe, daß asymmetrische fiskalische Probleme, die oft, aber nicht notwendigerweise durch Krieg entstanden sind, sehr schnell dazu führen können, daß sich Währungsunionen zwischen finanzpolitisch unabhängigen Staaten auflösen. Im Europa von heute scheint es durchaus möglich, daß fiskalische Probleme, die durch nicht finanzierbare soziale Sicherheits- und Rentensysteme verursacht werden, ähnliche zentrifugale Effekte haben könnten: Das wäre das Habsburg-Szenario, wobei diesmal das Sozialsystem das fatale Auflösungsmittel liefern würde.

Wie in Kapitel 7 gezeigt, herrschen in der Mehrheit der Mitgliedsstaaten der Europäischen Währungsunion Ungleichgewichte zwischen den Generationen, wenn sich diese auch in ihrem Umfang beträchtlich unterscheiden. Es fällt außerordentlich schwer, sich vorzustellen, daß eine politische Option, die dieses gestörte Gleichgewicht beseitigen könnte, auch nur von einem der Mitgliedsstaaten realisiert würde. Noch weniger kann man sich ausmalen, daß sie alle entsprechende Maßnahmen ergreifen würden. Um es zu wiederholen: Zur Herstellung eines Generationengleichgewichts müßte Finnland sämtliche Steuern um 17 Prozent erhöhen, Österreich um 18, Spanien um 14, Italien um zehn Prozent. Deutschland müßte seine Steuern um 9,5 Prozent heraufsetzen oder alle Transferleistungen der Regierung um 14 Prozent beschneiden.[79] Dagegen würde ein unüberwindlicher politischer Widerstand entstehen, ganz gleich, welche Form die finanzpolitische Umgestaltung annähme, ob Kürzung der Ausgaben, Streichung von Transferzahlungen, Erhöhung aller Steuern oder nur Anhebung der Einkommensteuer. Die politischen Konflikte um Steuererhöhungen und Beschneidungen von Sozialleistungen kann man sich ohne weiteres vorstellen. Tatsächlich haben sie in Deutschland und Italien bereits eingesetzt. Ein Grund für den Sturz der Regierung Massimo D'Alema im April 2000 bestand in ihrer Unfähigkeit, angesichts der Opposition der Gewerkschaften eine Reform des staatlichen Systems der Alterversorgung durchzusetzen. Es ist das teuerste in der EU mit jährlichen Kosten von beinahe 14 Prozent des Bruttoinlandsprodukts. Schlimme fiskalische Konsequenzen hatte auch die Vorstellung vieler Sozialdemokraten auf dem Kontinent in den 1980er Jahren, massenhafter vorzeitiger Ruhestand würde die Chancen für junge Leute auf dem Arbeitsmarkt steigern. Ebenso ungünstig wirkt sich aus, daß so leicht kurzfristige makroökonomische Argumente gegen eine sparsame Haushaltspolitik ins Feld geführt werden können. Um es ganz simpel auszudrücken: Das Problem der hohen Arbeitslosigkeit in Deutschland und anderen Mitgliedsstaaten der EWU läßt sich kaum durch Steuererhöhungen bewältigen. Die Regierung Schröder hat sich ja tatsächlich für Steuersenkungen entschieden. Die sich verschlechternde Haushaltslage vieler europäischer Staaten ließe sich selbstverständlich durch eine permanente Steigerung der durchschnittlichen Wachstumsrate lindern. Doch gibt es gute Gründe, an der Aussicht zu zweifeln, daß dies in den Kernländern der Union geschehen wird. Die Starrheit des europäischen Arbeitsmarktes hat viele Ökonomen zu der Überzeugung gelangen lassen, die Umstände seien für eine Währungsunion noch nicht reif.[80] Ein Grund dafür, daß der Goldstandard vor 1914 so funktionieren konnte, wie er es tat, bestand im hohen Niveau der grenzüberschreitenden Mobilität von Arbeitskräften.[81]

Die Entscheidung, vor der fast jedes Land der Eurozone steht, liegt – von einer Aufhebung der Einwanderungsbeschränkung abgesehen – zwischen einer Steuererhöhung ohne Beispiel in Friedenszeiten und einer Kürzung der öffentlichen Ausgaben, die viel weiter geht als in den

1980er Jahren. Da keine dieser beiden Optionen populär wäre, scheint es eher wahrscheinlich, daß die Regierungen kurzfristig eine Verschlimmerung des Ungleichgewichts zwischen den Generationen zulassen werden.

Wie sehen die monetären Auswirkungen des drohenden fiskalischen Infarkts aus? Häufig wird angenommen, es werde manchen Ländern immer schwerer fallen, die haushaltspolitischen Anforderungen des Maastrichter Vertrags und des Wachstums- und Stabilitätspakts einzuhalten. Doch die Möglichkeiten für eine »kreative Buchhaltung«, traditionelle Maßstäbe für Schulden und Defizite auszunutzen, sind noch nicht völlig ausgeschöpft. Da sich die Maastricht-Kriterien auf Meßinstrumente für Schulden gründen, die ökonomisch willkürlich sind, gibt es genügend Gründe für die Annahme, daß sie oberflächlich angewandt werden. Tatsächlich ist dies bereits geschehen. Nicht weniger als acht Mitglieder der Europäischen Währungsunion hatten 1997 Schulden, die über der 60-Prozent-Schwelle von Maastricht lagen.[82]

Dabei geht es nicht wirklich um den Anstieg der Kreditaufnahme. Erfahrungen der Vergangenheit, beispielsweise die deutsche Wirtschafts- und Währungsunion nach 1871, legen nahe, daß Währungsgemeinschaften mit föderativen finanzpolitischen Systemen koexistieren können, in denen einige Mitgliedsstaaten in beträchtlichem Umfang Staatspapiere herausgeben. Ungleiche Niveaus der Emission von Staatspapieren können auch zu unterschiedlichen Renditen von Staatspapieren führen. Die Existenz von Ertragsunterschieden ist mit einer Währungsunion nicht unvereinbar: Den Märkten kann man nicht verbieten, verschiedenen Mitgliedsstaaten innerhalb einer Währungsunion unterschiedliche Insolvenzrisiken zuzuschreiben. Es gibt für die Erträge von Staatspapieren in Europa nicht mehr Gründe, einheitlich zu sein, als Gründe für von Unternehmen ausgegebene, in Euro bezeichnete Anleihepapiere bestehen, ihren Investoren die gleichen Renditen zu bieten.[83] Es ist auch nicht so, daß ein hoher Grad an staatlicher Kreditaufnahme notwendigerweise zur Inflation führen muß, wie manchmal angenommen wird. Vieles hängt von der Nachfrage des internationalen Anleihemarkts nach hochwertigen Staatsanleihen ab, und angesichts der Tatsache, daß immer mehr Menschen nach Eintritt in den Ruhestand noch zwei Jahrzehnte lang leben, dürfte sich diese Nachfrage auf jeden Fall steigern.

Die Konsequenzen des Ungleichgewichts zwischen den Generationen bestehen nicht einfach nur darin, daß die europäischen Staaten Defizite haben. Weil die Generationskonten sich auf die Vorstellung von überzeitlichen haushaltspolitischen Zwängen gründen, werden bei den Berechnungen Defizite bereits vorausgesetzt. Die Zahlen setzen kein Wachstum der Kreditaufnahme in der Zukunft voraus, sondern eine unausweichliche Notwendigkeit, Steuern zu erhöhen, Ausgaben zu reduzieren oder Geld in Umlauf zu setzen. Die entscheidende Frage lautet, was geschieht, wenn Österreich, Finnland und Spanien – einzeln oder alle drei – in eine ausweglose Situation geraten, was Besteuerung und öffentliche Ausgaben betrifft.

Heute steht zu erwarten, daß die Länder mit den heftigsten Ungleichgewichten zwischen den Generationen versuchen werden, Druck auf die Europäische Zentralbank auszuüben, damit diese ihnen durch Lockerung der Geldpolitik Erleichterung verschafft.[84] Geschichtlich kam es immer wieder vor, daß ein Sprung in die Inflation das letzte Mittel einer Regierung war, die in finanzielle Schwierigkeiten geriet. Das gilt für die Besiegten nach dem Ersten Weltkrieg so wie für Rußland und die Ukraine nach dem Zusammenbruch der Sowjetunion. Dann wäre der Augenblick der Wahrheit für die einheitliche europäische Währung gekommen. Es besteht natürlich die Möglichkeit, daß die EZB klein beigibt und den Wertverlust des Euro sowie eine Inflation in der Eurozone zulassen wird. Doch ist dies eher unwahrscheinlich, da es der Bank nach dem Vertrag von Maastricht ausdrücklich verboten ist, einer Bitte um Währungsstützung nachzugeben. Es gibt strenge Bürgschaftsverbote in Artikel 104 des Vertrags, inzwischen ersetzt durch Artikel 101 des Vertrages zur Errichtung der Europäischen Gemeinschaft, sowie in Artikel 21 des Statuts des Europäischen Systems der Zentralbanken. Das ist der springende Punkt bei dem, was als die »beispiellose Trennung zwischen den wichtigsten geld- und haushaltspolitischen Autoritäten« bezeichnet worden ist, die durch die Währungsunion herbeigeführt worden sein soll.[85]

Es ist daher nicht schwierig, eine Reihe von Zusammenstößen vorauszusehen zwischen nationalen Regierungen, die darum kämpfen, ihre Finanzen unter Kontrolle zu bringen, und der Zentralbank, deren Hauptaufgabe es nach Artikel 2 des Statuts ist, die Preisstabilität aufrechtzuerhalten.[86] Die EZB wird, so steht zu erwarten, wohl die »unangenehme monetäre Arithmetik« ignorieren, die mit den haushaltspolitischen Unausgewogenheiten zwischen den Mitgliedsstaaten verbunden ist, und mit ihrer eigenen »unangenehmen fiskalischen Arithmetik« antworten, indem sie die Zinssätze anhebt.[87]

Steckten alle Länder ungefähr in derselben mißlichen Lage, dann ließe sich eine politische Lösung des Konflikts vorstellen. Aber da es derartige Unterschiede im Umfang der Ungleichgewichte zwischen den Generationen wie auch im Hinblick auf ihre Wachstums- und Inflationsraten innerhalb der Eurozone gibt, werden einige Länder eher als andere in Schwierigkeiten geraten. Man kann sich die Konflikte zwischen den verschiedenen Staaten ausmalen, zu denen das führen könnte.[88] Die meisten Prognosen der Beständigkeit der Europäischen Währungsunion waren bestrebt, die Auswirkungen einer »asymmetrischen« Erschütterung auf das System einzuschätzen.[89] Die Generationenbilanzen legen nahe, daß das System bereits in Schieflage hängt und daher kein sehr heftiger Stoß vonnöten ist.

Was ist also zu erwarten? Juristisch ist ein Rückzug aus der Währungsunion nicht vorgesehen: Anders als beim Goldstandard gibt es hier keine Rücktrittsklausel. Doch in der Geschichte findet sich immer ein Ausweg. Wenn die einzige denkbare politische Option eines Landes darin besteht, Geld zu drucken, um sich einiger seiner Verpflichtungen durch Inflation zu entledigen, also eine »Inflationssteuer« zu erheben, und wenn die EU-Institutionen an der Regel festhalten, niemandem aus der Patsche zu helfen, dann wird in der Tat eine Abspaltung erwogen werden. Die einzig offenbleibende Frage betrifft dann die Kosten der Trennung.

Erstens würde es dann kurzfristig höhere Zinssätze geben, und vieles würde von dem Tempo abhängen, in dem dieser Schritt Auswirkungen auf den Schuldendienst der Regierung hätte. In diesem Zusammenhang sind die unterschiedlichen Laufzeitstrukturen der verschiedenen Staatsschulden wichtig: Ein Land mit vielen kurzfristigen Schuldverpflichtungen wird aus einem Anstieg der Inflation kaum Vorteile ziehen können. Mehr als die Hälfte der Inlandsschulden Spaniens sind beispielsweise kurzfristig, dagegen nur 0,4 Prozent derjenigen Österreichs: Daher wird es für Spanien weit schwieriger sein, sich seiner Verpflichtungen durch Inflation zu entledigen.[90]

Zweitens würde der Wechselkurs der neuen (oder der wiederhergestellten alten) Währung des sich abwendenden Staats relativ zum Euro und anderen wichtigen Währungen schwächer. Das könnte die Exporte anregen, aber ob es höhere Zinssätze ausgleichen würde, die fast sicher nötig wären, ist unmöglich vorauszusagen. Darüber hinaus würde es vielerlei juristische Verwicklungen geben, da Gläubiger und Schuldner im In- und Ausland sich über die Frage auseinandersetzen würden, ob die Schulden aus der Zeit vor der Trennung in Euro oder in der nationalen Währung bewertet werden sollten. Dies könnte das Finanzsystem des sich abwendenden Landes wie auch dasjenige anderer Länder heftig destabilisieren. Wiederum wären die Auswirkungen um so schwerwiegender, je mehr Auslandsschulden ein Land hätte. Kurzum, die Abspaltung von der Europäischen Währungsunion wäre weit schwieriger als die Trennung vom europäischen Austauschmechanismus[ERM], ein Punkt, den Staaten wie das Vereinigte Königreich sehr wohl beachten sollten, die immer noch darüber nachdenken, ob sie sich anschließen sollen oder nicht.

Es ist möglich, daß der politische Wille, Ausgabenkürzungen und Steuererhöhungen durchzusetzen, durch diese offensichtlichen Abschreckungsfaktoren gestärkt werden kann. Weniger wahrscheinlich, aber auch vorstellbar ist, daß es eine Schwächung der Entschlossenheit der Europäischen Zentralbank zur Inflationsbekämpfung oder alternativ eine Verschiebung in Richtung auf eine größere fiskalische Zentralisierung geben könnte, damit man mit den Unausgewogenheiten der Generationenbilanzen auf dem Kontinent gemeinsam fertig werden könnte.

Doch es bleibt die Tatsache, daß die Geschichte kaum Beispiele für auf demokratischer Zustimmung beruhende Haushaltsanpassungen des Umfangs aufweist, wie sie heute in gewissen europäischen Ländern notwendig sind. Dagegen gibt es einige historische Fälle von Währungsunion zwischen souveränen Staaten, die scheiterten, als die Erfordernisse der nationalen Haushaltspolitik nicht mehr mit den Zwängen vereinbar waren, die eine gemeinsame internationale Währung auferlegte.

ZWÖLFTES KAPITEL

Ebbe und Flut der Demokratie

»Mitten unter uns geht eine große demokratische Revolution vor
sich; alle sehen sie, aber nicht alle beurteilen sie in gleicher Weise.
[...] Das vorliegende Buch ist völlig unter dem Eindruck einer Art
religiösen Erschauerns geschrieben, das den Verfasser angesichts der
unaufhaltsamen Umwälzung befiel, die seit so vielen Jahrhunderten
über alle Hindernisse hinweg voranschreitet und die wir heute
inmitten der von ihr verursachten Ruinen vorrücken sehen.«

Alexis de Tocqueville[1]

ALS DER amerikanische Soziologe Francis Fukuyama 1989 »Das Ende
der Geschichte« proklamierte, war sein Vorbild der Geschichtsphilo-
soph und Meister der dialektischen Methode Georg Wilhelm Friedrich
Hegel.[2] Für Hegel war die Weltgeschichte von der göttlichen Vernunft
geleitet. So konnte der historische Prozeß als Selbstverwirklichung
durch die Idee Freiheit und Manifestation des Weltgeistes verstanden
werden. In Hegels gewundener Prosa war der Staat Verkörperung der
sittlichen Idee und Verwirklichung der Freiheit.[3] Als junger Mann hatte
sich Hegel von der Französischen Revolution inspirieren lassen. Er sah
darin einen »herrlichen Sonnenaufgang«, der »eine erhabene Rührung«
auslöste. Hegels Musterstaat aber sollte schließlich Preußen werden.[4]
Fukuyama ließ sich von den osteuropäischen Revolutionen des Jahres
1989 inspirieren, sein Leitbild allerdings bleibt die liberal-kapitalisti-
sche Demokratie der Vereinigten Staaten.

Wie Hegel ist Fukuyama keineswegs jemand, der die Dinge einseitig
ökonomistisch betrachtet. Die zukunftsweisende dialektische Beziehung, die er zwischen Demokratie und Wachstum sieht, wird durch die
Kultur vermittelt.[5] Der US-Wissenschaftler hat freilich eingeräumt, daß
sich (insbesondere in Asien) »die politische Entwicklung« wegen des
kulturellen Widerstands gegen den Individualismus, der mit der
Demokratie verbunden ist, »von der Demokratie abwenden könnte«.
Doch zehn Jahre nach »Das Ende der Geschichte« bleibt der Autor von
»einer langfristigen progressiven Entwicklung der menschlichen politischen Institutionen in Richtung auf die liberale Demokratie« überzeugt. Tatsächlich gelangt Fukuyama in seinem jüngsten Buch »The

Great Disruption« zu der geradezu unverfroren hegelianischen Behauptung:

»In der politischen und der wirtschaftlichen Sphäre erweist sich die Geschichte als progressiv und zielgerichtet. Am Ende des 20. Jahrhunderts gibt es in den technisch fortgeschrittenen Gesellschaften keine Alternative zur liberalen Demokratie.«[6] Die Ansicht, daß Demokratie und wirtschaftlicher Fortschritt sich gegenseitig verstärken, wird heute beinahe zu einer Art von neuer Orthodoxie. In seinem posthum publizierten Werk »Power and Prosperity« vertritt der Nationalökonom Mancur Olson die Behauptung, demokratische Systeme förderten eher als ihre undemokratischen Vorgänger die Schaffung von Wohlstand. Das beruhe auf genau dem fundamentalen Grund, aus dem im Mittelalter eine Tyrannei der Anarchie vorzuziehen gewesen sei. Ein Monarch – oder ein »ortsfester Bandit«, so Olsons treffender Ausdruck – hatte ein »umfassendes Interesse« am anhaltenden Wohlstand seiner Untertanen, was von einer umherwandernden Bande von Straßenräubern nicht gesagt werden kann. Die »Steuer«, die die Briganten verlangen, wird zu einem Satz von hundert Prozent erhoben, dann ziehen die Räuber weiter. Ihnen ist es gleichgültig, daß sie durch Verhinderung von Investitionen in der Gegenwart und Abschreckung vor Investitionen in der Zukunft die kommenden Erträge jener schmälern, die sie ausplündern. Der ortsfeste Bandit dagegen wird dazu neigen, »seine Rate an Steuerdiebstahl bis zu dem Punkt zu reduzieren, wo das, was er (aus Steuerdiebstahl bei größerem Ertrag) gewinnt, geeignet ist, das, was ihm entgeht, auszugleichen, (indem er einen kleineren Teil des Ertrages nimmt)«. Es besteht für ihn auch ein Anreiz, der Allgemeinheit Güter aus seinen eigenen Beständen zur Verfügung zu stellen, wenn dies die Leistungsfähigkeit seiner Untertanen steigert.[7] Die Demokratie ist dieser Herrschaftsweise noch überlegen, weil die herrschende Mehrheit sich nicht nur Vorteile verschafft, indem sie Steuererträge unter sich verteilt, sondern weil sie ihr Einkommen auch durch Transaktionen am Markt maximiert: Daher dürfte »die optimale Steuerrate für die Mehrheit niedriger als die von einem Autokraten festgelegte« sein.[8] Ebenso wird eine demokratische Majorität ein stärkeres Interesse haben, mehr von ihren Ressourcen in öffentliche Investitionen zu stecken, die jedermann von Nutzen sind. Es kann sogar »allumfassende Interessen« von Mehrheiten geben, zu denen nicht alle Mitglieder der Gesellschaft zählen, die so weit greifen, daß sie aus Eigeninteresse genau so viel an Steuern erheben und ausgeben, als wären ihre Motive vollkommen selbstlos. Olson hat in früheren Werken behauptet, der Schutz von Eigentumsrechten und die Vertragssicherheit seien zur Förderung wirtschaftlicher Aktivitäten entscheidend gewesen. Nun hat er geltend gemacht, diese seien unter demokratischen Regierungen wahrscheinlich am ehesten gewährleistet.[9] Das deckt sich mit früheren Arbeiten von Douglass North, der die These vertrat »insoweit als die demokratische Regierung einem immer größer werdenden Teil der Bevölkerung Zugang zum politischen Entscheidungsprozeß eröffnet, die unberechenbare Macht eines Herrschers zur Beschlagnahmung von Vermögen ausschaltet und die Sicherung der Vertragserfüllung durch Dritte mit Hilfe einer unabhängigen Justiz entwickelt, ist das Ergebnis tatsächlich ein Schritt in Richtung auf größere politische Effizienz«.[10]

Auch der Nobelpreisträger Amartya Sen hat sich der Auffassung angeschlossen, daß Demokratie wirtschaftlich von Vorteil sei. Sen behauptet, daß Freiheit nicht nur um ihrer selbst willen wünschenswert, sondern auch wegen ihres ökonomischen Nutzens gerechtfertigt sei. Er räumt ein, daß sich China, Singapur und – bis vor kurzem auch – Südkorea in den vergangenen zwei Jahrzehnten, trotz des Fehlens von Demokratie, eines schnellen wirtschaftlichem Wachstums erfreut haben. Diese Beispiele von autoritären Volkswirtschaften in den »Tigerstaaten« reichen nicht aus, um die ökonomischen Argumente für die Demokratie zu widerlegen. Es gibt Gegenbeispiele wie Botswana, eine schnell wachsende Oase der Demokratie in Afrika. Hinzu kommt, daß Demokratien besser als Autokratien imstande sind, wirtschaftliche Katastrophen zu verhindern. »Keine große Hungersnot«, so behauptet Sen in seinem Werk »Development as Freedom«, »hat sich je in einem demokratischen Land ereignet – ganz egal wie arm es ist, [...] weil eine Regierung in einer Mehrparteien-Demokratie mit Wahlen und freien Medien starke politische Anreize besitzt, Vorkehrungen gegen Hungersnot zu treffen.«[11] Eine kürzlich erschienene Studie verglich die »Lebensqualität von Bürgern« in über hundert Staaten, meist Entwicklungsländern, und gelangte zu der Schlußfolgerung, daß demokratische Staaten die Grundbedürfnisse ihrer Bürger »um bis zu 70 Prozent besser als nichtdemokratische Staaten« erfüllen.[12] Eine zum Teil politische Erklärung ist auch für die überlegene ökonomische Leistung des nachkommunistischen Polen mit seinen recht lebendigen demokratischen Institutionen im Vergleich zu Rußland vorgebracht worden, wo die Demokratisierung durch »kleptokratische« Eliten behindert worden ist.[13] In den allgemeinen Refrain haben auch politische Entscheidungsträger eingestimmt. Die Bonner Konferenz über ökonomische Zusammenarbeit in Europa faßte die neue selbstverständliche Weisheit mit den Worten zusammen:»Demokratische Institutionen und wirtschaftliche Freiheit fördern wirtschaftlichen Fortschritt.«[14] Es ist gewiß eine plausible historische Hypothese, daß Wirtschaftswachstum zur Entwicklung demokratischer Institutionen beiträgt. Aber ist gleichermaßen unbestreitbar, daß die Ursachenkette auch in die Gegenrichtung läuft? Kann man darauf vertrauen, daß die Demokratisierung das Wachstum vorantreibt? Wenn dem so ist, dann mag es sehr wohl sein, daß das Ende der Geschichte erreicht ist und wie im Märchen gilt: ... und sie lebten glücklich alle Tage (oder zumindest demokratisch und im Wohlstand).

Es gibt jedoch Gründe zur Vorsicht.

Demokratie und Freiheit

Wohl der scharfsinnigste Analytiker der Demokratie aus Macaulays Generation war der französische Aristokrat, Historiker, Soziologe und Politiker Alexis de Tocqueville. In seinem Werk »Die Demokratie in Amerika« von 1835, das auf eine neunmonatige Reise durch die Vereinigten Staaten 1831/32 zurückging, hieß Tocqueville die »Institutionen und Sitten«, die er dort kennengelernt hatte, mit Einschränkungen willkommen. Zu den Stärken der amerikanischen Demokratie zählten für ihn die Dezentralisierung des Staates, die Macht der Gerichte, die Lebendigkeit des Verbandslebens, die Funktion der Anwälte als Ersatz für die Aristokratie und der Einfluß der Religion, denn »wenn der Mensch frei ist, muß er gläubig sein«. Stark von den »Federalists« beeinflußt, war Tocqueville für die Mängel und möglichen Gefahren der amerikanischen Demokratie durchaus nicht blind. Politische Parteien seien »ein den freien Regierungssystemen innewohnendes Übel«; die Presse sei außerordentlich rüpelhaft und darauf aus, im Schlamm zu wühlen. Die Menschen neigten dazu, mittelmäßige Gestalten in hohe Ämter zu wählen. Er hielt durchaus nichts von Präsident Andrew Jackson. Vor allem aber bestehe die Gefahr einer »Tyrannei der Mehrheit«. Tocqueville war sich auch der Intoleranz gegenüber Minderheiten bewußt – insbesondere gegen die Schwarzen, ob nun versklavt oder frei. Aber seine Schlußfolgerungen waren optimistisch. Die Stärken der amerikanischen Gesellschaft würden ausreichen, um die Mängel auszugleichen. Der Demokratie gehöre die Zukunft, so behauptete er in seiner Einleitung, und sie funktioniere, zumindest in Amerika.

Ob sie sich auch anderswo bewähren würde, war eine offene Frage. In

Frankreich habe sich »die demokratische Revolution in einem Gesell-
schaftskörper vollzog[en], ohne daß in den Gesetzen, Gedanken, Gewohnheiten und Sitten die Veränderung eintrat, die notwendig gewesen wäre, um diese Revolution fruchtbar zu machen«.»Die Demokratie« in Frankreich sei »ihren ungezügelten Leidenschaften hemmungs-
los ausgeliefert« gewesen.[15] In England, das Tocqueville 1833 und 1835
bereiste, sei eine neue Aristokratie von Fabrikanten aufgestiegen, die, so
warnte er, möglicherweise dabei Erfolg haben würden, die »permanente
Ungleichheit« der vordemokratischen gesellschaftlichen Ordnung wie-
derherzustellen. Vor allem aber, so Tocqueville, und im Unterschied zu
den Entwicklungen in den Vereinigten Staaten »erkennt man überrascht und erschreckt, wie alles in Europa vereint dahin zu wirken
scheint, daß die Vorrechte der Zentralgewalt sich unbegrenzt vermehren und das Einzeldasein mit jedem Tage schwächer, untergeordneter
und ungeschützter wird«.[16] In einem erstaunlich prophetischen Abschnitt gegen Ende des zweiten Bandes hieß es:

»Ich will mir vorstellen, unter welchen neuen Merkmalen der Despotismus in der Welt auftreten könnte: ich erblicke eine Menge einander ähnlicher und gleichgestellter Menschen, die sich rastlos im Kreise
drehen, um sich kleine und gewöhnliche Vergnügungen zu verschaffen, die ihr Gemüt ausfüllen. Jeder steht in seiner Vereinzelung dem
Schicksal aller andern fremd gegenüber: seine Kinder und seine persönlichen Freunde verkörpern für ihn das ganze Menschengeschlecht. [...]
Über diesen erhebt sich eine gewaltige, bevormundende Macht, die
allein dafür sorgt, ihre Genüsse zu sichern und ihr Schicksal zu überwachen. Sie ist unumschränkt, ins einzelne gehend, regelmäßig, vor-
sorglich und mild. [...] Sie arbeitet gerne für deren Wohl; sie will aber
dessen alleiniger Betreuer und einziger Richter sein; sie sorgt für ihre
Sicherheit, ermißt und sichert ihren Bedarf, erleichtert ihre Vergnügungen, führt ihre wichtigsten Geschäfte, lenkt ihre Industrie, ordnet ihre
Erbschaften, teilt ihren Nachlaß; könnte sie ihnen nicht auch die Sorge
des Nachdenkens und die Mühe des Lebens ganz abnehmen? [...] Auf
diese Weise macht sie den Gebrauch des freien Willens mit jedem Tag
wertloser und seltener; sie beschränkt die Betätigung des Willens auf
einen kleinen Raum, und schließlich entzieht sie jedem Bürger sogar
die Verfügung über sich selbst. Die Gleichheit hat die Menschen auf
dies alles vorbereitet: sie macht sie geneigt, es zu ertragen und oft sogar
als Wohltat anzusehen. [...] Ich war immer des Glaubens, daß diese Art
von geregelter, milder und friedsamer Knechtschaft, deren Bild ich
eben gezeichnet habe, sich mit einigen der äußeren Formen der Freiheit

meist besser, als man denkt, verbinden ließe, und daß es ihr sogar nicht unmöglich wäre, sich geradezu im Schatten der Volkssouveränität einzunisten.«[17]

In den 1830er und 1840er Jahre hielt Tocqueville an der Hoffnung fest, Frankreich könne den Übergang zu einer Form der Demokratie schaffen, die der amerikanischen ähnlich, wenn auch nicht mit ihr identisch sei. Vor allem dachte er dabei an eine Demokratie, die individuelle Freiheit bewahrte und die Macht des Zentralstaats begrenzte. Als 1856 sein Werk »L'Ancien Régime et la Révolution« erschien, war er weniger optimistisch geworden. Es hatte sich als unmöglich erwiesen, die Demokratie in Frankreich ohne unerträgliche Opfer an Freiheit einzuführen. Die Aristokratie und die Kirche, gegen die die Revolution ihre Energien gerichtet hatte, waren unter dem alten Regime tatsächlich Bastionen der Freiheit gewesen. Nachdem diese einmal zerstört waren, konnte der Prozeß der Zentralisierung – der der Revolution lange voranging – sich uneingeschränkt beschleunigen. Die Gleichheit siegte über die Freiheit, und was dabei herauskam, war Despotie:

»Während die eine Leidenschaft [die für die Freiheit] sich fortwährend verändert, je nach den Ereignissen abnimmt oder wächst, kräftiger oder schwächer wird, bleibt die andere [die für die Gleichheit] sich immer gleich, immer mit dem gleichen, hartnäckigen und oft blinden Eifer auf dasselbe Ziel gerichtet, bereit, denen, die ihr Befriedigung gestatten, alles aufzuopfern und der Regierung, die sie nur begünstigen und ihr schmeicheln will, die Gewohnheiten, die Ideen und die Gesetze zu liefern, die der Despotismus braucht, um zu herrschen.«[18]

Zugegebenermaßen war Tocquevilles düsterere Ansicht über die französische Demokratie sehr stark auf die Enttäuschung zurückzuführen, die ihm seine eigene politische Karriere nach der Revolution von 1848 bereitete. Nachdem er im September 1849 französischer Außenminister geworden war, entließ ihn Präsident Louis Napoleon nicht einmal zwei Monate später. Noch verletzender war, daß seine 14 Jahre währende Parlamentskarriere beendet wurde, als Napoleon seinen Staatsstreich durchführte und im Dezember 1851 das Kaiserreich wieder errichtete.[19] Angesichts dieser Ereignisse haben moderne Historiker auf die vielen Anachronismen in Tocquevilles Darstellung Frankreichs im 18. Jahrhundert hingewiesen: Aber als Werk der politischen Theorie verdient es Tocquevilles »Ancien Régime« durchaus, zusammen mit dem letzten Teil der »Demokratie in Amerika« erneut gelesen zu werden, nicht zuletzt als Korrektiv zu den neohegelianischen Auslassungen von Fukuyama und Olson, die einem aktualisierten Liberalismus frönen. Die

Demokratie mag in der Tat dazu bestimmt sein, weltweit über die Autokratie zu triumphieren. Man kann es aber nicht für selbstverständlich erachten, daß die Freiheit – unter Einschluß der ökonomischen Freiheit – stets an diesem Sieg teilhaben wird.

Tocqueville hatte wenig Interesse für die ökonomischen Konsequenzen seiner Ahnung, daß Egalitarismus und Zentralismus eine Bedrohung der Freiheit in den Demokratien bilden würden. Doch politische Theoretiker des 20. Jahrhunderts – beispielsweise Adam Przeworski – haben die naheliegende Schlußfolgerung gezogen. Nach Przeworski gibt es einen fundamentalen Konflikt zwischen dem Markt und dem Staat. Auf dem Markt geben Einzelpersonen »Stimmen« ab, die ungleich verteilt sind, indem sie die Ressourcen einsetzen, über die sie jeweils verfügen. Der Staat ist dagegen »ein System, das Ressourcen zuteilt, die ihm nicht gehören, mit Rechten, die unabhängig vom Markt verteilt werden«. Im Fall der Demokratie verfügt »jeder Bürger über eine Stimme«. Das verleiht jedem das gleiche Recht, die Zuweisung von Ressourcen durch den Staat zu beeinflussen.

»Es kann kaum überraschen, daß die Verteilung von Konsumgütern, wie sie durch den Markt produziert wird, sich von jener Verteilung unterscheidet, wie sie kollektiv von der Wählerschaft bevorzugt wird, denn Demokratie bietet jenen, die arm oder aus anderen Gründen mit der ursprünglichen Verteilung von Wohltaten unzufrieden sind, eine Möglichkeit, sich durch den Staat um Abhilfe zu bemühen. Ausgestattet mit politischer Macht in Form des gleichen Wahlrechts werden jene, die aufgrund der Existenz von Privatbesitz Nachteile erleiden, versuchen, diese Macht zu benutzen, um den Wohlstand anders zu verteilen. [...] Notwendigerweise bedroht die Demokratie ›Eigentumsrechte‹.«[20]

Gibt es schließlich einen Konflikt zwischen dem ökonomischen Fortschritt, der in erster Linie von der Freiheit abhängt, und einer Demokratie, die nach Tocqueville eher die Gleichheit vorzieht?

Der Aufstieg der Demokratie – Die drei Wellen

In den letzten 25 Jahren hat sich die Demokratie so über den Globus ausgebreitet, wie es Tocqueville prophezeit hat. Der Prozeß begann Mitte der 1970er Jahre auf der iberischen Halbinsel, sprang in den 1980er Jahren nach Lateinamerika und Teile Asiens über, und zwischen 1989 und 1991 fegte er über Zentral- und Osteuropa sowie auch durch Regionen Afrikas südlich der Sahara. Nach Aussage des »Institute for Demo-

332 Ebbe und Flut der Demokratie

cracy und Electoral Assistance«»leben zum ersten Mal in der Geschichte
mehr Menschen in Demokratien als unter Diktaturen. [...] Und der Kurs
[...] geht in Richtung auf eine Ausweitung des demokratischen Ver-
tretungsauftrags«.[21] Die Demokratie ist zu einem »weltweiten Phänomen« geworden.[22] Es ist vorausgesagt worden, daß »sich die demokratische Gemeinschaft um das Jahr 2100 zu neunzig Prozent durchgesetzt
haben wird«.[23]

Wenn es auch, weil man hinterher immer klüger ist, so scheinen
mag, daß er vorhersehbar war, so stellt der Erfolg der Demokratie doch
in Wirklichkeit eine der größten Überraschungen der Geschichte dar.
Als die zentrale Frage der westlichen politischen Theorie, ob denn nun
Monarchie, Aristokratie oder Demokratie vorzuziehen sei, zum ersten
Mal debattiert wurde, erlitt der Befürworter der Demokratie eine Niederlage. Im dritten Buch seiner »Geschichte« berichtet Herodot, wie die
sieben persischen Verschwörer, die den Herrscher ermordeten, über die
zukünftige Form der Regierung ihres Landes entschieden. Dabei trat
Otanes für die Demokratie ein:

»Das Volk dagegen, wenn es herrscht, hat erstlich den schönsten
Namen von Allem, Freistaat [bürgerliche Freiheit, Rechtsgleichheit],
und zum Zweiten thut es nichts von Allem dem, was der Alleinherrscher thut. Es bestellt seine obrigkeitlichen Stellen durch das Los, macht
seine Stellen verantwortlich, und macht alle Ratschlüsse bei der Gemeinde anhängig.«

Megabyzus jedoch befürwortete die Oligarchie, und das aus folgenden Gründen:

»Denn es gibt nichts Unverständigeres und Übermütigeres, als den
blinden Haufen. Und nun, um eines Gewalthabers Übermut zu entgehen, dem Übermut einer meisterlosen Volksmenge in die Hände zu
fallen, das ist nicht auszuhalten. Jener nämlich thut doch, was er thut,
mit Einsicht; im Volk aber ist kein Einsehen. Denn wie hätte es Einsicht, da es in nichts belehrt ward, nichts Gutes noch Anständiges weiß,
und so über die Geschäfte herfällt, gleich einem jähen Bergstrom?«

Schließlich plädierte Darius für die Monarchie, und auch er hatte
einiges gegen die Demokratie vorzubringen:

»Hinwiederum, wo das Volk herrscht, ist es unmöglich, daß nicht
Schlechtigkeit entstehe. Entsteht aber Schlechtigkeit im gemeinen Wesen,
so entstehen keine Feindschaften unter den Schlechten, wohl aber starke
Freundschaften; indem die, welche es mit der Gemeinde schlecht machen, sich unter eine Deckestecken. Und das geht so, bis sich Einer an
die Spitze des Volkes stellt, und ihrem Wesen ein Ende macht. Alsbald

wird nun Dieser vom Volk hochgefeiert, und sonach zeigt er sich schon als Alleinherrscher, wodurch aber auch Dieser einen Beweis liefert, daß die Alleinherrschaft das Vortrefflichste ist.«
Darius siegte. Bezeichnenderweise bestand Otanes' letzte demokratische Tat darin, sich von der neuen monarchischen Ordnung loszusagen.[24] Jahrhundertelang richtete sich das westliche politische Denken gegen Otanes. Erst spät, nämlich im 17. und 18. Jahrhundert, begann die demokratische politische Ordnung wieder Fürsprecher zu finden; und relativ wenige davon waren selbst noch im 19. Jahrhundert willens, über das allgemeine Wahlrecht auch nur nachzudenken. Die erste Hälfte des 20. Jahrhunderts schien nicht den Triumph der Demokratie, sondern den des Sozialismus anzukündigen. 1942 argumentierte Joseph Schumpeter, die Demokratie untergrabe unausweichlich den Kapitalismus, und der Sozialismus sei die Ordnung der Zukunft. Doch wie würde das Schicksal der Demokratie unter dem Sozialismus aussehen? Dazu schrieb Schumpeter: »Praktische Notwendigkeit mag dazu führen, daß sich die sozialistische Demokratie letzten Endes als größerer Trug erweist, als es die kapitalistische Demokratie jemals gewesen ist.«[25] Friedrich von Hayek, ein anderer Österreicher, der ins Exil ging, warnte, der utopische Sozialismus würde das Großbritannien der Nachkriegszeit auf den »Weg zur Knechtschaft« bringen, so wie der Nationalsozialismus Deutschland in den Totalitarismus geführt habe.[26]

Schumpeter und Hayek kann man ihren Pessimismus verzeihen, schrieben sie doch unter den Nachwirkungen der schlimmsten Krise der modernen Wirtschaftsgeschichte und in den finstersten Zeiten des Zweiten Weltkriegs – eines Krieges, der nicht nur gegen eine Reihe von Diktaturen geführt, sondern von den Westmächten auch im Bündnis mit einer der unterdrückerischsten und mörderischsten aller Zwangsherrschaften ausgefochten wurde. Doch die Ereignisse der letzten 25 Jahre haben den Vorhersagen Schumpeters und Hayeks nicht entsprochen.

Zwar gibt es in wissenschaftlichen Kreisen unterschiedliche Ansichten darüber, wie genau man die Demokratie »messen« sollte[27], aber das Ausmaß ihres Triumphes ist gar nicht zu bestreiten.

Allerdings, selbst wenn die Welt sich auf dem Wege zur Demokratie befindet, ist nicht klar, welche Form von Demokratie in der Zukunft vorherrschen wird. Und können wir überhaupt sicher sein, daß die Tendenz in Richtung Demokratie anhalten wird? Man kann zumindest behaupten, daß die Entwicklung im letzten Vierteljahrhundert eine zu kurze Zeit ist, um Projektionen oder gar zuverlässige Voraussagen zu ermöglichen. Ein Rückblick auf das 19. Jahrhundert kann Hinweise für eine Beurteilung dieser Frage liefern. Auch wer im Sommer 1900 auf die drei vorangegangenen Jahrzehnte zurückblickte, hätte zu der Schlußfolgerung kommen können, daß Freiheit und Demokratie unaufhaltsame Fortschritte in der Welt machten. Zwar gehörten riesige Gebiete der Welt Imperien an, die von europäischen Großmächten beherrscht wurden; und die lateinamerikanischen Länder waren sehr anfällig für Kriege und Bürgerkriege. In großen Teilen Europas aber gab es unverkennbar Schritte in Richtung auf größere Freiheit und Demokratie. In Rußland, der Türkei, Portugal und China wurden absolutistische Monarchien durch Revolutionen zur Liberalisierung getrieben oder gar gestürzt. Allerdings gab es zwischen 1914 und 1916 auch drastische Niedergänge von Freiheit und Demokratie, als die kriegführenden Staaten des Ersten Weltkriegs staatsbürgerliche Freiheiten im Namen des nationalen Notstands beschnitten. Aber von 1917 bis etwa 1921 errang die Demokratie große Siege. Viele neue Staaten erhielten demokratische Verfassungen, wie es nach 1989 erneut geschah.

Diese Fortschritte waren nicht von Dauer. Die Durchsetzung der bolschewistischen Herrschaft in Rußland und dem größten Teil des ehemaligen zaristischen Herrschaftsgebiets bedeutete einen schweren Rückschlag für Osteuropa, den Kaukasus und Zentralasien, denn das neue Regime war in vielfacher Hinsicht noch weniger liberal als das Zarenreich. Zwischen 1922 und 1938 kam es zum Zusammenbruch nahezu aller neuen Demokratien. Am Ende dieser Phase überlebte die Demokratie nur in Großbritannien und seinen weißen Dominien, in den Vereinigten Staaten, der Tschechoslowakei, Frankreich, Belgien, Holland, der Schweiz und Skandinavien. In den folgenden fünf Jahren überrannten NS-Deutschland und seine Verbündeten die verbliebenen Demokratien auf dem europäischen Kontinent. Auch wenn die Niederlage Deutschlands die Demokratie in Nordwesteuropa wieder herstellte, so hatte sie doch weder in Osteuropa noch auf der Iberischen Halbinsel diese Konsequenz. Die Entkolonisierung in Asien und Afrika bedeutete keinen Fortschritt für die Sache der Demokratie, denn nur in wenigen Fällen tolerierten die neuen Herrscher über längere Zeit eine politische Opposition. Dazu hat der weiße rhodesische Führer Ian Smith einmal zynisch bemerkt, Demokratie in Afrika bedeute eben: »Jedermann eine einzige Stimme – ein einziges Mal.« Beide Konfliktparteien im Kalten Krieg installierten oder unterstützten darüber hinaus undemokratische

Regimes in Lateinamerika, Asien und Afrika. Aus diesen und anderen Gründen war ein volles Drittel der Demokratien, die 1958 auf der Welt existierten, bis Mitte der 1970er Jahre ausgelöscht.[28] Das Versagen der Demokratie in Afrika südlich der Sahara nach der Entkolonisierung war ein ebenso gewaltiger Rückschlag für die Demokratie, wie die Ereignisse in Osteuropa seit 1989 einen Fortschritt bedeuten.[29]

Sieht man die Dinge in langfristiger Perspektive, dann existiert keine Regel eines natürlichen Fortschritts von der Autokratie zur Demokratie. Die Erfahrung der letzten beiden Jahrhunderte war durch zu viele extreme Tiefschläge geprägt, um Vertrauen in eine unaufhaltsame Tendenz zu rechtfertigen. Tatsächlich kann man sogar angesichts der stark vergrößerten Fähigkeiten der modernen Staaten, ins Leben des einzelnen Bürgers einzugreifen, behaupten, daß es heute in der anglo-amerikanischen Sphäre etwas weniger Freiheit als an der letzten Jahrhundertwende gibt, und genau darauf waren Tocquevilles Befürchtungen hinausgelaufen. Nur wenn man die Freiheit so neu definiert, daß sie auch solche Konzepte wie »Freiheit von Arbeitslosigkeit« oder »Freiheit von relativer Armut« umfaßt, kann man die Abnahme der Freiheit im klassischen Sinn rechtfertigen.

Demokratie und Wohlstand

Zunächst klingt Fukuyamas Behauptung, zwischen Demokratie und Wirtschaftswachstum bestünde eine positive Korrelation, wohl selbstverständlich. Ökonomisch gesehen, ist der Triumph der Demokratie sogar noch eindrucksvoller als nach politischen Maßstäben. Die Statistiken von »Freedom House« scheinen die Vorstellung zu bestätigen, daß Demokratie und wirtschaftlicher Wohlstand Hand in Hand gehen. Interessanterweise unterstützt der Präsident des Instituts, Adrian Karatnycky, Fukuyamas Hervorhebung der »Verbindungen zwischen ökonomischer und politischer Freiheit«:

»Wirtschaftliche Freiheit trägt nicht nur dazu bei, die Bedingungen für politische Freiheit durch Förderung des Wachstums wohlhabender Mittel- und Arbeiterschichten zu schaffen. Erfolgreiche Marktwirtschaften scheinen auch die politische Freiheit als Schranke gegen ökonomische Verfilzung, Rentiermentalität und andere wettbewerbsfeindliche und ineffiziente Praktiken vorauszusetzen. Offene und demokratisch verantwortliche Gesellschaften und Volkswirtschaften haben sich außerdem als fähig erwiesen, ökonomische Rückschläge zu ertragen.«[30]

Hieraus ergeben sich zwei unterschiedliche Behauptungen: erstens, wirtschaftliches Wachstum führt zur Demokratisierung; zweitens, und dies kehrt Ursache und Wirkung um, fördert Demokratisierung ökonomisches Wachstum.

Der erste Gedanke ist der bei weitem weniger kontroverse. Zahlreiche Untersuchungen, die sich auf unterschiedliche Erhebungsgruppen und -zeiten beziehen, haben starke statistische Wechselbeziehungen zwischen Wirtschaftswachstum – oder genauer gesagt, Pro-Kopf-Einkommen – und Demokratie herausgefunden. Es wird allgemein behauptet, daß ein gewisses Niveau an wirtschaftlicher Entwicklung zu den »sozialen Voraussetzungen« einer Demokratie gehört. 1959 hob der amerikanische Politologe Seymor Martin Lipset die Korrelation zwischen Demokratie und Wohlstand, Industrialisierung, Verstädterung und Erziehung hervor.[31] Lipset vermied dabei jeglichen kruden Determinismus: Seine Ergebnisse, so betonte er, »rechtfertigen [nicht] die Hoffnung des optimistischen Liberalen, daß ein Wachstum des Wohlstandes, des Umfangs der Mittelklasse und der Erziehung [...] notwendigerweise, die Verbreitung [...] oder die Stabilisierung der Demokratie bedeutet«.[32] Seiner Ansicht nach hing die Legitimität demokratischer Institutionen genau so stark vom kulturellen Umfeld, der Entwicklung der Zivilgesellschaft und der Geschichte eines Landes (insbesondere der Kolonialerfahrung) wie von wirtschaftlicher Leistung ab.[33] Spätere Arbeiten neigten dazu, die Zusatzfaktoren herunterzuspielen.[34] Eine typische deterministische Schlußfolgerung lautet: »Eine Demokratie wird, so kann man erwarten, im Durchschnitt etwa 8,5 Jahre in einem Land mit einem Pro-Kopf-Einkommen von unter 1.000 $ jährlich, 16 Jahre in einem Land mit einem Einkommen zwischen 1.000 und 2.000 $, 33 Jahre bei einem Einkommen zwischen 2.000 und 4.000 $ und 100 Jahre bei einem Pro-Kopf-Einkommen zwischen 4.000 und 6.000 $ dauern [...] Bei mehr als 6.000 $ sind Demokratien unbezwingbar. [Sie werden] mit Sicherheit überleben, was auch immer geschehen mag.«[35]

Die bis heute ausgefeilteste Analyse des Zusammenhangs von Demokratie und Wachstum gelangt zu dem Schluß, daß es tatsächlich »eine starke positive Verknüpfung zwischen Wohlstand und der Neigung, demokratische Erfahrungen zu machen«, gibt. Die Analyse des Ökonomen Robert Barro, die Daten aus über hundert Ländern zwischen 1960 und 1990 heranzieht, legt nahe, daß einige Maßstäbe des Lebensstandards – reales Pro-Kopf-Bruttoinlandseinkommen, Lebenserwartung und ein geringer Unterschied im Bildungsstand zwischen Männern und Frauen – in der Tat demokratische Entwicklungen stimulieren.[36] In einer anspruchsvollen Untersuchung, die bis ins 19. Jahrhundert zurückreicht, argumentiert auch Benjamin Friedman, daß »die Verbindung [...] zwischen wachsenden Lebensstandards und offenen demokratischen Gesellschaften« sich bestätigt. Nach seiner Version der Regel »wird eine Gesellschaft mit größerer Wahrscheinlichkeit offen, tolerant und demokratisch werden, wenn der Lebensstandard ihrer Bürger steigt, und sie bewegt sich in die Gegenrichtung, wenn der Lebensstandard stagniert«.[37]

Aber es gibt viele Ausnahmen, die das historische Pseudo-Gesetz in Frage stellen. Die Ereignisse der 1990er Jahre lieferten eine heilsame Lehre, daß sich ökonomisch recht fortgeschrittene Gesellschaften von der liberalen Demokratie abwenden können. Vor 15 Jahren schien Jugoslawien ökonomisch sehr viel besser dazustehen als die meisten osteuropäischen Länder; doch das Schicksal der Demokratie dort war weit schlechter als in fast allen anderen postkommunistischen Ländern. Chronische wirtschaftliche Stagnation und nicht Wachstum führte nach 1989 in den meisten Teilen des Sowjetblocks zur Demokratisierung. Umgekehrt hat China in den letzten eineinhalb Jahrzehnten ein außerordentlich schnelles Wirtschaftswachstum erlebt, doch gibt es bislang kaum Anzeichen dafür, daß die alte Führung des Landes ihre politische Vormachtstellung lockern wird. Das gleiche gilt für Singapur. Umgekehrt scheint der Erfolg der Demokratie in armen Ländern wie Papua-Neuguinea und Sri Lanka dem deterministischen Modell zu widersprechen.[38] Auch ist die Krise der Demokratie in relativ wohlhabenden lateinamerikanischen Ländern wie Argentinien, Chile und Uruguay in den 1960er und 1970er Jahren nicht leicht zu erklären.

Die einzige denkbare Deutung einiger dieser Anomalien lautet, daß die »Belastung, die sich aus wirtschaftlichem Wachstum ergibt, die demokratische Stabilität untergraben kann«.[39] Wenn auch die Datenlage problematisch ist, kann es durchaus sein, daß eine wachsende Ungleichheit, die ursprünglich durch eine schnelle Entwicklung ausgelöst wurde, demokratische Institutionen untergraben kann.[40] Und man kann wohl sagen, daß eine größere Wirtschaftskrise, die sich etwa in starker Inflation und Depression äußert, repräsentative Institutionen aushöhlen kann, insbesondere, wenn diese relativ jung sind.[41] Die Tendenz wirtschaftlicher Verlierer, einer liberalen Politik die Schuld an ihren Sorgen zuzuschreiben und bei Wahlen für Gleichheit oder sogar Diktatur anstelle von Demokratie zu stimmen, ist wohl dokumentiert. Tatsächlich ist es ein Gemeinplatz, daß »die unmittelbare Auswirkung der Wirtschaftskrise in Europa in der Zunahme politischer, innenpolitischer und sozialer Spannungen bestand, die Hitler an die Macht brachten und zur Entwicklung faschistischer Bewegung anderswo ermutigten«.[42] Doch selbst hier stellen sich Probleme. Es gibt Zahlen über das reale Wachstum des Sozialprodukts für zwei Gruppen von europäischen Ländern: für jene, die während der Zwischenkriegszeit demokratische Institutionen bewahrten, und für jene, denen das nicht gelang (also für »Diktaturen«). Aus diesen Zahlen wird deutlich, daß es, was die ökonomischen Leistungen angeht, keinen signifikanten Unterschied zwischen beiden Gruppen gibt. Nehmen wir zwei spezifische Beispiele. Die Wirtschaftskrise war in Deutschland, wo die Demokratie versagte, nur wenig schlimmer als in den Niederlanden, wo sie erhalten blieb. Darüber hinaus gibt es keine einfachen Wechselbeziehungen zwischen der Schwere der großen Wirtschaftskrise (gemessen am Niedergang des realen Bruttosozialprodukts) und der Leichtigkeit, mit der in den 1930er Jahren Diktaturen errichtet wurden; wäre es anders, dann wären die Tschechoslowakei und Frankreich 1935 beziehungsweise 1936 faschistisch geworden.[43] Auf jeden Fall scheiterte die Demokratie in acht von 14 Staa-

ABBILDUNG 11:   Reale Indizes des Sozialprodukts europäischer Demokratien 1919 bis 1939 (1927 = 100)[44]

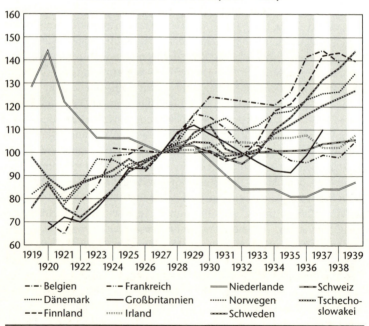

– ·–· Belgien   – ··– Frankreich   ▬▬ Niederlande   ▬••▬ Schweiz
·········· Dänemark   ▬▬▬ Großbritannien   ······ Norwegen   ▬▬▬ Tschecho-
– – – Finnland   ········ Irland   ▬▬▬ Schweden   slowakei

ten bereits vor 1928. Auch ist es in der Tat nicht möglich, irgendeine eindeutige Korrelation zwischen wirtschaftlichen und sozioökonomischen Indikatoren und der Dauerhaftigkeit von Demokratien in dieser Phase zu erkennen. Weder der Anteil der Bevölkerung, der sich in der Ausbildung befand, noch die relative Größe der Streitkräfte – um zwei Beispiele zu nennen – weisen irgendeine Beziehung zur politischen Stabilität der ausgewählten Länder auf. Die einzige wahrnehmbare statistische Korrelation sagt aus, daß die Demokratie in stärker verstädterten Gesellschaften mit größerer Wahrscheinlichkeit überlebte. Das einzige Problem, das dieses statistische Ergebnis aufwirft, besteht darin, daß ausgerechnet Deutschland und Österreich, was den Umfang ihrer städtischen Bevölkerung betrifft, nach Großbritannien an zweiter Stelle lagen.

Ähnliche Anomalien ergeben sich, wenn man die Beziehung zwischen Wirtschaftskrise und Demokratie in anderen Phasen und Umfeldern betrachtet. Wirtschaftskrisen mögen für das Scheitern lateinamerikanischer Demokratien Mitte der 1960er Jahre verantwortlich ge-

ABBILDUNG 12: Indizes für das reale Sozialprodukt europäischer »Diktaturen« 1919 bis 1939 (1927 = 100)[45]

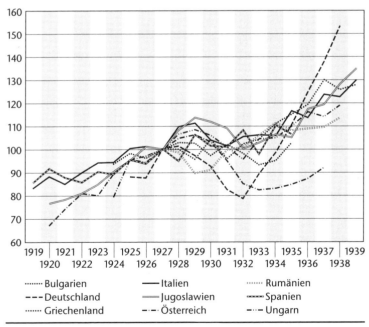

wesen sein. Aber die Demokratie in der Region überlebte die Schuldenkrise der 1980er und die Finanzkrise der 1990er Jahre. Hohe Inflation
scheint die Aussicht auf Zusammenbrüche der Demokratie von 1950
bis Mitte der 70er Jahre gesteigert zu haben, sie tat dies aber nicht in
den 1980ern.[46]

Und wie steht es mit den gegenteiligen Vorstellungen, daß die Demokratie für das wirtschaftliche Wachstum gut ist? Es sollte inzwischen
nicht mehr kontrovers sein, daß es den undemokratischen sozialistischen Regimes nicht gelang, auf lange Sicht für ein nachhaltiges Wachstum zu sorgen, wie es ihre erklärten demokratisch-kapitalistischen Gegner schafften. Selbst die langgehegte Überzeugung von Marxisten wie
Eric Hobsbawm, daß Stalins Politik der Zwangskollektivierung und der
Industrieplanung für die Modernisierung der russischen Wirtschaft notwendig war, kann kaum Bestand haben, wenn man dem Anwachsen
der materiellen Erträge die menschlichen Kosten gegenüberstellt. Um
es brutal zu formulieren: Für jede 19 Tonnen Stahl, die unter Stalin produziert wurden, starb mindestes ein Sowjetbürger infolge bewußt herbeigeführter Hungersnot, Deportation, Einkerkerung im Gulag oder
Hinrichtung.[47] Es ist überzeugend bewiesen, daß das sozialistische
System derart verschwenderisch mit Rohstoffen umging und so pervers
in seiner Anreizstruktur war, daß es sich letztlich selbst zerstörte. Nach
einer neueren Einschätzung, die Neuinvestitionen und Humankapital
berücksichtigt, war das Wachstum in der Sowjetunion zwischen 1960
und 1989 »das schlechteste in der Welt«.[48]

Doch wenn man den Vergleich ausweitet und auch nichtsozialisti-
sche Diktaturen berücksichtigt, dann ist die Beweislage an Hand einer
Vielzahl empirischer Studien zumindest zwiespältig.[49] Nicht nur die
Wirtschaft der demokratischen Staaten Westeuropas wuchs zwischen
1950 und 1989 schneller als jene des kommunistischen Osteuropas, das
gleiche gilt für Länder wie Griechenland, Portugal und Spanien, die
während eines Großteils dieser Zeit keine Demokratien waren.

Es ist durchaus vorstellbar, daß die Demokratie tatsächlich nicht zu
den entscheidenden Determinanten des wirtschaftlichen Fortschritts
zählt. Nach Barro sind die wichtigsten Beiträge, die eine Regierung zum
Wachstum leisten kann, die folgenden:

1. Gewährleistung oder Propagierung höherer Erziehung;
2. Gewährleistung oder Propagierung wirksamer Gesundheitsvorsorge, da es eine Korrelation zwischen Wachstum und Lebenserwartung gibt;
3. Förderung der Geburtenkontrolle;

4. Vermeidung »unproduktiver Regierungsausgaben, da ein »starker
Staat schlecht für das Wachstum ist«;
5. Durchsetzung des Rechtsstaates;
6. Begrenzung der Inflation auf unter zehn Prozent jährlich.

Die Schlußfolgerung findet ihr Echo bei David Landes, der in seinem
Werk »Wohlstand und Armut der Nationen« die Ansicht vertritt, daß
die »ideale Wachstums- und Entwicklungsgesellschaft« folgendes leisten würde:
»1. dem Privateigentum alle Rechte verschaffen, damit Sparen und
Investieren gefördert werden;
2. die individuellen Freiheitsrechte sichern – sowohl gegen die Über-
griffe der Diktatur als auch gegen alle von Privatpersonen ausgehenden
Störungen (Verbrechen und Korruption);
3. explizite und implizite Vertragsrechte durchsetzen;
4. für eine stabile Regierung sorgen, die nicht unbedingt demokratisch, aber öffentlichen Maßstäben unterworfen sein muß (in der nicht
eigentlich Menschen als vielmehr Gesetze regieren). Im Fall der Demokratie, die sich durch regelmäßig abgehaltene Wahlen ausweist, siegt
die Mehrheit, ohne die Rechte der Minderheit zu verletzen; während
die Verlierer ihre Niederlage akzeptieren und sich darauf freuen, daß sie
auch wieder einmal ans Ruder kommen;
5. für eine ansprechbare Regierung sorgen, die ein offenes Ohr für
Beschwerden hat und Abhilfe schafft;
6. für eine unbestechliche Regierung sorgen, so daß die ökonomischen Akteure nicht versucht sind, sich innerhalb und außerhalb des
Marktes Vorteile und Privilegien zu verschaffen. Um es in der Sprache
der Ökonomen zu sagen: Gunst und Stellung dürfen nichts abwerfen;
7. für eine gemäßigte, leistungsstarke, genügsame Regierung sorgen.
Sie soll die Steuern niedrig halten, ihren Anspruch auf das gesellschaftliche Mehrprodukt zurückschrauben und Privilegienbildung verhindern.«[50]
Landes wie Barro stimmen darin überein, daß eine ideale Regierung
nicht notwendigerweise demokratisch sein muß. Die Zahlen des zweiten Autors zeigen: Die Tatsache, daß eine Regierung durch demokratische Wahlen zustande kam, ist als Determinante des Wachstums statistisch unbedeutend. In anderen Worten: Beide Varianten von wachs-
tumsfördernder Politik können genauso gut von undemokratischen
wie von demokratischen Regierungen verwirklicht werden. Barro selbst
nennt eine Reihe von Wachstumsdiktaturen: die Regierung Pinochet in
Chile, die Administration Fujimori in Peru, das Schah-Regime in Iran,
sowie die inzwischen bekannten asiatischen Beispiele.[51] Es lohnt sich

auch, daran zu erinnern, daß die am weitesten entwickelten Volkswirtschaften ihre industrielle Revolution erlebten, bevor sie das allgemeine
Wahlrecht einführten.[52]

Bei näherer Betrachtung finden sich keine stichhaltigen Regeln über
die Zusammenhänge zwischen Demokratie und Wachstum. Ganz eindeutig erzielen einige – »rechte« oder »technokratische« – Diktaturen ein
hohes Wachstum, während andere – »populistische« oder »kleptokratische« – das nicht schaffen.[53] Die Beziehung zwischen Demokratie und
Wachstum scheint andererseits nicht linear. Will man sie graphisch darstellen, dann ähnelt sie dem auf den Kopf gestellten Buchstaben U. Demokratisierung ist anfänglich günstig für das Wachstum – bis zu einem
Punkt etwa auf halber Strecke der Barro-Skala –, danach aber scheint die
Beziehung ins Negative umzukippen.[54] Die Demokratie ist also kurz
gesagt keine »kritische Determinante des Wachstums«:

»Bei einem geringen Maß politischer Rechte stimuliert die Ausdehnung dieser Rechte wirtschaftliches Wachstum. Doch wenn einmal ein
bescheidenes Maß an Demokratie erreicht ist, reduziert weitere Expansion das Wachstum. Eine mögliche Erklärung lautet, in extremen Diktaturen führe eine Zunahme an politischen Rechten zur Steigerung des
Wachstums, weil die Begrenzung der Staatsautorität entscheidend ist.
Aber dort, wo gewisse politische Rechte bereits durchgesetzt sind, *kann
weitere Demokratisierung wegen des verstärkten Interesses an Sozialprogram-
men und Einkommensumverteilung das Wachstum aufhalten.*[55]

Das ist ein sehr wichtiger Vorbehalt.

Für den Historiker sind Barros Ergebnisse keineswegs überraschend.
Die Zwischenkriegszeit liefert eine Reihe auffallender Beispiele von
neuen Demokratien, die eine katastrophale Wirtschaftspolitik betrieben. Die reale Bedeutung des Versagens der Demokratie in Europa zwischen den Weltkriegen mag hier liegen. Das Zusammenspiel von Ver-
hältniswahlrecht und tiefen ökonomischen Spaltungen soll nach dem
Ersten Weltkrieg die schwersten politischen Fehlschläge, insbesondere
die Hyperinflation, hervorgebracht haben.[56] Tatsächlich deutet vieles
darauf hin, daß es in den 1920er Jahren wegen der Konflikte zwischen
Haushalts- und Geldpolitik mehr oder weniger jeder Form von Demokratie mißlang, für ein nachhaltiges Wachstum zu sorgen. Die Fiskalpolitik war Sache von Parlamenten, die aus allgemeinen Wahlen her-
vorgingen, die Geldpolitik wurde immer noch weitgehend von Finanz-
eliten kontrolliert. Entscheidend war nicht einfach, daß »Demokratien,
die ohne vorausgegangene ökonomische Entwicklung entstehen [...]
häufig nicht von Dauer sind«.[57] Deutschland, Österreich und Italien

waren 1919 wirtschaftlich weitentwickelte Länder mit einem relativ hohen Pro-Kopf-Einkommen.

Eine andere Argumentationslinie betont nicht die Eigenart des Regimes, sei es nun demokratisch oder undemokratisch, sondern dessen *Stabilität*. Eine neuere Untersuchung analysierte den Weg von über hundert Ländern von den 1950er respektive 1960er Jahren bis 1982 und gelangte zu der Schlußfolgerung, politische Instabilität sei für das Wachstum schädlicher als das Fehlen von Demokratie.[58] Auch das stimmt mit der historischen Beweislage aus der Zwischenkriegszeit überein, als zahlreiche neue Demokratien unter einer Vielzahl von Formen der Instabilität wie Massenstreiks, Gewalttätigkeit auf den Straßen, politische Morde und Putschversuche litten.

Nichts von all dem sollte in irgendeiner Form als Argument gegen die Demokratie gelten dürfen. Bereits Churchill hat gesagt:»Demokratie ist die schlechteste Regierungsform – wenn man von allen anderen Formen absieht, die von Zeit zu Zeit erprobt worden sind.«[59] Es ist allerdings so, das die Demokratie anderen Herrschaftsformen nicht in jedem Fall ökonomisch überlegen ist.

Der Geist der Demokratie

In seinem berühmten Aufsatz »Die protestantische Ethik und der Geist des Kapitalismus« vertrat Max Weber die These, der Aufstieg des modernen Kapitalismus habe seine Wurzeln in den kulturellen Veränderungen, die in Nordwesteuropa durch die Reformation zustande kamen und nach Amerika exportiert wurden. Insbesondere der Kalvinismus habe Verhaltensmuster gefördert, die als wohltätige Nebenwirkung zu Reichtum fördernden Aktivitäten geführt hätten. Der Kalvinismus führte zum Aufstieg einer asketischen Ethik, die wiederum harte Arbeit und Konsumverzicht als Beweis von Gottgefälligkeit verherrlichte. Der Geist des Kapitalismus war mit anderen Worten religiösen Ursprungs:»Jenes religiös geforderte, vom ›natürlichen‹ Leben verschiedene Sonderleben der Heiligen spielte sich – das ist das Entscheidende – nicht mehr außerhalb der Welt in Mönchsgemeinschaften, sondern *innerhalb* der Welt und ihrer Ordnungen ab. [...] Die christliche Askese, anfangs aus der Welt in die Einsamkeit flüchtend, hatte bereits aus dem Kloster heraus, indem sie der Welt entsagte, die Welt kirchlich beherrscht. [...] Jetzt trat sie auf den Markt des Lebens, schlug die Tür des Klosters hinter sich zu.«[60] Dieser Zusammenhang zwischen Glaube und Verhalten war, so

Weber, die beste Erklärung für die Tatsache, daß der »*bürgerliche [...]*
*Betrieb*skapitalismus mit seiner rationalen Organisation der *freien Arbeit*«
sich in katholischen, orthodoxen oder auch in nicht-christlichen Teilen
der Welt viel langsamer durchsetzte.[61]
Obwohl Webers kultursoziologisches Modell seit der Erstveröffent-
lichung 1904 immer wieder kritisiert worden ist – und sicherlich ist es
anfechtbar, wenn es die Ursprünge eines rationalen Prozesses der Akkumulation auf eine fundamental irrationale Ethik des Verzichts zurück-
führt[62] –, ist es doch niemals total in Verruf geraten. Allerdings entwickelte sich die Neigung, die Unterschiede zu verwischen, die Max
Weber zwischen dem Protestantismus und anderen Formen des Christentums gemacht hatte, um statt dessen die Unterschiede zwischen
europäischen und nichteuropäischen Kulturen hervorzuheben. So hat
man das Auseinanderdriften von Mustern der Familienbildung in Europa
und jenen in Asien – also die »Ursprünge der Individualisierung« – weit
bis ins 17. Jahrhundert zurückverfolgen wollen, als die Kirche versuchte,
den erweiterten Familienkreis durch das Verbot von Heiraten zwischen
nahen Verwandten zu untergraben.[63] Indem man die These noch weiter dehnte, unterstellte man auch dem Judentum eine prokapitalisti-
sche Ethik. Landes hält bei seiner Darstellung der Geschichte der Weltwirtschaft stark an Elementen Weberschen Denkens fest und sucht Erklärungen für Europas ökonomischen Triumph über China, die Türkei
und Indien im Bereich von Religion und Kultur, wobei sein »Geist des
Kapitalismus« sich auf eine jüdisch-christliche Ethik gründet.[64]
     Es gibt eine Verbindung zwischen der Weberschen These über den
Aufstieg des Kapitalismus und Tocquevilles Interpretation der Entfal-
tung der Demokratie. Für Tocqueville war es die Stärke der protestantischen Gemeinschaften und Sekten, die die Vereinigten Staaten zu einem
idealen Milieu für ein demokratisches System machten, das auch der
Freiheit gegenüber positiv eingestellt war. Im Kontrast dazu half der
schlechte Ruf der Kirche im Frankreich des 18. Jahrhunderts und die
darauffolgende Feindseligkeit der Revolution gegenüber der Religion,
die illiberale Wendung zu erklären, die die französische Demokratie
genommen hatte. Zuvor hatte Gibbon das Argument entwickelt, der
Aufstieg des Christentums habe das Römische Reich unterminiert.
     Es besteht immer noch die Vorstellung, die christliche Kultur sei
gleichzeitig freundlicher gegenüber dem Kapitalismus und feindlicher
gegenüber der Despotie, als es die religiösen Kulturen Asiens sind. Nach
der Untersuchung von Freedom House beispielsweise sind christliche
Gesellschaften mit größerer Wahrscheinlichkeit demokratisch und frei.

Von den 88 Gesellschaften, die im Bericht von 1998 als »frei« angesehen werden, sind nicht weniger als 79 »mehrheitlich christlich (nach Tradition oder Glauben)«; während nur elf der 67 am stärksten illiberalen Länder dies sind. Im Gegensatz dazu ist nur ein Land mit einer muslimischen Mehrheit – Mali – frei; 14 sind teilweise frei, und 28 sind überhaupt nicht frei. Belegmaterial dieser Art hat Samuel Huntington ermutigt, von einem bevorstehenden »Zusammenstoß der Zivilisationen« als Ersatz für die verblichene und in einigen Kreisen betrauerte Kollision der Ideologien zwischen den Vereinigten Staaten und der Sowjetunion zu sprechen.[65] Diese einfache Entsprechung zwischen Christentum und Freiheit hält kaum einer ernsthaften Nachprüfung stand. Genau so wenig die Annahme (die bei Huntington eine zentrale Rolle spielt), daß es einen Konnex zwischen Islam und Gewalttätigkeit oder zwischen dem Islam und schwachen Nationalstaaten gibt. Schließlich waren viele katholische Länder illiberal und undemokratisch, als Freedom House in den siebziger Jahren mit seinen Untersuchungen begann. Darüber hinaus entstanden zwei der drei mörderischsten Regime des 20. Jahrhunderts in christlichen Gesellschaften. Hitlers Nationalsozialismus ließ heidnische Neigungen erkennen, während der Sozialismus sowohl in Stalins Sowjetunion wie auch in Maos China aggressiv atheistisch war. Ein anspruchsvollerer Ansatz, der Länder danach gruppiert, welche von neun großen religiösen Gruppen in ihnen vorherrscht, und dies zu ihrem Niveau an Demokratisierung in Beziehung setzt, ergibt ein anderes Bild. Tabelle 10 präsentiert die durchschnittlichen Demokratiepunkte für die Phase 1975 bis 1994.

TABELLE 10: Durchschnittliche Demokratiepunkte (Maximum 1,00; Minimum 0,00) für 136 Länder 1975 bis 1994[66]

Vorherrschende Religion	Anzahl der Länder	Durchschnittlicher Demokratie-Indikator
Judentum	1	0,85
Protestantismus	24	0,78
Hinduismus	5	0,66
Katholizismus	49	0,60
Buddhismus	4	0,56
Shintoismus etc.	3	0,45
Sonstige	17	0,28
Islam	32	0,26
Atheismus	1	0,10

Diese Art von Beweisführung überzeugt einige Politologen (insbesondere Lipset), daß die Chancen der Demokratisierung steigen, wenn ein Land protestantisch und nicht katholisch ist, wenn es christlich und nicht islamisch ist.[67] Doch hier besteht die Gefahr, daß die Wechselbeziehung fälschlicherweise für einen Kausalzusammenhang gehalten wird. Eine sorgfältigere statistische Analyse könnte die Erklärungskraft des religiösen Faktors in Zweifel ziehen: Im Fall der protestantischen Länder scheint der höhere Lebensstandard der Schlüssel für den relativen Erfolg der Demokratie zu sein, nicht aber ihr Protestantismus *an sich*. Das bringt uns zurück zu Webers These: War der Protestantismus die Ursache für den höheren Lebensstandard? Die Schwierigkeit besteht darin, zu entscheiden, was die abhängige Variable ist. Sehen wir uns ein anderes Beispiel an: Frühere britische Kolonien haben mehr Erfolg mit der Demokratie gehabt als ehemalige Besitzungen Frankreichs, Portugals, der Niederlande oder Belgiens.[68] Aber ist dies eine Hinterlassenschaft der Ansiedlung protestantischer Immigranten und der Arbeit britischer Missionare? Oder waren es die weltlichen Aspekte der britischen Herrschaft, die die Grundlagen für spätere Entwicklungen gelegt haben?

Das Beispiel der früheren britischen Kolonien legt den Schluß nahe, daß sowohl Wachstum als auch Demokratie unabhängig voneinander Vorteile aus der Entwicklung des Rechtsstaats ziehen – oder, um genau zu sein, aus einer bestimmten Art von Rechtssystem, das den individuellen Eigentumsrechten überragende Bedeutung zuschreibt. Dies ist das Argument von Douglass North, und in allerletzter Zeit vertritt es der peruanische Entwicklungsökonom Fernando de Soto, der im Mangel an Rechtsinstitutionen und nicht in der Armut an sich die Ursache der Unterentwicklung sieht.[69] Diese Argumentationslinie spricht offensichtlich Ökonomen wie North an, die schon lange behauptet haben, daß das englische (und noch mehr das amerikanische) Rechtssystem das beste denkbare Umfeld für Kapitalismus im 18. und 19. Jahrhundert zur Verfügung stellte.[70]

Es gibt jedoch ein Paradox im Zusammenhang mit dieser anglo-amerikanischen Erfolgsgeschichte. In beiden Fällen entstanden die Institutionen, die sich für das Wachstum des Kapitalismus wie auch der Demokratie als so günstig erwiesen, aus drei aufeinanderfolgenden Bürgerkriegen, die innerhalb von religiös gemischten und multi-ethnischen Gesellschaften ausgekämpft wurden.[71] Und damit wollen wir uns der irritierenden Frage der Ethnizität zuwenden.

DREIZEHNTES KAPITEL

Zerbrochene Einheiten

DIE UNTERSUCHUNG der Beziehung zwischen Demokratie und Wirtschaft im vorigen Kapitel gelangte zur Schlußfolgerung, daß beide in einem gewissen Sinne abhängige Variablen anderer institutioneller Faktoren wie Religion und Recht sind. Ein weiteres und stärker kontroverses Charak-teristikum von Staaten, dem zugeschrieben wird, es beeinflusse sowohl ihre ökonomische wie ihre politische Entwicklung, ist die Ethnizität. Vor neunzig Jahren, als Werner Sombart mit der Schrift »Die Juden und das Wirtschaftsleben« von 1911 seine nicht gerade geschmackvolle Erwiderung auf Max Weber schrieb, lautete die Frage, ob einige Rassen für den Kapitalismus im guten oder im bösen besser als andere geeignet seien.[1] Heute beschäftigt uns mehr die Frage, wie weit ethnische Homogenität eine Voraussetzung für Demokratisierung ist. Zwischen beiden Themen gibt es durchaus Zusammenhänge.

Der Überblick von Freedom House, um ein neueres Beispiel zu nehmen, legt nahe, daß Länder ohne eine vorherrschende ethnische Majorität bei der Errichtung offener und demokratischer Gesellschaften weniger erfolgreich sind als ethnisch homogene Staaten, worunter verstanden wird, daß in diesen Staaten mehr als zwei Drittel der Bevölkerung gemeinsam einer ethnischen Gruppe angehören. Von den 114 Ländern in der Welt, denen es eine dominierende ethnische Einheit gibt, sind 66 – also mehr als die Hälfte – freiheitlich. Im Gegensatz dazu sind unter den multi-ethnischen Ländern nur 22 von 77 frei. Das ist weniger als ein Drittel.

Das muß jedoch nicht einfach als Argument für die Schaffung homogener Staaten verstanden werden. Vielmehr beinhaltet es wohl, daß die meisten multi-ethnischen Staaten nur durch nichtliberale politische Ordnungen zusammengehalten werden können. Eine Theorie lautet, es gebe eine Abwägung zwischen der Wirtschaftlichkeit, die zugunsten der Schaffung großer Nationalstaaten spricht, und der Entfremdung, die von geographisch peripheren Gruppen verspürt wird, wenn die Regierungszentrale sehr fern liegt. Unter demokratischen Verhältnissen findet diese Entfremdung ihren Ausdruck in Forderungen peripherer Gruppen nach Kompensation wegen ihrer politischen Ausschließung und in Klagen von Kerngruppen über »Parasiten« in den Randgebieten. Eine Demokratisierung kann daher zu Abspaltungen von Gruppen an der Peripherie führen.

So wird die Erfahrung der Zwischenkriegszeit interpretiert, als es eine recht genaue Korrelation zwischen der Existenz großer ethnischer Minderheiten in Ländern wie Polen, Rumänien und Jugoslawien und dem Versagen der Demokratie dort gab. Nahezu dreißig Prozent der Bevölkerung Polens wurden nicht als Polen betrachtet: Belorussen (fünf Prozent), Ukrainer (14 Prozent), Juden (acht Prozent) und Deutsche (zwei Prozent). Nahezu ein Fünftel der Bevölkerung Rumäniens bestand nicht aus Rumänen: acht Prozent waren Ungarn, vier Prozent Deutsche, vier Prozent Juden, drei Prozent Ukrainer.[2] In Spanien und Albanien stellten Minderheiten ebenfalls etwa zwanzig Prozent der Bevölkerung. In der Türkei gehörten ungefähr zwei Fünftel der Bevölkerung Minderheiten an.[3] Ohne autoritäre Herrschaftsformen, so wird argumentiert, wird die Selbstbestimmung solche multi-ethnischen Staaten stets in homogene »Kleinstaaten« zerfallen lassen. Die Ereignisse in Jugoslawien und in weit größerem Maß in der Sowjetunion im Jahrzehnt nach 1989 scheinen es zu belegen. Seither hat sich Jugoslawien in neun getrennte Einheiten aufgesplittert. Als Konsequenz des Zusammenbruchs der Sowjetunion im Jahre 1991 sind 14 neue unabhängige Staaten entstanden. Und es werden 15 sein, wenn die Russen jemals müde werden sollten, Tschetschenien mit Gewalt zu halten. Die Neigung zu Spaltungen im postkommunistischen Europa hat den »Historiker der Gegenwart« Thimothy Garton Ash zu der Vermutung veranlaßt, »daß ein heutiger europäischer Staat mit einer ethnischen Mehrheit von weniger als 80 Prozent im Grunde unstabil ist«.[4]

Es gibt allerdings Gründe, derlei ethnischen Determinismus mit Skepsis zu betrachten. In der Zwischenkriegszeit gab es offensichtlich Ausnahmen von der vermeintlichen Regel, daß ethnische Verschiedenartigkeit entweder autoritäre Herrschaftsformen oder Zersplitterung zur Folge hat. Die Demokratie überlebte, solange das Dritte Reich ihr nicht den Garaus machte, in der heterogenen Tschechoslowakei, wo die Minoritäten ein Drittel der Bevölkerung ausmachten, sowie auch in den multi-ethnischen Staaten Belgien und Schweiz. Man sollte nicht vergessen, daß die beiden erfolgreichsten kapitalistischen Demokratien,

Großbritannien und die Vereinigten Staaten, selbst multi-ethnische Staaten sind. Das Vereinigte Königreich hatte stets keltische Minoritäten, und in jüngster Zeit kamen solche hinzu, die aus den ehemaligen Kolonien stammen. Die Vereinigten Staaten waren weitgehend von Immigranten aus Europa, Afrika, Asien und Lateinamerika und deren sich oftmals voller Stolz mit einem Bindestrich schmückenden Nachkommen bevölkert.

Dennoch kann man eine allem Anschein nach langfristige historische Tendenz in Richtung auf ethnisch immer homogenere Staaten nicht ignorieren. Es mag sehr wohl dahin kommen, daß einige der oben genannten Gegenbeispiele eines Tages auch in ihre Teile zerfallen: Mit der Tschechoslowakei ist es bereits passiert, während in Belgien und auf den britischen Inseln die zentrifugalen Tendenzen der ethnisch orientierten Politik selten stärker gewesen sind und zugleich die »erfundenen Traditionen« des 18. und 19. Jahrhunderts dahinschwinden.[5]

Menschen und Landkarten

Als der italienische Nationalist Guiseppe Mazzini 1857 eine ideale Karte Europas entwarf, stellte er sich elf Nationalstaaten vor.[6] Zu jener Zeit wurde die Landkarte Europas von vier multinationalen Imperien beherrscht – dem britischen, dem russischen, dem habsburgischen und dem osmanischen. Es gab acht mittelgroße Monarchien – Frankreich, Preußen, Spanien, Portugal, Niederlande, Belgien, Dänemark und Schweden. Es existierten eine konföderative Republik – die Schweiz –, und es gab schließlich eine Vielzahl kleinerer Staaten in Deutschland, Italien und auf dem Balkan. Der Nationalismus erschien als der große Vereinfacher, der die Grenzen Europas rationalisierte. William Penns »Essay towards the Present and Future Peace of Europe« von 1693 hatte die Vorstellung einer europäischen »Liga« entwickelt. Diese hätte neben den Großmächten auch »Venedig, die sieben niederländischen Provinzen, die 13 Schweizer Kantone, die Herzogtümer Holstein und Kurland« umfassen sollen. Ähnlich bestand die ideale europäische Union, die Charles de Saint-Pierre in seinem Traktat »Le Projet de paix perpetuelle« von 1712 entwarf, aus 24 Staaten, darunter Savoyen, Venedig, Genua, Florenz, die päpstlichen Staaten sowie Bayern, Lothringen, Kurland, Sachsen, Hannover, die Pfalz und die geistlichen Kurfürstentümer des Heiligen Römischen Reiches.[7] Als Rousseau sich bemühte, den Plan Saint-Pierres zu verbessern, hatte er immer noch den Kurfürsten von

Bayern, den Kurfürsten von der Pfalz, die geistlichen Kurfürsten, die Republik Venedig, die Könige von Neapel und den König von Sardinien zu berücksichtigen.[8] Wieviel einfacher war es da nach Mazzinis Ansicht, weniger als ein Dutzend große Nationalstaaten zu haben, die auf der Grundlage von Sprache und Volkstum zusammengeschlossen waren. Doch die Geschichte des modernen Europa hat gezeigt, daß Mazzinis Vision ein Trugbild war. Zum einen verdankte der Prozeß der Staatenbildung im 19. Jahrhundert dem Nationalismus kaum etwas: Neue Staaten wie Griechenland, Bulgarien oder Rumänien waren eher Produkte von Großmachtrivalitäten als von einheimischen Bestrebungen, während die berühmtesten Vereinigungspolitiker, Cavour und Bismarck, in vielfacher Hinsicht das alte Spiel weiterspielten, den Herrschaftsbereich ihrer königlichen Herren auszudehnen. Die Gebilde, die sich daraus ergaben, waren ebensosehr ein größeres Piemont und ein größeres Preußen wie ein italienischer und ein deutscher Nationalstaat. In Osteuropa gab es nur wenige Gegenden, wo das Ideal eines homogenen Nationalstaats so ohne weiteres anwendbar war. Es war kein Zufall, daß der Erste Weltkrieg seine Wurzeln auf dem Balkan hatte, wo die Vorstellung von einem serbisch geführten südslawischen Staat nicht nur mit dem Flickwerk der Ethnographie Bosnien-Herzegowinas kollidierte, sondern auch mitten ins Herz der Doppelmonarchie Österreich-Ungarn zielte.

Es war Woodrow Wilson, der unabsichtlich die praktische Nichtanwendbarkeit von Mazzinis Modell enthüllte. Bereits im Dezember 1914 hatte Wilson gefordert, jede Friedensregelung »solle dem Vorteil der europäischen Nationen dienen, soll sie als Völker betrachten und soll keiner Nation entgegenkommen, die fremden Völkern ihren Staatswillen auferlegt«.[9] Im Mai 1915 ging der US-Präsident noch weiter und behauptete eindeutig: »Jedes Volk hat ein Recht, die Staatsgewalt zu wählen, unter der es zu leben beabsichtigt.«[10] Er wiederholte diese Forderung im Januar 1917: »Jedes Volk sollte die Freiheit besitzen, über seine eigene politische Ordnung zu entscheiden.«[11] Die Konsequenzen dessen legte er in den Punkten 5 bis 13 seiner berühmten 14 Punkte näher dar.[12] Der Völkerbund sollte nicht einfach die territoriale Integrität seiner Mitgliedsstaaten garantieren, sondern auch die Macht haben, zukünftige territoriale Regelungen »in Übereinstimmung mit dem Prinzip der Selbstbestimmung« durchzusetzen.[13] Das war selbstverständlich nichts Neues. Britische Liberale hatten seit John Stuart Mill argumentiert, ein homogener Nationalstaat sei der einzige angemessene Rahmen für eine liberale politische Ordnung, und britische Politiker hatten immer wieder das Recht auf Unabhängigkeit für ihre Lieblingsminderheiten gefordert, insbesondere für die Griechen, die sie gerne mit romantischen Augen betrachteten. Aber niemals zuvor hatte das Prinzip ein solches Maß an internationaler Anerkennung gefunden wie bei der Pariser Friedenskonferenz von 1919.

Die Anwendung des Grundsatzes der Selbstbestimmung auf die Landkarte Europas traf jedoch auf die ethnische Heterogenität Mittel- und Osteuropas. Zum einen lebten nach 1919 wenigstens neuneinhalb Millionen Deutsche außerhalb der Grenzen des Reiches. Das waren ungefähr 13 Prozent der gesamten deutschsprechenden Bevölkerung Europas. Die Annahme des Grundsatzes der »Selbstbestimmung« als Leitprinzip des Friedens war gefährlich, da es auf Deutschland nicht angewandt werden konnte, ohne es über das Territorium des Reiches von vor 1919 hinaus stark zu vergrößern. Von Anfang an herrschten deshalb Widersprüche und Heuchelei: Der Anschluß Rumpf-Österreichs an das Deutsche Reich wurde ausgeschlossen, aber es sollte Plebiszite über die Zugehörigkeit Nordschleswigs, Oberschlesiens, Eupen-Malmedys und später des Saarlands geben. Italien erwarb Südtirol, das von zahlreichen Deutschen bewohnt war. Frankreich verlangte Elsaß und Lothringen, die es 1871 verloren hatte, obwohl die Karte des amerikanischen Experten Charles Homer Haskins zeigte, daß in »der großen Mehrheit der Kreise [Elsaß-Lothringen] mindestens 75 Prozent der Bevölkerung deutsch sprach.«[14]

Es gab noch weitere Ausnahmen. Mehrere Millionen Ungarn mußten feststellen, daß sie außerhalb des ungarischen Reststaates lebten. Die Schaffung jenes Staatsgebildes, das einmal Jugoslawien werden sollte, bedeutete eine Negation des Selbstbestimmungsrechts, denn hier wurden Serben, Kroaten, Slowenen, bosnische Muslime, Kosovo-Albaner und Ungarn aus der Wojwodina zusammengeworfen. Es gab keine ernsthaften Einwände, als sich die Türkei unter Bruch des Vertrags von Sèvres das seit kurzem unabhängige Armenien mit Rußland teilte.[15] Das war »Selbstbestimmung« im britischen Sinn: eine viktorianische Tünche für jedwede Grenze, die den Großmächten paßte. Dazu bemerkte James Headlam-Morley, der stellvertretende Direktor des politischen Informations- und Nachrichtendienstes des Foreign Office, zynisch: »Selbstbestimmung ist ganz aus der Mode.« Er und seine gescheiten Kollegen »bestimmten für [die Nationalitäten], was diese eigentlich wollen sollten«.[16] Gewiß gab es ernsthafte Versuche, »Minderheitenrechte« in den verschiedenen Friedensverträgen zu verankern. Das begann mit Polen. Aber auch hier spielten Zynismus und Eigeninteresse der Briten eine wenig konstruktive Rolle. Es ist bemerkenswert, daß Headlam-Morley in Hinblick auf Minderheitenrechte genauso skeptisch war wie beim Thema Selbstbestimmung. So schrieb er in seinen Erinnerungen an die Pariser Friedenskonferenz:

»Eine allgemeine Klausel, die dem Völkerbund das Recht gäbe, Minderheiten in allen Mitgliedsländern zu schützen [...], würde ihn befugen, die Chinesen in Liverpool, die Katholiken in Frankreich, die Franzosen in Kanada zu behüten, von problematischeren Fällen wie den Iren einmal abgesehen [...]. Selbst wenn die Verweigerung eines solchen Rechts irgendwo zu Ungerechtigkeiten und Unterdrückung führen würde, wäre dies besser, als alles zu gestatten, denn das bedeutet die Negation der Souveränität jeden Staates in der Welt.«[17]

Wenn der Völkerbund Minderheitenrechte nicht schützte, wer sollte sie dann schützen? Der griechische Premierminister Venizelos wies den Weg, als er mit italienischer Hilfe versuchte, den Türken weitere, von Griechen bewohnte Gebiete abzunehmen. Der sich daraus ergebende Krieg endet im August 1922 mit einem Sieg der Türken unter Führung von Kemal Atatürk. Seine wichtigste Folge war die »Heimkehr« von 1,2 Millionen Griechen und einer halben Million Türken.[18] Ähnliche Bevölkerungstransfers ereigneten sich überall in Mittel- und Osteuropa unter Einsatz unterschiedlicher Grade an Zwang. Eine dreiviertel Million deutschsprachiger Bewohner hatte bis 1925 die »verlorenen Territorien« des Reiches verlassen.[19] 200.000 Ungarn räumten zwischen 1919 und 1924 das größer gewordene Rumänien, 80.000 Jugoslawien. 270.000 Bulgaren gaben ihre Heimat in Griechenland, Jugoslawien, der Türkei und Rumänien auf.[20]

Das war nur der Beginn einer blutigen Abfolge ethnischer Konflikte und zwangsweiser Bevölkerungstransfers, die schließlich in den Greueln der 1940er Jahre ihren Höhepunkt finden sollten. Die Deutschen ermordeten nicht allein zwischen fünf und sechs Millionen Juden, ihre Rassenpolitik war auch für den Tod von etwa drei Millionen Ukrainern, 2,4 Millionen Polen, 1,6 Millionen Russen, 1,4 Millionen Weißrussen und einer viertel Million Zigeuner verantwortlich.[21] All dies geschah im Rahmen eines gewaltigen Projekts zur Änderung der ethnischen Karte Europas und zur Ausdehnung des Lebensraums der arischen Herrenrasse um Tausende Kilometer nach Osten. Die jüdischen und slawischen »Untermenschen«, die dort lebten, sollten vertrieben, dem Hungertod preisgegeben und schließlich ermordet werden. Umfang und Raffinement der nationalsozialistischen Politik verleihen ihr einen besonderen Rang. Dennoch war »ethnische Säuberung« keine nationalsozialistische Erfindung. Der Völkermord der Türken an den Armeniern während des Ersten Weltkriegs zählte zu jenen Einflüssen, die Hitler anerkannte. Auch sollten wir nicht über die Tatsache hinwegsehen, daß mehr als anderthalb Millionen Angehörige ethnischer Minderheiten – Polen, Deutsche, Tschetschenen, Tataren, Mescheten, Koreaner, Kalmücken, Inguschen, Karatschen und Griechen – als Konsequenz von Stalins Variante der ethnischen Säuberungspolitik umkamen. Formell wurden diese Menschen zur Deportation verurteilt, aber diese erfolgte unter so schrecklichen Umständen und in derart unbewohnbare Gebiete, daß zwischen zehn und 30 Prozent der Angehörigen der betroffenen Völker nicht überlebten.[22]

Es gab eine Vielzahl von Motiven für diese mörderische Politik. Wirtschaftliche Faktoren spielten dabei eine erhebliche Rolle. In den neuen, nach dem Ersten Weltkrieg geschaffenen Staaten, bestand eine größere Wahrscheinlichkeit, daß Minderheiten belästigt wurden, wenn diese wohlhabend waren.»Bodenreform« wurde zu einem Mittel der Enteignung im Interesse weniger wohlhabender Angehöriger des Mehrheitsvolkes. Fraglos fand judenfeindliche Politik auch bei Menschen ohne starke rassische Vorurteile beträchtlichen Anklang, weil sie ganz einfach Gelegenheit bot, die reichste aller europäischen Minderheiten auszuplündern.

Entscheidend ist, daß ethnische oder religiöse Minderheiten oft mit besonderen unternehmerischen Fähigkeiten in Zusammenhang gebracht wurden. Es waren nicht nur die Juden, die bessere Leistungen als die Mehrheitsvölker erbrachten. Ähnliches galt auch für Griechen von den Inseln der Ägäis, für Überseechinesen, Armenier, Parsen, für die Deutschen in Osteuropa und die Schotten im britischen Empire.[23] Für die Mehrheitsbevölkerung bestand die Schwierigkeit darin, zwischen den langfristigen indirekten Vorteilen, die sich aus der Aufnahme besonders tüchtiger Minderheiten ergeben, und der kurzfristigen Versuchung zu wählen, Neidgefühlen nachzugehen und diese Menschen auszuplündern. In Großbritannien wurden die Minderheiten toleriert, und insgesamt geschah das zum Vorteil der Wirtschaft des Landes. In Mittel- und Osteuropa stand bewaffneter Raub im Vordergrund. Dies hatte die vorhersehbare Konsequenz, zu bleibender Verarmung zu führen.

Auflösung von Nationen

Eine Folge der Pariser Friedensverträge von 1919/20 bestand darin, daß
Europa nun aus 26 souveränen Staaten bestand. Wenn man die politische Karte heute betrachtet, liegt der Schluß nahe, daß der Kontinent
sich einmal im Kreis gedreht hat. Die neuen Staaten, die aus den Trüm-
mern der Imperien der Romanows und der Osmanen geschaffen wurden, sind heute weitgehend dieselben wie nach 1919. In Nordosteuropa
ist Polen nach Westen verschoben worden, aber Litauen, Lettland, Est-
land und Finnland sind ebenso wie 1919 unabhängig von Rußland. Im
Nahen Osten liest man auf der Landkarte Israel, wo einstmals Palästina
stand, Jordanien hat seine Vorsilbe »Trans« verloren, darüber hinaus
hat sich nicht viel geändert, abgesehen von der Tatsache, daß die Man-
datsgebiete nicht mehr bestehen, wie auch die früheren deutschen
Kolonien in Afrika verschwunden sind. Noch eindrucksvoller ist, daß
die Republiken Armenien, Georgien, Aserbeidschan, Ukraine und Weiß-
rußland, die spätestens 1921 durch die Bolschewiken wieder russischer
Herrschaft unterworfen worden waren, erneut ihre Unabhängigkeit
gewonnen haben. Nur jene Ordnung, die in Mittel- und Südosteuropa
nach dem Ende der Habsburger entstand, hat sich auffallend gewandelt.
Verschwunden sind die multinationalen Staatsgebilde: die Tschechoslowakei und das Königreich der Serben, Kroaten und Slowenen, wie Jugoslawien ursprünglich genannt wurde. Die großen ethnischen Minderheiten in den wichtigsten mitteleuropäischen Staaten gibt es nicht mehr:
während in Polen in den dreißiger Jahren dreißig Prozent der Bevölkerung zu den Minoritäten zählten, sind es heute nur noch 2,7 Prozent;
von 33 Prozent, die die Minderheiten in der Tschechoslowakei ausmachten, sind 4,5 Prozent übriggeblieben.[24] Die nationalistische Utopie eth-
nisch-homogener Staaten ist hauptsächlich durch gewaltsame und schmut-
zige Methoden der Verwirklichung nähergebracht worden.

Und wie ein nicht aufhaltbarer Spaltprozeß schafft »Selbstbestimmung« immer weitere souveräne Staaten. Insgesamt gibt es heute 48
separate Staatsgebilde in Europa unter Einschluß von Rußland und der
Türkei: dies ist mehr als das Vierfache dessen, was Mazzini gewollt
hatte.[25] Dabei ist es durchaus möglich, daß der Prozeß der Aufsplitte-
rung noch nicht vollendet ist. Von Schottland bis Montenegro gibt es
Nationalstaaten-Anwärter im Wartestand.

Diese Aufspaltungstendenz beschränkt sich nicht auf Europa. Unter
Ausschluß von Afrika südlich der Sahara gab es 1871 auf der Welt 64
unabhängige Staaten, 43 Jahre später, am Vorabend des Ersten Welt-

kriegs, hatte der Imperialismus deren Zahl auf 59 reduziert. Die Nachwirkungen des Ersten Weltkriegs waren nicht überall auf der Welt so dramatisch wie in Europa. Insgesamt existierten im Jahre 1920, einschließlich Afrika, 69 Staaten. Doch seit dem Zweiten Weltkrieg hat es ein nachhaltiges Wachstum gegeben. 1946 bestanden 74 unabhängige Länder, 1950 waren es 89. Im Jahre 1995 war ihre Zahl auf 192 gestiegen.

Gewiß sollte man angesichts der Beschleunigung des Bevölkerungswachstums seit 1871 die Dimension der Zersplitterung nicht übertreiben. Der »Durchschnittsstaat« ist tatsächlich seit Bismarcks Tagen nicht zusammengeschrumpft: Er ist vielmehr von 22 auf 28 Millionen Einwohner angewachsen. Doch es scheint eine Zunahme der Menge sehr kleiner Staaten gegeben zu haben. Von den 192 unabhängigen Staaten, die 1995 existierten, besaßen 87 weniger als fünf Millionen Einwohner, 58 weniger als 2,5 Millionen und 35 weniger als 500.000.[26]

Zwischen den beiden Weltkriegen waren für die politische Zersplitterung hohe Preise in Hinblick auf ökonomisches Wachstum und politische Stabilität zu zahlen. Kann die heutige »Balkanisierung« der Welt die gleichen negativen Konsequenzen haben? Eric Hobsbawm vergleicht die neue Weltkarte mit jener des Mittelalters, als in großen Abständen Wirtschaftszentren als territoriale Enklaven blühten. Dieser Auffassung nach bedeuten Stadtstaaten, extraterritoriale »Industriezonen« und »Steuerparadiese« auf ansonsten wertlosen Inseln einen Rückschritt in die Tage der Hanse.[27] Aus rein ökonomischer Perspektive betonen Alberto Alesina und seine Mitarbeiter, daß der Prozeß der politischen Desintegration zu einer »ineffektiv großen Zahl von Ländern« führe.[28] In kleinen Staaten ist der öffentliche Sektor relativ häufig umfangreich, und daher dürften die Kosten öffentlicher Leistungen hier in der Regel pro Kopf höher als in großen Ländern sein.[29]

Wenn große Staaten zerbrechen, dürfte die Zahl der regionalen Konflikte höher werden und ein Ansteigen der Kosten für die militärische Verteidigung per capita zur Folge haben.[30] Das liegt daran, daß Spaltungsprozesse in der Weltpolitik wie in der Kernphysik hochexplosiv sind: Für viele der neuen Staaten war der Übergang zur Unabhängigkeit zumindest in einem gewissen Umfang von Konflikten mit Nachbarn oder früheren Kolonialmächten begleitet. Es spricht einiges für die Behauptung, daß »die Entstehung vieler neuer Staaten die Masse der zu beobachtenden Konflikte erhöht«, da eine Zunahme der Zahl der Länder bei gleichzeitiger Verminderung ihrer Größe »die Menge der internationalen Interaktionen vergrößert, die zu Konflikten führen können«.[31] Der Balkan ist hierfür nur das bekannteste aktuelle Beispiel. In

Ruanda kam es zwischen April und Juli 1994 zum Massaker der Hutu an etwa 800.000 Tutsi, *nachdem* internationale Bemühungen erfolgt waren, das Regime zu demokratisieren.[32] In Indonesien ereigneten sich die erbittertsten Gefechte in Ost-Timor *nach* dem Zusammenbruch der Diktatur Suhartos im Mai 1998, und *nachdem* sich die Insel im August des folgenden Jahres durch demokratische Abstimmung für die Unabhängigkeit ausgesprochen hatte.

Nach der Datenbank von Singer und Small über »Correlates of War« zwischen 1816 und 1992 zeigt sich, daß in den späten 1980er und den frühen 1990er Jahren mehr Kriege im Gange waren als zu jedem anderen Zeitpunkt seit der Niederlage Napoleons. Sicherlich mag dieser Anstieg teilweise auf eine Schieflage beim Datenmaterial zurückzuführen sein: Über kleinere Kriege außerhalb Europas gab es gewiß im späten 20. Jahrhundert ausführlichere Berichte als im 19. Zudem sagt die Anzahl der Kriege nichts über den Umfang von Konflikten im Weltmaßstab aus, da viele der jüngsten Kriege wenig mehr als Grenzscharmützel waren, die Singer und Smalls Schwelle von tausend Opfern pro Jahr kaum überschritten.

Andererseits läßt sich nicht bestreiten, daß nahezu der gesamte Anstieg der Zahl der Kriege in der Welt seit 1945 auf die Ausbreitung von Bürgerkriegen zurückzuführen ist. Ihr Anteil liegt bei fast zwei Dritteln. Es mag sein, daß der Bürgerkrieg eher mit undemokratischen als mit demokratischen Regimen, eher mit armen Staaten als mit reichen im Zusammenhang steht. Die letztgenannten neigen, wie wir gesehen haben, stärker zur Demokratie. Dennoch gibt es einige Anzeichen, daß Schritte in Richtung Demokratie – insbesondere in ethnisch polarisierten Gesellschaften – die Wahrscheinlichkeit von Bürgerkriegen vergrößern, falls Minderheiten gegen eine befürchtete Tyrannei der Mehrheit zu den Waffen greifen.[33] Bürgerkriege sind tatsächlich oftmals Vorspiele für jene Abspaltungen, aus denen neue Länder entstehen; und danach können sehr wohl weitere Konflikte zwischen nunmehr getrennten Staaten folgen.

Vereinigung der Nationen?

Es wird behauptet, daß der Prozeß der politischen Fragmentierung die Nebenwirkung hat, das Wachstum supranationaler Organisationen zu fördern. Ökonomische Globalisierung, so eine Theorie, sei von politischer Globalisierung begleitet.

Gewiß führt das Wachstum übernationaler Handelsblöcke wie der Europäischen Union und der Nordamerikanischen Freihandelszone und der wachsende Einfluß der Welthandelsorganisation dazu, daß mehr kleine Länder ökonomisch lebensfähig sind, als es zum Zeitalter protektionistischer Handelspolitik der Fall war. Es gibt also eine reziproke Beziehung zwischen der globalen Liberalisierung des Handels und der Größe von Staaten.[34] Gleichzeitig dienen der Internationale Währungsfonds und die Internationale Bank für Wiederaufbau und Entwicklung (oder Weltbank) als Kapitalversorger für neue Staaten. Trotz all ihrer Mängel[35] waren sie weit erfolgreicher als ihre Vorgängerinstitution, die Bank of International Settlements.[36] Hier haben wir nur die bekanntesten Organisationen erwähnt: Zwischen 1952 und 1984 stieg die Zahl der überstaatlichen Organisationen auf Regierungsebene weltweit von 123 auf 365.[37] Dabei sollte man die wachsende Bedeutung internationaler Nichtregierungsorganisationen nicht übersehen. Nach dem Yearbook of International Organizations gab es 1990 davon 6.000, heute beträgt ihre Zahl etwa 26.000. Die Zahl der Mitglieder des Worldwide Fund for Nature hat sich seit Mitte der 1980er Jahre auf fünf Millionen verzehnfacht; Greenpeace hat 2,5 Millionen Mitglieder und Amnesty International eine Million. Während manche Kritiker diese Verbände als Missionsgesellschaften eines neuen westlichen Imperialismus betrachten, sehen andere in ihnen Grundsteine einer internationalen Zivilgesellschaft.[38]

Über das Delegieren von Aspekten der Wirtschafts- und Sozialpolitik an solche Organisationen hinaus können kleine Staaten oft auch versuchen, ihre eigene Sicherheit durch Anschluß an bestehende Militärbündnisse zu vergrößern: Das Streben osteuropäischer Staaten in den 1990er Jahren nach Mitgliedschaft in der NATO verdeutlicht dies. Tatsächlich könnte man behaupten, je mehr Macht an internationale Organisationen abgegeben wird, um so illusorischer wird die Souveränität kleiner Staaten. Besonders utopisch gestimmte Geister unter den Internationalisten erwarten eine Weltregierung unter den Auspizien der Vereinten Nationen, die ihre ursprünglichen Aufgaben ausweiten und sich dann, ohne Rücksicht auf staatliche Souveränitäten, auch der Verteidigung der Menschenrechte widmen werden. Dieser Vision zufolge werden sich die verbliebenen multi-ethnischen Staaten schließlich in autonome Regionen auflösen, bis jede ethnische Gruppe von den Osttimoresen bis zu den Engländern über nicht mehr als einen eigenen mehr oder weniger impotenten Kleinstaat verfügt.

Hinter diesem Szenario verbirgt sich allerdings ein Problem, das in der fundamentalen finanziellen Schwäche der meisten supranationalen Organisationen besteht. Finanziell gesehen sind diese Kolosse – einschließlich des größten von allen, den Vereinten Nationen – Zwerge. 1999 betrugen die gesamten laufenden Ausgaben der Vereinten Nationen, der Weltbank, des Internationalen Währungsfonds und aller Programme und Unterorganisationen der Vereinten Nationen jährlich 18,2 Millarden $.[39] Der Bundeshaushalt der Vereinigten Staaten war etwa hundert Mal so groß. Das sollte man nicht vergessen, wenn die Idee kursiert, daß die Europäische Union ein föderativer »Superstaat« werden könne. Die Gesamtausgaben der Europäischen Union im Jahre 1999 betrugen kaum mehr als ein Prozent des Bruttoinlandsprodukts der EU; die Ausgaben nationaler Regierungen dagegen beliefen sich auf etwa 48 Prozent desselben.[40] Die Kaufkraft auf der Welt bleibt in den reichen Nationalstaaten konzentriert, eine Tatsache, die durch die 1,6 Milliarden $ versinnbildlicht wird, die die Vereinigten Staaten der UNO schulden. Selbst internationale Nichtregierungsorganisationen sind mächtiger als ihre Gegenspieler auf Regierungsebene. Das Jahresbudget der Welthandelsorganisation beträgt 43 Millionen $ und damit weniger als ein Viertel desjenigen des Worldwide Fund for Nature und die Hälfte dessen von Oxfam.

Dies macht es leichter, die sehr uneinheitliche Leistungsbilanz der Vereinten Nationen als globaler Ordnungshüter zu erklären. Die UN schneiden bei Vergleichen mit ihrem Vorgänger, dem Völkerbund, gewöhnlich günstig ab. Aber der Völkerbund hatte auch einige Erfolge zu verbuchen, und er mußte sich mit größeren Problemen auseinandersetzen. Von 66 internationalen Konflikten, mit denen er sich zu beschäftigen hatte, und von denen vier zu offenen Feindseligkeiten führten, löste er 35 erfolgreich und übergab 20 vernünftigerweise den traditionellen Kanälen der Diplomatie. Er scheiterte nur bei der Lösung von elf Konflikten, unglücklicherweise waren gerade das die ernsthaftesten.[41] Die Bilanz der Vereinten Nationen sieht nicht viel besser aus. Sie macht nur einen besseren Eindruck, hatte sie doch nie mit Problemen zu tun, die jenen vergleichbar sind, die Deutschland, Italien und Japan in den 1930er Jahren aufwarfen. Während der längsten Zeit des Kalten Kriegs war der Sicherheitsrat der Vereinten Nationen blockiert und erreichte wenig mehr als eine Reihe von Waffenstillständen in kleineren Bürgerkriegen und Grenzkonflikten. Nur unter den außerordentlichen Umständen des Jahres 1991, als die Sowjetunion im Todeskampf lag, war es möglich, die Annexion Kuwaits durch Saddam Hussein auf der Grundlage eines einstimmigen UN-Mandats rückgängig zu machen. Seitdem war die Bilanz trostlos. Zwischen 1992 und 1999 autorisierte der Sicherheitsrat eine Reihe von humanitären Interventionen in Somalia, Bosnien, Ruanda, Haiti, Kambodscha, Albanien und Ost-Timor. Die letztgenannte war erfolgreich; aber die Mehrheit der Eingriffe war bestenfalls ineffektiv und im schlimmsten Fall katastrophal. Das Fiasko des Einsatzes von US-Kommandotruppen in Mogadischu 1993, das Versagen des Sicherheitsrates, als es 1994 um die Verstärkung des französischen Kontingents in Ruanda ging, und schließlich die Unfähigkeit und mögliche Komplizenschaft der Niederländer beim Massaker von Screbenica 1995 – all diese Episoden wecken schwere Zweifel an der Fähigkeit der Vereinten Nationen, ausreichend schnell und wirksam auf Krisen zu reagieren.[42]

Nichts illustriert die Grenzen der Macht supranationaler Institutionen deutlicher als die Ereignisse von 1999, als wieder einmal eine Regierung – jene von Rumpf-Jugoslawien – ethnische Säuberungen gegen eine Minorität entfesselte. Diesmal traf es die Albaner des Kosovo. Weil das Kosovo eine integrale Provinz Serbiens war und bleibt, hatte die jugoslawische Regierung juristisch nach Artikel 2 (4) der UN-Charta Sicherheit vor Eingriffen von außen:»Alle Mitglieder unterlassen in ihren internationalen Beziehungen jede gegen die territoriale Unversehrtheit oder die politische Unabhängigkeit eines Staates gerichtete oder sonst mit den Zielen der Vereinten Nationen unvereinbare Androhung oder Anwendung von Gewalt.« Außerdem galt die Erklärung der Generalversammlung von 1970 über die Grundlagen des Völkerrechts: »Aus dieser Charta kann eine Befugnis der Vereinten Nationen zum Eingreifen in Angelegenheiten, die ihrem Wesen nach zur inneren Zuständigkeit eines Staates gehören [...], nicht abgeleitet werden.« Nach der UN-Charta darf Gewalt außerdem nur zur Selbstverteidigung oder bei ausdrücklicher Genehmigung durch den Sicherheitsrat als Reaktion auf einen Aggressionsakt (Artikel 51 und Kapitel III) angewandt werden.[43] Aufgrund der russischen Haltung im Sicherheitsrat konnte keine Bevollmächtigung dieser Art erreicht werden. Es war wieder einmal die alte Geschichte.

Nur durch Ignorieren der UN-Charta (oder, nach den Worten von Tony Blair, die »Modifizierung des Prinzips des Nichteingreifens in wichtigen Aspekten«) konnte das militärische Eingreifen der NATO zugunsten der Albaner des Kosovo gerechtfertigt werden. In dieser Hinsicht entspricht das Geschehen im Kosovo einem Verhaltensmuster. Massive Menschenrechtsverletzungen wurden gestoppt, als Indien in Pakistan 1971 intervenierte, als Vietnam 1978 in Kambodscha einmar-

360 Zerbrochene Einheiten

schierte und als Tansania 1979 Uganda angriff. Keine dieser Operationen war durch die Vereinte Nationen autorisiert. Die Intervention der Wirtschaftsgemeinschaft Westafrikanischer Staaten in Liberia im Jahre 1990 wurde erst im nachhinein durch die UN gebilligt. Die Entscheidung der Vereinigten Staaten, Großbritanniens und Frankreichs zur Etablierung einer »sicheren Zuflucht« für die Kurden des Nordirak wurde überhaupt nicht autorisiert.[44]

Die Verhinderung von Massenaustreibungen und Massakern an Minderheitsbevölkerungen ist zweifellos eine gute Sache. Solange es Migration über Grenzen hinweg und ethnische Unterschiede im Hinblick auf ökonomische Leistungen gibt, ist dies leider ein Phänomen, das sich höchstwahrscheinlich wiederholen wird, ganz egal, wie oft die Karte der Welt neu gezeichnet wird. Aber die Erfahrung legt die Annahme nahe, daß die Vereinten Nationen ethnische Säuberungen kaum verhindern können. Sie haben nicht nur kein Recht dazu, ihnen fehlen auch die Mittel. Die Frage lautet daher, ob die USA und ihre Verbündeten willens sind, ausreichende Ressourcen zur effektiven Verteidigung von Minderheitenrechten zur Verfügung zu stellen.

VIERZEHNTES KAPITEL

Unterforderung

Die Grenzen ökonomischer Macht

Go, bind your sons to exile
To serve your captives' need;
To wait in heavy harness
On fluttered folk and wild.

Rudyard Kipling[1]

WARUM sind die Vereinigten Staaten so mächtig? Warum sind die Vereinigten Staaten nicht noch mächtiger? Viele würden die erste Frage mit einem einzigen Wort beantworten: Wirtschaft. So behauptet Paul Kennedy in seinem einflußreichen Werk: »Die Geschichte des Aufstiegs und späteren Falls der führenden großen Mächte seit dem Aufstieg Westeuropas im 16. Jahrhundert [...] zeigt eine *auf lange Frist* sehr signifikante Korrelation von Produktionskapazität und Staatseinnahmen auf der einen Seite und militärischer Stärke auf der anderen.« Doch Kennedy warnt davor, in die »Falle eines groben wirtschaftlichen Determinismus« zu gehen. »Es gibt einfach zu viele Indizien, die auf andere Faktoren deuten: Geographie, Organisation des Militärwesens, nationale Kampfmoral, Bündnissysteme und viele weitere Faktoren können die relative Macht einzelner Mitglieder des Staatensystems beeinflussen. [...] Individuelle Torheit [...] und hohe Kompetenz auf dem Schlachtfeld« können militärische Ergebnisse erklären. Dennoch zieht er den Schluß, »daß es eine sehr starke Wechselbeziehung zwischen dem möglichen Ausgang der *großen Koalitionskriege* um die Vorherrschaft in Europa oder in der Welt und den produktiven Ressourcen jeder Seite gab. [...] Ein langgezogener zermürbender Krieg verwandelt sich schließlich in eine Prüfung der relativen wirtschaftlichen Kapazität jeder Koalition«.[2]

»Trotzdem bleibt die Tatsache bestehen, daß alle wichtigen Veränderungen der militärischen Machtverhältnisse der Welt auf Veränderungen des Produktionsverhältnisses folgten; und weiter, daß Aufstieg und Fall der verschiedenen Reiche und Staaten im internationalen System durch den Ausgang der bedeutendsten Kriege der größten Mächte bestätigt wurden, in denen der Sieg immer der Seite mit den größten materiellen Ressourcen zufiel.«[3]

Der Aufstieg Spaniens unter den Habsburgern, der Niederländischen Republik, des britischen Empire, Rußlands und der Vereinigten Staaten hatten sämtlich seine Wurzeln im Bereich der Wirtschaftsgeschichte, ebenso das Scheitern Deutschlands und Japans in den 1930er und 1940er Jahren bei dem Versuch, eine Weltmachtstellung zu erobern.

Kennedy argumentierte auch, der Abstieg der Großmächte könne aus ökonomischen Umständen begriffen werden:

»Es mag krude merkantilistisch klingen, es so auszudrücken, aber Wohlstand ist in der Regel notwendig, um militärische Macht abzustützen, und militärische Macht ist in der Regel notwendig, um Wohlstand zu erwerben und zu schützen. Wenn aber ein zu großer Teil der Ressourcen des Staates von der Schaffung des Wohlstandes abgelenkt wird und statt dessen militärischen Zwecken zufließt, führt dies wahrscheinlich langfristig zu einer Schwächung der nationalen Macht. Ähnliches gilt, wenn ein Staat sich strategisch überdehnt [...]. Er läuft dann Gefahr, daß die potentiellen Vorteile dieser äußeren Expansion von den großen Kosten der ganzen Unternehmung überschattet werden.«[4]

Entscheidend ist: Sollte eine Macht sich strategisch »überdehnen«, dann lassen die Kosten für die Verteidigung ihres Imperiums »wenig für ›produktive Investitionen‹ übrig«. Dies führt zum Nachlassen ihrer Produktivität, »was sich sowohl auf den Lebensstandard ihrer Bürger als auch auf ihre internationale Position nachteilig auswirken wird«.[5] Nach Kennedy wird es immer schwerer, »die Behauptung zu widerlegen, daß exzessive Rüstungsausgaben dem wirtschaftlichen Wachstum schaden«.

»Daher droht heute [...] eine Spannung zwischen der Suche [einer Nation] nach strategischer Sicherheit, die sich in Investitionen in die neuesten Waffensysteme und einem hohen Anteil nationaler Ressourcen für die Streitkräfte ausdrückt, und andererseits der Suche nach wirtschaftlicher Sicherheit, die sich in erhöhter nationaler Prosperität ausdrückt, die wiederum abhängig ist vom Wachstum [das aus neuen Methoden der Produktion und der Wertschöpfung hervorgeht], von erhöhtem Warenausstoß und florierender Nachfrage in In- und Ausland. Alles dies aber kann durch exzessive Rüstungsausgaben gefährdet werden. Gerade weil ein kopflastiger Militärapparat das Wirtschaftswachstum verringern und dazu führen kann, daß der Anteil der Nation am Produktionsvolumen der Welt sinkt – und damit der Wohlstand, und damit die Macht.«[6]

Kennedy läßt keinen Zweifel daran, daß die allgemeine Problematik spezifische Bedeutung für die Vereinigten Staaten habe, von denen er behauptet, sie unterlägen heute bereits »jener Gefährdung, die [...] grob

›imperiale Überdehnung‹ genannt werden könnte«. Die USA steckten im Unterschied zu Deutschland und Japan zuviel Geld in die militärische Forschung und Entwicklung. Die beiden letztgenannten Staaten seien in der Lage, sich auf produktivere zivile Forschungs- und Entwicklungsprojekte zu konzentrieren.[7] Die Konsequenz scheint eindeutig: durch militärische Verpflichtungen relativ unbelastet, würden Deutschland und Japan früher oder später die USA ökonomisch überholen, danach wäre eine Verlagerung des Schwergewichts der ökonomischen Macht mehr oder weniger unvermeidlich.»Im weitesten Sinne also lautet die einzige Antwort auf die Frage, ob die Vereinigten Staaten ihre gegenwärtige Position halten können: ›nein‹ – denn es ist einfach niemals einer Gesellschaft gegeben gewesen, daß sie ihren Vorsprung vor allen anderen permanent hielt.«[8]

Diese Argumentation verdankt der britischen Erfahrung der imperialen»Überforderung« und des ökonomischen Niedergangs seit dem späten 19. Jahrhundert sehr viel. Kennedy bemerkt zugespitzt:»Interessanterweise werden solche Warnungen, daß die amerikanischen Streitkräfte ›bis zum Äußersten gedehnt‹ seien, von Karten der ›weltweiten Stationierung der US-Streitkräfte‹ illustriert, die Historiker sehr an die Kette von Flottenstützpunkten und Garnisonen erinnern, welche die ehemalige Weltmacht Großbritannien auf dem Höhepunkt ihrer strategischen Überdehnung besaß.«[9] Der Autor geht daher bewußt auf jene viktorianischen und edwardianischen Kritiker des britischen Imperialismus ein, die darauf bestanden, daß die Kosten der Aufrechterhaltung von Marinebasen, Kolonialheeren und subventionierten Regierungen auf einem Großteil des Globus höher seien, als es irgendwelche ökonomischen Vorteile rechtfertigen könnten. Das gleiche ist im nachhinein von vielen Wirtschaftshistorikern vertreten worden, die behaupten, die Briten hätten die Vorteile des Freihandels auch ohne die Kosten für das formelle Empire genießen können. Wichtiger ist die Annahme, das Geld, das die Steuerzahler als Resultat einer Entkolonialisierung in der edwardianischen Zeit gespart haben würden, hätte für Elektrizität, Automobile und langlebige Konsumgüter ausgegeben werden und damit zur industriellen Modernisierung in der Heimat beitragen können.[10]

Die Theorie Kennedys ist nur eine in einer Reihe von ökonomischen Theorien der Macht. In seinem Werk»Aufstieg und Niedergang der Nationen. Ökonomisches Wachstum, Stagflation und soziale Starrheit« von 1982 äußert Mancur Olson die Vermutung, daß Stärke oder Schwäche möglicherweise mehr mit der inneren Struktur der Volkswirtschaft eines Landes als mit seinen äußeren Verpflichtungen zu tun haben. Es

Unterforderung

ist das Wachstum »engstirniger« Kartelle und spezieller Interessengruppen, das die Vitalität einer Wirtschaft zu untergraben droht. Daher rührt der relative Erfolg Nachkriegsdeutschlands und Japans. Hier waren die verschiedenen Interessengruppen und Lobbys durch die Ereignisse der Diktatur, des totalen Krieges und der Niederlage zerstört worden. Dagegen führte Großbritanniens Niedergang in die Stagnation der 1970er Jahre.[11] Ökonomisch betrachtet, sind gelegentliche militärische Niederlagen ständigen Siegen vorzuziehen. Olsons politische Rezepte sind allerdings wohl eher mit einer Besatzungsarmee als im normalen demokratischen Prozeß durchzusetzen: »Eine Gesellschaft [...] könnte das offenkundigste und weitreichendste Heilmittel wählen: Sie könnte einfach alle Sonderinteressengesetze oder -regulierungen aufheben und zur selben Zeit rigorose Wettbewerbsgesetze auf jede Art von Kartellen oder Kollusionen anwenden, die ihre Macht benutzen, um Preise oder Löhne oberhalb des Wettbewerbsniveaus zu erlangen.«[12]

Anhand solcher wirtschaftlichen Theorien der Macht wird nicht klar, wie weit der Aufstieg und Fall von Staaten auf Selbstausgleich oder zyklische Mechanismen zurückzuführen sind. Dabei führt Wohlstand zu einer Machtposition, anschließend folgen Überlastung oder innere Verkrustung, die wiederum unausweichlich den Niedergang mit sich bringen. In den anspruchsvollen Modellen von George Modelski und Immanuel Wallerstein haben die Zyklen der globalen Hegemonie streng deterministischen Charakter. Nach Modelski gab es seit 1500 fünf Zyklen »relativer Vormacht zur See« – den portugiesischen, den niederländischen, zwei britische und den amerikanischen –, und in jedem dieser Zyklen hat es vier Unterabschnitte gegeben: »globaler Krieg«, »Weltmacht«, »Delegitimierung« und »Dekonzentration«. Nach Wallersteins Modell, das sich auf marxistische Ansichten über die kapitalistische Entwicklung stützt, gab es seit 1450 vier Zyklen – den habsburgischen, den niederländischen, den britischen und den amerikanischen –, und jeder davon umfaßte wiederum vier Etappen: »Aufstieg zur Hegemonie«, »hegemonialer Sieg«, »hegemoniale Reife« und »Niedergang der Hegemonie«.[13] Doch scheint Kennedys Argumentation wie jene von Olson auch politische Implikationen zu haben: Regierungen sollten versuchen, ihre Verteidigungsausgaben einzuschränken, um den wirtschaftlichen und militärischen Niedergang zu vermeiden.

Kennedy ist heftig kritisiert worden, weil er die Gefahr des Niedergangs übertrieben habe, mit der sich die Vereinigten Staaten in den 1980er Jahren konfrontiert sahen. Aber diese Kritik übersieht die Tatsache, daß Politiker in den USA und überall in den NATO-Ländern allem Anschein nach auf seinen Rat gehört haben. Wie wir in Kapitel 1 gesehen haben, sind in den Jahren, seit Kennedy sein Buch »Aufstieg und Fall der großen Mächte« publizierte, die Verteidigungsausgaben der westlichen Staaten auf historische Tiefstände gesunken. Gleichzeitig ist die Wachstumsrate der amerikanischen Wirtschaft stark gestiegen, was darauf hindeutet, daß sich Hoffnungen auf eine »Friedensdividende« nach Abschluß des Kalten Krieges erfüllt haben. Aber heißt dies, daß die Vereinigten Staaten das Problem des beginnenden Niedergangs gelöst haben, wie Kennedy die Dinge sehen will?

Die Antwort hängt von drei Faktoren ab: der Reichweite der amerikanischen Außenpolitik, dem Umfang des Widerstands anderer Länder dagegen und dem Gebrauch, den Amerika von seinen unvergleichlichen wirtschaftlichen Ressourcen macht. Hier stellt sich die Frage, wie weit die USA und ihre Verbündeten jetzt das Risiko eingehen, sich selbst zu *unterfordern*, indem sie zu wenig für ihr Militärwesen ausgeben, um ihre außenpolitischen Ziele angesichts dessen zu erreichen, was am besten als eine Vielzahl von Störungen beschrieben werden kann.

Unter Präsident Clinton sind die Ziele der amerikanischen Außenpolitik über die Verteidigung der Staaten der Nordatlantischen Allianz hinaus ausgeweitet worden. Sie schließen jetzt die Beendigung von Bürgerkriegen in einer Reihe politisch sensibler Regionen und den gelegentlichen Einsatz militärischer Gewalt zum Schutz der Rechte verfolgter Minderheiten in bestimmten Ländern ein. Was immer man von diesen Zielen halten mag, es lohnt sich zu fragen, wie weit die jüngsten Kürzungen in den Verteidigungsanstrengungen des Westens mit deren Durchsetzung vereinbar sind. Die Vereinigten Staaten leiden nicht unter zuwenig ökonomischer Macht. Aber wirtschaftliche Stärke stellt, wenn sie nicht eingesetzt wird, nur ein *Potential* dar. Hinzu kommen muß nicht nur die Bereitschaft, für militärische Zwecke Ressourcen vom zivilen Verbrauch abzuzweigen – also Butter in Kanonen zu verwandeln, um das alte Bild zu gebrauchen, oder Steuern in Divisionen. Es ist auch die moralische Entschlossenheit vonnöten, optimalen Gebrauch von militärischen Ressourcen zu machen, um Gegner der Politik der Vereinigten Staaten abzuschrecken oder zu besiegen. Ohne Legitimierung – und im Fall von Demokratien ohne Unterstützung der Öffentlichkeit – kann die Außenpolitik eines Goliath von einem David durchkreuzt werden. Das gilt insbesondere, wenn es mehr als einen David gibt.

Die Illusion des Friedens

Die Abrüstung der Westmächte wäre bedeutungslos, würden sich die Aussichten auf Krieg im gleichen Maße vermindern. Einer Variante der liberalen Theorie zufolge sollte dies vermeintlich der Fall sein, da Krieg ökonomisch irrational ist und in dem Maße, wie die ökonomische Integration der Welt fortschreitet, immer irrationaler wird.

Die Idee, daß Krieg in einer wirtschaftlich liberalen Welt überflüssig sei, geht aufs 18. Jahrhundert zurück. Damals schrieb der Physiokrat François de Quesnay:»Falls der Krieg einige Völker des Altertums bereicherte, so läßt er die Völker der Gegenwart arm und elend werden.«[14] In seiner Schrift»Zum ewigen Frieden«stimmte Kant der Ansicht zu, daß der Geist des Handels mit dem Krieg nicht vereinbar sei.[15] Und Adam Smith schrieb gegen Ende seiner Untersuchung über den»Wohlstand der Nationen«folgendes:»Auch in Flandern brachte der Bürgerkrieg und die nachfolgende spanische Regierung den blühenden Handel Antwerpens, Gents und Brügges zum Erliegen. [...] Kriege und gewaltsame Regierungswechsel lassen die Quellen des Reichtums, der nur vom Handel herrührt, leicht versiegen.«[16] Seine Ansicht fand im 19. Jahrhundert viele Anhänger. Wenn Auguste Comte auch einräumte, daß in früheren Jahrhunderten Bemühungen zur Entwicklung des militärischen Apparats für den Fortschritt der Industrie nicht ganz ohne Wert waren«, so betrachtete er die Unterordnung des Krieges unter die industrielle Entwicklung als einen wichtigen Grundzug seiner Zeit. Für Richard Cobden waren Frieden und Wohlstand Faktoren, die sich gegenseitig verstärkten: von da leitet sich der Titel seiner Kampfschrift von 1842 ab:»Free Trade as the Best Human Means for Securing Universal and Permanent Peace«. (Freihandel als das beste menschliche Mittel zur Sicherung des universellen und ewigen Friedens.) Norman Angells Schrift»Die große Täuschung«von 1910/11 ist ein Monument der Unwandelbarkeit dieser Auffassung. Nach Angell war Krieg eine ökonomisch irrationale Angelegenheit: die finanzielle Belastung durch die Rüstung sei exzessiv, es sei schwierig, den Besiegten Entschädigungen abzukassieren, und Kolonien waren seiner Ansicht nach keine Profitquelle:»Worin besteht die eigentliche, die wirkliche Garantie eines guten Verhältnisses zwischen zwei Staaten? Es ist die komplizierte, gegenseitige Abhängigkeit, die, nicht im wirtschaftlichen Sinne allein, sondern in jedem Sinne überhaupt, verursacht, daß der unentschuldbare, ungerechtfertigte Angriff des einen Staates auf die Rechte des anderen unvermeidlich auf die Interessen des angreifenden Staates zurückwirkt.«[17]

Entgegen solcher Theorien haben im 20. Jahrhundert immer wieder Staaten den liberalen Aufruf zur wirtschaftlichen Vernunft ignoriert, indem sie in den Krieg zogen. Sie haben dies sogar dann getan, wenn die denkbaren Kosten einer Niederlage groß waren, und sie sind auch dann nicht davor zurückgeschreckt, wenn die potentiellen Kosten eines Sieges hoch waren. Eine mögliche Erklärung lautet einfach, daß Kurzsichtigkeit – eine Art von »begrenzter Rationalität« – notorisch die Kosten des Krieges unterschätzt und dessen Vorteile überschätzt. Doch eine überzeugendere Erklärung könnte darauf hinauslaufen, daß die angehäuften und langfristigen Kosten des Krieges für ein nicht-demokratisches Regime keine Rolle spielen. Angesichts der kurzfristigen Vorteile von Kriegsprofiten für die herrschenden Eliten und der Tatsache, daß die Kosten von den politisch rechtlosen Massen getragen werden, kann Krieg durchaus eine rationale politische Option sein.

Kriegskosten und -profite

Aus dem Blickwinkel eines autokratischen Staates können Ausgaben für den Krieg einen sichtbaren Erlös in Form von Beute, Entschädigungszahlungen oder Territorien einbringen. Das kann die Steuerbasis eines Staates oder dessen verfügbare natürliche Ressourcen vergrößern – vom Ruhm zu schweigen.[18] In einigen Fällen können solche Erträge sogar höher als der Preis sein, der damit verbunden ist, einen Sieg zu erringen; doch wenn die Kosten des Krieges hauptsächlich von politisch rechtlosen Bauern getragen werden, mag dies eine belanglose Erwägung sein.

Der osmanische Sultan Suleiman der Prächtige soll einen Überschuß von ungefähr einem Drittel der jährlichen Staatseinnahmen erzielt haben, der größtenteils aus Tributen eroberter Territorien bestand.[19] Die Französische Revolution führte zur Schaffung eines Regimes, das sich auf die Ausbeutung eroberter Territorien als Hauptquelle der Staatseinnahmen stützte. In seinen letzten Jahren konnte das Direktorium auf die Abgaben zählen, die den besetzten Niederlanden auferlegt worden waren, sie erbrachten etwa ein Viertel der gesamten Staatseinnahmen. Alles in allem zahlten die Niederländer zwischen 1795 und 1804 etwa 229 Millionen Gulden an die Franzosen, das ist mehr als das holländische Volkseinkommen eines Jahres.[20] Napoleons Feldzüge von 1806/07 finanzierten sich nicht nur selbst, sondern sie brachten auch mindestens ein Drittel der normalen französischen Staatsausgaben auf.

In Italien ging zwischen 1805 und 1812 die Hälfte aller Steuern an die französische Staatskasse.[21] Auch die Briten wußten im 19. Jahrhundert, wie man Kriege lohnend gestalten konnte, um Rechnungen zu bezahlen: etwa 40 Prozent des gesamten Militärbudgets für 1842 wurde von den 5,8 Millionen £ Kriegsentschädigung gedeckt, die China nach dem Vertrag von Nanking zu entrichten hatte; Lord Palmerston rühmte sich sogar vor dem Unterhaus, daß der Krieg einen Gewinn eingebracht habe.[22] Rußland war bei den Friedensregelungen der Jahre 1829, 1878 und 1882 in der Lage, Geldbeträge aus der Türkei herauszupressen. Diese Summen machten neun, 42 und 115 Prozent des russischen Verteidigungsbudgets aus. Selbst die letztgenannte Summe wurde bei weitem durch die Kontribution in den Schatten gestellt, die China 1895 von Japan abgepreßt wurde. Sie betrug mehr als das Dreifache der gesamten japanischen Militärausgaben jenes Jahres und etwa das Doppelte der Kosten des Krieges.[23]

Preußen aber war dasjenige Land, das die Kunst des profitbringenden Krieges vervollkommnete. Es machte den Krieg, wie Mirabeau sagte, zu seiner »nationalen Industrie«. Friedrich der Große hatte den Weg gewiesen, als er Österreich zwischen 1740 und 1745 das an Bodenschätzen reiche Schlesien abnahm. Doch die Kosten des Festhaltens an dieser Provinz im darauffolgenden Siebenjährigen Krieg erwiesen sich als gewaltig. Schlesien war eine Erwerbung, die zwei Jahrhunderte lang industrielle Erträge einbrachte. Bismarcks Sieg über den Deutschen Bund im Jahre 1866 war ebenfalls ein Waffengang, der sich nahezu selbst finanzierte: Während die Militärausgaben Preußens in jenem Jahr insgesamt nicht mehr als 111 Millionen Taler betrugen, schlossen die Früchte des Sieges – neben den annektierten Territorien Holstein, Hannover, Hessen-Kassel, Nassau und Frankfurt – Kriegsabgaben im Wert von 40 Millionen Talern von seiten Österreichs ein. Hinzu kamen weitere zehn Millionen aus Sachsen, sechs aus Frankfurt, zudem der »Welfenschatz« des entmachteten Königs von Hannover im Wert von 16 Millionen Talern sowie eine kleinere Summe aus Württemberg.[24] Möglicherweise der profitabelste Krieg des gesamten 19. Jahrhunderts war jener des Norddeutschen Bundes unter preußischer Führung gegen Frankreich im Jahre 1870. Die ungeheure Summe von fünf Milliarden Francs, die Frankreich als Teil der Friedensvereinbarung von 1871 als Kontribution auferlegt wurde, entsprach ungefähr einem Viertel des französischen Bruttoinlandsprodukts oder etwa dem Vierfachen des preußischen Militärbudgets des vorangegangenen Jahres. Darüber hinaus mußten die Franzosen 200 Millionen Francs an Lösegeld für die Stadt Paris und alle Kosten der darauffolgenden Besetzung Nordfrankreichs zahlen.[25]

Gewiß waren derlei Profite gewöhnlich geringer als die Kosten des Krieges, die zu ihrer Einziehung notwendig waren, zu schweigen von den Opfern, um sie einzutreiben. Etwa ein Drittel der römischen Staatseinnahmen zur Zeit des Kaisers Augustus entstammte Tributen aus Ägypten, Syrien, Gallien und Spanien. Aber die Kosten für die Unterhaltung des römischen Heeres betrugen zu jener Zeit ungefähr die Hälfte der gesamten Staatseinnahmen.[26] Zwischen 1548 und 1598 beliefen sich die Einnahmen aus den spanischen Eroberungen in Amerika auf 121 Millionen Dukaten, das entsprach 12 bis 24 Prozent aller Staatseinkünfte Kastiliens. Zur gleichen Zeit stiegen die jährlichen Aufwendungen für Kriege, die Spanien außerhalb des eigenen Territoriums führte, um nicht weniger als das Vierfache. Allein die Kämpfe in den Niederlanden kosteten im Jahr etwa 218 Millionen Dukaten.[27] Im Spanischen Erbfolgekrieg deckten die Zahlungen aus den eroberten Territorien nicht viel mehr als zwei Fünftel der Gesamtkosten der französischen Armee.[28] Selbst die Profite aus den Kriegen, die Frankreich zu Zeiten der Revolution und Napoleons führte, wurden durch den hohen Preis der Niederlage des Landes zwischen 1812 und 1815 aufgezehrt. Nach einer jüngeren Einschätzung beliefen sich der Entschädigungsbetrag und andere Summen, die Frankreich durch die bei Waterloo siegreichen Alliierten auferlegt wurden, auf etwa 1,8 Milliarden Francs, also auf ungefähr 0,2 Prozent des jährlichen Bruttoinlandprodukts des Landes.[29] So groß eine solche Summe auch sein mochte, sie stellte doch nur einen kleinen Teil der Kosten dar, die Frankreichs Gegner in den Kriegen der vorangegangenen zwei Jahrzehnte hatten aufbringen müssen. Die französischen Zahlungen betrugen in Sterling ausgedrückt 78 Millionen £, das war nur wenig mehr als der Betrag von 66 Millionen £, den Großbritannien zwischen 1793 und 1815 an seine Alliierten auf dem Kontinent als Unterstützung gezahlt hatte.[30]

Für die Reparationen, die den Siegern im 20. Jahrhundert zu zahlen waren, gilt die Regel, daß sie in keinem Fall auch nur annähernd die Kosten des Krieges deckten. Die Summe, die Deutschland nach den Bedingungen des Vertrages von Brest-Litowsk im Jahre 1918 Rußland auferlegte, betrug etwa 1,4 Milliarden $ – das war ein gewaltiger Betrag, aber nur ein Bruchteil der gesamten deutschen Kriegskosten, die sich auf etwa 20 Milliarden $ beliefen.[31] Die siegreichen Alliierten entschieden sich schließlich 1921 im Londoner Ultimatum, insgesamt 31 Milliarden $ an Reparationen von Deutschland zu verlangen. Allerdings erwarteten Realisten wie Keynes, daß nur etwa zwölf Milliarden $ gezahlt werden würden. Selbst diese niedrigere Zahl entsprach mehr als 80 Prozent des deutschen Bruttoinlandsprodukts.[32] Sie repräsentierte wiederum nur einen Bruchteil der gesamten Kriegskosten der Sieger, die sich auf mindestens 58 Milliarden $ beliefen. Selbstverständlich ging niemals der volle Betrag der Kriegsentschädigung auf der Siegerseite ein. Die Deutschen zahlten zwischen 1919 und 1932 insgesamt nicht mehr als 4,5 Milliarden $, bis die Zahlungen schließlich ganz eingestellt wurden. Dem Young-Plan zufolge hätten sie bis 1988 weitergehen sollen. Die Summe der Reparationszahlungen war geringer als der Betrag, den die Deutschen sich von den Vereinigten Staaten borgten und niemals zurückzahlten.[33]

Doch die Erfahrungen der Zwischenkriegszeit konnten Deutschland, Japan und Italien nicht davon abhalten, in den 1930er und 1940er Jahre erneut territoriale und wirtschaftliche Beutezüge zu unternehmen. Die Okkupation der Mandschurei durch die Japaner und später die Besetzung der meisten Teile Kontinentaleuropas durch die Deutschen zählten zu den heftigsten Plünderungen der Weltgeschichte. Am deutschen Bruttosozialprodukt gemessen, stiegen die Erträge, die aus den besetzten Territorien herausgeholt wurden, von zunächst drei Prozent auf einen Höchstwert von 16 Prozent 1943.[34] Wieder einmal lag das weit unter den Kosten, die die deutsche Wirtschaft für die Kriegsführung aufzubringen hatte. Indem sie zu rücksichtslos vorgingen, verursachten die Deutschen eine Schrumpfung eben der Volkswirtschaften, die sie ausbeuten wollten. Andererseits sammelten führende Nationalsozialisten, besonders Göring, durch Ausplünderung der inneren und äußeren Feinde des Regimes gewaltige Privatvermögen an. Um es noch einmal zu sagen: Selbst ein Krieg, der mit einer Niederlage endet, kann für die Elite einer Diktatur, die ein üppiges Leben führen möchte, lohnend erscheinen. Anders ausgedrückt: Der Zeithorizont eines Diktators ist kürzer als jener eines konstitutionellen Regimes. Wenn es je politische Führer gab, die die Zukunft konsequent ausblendeten, dann waren es jene, die von einem »Tausendjährigen Reich« sprachen.

Eine Lehre, die die Westmächte aus dem Fehlschlag der Reparationspolitik in den 1920er Jahren zogen, bestand darin, sich 1945 bescheidenere Ziele zu setzen: Der Gesamtbetrag, der von den besiegten Achsenmächten verlangt wurde, betrug gerade einmal sieben Milliarden $. Dagegen standen Kriegsausgaben der USA von insgesamt 275 Milliarden $, und 91 Milliarden $ Großbritanniens.[35] Zudem waren die Amerikaner so vorausschauend, Westeuropa, einschließlich Westdeutschlands, und

Japan beim Wiederaufbau zu helfen: Die Marshallplan-Hilfe bleibt ein seltenes Beispiel von »umgekehrten Reparationen«. Die Russen versuchten, einen Teil ihrer Kriegskosten wieder hereinzuholen, indem sie ihre Besatzungszone in Deutschland durch Demontage und Zwangslieferungen heftig ausbeuteten. Damit entzogen sie »ihrer Zone« die Produktionsbasis.[36]

Für die Demokratien scheint die Lehre der Geschichte eindeutig: Krieg zahlt sich nicht aus. Stets werden die wirtschaftlichen Kosten eines Krieges höher sein als die Einkünfte aus den Reparationen danach. Wenn das Ziel der Nachkriegspolitik gegenüber dem besiegten Staat Versöhnung oder gar Demokratisierung ist, dann scheint es tatsächlich ratsam, ihn zu unterstützen und nicht zu bestrafen. Aber ein autoritärer Herrscher wird diese Schlußfolgerung nicht ziehen. Die Kosten des Anschlusses von Kuwait erwiesen sich als sehr hoch; aber das hielt Saddam Hussein nicht davon ab, den Versuch zu unternehmen. Wie die Diktatoren der 1930er und 1940er Jahre hatte auch der irakische Führer keine Skrupel, die Kosten des gescheiterten Abenteuers seinem eigenen Volk aufzuerlegen.

Krieg und Wirtschaftskraft

Die Ergebnisse militärischer Auseinandersetzungen werden *nicht* streng durch wirtschaftliche Vergleichsfaktoren determiniert. Ökonomische Unterlegenheit kann durch überlegene Strategie, Operationsführung und Taktik, durch bessere Mobilisierung und Kampfmoral ausgeglichen werden. Kriege machen deutlich, daß Macht *nicht* ausschließlich ökonomisch bestimmt ist, dies gilt insbesondere kurzfristig. Ein Krieg zwingt jene, die in Friedenszeiten die Gewinner sind, in einen Wettbewerb mit anderen Regeln einzutreten. Wenigstens in der Frühphase eines Krieges zählt die Fähigkeit zu zerstören mehr als das Talent zu produzieren. Und genau darin besteht der Anreiz des Krieges für jene, die in Friedenszeiten die Verlierer sind.

Die bekanntesten unter den modernen Kriegen wurden freilich von der wirtschaftlich überlegenen Seite gewonnen. Die Kriege der Französischen Revolution und Napoleons, der Krimkrieg, der Amerikanische Bürgerkrieg, der Erste Weltkrieg, der Zweite Weltkrieg und der Koreakrieg – in all diesen Fällen siegte die Seite mit dem größeren Anteil am Gesamtertrag der Weltwirtschaft. Dieser Liste muß man Kriege in allerjüngster Zeit hinzufügen: den Falklandkrieg, den Golfkrieg und den

Kosovo-Krieg. Die Ergebnisse bestätigen allem Anschein nach Paul Kennedys Hypothese. Doch gibt es bedeutsame Ausnahmen von dieser Regel: Man denke daran, wie Vietnam Frankreich, Amerika und China demütigte, und man vergesse auch nicht, wie die Sowjetunion in Afghanistan scheiterte.

Während des größten Teils des 18. Jahrhunderts scheint Großbritannien über eine kleinere Volkswirtschaft als sein Hauptrivale Frankreich verfügt zu haben. 1788 betrug das französische Bruttosozialprodukt nach modernen Maßstäben mehr als das Doppelte des britischen, die französische Bevölkerung übertraf die britische fast um das Dreifache.[37] Doch ungeachtet seiner wirtschaftlichen Unterlegenheit war Großbritannien imstande, zu niedrigeren Kosten mehr Soldaten und Schiffe zu mobilisieren als sein Widersacher auf dem Kontinent.[38] Hauptsächlich dank der Überlegenheit der britischen Finanzinstitutionen stieg das Verhältnis zwischen britischen und französischen Kriegsschiffen von 1,3 zu eins 1780 auf 3,5 zu eins 1810.[39]

Es gibt auch entsprechende Beispiele aus dem 19. Jahrhundert. 1866 hatte der Deutsche Bund unter Führung Wiens fast doppelt so viele Soldaten unter Waffen wie Preußen und sein einziger Verbündeter Mecklenburg. Die sich um Österreich scharende Gruppierung verfügte über die doppelte Bevölkerungszahl und gab viermal so viel wie die Gegenseite für die Verteidigung aus. Dennoch gewann Preußen den Krieg. Dieser Sieg ist manchmal auf ökonomische Umstände zurückgeführt worden, so auf Preußens bessere Eisenbahnen oder seine größere Eisen- und Stahlproduktion. In Wirklichkeit spielten diese Faktoren bei der Schlacht von Königgrätz eine geringe Rolle. 1870 hatte Frankreich gegenüber Deutschland in Hinblick auf militärisches Personal, Bevölkerung und Militärausgaben die Oberhand. Doch Frankreich verlor den Krieg. Im russisch-japanischen Krieg erfreute sich Rußland massiver ökonomischer Vorteile: doppelt so hohe Militärausgaben, die dreifache Bevölkerung, beinahe das Vierfache an Energieverbrauch, neuneinhalb mal so viel Militärpersonal und das 32fache an Eisen- und Stahlproduktion. Japan siegte dennoch.[40]

Auch sollten wir die enormen Zerstörungs- und Eroberungsleistungen der von Deutschland geführten Bündnisse in den beiden Weltkriegen nicht vergessen. Das Ausmaß der Zerstörung, die sie anrichten konnten, dient als heilsame Erinnerung daran, daß wirtschaftliche Macht durch militärisches Leistungsvermögen und Effizienz bei der wirtschaftlichen Mobilisierung ausgeglichen werden kann. Es ist tatsächlich ein Glück, daß der Sieg im Krieg nicht der Seite zufällt, die dem

Gegner die höchste Zahl an Opfern zufügt: In beiden Weltkriegen ging die »Nettogefallenenbilanz« sehr stark zuungunsten der alliierten Seite aus, obwohl die Alliierten sich jeweils einer gewaltigen wirtschaftlichen Überlegenheit erfreuten.

Zu Beginn des Ersten Weltkriegs betrug die Differenz hinsichtlich des Bruttosozialprodukts zwischen der Entente und den Mittelmächten mindestens 60 Prozent. Nach Kennedys Maßstab des »Industriepotentials« lag die Überlegenheit zugunsten der Entente etwa bei 1,5 zu eins. Gemessen an der Bevölkerung war der Vorteil massiv, er betrug 4,5 zu eins. Darüber hinaus sank das Nettosozialprodukt in Deutschland während des Krieges um etwa ein Viertel, während die Wirtschaft in Großbritannien und Italien zwischen 1914 und 1917 ein reales Wachstum um zehn Prozent erlebte. Die russischen Erträge steigerten sich in den Jahren bis 1916 um 20 Prozent. Während der Index der industriellen Erträge für Großbritannien einen Abstieg von etwa 13 Prozent zeigt, beträgt der Verlust in Deutschland 31 Prozent. Der deutsche Ertrag an Stahl fiel um 14 Prozent. In Großbritannien stieg er um 25 Prozent. Deutsche Getreideproduktion sank zwischen 1914 und 1918 um etwa die Hälfte; in Großbritannien stieg sie an. Das war teilweise auf die britische Seeblockade und Eingriffe in den deutschen Handel mit den neutralen Mächten zurückzuführen. Es reduzierte die deutschen Importe, einschließlich jener von Düngemitteln, stärker, als die deutschen U-Boote die britischen Importe verringern konnten. Die Deutschen verloren außerdem Teile ihrer Handelsmarine und ihrer Überseeinvestitionen. Mangelnder Zugang zu ausländischen Finanzmärkten und eine relative Schwäche des Kapitalmarkts im Inneren führte dazu, daß sich der Staat in starkem Maße auf kurzfristige Kreditaufnahmen stützte. Es kam zu einer größeren Expansion des Geldumlaufs als in Großbritannien. Diese Maßnahmen machten, so könnte man behaupten, die Niederlage der Mittelmächte ökonomisch unvermeidlich.

Doch der Erste Weltkrieg war keine Angelegenheit, bei der das Ergebnis von vornherein feststand. Deutschland und seinen Verbündeten gelang es, 35 Prozent mehr feindliche Soldaten zu töten, als sie an eigenen Leuten verloren: eine »Nettogefallenenbilanz« von nahezu 1,4 Millionen. Die militärische Überlegenheit reichte aus, um Serbien 1915, Rumänien 1916, Rußland 1917 eine Niederlage zuzufügen, und fast hätte auch Italien verloren. Die französische Armee geriet 1917 dicht an die Grenze zur Meuterei; und die Briten waren gezwungen, sich wirtschaftlich und schließlich auch militärisch auf die Amerikaner zu stützen. Das war weitgehend auf die militärische Überlegenheit der Deutschen zurückzuführen, die sich nur sehr langsam auflöste; hinzu kam eine recht erfolgreiche Reaktion auf die organisatorische Herausforderung des totalen Kriegs an der Heimatfront. Die Deutschen setzten ihre Arbeitskräfte effizienter als ihre Feinde ein. Großbritannien gestattete es sogar besonders wichtigen Facharbeitern, freiwillig an der Front zu dienen, auch brachte es weniger Frauen an die Arbeitsplätze als die Deutschen, denen es zudem gelang, eine bessere Arbeitsdisziplin durchzusetzen: Die Löhne stiegen nicht stärker als die Erträge, und es gingen weniger Tage durch Streiks verloren. Schließlich scheint eindeutig, daß das Regierungssystem des Deutschen Reiches in den Augen der Mehrheit seiner Untertanen bis zu einem bemerkenswert späten Zeitpunkt des Krieges als legitim galt. Erst im August 1918, als klar war, daß Deutschland den Krieg nicht mehr gewinnen konnte, begann die Kampfmoral des Heeres zu zerfallen. Drei weitere Monate vergingen noch, bis die innenpolitische Lage, die von den Historikern so oft als Kernelement deutscher Schwäche hervorgehoben wird, in die Revolution hinüberschlitterte.[41]

Im Zweiten Weltkrieg gab es einen noch umfassenderen Versuch, ökonomische Nachteile durch hohe Mobilisierung zu überwinden. Obwohl das zusammengefaßte Bruttosozialprodukt von 1939 jener Mächte, die einmal die Alliierten sein sollten, jenes der zukünftigen Achsenmächte um etwa 40 Prozent übertraf, obwohl die Bevölkerungszahl der Alliierten um 170 Prozent höher war, konnten die Achsenmächte dennoch eine weit größere territoriale Expansion erzielen als die Mittelmächte im Ersten Weltkrieg, sie konnten mehr Soldaten und Zivilisten der Feindstaaten töten, sie konnten dem militärischen Bündnis ihrer Gegner weit länger Widerstand leisten. Das läßt sich streng ökonomisch nur zum Teil erklären. Zwar stimmt es, daß die deutsche Wirtschaft während der Jahre des Zweiten Weltkriegs wuchs und nicht schrumpfte, wie es nach 1914 geschah, dies wurde aber durch das Wachstum der amerikanischen Wirtschaft mehr als ausgeglichen.[42] Auf jeden Fall gerieten die Achsenmächte bei der Waffenproduktion völlig ins Hintertreffen. Wie im Ersten Weltkrieg stützte sich die deutsche Kriegsfinanzierung stärker als die britische auf kurzfristige Kredite, woraus sich inflationärer Druck ergab. Der Geldumlauf in Großbritannien wuchs während des Krieges um den Faktor 2,6, verglichen mit einer Versiebenfachung in Deutschland.[43]

Dennoch gelang es den Achsenmächten, nahezu zweieinhalb mal so viele Angehörige der Streitkräfte der anderen Seite zu töten, als sie selbst verloren: eine Nettogefallenenbilanz von über acht Millionen.

Wenn man die zivilen Opfer berücksichtigt, dann ist das Ausmaß der Tötungskraft der Achsenmächte sogar noch verblüffender: Die Zahl der zivilen Todesopfer war auf alliierter Seite mehr als acht mal so hoch wie bei den Achsenmächten. Die Gesamtzahl der Todesopfer auf alliierter Seite war um das Fünffache höher: eine Nettotodesbilanz von nahezu 38 Millionen.[44] Die Hauptstärke der Achse lag, von Italien abgesehen, im militärischen Bereich, nämlich in der Fähigkeit, hohe Bestände an Männern und Material *früher* als die andere Seite zu mobilisieren und dann alle strategischen Vorteile aus dem operativen und taktischen Vorsprung zu ziehen. Die Taktik des Einsatzes von Sturmtruppen, eine effektivere Koordinierung von Infanterie, Artillerie, Panzern und Luftstreitkräften bei Offensiven, die Verteidigung in der Tiefe, eine größere Flexibilität der Befehlskette: das waren die wichtigsten Gründe, warum die Streitkräfte Deutschlands – und in geringerem Ausmaß auch Japans – in den Anfangsphasen des europäischen und des asiatischen Krieges wirtschaftlich stärkeren Gegnern im Kampf überlegen waren. Nicht nur militärische Kämpfer wurden mobilisiert. Während des Krieges traten Frauen in den Arbeitsmarkt Deutschlands und Japans zahlreicher ein, als dies in Großbritannien und Amerika der Fall war.[45] Es war ein Zeichen der verbesserten Effizienz von Hitlers Kriegswirtschaft im Vergleich zu jener Hindenburgs, daß Albert Speer trotz aller Zerstörungen durch britische und amerikanische Bomberverbände in der Lage war, das Bruttoinlandsprodukt 1944 auf ein Niveau zu steigern, das 25 Prozent über dem von 1938 lag.

Die militärische Leistungskraft der totalitären Regime im Zweiten Weltkrieg liefert ernüchternde Belege dafür, was durch uneingeschränkte wirtschaftliche, militärische und kulturelle Mobilisierung erreicht werden kann. Die Tatsache, daß ein anderes totalitäres Regime mitwirken mußte, um das Dritte Reich auf dem entscheidenden osteuropäischen Kriegsschauplatz zu besiegen, spricht für sich selbst. Gewiß wäre es den Sowjets 1945 ohne britische und amerikanische Luft- und Landeinsätze in Westeuropa schwerer gefallen, den Krieg gegen Deutschland zu gewinnen, aber es sollte nicht vergessen werden, daß sich die amerikanische Wirtschaftshilfe an die Sowjetunion auf gerade einmal 5,6 Prozent des sowjetischen »Nettomaterialprodukts« zwischen 1942 und 1945 belief.[46]

Im Krieg haben also autokratische Regime einen Vorteil gegenüber liberalen Demokratien. Dieser kann alle ökonomischen Nachteile wesentlich verringern, wenn nicht gar ausgleichen. Diktaturen sind offensicht-

lich imstande, sowohl ihrem zivilen wie ihrem militärischen Bevölke-
rungsteil größere Opfer aufzuerlegen. Letztendlich war der Unterschied
bei den verfügbaren Ressourcen zu groß – und die Strategie zu fehler-
haft –, als daß Deutschland einen der beiden Weltkriege hätte gewinnen können; aber dies sollte nicht davon ablenken, wie rücksichtslose
Mobilisierung den Abstand enger machte und einen Sieg mindestens
vorstellbar erscheinen ließ.

Friede durch Demokratie?

Aus all dem ist man zu schließen versucht, daß der ökonomische Liberalismus an sich nicht ausreicht, um den Krieg abzuschaffen. Demokratisierung dürfte ebenso notwendig sein, denn demokratische Staaten –
so das Argument der Aufklärung – neigen weniger zum Krieg als autokratische Regime.

Es besteht kein Zweifel daran, daß es einen engen Zusammenhang
zwischen der Demokratie und dem Verhältnis der Verteidigungsausgaben
zum Bruttoinlandsprodukt gibt: weniger demokratische Staaten neigen
dazu, beträchtlich mehr für militärische Zwecke auszugeben.[47] Es stimmt
außerdem, daß Kriege oder Kriegsdrohungen zwischen zwei demokratischen Staaten weniger wahrscheinlich sind als zwischen einer Demokratie und einer Autokratie.[48] Daraus läßt sich der Schluß ziehen,»wenn
in der Zukunft alle Staaten demokratisch sein sollten, wird es kaum
noch Kriege geben«.[49] Untersucht man jedoch nicht »Paare« oder »Dya-
den« von Ländern, sondern einzelne Staaten, dann ergibt sich, daß bei
Demokratien die Wahrscheinlichkeit, in einen Krieg hineingezogen zu
werden, genau so groß wie bei Autokratien ist. Es gibt sogar einige
Hinweise darauf, daß »Paare« von Autokratien ebenso dazu neigen,
Krieg untereinander zu vermeiden, wie »Paare« von Demokratien dies
tun.[50] Am problematischsten für die »Theorie vom demokratischen
Frieden« sind Belege dafür, daß Länder, die sich auf einer frühen Stufe
der Demokratisierung befinden, heftig bestrebt sind, sich an Kriegen zu
beteiligen.[51] Eine mögliche Erklärung lautet, daß Demokratisierung mit
der Neigung zu politischen Spaltungsprozessen zusammenzuhängen
scheint, wie wir im vorigen Kapitel gesehen haben. Eine letzte – und
möglicherweise fatale – Problematik für die »These vom demokratischen Frieden« besteht im Fehlen einer Korrelation zwischen der Demokratisierung und dem tatsächlichen Eintreten von Krieg.

Der Nutzen des Militarismus

Es gibt noch einen letzten Grund, warum es unwahrscheinlich ist, daß militärische Aggressionen aussterben werden: hohe Militärausgaben sind nicht notwendigerweise ökonomisch so schädlich, wie Kennedy meint. Die empirische Beweislage zur Unterstützung seiner Ansicht ist in Wahrheit recht dürftig.

In einer Fußnote gibt Kennedy eine präzisere Definition dessen, was er unter exzessiven Militärausgaben versteht:»Andererseits deutet die historische Dokumentation darauf hin, daß, wenn eine bestimmte Nation *langfristig* mehr als 10 Prozent (und in manchen Fällen – wenn sie strukturell schwach ist – mehr als 5 Prozent) ihres Bruttosozial-produkts für die Rüstung verwendet, dies wahrscheinlich ihre Wachs-tumsrate einschränkt.«[52] Großbritannien wurde jedoch in einer Zeit zur führenden Industrienation, da seine Militärausgaben weit über die-ser Schwelle lagen: zwischen 1760 und 1810 betrugen sie im Durch-schnitt elf Prozent des Volkseinkommens.[53] Noch paradoxer ist, wie Kennedy selbst zugibt, daß sich der wirtschaftliche und strategische Nie-dergang Großbritanniens in einer Phase offenbarte, als die britischen Verteidigungsausgaben relativ niedrig waren.

Darüber hinaus ist es nicht ohne Bedeutung, daß der – gemessen am realen Wachstum des Bruttosozialprodukts – größte amerikanische Wirt-schaftsboom des 20. Jahrhunderts nicht in der vielgepriesenen Clinton-Ära, sondern während des Zweiten Weltkriegs zustande kam. Die durch-schnittliche Wachstumsrate der US-Volkswirtschaft lag zwischen 1942 und 1945 bei 7,7 Prozent, war also genau zwei Prozentpunkte höher als in der Zeitspanne von 1995 bis 1998. Es fällt auch auf, daß die amerika-nischen Verteidigungsausgaben in allen Jahren seit 1942 und bis 1990 über fünf Prozent des Bruttosozialprodukts lagen, außer in den Jahren 1948 und 1976 bis 1979. Allerdings blieben sie beträchtlich unter Kennedys Maximum von zehn Prozent für einen strukturell gefestigten Staat. Nimmt man die längstmögliche Perspektive ein, dann scheint es auf die Dauer weder in Großbritannien noch in den Vereinigten Staaten eine statistische Korrelation – ob negativ oder positiv – zwi-schen den Verteidigungsausgaben als Prozentsatz des Bruttoinlands-produkts und dem realen Wachstum zu geben.[54]

Nach dem Zusammenbruch der Sowjetunion modifizierte Kennedy seine Position. So argumentierte er 1993 in seinem Werk»In Vorberei-tung auf das 21. Jahrhundert«:»Obwohl diese Kontroverse sich gewöhn-lich auf die Frage konzentriert, ob hohe Verteidigungsausgaben eine ökonomische Verlangsamung verursachen, ist die Frage nicht ganz so einfach.« Kennedy räumte ein, die USA seien keinesfalls in allen wichtigen Punkten schwach, aber er fügte hinzu , wenn eine Wirtschaft mit hohen Verteidigungsausgaben,»schnell wächst, eine blühende industrielle Basis besitzt, einen breiten Nachwuchs an Facharbeitern, Wissenschaftlern und Technologen hat, stark in Forschung und Entwicklung investiert, einen Handelsbilanzüberschuß aufweist und keine internationale Schuldnernation ist, dann ist sie weit besser *strukturiert*, 3, 6 oder sogar 9 Prozent des Bruttosozialprodukts für die Verteidigung auszugeben, als wenn sie diese Vorteile nicht besitzt«. Und er fügt hinzu: »Das wichtigste Einzelfaktum der amerikanischen Wirtschaft liegt darin, daß die Wachstumsraten im letzten Drittel dieses Jahrhunderts verglichen mit dem mittleren Drittel beträchtlich gesunken sind.« Eine ins Auge fallende graphische Darstellung betont den Gegensatz zwischen dem durchschnittlichen jährlichen Wachstum von über vier Prozent in den sechziger Jahren und erbärmlichen minus 0,5 Prozent im Jahre 1991.[55] Doch wie eine Aktualisierung dieser Graphik zeigt, lag das durchschnittliche jährliche Wachstum des Bruttoinlandsprodukts in den 1990er Jahren bei 3,3 Prozent. Es war damit höher als in den 1970er (3,2 Prozent) und den 1980er Jahren (2,8 Prozent).[56]

Allerdings spricht vieles für die Hypothese, daß die *sowjetische* Wirtschaft letztendlich unter des Last exzessiver Verteidigungsausgaben in den 1980er Jahren zusammenbrach. Zumindest oberflächlich gesehen, scheint einsichtig, daß es die Sowjetunion war, die unter Kennedys »Überdehnung« litt, nicht aber die Vereinigten Staaten. Schätzungen über den Anteil der Verteidigungsausgaben am Bruttosozialprodukt der Sowjetunion Mitte der 1980er Jahre lagen immerhin bei 16 Prozent, während die entsprechende amerikanische Zahl gerade einmal sechs Prozent betrug. Es ist sogar die Ansicht vertreten worden, die Steigerung der amerikanischen Verteidigungsausgaben unter Präsident Reagan habe zum »Endsieg« des Westens im Kalten Krieg geführt. Dadurch sei die Sowjetunion nämlich über die Schwelle erträglicher Verteidigungsausgaben hinausgetrieben worden. Sollte das so sein, dann hat Reagans Politik eine gewaltige Dividende eingebracht. Zudem lagen die Kosten dafür niedriger, als von seinen Kritikern behauptet wurde: Zwischen 1981 und 1989, also unter den Präsidenten Reagan und Bush, betrug das jährliche Verteidigungsbudget der Vereinigten Staaten inflationsangepaßt im Durchschnitt 378 Milliarden $. Es lag damit um 100 Milliarden $ im Jahr höher als unter Präsident Carter. In den 1990er Jahren sind die realen Ausgaben für die Verteidigung wieder auf 270 Milliarden $ (1998) gefallen, und das geschah hauptsächlich aufgrund des Zusammenbruchs der Sowjetunion und des Warschauer Pakts. Tatsächlich hatte Reagans Politik die Amerikaner also etwa 70 Milliarden $ im Jahr gekostet, etwas weniger als ein Prozent des Bruttosozialprodukts.[57] Das war kein zu hoher Preis, um den Sieg über das »Reich des Bösen« zu erringen.

Indessen scheint die strategische Verteidigungsinitiative (SDI) keine derart große Rolle für den Zusammenbruch der Sowjetunion gespielt zu haben, wie Reagan selbst gern annahm.[58] In Wirklichkeit war es so, daß die Planwirtschaft das geeignete Modell für die Führung eines umfassenden konventionellen Kriegs gegen die Deutschen gewesen war; aber sie war das falsche Prinzip für einen Rüstungswettlauf mit den in weiter Ferne gelegenen Vereinigten Staaten. Die Sowjets hätten möglicherweise einen »heißen Krieg« gewinnen können, wenn sie sich die Überlegenheit auf dem Sektor der nuklearen Gefechtsköpfe verschafft hätten.[59] Im Krieg mit dem nationalsozialistischen Deutschland hatte das Sowjetregime seine Fähigkeit unter Beweis gestellt, Millionen an zivilen wie militärischen Opfern zu ertragen. Im Falle eines »heißen Krieges« wäre es viel weniger als die amerikanische Führung gegenüber einem Friedensdruck aus der Bevölkerung anfällig gewesen. Der Massentod von Zivilisten wäre für die Amerikaner eine neue Erfahrung gewesen, nicht aber für die Russen. Doch die Entscheidung, den Atomkrieg nicht zu riskieren, zwang den Sowjets einen Wettbewerb mit offenem Ausgang in der Waffenproduktion auf. Hier lag der Vorteil nicht bei der Partei, die imstande war, kurzfristig eine höchste militärische Mobilisierung durchzuführen, was der entscheidende Faktor für den Sieg in einem »heißen Krieg« ist. Der Trumpf befand sich auf der Seite, die fähig war, ihre Rüstung in diesem Wettlauf zu finanzieren, ohne den zivilen Konsum und den Lebensstandard auf lange Sicht einzuschränken.

Von 1950 bis etwa 1974 erzielte die Sowjetunion Wachstumsraten des realen Bruttosozialprodukts, die mit jenen der Vereinigten Staaten vergleichbar waren. Doch seit Mitte der siebziger Jahre blieb die Sowjetunion im Wachstum zurück. Während die US-amerikanische Wirtschaft in den 1980ern weiter wuchs, stellten hohe Verteidigungsausgaben hier immer weniger eine Belastung dar. Aber für die Sowjets stieg die Bürde durch die Verteidigungsausgaben ins Unerträgliche, weil der Rüstungswettlauf sich beschleunigte, während die Planwirtschaft stagnierte. Teilweise lag dies daran, daß es im sowjetischen System keine positiven Nebenwirkungen von militärischer Forschung und Entwicklung geben konnte, denn es gab keinen Technologietransfer zum Privatsektor. Ja, es war überhaupt so gut wie kein Privatsektor vorhanden. Als Michail Gorbatschow mit der ökonomischen »Umstrukturierung« experimentierte, weil er hoffte, die wirtschaftliche und technische Lücke zwischen Ost und West zu schließen, führte dies zum Zusammenbruch der Planwirtschaft. Die politische »Transparenz« (Glasnost), die gleichzeitig eingeführt wurde, offenbarte nur, daß das Sowjetsystem jegliche Zustimmung in der Bevölkerung verloren hatte. In diesem Sinne waren Reagans Verteidigungsbudgets Zeichen der Überlegenheit der Amerikaner, nicht Ursache des Zusammenbruchs der Sowjets. Daran läßt sich erkennen, daß hohe Verteidigungsausgaben nicht *an sich* ökonomisch zerstörerisch sind. Im angemessenen Umfeld können wachsende öffentliche Ausgaben für militärische Technologien mit wachsendem Verbrauch einhergehen: Das ist die magische Kombination von Kanonen plus Butter oder von Raketen plus Big Macs.

Aber es gibt auch eine finanzwirtschaftliche Erklärung für das Auseinanderstreben beider Systeme, das in so gewaltigem Gegensatz zu der vermeintlichen Annäherung stand, die so viele Kommentatoren zu jener Zeit vorhersagten. Ein entscheidender Vorteil für die Vereinigten Staaten lag in der Fähigkeit, wachsende Rüstungsausgaben durch den Verkauf von Staatsanleihen an das Publikum zu finanzieren. Der große Anstieg der öffentlichen Verschuldung unter Reagan mag bei Propheten der Überdehnung Besorgnis erregt haben. Aber als Methode zur Finanzierung wachsender Militärausgaben hat Darlehensaufnahme den Vorteil von »Steuerglättung«, sie minimiert dadurch ökonomische Verzerrungen. Kennedy hat übersehen, mit welcher Leichtigkeit die Vereinigten Staaten ihre wachsende Schuldenlast finanzierten. Auf dem Höhepunkt im Jahre 1991 betrugen die Nettozahlungen der USA für den Schuldendienst nur 2,2 Prozent des Bruttoinlandsprodukts. Im Gegensatz dazu ließen sich die Sowjets im Jahre 1957 nach der Abschaffung des Verkaufs von Staatspapieren im Inland auf sehr viel stärker verzerrende Finanzierungsformen zur Deckung ihres wachsenden Verteidigungshaushalts ein, so etwa auf Kredite an Staatsunternehmen und Zwangsanleihen bei normalen Sparern. Dies trug höchstwahrscheinlich zur sinkenden Produktivität der Sowjetwirtschaft bei. Als Moskau sich unter Gorbatschow endlich den internationalen Kapitalmärkten zuwandte, mußte es beträchtliche Risikoprämien aufbringen – doch waren diese nicht hoch genug, wie die Darlehensgeber später zu ihrem Schaden entdeckten. Hier läßt sich eine Parallele zum britischen Sieg über das französische *Ancien Régime* im 18. Jahrhundert ziehen. In beiden Fällen hatte der Staat mit dem höherentwickelten Anleihemarkt die tieferen Taschen und konnte daher zu relativ niedrigeren Kosten dauerhafte militärische Anstrengungen unternehmen.[60]

Eine Vorsichtsmaßnahme

Selbstverständlich muß eine wirkliche Kosten-Nutzen-Analyse der Verteidigung darüber hinausgehen, die Belastungen durch das Militärbudget einfach zu addieren. Sie muß den Wert aller positiven Nebenwirkungen auf Forschung und Entwicklung berücksichtigen. Will man den ökonomischen Nutzen einer bestimmten Verteidigungspolitik beurteilen, so ist es notwendig, die tatsächlichen Ausgaben mit den potentiellen Kosten zu vergleichen, die sich ergäben, wenn man mehr oder weniger täte. Wie so oft bei historischen Analysen kann uns hier nur ein »kontrafaktischer« Ansatz einer befriedigenden Antwort näher bringen. Da in der Vergangenheit Vergleiche zwischen der *Pax Britannica* und der *Pax Americana* angestellt worden sind, werden das Vereinigte Königreich und die Vereinigten Staaten im Mittelpunkt der folgenden Betrachtung stehen.

Bedeutete das britische Empire »eine Geldverschwendung«, wie strenge Liberale seinerzeit und seither behauptet haben? Das ist kaum wahrscheinlich. Sicher trifft es zu, daß in der Theorie »die Vorteile imperialer Handelsblöcke keineswegs optimale Lösungen waren, vergleicht man sie mit offenem internationalen Handel«[61]. Aber in der Praxis kam »offener internationaler Handel« nicht auf natürliche Art zustande. Es kursiert die These, etwa ab 1846 hätte sich Großbritannien ungestraft aus dem Empire zurückziehen und eine »Entkolonisierungsdividende« in Form einer 25prozentigen Steuersetzung einstreichen können.[62] Doch die Herausforderung der britischen Weltmachtstellung durch protektionistische Rivalen war im späten 19. und frühen 20. Jahrhundert größer als im vorangegangenen Zeitabschnitt. Die Abschaffung der formalen Kontrolle über die britischen Kolonien hätte fast mit Gewißheit dazu geführt, daß höhere Zolltarife gegen britische Exporte in ihre Märkte errichtet worden wären. Hinzugekommen wären womöglich andere Formen der Handelsdiskriminierung. Die Beweisführung dafür muß nicht rein hypothetisch bleiben: Sie wird durch die extrem protektionistische Politik verdeutlicht, die die Vereinigten Staaten und Indien betrieben, nachdem sie jeweils ihre Unabhängigkeit erreicht hatten. Das gleiche gilt von der Schutzzollpolitik, die Großbritanniens imperiale Rivalen Frankreich, Deutschland und Rußland zwischen 1878 und 1914 praktizierten. Der britische Militärhaushalt vor dem Ersten Weltkrieg kann deswegen als eine bemerkenswert preiswerte Versicherungsprämie gegen den internationalen Protektionismus betrachtet werden.[63] Und die wirtschaftlichen Vorteile der Durchsetzung des Freihandels mögen durchaus 6,5 Prozent des Bruttosozialprodukts wert gewesen sein.[64] Ein anderer Weg, dieses Problem zu betrachten, besteht darin, den Nutzen ins Auge zu fassen, den Großbritannien aus dem Empire zog, als die Welt in den 1930er Jahren noch protektionistischer wurde: In jenem Jahrzehnt stieg der Anteil der britischen Exporte in das Commonwealth und die Kolonien von 44,4 auf 47,6 Prozent. Die Quote der Importe aus diesen Regionen stieg von 30,2 Prozent auf 39 Prozent.[65] Auf jeden Fall waren die Belastungen durch die Verteidigung des Empire vor 1914 relativ niedrig: Das britische Verteidigungsbudget betrug 1913 gerade einmal 3,2 Prozent des Nettosozialprodukts. Damit lag es unter den Militärhaushalten Rußlands, Frankreichs, Italiens und Deutschlands.[66]

Auf der anderen Seite ist es nicht sicher, ob die Kosten des Ersten Weltkriegs für Großbritannien unvermeidlich waren. Der entscheidende Mangel der britischen Politik im Jahrzehnt vor dem Weltkrieg bestand darin, daß sie die von Deutschland ausgehende Bedrohung des Status quo auf dem Kontinent erkannte, aber keinen Versuch unternahm, dem das einzig wirksame Mittel entgegenzusetzen: ein vergleichbar großes Landheer. Indem Großbritannien in den Krieg zog, bevor ein solches Heer bereit war, verurteilte es sich dazu, vier extrem kostspielige Jahre lang in der Praxis zu lernen, wie man einen modernen Landkrieg führt.[67] Hätte man zuvor bereits die Wehrpflicht eingeführt – was nicht an den Kosten scheiterte, sondern an der liberalen Ideologie–, dann hätte man die Deutschen sehr wohl davon abhalten können, im Jahre 1914 einen Krieg zu riskieren.[68]

Dagegen muß man den Preis des britischen Engagements im Zweiten Weltkrieg mit den hypothetischen Kosten einer Niederlage oder eines Kompromisses mit dem nationalsozialistischen Deutschland vergleichen. Angesichts dessen, was wir über Hitlers Weltherrschaftspläne wissen, ist es höchst unwahrscheinlich, daß es für Großbritannien besser gewesen wäre, wenn es sich 1939 oder 1940 um Frieden bemüht hätte.[69] Andererseits scheint es plausibel, daß eine frühere und streitbarere Reaktion auf Hitlers Forderung nach tschechischem Territorium im Jahre 1938 eine angemessenere Strategie gewesen wäre als die Garantie in elfter Stunde an Polen und andere osteuropäische Länder, die 1939 nach der Aufteilung der Tschechoslowakei erfolgte. Keines der Argumente, die von den Verteidigern Chamberlains vorgebracht werden, kann nachweisen, daß es für die Londoner Regierung keine Alternative zur Appeasementpolitik gab. Am allerwenigsten überzeugt die Behauptung, daß höhere Verteidigungsausgaben die Wirtschaft destabilisiert sowie Knappheit am Arbeitskräften und andere Probleme geschaffen hätten. Die Gefahren einer milden Steigerung der Inflation waren 1937/38 geringfügig im Vergleich zu den Gefahren einer kompletten Isolation im Falle eines nationalsozialistischen Siegs auf dem Kontinent 1939/40. Es war die falscheste aller politischen Vorgehensweisen, gegen Hitler im Jahre 1938 auf Zeit zu spielen: Zwischen München und dem Ausbruch des Krieges wurde die Stellung Deutschlands nicht weniger als jene Großbritanniens gestärkt, ja in gewisser Hinsicht durch den Abschluß des Hitler-Stalin-Pakts sogar noch mehr.

Die britische Außenpolitik des 20. Jahrhunderts ist also durch eine Abfolge von schweren Fehlern auf dem Felde der Abschreckung geprägt. Weder Anfang des Jahrhunderts noch in den dreißiger Jahren gelang es Großbritannien, Deutschland und seine Verbündeten davon zu überzeugen, daß die Risiken eines Kriegs gegen England gewaltig seien. Anders ausgedrückt, lag die Wurzel der Probleme Großbritanniens in der »*Unterforderung*«: in dem Versäumnis, genug Geld auszugeben, um einen potentiellen Aggressor abzuschrecken, was unvermeidlicherweise einige Jahre später zu einem sehr viel teureren und umfassenderen Krieg führte. Etwas Ähnliches passierte, wenn auch in weit geringerem Maßstab, vor der argentinischen Invasion in Hinsicht auf die Falklandinseln. Man kann zumindest die Ansicht vertreten, daß der Niedergang Großbritanniens im 20. Jahrhundert weniger schnell erfolgt wäre, wenn die Regierungen willens gewesen wären, mehr zur Abschreckung potentieller Feinde auszugeben. Erst nach den ermattenden Kosten zweier Weltkriege wurden die Einschränkungen der Verteidigungsausgaben und die Entkolonialisierung unabwendbar.

Hat die britische Erfahrung strategischer Verwundbarkeit durch Unterforderung eine Bedeutung für die Vereinigten Staaten von heute? Zweifellos gibt es fundamentale Unterschiede zwischen den beiden Mächten: Großbritannien war ein Kapitalexporteur, Amerika ist ein Importeur von Kapital. Großbritannien »schickte seine besten Leute in die Ferne«; Amerika saugt Einwanderer auf.

Es ist höchst unwahrscheinlich, daß irgendein Staat in absehbarer Zukunft einen direkten Angriff auf die Vereinigten Staaten in Erwägung ziehen wird; doch läßt sich recht leicht eine terroristische Kampagne gegen amerikanische Städte vorstellen. Selbst nach den gewaltigen Senkungen der Verteidigungsausgaben sind die USA immer noch die einzige Supermacht mit beispiellosen finanziellen und militärisch-technischen Möglichkeiten. Ihr Verteidigungshaushalt ist 14mal so hoch wie derjenige Chinas und 22mal so hoch wie der Rußlands. Die entscheidende Frage lautet jedoch, ob irgendein Staat fähig ist, einen von Amerikas *Verbündeten* anzugreifen oder irgendwo in der Welt an einer Stelle Gewalt einzusetzen, wo vermeintlich amerikanische Interessen betroffen sind. In diesem Zusammenhang ist von Bedeutung, daß zwar die Vereinigten Staaten, Europa und die Länder der früheren Sowjetunion seit Mitte der achtziger Jahre abgerüstet haben, es aber in anderen Teilen der Welt zur Aufrüstung gekommen ist. Im Mittleren Osten hat, abgesehen von Ägypten und Oman, jeder Staat seine Ausgaben erhöht, im Fall des Iran betrug die Vermehrung sogar 70 Prozent. Diese Tendenz ist noch deutlicher in Asien, wo jede größere Macht ihre Militärbudgets in die Höhe getrieben hat: Die Steigerung beträgt 70 Prozent in China und mehr als 100 Prozent in Singapur.

Damit soll nicht behauptet werden, daß erhöhte Verteidigungsausgaben *notwendigerweise* die Kriegsrisiken steigern. Wenn zwei potentielle Gegner ihre jeweiligen Militärbudgets aufstocken, dann können die Anstiege sich einfach die Waage halten. Entscheidend ist allerdings, daß das Drängen auf Abrüstung, das seit 1989 in den meisten Ländern der NATO und des Warschauer Pakts augenscheinlich war, anderswo nicht oder nicht im gleichen Maße aufgetreten ist.

Die Kosten des Kosovo-Krieges

Diese Unterschiede bei den Militärausgaben wären weniger bedeutungsvoll, wenn sie sich nicht zu einer Zeit ergeben hätten, da sich das Betätigungsfeld der US-Außenpolitik ausgedehnt hat. Die Vorstellung, daß die USA und ihre Verbündeten die Befugnis haben, militärisch in die inneren Angelegenheiten anderer Länder einzugreifen, um Rechte verfolgter Minderheiten zu schützen, impliziert eine radikale Ausweitung der Rolle Amerikas als »Weltpolizist«. Können die Vereinigten Staaten es sich leisten, diese Rolle zu spielen?

Um eine Antwort auf diese Frage zu finden, helfen Berechnungen darüber, was es gekostet hat, die Serben aus dem Kosovo herauszutreiben und die Albaner wieder zurückzuholen. Der Preis war nicht sehr hoch. Nach den Einschätzungen der Experten der Fachzeitschrift *Jane's defence weekly* kostete die Operation Allied Force, die 36.000 Lufteinsätze, den Abwurf von 25.000 Bomben und die Zusammenziehung einer Landstreitmacht von nahezu 50.000 Mann umfaßte, die NATO etwa 4,8 Milliarden £ oder 62 Millionen £ pro Tag. Doch das ist nur die erste Position auf der Rechnung. Um die wahren Aufwendungen des

Krieges festzustellen, muß man weitere Posten hinzufügen: Kosten für den Unterhalt der Kosovoflüchtlinge, die unmittelbar nach dem Krieg etwa sechs Millionen £ in der Woche betrugen (das heißt, angesichts des unvorhergesehenen Tempos der Rückkehr der Flüchtlinge, insgesamt 24 Millionen £); den Preis für den Wiederaufbau der Provinz, den die Europäische Union auf 2,5 Milliarden £ schätzte [70]; schließlich die Belastungen der Besetzung durch ein Heer von 50.000 Mann auf unabsehbare Zeit. Nimmt man an, daß mindestens fünf Jahre lang eine Streitmacht im Kosovo stehen wird, dann betragen die Gesamtkosten des Krieges 7,7 Milliarden £. Sie liegen damit weit unter den Kosten der Operation Wüstensturm, die insgesamt 63 Milliarden £ betrugen – allerdings wurde jener militärische Konflikt praktisch von wohlhabenden Nichtkombattanten wie Saudi-Arabien und Japan bezahlt, die ein Interesse daran hatten, daß der Irak aus Kuwait vertrieben wurde. Finanziell wie strategisch bedeutete der Kosovo-Krieg eine Rückkehr zum Zeitalter der preisgünstigen Kanonenbootdiplomatie. Überdies wurde nicht ein einziger NATO-Soldat durch feindliches Handeln getötet. Zwei amerikanische Hubschrauberpiloten starben bei einem Trainingsunfall, und drei desorientierte GI's sorgten selbst dafür, daß sie in Gefangenschaft gerieten. Aber ansonsten kämpfte hier wohl die beschirmteste Armee der Weltgeschichte – auf diesem »Kriegsschauplatz« herrschte weniger Gefahr als an so manchen amerikanischen Oberschulen.

Das Hauptproblem der Bomberkampagne lag jedoch darin, daß sie auf zivile Ziele ausgeweitet wurde. Nach Feststellung der »Economist Intelligence Unit« sind den NATO-Bombardements möglicherweise 1.500 Zivilisten zum Opfer gefallen, meist Serben, abgesehen von einer beträchtlichen Zahl an Menschen, die nach dem Krieg durch Splitterbomben, die nicht sogleich explodiert waren, getötet wurden. Wir wissen nicht sicher, wieviele Kosovo-Albaner von den Serben umgebracht wurden: eine Einschätzung des gerichtsmedizinischen Experten des Internationalen Kriegsverbrechertribunals legt einen Gesamtverlust von etwa 2.500 Menschenleben nahe. Wie hoch die richtige Zahl auch immer sein mag, die Zahl der von der NATO getöteten Zivilisten kam ihr unakzeptabel nahe.

Was hielt die Vereinigten Staaten und ihre Verbündeten davon ab, direkt gegen die serbische Armee Bodentruppen einzusetzen und statt Zivilisten Angehörige von Sondereinheiten zu töten? Offenkundig waren es nicht die Kosten, die durchaus erschwinglich waren. Der Krieg um den Kosovo offenbarte – oder bestätigte vielmehr –, daß die Macht der Amerikaner nicht durch die Kosten militärischer Interventionen, sondern durch die öffentliche Meinung eingeschränkt wird.

Vor 1914 haben die britischen Außenminister häufig behauptet, ihr Spielraum sei durch die »öffentliche Meinung« bestimmt, aber in der Praxis bestand diese aus nicht viel mehr als den Stimmungen der Stammgäste von Herrenklubs. Das breitere Publikum hatte nur begrenzten Einfluß; und es ließ sich oftmals eher durch Chauvinismus als durch Pazifismus erregen. Selbst heute ist die britische Wählerschaft – teilweise wegen des dreißigjährigen Krieges in Nordirland, teils auf Grund des britischen Sieges im Falkland-Krieg – militärischem Handeln nicht abgeneigt, selbst wenn es dabei Verluste gibt. Die russische Öffentlichkeit hat ebenso ihre Bereitschaft gezeigt, wenigstens einige militärische Verluste im Krieg gegen Tschetschenien zu tolerieren, solange sie den Eindruck hat, daß ihre Streitkräfte gewinnen. Im Gegensatz dazu und weitgehend aufgrund bitterer Erinnerungen in Vietnam scheinen heute viele Amerikaner nicht bereit, auch nur *ein einziges* Leben eines Amerikaners auf ausländischen Kriegsschauplätzen zu opfern, gleichgültig, wie edel das Kriegsziel ist. Präsident Clinton formulierte das auf dem Höhepunkt der Krise in Somalia gegenüber seinem Pressesprecher George Stephanopoulos 1993 so:»Heutzutage sieht der durchschnittliche Amerikaner unsere Interessen nicht bis zu dem Punkt bedroht, wo wir auch nur einen einzigen Amerikaner opfern sollten.«[71] Und Clintons öffentliche Reaktion auf die Nachricht, daß drei GI's im Kosovo in Gefangenschaft geraten waren, lautete:»Wir kümmern uns um unsere Leute.«[72] Wenige Politiker äußerten sich während des Krieges im Kosovo so unverblümt darüber, was ein Bodenkrieg auf dem Balkan bedeuten würde, wie der Vietnamveteran und republikanische Senator John McCain. Unter vier Augen jedoch teilten die meisten Politiker seine Befürchtungen, sie sahen vor ihren inneren Augen Flugzeugladungen mit Leichensäcken und einstürzende Werte bei Meinungsumfragen. Für eine Demokratie des 21. Jahrhunderts sind, so scheint es, keinerlei militärische Verluste akzeptabel. Bombenabwürfe aus großer Höhe auf serbische Zivilisten waren Bestandteil einer Strategie, die angewandt wurde, um die Risiken für amerikanische Soldaten geringzuhalten.[73]

Teilweise aus diesem Grunde beruhte die amerikanische Strategie im Kosovo auf Bluff. Es war nicht bloß der Luftkrieg, der die Serben veranlaßte, sich aus der Provinz zurückzuziehen. Noch war es nur die Entscheidung der Russen, ihre diplomatische Unterstützung für die Regierung Milosevic zu beenden. Ein Schlüsselfaktor war der stetige Aufbau der Stellungen von NATO-Truppen rund um den Kosovo; denn ohne die Möglichkeit einer Invasion am Boden nach den Bombardierungen hätten sich die Serben wohl kaum zurückgezogen. Und ohne die Plazierung der NATO-Streitkräfte ringsum mußte alles Reden über ein NATO-Schutzgebiet nach dem serbischen Rückzug unglaubwürdig bleiben. Doch hätte sich Milosevic entschieden, seine Streitkräfte nicht zurückzuziehen, läßt sich kaum vorstellen, daß Präsident Clinton einen Angriff gestattet hätte, der einige amerikanische Soldaten ganz gewiß das Leben gekostet haben würde. Das Ergebnis des Kosovo-Kriegs läßt sich nicht als uneingeschränkter Sieg für die NATO bezeichnen. Nach den Bedingungen der Vereinbarung, die den Krieg beendete, schnitten die Serben besser ab als bei den Vorschlägen von Rambouillet, deren Ablehnung durch Belgrad ursprünglich der Grund für den Krieg war. Und es bleibt eine Tatsache, daß Milosevic ein Jahr nach den Luftangriffen immer noch an der Macht war, so wie Saddam Hussein ein Jahrzehnt nach dem Scheitern seines Annexionsversuchs gegen Kuwait immer noch sein Land beherrscht. Das führt zu der Erkenntnis, daß die Politik der »chirurgischen« Eingriffe mit allzu schnellen »Ausstiegsstrategien« sich gegen Symptome richtet, aber die Krankheiten ignoriert.

Argumente für eine Politik der Stärke

Immer wieder ist eine Frage gestellt worden, die es verdient, wiederholt zu werden: Wäre es nicht zu wünschen, daß die Vereinigten Staaten Tyrannen wie Saddam Hussein oder Milosevic stürzen und demokratische Regierungen in ihren Ländern einsetzten? Die Vorstellung, in ein Land einzufallen, seinen Diktator abzusetzen und unter Waffengewalt freie Wahlen durchzusetzen, wird im allgemeinen als unvereinbar mit amerikanischen »Werten« abgelehnt. Ein häufig gehörtes Gegenargument lautet, die Vereinigten Staaten könnten sich niemals auf die Art von offener imperialistischer Herrschaft einlassen, wie sie Großbritannien im 19. Jahrhundert praktiziert habe. Dabei wird oft vergessen, daß sie genau dies nach dem Zweiten Weltkrieg in Deutschland und Japan getan haben, und zwar mit großem und anhaltendem Erfolg. Der Historiker Charles Maier hat überzeugend argumentiert, daß die amerikanische Politik nach 1945 eine Form des Imperialismus *war*, die sich im Kern nicht von den europäischen Imperialismen des 19. Jahrhunderts unterschied. Beide gründeten auf politischen Konsens daheim,

Beherrschung der neuen Kommunikationstechnologie und den Export eines wirtschaftspolitischen Modells.[74] Mit rühmenswerter Offenheit schreibt Maier:»Wir [die USA] verließen uns in der Nachkriegszeit auf etwas, was einem Empire sehr nahe kam. Dies gewährleistete eine Festigung von Frieden und Wohlstand. [...] Die Zivilgesellschaft und die Märkte konnten nicht allein für die Stabilisierung der westlichen demokratischen Gesellschaft nach 1945 sorgen. Auch selbstgenügsame Nationalstaaten konnten dies nicht schaffen.«[75]

Es gibt eine offensichtliche Verbindung zwischen dieser These über die Stabilität in der Nachkriegszeit und Charles Kindlebergers Behauptung, daß schwierige Probleme der Zwischenkriegszeit großenteils auf das Versagen der USA zurückzuführen waren, als es darum ging, die Hegemonialrolle zu übernehmen, die Großbritannien aufgegeben hatte.[76] Ähnlich hat Robert Gilpin dargetan, die westlichen Demokratien seien nach 1945 nur deshalb zur Blüte gelangt, weil sie sich auf die amerikanische Militärmacht stützten. Nach Gilpins Ansicht ist die US-Hegemonie im Westen seit Ende des Kalten Krieges schwächer geworden, da konkurrierende Machtblöcke (wie die EU und der asiatisch-pazifische Raum) mehr und mehr Selbstbewußtsein entwickelt haben.[77] Maiers Befürchtung läuft darauf hinaus, daß eine Laisser-faire-Haltung gegenüber der Welt nach dem Kalten Krieg nicht imstande sein werde, dauerhafte Stabilität zu gewährleisten.

Es ist kaum zu übersehen, daß sich die Vereinigten Staaten vom informellen Imperialismus der Nachkriegswelt abgewandt haben. Man denke nur daran, daß sie gerade einmal 0,1 Prozent ihres Bruttoinlandsprodukts für Entwicklungshilfe in Übersee ausgeben. Oder man betrachte die Pläne zur Entwicklung eines Nationalen Raketenverteidigungssystems, das einen Bruch des Vertrages über antiballistische Raketen von 1972 bedeuten würde. Das sind Symptome eines tief verwurzelten insularen Denkens, das genaue Gegenteil dessen, was die Welt von ihrer wohlhabendsten Macht erwartet. Statt sich wie eine Riesenschnecke hinter ein elektronisches Schutzschild zurückzuziehen, sollten die Vereinigten Staaten ganz im Gegenteil einen größeren Teil ihrer gewaltigen Ressourcen dafür einsetzen, die Welt für Kapitalismus und Demokratie sicher zu machen. Dieses Buch hat zu zeigen versucht, daß das nicht auf natürliche Weise geschieht, sondern nur auf der Grundlage starker institutioneller Grundlagen von Gesetz und Ordnung. Die angemessene Rolle für ein imperiales Amerika besteht darin, die erforderlichen Institutionen durchzusetzen, wo sie fehlen, wenn notwendig – wie 1945 im Falle Deutschlands und Japans –, durch militärische Gewalt. Es gibt kein wirtschaftliches Argument gegen eine solche Politik, denn sie würde nicht unerträglich kostspielig sein. Selbst wenn die These von Paul Kennedy richtig ist, würde die Durchsetzung der Demokratie in den »Schurkenstaaten« das US-Verteidigungsbudget nicht auf mehr als fünf Prozent des Bruttoinlandsprodukts hinauftreiben. Es gibt auch ein wirtschaftliches Argument für eine solche Politik, denn die Durchsetzung des Rechtsstaats in Ländern wie Serbien und dem Irak würde langfristig eine Dividende einbringen, wenn sich der Handel dieser Staaten wiederbelebt und ausdehnt.

Die Gründe, warum dies nicht geschehen wird, liegen in einer ideologischen Enttäuschung angesichts der Handhabung imperialer Macht; hinzu kommt eine übertriebene Vorstellung von der Reaktion Rußlands und Chinas und eine kleinmütige Furcht vor dem Verlust von Soldaten.[78] Kurzum, die größte Enttäuschung, mit der die Welt im 21. Jahrhundert konfrontiert ist, besteht darin, daß jener Staat, der über die ökonomischen Ressourcen verfügt, die Welt zu einem besseren Ort zu machen, nicht genügend Charakterstärke besitzt, das Entsprechende zu tun.

SCHLUSS

IM GEWALTIGEN SCHLUSSKAPITEL seines Romans »Krieg und Frieden« äußert sich Leo Tolstoi voller Verachtung über die Versuche populärer Historiker, Memoirenschreiber und Biographen, aber auch hegelianischer Idealisten, die welterschütternden Ereignisse von 1812 zu erklären. Die Rolle der göttlichen Vorsehung, die Bedeutung des Zufalls, die Funktion großer Männer, der Einfluß der Gedanken – all dies tut er als unzureichend ab, will man den napoleonischen Angriff auf Rußland und dessen letztendliches Scheitern erklären.

In der Physik wird Kraft nur in Watt gemessen; in der Geschichte jedoch wird sie in vielen unterschiedlichen Einheiten ermittelt: Stalin stellte die Frage, über wie viele Divisionen denn der Papst verfüge. Es schien im Jahre 1940 eine offenkundige Ansicht zu sein, daß die rein spirituelle Macht des Papstes, der seit dem 19. Jahrhundert über keine territoriale Herrschaft mehr verfügte, im Vergleich zu der gewaltigen Militärmacht, die Stalin zur Verfügung stand, ein Nichts war.

Doch offenbarten die Ereignisse, zu denen es weniger als ein Jahrhundert danach in Polen kam, daß der Heilige Stuhl über eine Art von Macht verfügte, die unter bestimmten Umständen jener der Roten Armee überlegen war. Was sich während der 1980er Jahre in Polen ereignete, zeigte, daß die Macht des römischen Papstes tatsächlich dauerhafter als jene Stalins und seiner Nachfolger war. Es ist keine Frage, daß der Besuch von Papst Johannes Paul II. in seinem Heimatland Polen im Jahre 1979 eines der entscheidenden Ereignisse war, die zum Zusammenbruch der kommunistischen Herrschaft führten. Letztendlich überwand die spirituelle Autorität des Papstes über Millionen Katholiken deren Furcht vor der Roten Armee mit all ihren Divisionen.

Tolstois Frage lautete:»Was ist die Macht, die Nationen in Bewegung setzt?« Ohne Zweifel ist es etwas, das über die Kaufkraft hinausreicht. Ökonomische Ressourcen sind selbstverständlich wichtig, aber es gibt auch andere Bestimmungsfaktoren der Macht. Die Zerstörungsmittel eines Staates bestehen nicht nur aus den Produkten seiner Industrie. Ein Staat kann einen ökonomisch überlegenen Gegner besiegen, wenn er über die bessere Strategie, die überlegenen operativen und taktischen Fähigkeiten verfügt. Auch die Effektivität der militärischen Mobilisierung ist nicht allein entscheidend. Wir müssen ebenso die Differenziertheit des Finanzsystems eines Staates berücksichtigen: sein Geschick kennen, den Steuerzahlern Mittel zu entziehen und Darlehen von Investoren aufzunehmen. Und nicht zuletzt muß ein Staat bei größeren Konflikten imstande sein, Zivilisten optimal zu mobilisieren. Nur die richtige Balance zwischen den verschiedenen Sektoren der Wirtschaft kann kriegswichtige Ressourcen maximieren, ohne die Lebensqualität zu Hause zu untergraben. Der Standard der bürokratischen Institutionen im staatlichen wie im privaten Sektor kann daher genauso wichtig sein wie die Qualität der militärischen Organisation.

Dieses Buch hat die Bedeutung von vier Institutionen als Grundlagen finanzieller Stärke herausgearbeitet: der Steuern eintreibenden Bürokratie, des repräsentativen Parlaments, der Staatsschulden und der Zentralbank. Genau das habe ich in der Einleitung als das »Machtquadrat« bezeichnet. Großbritannien war die erste Macht, die diese Elemente im 18. Jahrhundert entwickelte, sie wurden später von allen westlichen Mächten einschließlich der Vereinigten Staaten übernommen. Der Krieg bildete die treibende Kraft der institutionellen Erneuerung. Die unvorhersehbaren Veränderungen der Militärausgaben zwangen die Staaten, elastischere Quellen für Staatseinnahmen zu entwickeln. Bei der Besteuerung stellte es sich als unmöglich heraus, sich ausschließlich auf indirekte Steuern zu verlassen. Wenn es darum ging, sich angemessene Einnahmen aus direkter Besteuerung zu sichern, bedeuteten repräsentative Versammlungen einen Vorteil. Noch wichtiger war eine besoldete Bürokratie: Eine derartige Institution erwies sich dem System der Steuerpacht, wie es vom *Ancien Régime* in Frankreich unterhalten wurde, als stark überlegen, das heißt, es war weniger kostspielig.

Aber es ging nicht allein um Steuern. Um die Kosten von Kriegen erträglicher zu machen – und die Ausgaben auf spätere Friedensjahre aufzuteilen –, war ein Verfahren der Kreditaufnahme der Regierungen notwendig. Öffentliche Schulden können historisch bis ins mittelalterliche Italien zurückverfolgt werden, und sie konnten eine Vielzahl unterschiedlicher Formen annehmen. Wie Kapitel 4 zeigte, war die absolute oder gar die relative Größe der Schulden eines Landes von geringerer Bedeutung als die Kosten des gegenwärtigen (und zukünftigen) Schuldendienstes im Verhältnis zu den Erträgen der Besteuerung. Ein Reich wie Großbritannien unter dem Haus Hannover und unter Königin Viktoria konnte sich eine beträchtliche Staatsschuld unter der Voraussetzung leisten, daß ihre Verzinsung niedriggehalten wurde. Kapitel 5 und 6 betrachteten die Gründe für die Unterschiedlichkeit solcher Zinssätze, sie zeigten, wie nicht nur Erfahrungen der Vergangenheit, sondern auch Befürchtungen wegen zukünftiger Insolvenzen und Inflationen dazu führen können, die Erträge von Staatspapieren eines Landes und damit die Kosten neuer Kreditaufnahmen in die Höhe zu treiben. Angesichts des Fehlens moderner finanzieller Indikatoren neigten die Investoren dazu, das Risiko einer Nichterfüllung von Zahlungsverpflichtungen durch den Staat als Schuldner oder von Währungsverschlechterungen aus politischen Ereignissen wie Kriegen und Revolutionen abzuleiten. Es gab sogar eine Form der »Rückkoppelung«: Wachsende Renditen konnten die Wahrscheinlichkeit von politischen Krisen erhöhen, indem sie den fiskalischen Manövrierraum eines Staates einschränkten.

Wie gut diese Institutionen funktionieren, versteht man, wenn man die Bandbreite gesellschaftlicher Resultate erkennt, die sie hervorbringen können. Das Venn-Diagramm, das unten folgt (Abbildung 13), präsentiert das Beispiel eines Staates, in dem der Kreis der Wahlberechtigten durch das allgemeine Wahlrecht bis zum Äußersten ausgeweitet worden ist. Die meisten, aber nicht alle Wähler zahlen direkte Steuern. Es gibt eine große Gruppe von Pensionären (dazu zählen die Empfänger aller Transferleistungen einschließlich Schuldzinsen) und eine kleine Gruppe von Beschäftigten im Staatsdienst, einschließlich Militär und Beamtenschaft. Das Beispiel ist nur eines aus einer unbegrenzten Anzahl von unterschiedlichen Kombinationen. Wenn man beispielsweise eine entsprechende Skizze über das ehemalige Sowjetsystem zeichnen würde, würde der Kreis der Wähler winzig sein und praktisch nur das Politbüro umfassen, aber die Zahl der Staatsbediensteten wäre gewaltig. Es wäre wohl falsch, an ein einziges optimales Gleichgewicht zwischen den vier Kategorien zu denken; es ist jedoch nicht schwierig, sich Beispiele labiler Ungleichgewichte vorzustellen: beispielsweise eine Situation, in der die Zahl der Steuerzahler im Verhältnis zur Masse der Pensionäre und Staatsbediensteten relativ klein ist; oder eine Lage, in der die Zahl der Steuerzahler bedeutend größer als jene der Wähler ist.

ABBILDUNG 13: Interessenkreise

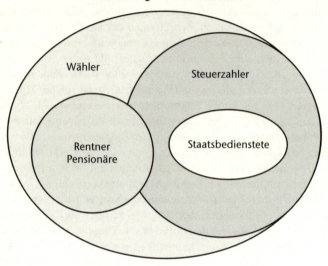

In demokratischen Systemen, in denen der Kreis der Wähler der größte der vier Kreise ist, besteht für Politiker seit langem die Versuchung, finanzielle Institutionen zu benutzen, um ihre eigenen Chancen auf Wiederwahl zu steigern. Kapitel 8 zeigte, wie Berechnungen über Steuersätze, Beschäftigung im Staatsdienst (insbesondere den Lohnanteil des öffentlichen Sektors), gesteigerte Darlehensaufnahme, Zinssätze und Inflation immer mehr vom Streben nach Popularität dominiert werden. Doch dieser politische »Konjunkturzyklus« war relativ kurzlebig, nicht zuletzt deshalb, weil Wähler sich nicht derart Pawlowschen Hunden gleich verhielten, wie die simple »Wohlfühltheorie« erwartete. In Großbritannien kam es beispielsweise in den 1980er Jahren zum allmählichen Zusammenbruch der vermeintlich deterministischen Beziehungen zwischen den wichtigsten ökonomischen Indikatoren und der Popularität einer Regierung.

Demokratische Regierungen streben heute mit größerer Wahrscheinlichkeit eine Wiederwahl mittels Propaganda an – also durch Schaffung einer Vorstellung von Wohlstand – als durch Wohlstand selbst. Aber auch das hat finanzielle Konsequenzen. Angesichts des Rückgangs der Mitgliederzahl der Parteien und steigender Wahlkampfkosten befinden sich die Parteien heute in einem gefährlichen Schwächezustand, sie sind Schimpf und Schande ausgesetzt, wenn sie sich zu sehr auf wohlhabende Geldgeber stützen, sie werden aber in einem anderen Sinne korrumpiert, wenn sie von Finanzierung durch den Staat abhängig werden. Kapitel 9 zeigt die Gefahr auf, daß dies ein Weg sein kann, auf dem sich die Beziehungen zwischen Kapitalismus und Demokratie unharmonisch entwickeln.

Der abschließende Teil des Buches weitet das Modell des Machtquadrats im Weltmaßstab aus. In vielfacher Hinsicht signalisieren die Globalisierung der angloamerikanischen Finanzinstitutionen und die Liberalisierung des Handels seit den 1980er Jahren eine Rückkehr zu den Zuständen der Welt vor 1914. Die Zeiten vor und nach der Epoche des totalen Krieges weisen viele gemeinsame Züge auf. Doch sind auch Unterschiede festzustellen. Es gibt heute weniger Mobilität von Arbeitskräften als im 19. Jahrhundert. Das ist ein Grund, warum die finanzielle Globalisierung die weltweite Einkommensschere weniger zusammendrückt, als es vor einem Jahrhundert der Fall war. Auch hat die Welt heute kein System der internationalen Geld»architektur« entwickelt, das mit dem Goldstandard vergleichbar wäre, wie er sich ab etwa 1870 durchgesetzt hatte. Tatsächlich scheint das Wagnis der europäischen Einheitswährung gegen eine Sturmflut monetärer Zerklüftung anzuschwimmen. Dies läßt erwarten, daß es auf dem Weg zur Euro-Währung wohl auch wegen der unterschiedlichen Generationenungleichgewichte ihrer Finanzsysteme zu Interessenkonflikten zwischen den Mitgliedsstaaten kommen wird.

Führt die ökonomische Globalisierung zur weltweiten Durchsetzung der Demokratie? Kapitel 12 gibt darauf eine skeptische Antwort, da Wirtschaftswachstum und politische Demokratisierung stärker von Bildung, Rechtsstaatlichkeit und Finanzstabilität als voneinander abhängig zu sein scheinen. Darüber hinaus war die Demokratisierung recht häufig vom Zerbrechen multi-ethnischer Staaten begleitet. Kapitel 13 entwickelt die These, daß die politische Fragmentierung, die das letzte halbe Jahrhundert charakterisierte, nicht notwendigerweise positive ökonomische Auswirkungen hat. Gleichzeitig gibt es wenig Grund, die Vorstellung zu vertreten, daß supranationale Institutionen im 21. Jahrhundert mächtiger sein werden, als sie es im 20. waren. Rein finanziell betrachtet, sind Institutionen wie die Vereinten Nationen und der Internationale Währungsfonds nicht in einer stärkeren Position als ihre Vorgänger in der Zeit zwischen den Kriegen.

Das letzte Kapitel zeigte, daß die größten Unterschiede zwischen Vergangenheit und Gegenwart im Fehlen einer wirklichen politischen Vormacht – also einer imperialen Macht — liegen. Als Kapital importie-

render Demokratie, die sich seit Ende des Kalten Kriegs einer angenehmen »Friedensdividende« erfreut hat, mangelt es den Vereinigten Staaten am Willen, die Rolle des Weltpolizisten zu spielen, wie sie das
Vereinigte Königreich vor einem Jahrhundert angenommen hat. Die
Weigerung besteht trotz der Tatsache, daß Amerika offensichtlich über
die ökonomischen Mittel verfügt, diese Funktion wahrzunehmen. Aber
das britische Beispiel zeigt auch nachhaltig die Gefahren der »Unterforderung«. Es waren nicht die exzessiven Kosten des Empire, die die
britische Machtstellung unterminierten. Großbritannien regierte zwar
sein Weltreich, versäumte es aber, sich angemessen auf dessen Verteidigung vorzubereiten. Die beiden Staaten, von denen die größten Herausforderungen der Macht Großbritanniens im 20. Jahrhundert ausgingen,
Deutschland und Japan, waren institutionell anders organisiert. In beiden Weltkriegen erwies sich die Finanzstruktur Deutschlands als nicht
in der Lage, die militärischen Projekte seiner Führung zu sichern. Es
kam zu zwei Zusammenbrüchen in Form von Hyperinflation. Doch
zeigt die militärische Leistungsbilanz, wieviel Schaden ein Regime, das
sich auf autoritäre Mobilisierung stützt, im Kampf gegen schlecht vor-
bereitete demokratische Staaten anrichten kann. Das soll nicht heißen,
daß die Vereinigten Staaten sich in naher Zukunft einer vergleichbaren
Herausforderung gegenübersehen werden. Es stellt aber ein Argument
für eine vorsichtige Einschätzung der Kraft Amerikas dar, gegen »Schurkenstaaten« Demokratie und Marktwirtschaft durchzusetzen, solange
die Lage günstig ist.

Was ist Macht? Letztendlich ist es unmöglich, auf Tolstois Frage eine
rein materialistische Antwort zu geben. Die Legitimität eines Staates
wird heute in den Augen seiner Bürger genau so wenig durch die Höhe
der Einkommenssteuern, durch das Wahlsystem, durch den Zinssatz
oder die Inflationsrate bestimmt, wie sie durch die Butterration festgelegt
wird. Das institutionelle Modell, das ich zu konstruieren versucht habe,
liefert einfach den Rahmen, innerhalb dessen Menschen sich indivi-
duell oder kollektiv entscheiden. Wie effizient auch immer das Steuersystem sein mag, wie repräsentativ das Parlament, wie liquide der Anleihemarkt ist und ganz abgesehen von der Qualität der Währungspolitik, die Legitimität des Staates hängt am Ende von Unwägbarkeiten
ab: von Traditionen, also den Erinnerungen an Leistungen in der Vergangenheit, von Charisma, also der Wirkung, die von den gegenwärtigen Führern ausgeht, von populären Überzeugungen, etwa dem Glauben an materielle oder spirituelle Belohnung in der Zukunft, und
schließlich von Propaganda, also der Manipulation der Medien durch

den Staat, die all dies unterstützt. Wenn Carlyle auch die Befürchtung hegte, daß die neue Zeit alle menschlichen Beziehungen in wirtschaftliche verwandeln würde, bleibt der wahre *homo oeconomicus* – also jenes menschliche Wesen, das ständig danach trachtet, den Nutzen seines Handelns zu maximieren – eine Seltenheit, und für die meisten von uns erscheint dieser Typus als Monster. Jeden Tag unterwerfen Männer und Frauen ihr ökonomisches Eigeninteresse irgendeinem anderen Motiv, sei es der Spielleidenschaft, der Faulheit, dem Geschlechtstrieb oder der Zerstörungslust. In diesem Sinne ist das Geldverhältnis nicht mehr als ein Glied in der langen und komplizierten Kette der menschlichen Motive. Das wirkliche Ende von Tolstois großem Romanwerk »Krieg und Frieden« bildet schließlich nicht der zweite Epilog, sondern der erste. Im zweiten Epilog denkt Tolstoi gleichsam im Kreise und scheitert letztendlich an der Beantwortung seiner eigenen Frage nach der Macht. Statt dessen driftet er in ein bemühtes Nachdenken über die illusorische Natur des freien Willens ab. Im ersten Epilog erleben wir jedoch, wie Pierre und Natascha, der Antiheld und die Heldin, am Ende in häuslichem Glück zusammenfinden. Natürlich hat Pierre immer noch seine vermeintlich weltbewegenden Träume, doch sind diese äußerst banal:
»Sieh mal, ich sage ja gar nicht, wir sollen uns dieser oder jener Maßnahme der Regierung widersetzen. Wir können ja auch irren. Ich sage ja nur: Ihr, die ihr wirklich das Gute wollt, reicht euch die Hände und laßt uns nur die eine Losung haben: tatkräftig zugreifende Tugend. [...] Mein ganzer Gedanke ist ja bloß der: wenn die Spitzbuben sich zusammentun und darum eine Macht sind, so müssen die anständigen Menschen eben dasselbe tun. Ist das nicht furchtbar einfach?«
Das ist tatsächlich einfach, ja sogar naiv. Eine höhere Realität wird durch Natascha symbolisiert, die davoneilt, um ihren Sohn zu füttern, und durch den Traum seines Neffen über seinen verlorenen, aber idolisierten Vater Prinz Andrei. Aus solchem Stoff ist die innere Kraft gemacht, die Menschen in Bewegung setzt.
Doch der Friede, den Pierre und seine Familie gefunden haben, ist ein Produkt des Krieges, jenes sich lange hinziehenden und beinahe globalen Konflikts, der durch die Französische Revolution ausgelöst wurde. Will man verstehen, was Napoleons Große Armee in Bewegung setzte – was sie bis vor die Tore Moskaus brachte –, aber was sie letztendlich auch zwang, in Schimpf und Schande zurückzumarschieren, dann müssen wir weit über den russischen Winter und die schweren Fehler Napoleons hinausblicken. So bescheiden diese Aussage auch zu sein scheint,

den Schlüssel, der Napoleons Niederlage erklärt, bildet die fundamentale institutionelle Schwäche des kaiserlichen Regimes.

Solange wir die Mechanik der Macht nicht verstehen – in diesem Falle die Abhängigkeit der Kriegsführung Napoleons von der Ausbeutung eroberter Gebiete, den undemokratischen Charakter seines Regimes, seinen schwach entwickelten Anleihemarkt und seine grob merkantilistische Geldpolitik –, können wir nicht einmal beginnen, das Ergebnis zu begreifen. In diesem Sinne liefert das Geldverhältnis keine ausreichende, wohl aber eine notwendige Erklärung für das Antlitz der modernen Welt.

Anmerkungen

EINFÜHRUNG

1 Karl Marx/ Friedrich Engels, Das Manifest der kommunistischen Partei, 19. A., Berlin 1963, S. 45.
2 Berlin, »Disraeli and Marx«, S. 283.
3 Carlyle, Writings, S. 277.
4 Carlyle, Writings, S. 199. Zur Entwicklung des Begriffs »cash nexus«, siehe Heffer, Moral Desperado, S. 95, 130, 169.
5 Millington, Wagner, S. 223f.
6 Holroyd, Shaw, Bd. 2, S. 11-13.
7 Marx, Das Kapital, Bd. 1, Kap. 24, S. 711.
8 Marx, Das Kapital, Bd. 1, Kap. 24, S. 712.
9 Fontane, Stechlin, S. 77.
10 Siehe Blackbourn und Eley, Peculiarities.
11 Siehe Kehr, Primat der Innenpolitik, passim.
12 Hobsbawm, Zeitalter der Extreme, S. 695-711.
13 Wie vom Autor gewünscht, gebe ich hier die vollständige Quellenangabe: © DeLong, J. Bradford, »The Shape of Twentieth Century Economic History«, NBER Working Paper, 7569 (February 2000), S. 27f.
14 Ibid., S. 3, 8.
15 Ibid., S. 12f.
16 Ibid., S. 17.
17 Lipset, »Social Requisites«, S. 75-85.
18 Bordo, »Determinants«, S. 1.
19 Friedman, »Other Times, Other Places«, S. 2, 29. Siehe auch S. 54, 86.
20 Joll, Europe since 1870, S. 357.
21 Norpoth, »Economy«, S. 317.
22 Kennedy, Aufstieg und Fall, S. 650.
23 Ibid., S. 793.
24 Eine skeptische Ansicht vertritt Almond, »1989 without Gorbachev«.
25 Fukuyama, Aufbruch, S. 371
26 Eine nützliche Einführung gibt Haigh, Taking Chances.
27 Pinker, How the Mind Works, S. 395.
28 Bernstein, Against the Gods, S. 272ff.
29 Spurling, La Grand Thérèse, S. 89.
30 Richard Dawkins, Das egoistische Gen, Berlin/Heidelberg 1978.
31 Freud, Civilisation, War and Death.
32 Max Weber, Die protestantische Ethik und der Geist des Kapitalismus, in: ders., Die protestantische Ethik (Hg. J. Winckelmann), 8. A., Gütersloh 1991.
33 Offer, »Between the Gift and the Market«.
34 Siehe dazu Neal, »Shocking View«, S. 332.
35 Dostojewski, Aufzeichnungen aus dem Untergrund, in: Sämtliche Romane und Erzählungen, Bd. 6, Berlin 1994, S. 164-300.
36 Siehe besonders North, Institutions.
37 Thomas Carlyle, »Was ist Geschichte«, in: Fritz Stern, Geschichte und Geschichtsschreibung. Texte von Voltaire bis zur Gegenwart, München 1966, S. 99.
38 Ferguson, »Introduction«. Vgl. Shermer, »Exorcising Laplace's Demon«.
39 Zitiert nach Black, »Foreign and Defence Polices«, S. 290.

ERSTES KAPITEL

1 Bonney, »Introduction«, S. 2ff.
2 Goldsmith, Modern Financial Systems, S. 33.
3 Parker, »Emergence«, S. 527.
4 Luard, War in International Society, S. 240.
5 Ibid., S. 239.
6 Ibid., S. 248.
7 So heißt es etwa bei Mathias, First Industrial Nation, S. 44: »Eine der wenigen Konstanten in der Geschichte besteht darin, daß die militärischen Ausgabenverpflichtungen stets gestiegen sind.« Paul Kennedy, Aufstieg und Fall, S. 134f., drückt das so aus: »Die Kosten eines Krieges im 16. Jahrhundert beliefen sich auf einige Millionen Pfund; im späten 17. Jahrhundert waren sie auf einige *zehn* Millionen Pfund angewachsen; und am Ende der Napoleonischen Kriege stiegen die Ausgaben der Hauptparteien gelegentlich auf hundert Millionen Pfund *im Jahr.*«
8 Sorokin, Social and Cultural Dynamics, Bd. III.
9 Wright, Study of War.
10 Richardson, Deadly Quarrels.
11 Luard, War in International Society, Anhang.
12 »Correlates of War«-Datenbank, www.umich.edu/~cowproj. Die Datenbank liefert Zahlen für die Gesamtbevölkerung, die städtische Bevölkerung, die Eisen- und Stahlproduktion, den Energieverbrauch, den militärischen Personalbestand und die Militärausgaben. Ältere Versionen dieser Daten finden sich in zwei Werken von Singer und Small, Wages of War und Resort to Arms.
13 Levy, War. Levys Definition des Begriffs »Großmacht« ist recht subjektiv. Dennoch ist seine Analyse nützlich.
14 Luard, War in International Society. Addiert man alle Kriege, die Luard im Anhang auflistet, kommt man auf 1.021, doch gibt er im Hauptteil Zahlen an, die davon abweichen.
15 Levy, War, S. 97ff.
16 Wallenstein und Sollenberg, »Armed Conflict«.
17 Sollenberg et al., »Major Armed Conflicts«. Vgl. *Financial Times,* 15. Juni 2000.
18 Siehe Brogan, World Conflicts, Anhang 1.
19 Berechnet nach Luard, War in International Society, Anhang.
20 Das Osmanische Reich steht mit 33 an sechster Stelle; es folgen Rußland mit 28; Italien und die italienischen Staaten mit 22; Deutschland und die deutschen Staaten mit 18.
21 Bond, Victorian Campaigns, S. 309-311.
22 »Nur einer der Kriege in der Zeit nach dem Wiener Kongreß hat länger als sieben Jahre gedauert, vor dieser Phase gab es fast zwanzig Kriege von dieser Dauer.« Siehe dazu Levy, War, S. 116–129. Vgl. Luard, War in International Society, S. 47.
23 »Im Siebenjährigen Krieg gab 17 kriegführende Parteien und 111 Schlachten. [...] Im Ersten Weltkrieg betrugen die entsprechenden Zahlen 38 und 615.« Hinsley, Power, S. 278f.
24 Luard, War in International Society, S. 54f. Luard identifiziert dreißig »nationale Unabhängigkeitskriege«, von denen allerdings nur 28 in seinem Anhang auftauchen. Zwanzig dieser Kriege erreichten ihr Ziel nicht. Außerdem spricht er von 18 Fällen »externer Intervention in Bürgerkriege in Europa«, wobei den Eingriffen jedoch unterschiedliche Absichten zugrunde lagen. In sieben Fällen wurden Aufständische durch Interventionen unterstützt, zehnmal wurde zugunsten von Regierungen interveniert. Insgesamt wurden neun Freiheitskämpfe unterdrückt.

25 Ibid., S. 52–61.
26 Zahlen nach Kennedy, Aufstieg und Fall, S. 151; McNeill, Pursuit of Power, S. 107; Mann, Sources of Social Power, Bd. II, S. 393, Tabellen A1, A4.
27 McNeill, Krieg und Macht, S. 88f.
28 Körner, »Expenditure«, S. 408.
29 McNeill, Krieg und Macht, S. 111-131.
30 Ibid., S. 152ff.
31 Ibid., S. 162.
32 Ibid., S. 199-233
33 Ibid., S. 314, Anmerkung 95.
34 Ibid., S. 315.
35 Ibid., S. 318ff.
36 Kaldor, Rüstungsbarock, S. 23.
37 Kennedy, Aufstieg und Fall, S. 654f.
38 Ibid., S. 712.
39 Ibid., S. 768.
40 Ibid., S. 656.
41 Wenn die Berechnungsgrundlage dieser Zahlen auch umstritten sein mag, wird die langfristige Entwicklungsrichtung dennoch deutlich.
42 Overy, Times Atlas of the Twentieth Century, S. 102–105; Harrison, »Overview«, S.3f., 7f.; ders., »Soviet Union«, S. 291.
43 Berechnet nach den Angaben in Winter, Great War, S. 75.
44 Fieldhouse, »Nuclear weapon developments«, in SIPRI Yearbook, 1992, S. 74–119.
45 IISS, Military Balance, 1992-1993, S. 17.
46 Ibid., S. 218.
47 Ibid., S. 233f.
48 Nef, War and Human Progress, S. 366.
49 Creveld, Supplying War, S. 200.
50 Ibid. S. 216-30 und n.23.
51 Overy, Richard: Die Wurzeln des Krieges. Warum die Alliierten den Zweiten Weltkrieg gewannen, Stuttgart/München 2000, S. 409.
52 McNeill, Krieg und Macht, S. 235.
53 Kubicek, »Empire and Technological Change«, S. 254, 258.
54 Ibid., S. 261.
55 Burroughs, »Defence and Imperial Disunity«, S. 336.
56 1898 töteten Kitcheners mit 55 Maschinengewehren ausgerüstete Streitkräfte bei Omdurman 11.000 Derwische, dabei gab es auf britischer Seite 48 Verluste an Menschenleben. Kubicek, »Empire and Technological Change«, S. 265.
57 Wall Street Journal, 19. April 1999.
58 HMS »Dreadnought« kostete 0.12 Prozent des britischen Bruttoinlandsprodukts von 1912; eine B-2 kostete 0.02 Prozent des amerikanischen BIP von 1998.
59 Goldsmith, Modern Financial Systems, S. 22, 31f.
60 Ibid., S. 48, 51.
61 Ibid., S. 79.
62 Körner, »Expenditure« S. 402ff.
63 Ibid., S. 416f.
64 Goldsmith, Modern Financial Systems, S. 193.
65 Hart, »Seventeenth Century«, S. 282; Capra, »Austrian Monarchy«, S. 295ff.
66 O'Brien, »Power with Profit«, S. 34f.
67 Mann, Sources of Social Power, Bd. II, S. 373; O'Brien, »Power with Profit«, S. 34f.

68 Mann, Sources of Social Power, Bd. II, S. 373.
69 Ibid.
70 Berechnet nach Mitchell and Deane, British Historical Statistics, S. 396ff.
71 Zahlen nach Bankers Trust Company, French Public Finance; Apostol et al., Russian Public Finance.
72 Nach den Zahlenangaben in Flora et al., State, Economy and Society, S. 345–449.
73 Kennedy, Aufstieg und Fall, S. 471f.
74 Berechnet nach Mitchell and Jones, Second Abstract, S. 160f.
75 Siehe Abelshauser, »Germany«, Tabelle 4.4 und S. 133-138. Vgl. Overy, War and Society, S. 203. Zahlen über den Reichshaushalt liefert James, German Slump, Tabelle XXXV.
76 Petzina et al. (Hg.), Sozialgeschichtliches Arbeitsbuch, Bd. III, S. 149; Hansemeyer und Caesar, »Kriegswirtschaft und Inflation«, S. 400.
77 Kennedy, Aufstieg und Fall, S. 452f.
78 In Deutschland hatten die Verteidigungskosten in den 1960er Jahren einen größeren Anteil an den Ausgaben des Bundes, weil die nichtmiltärischen öffentlichen Ausgaben eher auf Ebenen unterhalb das Bundes erfolgten. Vgl. die Zahlen in Flora et al., State, Economy and Society, S. 345–449.
79 Hogwood, Trends in British Public Policy, S. 45.
80 Quellen: 1872–1971: Flora et al., State, Economy and Society, S. 345-449; 1997: SIPRI und OECD.
81 Goldsmith, Modern Financial Systems, S. 145, 164ff.
82 O'Brien, »Power with Profit«, S. 35. Allerdings sind die Schätzungen des Volkseinkommens und des Sozialprodukts selbst für das späte 20. Jahrhundert mit Vorsicht zu behandeln. Sogar in den besten nationalen Statistiken bleiben große Unsicherheiten. Viele der in diesem Kapitel und anderswo benutzen Schätzungen zum 18. und 19. Jahrhundert sind mit äußerster Vorsicht zu genießen.
83 Berechnet nach Bonney, »Struggle«, S. 345.
84 Quellen: Verteidigungsausgaben Großbritanniens 1850–1914: Correlates of War database; 1914–1988: Butler und Butler, British Political Facts, S. 393f.; 1989–1998: SIPRI. USA: 1870–1913: Hobson, »Wary Titan«, S. 501; 1914–1985: Correlates of War database; 1986–1998: SIPRI. Deutschland: 1872–1913, 1925–1932: Andic und Veverka, »Growth of Government Expenditure«, S. 262; 1933–1938: Overy, War and Economy, S. 203; 1938–1944: Petzina et al. (Hg.), Sozialgeschichtliches Arbeitsbuch, Bd. III, S. 149 (die Zahlen für die Zeit von 1933 bis 1943 stammen jedoch aus Abelshauser, »Germany«, S. 138); 1950–1980: Rytlewsi (Hg.), Bundesrepublik in Zahlen, S. 183f.; 1982–1998: SIPRI. Frankreich: 1820–1870: Flora et al., State, Economy and Society, S. 380ff.; 1870–1913: Hobson, »Wary Titan«, S. 501; 1920–1975: Flora et al., op. cit.; 1981–1997: SIPRI. Italien: 1862–1973: Flora et al., op. cit., S. 402ff.; 1981–1997: SIPRI. Rußland: 1885–1913: Hobson, »Wary Titan«, S. 501; 1933–1938: Nove, Economic History, S. 230; 1940–1945: Harrison, »Overview«, S. 21; 1985–1991: IISS, Military Balance; 1992–1997: SIPRI. GDP/GNP/NNP: Großbritannien: 1850–1870: Mitchell, European Historical Statistics, S. 408; 1870–1948: Feinstein, National Income, Expenditure and Output, statistischer Teil, Tabelle 3; 1848–1998: ONS. USA: 1850–1958: Mitchell, International Historical Statistics: The Americas, S. 761–774; 1959–1998: Federal Reserve Bank of St Louis. Deutschland: 1870–1938: Hoffmann et al., Wachstum; 1950–1960: Rytlewsi (Hg.), Bundesrepublik in Zahlen, S. 188; 1960–1999: OECD. Frankreich: 1820–1913: Levy-Leboyer und Bourgignon, L'economie française, S. 318–322; 1960–1999: OECD. Erläuterungen: Die Zahlen für das britische Bruttoinlandsprodukt nach 1920 gelten unter Ausschluß des Südteils von Irland. Die Angaben über das deutsche Bruttoinlandsprodukt gelten von 1950 bis 1960 unter Ausschluß des

Saarlandes und West-Berlins, von 1960 bis 1990 für die alte Bundesrepublik, ab 1991 für des vereinigte Deutschland.
85 Siehe Ferguson, Der falsche Krieg, S. 143-152.
86 Kennedy, Aufstieg und Fall, S. 736.
87 IISS, Military Balance 1992-1993, S. 218.
88 *Financial Times*, 15. Juni 2000.
89 Bartov, Hitlers Wehrmacht, S. 47.
90 Pennington,»Offensive Women«, S. 253.
91 Beevor, Stalingrad.
92 Overy, Battle.

ZWEITES KAPITEL

1 Capra,»Austrian Monarchy«, S. 306.
2 Goldsmith, Modern Financial Systems, S. 32f.
3 Ibid., S. 49f., 53ff.
4 Henneman,»France«, S. 116.
5 Gelabert,»Fiscal Burden«, S. 542.
6 Schremmer,»Taxation and Public Finance«, S. 365.
7 Ibid., S. 365.
8 Isenmann,»Medieval and Renaissance Theories«, S. 42.
9 Gelabert,»Fiscal Burden«, S. 547; Goldsmith, Modern Financial Systems, S. 192.
10 Hobson, National Wealth, S. 19.
11 Hart,»Seventeenth Century«, S. 284; Bonney,»Revenues«, S. 448.
12 Ibid., S. 451.
13 Schremmer,»Taxation and Public Finance«, S. 456.
14 Ibid., S. 460.
15 Für die Zeit von 1801 bis 1914 berechnet nach Mitchell und Deane, British Historical Statistics, S. 392–395.
16 Schremmer,»Taxation and Public Finance«, S. 402.
17 Gatrell, Government, Industry and Rearmament, S. 140.
18 Bonney,»Revenues«, S. 490.
19 Statistical Abstract of the United States 1999, Tabelle 503.
20 Pryce-Jones, War that Never Was, S. 78f.
21 Paddags,»German Railways«, S. 9, 22f., 28.
22 Duncan und Hobson, Saturn's Children, S. 40.
23 Horne, Macmillan, S. 627.
24 Crafts, Conservative Government's Economic Record, S. 29. Vgl. auch Yergin und Stanislaw, Commanding Heights, bes. S. 114ff.
25 Goldsmith, Modern Financial Systems, S. 32f.
26 Ibid., S. 49f., 53ff.
27 Ormrod,»England«, S. 32.
28 Ibid., S. 40ff.
29 Hilton, Corn, Cash and Commerce, passim.
30 Rogowski, Commerce and Coalitions, bes. S. 21-60.
31 O'Rourke und Williamson, Globalisation and History, S. 98f., 114f. Vgl. Weiss und Hobson, States and Economic Development, S. 124.
32 Brown,»Episodes«, S. 234.
33 James,»Ende der Globalisierung«, S. 76.
34 James, Globalisation and Its Sins, S. 104.
35 James,»Ende der Globalisierung«, S. 69.
36 James, Globalisation and Its Sins, S. 124.
37 Skidelsky, Economist as Saviour, S. 476-480.
38 Jeffrey Sachs und Andrew Warner haben überzeugend demonstriert, daß

»offene« Volkswirtschaften in den siebziger und achtziger Jahren sechsein-
halbmal schneller als »geschlossene« Ökonomien wuchsen: *Prospect*, Mai
2000.

39 Goldsmith, Modern Financial Systems, S. 32f.
40 Ibid., S. 49f.
41 Henneman, »France«, S. 112; White, »Failure to Modernise«, S. 9.
42 Goldsmith, Modern Financial Systems, S. 164f.
43 Kennedy, Aufstieg und Fall, S.43.
44 Hellie, »Russia«, S. 502.
45 O'Brien und Hunt, »England«, S. 61ff.
46 Bonney, »Revenues«, S. 490.
47 O'Brien und Hunt, »England«, S. 74ff.
48 Buxton, Finance and Politics, Bd. I, S. 1ff.
49 Ibid., S. 19.
50 Vgl. O'Brien, Power with Profit; Gelabert, »Fiscal Burden«, S. 572ff.
51 Siehe Morrissey und Steinmo, »Influence of Party Competition«, S. 199f.
52 Isenmann, »Medieval and Renaissance Theories«, S. 47f.
53 Hart, »Seventeenth Century«, S. 51.
54 O'Brien und Hunt, »England«, S. 74ff.
55 Hentschel, Wirtschaft und Wirtschaftspolitik, S. 164ff.
56 Schremmer, »Taxation and Public Finance«, S. 402.
57 Shy, »American Colonies«, S. 312f.; Conway, »Britain and the Revolutionary
    Crisis«, S. 327f. Diese Steuern sollten, so war geplant, gerade einmal 110.000 £
    einbringen, 50.000 £ hätten aus Westindien kommen sollen: Clark, »British
    America«, S. 153.
58 Chennells et al., »Survey«, S. 2.
59 INSEE-Website.
60 Kay und King, British Tax System, S. 129.
61 Seldon, Dilemma of Democracy, S. 76-86.
62 Bonney, »Revenues«, S. 472ff.; idem, »France, 1494–1815«, S. 130.
63 Hellie, »Russia«, S. 496f.
64 Goldsmith, Modern Financial Systems, S. 32f.
65 Ibid., S. 60ff.
66 Ormrod, »England«, S. 21; Ormrod und Barta, »Feudal Structure«, S. 58f.
67 Ormrod, »England«, S. 29; Henneman, »France«, S. 104.
68 Goldsmith, Modern Financial Systems, S. 91.
69 Ibid., S. 123ff.
70 Ibid., S. 117.
71 Bonney, »Early Modern Theories«, S. 204.
72 Goldsmith, Modern Financial Systems, S. 226.
73 Bonney, »Revenues«, S. 483.
74 Goldsmith, Modern Financial Systems, S. 49f. 53ff.
75 Smith, Wealth of Nations, Buch V, Kapitel 3.Die übrigen Gebote lauteten:
    Steuern sollten berechenbar, bequem zu zahlen und preiswert einzutreiben
    sein.
76 »La contribution commune [...] doit être également répartie entre tous les
    citoyens en raison de leurs facultés.«
77 Goldsmith, Modern Financial Systems, S. 60ff.
78 Ormrod, »England«, S. 30.
79 Hocquet, »City-State«, S. 87f.
80 Bonney, »France, 1494–1815«, S. 130; idem, »Struggle«, S. 321ff.; idem,
    »Revenues«, S. 479ff.
81 O'Brien und Hunt, »England«, S. 86.
82 Ibid., S. 89.
83 Duncan und Hobson, Saturn's Children, S. 112.
84 Inland Revenue, »Brief History«, S. 2.

85 Henneman,»France«, S. 116ff.; White,»Failure to Modernise«, S. 8.
86 Balderston,»War Finance«, S. 236.
87 Witt,»Tax Policies«.
88 Bonney,»Revenues«, S. 485.
89 Ibid.; Bonney,»France, 1494–1815«, S. 164.
90 Matthew,»Mid-Victorian Budgets«.
91 Murray,»Battered and Shattered«.
92 Bonney,»Revenues«, S. 479ff.
93 Duncan und Hobson, Saturn's Children, S. 107f.
94 Hogwood, Trends, S. 70f.
95 Schremmer,»Taxation and Public Finance«, S. 470.
96 Brown,»Episodes«, S. 236.
97 Quelle: Flora et al., State, Economy and Society, S. 299, 305, 339; Butler und Butler, British Political Facts, S. 391f.
98 Inland Revenue,»Brief History«, S. 7.
99 Hogwood, Trends, S. 97.
100 Nach Engen und Skinner,»Taxation and Economic Growth«, bringt eine Ermäßigung der Durchschnittssteuer um 2,5 Prozent durch Auswirkungen auf Kapitalbildung und technischen Wandel eine Steigerung der Wachstumsrate um 0,2 Prozent.
101 Duncan und Hobson, Saturn's Children, S. 88f.
102 Social Trends 1991, Tabelle 5.12.
103 Bonney,»Revenues«, S. 502; O'Brien und Hunt,»England«, S. 61ff.
104 Buxton, Finance and Politics, Bd. I, S. 39-42.
105 Maloney,»Gladstone«, S. 40f.
106 Zahlen nach Flora et al., State, Economy and Society, S. 339.
107 Schremmer,»Taxation and Public Finance«.
108 Bonney,»France, 1494–1815«, S. 165.
109 Schremmer,»Taxation and Public Finance«, S. 402.
110 Ibid.

DRITTES KAPITEL

1 Montesquieu, Der Geist der Gesetze, 13. Buch, 12. Kapitel, S. 258. Vgl. Bonney,»Early Modern Theories«, S. 192.
2 Butterfield, Whig Interpretation, passim.
3 Adolph Wagner, Die Ordnung des österreichischen Staatshaushalts, Wien 1863; James,»Ende der Globalisierung«, S. 74.
4 Schumpeter,»Crisis of the Tax State«.
5 Goldsmith, Modern Financial Systems, S. 32f.
6 Gelabert,»Fiscal Burden«, S. 545.
7 Ormrod,»West European Monarchies«, S. 143.
8 Ormrod,»England«, S. 20, 29.
9 Goldsmith, Modern Financial Systems, S. 171ff.
10 Gelabert,»Fiscal Burden«, S. 539.
11 North und Weingast,»Constitutions and Commitment«, S. 810-814.
12 Sharpe, Personal Rule, S. 105-130; Adamson,»England without Cromwell«, S. 120ff.
13 North und Weingast,»Constitutions and Commitment«, S. 815f.
14 Ormrod,»England«, S. 20.
15 Bosher, French Finances, S. 3.
16 Bonney,»France, 1494-1815«, S. 131; Doyle, Origins, S. 49.
17 Ibid., S. 99-114.
18 Finer, History of Government, Bd.. III, S. 1490f.
19 Shy,»American Colonies«, S. 313.

20 Winch, »Political Economy«, S. 15.
21 Siehe Clark, »British America«, bes. S. 150-159.
22 Conway, »Britain and the Revolutionary Crisis«, S. 332, 335.
23 Hoffman und Norberg (Hg.), Fiscal Crises, S. 306.
24 Vgl. Mann, Sources of Social Power, Bd. II.
25 O'Brien und Hunt, »England«, S. 61ff.
26 Filipczak-Kocur, »Poland-Lithuania«, passim.
27 Bonney, »Struggle«, S. 347f.
28 Buxton, Finance and Politics, Bd. I, S. 12-15
29 Inland Revenue, »Brief History«, S. 1.
30 Maloney, »Gladstone«, S. 33.
31 Figures in Mitchell und Deane, British Historical Statistics, S. 392-395, 427ff.
32 McNeill, Krieg und Macht, S. 390 Anmerkung 25.
33 Ibid., S. 389 Anmerkung 13.
34 Clarke, »Balanced-Budget Doctrine«, S. 76.
35 Ibid.
36 Peacock und Wiseman, Public Expenditure, S. 67.
37 Berechnet nach Angaben in Butler und Butler, British Political Facts,
    S. 213-219; Jamieson, British Economy, S.145.
38 Hogwood, Trends, S. 98.
39 Crafts, Conservative Government's Economic Record, S. 23ff.; Jamieson,
    British Economy, S. 146ff., 158.
40 Flora et al., State, Economy and Society, S. 112.
41 Vgl. Elton, Tudor Revolution in Government; Williams, Tudor Regime.
42 Bosher, French Finances, S. 8.
43 Winch, »Political Economy«, S. 9ff. Vgl. Mathias und O'Brien, »Taxation in
    Great Britain and France«, S. 606f.
44 White, »Failure to Modernise«, S. 18f.
45 Schama, Citizens, S. 73.
46 Schulze, »Sixteenth Century«, S. 272.
47 Carruthers, City of Capital, S. 111.
48 White, »Failure to Modernise«, S. 26.
49 Hart, »Seventeenth Century«, S. 292; Bonney, »France, 1494-1815«, S. 131ff.,
    152f.
50 O'Brien und Hunt, »England«, S. 74.
51 Bonney, »Revenues«, S. 442f.
52 O'Brien und Hunt, »England«, S. 57.
53 Weiss und Hobson, States and Economic Development, S. 45.
54 Brewer, Sinews of Power, S. 66.
55 Bosher, French Finances, bes. S. 303-318.
56 Wallerstein, Modern World-System, Bd. III, S. 82 Anmerkung.
57 Schama, Citizens, S. 73, 76f.
58 Trevor-Roper (Hg.), Hitler's Table Talk, S. 237ff.
59 Zahlen nach Flora et al., State, Economy and Society, S. 210-242.
60 Duncan und Hobson, Saturn's Children, S. 53.
61 Zum Anteil der Löhne und Gehälter an den Ausgaben von Union,
    Staaten und Gemeinden: Statistical Abstract of the United States 1999,
    Tabelle 503.
62 Hogwood, Trends, S. 50.
63 Goldsmith, Modern Financial Systems, S. 60ff.
64 Braudel, Civilisation and Capitalism, Bd. III, S. 310.
65 Goldsmith, Modern Financial Systems, S. 226.
66 Hellie, »Russia«, S. 496f.
67 Goldsmith, Modern Financial Systems, S. 171ff.
68 Bonney, »Early Modern Theories«, S. 181f.
69 O'Brien, Power with Profit.

70 Bonney,»Struggle«, S. 336f., 345 und Abbildung auf S. 337. Vgl. Mathias und O'Brien,»Taxation in Great Britain and France«.
71 White,»Failure to Modernise«, S. 4.
72 Siehe Tabellen 2.1, 2.2, 2.3, 2.5 und 2.6 in Hogwood, Trends, S. 40-43.
73 Statistical Abstract of the United States, S. 339.
74 OECD, Economic Outlook, 65 (1999), Anhang Tabelle 28.
75 Kennedy, Rise and Fall, S. 67.
76 Goldsmith, Modern Financial Systems, S. 117.
77 Harris,»Political Thought«, S. 43.
78 Green,»Friendly Societies«.
79 Whiteside,»Private Provision and Public Welfare«, S. 34.
80 Thane,»Working Class«, S. 106.
81 Ibid., S. 111.
82 Wenn es auch nur um fünf Schillinge ging, so stellten doch eine halbe Million »sehr armer, sehr alter Leute« den Antrag: Thane,»Working Class«, S. 108.
83 Hogwood, Trends, S. 38.
84 Hentschel, Wirtschaft und Wirtschaftspolitik, S. 150.
85 Butler und Butler, British Political Facts, S. 332f.
86 Siehe dazu Abelshauser (Hg.), Weimarer Republik.
87 Abelshauser,»Germany«, S. 127. Vgl. Overy, War and Economy.
88 Burleigh, Third Reich, S. 219-251.
89 Chennells et al.,»Survey«, S. 21.
90 Crafts, Conservative Government's Economic Record, S. 23.
91 Kay und King, British Tax System, S. 23, 196; Hogwood, Trends, S. 102.
92 Hogwood, Trends, S. 101ff.
93 Ibid., S. 49. Vgl. David Smith,»Treasury Relaxes its Grip«, *Sunday Times*, 23. Januar 2000.
94 In Großbritannien betrugen die Ausgaben für die Gesundheit 6,8 Prozent vom Bruttoinlandsprodukt im Jahre 2000, auf dem europäischen Kontinent waren es neun Prozent. Die entsprechenden Zahlen für die USA und Kanada lagen um zehn Prozent: Seldon, Dilemma of Democracy, S. 52.
95 Zahlen nach Mitchell und Deane, British Historical Statistics, S. 396-399; H.M. Treasury, Financial Statement and Budget Report, 1999.
96 Bonney,»Introduction«, S. 18.
97 Duncan und Hobson, Saturn's Children, S. 59.
98 Dowrick,»Estimating the Impact«.

VIERTES KAPITEL

1 Kennedy, Aufstieg und Fall, S. 776.
2 *Financial Times*, 5./6. Februar 2000.
3 Die *monti* waren ursprünglich karitative Institutionen, die gegen geringe Zinsen Kredite an Bedürftige gaben: Parker,»Emergence«, S. 534.
4 Hocquet,»Venice«, S. 395; idem,»City-State«, S. 87-91; Parker,»Emergence«, S. 571.
5 Goldsmith, Modern Financial Systems, S. 157ff., 164f., 167ff.
6 Partner,»Papacy«, S. 369.
7 Hocquet,»City-State«, S. 91f.; Parker,»Emergence«, S. 567. Wichtig ist, daß Leibrenten von der Kirche nicht als Wucher angesehen wurden.
8 Körner,»Public Credit«, S. 507ff.
9 Muto,»Spanish System«, S. 246–249.
10 Parker,»Emergence«, S. 564.
11 Ormrod,»England«, S. 37.
12 Ormrod,»West European Monarchies«, S. 122ff.

13 Bosher, French Finances, S. 6; Körner, »Public Credit«, S. 521; Schulze, »Sixteenth Century«, S. 272; Parker, »Emergence«, S. 568; Hamilton, »Origin«, S. 119; Velde und Weir, »Financial Market«, S. 7.

14 Muto, »Spanish System«, S. 246–249.

15 Neal, Financial Capitalism, S. 1ff.

16 Parker, »Emergence«, S. 549, 571.

17 Capie et al., »Development«, S. 7.

18 Crouzet, »Politics and Banking«, S. 27f.

19 Ibid., S. 28. Vgl. Bosher, French Finances, S. 257ff. Custine bezeichnete die »Finanzagenten« des *Ancien Régime* als »Blutsauger [...], die sich am Schweiß und Blut der Menschen bereicherten«: S. 262.

20 Crouzet, »Politics and Banking«, S. 36ff.; Körner, »Public Credit«, S. 530.

21 Crouzet, »Politics and Banking«, S. 45.

22 Neal, »How It All Began«, S. 6–10.

23 North und Weingast, »Constitutions and Commitment«, S. 819–828.

24 Parker, »Emergence«, S. 581.

25 Neal, Financial Capitalism, S. 1–43, 117.

26 Körner, »Public Credit«, S. 536.

27 Berechnet nach Angaben in Mitchell und Deane, British Historical Statistics, S. 402f.

28 Bordo und White, »Tale of Two Currencies«.

29 Michie, London Stock Exchange, S. 15–36.

30 Parker, »Emergence«, S. 575.

31 Ibid., S. 576.

32 Siehe Bosher, French Finances, S. 12-16.

33 Neal, »How It All Began«, S. 26-33.

34 Parker, »Emergence«, S. 584f.

35 Mirowski, »Rise«, S. 569.

36 Parker, »Emergence«, S. 587.

37 Kindleberger, Financial History, S. 59ff.

38 Neal, »How It All Began«, S. 33f.

39 Doyle, Origins, S. 50.

40 Bonney, »France, 1494–1815«, S. 131ff., 152f.

41 Velde und Weir, »Financial Market«, S. 3, 28–36.

42 Doyle, Origins, S. 48.

43 Ibid., S. 114.

44 White, »Making the French Pay«, S. 30f.

45 Syrett und Cooke (Hg.), Papers of Alexander Hamilton, Bd. II, S. 244f. Ich danke Herrn Professor Richard Sylla für den Hinweis auf diese Stelle.

46 Sylla, »US Financial System«, passim. Siehe auch Brown, »Episodes«, S. 230–237.

47 Capie et al., »Development«, S. 6.

48 Ibid., S. 68.

49 Siehe Cameron (Hg.), Banking.

50 Parker, »Emergence«, S. 565f.

51 Siehe Ferguson, World's Banker, passim.

52 1924 bestanden nur rund zwölf Prozent der britischen Staatsschuld in Verpflichtungen gegen Kleinsparern via Sparkassen und Postbank, zehn lagen bei anderen Banken als der Bank of England und fünf Prozent bei Versicherungen: Morgan, Studies, S. 136.

53 Ferguson, Pity of War, S. 225.

54 Feldman, Great Disorder, S. 48.

55 Ferguson, Der falsche Krieg, S. 301.

56 Zur Abnahme der Begeisterung der Öffentlichkeit für neue Kriegsanleihen des Deutschen Reiches, siehe Holtfrerich, Inflation, S. 117. Das deutet darauf hin, daß die Regierung die neuen Papiere zu teuer abgab.

57 Goodhart, »Debt Management«, S. 8.
58 Morgan, Studies, S. 140 und Tabelle 107. Vgl. Bankers Trust Company, English Public Finance, S. 30.
59 Bankers Trust Company, French Public Finance, S. 138f.; Balderston, »War Finance and Inflation«, S. 227; Hardach, First World War, S.167ff. Vgl. Ferguson, Der falsche Krieg, Kapitel 10.
60 Goodhart, »Debt Management«, S. 12.
61 Broadberry und Howlett, »United Kingdom«, S.50.
62 Goodhart, »Debt Management«, S. 8.
63 Rockoff, »United States«, S. 108.
64 Deutsche Bundesbank, Währung und Wirtschaft, S. 417; Hara, »Japan«, S. 258; Mitchell, European Historical Statistics, S. 359.
65 Goodhart, »Debt Management«, S. 13–32.
66 Berechnet nach dem unveröffentlichten statistischen Anhang von Goodhart, »Debt Management«.
67 Bonney, »Struggle«, S. 368f.
68 Doyle, Origins, S. 43.
69 Bonney, »Struggle«, S. 347f., 351.
70 Ibid., S. 341f.
71 Hinsley, Power and the Pursuit of Peace, S. 62ff.
72 Clarke, »Balanced-Budget Doctrine«, S. 66.
73 Brown, »Episodes«, Tabelle 8.7.
74 Berechnet man das Defizit als »Nettosteigerung der Schulden«, so gelangt man zu der viel kleineren Zahl von 1,5 Prozent.
75 Vgl. die Zahlen in Broadberry und Howlett, »United Kingdom«, S. 51; Zamagni, »Italy«, S. 199; Harrison, »Soviet Union«, S. 275; Hansemeyer, »Kriegswirtschaft«, S. 400; Abelshauser, »Germany«, S. 158; Brown, »Episodes«, S. 249f.
76 Clarke, »Balanced-Budget Doctrine«, S. 67 und Tabelle 4.1.
77 Quellen: USA, Frankreich und Italien: Masson und Mussa, »Long-term Tendencies«. Großbritannien: Goodhart, »Debt Management«. Deutschland: 1890–1913: Mitchell, European Historical Statistics; Hoffmann et al., Wachstum; 1914–1918: Roesler, Finanzpolitik, S. 197ff.; Witt, »Finanzpolitik«, S. 425; 1919-1938: Balderston, German Economic Crisis, S. 226; Bresciani, Inflation, S. 437f.; James, German Slump, S. 375; 1939-1943: Hansemeyer, »Kriegswirtschaft«, S. 400. Österreich: 1890–1913: Mitchell, op. cit.; Hobson, »Wary Titan«. Rußland: 1890–1913: Mitchell, op. cit., und Gregory, National Income, S. 58f.; 1939–1945 (Zahlen liegen nur vor für 1942 bis 1945): Harrison, »Soviet Union«, S. 275. Alle Zahlen für die neunziger Jahre stammen von der OECD, nur für Rußland kommen sie vom Internationalen Währungsfonds und erstrecken sich bloß auf den Zeitraum 1993 bis 1999.
78 Clarke, »Balanced-Budget Doctrine«, S. 73-76.
79 Congdon, »Keynesian Revolution«, S. 90ff.
80 Buchanan und Wagner, Democracy in Deficit; Buchanan, Wagner und Burton, Consequences of Mr Keynes.
81 Goldsmith, Modern Financial Systems, S. 107.
82 Ibid., S. 214ff.
83 Braudel, Civilisation and Capitalism, Bd. III, S. 307.
84 Goldsmith, Modern Financial Systems, S. 194.
85 Körner, »Swiss Confederation«, S. 337, 348ff.
86 Barro, »Government Spending«, S. 239 Anmerkung, gelangt zu niedrigeren Zahlen.
87 Stockmar, Memoirs, Bd. I, S. 44.
88 Bonney, »Struggle«, S. 345.
89 Bosher, French Finances, S. 23f., 255f. Braudel, Civilisation and Capitalism, Bd. III, S. 307.

90 Quellen: Großbritannien: Goodhart,»Debt Management«, statistischer
    Anhang. Ich danke Ryland Thomas, daß er mir das gesamte von Professor
    Goodhart genutzte Datenmaterial zur Verfügung gestellt hat. USA:
    Brown,»Episodes«, S. 245–251; 1980: Statistical Abstract 1999, Tabelle 542;
    Federal Reserve Bank of St Louis, Website. Deutschland: (1850–1914)
    Hoffmann et al., Wachstum, S. 789f.; (1914–1923) Balderston,»War Finance«;
    Webb, Hyperinflation, S. 49; Witt,»Finanzpolitik und sozialer Wandel«,
    S. 424; Mitchell, European Historical Statistics, S. 390; Holtfrerich, Inflation,
    S. 67f.; (1925–1938) Hoffmann et al., Wachstum, S. 789f.; James, German
    Slump, S. 52, 375; (1939–1945) Braun, German Economy, S. 112, 115;
    1950–1998: Statistisches Bundesamt, Statistisches Jahrbuch 1997, Tabellen
    24.3, 20.5; Deutsche Bundesbank, Monatsbericht (August 1998), S. 56.
    Frankreich: Schremmer,»Public Finance«; Flandreau,»Public Debts«;
    1920–1929: Alesina,»End of Large Public Debts«; 1960–1999: OECD
    (prozentualer Anteil der Bruttoschulden am Bruttosozialprodukt).
91 Brown,»Episodes«.
92 Berechnet nach Zahlenmaterial der OECD.
93 Dickens, David Copperfield.
94 Eltis,»Debts, Deficits«, S. 117; Winch,»Political Economy«, S. 13ff.
95 Eltis,»Debts, Deficits«, S. 117f.
96 Smith, Wealth of Nations, Buch II, Kapitel 3. Marx nahm den entgegen-
    gesetzten Standpunkt ein.
97 Winch,»Political Economy«, S. 18.
98 Anderson,»Loans versus Taxes«, S. 314.
99 Maloney,»Gladstone«, S. 30.
100 Anderson,»Loans versus Taxes«, S. 325.
101 Hamilton,»Origin«, S. 129.
102 Winch,»Political Economy«, S. 14; Bonney,»Introduction«, S. 14.
103 Winch,»Political Economy«, S. 20.
104 Sylla,»US Financial System«, S. 255.
105 Siehe die Zusammenfassung der verschiedenen Theorien in Cavaco-Silva,
    »Economic Effects«, S. 16–23.
106 Gale,»Efficient Design«.
107 Zuletzt bei Neal,»How it all Began«, S. 19–25.
108 Bonney,»Introduction«, S. 14; Hamilton,»Origin«, S. 121.
109 Barro,»Determination of Public Debt«. Vgl. Barro, Macroeconomics, S. 373,
    377.
110 Barro,»Are Government Bonds Net Wealth?«, S. 1095.
111 Barro,»Government Spending«, S. 237.
112 Anderson,»Loans versus Taxes«, S. 317, 326.
113 Der Begriff Tilgungsfonds (»sinking fund«) geht auf das Jahr 1717 zurück.
    Es lag das Prinzip zugrunde, daß jedes Jahr eine Zahlung aus den laufenden
    Einnahmen erfolgen sollte, um die betreffende Schuld zu tilgen.
114 Clarke,»Balanced-Budget Doctrine«, S. 66ff.
115 Congdon,»Keynesian Revolution«, S. 100ff. Auf dieser Basis argumentiert
    Congdon, es habe eine»etwas stärker« keynesianische Phase der Finanzpolitik
    zwischen 1949 und 1974, als die Fiskalpolitik in 15 von 26 Jahren antizyklisch
    war, und eine weniger stark von Keynes geprägte Ära zwischen 1975 und 1994
    gegeben, als die Politik nur in zehn von zwanzig Jahren antizyklisch war.
116 Siehe bes. Kotlikoff, Generational Accounting; idem,»From Deficit Delusion
    to the Fiscal Balance Rule«.
117 Kotlikoff und Leibfritz,»International Comparison«.
118 Kennedy, Aufstieg und Fall, S. 102.
119 Ibid., S. 106.
120 Körner,»Expenditure«, S. 402ff.
121 Partner,»Papacy«, S. 369.

122 Capra, »Austrian Monarchy«, S. 297ff.
123 Hocquet, »City-State«, S. 91ff.
124 Gelabert, »Castile«, S. 208ff. Vgl. Parker, »Emergence«, S. 570.
125 Bonney, »France, 1494–1815«, S. 148; Bonney, »Struggle«, S. 347; Doyle, Origins, S. 43; White, »Failure to Modernise«, S. 26.
126 Berechnet nach Mitchell und Deane, British Historical Statistics, S. 386–391. Vgl. Bonney, »Struggle«, S. 345; Kennedy, Aufstieg und Fall, S. 144.

FÜNFTES KAPITEL

1 Goethe, Faust, Zweiter Teil, Erster Akt, S. 244f.
2 Ferguson, Paper and Iron, S. 87.
3 Ibid., S. 430.
4 Feldman, Great Disorder, S. 27.
5 Goethe, Faust, Zweiter Teil, Vierter Akt, S. 399.
6 Goethe, Faust, Zweiter Teil, Vierter Akt, S. 400.
7 Nach *Daily Telegraph*, 11. Juni 1999.
8 Brown, »Episodes«, S. 231.
9 Ibid.
10 Alesina, »End of Large Public Debts«, S. 36.
11 Eichengreen, »Capital Levy«.
12 Ferguson, Paper and Iron, S. 276f.
13 Ormrod, »West European Monarchies«, S. 112ff.
14 Henneman, »France«, S. 108.
15 Um einen echten Bankrott handelte es sich im Fall des Schweizer Grafen Michel de Gruyère, der aufgrund einer Pleite 1555 all seinen Grund und Boden verlor.
16 In den Jahren 1557, 1560, 1575, 1596, 1607, 1627, 1647, 1652, 1662, 1665, 1692, 1693, 1695 und 1696.
17 Körner, »Public Credit«, S. 520, 524f.; Muto, »Spanish System«, S. 246-249; Gelabert, »Castile«, S. 208ff. Siehe auch Hart, »Seventeenth Century«, S. 268f.; Parker, »Emergence«, S. 568f.
18 Bonney, »France, 1494–1815«, S. 131ff.
19 Velde und Weir, »Financial Market«, S. 8.
20 Ibid., S. 8f.
21 White, »Failure to Modernise«, S. 24f.
22 Eltis, »Debts, Deficits«, S. 117.
23 Parker, »Emergence«, S. 579.
24 Körner, »Public Credit«, S. 525, 527.
25 Hart, »United Provinces«, S. 313.
26 Buxton, Finance and Politics, Bd. I, S. 30 Anmerkung, 34, 64, 116, 125 Anmerkung, 127f.; Bd. II, S. 307f. Vgl. Kindleberger, Financial History, S. 166ff., 221.
27 Capie et al., »Debt Management«. Ich danke Forrest Capie für seine Beratung.
28 Ibid., S. 1116.
29 Ferguson, World's Banker, Kapitel 4.
30 Alesina, »End of Large Public Debts«, S. 64.
31 Williams (Hg.), Money, S. 16ff.
32 Goldsmith, Modern Financial Systems, S. 36f.
33 White, »Failure to Modernise«, S. 20.
34 Bonney, »Revenues«, S. 467. Vgl. Henneman, »France«, S. 105f.
35 Isenmann, »Medieval and Renaissance Theories«, S. 36.
36 Williams, Tudor Regime, S. 67f.
37 Bonney, »Early Modern Theories«, S. 167.
38 Neal, »How It All Began«, S. 7; Goldsmith, Modern Financial Systems, S. 211f.

39 Quinn, »Gold, Silver and the Glorious Revolution«.
40 Kindleberger, Financial History, S. 59ff.; Cooper, »Cold Standard«, S. 3; Quin, »Gold, Silver and the Glorious Revolution«, S. 489. Nicht nur hier wichen das niederländische und das britische System voneinander ab. Die Bank of England errang keine fast monopolistische Stellung, was interne und grenzüberschreitende Zahlungsvorgänge anging, wie es die entsprechende Institution in Amsterdam tat.
41 Sylla, »US Financial System«, S. 252. Die »bills of credit« von 1690 in Massachusetts waren die erste Papierwährung in der westlichen Welt. Die Bank von Stockholm hatte diese Neuerung bereits vorweggenommen, ging aber 1663, sieben Jahre nach ihrer Gründung, bankrott: Körner, »Public Credit«, S. 531.
42 White, »Failure to Modernise«, S. 21.
43 Bonney, »Revenues«, S. 470; Körner, »Public Credit«, S. 535.
44 Crouzet, »Politics and Banking«, S. 28.
45 Hellie, »Russia«, S. 500.
46 Gelabert, »Castile«, S. 233.
47 Bonney, »Struggle«, S. 361f.
48 Damit wurde nicht nur auf den Ämterkauf angespielt, sondern auch auf die gewaltigen Schulden gegenüber Steuerpächtern, Amtsinhabern und Klerikern sowie auf Feudalabgaben, die die Nationalversammlung abgeschafft hatte.
49 Bosher, French Finances, S. 275.
50 Crouzet, »Politics and Banking«, S. 23, 33.
51 Bonney, »Struggle«, S. 383.
52 Crouzet, »Politics and Banking«, S. 47.
53 Bonney, »Struggle«, S. 364, 368; Bonney, »Revenues«, S. 464.
54 Thompson (Hg.), Napoleon's Letters, S. 215.
55 Bordo und White, »Tale of Two Currencies«.
56 Nur etwa zehn Prozent der Ausgaben der Konföderation wurden durch Steuern gedeckt; etwa zwei Milliarden $ wurden durch Kredite finanziert, das meist jedoch durch »Geldschöpfung«: Brown, »Episodes«, S. 233.
57 Brandt, »Finances«, S. 100.
58 Good, Economic Rise, Tabellen 12, 29.
59 Bordo und Rockoff, »Good Housekeeping«, S. 327. Einen guten Überblick liefert, Bordo, »Gold as a Commitment Mechanism«, Tabelle 1.
60 Flandreau et al., »Stability without a Pact«, S. 146f.
61 Canetti, Die Fackel im Ohr, S. 62f.
62 Ferguson, Paper and Iron, S. 432.
63 Rowley, Hyperinflation, S. 182.
64 Zu der klassischen Definition einer Inflationsrate von mehr als fünfzig Prozent monatlich, siehe Cagan, »Monetary Dynamics«.
65 Quellen: Mitchell, European Historical Statistics; Bresciani, Inflation, S. 23f., 161–165; Capie, »Conditions«, Tabelle 6; Sargent, »Ends of Four Big Inflations«, Tabellen.
66 Sargent, »Ends of Four Big Inflations«. Siehe auch idem, »Stopping Moderate Inflations«.
67 Ferguson, Pity of War, S. 422.
68 Alesina, »End of Large Public Debts«, S. 49.
69 Capie, »Conditions«, S. 138f. Capie deutet einen Zusammenhang an zwischen Hyperinflation und »Bürgerkrieg oder Revolution oder mindestens ernsthaften gesellschaftlichen Erschütterungen«: ibid., S. 144.
70 Broadberry und Howlett, »United Kingdom«, S.50.
71 Quelle: Goodhart, »Monetary Policy«; Capie und Webber, Monetary History.
72 Die klassische monetaristische Darstellung ist Friedman und Schwartz, Monetary Trends.

73 Die Korrelationskoeffizienten zwischen Inflationsrate und Wachstumsraten der Geldmengen M3 und M1 betrugen zwischen 1871 und 1997 0,62 respektive 0,51.

74 Die theoretische Begründung für solch eine Rolle hat Henry Thornton bereits 1802 geliefert: siehe Capie, »Lender of Last Resort«, S. 14.

75 Siehe Bordo, »Traditional Approach«, S. 27–67.

76 Zu dieser Rate diskontierte die Bank of England im 19. Jahrhundert Wechsel., daher auch der Begriff Bankrate.

77 Clapham, Bank of England, Bd. II, S. 183f.

78 Die Reserve wurde von dem Teil des Goldes der Bank of England gebildet, der nicht benötigt wurde, um die Differenz zwischen den Noten außerhalb der Bank und dem fiduziären Notenumlauf zu decken.

79 Palgrave, Bank Rate, S. 218.

80 Eichengreen, Golden Fetters, S. 65. Siehe auch idem, »Gold Standard since Alec Ford«, S. 66.

81 Sayers, Bank of England, Bd. I, S. 29.

82 Bagehot, Lombard Street, S. 56f.

83 Palgrave, Bank Rate, Tabelle 4.

84 Capie, »Lender of Last Resort«, S. 4ff.

85 Ferguson, World's Banker, Anhang 3.

86 Capie et al., »Development«, S. 13.

87 Palgrave, Bank Rate, S. 104.

88 Clapham, nach Sayers, Bank of England, Bd. I, S. 9. Zur Entwicklung der Golddeckung der Währung zwischen 1880 und 1990, siehe Bordo und Schwartz, »Changing Relationship«, Table 2, S. 39.

89 Sayers, Bank of England, Bd. I, S. 38ff. Vgl. Drummond, Gold Standard, S. 21f.; Capie et al., »Development«, S. 13.

90 Dutton, »Bank of England«, S. 191.

91 Pippenger, »Bank of England Operations«, S. 216f.

92 Zur Krise der Barings-Bank, siehe Ferguson, World's Banker, Kapitel 27.

93 Capie et al., »Development«, S. 16f. Siehe auch Capie, »Lender of Last Resort«, S. 11f.

94 Es wird immer wieder ein etwas weit hergeholter Unterschied gemacht, ob man einem Institut aus der Klemme hilft oder das gesamte Finanzsystem mit Liquidität versorgt. Schon Bagehot hat erkannt, daß ein großer Firmenzusammenbruch mit hoher Wahrscheinlichkeit eine allgemeine Liquiditätskrise auslösen wird: Capie, »Lender of Last Resort«, S. 16, 18.

95 Bordo und Schwartz, »Changing Relationship«, S. 11, 36.

96 Borchardt, »Währung und Wirtschaft«, S. 17.

97 Bordo und Schwartz, »Monetary Policy Regimes«, S. 26.

98 Capie et al., »Development«, S. 53.

99 James, Globalisation and its Sins, S. 37.

100 Holtfrerich, »Reichsbankpolitik«.

101 Zu Schacht siehe vor allem James, Reichsbank.

102 Siehe Eichengreen, Golden Fetters.

103 Das klassische Werk ist Friedman und Schwartz, Monetary History. Eine kritische Einschätzung liefern Romer und Romer, »Does Monetary Policy Matter?«, S. 32-35. Vgl. Bordo und Schwartz, »Monetary Policy Regimes«, S. 30ff., 44, 64f.

104 Bordo und Schwartz, »Monetary Policy Regimes«, S. 45.

105 Capie et al., »Development«, S. 22f.

106 Die Federal Reserve ist Eigentum der Mitgliedsbanken des Systems; nur zehn Prozent der Aktien der griechischen Zentralbank und 25 derjenigen der türkischen liegen in staatlicher Hand: Capie et al., »Development«, S. 56.

107 Capie et al., »Development«, S. 54.

108 Ibid., S. 25f.

414   Anmerkungen

109   Romer und Romer, »Does Monetary Policy Matter?«
110   Zwischen 1963 und 1974 betrug das durchschnittliche Jahresdefizit der US-Regierung gerade einmal 0,6 Prozent des Bruttoinlandsprodukts: Masson und Mussa, »Long-term Tendencies«.
111   Feldstein, »Costs and Benefits«.
112   Solow, Inflation, Unemployment and Monetary Policy.
113   Bruno und Easterly, »Inflation Crises and Long-run Growth«, esp. S. 4–6, 20–22; Sarel, »Non-linear Effects«.
114   Briault, »Costs of Inflation«.
115   Bordo und Schwartz, »Monetary Policy Regimes«, S. 56.
116   Millard, »Examination«. Vgl. Lawson, View from No. 11.
117   *Economist*, 25. Sept. 1999.
118   Vgl. Luttwak, Turbo-Capitalism, S. 191-196.
119   Capie et al., »Development«, S. 6; King, »Challenges«, S. 1.
120   Marsh, Bundesbank.
121   Capie et al., »Development«, S. 50, definieren die Unabhängigkeit als »das Recht, die Geschäftspolitik ohne Konsultation mit der Regierung oder Konfrontation mit ihr zu ändern«.
122   Vgl. Cukierman et al., »Central Bank Independence«; Alesina und Summers, »Central Bank Independence«.
123   Wood, »Central Bank Independence«, S. 10f.
124   Zu einer Kritik an dieser Reform, siehe Gowland, »Banking on Change«.
125   Posen, »Why Central Bank Independence Does Not Cause Low Inflation«.
126   King, »Challenges«, S. 29f. Zur Haltung der Europäischen Zentralbank, siehe deren »Report on Electronic Money«, August 1998. Ich habe Martin Thomas für diesen Hinweis zu danken.
127   Friedman, »Future of Monetary Policy«.
128   Capie et al., »Development«, S. 35.
129   So die Argumente von Charles Goodhart, zusammengefaßt im *Economist*, 22. Juli 2000.
130   Capie et al., »Development«, S. 85–91.

SECHSTES KAPITEL

1   Homer und Sylla, Interest Rates, S. 118-121.
2   Shakespeare, Der Kaufmann von Venedig, Erster Akt, Dritte Szene.
3   Benjamin und Kochin, »War, Prices and Interest Rates«.
4   Barro, »Government Spending«, S. 228. Wie sich zeigen wird, stellen diese beiden Faktoren die historisch plausibleren Erklärungen für Ertragsschwankungen dar. Ferguson und Batley, »Event Risk«.
5   Vgl. Charles Davenant, Discourses on the Public Revenues and on the Trade of England (1698); Bonney, »Early Modern Theories«, S. 181f.
6   Nur Argentinien weist mit 0,98 eine stark positive Korrelation zwischen Schuldenlast und Renditen auf. Hier bin ich Richard Batley für seine Hilfe dankbar.
7   Zahlen der OECD.
8   Bordo und Deward, »Historical Bond Market Inflation Credibility«.
9   Keynes, Allgemeine Theorie der Beschäftigung des Zinses und des Geldes, S. 141f.
10   Musgrave und Musgrave, Public Finance in Theory and Practice, S. 544–564; Buckle und Thompson, UK Financial System, S. 180–199.
11   Masson und Mussa, »Long-Term Tendencies«, S. 28.
12   Ibid., S. 28f. Es stellt sich dann die Frage, ob in Reaktion auf die fiskalische Anspannung die reale Zinsrate oder das Wachstum stärker fällt. Vgl. Eltis, »Debts, Deficits«, S. 126–129.

13 Alesina,»End of Large Public Debts«, S. 57.
14 Tanzi und Lutz,»Interest Rates«, S. 233ff. Vgl. jedoch Dornbusch,»Debt and Monetary Policy«, S. 18.
15 Brown,»Episodes«, Tabelle 8.8.
16 Berechnet nach Goodhart,»Debt Management«.
17 Ibid., S. 5.
18 Sargent und Wallace,»Unpleasant Monetarist Arithmetic«. Siehe auch Woodford,»Control of the Public Debt«; Taylor,»Monetary Policy Implications«.
19 King,»Commentary«, S. 176f.; Dornbusch,»Debt and Monetary Policy«, S. 14. Eine weitere Komplikation resultiert daraus, daß es so zahlreiche Inhaber von Staatspapieren gibt; höhere Zinsen können ihre Einkommen stark in die Höhe treiben und expansive Wirkungen auslösen: Taylor, »Monetary Policy Implications«.
20 Sargent,»Stopping Moderate Inflations«, S. 121.
21 Barro,»Optimal Funding Policy«, S. 77; Alesina,»End of Large Public Debts«.
22 Goodhart,»Debt Management«, S. 43.
23 Statistical Abstract of the United States 2000, Tabelle 552.
24 *Financial Times*, 13. Oktober 1999.
25 Körner,»Public Credit«, S. 515.
26 Goldsmith, Modern Financial Systems, S. 170.
27 Körner,»Public Credit«, S. 520.
28 Hart,»United Provinces«, S. 311ff.; Parker,»Emergence«, S. 573.
29 Körner,»Public Credit«, S. 523.
30 Velde und Weir,»Financial Market«, S. 23.
31 Der Ausdruck stammt von James Riley, zitiert in Velde und Weir,»Financial Market«, S. 37.
32 White,»Failure to Modernise«, S. 31f.
33 Velde und Weir,»Financial Market«, S. 20f. Siehe auch S. 23.
34 Ibid., S. 18, 28.
35 Kennedy, Aufstieg und Fall, S. 141.
36 Bonney,»France, 1494-1815«, S. 136; idem,»Early Modern Theories«, S. 204.
37 North und Weingast,»Constitutions and Commitment«.
38 Wells und Wills,»Revolution, Restoration and Debt Repudiation«.
39 Velde und Weir,»Financial Market«, S. 25.
40 Ibid., S. 37. Die Autoren vertreten die scharfsinnige These, Ludwig XVI. hätte die Revolution durch Nichterfüllung von Zahlungsverpflichtungen verhindern können.
41 Bordo und White,»A Tale of Two Currencies«, S. 371.
42 White,»Making the French Pay«, S. 11f.
43 Siehe Balderston, German Economic Crisis, S. 250-265.
44 Borchardt,»Gewicht der Inflationsangst«; Schulz,»Inflationstrauma«. Neuerdings auch Voth,»True Cost of Inflation«.
45 Abelshauser,»Germany«, S. 139ff.
46 Alesina,»End of Large Public Debts«, S. 62. Zamagni,»Italy«, S. 200.
47 Eichengreen,»Discussion«, S. 83f.
48 Man könnte auch die Durchschnittszinsen für kurzfristige Verpflichtungen errechnen. Siehe dazu Mitchell und Deane, British Historical Statistics, S. 460.
49 Die berühmte Karikatur von James Gillray erschien am 22. Mai 1797.
50 Millard,»Examination«.
51 In den Jahren 1754 bis 1998 kam es in den folgenden Monaten zu den höchsten prozentualen Ertragssteigerungen von Konsols: November 1792 mit 14,76; März 1778 mit 14,73; März 1803 mit 12,88; Juni 1974 mit 12,88; März 1814 mit 12,15. Am heftigsten fiel die Rendite im September 1977 mit −17,84; im Oktober 1801 mit −13,76; im Juni 1919 mit −13,65; im März 1979 mit −12,32; im August 1762 mit −12,24.

52 Quellen: 1753–1823: Neal, Financial Capitalism, S. 241–257; 1824–1842: *Spectator*; 1843–1849: *Economist*; 1850–1914: Klovland,»Pitfalls«, S. 184f.; 1914–1962: Capie und Webber, Monetary History, S. 514–527; 1963–1998: ONS, Financial Statistics.
53 Nach NBER, 11021.
54 Gilbert, Twentieth Century, Bd. I, S. 690.
55 Angaben über die Erträge öffentlicher Anleihen in Deutschland zwischen 1928 und 1935 nach E. Wagemann, Konjunkturstatistisches Jahrbuch (1936), S. 113. Ich danke Herrn Dr. Joachim Voth, der mich mit diesen Zahlenreihen versorgt hat.
56 Frey und Kucher,»History as Reflected in Capital Markets«, bes. S. 478f.
57 Capie et al.,»Development«, S. 30.
58 Berechnet nach Daten aus dem *Economist*.
59 *Economist*, 31. März 1848.
60 Ibid., 17. Nov. 1854.
61 Ibid., 29. April 1859.
62 Lipman,»The City and the ›People's Budget‹«, S. 68ff.
63 Hier wurde jede Ausgabe des *Economist* ausgewertet, die ausdrückliche Erklärungen für Veränderungen der Preise für Konsols (oder deren Beständigkeit) enthielt. Die Deutungen wurden in Kategorien unterteilt. Es wurden 889 Artikel dieser Art berücksichtigt. Oftmals enthielt ein Beitrag mehrere Begründungen.

SIEBTES KAPITEL

1 Cobbett, Rural Rides, S. 121.
2 Zola, Der Totschläger, S. 13f.
3 Kaelble, Industrialisation and Social Inequality, Tabelle 1.5.
4 Feinstein,»Pessimism Perpetuated«, Anhang.
5 Rubinstein,»British Millionaires«, S. 207-209.
6 Siehe Cannadine, Class in Britain.
7 Heine,»Lutetia«, in: Sämtliche Schriften, Bd. V, S. 448ff.
8 Körner,»Public Credit«, S. 510.
9 Hocquet,»City-State«, S. 87–91.
10 Goldsmith, Modern Financial Systems, S. 167ff.
11 Ormrod,»England«, S. 136.
12 Schultz und Weingast,»Democratic Advantage«, S. 11, 24f.
13 Körner,»Public Credit«, S. 529.
14 Bosher, French Finances, S. 262, 265.
15 Hamilton,»Origin«, S. 121.
16 North und Weingast,»Constitutions and Commitment«.
17 Cobbett, Rural Rides, S. 150.
18 Ibid., S. 117.
19 Ibid., S. 38, 183.
20 Ibid., S. 66
21 Ibid., S. 160.
22 Ibid., S. 47.
23 Ibid., S. 34, 53.
24 Ibid., S. 92.
25 Ibid., S. 117.
26 Karl Marx, Das Kapital. Kritik der Politischen Ökonomie, Kapitel 24, S. 706.
27 Heine,»Ludwig Börne« in: Sämtliche Schriften, Bd. IV, S. 29f.
28 Pulzer, Die Entstehung des politischen Antisemitismus, S. 45ff.
29 Lane und Rupp (Hg.), Nazi Ideology before 1933, S. 31f.
30 Zum politischen Hintergrund, siehe Hilton, Corn, Cash and Commerce.

31 Ich danke J.F. Wright vom Trinity College, Oxford, der mir sein Zahlenmaterial zur Verfügung gestellt hat, das aus seinen Arbeiten im Archiv der Bank of England hervorgegangen ist.

32 Quelle: Global Financial Data.

33 Vergleiche Kapitel 2. Zu den Vereinigten Staaten, siehe Brown, »Episodes«, S. 235.

34 Quellen: J. F. Wright, private Kommunikation; Mitchell und Deane, British Historical Statistics, S. 8f., 392–399, 402–403; O'Brien, »Power with Profit«, S. 34f.; Mitchell, European Historical Statistics, S. 408.

35 Gallarotti, Anatomy.

36 Eichengreen, Golden Fetters, Kapitel 1.

37 Premierminister Gladstones Spekulationen mit osmanischen Anleihen, zu seiner Zeit nichts Außergewöhnliches, erbrachten nach der von ihm selbst befohlenen Invasion Ägyptens einen angenehmen Profit. Siehe unten, Kapitel 9.

38 Buxton, Finance and Politics, Bd. I, S. 30.

39 Lipman, »The City and the ›People's Budget‹«. Die Ereignisse von 1830 und 1909/10 werden genauer untersucht in Ferguson, The World's Banker, Kapitel 8 und 29.

40 Bordo und Rockoff, »Good Housekeeping«, S. 319f.

41 Flandreau et al., »Stability without a Pact?«

42 Maier, Recasting Bourgeois Europe. Vgl. auch idem, »Politics of Inflation«.

43 Alesina, »End of Large Public Debts«, S. 38f.

44 Ibid., S. 40.

45 Erhellend dazu Maier, »Interest Representation«, S. 247–260.

46 McKibbin, »Class and Conventional Wisdom«.

47 Keynes, Ein Traktat über Währungsreform, Berlin 1997, S. 4, 40.

48 Graham, Exchange, Prices and Production, bes. S. 289, 318-321, 324.

49 Holtfrerich, German Inflation, S. 271-278.

50 Feldman, Great Disorder, S. 46f., 816–819.

51 Wormell, Management, S. 662.

52 Morgan, Studies, S. 135.

53 Ibid., S. 136.

54 Balderston, »War Finance«, S. 236.

55 Bordo und Rockoff, »Adherence«.

56 Keynes, Die wirtschaftlichen Folgen des Friedensvertrages, München 1920, S. 192.

57 Keynes, Traktat, S. 30.

58 Siehe Feldman, Great Disorder, passim; Ferguson, Paper and Iron, S. 419-433.

59 Keynes, How to Pay for the War, S. 57-74.

60 Vgl. Dornbusch, »Debt and Monetary Policy«, S. 11, 15. Dornbusch spricht von einer durchschnittlichen realen Rendite der Konsols zwischen 1946 und 1980 von gerade einmal 0,48 Prozent.

61 Social Trends 1995, Tabelle 5.9.

62 Zu den Leistungen zählen Geldzahlungen, Erziehung, Gesundheitsfürsorge, Subventionen für Wohn- und Fahrtkosten, Schulmahlzeiten. Die Steuern umfassen Einkommenssteuer, staatliche Pflichtversicherung, örtliche und indirekte Abgaben.

63 Berechnet nach: Social Trends 1995, Tabelle 5.17. Die Zahlen beziehen sich auf das Jahr 1993.

64 Ich danke Martin Wolf von der Financial Times für dieses Zitat.

65 Duncan und Hobson, Saturn's Children, S. 77; vgl. S. 50, 52, 67.

66 Mickelthwait und Wooldridge, Future Perfect, S. 151.

67 Quelle: Solow, »Welfare«, S. 21.

68 Siehe Goodin et al., Real Worlds; Atkinson, Economic Consequences.

69 Vgl. beispielsweise Freeman, »Single Peaked vs. Diversified Capitalism«.

70   Zahlen der Website der Bank of England. Vgl. Goodhart, »Debt
     Management«, S. 43, Tabelle 8.
71   Goodhart, »Debt Management«, S. 41f.
72   *Economist*, 10. Jan. 1998.
73   Boskin, »Federal Deficits«, S. 78. Andere Voraussetzungen des Ricardo-Modells
     lauten: die Haushalte handeln rational, die Kapitalmärkte funktionieren
     uneingeschränkt, Einkommen und Steuerbelastung in der Zukunft sind
     bekannt, für Steuern werden Pauschalsummen angesetzt, Transaktionskosten
     bei Ausgabe und Einlösung von Anleihen werden nicht berücksichtigt:
     Velthoven et al., »Political Economy«, S. 9ff.
74   Musgrave, »Public Debt«, S. 144.
75   Broadway und Wildasin, »Long Term Debt Strategy«, S. 64.
76   Das folgende stützt sich stark auf Ferguson und Kotlikoff, »Degeneration of
     EMU«.
77   Es wird davon ausgegangen, daß die Nettosteuerzahlungen jeder der aufein-
     anderfolgenden Generationen (Generationskonten) um x Prozent größer als
     die der vorangegangenen Generation sind. X entspricht der Wachstumsrate
     der realen Entgelte pro Stunde. Die zukünftigen Raten des
     Bevölkerungswachstums und des Wirtschaftswachstums beruhen auf offiziel-
     len Projektionen.
78   Barro, Macroeconomics, S. 383.
79   Wer daran zweifelt, sollte bedenken: bliebe die Politik unverändert, dann
     würde der Anteil der Sozialkosten am US-Haushalt von einem Fünftel heute
     auf ein Drittel 2030 steigen.
80   Deutsche Bundesbank, »Opinion«, Tabelle 3 und 4.
81   Peterson, »Grey Dawn«.
82   *Economist*, 10. Juni 2000.
83   *Economist*, 4. März 2000.
84   Nach Kotlikoff und Raffelheuschen, »Generational Accounting«, könnte
     Thailand die Transferzahlungen der Regierung mehr als verdoppeln und sollte
     dies auch tun. Alternativ könnte es alle Steuern um ein Viertel kürzen oder
     die Einkommenssteuer ganz abschaffen.
85   Quelle: Economist, World in Figures, S. 17; McMorrow und Roeger,
     »Economic Consequences«.
86   Broadway und Wildasin, »Long Term Debt Strategy«, S. 39.
87   Tabellini, »Politics«, S. 70.
88   Harding, »Uninvited«, S. 3.
89   Thernstrom, »Plenty of Room for All«, *Times Literary Supplement*,
     26. Mai 2000.
90   *Economist*, 8. Juli 2000.
91   James, Globalisation and Its Sins, S. 195.
92   Ibid, bes. S. 168. Siehe auch O'Rourke und Williamson, Globalisation and
     History.

ACHTES KAPITEL

1   Siehe beispielsweise *Financial Times*, 11. Feb. 1999.
2   Matthew, Gladstone, S. 162–166.
3   Blake, Disraeli, dt. Ausgabe, S. 432 .
4   Hanham, Elections, S. 222f.
5   Blake, Disraeli, engl. Ausgabe, S. 704. Keine dieser Behauptungen hat späteren
    wissenschaftlichen Untersuchungen standgehalten.
6   Hanham, Elections, S. 228f.
7   Blake, Disraeli, S. 719.
8   Foster, Churchill, S. 117.

9   Vgl. Marsh, Chamberlain.
10 Clarke, Hope and Glory, S. 32.
11 Jeffrys, Retreat from New Jerusalem, S. 25.
12 Horne, Macmillan, S. 64f. Es wird oft übersehen, daß Macmillan anschließend vor der Inflation, also »dem Problem der steigenden Kosten«, warnte.
13 Ibid., S. 336.
14 Castle, Diaries, S. 149.
15 Lewis-Beck, Economics and Elections, S. 13.
16 Benn, Conflicts, S. 214.
17 Saatchi, »Happiness«, S. 10.
18 Thatcher, Downing Street No. 10: Die Erinnerungen, S. 312f.
19 Ibid., S. 392, 777, 786.
20 Lawson, View from No. 11, S. 245f.
21 Tebbit, Upwardly Mobile, S. 254.
22 Fowler, Ministers Decide, S. 282f.
23 Baker, Turbulent Years, S. 269, 277.
24 Ridley, Style of Government, S. 221. Siehe auch S. 21, 86, 196. Hervorhebung hinzugefügt.
25 King et al., New Labour Triumphs, S. 228. Vgl. Peter Kellner, »Major's Farewell to Feelgood Factor«, *Observer*, 30. März 1997.
26 You Can Only Be Sure With the Conservatives: The Conservative Manifesto 1997, S. 7.
27 Saatchi, »Happiness«, S. 13.
28 *The Times*, 24. April 1997.
29 *Financial Times*, 10. April 1997.
30 Will Hutton, *Observer*, 30. März 1997.
31 Siehe Butler und Kavanagh, Election of 1997, S. 303. Vgl. David Butler, »The Spinner's Web«, *Times Literary Supplement*, 15. Jan. 1999.
32 Saatchi, »Happiness«, S. 14.
33 Clarke, Hope and Glory, S. 32.
34 Castle, Diaries, S. 93.
35 Als Indikator wurde der Leitzins oder der Mindestzinssatz zum Monatsende der Bank of England gewählt.
36 Downs, Ökonomische Theorie der Demokratie, S. 27f.
37 Nordhaus, »Political Business Cycle«.
38 Tufte, Political Control, S. 12.
39 Brittan, »Excessive Expectations«, S. 251.
40 Jay, General Hypothesis.
41 Hibbs, »Political Parties«, Abbildung 8, S. 1482. Tatsächlich war der Unterschied zwischen den beiden Parteien mit 0,6 Prozent erstaunlich niedrig: Hätte man diese Berechnung zehn Jahre später angestellt, wäre die Differenz weit größer gewesen.
42 Zur Entwicklung der These von Hibbs, siehe Alesina und Sachs, »Political Parties and the Business Cycle«.
43 Clarke und Whiteley, »Perceptions«, S. 114.
44 Siehe bes. Persson und Svensson, »Stubborn Conservative«; Alesina, »Political Economy of the Budget Surplus«.
45 Alesina und Roubini, »Political Cycles«; Alesina, Cohen und Roubini, »Macroeconomic Policy«.
46 Norpoth, »Economy«, S. 317.
47 Zur Einführung in die Problematik, siehe Frey und Schneider, »Recent Research«.
48 Kramer, »Short-term Fluctuations«. Siehe auch Stigler, »General Economic Conditions«.
49 Fair, »Effect of Economic Events«.
50 Goodhart und Bhansali, »Political Economy«, S. 61ff.

51 Clarke und Whiteley,»Perceptions of Macroeconomic Performance«, S. 110.
52 Norpoth, Confidence Regained.
53 Ibid.
54 Ibid., S. 340.
55 Kirchgässner,»Economic Conditions«.
56 Lafay,»Political Dyarchy«, S. 131.
57 Ibid., S. 270, 272.
58 Ibid. S. 247.
59 Alt, Politics of Economic Decline, S. 49–55, 127.
60 Sinderman und Brody,»Coping«; Kiewiet und Kinder,»Economic Discontent«; Kiewiet, Macroeconomics and Micropolitics, bes. Tabellen 5.4 und 6.2, S. 64f., 89. Siehe auch Feldman,»Economic Self-Interest«.
61 Feldman und Conley,»Explaining Explanations«, Tabelle 1, S. 190.
62 Kramer,»Ecological Fallacy«; Markus,»Impact«, Tabelle 1, S. 146, 148.
63 Alt, Politics of Economic Decline, S. 14-20; Clarke, Stewart und Zuk,»Politics, Economics and Party Popularity«, Tabelle 5, S. 133. Zu den Vereinigten Staaten siehe auch Fiorina, Retrospective Voting, S. 41; Kiewiet, Macroeconomics and Micropolitics, Tabellen 4.1 und 4.2, S. 43ff. Siehe auch Powell und Whitten,»Cross-national Analysis«, S. 405; Anderson, *Blaming the Government.*
64 Mischler, Hoskin und Fitzgerald,»British Parties«, S. 222ff.
65 Norpoth, Confidence Regained, Tabelle 5.4, S. 74, Tabelle 9.1, S. 180.
66 Särlik und Crewe, Decade of Dealignment, S. 83, 87.
67 Franklin, Decline of Class Voting, Abbildung 4.6, S. 95; Tabelle 6.5, S. 147; Abbildung 7.2, S. 171; siehe auch Norris, Electoral Change, S. 141.
68 Vgl. für die Vereinigten Staaten: Key, Responsible Electorate, Tabelle 3.1, S. 35; Weatherford,»Economic Conditions«, Abbildung 2, S. 926; Fiorina, »Elections and the Economy«, S. 28–32; Lanoue, From Camelot, Tabelle 5.3, S. 81. Vgl. auch Evans (Hg.), End of Class Politics?
69 Vgl. Bloom und Price,»Voter Response«; Lau,»Two Explanations«; Lanoue, From Camelot, S. 80, und Tabelle 6.1, S. 95. Siehe auch Fiorina und Shepsle, »Negative Voting«.
70 Butler und Stokes, Political Change, S. 402ff. Vgl. zu den USA Key, Responsible Electorate.
71 Ibid., S. 336.
72 Kramer,»Short-term Fluctuations«. Vgl. Clarke und Stewart,»Prospections«.
73 Siehe auch Fiorina, Retrospective Voting; Kiewiet und Rivers,»Retrospective«.
74 Zu den amerikanischen Präsidentschaftswahlen , MacKuen et al.,»Peasants or Bankers«. Zum Senat und Kongreß, vgl. auch Kuklinski und West,»Economic Expectations«.
75 Sanders,»Why the Conservatives Won – Again«. Eine skeptische Ansicht über Erwartungen im britischen Kontext vertritt Alt,»Ambiguous Intervention«.
76 Norpoth, Confidence Regained, Tabelle 5.7, S. 80.
77 Nadeau et al.,»Prospective and Comparative«.
78 Downs, Ökonomische Theorie, S. 39-44; Lewis-Beck, Economics and Elections, bes. S. 49, 60, 72. Conover et al. zeigen jedoch, daß sich Zukunftserwartungen ebenso stark auf persönliche Annahmen wie auf Ereignisse in der Vergangenheit stützen:»Personal Underpinning of Economic Forecasts«.
79 Saatchi,»Happiness«, S. 13.
80 Haller und Norpoth,»Good Times«.
81 Alesina und Rosenthal,»Partisan Cycles«, S. 393. Siehe auch Alesina und Sachs,»Political Parties and the Business Cycle« sowie Chappel und Keech, »Explaining Aggregate Evaluations«.
82 Saatchi,»Happiness«, S. 13.
83 Ferguson,»Introduction«.

84 Norpoth,»Guns and Butter«, Tabelle 1, S. 951, und Tabelle 3, S. 956.
85 Sanders,»Government Popularity«; idem,»Why the Conservatives Won - Again«; Price und Sanders,»Economic Competence«; Sanders,»Conservative Incompetence«.
86 Sanders' Gleichung für die Phase 1979 bis 1997 lautet: Convote = 6.82 + 0.83Convotet-1 + 0.09Aggeconexptt – 0.33Taxt + 9.2FalklandsMay82 + 5.40FalklandsJune82 – 4.91Currency92 – 1.44Blair.
»Convote« ist die Wählerzustimmung für die Konservativen im laufenden Monat, die Konstante ist die Basiszahl der Zustimmung für die Partei, »Convotet-1« ist die Zustimmung für die Konservativen im Vormonat, »Aggeconexpt« heißt der Saldo der positiven oder negativen Erwartungen der Haushalte,»Taxt« steht für Veränderungen des Steuerindex,»Falklands May, June 82« drückt das Wachsen der Unterstützung für die Konservativen aufgrund des Falkland-Krieges aus,»Currency92« mißt die Abnahme der Zustimmung für die Konservativen infolge der Krise um den Europäischen Wechselkursmechanismus im September 1992,»Blair« steht für die Auswirkungen der Übernahme der Labour-Führung durch Tony Blair auf die Vorstellungen der Wähler über die Labour-Partei.
87 Siehe dazu Frank, Luxury Fever.
88 Scitovsky, Joyless Economy, bes. S. 133–145.
89 Erikson und Uusitalo,»Scandinavian Approach«, S. 197. Siehe auch Sen, »Capability and Well-being«, S. 38; Pinker, How the Mind Works, S. 392f.
90 Diener et al.,»Subjective Well-being«, S. 214.
91 Tobin und Nordhaus,»Is Growth Obsolete?«; Eisner,»Extended Accounts«.
92 Franklin,»Electoral Participation«, S. 227.
93 Webb,»Party Organisational Change in Britain«, S. 128.
94 Farrell,»Ireland«, S. 216.
95 Blais und Massicotte»Electoral Systems«, S. 106.
96 Noelle-Naumann und Köcher (Hg.), Allensbacher Jahrbuch, S. 783f.
97 Ibid., S. 822.
98 Ibid., S. 825.
99 Ibid., S. 889.
100 Ibid., S. 834.
101 *Le Monde*, 18. November 1999.
102 Rede auf dem Parteitag der Demokraten, 18. August 1956.

NEUNTES KAPITEL

1 Trollope, Phineas Finn, S. 49.
2 Mullen, Trollope, S. 514.
3 Hanham, Elections and Party Management, S. 265f., 277.
4 Trollope, The Prime Minister, S. 285-298; idem, The Duke's Children, S. 84-92.
5 *Guardian*, 30. Juli 1997.
6 *Financial Times*, 28. April 1999.
7 *Financial Times*, Juli 1999.
8 *Financial Times*, 14. Juli 1999.
9 *washingtonpost.com*, 15 September 1997.
10 Hanham, Elections and Party Management, S. 249ff.
11 Kingdom, Government and Politics, S. 322.
12 Quelle: Pinto-Duchinsky, British Political Finance, Tabellen 11, 15, 21, 23, 25, 28, 31, 38; Butler und Butler, British Political Facts, S. 133, 151.
13 Farrell,»Ireland«, S. 222, 234.
14 Koole,»Vulnerability of the Modern Cadre Party«, S. 297.
15 *Financial Times*, 15./16. Mai 1999; *Economist*, 31. Juli 1999; *Prospect*, März 2000, S. 37.

16 Katz, »Party Organisations«, S. 129f.
17 Statistical Abstract of the United States 1999, Tabellen 492, 493, 496, 497, 498, 499.
18 *washingtonpost.com*, 15. September 1997.
19 Butler und Butler, British Political Facts, S. 132.
20 Budge et al., New British Politics, S. 385.
21 Müller, »Development of Austrian Party Organisations«, S. 64ff.
22 Bille, »Denmark«, S. 137.
23 Koole, »Vulnerability of the Modern Cadre Party«, S. 287.
24 Svasand, »Norwegian Party Organisations«, S. 313f.
25 Pierre und Widfeldt, »Party Organisations in Sweden«, S. 341.
26 Katz, »Party Organisations and Finance«, S. 114.
27 Deschouwer, »Decline of Consociationalism«, S. 102.
28 Farrell, »Ireland«, S. 222, 234.
29 Webb, »Party Organisational Change in Britain«, S. 117.
30 Coxall und Robins, Contemporary British Politics, S. 130.
31 »Known company donations to UK political parties«, *Labour Research*.
32 Bogdanor, Power and the People, S. 150.
33 Kingdom, Government and Politics, S. 327.
34 Coxall und Robins, Contemporary British Politics, S. 117.
35 Centre for Responsive Politics, »Money in Politics Alert«, 18 Oct. 1999, www.opensecrets.org/alerts/v5.
36 *Economist*, 31. Juli 1999.
37 Gibbon, Decline and Fall of the Roman Empire, Kapitel 21.
38 Matthew, Gladstone, 1875–1898, S. 14 Anmerkung, 135f., 375f. Matthews Zahlen sind nicht ganz konsistent.
39 Vgl. Leigh und Vulliamy, Sleaze.
40 Butler und Butler, British Political Facts, S. 203.
41 Pollard und Adonis, Class Act, S. 115f.
42 Harding et al., The Liar.
43 *Independent on Sunday*, 30. Nov. 1997.
44 Bogdanor, Power and the People, S. 155. Siehe auch Pinto-Duschinsky, British Political Finance, S. 40f., 55.
45 *Guardian*, 8. Juli 1997, 9. Juli 1998, 13. Juli 1998.
46 *Daily Telegraph*, 17. Nov. 1997; *The Times*, 14. Nov. 1997; *Independent*, 27. Nov. 1997.
47 Vgl. etwa die vom »Nolan Committee« verkündeten »sieben Prinzipien des öffentlichen Lebens«.
48 Ibid, S. 107–116.
49 Katz und Kolodny, »Party Organisation as an Empty Vessel«, S. 32ff.
50 Herrnson, »High Finance of American Politics«, S. 17–40.
51 Mair, »Party Organisations«, S. 10.
52 Bardi und Morlino, »Italy«, S. 260.
53 *Independent*, 9. Dez. 1999. Siehe auch: *Economist*, 29 Jan. 2000.
54 Giddens, *Runaway World*, S. 77.
55 *Prospect*, April 2000, S. 53.
56 Vincent, Formation.

ZEHNTES KAPITEL

1 Wolfe, Fegefeuer der Eitelkeiten, S. 12.
2 *Financial Times*, 4. Feb. 1998.
3 Um 0,35 Prozent (ein Prozent = 100 Basispunkte).
4 Ibid. Vgl. Roberts, Inside International Finance, S. 36.
5 Siehe Lewis, Liar's Poker.

6 *The Economist*, 17. Jan. 1998, S. 115.
7 Bank of International Settlements, Annual Report 1999, Tabelle VI.5.
8 Ibid., Tabelle VII.2.
9 Ibid., Tabelle VI.3.
10 Ibid., Tabelle VII.5.
11 Zahlen der Federal Reserve Bank of St. Louis.
12 Siehe Girault, Emprunts russes.
13 Kynaston, City, Bd. II, S. 271f.
14 Warburg, Aufzeichnungen, S. 19.
15 Drazen, »Towards a Political-Economic Theory«.
16 Körner, »Public Credit«, S. 507–521; Ormrod, »West European Monarchies«, S. 122f.;
17 Goldsmith, Modern Financial Systems, S. 157ff., 167ff.
18 Neal, Financial Capitalism, S. 1–43.
19 Muto, »Spanish System«, S. 246-249.
20 Goldsmith, Modern Financial Systems, S. 194.
21 Neal, Financial Capitalism, S. 62-88.
22 Ibid., S. 147f., 211; Wright, »Contribution«, S. 658, 667.
23 Ferguson, World's Banker, Kapitel 1.
24 Körner, »Public Credit«, S. 533f.
25 Kennedy, Aufstieg und Fall, S. 127.
26 Bonney, »Struggle«, S. 382.
27 Ibid., S. 364f.
28 Neal, Financial Capitalism, S. 180-190.
29 Ibid., S. 190-222.
30 Ferguson, World's Banker.
31 Sylla, »US Financial System«, S. 259ff.
32 Bosher, French Finances, p 316.
33 Bonney, »Struggle«, S. 364f.
34 Ibid., S. 351ff.
35 Chapman, »Establishment«, S. 20.
36 Zu den Einzelheiten siehe Ferguson, World's Banker.
37 Diese mag daran gelegen haben, daß parlamentarische Institutionen und ihre Garantien im Vergleich zu Monarchien und Dynastien als weniger vergänglich galten, was allerdings nur im britischen Fall den Tatsachen entsprach. Ich habe William Goetzmann zu danken, der mich darauf hingewiesen hat. Im Rothschild Archive, London, XI/109/10/3/4, befinden sich die undatierten Dokumente zum preußischen Anleihewunsch von Ende 1817.
38 Klein, »30-Millionen-Anleihe«, S. 582.
39 Thielen, Hardenberg, S. 358.
40 Ferguson, World's Banker, Kapitel 4.
41 Disraeli, Coningsby oder die neue Generation, Zürich 1992, S. 268.
42 Prawer, Heine's Jewish Comedy, S. 146f.
43 Dawson, First Latin American Debt Crisis.
44 Bordo und Eichengreen, »International Economic Environment«, S. 4.
45 Lewis, Liar's Poker, S. 59.
46 Jardin und Tudesq, Restoration, S. 68f.
47 Bordo und White, »A Tale of Two Currencies«, S. 371.
48 Ferguson, World's Banker, S. 491.
49 Flandreau, »The Bank, the States and the Market«, S. 29.
50 Quelle: *Economist* (mit Ausnahme der Zahlen für 1830, die auf Daten aus dem Rothschild-Archiv und dem Spectator basieren).
51 Rothschild Archive London, XI/109J/J/30, James und Salomon, Paris, an Nathan, London, 10. Okt. 1830.
52 Rothschild Archive, London, XI/109J/J/30, James, Paris, an Salomon, Wien, 24. Nov. 1830.

53 Rothschild Archive London, XI/109J/J/30, James und Salomon, Paris, an Nathan, London, 9. Aug. 1830.

54 Rothschild Archive London, XI/109/71/4, Nathan in Paris an seine Brüder in London, undatiert, etwa April 1849.

55 Castellane, Journal, Bd. V, S. 240.

56 Tatsächlich sollte sich James' auf Baisse gerichtete Prognose bis zum Ausbruch des Krieges mit Deutschland als falsch erweisen.

57 Royal Archives, Windsor Castle, Y67/6, Leopold, Wiesbaden, an Victoria, 19. Sept. 1840.

58 Monypenny und Buckle, Disraeli, Bd. IV, S. 225.

59 Roberts, Salisbury, S. 53.

60 Taylor, Struggle, S. 156.

61 Bismarck, Die gesammelten Werke, Bd. 14,1: Briefe 1822-1861, Berlin 1933, S. 343, Brief an Leopold von Gerlach vom 3. Februar 1854.

62 Stern, Gold und Eisen, S. 384.

63 Einaudi, »Money and Politics«, S. 50, 52.

64 Feis, Europe.

65 Edelstein, Overseas Investment, S. 24ff., 48, 313ff. Vgl. *Financial Times*, 6. Mai 1997.

66 Kindleberger, Financial History, S. 225.

67 O'Rourke und Williamson, Globalisation and History, S. 208.

68 Pollard, »Capital Exports«, S. 491f.

69 Edelstein, Overseas Investment, S. 24ff., 48, 313ff.

70 O'Rourke und Williamson, Globalisation and History, S. 230.

71 Edelstein, Overseas Investment.

72 O'Rourke und Williamson, Globalisation and History, S. 227. Vgl. Davis und Huttenback, Mammon and the Pursuit of Empire, S. 81–117; Pollard, »Capital Exports«, S. 507.

73 O'Rourke und Williamson, Globalisation and History, S. 231.

74 Davis und Huttenback, Mammon, S. 107.

75 Siehe Shaw, »Ottoman Expenditures«, S. 374ff.; Issawi, Economic History of the Middle East, S. 94–106; Hershlas, Introduction, S. 53–66; Owen, Middle East, S. 106.

76 Siehe Crouchley, Economic Development, S. 274–278; Issawi, Economic History of the Middle East, S. 439–445; Hershlas, Introduction, S. 99–122.

77 Zu den Einzelheiten: Ferguson, World's Banker, Kapitel 25.

78 Crouchley, Economic Development, S. 276.

79 Hershlas, Introduction, S. 104f.

80 Issawi, Economic History of the Middle East, S. 439–445; Hershlas, Introduction, S. 113–122.

81 Crouchley, Economic Development, S. 274ff.

82 Lindert und Morton, »How Sovereign Debt Has Worked«.

83 Shaw, »Ottoman Expenditures«, S. 374ff.

84 Bayoumi, »Saving-Investment Correlations«; Zevin, »World Financial Markets«; Taylor, »International Capital Mobility«. Vgl. O'Rourke und Williamson, Globalisation and History, S. 215f.

85 Neal, »Integration of Capital Markets«.

86 Michie, »Invisible Stabiliser«, S. 10–14.

87 O'Rourke und Williamson, Globalisation and History, S. 220.

88 Flandreau et al., »Stability without a Pact«, S. 128, 145.

89 Ibid., S. 147 Anmerkung.

90 Bordo und Rockoff, »Good Housekeeping«, S. 337.

91 Bloch, Is War Now Impossible?, S. XLV.

92 Lindert und Morton, »How Sovereign Debt Has Worked«, S. 3, 20–24.

93 Lewis, Liar's Poker, S. 197.

94 Angell, Die große Täuschung, S. 37ff.

95 Immanuel Geiss, Julikrise und Kriegsausbruch 1914, 1. Teil, Bonn-Bad Godesberg 1976, S. 322f., Dok. 254, Grey an Bunsen.
96 Ibid., S. 349, Dok. 281, Lichnowsky an Jagow über seine Unterredung mit Grey.
97 Siehe Ferguson, Der falsche Krieg, Kapitel 10.
98 Apostol et al., Russian Public Finances, S. 320–322.
99 Hardach, First World War, S. 148.
100 Berechnet nach Angaben in Morgan, Studies, S. 317, 320f.
101 Taylor,»International Capital Mobility«, S. 5.
102 Bordo und Rockoff,»Adherence to the Gold Standard«, Tabelle 1.
103 Ibid., S. 19f.
104 Schuker,»American Reparations‹«.
105 Lindert und Morton,»How Sovereign Debt Has Worked«, S. 5.
106 Feinstein und Watson,»Private International Capital Flows«; James, Globalisation and Its Sins, S. 50.
107 Temin, Origins of the Great Depression.
108 Ritschl,»Sustainability of High Public Debt«.
109 Lindert und Morton,»How Sovereign Debt Has Worked«, S. 6.
110 James, Globalisation and Its Sins, S. 140.
111 James,»Ende der Globalisierung«, S. 71; James, Globalisation and Its Sins, S. 48, 145.
112 Zevin,»World Financial Markets«, S. 47; Economist, World in Figures, S. 38, 52.
113 Taylor,»International Capital Mobility«, S. 3; Eichengreen und Hausmann,»Exchange Rates and Financial Fragility«, S. 27.
114 Obstfeld und Taylor,»Great Depression as a Watershed«, S. 359; James,»Ende der Globalisierung«, S. 63. Siehe auch Taylor,»International Capital Mobility«, S. 5 und Tabelle 1.
115 O'Rourke und Williamson, Globalisation and History, S. 30.
116 Ibid., S. 35f., 98f.
117 Ibid., S. 11.
118 Micklethwait und Wooldridge, Future Perfect, S. 51.
119 O'Rourke und Williamson, Globalisation and History, S. 119.
120 Ibid., S. 122.
121 Fischer et al., Sozialgeschichtliches Arbeitsbuch, Bd. I, pp.34f.
122 O'Rourke und Williamson, Globalisation and History, S. 119, 155.
123 Ibid., S. 225, 240–245.
124 Micklethwait und Wooldridge, Future Perfect.
125 Giddens, Runaway World.
126 Micklethwait und Wooldridge, Future Perfect, S. 257.
127 Die meisten technischen Innovationen haben ihren Ursprung in nur fünf Staaten. In diesen leben zehn Prozent der Weltbevölkerung; doch kamen 1997 von dort 87 Prozent aller neuen Patente und etwa zwei Fünftel des »Weltgesamtprodukts«: Jeffrey Sachs,»A New Map of the World«, Economist, 24. Juni 2000.
128 Vgl. O'Rourke und Williamson, Globalisation and History, Kapitel 6, 10; Crafts,»Globalisation and Growth«, S. 50-52; James,»Ende der Globalisierung«, S. 78.
129 Siehe bes. Bordo et al.,»Globalisation Today«.
130 Ibid., S. 10; Crafts,»Globalisation and Growth«, S. 25.
131 Quelle: Crafts,»Globalisation and Growth«, S. 26, 27, 30. Die britischen Auswandererzahlen stammen allerdings aus Mitchell, European Historical Statistics, S. 5,8,47; Social Trends, 1995, S. 23, Tabelle 1.14.
132 Thomas L. Friedman, Globalisierung verstehen. Zwischen Marktplatz und Weltmarkt, Berlin 1999, S.129.

ELFTES KAPITEL

1   Fleming, Goldfinger, Bern/München/Wien 1992, S. 36f., 41,115. Als Sproß der Bankiersdynastie Fleming war der Autor in diesen Angelegenheiten nicht völlig ahnungslos.

2   Zu den auf dem Goldmarkt üblichen Gewichtsmaßen: 1 Unze entspricht 31,10348 Gramm; 1 Tonne entspricht 1.000.000 Gramm, also 32.150,7 Unzen.

3   Im Juni 2000 waren die Goldreserven der Eurozone beträchtlich höher als jene der USA (115 Milliarden $ gegenüber 75 Milliarden $). Deutschland, Frankreich, die Schweiz und Italien verfügten jeweils über Goldreserven von etwa zwanzig bis dreißig Milliarden $, Großbritannien hatte nur 5,6 Milliarden $: *Economist*, 17. Juni 2000.

4   Roth, »View from Switzerland«.

5   Vgl. Ware, »IMF and Gold«.

6   Siehe Bordo und Schwartz, »Changing Relationship«, S. 21f.

7   *Financial Times*, 28. Sept. 1999.

8   Berechnet nach Zahlenmaterial in McCaffrey und Lamarque, »Gold«.

9   Harmston, »Gold as a Store of Value«, S. 29.

10 Green, World of Gold, S. 357–362.

11 Harmston, »Gold as a Store of Value«, S. 5.

12 Harmston, »Gold as a Store of Value«, S. 5.

13 Ich danke Henry Gillett von der Bank of England für diese Information.

14 Harmston, »Gold as a Store of Value«, S. 38.

15 Ibid., S. 41–45.

16 Quelle: Global Financial Data.

17 Peels Gesetz vom 2. Juli 1819 verpflichtete Großbritannien zur Rückkehr zum Goldstandard und zur Wiederaufnahme des Wechselkurses, der vor seiner Aufhebung am 26. Februar 1797 bestand.

18 Das Abkommen von Bretton Woods wurde im Juli 1944 unterzeichnet. Die stufenweise Einführung des Systems dauerte bis 1959.

19 Obstfeld, »International Currency Experience«. Ein einfacher Maßstab der Kaufkraft verschiedener Währungen ist der »Big Mac«-Index des *Economist*; er gründet sich auf den Vergleich der Preise des Standard-Hamburgers von McDonald. Danach waren die meisten asiatischen, lateinamerikanischen und osteuropäischen Währungen gegenüber dem Dollar unterbewertet: *Economist*, 29. April 2000.

20 Siehe Krugman, Return of Depression Economics. Selbstverständlich läßt sich die These vertreten, daß die asiatische Krise Ergebnis des Versuchs war, die Wechselkurse zu stützen.

21 Yeager, »Fluctuating Exchange Rates«.

22 Copper, »Gold Standard«, S. 4; Bordo und Kydland, »Gold Standard as a Commitment Mechanism«, S. 72–75.

23 Eichengreen und Flandreau »Geography«, Tabelle 2.

24 Drummond, Gold Standard, S. 12.

25 Ford, Gold Standard.

26 McCloskey und Zecher, »How the Gold Standard Worked«.

27 Bloomfield, Monetary Policy.

28 Bordo und Schwartz, »Changing Relationship«, S. 15.

29 Bordo, »Classical Gold Standard«, S. 152, 167.

30 Zahlen für Großbritannien finden sich in Bordo, »Classical Gold Standard«, S. 168 und Tabelle 5.1.

31 Bordo, »Gold as a Commitment Mechanism«, S. 21.

32 Flandreau, L'Or du monde. Siehe auch von diesem Autor »Règles de Pratique«, »French Crime of 1873« und »Essay on the Emergence«.

33 Es kann nicht gleichgültig sein, daß die besten Wirtschaftswissenschaftler,

darunter Marshall und Wicksell, für eine Reform des Goldstandards eintraten.

34 Bordo und Schwartz,»Monetary Policy Regimes«, S. 18, 72.
35 Green,»Central Bank Gold Reserves«.
36 Vilar, History of Gold, S. 319ff.
37 Cooper,»Gold Standard«, S. 18.
38 Ford, Gold Standard, S. 25. Zur Kritik an der Auffassung, daß internationale Währungssysteme die Vormachtstellung eines Landes voraussetzen, siehe Eichengreen,»Hegemonic Stability Theories«.
39 Eichengreen, Golden Fetters, S. 73.
40 Capie et al.,»Development«, S. 11.
41 Bordo und Kydland,»Gold Standard as a Commitment Mechanism«, S. 56; Bordo und Rockoff,»Good Housekeeping«, S. 321; Bordo und Schwartz, »Monetary Policy Regimes«, S. 10.
42 Bordo,»Gold as a Commitment Mechanism«, S. 7.
43 Bordo und Kydland,»Gold Standard as a Commitment Mechanism«, S. 68, 77.
44 Siehe Bordo und Schwartz,»Monetary Policy Regimes«, S. 11.
45 Bordo und Rockoff,»Good Housekeeping«, S. 327, 347f.
46 Bordo und Rockoff,»Adherence to the Gold Standard«, S. 28.
47 Bordo und Schwartz,»Monetary Policy Regimes«, S. 71f.; Bordo und Jonung, »Return to the Convertibility Principle«; Bordo und Dewald,»Historical Bond Market Inflation Credibility«.
48 Eichengreen und Hausmann,»Exchange Rates«, S. 35.
49 Mundell,»Prospects«, S. 31.
50 Bordo und Schwartz,»Monetary Policy Regimes«, S. 62.
51 Siehe Obstfeld,»International Currency Experience«.
52 Keynes, Ein Traktat über die Währungsreform, Berlin 1997 (1924) , S. 177.
53 Zur Definition dieses Begriffs: Schwartz,»Real and Pseudo-financial Crises«, S. 11; Bordo,»Financial Crises«, S. 190f.; Minsky,»Systematic Fragility«; Kindleberger, Manias, Panics and Crashes.
54 Goodhart und Delargy,»Financial Crises«.
55 Bordo und Eichengreen,»International Economic Environment«, passim; Bordo et al.,»Globalisation Today«, S. 47–56.
56 Eine Zusammenfassung der Literatur dazu findet sich in Bayoumi et al, »Introduction«, S. 7f., 11f.
57 Eichengreen und Hausmann,»Exchange Rates and Financial Fragility«, S. 28.
58 Bordo und Eichengreen,»International Economic Environment«, S. 15. Vgl. auch Wood,»Great Crashes in History«.
59 Nur China, Spanien, die Türkei und die Sowjetunion hatten keinen Goldstandard: Bordo und Schwartz,»Changing Relationship«, S. 18; Bordo und Rockoff,»Adherence to the Gold Standard«, S. 14.
60 Eichengreen, Golden Fetters. Vgl. Eichengreen und Sachs,»Exchange Rates and Economic Recovery«.
61 Einen vorzüglichen Überblick bietet Bordo,»Bretton Woods«.
62 Bordo und Schwartz,»Changing Relationship«, S. 19; Bordo,»Gold as a Commitment Mechanism«, S. 17; Bordo und Schwartz,»Monetary Policy Regimes«, S. 19.
63 Bordo,»Bretton Woods«, S. 83. Siehe jedoch den kritischen Beitrag von Cooper im gleichen Band, S. 106. Vgl. Zevin,»World Financial Markets«, S. 56–68.
64 Bordo und Schwartz,»Changing Relationship«, S. 24f.
65 Krugman, Depression Economics, S. 96ff.
66 McKinnon und Pill,»International Overborrowing«; Eichengreen und Hausmann,»Exchange Rates and Financial Fragility«, S. 20f.
67 Das Argument, dies solle Aufgabe des IWF sein, vertritt Allan Meltzer in seinem Bericht an den US-Kongreß (*Economist*, 19. März 2000). Capie behauptet,

ohne ein »Weltgeld« könne keine Institution alle internationalen Märkte mit Liquidität ausstatten: Capie, »International Lender of Last Resort«. Skeptisch äußern sich Bordo und Schwartz, »Measuring Real Economic Effects from Bailouts«.

68 McKinnon, »East Asian Dollar Standard«.
69 Cooper, »Monetary System for the Future«.
70 Siehe Bergsten, »America and Europe«, S. 20, 22, 26, 27.
71 Das folgende stützt sich auf Ferguson und Kotlikoff, »Degeneration of EMU«. Ich habe Laurence Kotlikoff für seine kritischen Bemerkungen zu danken.
72 Quelle: Global Financial Data.
73 Buiter, »Alice in Euroland«.
74 Flandreau, »The Bank, the States and the Market«.
75 Schubert, »Dissolution«; Bordes, Austrian Crown, S. 40–45.
76 Einaudi, »Money and Politics«, Kapitel 3.
77 Einaudi, »Monetary Unions«.
78 Ibid., S. 353. Cohen, »Beyond EMU«, S. 191.
79 Ferguson und Kotlikoff, »Degeneration of EMU«.
80 Siehe die Einwände in Cohen, »Beyond EMU«; Feldstein, »Political Economy«; Obstfeld, »EMU: Ready or Not?«; Lal, »EMU and Globalisation«.
81 Neal, »Shocking View«, S. 327f.
82 Deutsche Bundesbank, »Opinion«.
83 Tatsächlich zeigen Eichengreen und Wyplosz, »Stability Pact«, S. 91, daß in Europa das Gegenteil der Fall ist.
84 Bovenberg et al., »Economic and Monetary Union«, S. 141; Winckler et al., »Deficits, Debt and European Monetary Union«, S. 265; Hagen, »Discussion«, S. 278.
85 Goodhart, »Two Concepts«, S. 408ff.
86 Unter Preisstabilität wird eine Inflationsrate zwischen null und zwei Prozent im Jahr verstanden.
87 King, »Commentary«; Winckler et al., »Deficits, Debt and European Monetary Union«, S. 273.
88 Bovenberg et al., »Economic and Monetary Union«, S. 142ff.; Sims, »Precarious Fiscal Foundations«, S. 15.
89 Vgl. Bordo und Jonung, »The Future of EMU«, S. 30; Berthold et al., »Real Wage Rigidities«.
90 Eichengreen und Wyplosz, »Stability Pact«, S. 103.

ZWÖLFTES KAPITEL

1 Tocqueville, Über die Demokratie in Amerika, München 1976. S. 5, 9.
2 Fukuyama, Das Ende der Geschichte, München 1992.
3 Hegel, Vorlesungen über die Philosophie der Weltgeschichte, Bd. 1, Leipzig 1944, S. 47-56, 89-128.
4 Zitiert nach Sheehan, Der Ausklang des alten Reiches. Deutschland seit dem Ende des Siebenjährigen Krieges bis zur gescheiterten Revolution 1763 bis 1850. Propyläen Geschichte Deutschlands, Bd. 6, Berlin 1994, S. 192f.
5 Fukuyama, »Capitalism and Democracy«, S. 106ff.
6 Fukuyama, Der große Aufbruch.Wie unsere Gesellschaft eine neue Ordnung erfindet, Wien 2000, S. 372.
7 Olson, Power and Prosperity, S. 8f.
8 Ibid., S. 17.
9 Ibid., S. 187, 192f. Vgl. idem, Rise and Decline; idem, »Big Bills Left on the Sidewalk«, bes. S. 19f.
10 Douglass C. North, Institutionen, institutioneller Wandel und Wirtschaftsleistung. Tübingen 1992, S. 61.

11 Sen, Amartya: Ökonomie für den Menschen. Wege zu Gerechtigkeit und Solidarität, München/Wien 2000, S. 184-187.
12 Shin, »Democratisation«, S. 156f.
13 Shleifer, »Government in Transition«.
14 Przeworksi, »Neoliberal Fallacy«, S. 51.
15 Tocqueville, Demokratie, S. 10, 13.
16 Ibid., S. 799.
17 Ibid., S. 814f.
18 Tocqueville, Der alte Staat und die Revolution, Bremen 1959, S. 258.
19 Jardin, Tocqueville, S. 427-461.
20 Przeworski, »Neoliberal Fallacy«, S. 52f.
21 Institute for Democracy and Electoral Assistance, Annual Report 1998, S. XI.
22 Ward et al., »Spatial and Temporal Diffusion«, S. 3.
23 Modelski und Perry, »Democratisation in Long Perspective«, S. 23.
24 Herodot, Geschichte, Stuttgart 1884, S. 390f.
25 Schumpeter, Kapitalismus, Sozialismus und Demokratie, 6. A., Tübingen 1987, S. 302.
26 Hayek, Der Weg zur Knechtschaft.
27 Vgl. Bollen, »Issues«; idem, »Liberal Democracy«.
28 Lipset, »Social Requisites Revisited«, S. 8f.
29 Barro, »Determinants«, S. 36.
30 Karatnycky, »The Decline of Illiberal Democracy«, S. 123.
31 Lipset, »Social Requisites«, S. 75-85.
32 Ibid., S. 103.
33 Lipset, »Social Requisites Revisited«, S. 8f.; idem et al., »Comparative Analysis«, S. 165-171.
34 Bollen und Jackman, »Political Democracy«.
35 Przeworski et al., »What Makes Democracies Endure?«, S. 41, 49.
36 Bordo, »Determinants«, S. 1.
37 Friedman, »Other Times, Other Places«, S. 2, 29. Siehe auch S. 54, 86.
38 Lipset, »Social Requisites Revisited«, S. 16.
39 Lipset, »Social Requisites Revisited«, S. 17. Vgl. aber auch die gegenteilige Sicht in Przeworski et al., »What Makes Democracies Endure?«, S. 42.
40 Muller, »Democracy, Economic Development and Income Inequality«; idem, »Economic Determinants of Democracy«. Siehe auch Muller und Seligson, »Civic Culture and Democracy«; Przeworski et al., »What Makes Democracies Endure?«
41 Przeworski et al., »What Makes Democracies Endure?«, S. 42.
42 Joll, Europe since 1870, S. 357.
43 Siehe Schiel, »Pillars of Democracy«. Ich danke Juliane Schiel für ihre Mitarbeit.
44 Quellen: Lethbridge, »National Income«, S. 542, 555, 571, 575, 582, 592; Flora et al., State, Economy and Society, Bd. II, S. 370-400; Mitchell, European Historical Statistics, S. 409-416.
45 Quellen wie in Anmerkung 44.
46 Gasiorowski, »Economic Crisis and Political Regime Change«, S. 883f., 892.
47 Berechnet nach Angaben in Rummel, Lethal Politics, sowie Mitchell, European Historical Statistics.
48 Easterly und Fischer, »Soviet Economic Decline«.
49 Przeworski berichtet, von zwanzig Untersuchungen, die er analysiert habe, seien acht zu dem Ergebnis gelangt, Demokratie sei für das Wachstum besser als eine autoritäre Form der Herrschaft, acht stellten das Gegenteil fest, vier sahen keinen Unterschied. Przeworski, »Neoliberal Fallacy«, S. 52.
50 Landes, Wohlstand und Armut der Nationen, Berlin 1999, S. 233ff.
51 Ibid., S. 233.

52 Schwarz, »Democracy and Market-oriented Reform«.
53 Alesina und Rodrik, »Distributive Policies and Economic Growth«.
54 Bordo, »Determinants«, S. 37.
55 Barro, »Determinants«, S. 2f.
56 Eichengreen, Golden Fetters, S. 9, 25, 92-97. Vgl. Lipset, »Social Requisites«, S. 91f.
57 Bordo, »Determinants«, S. 34.
58 Alesina et al., »Political Instability«, S. 21f.
59 Hansard, 11. Nov. 1947, col. 206.
60 Max Weber, Die protestantische Ethik und der Geist des Kapitalismus, in: idem, Die protestantische Ethik (Hg. J. Winckelmann), 8. A., Gütersloh 1991 S. 165.
61 Ibid, S. 18.
62 Weber betrachtete »die rationale Lebensführung auf Grundlage der *Berufsidee*, [...]aus dem Geist der *christlichen Askese*, [als] wesentliche[s] Element[...] der [...] als Geist des Kapitalismus bezeichneten Gesinnung«: ibid., S. 187. Doch räumte er anderswo, ibid., S. 59f., den irrationalen Charakter dieser »christlichen Askese« ein: »Der ›Idealtypus‹ des kapitalistischen Unternehmers [hat nichts] von seinem Reichtum für seine Person, – außer: der irrationalen Empfindung guter ›Berufserfüllung‹ [...] Das ist in der Tat die einzig zutreffende Motivierung, und sie bringt zugleich das, vom persönlichen Glücksstandpunkt aus angesehen, so *Irrationale* dieser Lebensführung, bei welcher der Mensch für sein Geschäft da ist, nicht umgekehrt, zum Ausdruck.« Noch problematischer war Webers schneidender Seitenhieb gegen die Juden, die offensichtlich nicht in seine Beweisführung paßten: »Das Judentum stand auf der Seite des politisch oder spekulativ orientierten ›Abenteurer‹-Kapitalismus: sein Ethos war, mit einem Wort, das des *Paria*-Kapitalismus, – der Puritanismus trug das Ethos des rationalen bürgerlichen *Betriebs* und der rationalen Organisation der *Arbeit* : ibid., S. 174. Auch war Weber erstaunlich blind für den Erfolg katholischer Unternehmer in Frankreich, Belgien und anderswo.
63 Vgl. etwa Lal, Unintended Consequences.
64 Landes, Wohlstand und Armut, passim. Siehe auch Sacks, Morals and Markets.
65 Huntington, Der Kampf der Kulturen, München/Wien 1996.
66 Source: Barro, »Determinants«, S. 48.
67 Idem et al., »Comparative Analysis«, S. 165-71. Siehe auch Bollen, »Political Democracy«; Bollen und Jackman, »Political Democracy and the Size Distribution of Income«.
68 Ibid.
69 Vgl. etwa de Soto, Mystery of Capital.
70 North, Institutions, bes. S. 96-103, 113f., 127f., 139f.
71 Vgl. neuerdings Phillips, Cousins Wars.

DREIZEHNTES KAPITEL

1 Sombart, Die Juden und das Wirtschaftsleben.
2 Mark Mazower, Der dunkle Kontinent. Europa im 20. Jahrhundert, Berlin 2000, Kapitel 2.
3 Schiel, »Pillars of Democracy«, zitiert aus Otto Junghahn, Minorities in Europe, New York 1932, S. 114–119.
4 Ash, Zeit der Freiheit, München/Wien 1999, S. 404.
5 Siehe Davies, The Isles. Kritisch dazu: Clark, »Protestantism«.
6 Hobsbawm, Die Blütezeit des Kapitals. Eine Kulturgeschichte der Jahre 1848-1875, München 1977. S. 110.
7 Hinsley, Power and the Pursuit of Peace, S. 33f.

8 Ibid., S. 46.
9 Knock, To End All Wars, S. 35.
10 Ibid., S. 77.
11 Ibid., S. 113.
12 Ibid., S. 143ff.
13 Ibid., S. 152.
14 Keylor,»International Diplomacy«, S. 492.
15 Gilbert, First World War, S. 528, 530.
16 Goldstein,»Great Britain: The Home Front«, S. 151.
17 Fink,»Minorities Question«, S. 258.
18 Mazower, Der dunkle Kontinent, S. 97.
19 Petzina et al. (Hg.), Sozialgeschichtliches Arbeitsbuch, S. 23.
20 Overy, Times Atlas of the Twentieth Century, S. 51.
21 Rummel, Statistics of Democide, Anhang, Tabelle 16A.1; idem, Democide: Nazi Genocide, Tabellen 1.1 und 1.3.
22 Rummel, Lethal Politics, Tabellen 1.3 und 1.B. Vgl. Conquest, Great Terror, S. 484-489; idem, Nation Killers, S. 64, 111; Martin,»Origins«, S. 851.
23 Rubinstein,»Entrepreneurial Minorities«.
24 Mazower, Der dunkle Kontinent, Kapitel 2.
25 Cook und Paxton (eds.), European Political Facts. Vgl. *Economist*, 3. Jan. 1998.
26 Alesina und Wacziarg,»Openness«, S. 4; Alesina, Spolaore und Wacziarg,»Economic Integration«, S. 1, 23.
27 Hobsbawm, Nations and Nationalism, S. 175.
28 Alesina und Spolaore,»Number and Size of Nations«.
29 Alesina und Wacziarg,»Openness«, passim.
30 Alesina und Spolaore,»International Conflict«, passim.
31 Ibid., S. 18.
32 Gourevitch, We Wish to Inform You.
33 Collier und Hoeffler,»Economic Causes of Civil War«, S. 568ff. Die Forschungen der Autoren über das moderne Afrika haben ergeben: Ethnische Polarisierung zwischen zwei Gruppen – Mehrheit und Minderheit – führt eher zu Konflikten als ethische Heterogenität mit einer Vielfalt von Gruppen.
34 Alesina, Spolaore und Wacziarg,»Economic Integration«, S. 26.
35 Ein offensichtlicher Fehler der Weltbank besteht darin, daß sie immer mehr Aufgaben erfüllt, die der Privatsektor besser erledigen könnte: *Economist*, 18. März 2000.
36 James, Globalisation and Its Sins, S. 42-49.
37 Hobsbawm, Nations and Nationalism, S. 174.
38 *Prospect*, April 2000. Vgl. Simon Jenkins,»The Power of NGOs«, Institute of United States Studies: Lanesborough Lunch, 5. April 2000.
39 Hutchinson Almanac 2000, S. 345.
40 *Economist*, 19. Dezember 1998; OECD, Economic Outlook, 65 (Juni 1999), S. 252.
41 Hinsley, Power and the Pursuit of Peace, S. 315.
42 Shawcross, Deliver Us From Evil.
43 Caplan,»Humanitarian Intervention«, S. 25f.
44 Ibid., S. 26f.

VIERZEHNTES KAPITEL

1 Aus »The White Man's Burden«.
2 Kennedy, Aufstieg und Fall, S. 12, 23f.
3 Ibid., S. 650.
4 Ibid., S. 12.
5 Ibid., S. 793.

6 Ibid., S. 657f.
7 Ibid., S. 759. Dann folgt auf S. 760 die bemerkenswerte Aussage: »Aber das bei weitem beunruhigendste Problem liegt im Süden der Vereinigten Staaten und läßt die polnische ›Krise‹ der UdSSR vergleichsweise klein erscheinen. Es gibt auf der ganzen Welt kein Gegenstück zu dem momentanen amerikanisch-mexikanischen Verhältnis.«
8 Ibid., S. 784.
9 Ibid., S. 766.
10 O'Brien, »Imperialism«.
11 Olson, Aufstieg und Niedergang der Nationen. Ökonomisches Wachstum, Stagflation und soziale Starrheit, Tübingen 1985.
12 Ibid., S. 308.
13 Siehe Kindleberger, World Economic Primacy, S. 46-53.
14 Nef, War and Human Progress, S. 342.
15 Ibid., S. 333.
16 Smith, Der Wohlstand der Nationen. Eine Untersuchung seiner Natur und seiner Ursachen, München1974, S. 344.
17 Angell, Die große Täuschung, S. 220f.
18 Luard, War in International Society, S. 239f.
19 Ibid., S. 80f.
20 Bonney, »Struggle«, S. 351ff.
21 Ibid., S. 357. Vgl. Kennedy, Aufstieg und Fall, S. 215f.
22 Towle, »Nineteenth-century Indemnities«.
23 Ibid.
24 Ferguson, World's Banker, S. 666ff. Die Statistiken für die Preußischen Militärausgaben stammen aus: Jahrbuch für die Statistik des Preußischen Staats (1869), S. 372–443, 466–545.
25 White, »Making the French Pay«, S. 23. Zahlen für die preußischen Militärausgaben 1870 nach: »Correlates of War«-Datenbank.
26 Goldsmith, Modern Financial Systems, S. 48-51.
27 Muto, »Spanish System«, S. 248f.; Gelabert, »Fiscal Burden«, S. 564 und Anmerkung.
28 Bonney, »Revenues«.
29 White, »Making the French Pay«, bes. S. 21ff. Vgl. Kindleberger, Financial History, S. 219ff.
30 Bonney, »Struggle«, S. 382. Vgl. Buxton, Finance and Politics, Bd. I, S. 6.
31 Hardach, First World War, S. 153.
32 White, »Making the French Pay«, S. 23. Ausführlicher: Ferguson, »Balance of Payments Question«.
33 Siehe Schuker, »›American Reparations‹«.
34 Berechnet nach Angaben in Abelshauser, »Germany«, S. 143.
35 Berechnet nach Angaben der »Correlates of War«-Datenbank.
36 Naimark, Russians in Germany.
37 Bonney, »Struggle« , S. 345; White, »Failure to Modernise«, S. 5.
38 O'Brien, »Inseparable Connections«.
39 Duffy, »World-Wide War«.
40 Statistics from the Correlates of War database.
41 Ferguson, Der falsche Krieg, passim.
42 Harrison, »Overview«, S. 10.
43 Mitchell, European Historical Statistics, S. 360.
44 Harrison, »Overview«, S. 3.
45 Broadberry und Howlett, »United Kingdom«, S. 55; Rockoff, »United States«, S. 101; Abelshauser, »Germany«, S. 162; Hara, »Japan«, S. 254.
46 Harrison, »Soviet Union«.
47 Berechnet nach den jüngsten Zahlen von SIPRI und »Freedom House«.
48 Russett, »Counterfactuals about War«, S. 181.

49 Ibid., S. 185.

50 Maoz und Abdolali, »Regimes Types«; Dixon, »Democracy«.

51 Ward und Gleditsch, »Democratising for Peace«.

52 Kennedy, Aufstieg und Fall, S. 878 Anmerkung 18.

53 O'Brien, »Power with Profit«, S. 34f.

54 Korrelationskoeffizienten für den Anteil der Verteidigungskosten an BIP/BSP gegen das reale Wachstum von BIP/BSP: UK 1850–1997: 0,001; USA 1890–1998: 0,06; UK 1961–1997: -0,03; USA 1961–1998: 0,07.

55 Siehe Kennedy, In Vorbereitung auf das 21. Jahrhundert, Frankfurt 1993, S. 374ff.

56 Berechnungen des Autors nach Zahlenmaterial der Federal Reserve Bank of St Louis.

57 Wäre Präsident Carter durch ein Wunder dreimal Präsident geworden und hätte dann Bill Clinton seine Nachfolge angetreten, so hätten die Militärausgaben zwischen 1977 und 1998 bei Fortsetzung der laufenden Politik 6.1 Billionen $ betragen. Tatsächlich beliefen sie sich aber auf 7,4 Billionen $.

58 FitzGerald, Way out There.

59 «Nuclear weapon developments«, in SIPRI Yearbook, 1992, S. 74–119. Die Zerstörungskapazität der strategischen Nuklearwaffen der Sowjetunion war fast viermal so hoch wie die der amerikanischen. Möglicherweise waren die Sowjets über jedes sinnvolle Maß hinaus bewaffnet.

60 Schultz und Weingast, »Democratic Advantage«, S. 30-40.

61 O'Brien und Prados de la Escosura, »Balance Sheets«.

62 O'Brien, »Imperialism«, S. 56, 65f., 75.

63 Offer, »British Empire«. Vgl. Offer, »Costs and Benefits«.

64 Edelstein, »Imperialism: Cost and Benefit«, S. 205.

65 James, Globalisation and Its Sins, S. 145.

66 Hobson, »Wary Titan«.

67 Ferguson, Der falsche Krieg, passim.

68 Hobson, »Wary Titan«.

69 Anders die Hinweise bei Charmley, *Churchill*.

70 *Financial Times*, 13. Juli 1999.

71 Danner, »Kosovo: The Meaning of Victory«, *New York Review of Books*, 15. Juli 1999.

72 Ash, »Kosovo and Beyond«, *New York Review of Books*, 24. Jun. 1999.

73 Brittan, »Ethical Foreign Policy«, S. 10.

74 Maier, »Imperialism or Nationalism«, bes. S. 27.

75 Ibid., S. 33, 35.

76 Kindleberger, Great Depression.

77 Gilpin, Challenge of Global Capitalism.

78 Ignatieff, Virtual War, S. 209.

Bibliographie

Abelshauser, Werner (Hg.), Die Weimarer Republik als Wohlfahrtsstaat: Zum Verhältnis von Wirtschafts- und Sozialpolitik in der Industriegesellschaft, *Vierteljahrsschrift für Sozial- und Wirtschaftsgeschichte*, Beiheft 81, 1987.

–, Germany: Guns, Butter and Economic Miracles, in: Mark Harrison (Hg.), The Economics of World War II: Six Great Powers in International Comparison, Cambridge 1998, S. 122-176.

Adamson, John, England without Cromwell: What if Charles I. had avoided the Civil War? in: Niall Ferguson (Hg.), Virtual History: Alternatives and Counterfactuals, London 1997, S. 91-124.

Albertini, Luigi, The Origins of the War, 3 Bde., Oxford 1953.

Alesina, Alberto, The End of Large Public Debts, in: F. Giavazzi und L. Spaventa (Hg.), High Public Debt: the Italian Experience, Cambridge 1988, S. 34-79.

–, The Political Economy of the Budget Surplus in the U.S., NBER Working Paper, 7496, 2000.

–, Parties and the Business Cycle in the United States, 1948-1984, *Journal of Money, Credit and Banking*, 20, 1, Februar 1988, S. 63-82.

– und Howard Rosenthal, Partisan Cycles in Congressional Elections and the Macroeconomy, *American Political Science Review*, 83, 2, Juni 1989, S. 373-398.

– und Nouriel Roubini, Political Cycles in OECD Economies, NBER Working Paper, 3478, Oktober 1990.

–, Gerald D. Cohen und Nouriel Roubini, Macroeconomic Policy and Elections in OECD Democracies, NBER Working Paper, 3830, 1991.

– und D. Rodrik, Distributive Policies and Economic Growth, NBER Working Paper 3668, 1991.

– Sule Oezler, Nouriel Roubini und Phillip Zwagel, Political Instability and Economic Growth, NBER Working Paper, 4173, 1992.

– und Lawrence H. Summers, Central Bank Independence and Macroeconomic Performance: Some Comparative Evidence, *Journal of Money, Credit and Banking*, 25, 2, Mai 1993, S. 151-162.

– und Roberti Perotti, The Political Economy of Budget Deficits, NBER Working Paper, 4637, 1994.

– und Enrico Spolaore, On the Number and Size of Nations, NBER Working Paper, 5050, 1995.

– und Enrico Spolaore, International Conflict, Defence Spending and the Size of Countries, NBER Working Paper, 5694, 1996.

– und Romain Wacziarg, Openness, Country Size and the Government, NBER Working Paper, 1997.

–, Enrico Spolaore und Romain Wacziarg, Economic Integration and Political Disintegration, NBER Working Paper, 6163, 1997.

Alt, James E., The Politics of Economic Decline, Cambridge 1979.

–, Ambiguous Intervention: The Role of Government Action in Public Evaluation of the Economy, in: Helmut Norpoth, Michael S. Lewis-Beck und Jean-Dominique Lafay (Hg.) Economics and Politics: The Calculus of Support, Ann Arbor 1991.

Anderson, Christopher, Blaming the Government: Citizens and the Economy in Five European Democracies, Armonk, NY, 1995.

Anderson, Olive, Loans versus Taxes: British Financial Policy in the Crimean War, *Economic History Review*, 1963, S. 314-327.

Andic, Suphan und Jindrich Veverka, The Growth of Government Expenditure in Germany since the Unification, *Finanzarchiv*, 1964, S. 171-278.

Angell, Norman, The Great Illusion (London, 1913); Die große Täuschung. Eine Studie über das Verhältnis zwischen Militärmacht und Wohlstand der Völker, Leipzig 1910.

Apostol, P. N., M. W. Bernatzky und A. M. Michelson, Russian Public Finances during the War, New Haven 1928.

Arrow, K., The Limits of Organisation, New York 1974.

Ash, Timothy Garton, The History of the Present (London, 1999); Zeit der Freiheit. Aus den Zentren von Mitteleuropa, München/Wien 1999.

Atkinson, A. B., The Economic Consequences of Rolling Back the Welfare State, Cambridge, Mass., 1999.

Auerbach, Alan J. und Laurence J. Kotlikoff, Macroeconomics: An Integrated Approach, 2. A., Cambridge, Mass., 1998.

–, Laurence J. Kotlikoff und Willi Leibfritz, Hg., Generational Accounting Around the World, Chicago, Illinois,1999.

–, Jagadeesh Gokhale und Laurence J. Kotlikoff, Generational Accounts: A Meaningful Alternative to Deficit Accounting, in: D. Bradford, Hg., Tax Policy and the Economy 5, Cambridge, Mass., 1991, S. 55–110.

–, Generational Accounting: A Meaningful Way to Assess Generational Policy, *Journal of Economic Perspectives*, Winter 1994.

Aughey, A. und P. Norton, Conservatives and Conservatism, London 1981.

Bagehot, Walter, Lombard Street: A Description of the Money Market, London 1873.

Balderston, Theo, War Finance and Inflation in Britain and Germany, 1914-1918, *Economic History Review*, 1989, S. 222-244.

–, The German Economic Crisis, 1923-1932, Berlin 1993.

Baker, Kenneth, The Turbulent Years: My Life in Politics, London 1993.

Bankers Trust Company, French Public Finance, New York 1920.

–, English Public Finance, New York 1920.

Bardi, Luciano und Leonardo Morlino, Italy: Tracing the Roots of the Great Transformation, in: Katz und Mair (Hg.), How Parties Organise.

Barro, Robert J., »Are Government Bonds Net Wealth?«, *Journal of Political Economy*, 1974, S. 1095-1118.

–, On the Determination of the Public Debt, *Journal of Political Economy*, 87, 5 1979, S. 940-971.

–, Macroeconomics, 2, A., New York 1987.

–, Government Spending, Interest Rates, Prices and Budget Deficits in the United Kingdom, 1730-1918, *Journal of Monetary Economics*, 1987, S. 221-247.

–, Reflections on Ricardian Equivalence, in: John Maloney (Hg.), Debts and Deficits: An Historical Perspective, Cheltenham 1998.

–, Optimal Funding Policy, in: G. Calvo und M. King (Hg.), The Debt Burden and its Consequences for Monetary Policy, London 1998, S. 69-80.

– Determinants of Economic Growth: A Cross-Country Empirical Study, NBER Working Paper, 5698, August 1996.

– und Xavier Sala-y-Martin, World Real Interest Rates, in: NBER Macroeconomics Annual 1990, Cambridge, Mass., 1990, S. 15-59.

Barsky, R. B., The Fisher Hypothesis and the Forecastability and Persistence of Inflation, *Journal of Monetary Economics*, 19, 1, 1987, S. 3-24.

Bartov, Omer, Hitlers Wehrmacht. Soldaten, Fanatismus und die Brutalisierung des Krieges, Reinbek bei Hamburg 1995.

Baumol, W., Entrepreneurship in Economic Theory, *American Economic Review*, 58, 1968, S. 64-71.

Bayoumi, Tamim, Saving-Investment Correlations: Immobile Capital, Goverment Policy or Endogenous Behaviour, IMF Working Paper, 89/66, 1990.

–, Morris Goldstein und Geoffrey Woglom, Do Credit Markets Discipline Sovereign Borrowers? Evidence from the US States, *Journal of Money, Credit and Banking*, 1995.

–, Barry Eichengreen und Mark P. Taylor, Introduction, in: Tamim Bayoumi, Barry Eichengreen und Mark P. Taylor (Hg.), Modern Perspectives on the Gold Standard, Cambridge 1996, S. 3-16.

Batley, Richard und Niall Ferguson, Event Risk and the International Bond Market in the Era of the Classical Gold Standard, unveröffentlichtes Paper, 1999.

Beevor, Anthony, Stalingrad, München 1999 (London 1998).

Bellucci, Paolo, Italian Economic Voting: A Deviant Case or Making a Case for a Better Theory? in: Helmut Norpoth, Michael S. Lewis-Beck und Jean-Dominique Lafay (Hg.), Economics and Politics: The Calculus of Support, Ann Arbor 1991.

Benn, Tony, Out of the Wilderness: Diaries 1963–1967, London 1987.

–, Conflicts of Interest: Diaries, 1977–1980, London 1990.

Benjamin, D. K. und L. A. Kochin, War, Prices and Interest Rates: A Martial Solution to Gibson's Paradox, in: Michael D. Bordo und Anna J. Schwartz (Hg.), A Retrospective on the Classical Gold Standard, Chicago/London 1984, S. 587-604.

Bergsten, C. Fred, America and Europe: Clash of the Titans, *Foreign Affairs*, März/April 1999, S. 20–34.

Berlin, Isaiah, Benjamin Disraeli and Karl Marx, in: idem, Against the Current: Essays in the History of Ideas, Hg. Henry Hardy, Oxford 1981, S. 252-286.

Bernstein, Peter L., Against the Gods: The Remarkable Story of Risk, New York 1996.

Berthold, Norbert, Rainer Fehn und Eric Thode, Real Wage Rigidites, Fiscal Policy, and the Stability of EMU in the Transition Phase, IMF Working Paper, 99/83, Juni 1999.

Bille, Lars, Denmark: The Decline of the Membership Party, in Katz und Mair (Hg.), How Parties Organise.

Bismarck, Otto von: Die gesammelten Werke, Bd. 14,1: Briefe 1822-1861, Berlin 1933.

Black, Jeremy, Foreign and Defence Policies: The Challenge of Europe, in: Keith Sutherland (Hg.), The Rape of the Constitution, London 2000, S. 285-290.

Blackbourn, David und Geoff Eley, The Peculiarities of German History: Bourgeois Society and Politics in Nineteenth-Century Germany, Oxford 1984.

Blais, André und Louis Massicotte, Electoral Systems, in: LeDuc et al. (Hg.), Comparing Democracies, S. 49-82.

Blake, Robert, Disraeli. Eine Biographie aus victorianischer Zeit, Frankfurt 1980 (London 1966).

–, The Conservative Party from Peel to Major, London 1997.

Bloch, Ivan S., Is War Now Impossible? Being an Abridgment of »The War of the Future in its Technical, Economic and Political Relations«, London 1899.

Bloch, Johann von: Der Krieg. Band IV: Die ökonomischen Erschütterungen und materiellen Verluste des Zukunftskrieges, Berlin 1899.

Bloom, Howard S., und H. Douglas Price, Voter Response to Short-Run Economic Conditions: The Asymmetric Effect of Prosperity and Recession, *American Political Science Review*, 69, 1975, S. 1240-1254.

Bloomfield, Arthur Irving, Monetary Policy under the International Gold Standard, 1880-1914, New York 1959.

–, Short-term Capital Movements under the Pre-1914 Gold Standard, Princeton 1963.

Bogdanor, Vernon, Power and the People: A Guide to Constitutional Reform, London, 1997.

Bollen, K. A., Political Democracy and the Timing of Development, *American Sociological Review*, 44, 1979, S. 572-587.

–, Issues in the Comparative Measurement of Political Democracy, *American Sociological Review*, 45, 1980, S. 370-390.

–, Liberal Democracy: Validity and Method Factors in Cross-National Measures, *American Journal of Political Science*, 37, 1993, S. 1207-1230.

– und R. Jackman, Political Democracy and the Size and Distribution of Income, *American Sociological Review*, 50, 1985.

Bond, Brian, Victorian Military Campaigns, London 1967.

Bonney, Richard (Hg.), Economic Systems and State Finance, Oxford 1995.

–, Introduction, in: idem (Hg.), Economic Systems and State Finance, Cambridge 1995, S. 1-18.

–, Early Modern Theories of State Finance, in: Richard Bonney (Hg.), Economic Systems and State Finance, Oxford 1995, S. 163-229.

–, The Eighteenth Century, II: The Struggle for Great Power Status and the End of the Old Fiscal Regime, in: Richard Bonney (Hg.), Economic Systems and State Finance, Oxford 1995, S. 315-390.

–, Revenues, in: Richard Bonney (Hg.), Economic Systems and State Finance, Oxford 1995, S. 423-505.

– (Hg.), The Rise of the Fiscal State in Europe, c. 1200-c. 1815, Oxford 1995.

–, France, 1494-1815, in: idem (Hg.), The Rise of the Fiscal State in Europe, c. 1200-1815, Oxford 1999, S. 123-176.

Borchardt, Knut, Währung und Wirtschaft, in: Deutsche Bundesbank (Hg.), Währung und Wirtschaft in Deutschland, 1876-1975, Frankfurt am Main 1976, S. 1-53.

–, Das Gewicht der Inflationsangst in den wirtschaftspolitischen Entscheidungsprozessen während der Weltwirtschaftskrise, in: Gerald D. Feldman und E. Müller-Luckner (Hg.), Die Nachwirkungen der Inflation auf die deutsche Geschichte, 1924-1933, München 1985, S. 233-260.

Bordes, W. de, The Austrian Crown: Its Depreciation and Stabilisation, London 1924.

Bordo, Michael D., The Gold Standard: The Traditional Approach, in: Michael D. Bordo und Anna J. Schwartz (Hg.), A Retrospective on the Classical Gold Standard, Chicago/London 1984, S. 23–113.

–, Financial Crises, Banking Crises, Stock Market Crashes and the Money Supply: Some International Evidence, 1870-1933, in: F. Capie und G.E. Wood (Hg.), Financial crises and the world banking system, London 1986, S. 190-248.

–, The Bretton Woods International Monetary System: A Historical Overview, in: idem und Barry Eichengreen (Hg.), A Retrospective on the Bretton Woods System: Lessons for International Monetary Reform, Chicago / London 1993, S. 3-98.

–, Gold as a Commitment Mechanism: Past, Present and Future, World Gold Council Research Study, Nr. 11 [1994].

–, The Classical Gold Standard: Some Lessons for Today, *Federal Reserve Bank of St. Louis Review*, 63, 5, 1981, Nachdruck in: –, The Gold Standard and Related Regimes, Cambridge 1999, S. 149-178.

– und Finn E. Kydland, The Gold Standard as a Commitment Mechanism, in: Tamim Bayoumi, Barry Eichengreen und Mark P. Taylor (Hg.), Modern Perspectives on the Gold Standard, Cambridge 1996, S. 55-100.

– und Eugene N. White, A Tale of Two Currencies: British and French Finance during the Napoleonic War, *Journal of Economic History*, 1991, S. 303-316.

– und Hugh Rockoff, The Gold Standard as a »Good Housekeeping Seal of Approval«, *Journal of Economic History*, 1996, 56, 2, Nachdruck in: –, The Gold Standard and Related Regimes, Cambridge 1999, S. 149-178.

– und –, Was Adherence to the Gold Standard a »Good Housekeeping Seal of Approval« during the Interwar Period?, NBER Working Paper, 7186, Juni 1999.

– und Anna J. Schwartz, The Changing Relationship between Gold and the Money Supply, World Gold Council Research Study, Nr. 4 [1993].

– und –, The Operation of the Specie Standard: Evidence for Core and Peripheral Countries, in: Barry Eichengreen und Jorge Braga de Macedo (Hg.), Historical Perspectives on the Gold Standard: Portugal and the World, London 1996.

– und –, Monetary Policy Regimes and Economic Performance: The Historical Record, NBER Working Paper, 6201, September 1997.

– und –, Measuring Real Economic Effects of Bailouts: Historical Perspectives on How Countries in Financial Distress have Fared With and Without Bailouts, Paper für die »Carnegie Rochester Conference on Public Policy«, 19./20. November 1999.

– und Lars Jonung, Return to the Convertibility Principle? Monetary and Fiscal

Regimes in Historical Perspective, Paper für die »International Economic Association conference« in Trient, Italien, September 1997.
– und –, The Future of EMU: What Does the History of Monetary Unions Tell Us? Paper für die »City University Business School and American Express Conference on Monetary Unions«, 29. April 1999.
–, Barry Eichengreen und Douglas A. Irwin, Is Globalisation Today Really Different Than Globalisation a Hundred Years Ago, NBER Working Paper, 7195, Juni 1999.
– und William G. Dewald, Historical Bond Market Inflation Credibility, Paper für die »Annual Western Economic Association Conference«, San Diego, 8. Juli 1999.
– und Barry Eichengreen, Is Our International Economic Environment Unusually Crisis Prone? Paper für die »Reserve Bank of Australia Conference on Private Capital Flows«, Sydney, 9./10. August 1999.
Bosher, J. F., French Finances, 1770-1795, Cambridge 1970.
Bovenberg, Lans, Jeroen Kremers und Paul Masson, Economic and Monetary Union in Europe and Constraints on National Budgetary Policies, in: Ben van Velthoven, Harrie Verbon und Frans van Winden (Hg.), The Political Economy of Government Debt, North-Holland/Amsterdam/New York/Tokyo 1993, S. 137-155.
Bowley, A. L., G. I. Schwartz und K. C. Smith, A New Index of Prices of Securities, London & Cambridge Economic Service, Special Memorandum No. 33, London, 1931.
Brandt, Harm-Heinrich, Public Finances of Neo-absolutism in Austria in the 1850s: Integration and Modernisation, in: Peter-Christian Witt (Hg.), Wealth and Taxation in Central Europe, Leamington Spa/Hamburg/New York 1987, S. 81–109.
Braudel, Fernand, Civilization and Capitalism, 15th-18th Century, Bd. III: The Perspective of the World, London 1984.
Braun, H.-J., The German Economy in the Twentieth Century: The German Reich and the Federal Republic, London/New York 1990.
Bresciani-Turroni, C., The Economics of Inflation: A Study of Currency Depreciation in Post-War Germany, London 1937.
Brewer, John, The Sinews of Power: War, Money and the English State, 1688-1783, London 1989.
Briault, Clive, The Costs of Inflation, *Bank of England Quarterly Bulletin*, Februar 1995, S. 33-45.
Brittan, Samuel, The Politics of Excessive Expectations, in: idem (Hg.), The Economic Consequences of Democracy, 2. A., Aldershot 1988.
–, An Ethical Foreign Policy? The Hinton Lecture of the National Council for Voluntary Organisations, 24. November 1999.
Broadberry, Stephen N., How did the United States and Germany Overtake Britain? A Sectoral Analysis of Comparative Productivity Levels, 1870-1990, *Journal of Economic History*, 1998, S. 375-407.
– und Peter Howlett, The United Kingdom: »Victory at All Costs«, in: Mark Harrison (Hg.), *The* Economics of World War II: Six Great Powers in International Comparison, Cambridge 1998, S. 43-80.
Broadway, Robin und David Wildasin, Long Term Debt Strategy: A Survey, in: Ben van Velthoven, Harrie Verbon und Frans van Winden (Hg.), The Political Economy of Government Debt, North-Holland/Amsterdam/New York/Tokyo 1993, S. 37-68.
Brogan, Patrick, World Conflicts, London 1998.
Brown, E. Cary, Episodes in the Public Debt History of the United States, in: Rudiger Dornbusch und Mario Draghi (Hg.), Public Debt Management: Theory and History, Cambridge 1990, S. 229-254.
Brown, Robert L. und Stephen A. Easton, Weak-form Efficiency in the Nineteenth Century: A Study of Daily Prices in the London Market for 3 per cent Consols, 1821-1860, *Economica*, 1989, S. 61-70.
Bruno, Michael und William Easterly, Inflation Crises and Long-Run Growth, NBER Working Paper, 5209, August 1995.

Buchan, James, Frozen Desire: An Inquiry on the Meaning of Money, London 1997.
Buchanan, James M. und Richard E. Wagner, Democracy in Deficit: The Political Legacy of Lord Keynes, New York/London 1977.
– und John Burton, The Consequences of Mr. Keynes, London 1978.
Budge, Ian, Ivor Crewe, David McKay und Ken Newton, The New British Politics, Harlow 1998.
Buiter, Willhelm H., Generational Accounts, Aggregate Saving and Intergenerational Distribution, *Economica*, Bd. 64, 1997, S. 605–626.
–, Alice in Euroland, Journal of Common Market Studies, 1999.
Burleigh, Michael, Die Zeit des Nationalsozialismus, Frankfurt am Main 2000 (The Third Reich: A New History, London 2000).
Burroughs, Peter, »Defence and Imperial Disunity«, in: Andrew Porter (Hg.), The Oxford History of the British Empire, Oxford/New York 1999, S. 320-345.
Butler, David, British General Elections since 1945, 2. A., London 1995.
Butler, David und Gareth Butler, British Political Facts, 1900-1994, London 1994.
– und Donald Stokes, Political Change in Britain: Forces Shaping Electoral Change, London 1969.
– und Dennis Kavanagh, The British General Election of 1997, London 1997.
Butterfield, Herbert, The Whig Interpretation of History, London 1931.
Buxton, Sydney Charles, Finance and Politics: An Historical Study, 1783-1885, 2 Bde., London 1888.

Cagan, P., The Monetary Dynamics of Hyperinflation, in: Milton Friedman (Hg.), Studies in the Quantity Theory of Money, Chicago 1956, S. 25-117.
Cain, P.J. und A.G. Hopkins, British Imperialism: Innovation and Expansion, 1688-1914, London 1993.
Cairncross, Alec, The Managed Economy, in: idem (Hg.), The Managed Economy, Oxford 1970, S. 3-22.
Calder, Angus (Hg.), Wars, London 1999.
Cameron, Rondo (Hg.), Banking in the Early Stages of Industrialisation, New York/Oxford 1967.
Canetti, Elias, Die Fackel im Ohr, München/Wien 1980.
Cannadine, David, Class in Britain, New Haven/London 1998.
Capie, Forrest, Conditions in which Very Rapid Inflation has Occurred, Carnegie-Rochester Conference Series on Public Policy, 1986, S. 115-168.
–, The Evolution of the Lender of Last Resort: The Bank of England, unveröffentlichtes Paper, Juli 2000.
– und Alan Webber, A Monetary History of the United Kingdom, 1870-1982: Bd. I: Data, Sources, Methods, London 1985.
–, Terry C. Mills und Geoffrey E. Wood, Debt Management and Interest Rates: The British Stock Conversion of 1932, *Applied Economics*, 18, 1986, S. 1111-1126.
– und Geoffrey E. Wood, Money Demand and Supply under the Gold Standard: The United Kingdom, 1870-1914, in: Tamim Bayoumi, Barry Eichengreen und Mark P. Taylor (Hg.), Modern Perspectives on the Gold Standard, Cambridge 1996, S. 261-283.
–, Can there be an International Lender of Last Resort? unveröffentlichtes Paper, Oktober 1998.
–, Charles Goodhart und Norbert Schnadt, The Development of Central Banking, in: Capie, Forrest, Charles Goodhart, Stanley Fischer und Norbert Schnadt (Hg.), The Future of Central Banking: The Tercentenary Symposium of the Bank of England, Cambridge 1994, S. 1-97.
Caplan, Jane, Government Without Administration: State and Civil Service in Weimar and Nazi Germany, Oxford 1988.
Caplan, Richard, Humanitarian Intervention: Which Way Forward?, *Ethics and International Affairs*, 14, 2000, S. 23-38.
Capra, Carlo, The Eighteenth Century, I: The Finances of the Austrian Monarchy

and the Italian States, in: Richard Bonney (Hg.), Economic Systems and State Finance, Oxford 1995, S. 295-314.

Cardarelli, Roberto, James Sefton und Laurence J. Kotlikoff, Generational Accounting in the UK, Unveröffentlichtes Paper, November 1998.

Carlyle, Thomas, Selected Writings, Hg. Alan Shelston, Harmondsworth 1971.

–, On History (1830) in: Fritz Stern (Hg.), The Varieties of History from Voltaire to the Present, London 1970. (Was ist Geschichte, in: Fritz Stern: Geschichte und Geschichtsschreibung. Texte von Voltaire bis zur Gegenwart, München 1966.)

Carreras, A., Industrializacion Española: Estudios de historia cuantitiva, Florenz 1995.

Castellane, Maréchal de, Journal du Maréchal Castellane, 1804-1862, Paris 1895.

Cavaco-Silva, Anibal A., Economic Effects of Public Debt, London 1977.

Cecco, M. de, Money and Empire: The international gold standard, 1890-1914, Oxford 1973.

Central Statistical Office, Monthly Digest of Statistics, London, verschiedene Ausgaben ab 1957.

–, Retail Prices 1914-1990, London 1991.

–, Social Trends, London, verschiedene Ausgaben ab 1957.

Chapman, Stanley, The Establishment of the Rothschilds as Bankers, Transactions of the Jewish Historical Society of England, 1982-1986, S. 177-193.

Chappel, Henry W. Jr. und William R. Keech, Explaining Aggregate Evaluations of Economic Performance, in: Helmut Norpoth, Michael S. Lewis-Beck und Jean-Dominique Lafay (Hg.), Economics and Politics: The Calculus of Support, Ann Arbor 1991.

Charmley, John, Churchill: The End of Glory, A Political Biography, London 1993.

Chennells, L., A. Dilnot und N. Roback, A Survey of the UK Tax System, Institute for Fiscal Studies website, 2000.

Chesnoff, Richard Z., Pack of Thieves: How Hitler and Europe plundered the Jews and Committed the Greatest Theft in History, London 1999.

Clapham, John Harold, An Economic History of Modern England, Bd. II: 1850-1886. Cambridge 1932.

–, The Bank of England: A History, 2 Bde., Cambridge 1944.

Clark, J.C.D., British America: What If There Had Been no American Revolution? in: Niall Ferguson (Hg.), Virtual History: Alternatives and Counterfactuals, London 1997, S. 125-174.

–, English Society, 1660-1832, 2. A., Cambridge 2000.

–, Protestantism, Nationalism and National Identity, 1660-1832, *Historical Journal*, 43, 1, 2000, S. 249-276.

Clarke, Harold D., und Marianne C. Stewart, Prospections, Retrospections and Rationality: The »Bankers« Model of Presidential Approval Reconsidered, *American Journal of Political Science*, 38, 1994, S. 1104-1123.

–, – und Gary Zuk, Politics, Economics, and Party Popularity in Britain, 1979-1983, *Electoral Studies*, 5, 1986, S. 123-141.

–, and Paul Whiteley, Perceptions of Macroeconomic Performance, Government Support and Conservative Party Strategy in Britain, 1983-1987, *European Journal of Political Research*, 18, 1990, S. 97-120.

Clarke, Peter, Hope and Glory: Britain 1900-1990, London 1996.

–, Keynes, Buchanan and the Balanced Budget Doctrine, in: J. Maloney (Hg.), Debt and Deficits: An Historical Perspective, Cheltenham 1998, S. 60-83.

Coase, R.H., The Nature of the Firm, *Economica*, 4, 1937, S. 386-405.

Cobbett, William, Rural Rides, London 1985 (1830).

Cohen, B. J., Beyond EMU: The Problem of Sustainability, *Economics and Politics*, 1993, S. 187-202.

Collier, Paul und Anke Hoeffler, »On Economic Causes of Civil War«, Oxford Economic Papers, 50, 1998, S. 563-573.

Congdon, Tim, Did Britain have a Keynesian Revolution? Fiscal Policy since 1941, in: J. Maloney (Hg.), Debt and Deficits: An Historical Perspective, Cheltenham 1998, S. 84-115.

Conover, Pamela Johnston, Stanley Feldman, und Kathleen Knight, The Personal Underpinning of Economic Forecasts, *American Journal of Political Science*, 31, 1987, S. 559-583.

Conquest, Robert, The Great Terror: A Reassessment, London 1992.

–, The Nation Killers, London 1970.

Conway, Stephen, Britain and the Revolutionary Crisis, 1763-1791, in: P.J. Marshall (Hg.), The Oxford History of the British Empire, Bd. II: The Eighteenth Century, Oxford/New York 1998, S. 325-346.

Cook, Chris und John Paxton (Hg.), European Political Facts, 1900–1996, London 1998.

Cooper, Richard N., The Gold Standard: Historical Facts and Future Prospects, Brookings Papers on Economic Activity, 1, 1982, S. 1-56.

–, A Monetary System for the Future, in: idem, The International Monetary System, Cambridge, Mass., 1987.

Cornwell, John, Pius XII.: Der Papst, der geschwiegen hat, München 1999 (Hitler's Pope: The Secret History of Pius XII., London 1999).

Coxall, Bill und Lynton Robins, Contemporary British Politics, 3. A., Basingstoke 1998.

Coyle, D., The Weightless World, Oxford 1997.

Crafts, Nicholas, The Conservative Government's Economic Record: An End of Term Report, IEA Occasional Paper, 104, 1998, S. 9-42.

–, Globalisation and Growth in the Twentieth Century, International Monetary Fund Working Paper, 00/44, März 2000.

Craig, F. W. S. (Hg.), British Electoral Facts, 1832–1987, Dartmouth 1988.

Crewe, Ivor und Anthony King, SDP: The Birth, Life and Death of the Social Democratic Party, Oxford 1995.

Crouchley, A. E., The Economic Development of Modern Egypt, London 1938.

Crouzet, François, Politics and Banking in Revolutionary and Napoleonic France, in: Richard Sylla, Richard Tilly und Gabriel Tortella (Hg.), The States, the Financial System and Economic Modernization, Cambridge 1999, S. 20-52.

Cukierman, Alex, Pantelis Kalaitzidakis, Lawrence H. Summers und Steven B. Webb, Central Bank Independence, Growth, Investment and Real Interest Rates, Carnegie-Rochester Conference Series on Public Policy, 39, 1993, S. 95-140.

Cyert, R. M., The Economic Theory of Organisation and the Firm, London 1988.

Davies, Norman, The Isles, London 1999.

Davis, Lance E. und R.A. Huttenback, Mammon and the Pursuit of Empire: The Political Economy of British Imperialism, 1860-1912, Cambridge 1986.

Dawkins, Richard: Das egoistische Gen, Berlin/Heidelberg u.a. 1978 (The Selfish Gene, Oxford 1989).

Dawson, Frank Griffith, The First Latin American Debt Crisis, London 1990.

Daykin, Christopher, Funding the Future? Problems in Pension Reform, Politeia, Policy Series Nr. 9, 1998.

DeLong, J. Bradford, The Shape of Twentieth Century Economic History, NBER Working Paper, 7569, Februar 2000.

–, Cornucopia: The Pace of Economic Growth in the Twentieth Century, NBER Working Paper, 7602, März 2000.

Deschouwer, Kris, The Decline of Consociationalism and the Reluctant Modernization of Belgian Mass Parties, in: Katz und Mair (Hg.), How Parties Organise.

Deutsche Bundesbank, Opinion of the Central Bank Council concerning Convergence in the European Union in view of Stage Three of Economic and Monetary Union, 26. März 1998.

Dickens, Charles, Dombey und Sohn, München 1959 (Our Mutual Friend, London 1997 (1865).

Die Charta der Vereinten Nationen, München 1979.

Diener, Ed, Ed Sandvik, Larry Seidlitz und Marissa Deiner, The Relation Between Income and Subjective Well-being: Relative or Absolute?, *Social Indicators Research*, 28, 1993.

Disraeli, Benjamin, Coningsby oder die neue Generation, Zürich 1992 (Coningsby, or The New Generation, London 1881).

Dixon, William J., Democracy and the Peaceful Settlement of International Conflict, *American Political Science Review*, 88, 1, 1994, S. 14-32.

Dornbusch, R., Debt and monetary policy: The policy issues, in: G. Calvo und M. King (Hg.), The Debt Burden and its Consequences for Monetary Policy, London, 1998, S. 3-27.

– und Mario Draghi, Introduction, in: Dornbusch und Draghi (Hg.), Public Debt Management, S. 1-13.

– und M. Draghi (Hg.), Public Debt Management: Theory and History, Cambridge, 1990.

Dostojewski, Fedor M., Aufzeichnungen aus dem Untergrund, in: Sämtliche Romane und Erzählungen, Band 6, Berlin 1994.

Downs, Anthony, Ökonomische Theorie der Demokratie, Tübingen 1968 (An Economic Theory of Democracy, New York 1957).

Dowrick, S., Estimating the Impact of Government Consumption on Growth: Growth Accounting and Endogenous Growth Models, in: S. Durlauf, J. Helliwell and B. Raj (Hg.), Long Run Economic Growth, Heidelberg 1996, S. 163-184.

Doyle, Michael W., Liberalism and World Politics, *American Political Science Review*, 80, 4, 1986, S. 1151-1167.

Doyle, William, Origins of the French Revolution, Oxford 1980.

Drummond, Ian M., The Gold Standard and the International Monetary System, 1900-1939, Basingstoke 1987.

Duffy, Michael, World-Wide War and British Expansion, in: P.J. Marshall (Hg.), The Oxford History of the British Empire, Bd. II: The Eighteenth Century, Oxford/New York 1998, S. 184-207.

Duncan, Alan und Dominic Hobson, Saturn's Children: How the State Devours Liberty, Prosperity and Virtue, London 1995.

Dutton, John, The Bank of England and the Rules of the Game under the International Gold Standard: New Evidence, in: Michael D. Bordo und Anna J. Schwartz (Hg.), A Retrospective on the Classical Gold Standard, Chicago/London 1984, S. 173-202.

Easterly, William und Fischer, Stanley, The Soviet Economic Decline: Historical and Republican Data, NBER Working Paper, 4735, Mai 1994.

Economist, The, Economic Statistics, 1900–1983, London 1981.

Edelstein, Michael, Overseas Investment in the Age of High Imperialism: The United Kingdom, 1850-1914, New York 1982.

–, Imperialism: Cost and Benefit, in: Roderick Floud und Donald McCloskey (Hg.), The Economic History of Britain since 1700, 2. A., Bd. II, Cambridge 1994, S. 173-216.

Eggertsson, Thrainn, Economic Behaviour and Institutions, Cambridge 1990.

Eichengreen, Barry, Conducting the International Orchestra: Bank of England Leadership under the Classical Gold Standard, *Journal of Economic History*, 45, 2, 1985.

–, Discussion, in: F. Giavazzi und L. Spaventa (Hg.), High Public Debt: the Italian Experience, Cambridge 1988, S. 80-84.

–, The Capital Levy in Theory and Practice, in: Dornbusch, Rudiger und Mario Draghi (Hg.), Public Debt Management: Theory and History, Cambridge 1990, S. 191-216.

–, The Gold-Exchange Standard and the Great Depression, in: –, Elusive Stability: Essays in the History of International Finance, 1919-1939, Cambridge 1990, S. 239-270.

–, Hegemonic Stability Theories and the International Monetary System, in: –, Elusive Stability: Essays in the History of International Finance, 1919-1939, Cambridge 1990, S. 271-311.

–, Golden Fetters: The Gold Standard and the Great Depression, 1919–1939, New York/Oxford 1992.

–, The Gold Standard since Alec Ford, in: S.N. Broadberry und N.F.R. Crafts (Hg.), Britain in the International Economy, Cambridge 1992, S. 49-79.

–, Déjà Vu All Over Again: Lessons from the Gold Standard for European Monetary Unification, in: Tamim Bayoumi, Barry Eichengreen und Mark P. Taylor (Hg.), Modern Perspectives on the Gold Standard, Cambridge 1996, S. 365–387.

– und Jeffrey Sachs, Exchange Rates and Economic Recovery in the 1930s, in: Barry Eichengreen, Elusive Stability: Essays in the History of International Finance, 1919-1939, Cambridge 1990, S. 215-238.

– und Marc Flandreau, The Geography of the Gold Standard, International Macroeconomics, Centre for Economic Policy Research Discussion Paper Series, Nr. 1050, Oktober 1994.

– und Marc Flandreau (Hg.), The Gold Standard in Theory and History, London, 1997.

– und Charles Wyplosz, The Stability Pact: More than a Minor Nuisance?, *Economic Policy*, 1998, S. 67-113.

– und Ricardo Hausmann, Exchange Rates and Financial Fragility, Paper, vorgelegt bei der »Federal Reserve Bank of Kansas City's Conference on Issues in Monetary Policy«, Jackson Hole, Wyoming, 27./29. August 1999.

Einaudi, Luca, Monetary Unions and Free Riders: The Case of the Latin Monetary Union (1865–78), *Rivista di Storia Economica*, 1997, S. 327–361.

–, Money and Politics: European Monetary Union and the International Gold Standard (1865–1873), unveröffentlichte Ph.D. thesis, Cambridge University, 1998.

Eisner, Robert, Extended Accounts for National Income and Product, *Journal of Economic Literature*, 26, 1988.

Eliot, S., »Retailing«, in: P. Johnson (Hg.), The Structure of British Industry, 2. A., London 1988.

Eltis, Walter, The Creation and Destruction of the Euro, Centre for Policy Studies, Policy Study 155, August 1997.

–, Debt, Deficits and Default, in: John Maloney (Hg.), Debts and Deficits: An Historical Perspective, Cheltenham 1998, S. 116-132.

Elton, Geoffrey, The Tudor Revolution in Government, Cambridge 1953.

Engen, E. M., und J. Skinner, Taxation and Economic Growth, NBER Working Paper, 5826, 1996.

Erikson, Robert and Hannu Uusitalo, The Scandinavian Approach to Welfare Research, in: –, Erik Hansen, Stein Renger (Hg.), The Scandinavian Model: Welfare States and Welfare Research, London 1987.

Evans, Geoffrey (Hg.), The End of Class Politics? Class Voting in Comparative Perspective, Oxford 2000.

Ewing, K. D., The Funding of Political Parties in Britain, Cambridge 1987.

Fair, Ray C., The Effect of Economic Events on Votes for President, *Review of Economics and Statistics*, 60, 1978, S. 159-173.

Farrell, David M., Ireland: Centralization, Professionalization and Competitive Pressures, in: Richard S. Katz und Peter Mair (Hg.), How Parties Organise: Change and Adaptation in Party Organizations in Western Democracies, Thousand Oaks, Calif., 1994.

Feinstein, Charles H. und Catherine Watson, Private International Capital Flows in the Inter-War Period, in: Charles H. Feinstein (Hg.), Banking, Currency and Finance in Europe between the Wars, Oxford 1995.

Feis, Herbert, Europe, the World's Banker, 1870-1914, New York 1930.

Feldman, G. D., The Great Disorder: Politics, Economics and Society in the German Inflation, New York/Oxford 1993.

Feldman, Stanley, Economic Self-Interest and Political Behaviour, *American Journal of Political Science*, 26, 1982, S. 446-466.

– und Patricia Conley, Explaining Explanations of Changing Economic Conditions, in: Helmut Norpoth, Michael S. Lewis-Beck und Jean-Dominique Lafay (Hg.), Economics and Politics: The Calculus of Support, Ann Arbor 1991.

Feldstein, Martin, The Political Economy of the European Economic and Monetary Union: Political Sources of an Economic Liability, *Journal of Economic Perspectives*, 11, 1997, S. 23–42.

–, The Costs and Benefits of Going from Low Inflation to Price Stability, NBER Working Paper, 5469, 1997.

Ferguson, Niall, Public Finance and National Security: The Domestic Origins of the First World War Revisited, *Past and Present*, 142, 1994, S. 141–168.

–, Paper and Iron: Hamburg Business and German Politics, 1897-1927, Cambridge 1995.

–, Keynes and the German Inflation, *English Historical Review*, 436, 1995, S. 368–391.

–, Introduction: Towards a »Chaotic« Theory of the Past, in: idem (Hg.) Virtual History: Alternatives and Counterfactuals, London 1997.

–, The World's Banker: The History of the House of Rothschild, London 1998.

–, The Balance of Payments Question: Versailles and After, in: Manfred F. Boemeke, Gerald D. Feldman und Elisabeth Glaser (Hg.), The Treaty of Versailles: A Reassessment after 75 Years, Cambridge 1998, S. 401–440.

–, Der falsche Krieg, Stuttgart 1999 (The Pity of War, London, 1998).

– und Laurence J. Kotlikoff, The Degeneration of EMU, *Foreign Affairs*, 79, 2, März/April 2000, S. 110-121.

Fetter, F.W., Development of British Monetary Orthodoxy, 1797-1875, Cambridge, Mass., 1965.

Feuchtwanger, E. J., Disraeli, Democracy and the Tory Party, Oxford 1968.

Fieldhouse, Richard, Nuclear Weapons Developments and Unilateral Reduction Initiatives, SIPRI Yearbook: World Armaments and Disarmament, 1992, S. 65-84.

Fielding, David und Kalvinder Shields, Is the Franc Zone and Optimal Currency Area?, unveröffentlichtes Paper, Department of Economics, University of Leicester, Oktober 1999.

Fielding, S., Labour: Decline and Renewal, Manchester 1995.

Filipczak-Kocur, Anna, »Poland-Lithuania before Partition«, in: Richard Bonney (Hg.), The Rise of the Fiscal State in Europe, c. 1200-1815, Oxford 1999, S. 443-479.

Finer, S. E., The History of Government: Bd. III: Empires, Monarchies and the Modern State, Oxford 1997.

Fink, Carol, The Minorities Question at the Paris Peace Conference: The Polish Minority Treaty, June 28, 1919, in: Manfred F. Boemeke, Gerald D. Feldman und Elisabeth Glaser (Hg.), The Treaty of Versailles: A Reassessment after 75 Years, Cambridge 1998.

Fiorina, Morris, Retrospective Voting in American National Elections, New Haven, 1981.

–, Elections and the Economy in the 1980s: Short- and Long-Term Effects, in: A. Alesina und G. Carliner (Hg.), Politics and Economics in the Eighties, Chicago 1991.

– und Kenneth Shepsle, Is Negative Voting an Artifact?, *American Journal of Political Science*, 33, 1989, S. 423-439.

Fischer, W., J. Krengel und J. Wietog (Hg.), Sozialgeschichtliches Arbeitsbuch: Materialien zur Statistik des Deutschen Bundes 1815–1870, München 1982.

FitzGerald, Frances, Way Out There in the Blue: Reagan, Star Wars and the End of the Cold War, New York 2000.

Flandreau, Marc, L'or du monde: La France et la stabilité du système monétaire international, 1848-1873, Paris 1995.

–, An Essay on the Emergence of the International Gold Standard, 1870-1880, International Macroeconomics, Centre for Economic Policy Research Discussion Paper Series, Nr. 1210, 1995.

–, Les Règles de la Pratique: La Banque de France, le marché des métaux précieux et la naissance de l'étalon-or 1848-1876, Annales: Histoire, Sciences Sociales, 4, 1996, S. 849-872.

Flandreau, Marc, The French Crime of 1873: An Essay on the Emergence of the International Gold Standard, 1870-1880, Journal of Economic History, 56, 4, 1996, S. 862-897.

–, Central Bank Cooperation in Historical Perspective: A Sceptical View, Economic History Review, L, 4, 1997, S. 735-763.

–, The Bank, the States and the Market: An Austro-Hungarian Tale for EMU, 1867-1914, Paper für die »City University Business School and American Express Conference on Monetary Unions«, 29. April 1999.

–, Public debts under the International Gold Standard, 1880-1914, Working Paper of the Centre François Simiand at the Ecole Normale Superieure, Paris 2001.

–, J. Le Cacheux und F. Zumer, Stability Without a Pact? Lessons from the European Gold Standard, 1880-1914, Economic Policy, 1997, S. 115-162.

Fleming, Ian, Goldfinger, Bern/München/Wien 1992 (London, 1959).

Flora, P. et al., State, Economy and Society in Western Europe, 1815-1975: A Data Handbook in Two Volumes, Frankfurt 1983.

Fontane, Theodor, Der Stechlin, Stuttgart 1978 (1899).

Ford, Alec George, The Gold Standard, 1880-1914: Britain and Argentina, Oxford 1962.

Foreman-Peck, James, The 1856 Companies Act and the Birth and Death of Firms, in: Philippe Tobart und Michael Moss (Hg.), The Birth and Death of Companies: A Historical Perspective, New Jersey 1980.

Foster, R. F., Lord Randolph Churchill, Oxford 1981.

Fowler, Norman, Ministers Decide: A Memoir of the Thatcher Years, London 1991.

Fowler, Richard Hindle, Robert Burns, London 1988.

Frank, Robert H., Luxury Fever: Why Money Fails to Satisfy in an Era of Success, London 2000.

Franklin, M., The Decline of Class Voting in Britain, Oxford 1999.

Freeman, Richard B., Single Peaked vs. Diversified Capitalism: The Relation Between Economic Institutions And Outcomes, NBER Working Paper, 7556, 2000.

Freud, Sigmund, Civilisation, War and Death, Hg. John Rickman, London 1939.

Frey, Bruno S. und Marcel Kucher, History as Reflected in Capital Markets: The Case of World War II, Journal of Economic History, 60, 2, 2000, S. 468-496.

Friedman, Benjamin, Other Times, Other Places: The European Democracies, unveröffentlichtes MS, Cambridge, Mass., 1997.

–, The Future of Monetary Policy: The Central Bank as an Army with Only a Signal Corps, Paper für die »Conference on Social Science and the Future«, Oxford, Juli 1999.

Friedman, Milton und Anna J. Schwartz, A Monetary History of the United States, 1867-1960, Princeton 1963.

– und –, Monetary Trends in the United States and the United Kingdom: Their Relation to Income, Prices and Interest Rates, 1867-1975, Chicago 1982.

Friedman, Thomas The Lexus and the Olive Tree, London 1999.

Fukuyama, Francis, The End of History?, The National Interest, 16, 1989, S. 3–18

–, Das Ende der Geschichte, München 1992 (The End of History and the Last Man, New York 1992).

–, Capitalism and Democracy: The Missing Link, Journal of Democracy, 3, 1992, S. 100-110.

–, Der große Aufbruch. Wie unsere Gesellschaft eine neue Ordnung erfindet, Wien 2000 (The Great Disruption: Human Nature and the Reconstitution of Social Order, London 1999).

Galbraith, J.K., The Affluent Society, London 1958.

–, The New Industrial State, London 1967.

Gale, Douglas, The Efficient Design of Public Debt, in: Rudiger Dornbusch und Mario Draghi (Hg.), Public Debt Management: Theory and History, Cambridge 1990.

Gall, Lothar, Bismarck: Der weiße Revolutionär, Frankfurt am Main/Berlin/Wien 1980.

Gash, Norman, Politics in the Age of Peel: A Study in the Technique of Parliamentary Representation, London 1973.

Gasiorowski, M. J., Economic Crisis and Political Regime Change: An Event History Analysis, *American Political Science Review*, 89, 1995, S. 882-897.

Gastil, Raymond D. et al., Freedom in the World, Westport, CT, verschiedene Jahresbände.

Gates, Scott, Torbjorn L. Knutsen und Jonathon W. Moses, Democracy and Peace: A More Skeptical View, *Journal of Peace Research*, 33, 1, 1996, S. 1-10.

Gatrell, P., Government, Industry and Rearmament, 1900–1914: The Last Argument of Tsarism, Cambridge 1994.

Gayer, A. D., W. W. Rostow, Anna J. Schwartz, The Growth and Fluctuation of the British Economy, 1790-1850, 2 Bde., Oxford 1953.

Geiss, Immanuel, Julikrise und Kriegsausbruch 1914, 1. Teil., 2. A., Bonn/Bad Godesberg 1976.

Gelabert, Juan, The Fiscal Burden, in: Richard Bonney (Hg.), Economic Systems and State Finance, Oxford 1995, S. 539-576.

–, Castile, 1504-1808, in: Richard Bonney (Hg.), The Rise of the Fiscal State in Europe, c. 1200-1815, Oxford 1999, S. 201-241.

Gerth, H. H. und C. Wright Mills (Hg.), From Max Weber: Essays in Sociology, London 1970.

Giddens, Anthony, Runaway World: How Globalisation is Reshaping Our Lives, London 1999.

Gilbert, Martin, The First World War, London 1994.

–, The Twentieth Century, Bd. I: 1900-1933, London 1999.

Gilpin, Robert, The Political Economy of International Relations, Princeton 1987.

Gleditsch, Kristian S. und Michael D. Ward, Double Take: A Re-examination of Democracy and Autocracy in Modern Polities, *Journal of Conflict Resolution*, 41, 1997, S. 361-382.

– und –, Democratisation and War in the Context of Time and Space, Paper für die »Annual Conference of the American Political Science Association«, 1997.

Girault, René, Emprunts russes et investissements français en Russie, Paris 1973.

Goethe, Johann Wolfgang von, Faust, Gütersloh 1952.

Goetzmann, William N. und Philippe Jorion, A Century of Global Stock Markets, Yale School Management Draft Paper, Dezember 1996.

– und Roger G. Ibbotson, An Emerging Market: The NYSE from 1815 to 1871, Yale School of Management Draft paper, 16. Dezember 1994.

Goldsmith, Raymond, Premodern Financial Systems, Cambridge 1987.

Goldstein, E., »Great Britain: The Home Front«, in: Manfred F. Boemeke, Gerald D. Feldman und Elisabeth Glaser (Hg.), The Treaty of Versailles: A Reassessment after 75 Years, Cambridge 1998.

Good, D. F., The Economic Rise of the Habsburg Empire, 1750-1914, Berkeley 1984.

Goodhart, Charles A. E., The Business of Banking, 1891-1914, London 1972.

–, Monetary Policy and Debt Management in the UK: Some Historical Viewpoints, unveröffentlichtes Paper, 1998.

–, The Two Concepts of Money: Implications for the Analysis of Optimal Currency Areas, *European Journal of Political Economy*, 1998, S. 407-432.

–, und R. J. Bhansali, »Political Economy«, *Political Studies*, 18, 1, 1970.

– und P. J. R. Delargy, Financial Crises: Plus ça change, plus c'est la même chose, *International Finance*, 1, 2, 1998.

Goodin, Robert E., Bruce Headey, Ruud Muffels und Henk-Jan Dirven, The Real Worlds of Welfare Capitalism, Cambridge 1999.

Gospel, H., The Development of Management Organisation in Industrial Organisations: A Historical Perspective, in: K. Thurley und S. Wood (Hg.), Industrial Relations and Management Strategy, Cambridge 1983, S. 91-111.

Gould, Philip, The Unfinished Revolution: How the Modernisers Saved the Labour Party, London 1998.

Gourevitch, Philip, We Wish to Inform You that Tomorrow We Will Be Killed with Our Families: Stories from Rwanda, London 1999.

Gowland, David, Banking on Change: Independence, Regulation and the Bank of England, Politeia, Police Series Nr. 6, 1997.

Graham, F. D., Exchange, Prices and Production in Hyperinflation Germany, 1920–1923, Princeton 1930.

Green, David G., The Friendly Societies and Adam-Smith Liberalism, in: David Gladstone (Hg.), Before Beveridge: Welfare before the Welfare State, London 1999, S. 18-25.

E.H.H. Green, The Crisis of Conservatism: The Politics, Economics and Ideology of the British Conservative Party, 1880-1914, London 1995.

Green, Timothy, S., The New World of Gold, London 1981.

–, Central Bank Gold Reserves, unveröffentlichtes Paper, 1999.

Gregory, P. R., Russian National Income, 1885–1913, Cambridge 1982.

Grilli, Vittorio, Donato Masciandaro und Guido Tabellini, Political and Monetary Institutions and Public Financial Policies in the Industrial Countries, *Economic Policy*, 1991, S. 339-392.

Gunlicks, A. B., Money, Politics and Law: A Study of Electoral Campaign Finance Reform in Canada, Oxford 1992.

Gunter, Barrie und Adrian Furnham, Consumer Profiles: An Introduction to Psychographics, London 1992.

Gurr, Ted Robert, Persistence and Change in Political Systems, 1800-1971, *American Political Science Review*, 74, 1974, S. 1482-1504.

–, Keith Jaggers, und Will H. Moore, The Transformation of the Western State: The Growth of Democracy, Autocracy, and State Power since 1800, Studies in Comparative International Development 25, 1990, S. 73-108.

Gwyn, W. B., Democracy and the Cost of Politics in Britain, London 1962.

Habakkuk, H. J., Industrial Organisation since the Industrial Revolution, Southampton 1968.

Hagen, Jürgen von, Discussion of Winckler, Hochreiter and Brandner's Paper, in: G. Calvo und M. King (Hg.), The Debt Burden and its Consequences for Monetary Policy, London 1998, S. 277-282.

Haigh, John, Taking Chances: Winning with Probability, Oxford 1999.

Haller, H. Brandon, und Helmut Norpoth, Let the Good Times Roll: The Economic Expectations of American Voters, *American Journal of Political Science*, 38, 1994, S. 625-650.

Hamilton, Earl J., Origin and Growth of the National Debt in Western Europe, *American Economic Review*, 1947, S. 118-130.

Hanham, H. J., Elections and Party Management: Politics in the Time of Disraeli and Gladstone, Hassock, Sussex, 1978.

Hannah, L., Scale and Scope: Towards a European Visible Hand?, *Business History 2*, 33, 1991.

Hansemeyer, K.-H. und R. Caesar, Kriegswirtschaft und Inflation, 1936-1948, in: Deutsche Bundesbank (Hg.), Währung und Wirtschaft in Deutschland, 1876–1975, Frankfurt am Main 1976.

Hara, Akira, Japan: Guns Before Rice, in: Mark Harrison (Hg.), The Economics of World War II: Six Great Powers in International Comparison, Cambridge 1998, S. 224-267.

Hardach, Gerd, The First World War, 1914–1918, Harmondsworth 1987.
Harding, Jeremy, The Uninvited, *London Review of Books*, 3. Feb. 2000, S. 3-25.
Harding, L., D. Leigh und D. Palliser, The Liar: The Fall of Jonathan Aitken, Harmondsworth 1997.
Harley, C.K., Goschen's Conversion of the National Debt and the Yield on Consols, *Economic History Review*, 1976, S. 101-106.
Harmston, Stephen, Gold as a Store of Value, World Gold Council Research Study, 22, November 1998.
Harris, Jose, Political Thought and the Welfare State 1870-1940: An Intellectual Framework for British Social Policy, in: David Gladstone (Hg.), Before Beveridge: Welfare before the Welfare State, London, 1999, S. 43-63.
Harrison, Mark, The Economics of World War II: An Overview, in: idem (Hg.), The Economics of World War II: Six Great Powers in International Comparison, Cambridge 1998, S. 1-42.
–, The Soviet Union: The Defeated Victor, in: idem (Hg.), The Economics of World War II: Six Great Powers in International Comparison, Cambridge 1998, S. 268-301.
Hart, Marjolein 't, The Emergence and Consolidation of the »Tax State«, II: The Seventeenth Century, in: Richard Bonney (Hg.), Economic Systems and State Finance, Oxford,1995, S. 281-293.
–, The United Provinces 1579-1806, in: Richard Bonney (Hg.), The Rise of the Fiscal State in Europe, c. 1200-1815, Oxford 1999, S. 309-325.
Hawtrey, R.G., The Gold Standard in Theory and Practice, 5. A., London/New York/Toronto 1947.
Hayek, F. A., The Road to Serfdom, London 1971 (1944).
Heffer, Simon, Moral Desperado: A Life of Thomas Carlyle, London 1997.
Hegel, G. W. F., Vorlesungen über die Philosophie der Weltgeschichte, Bd. I, Leipzig 1944.
Heine, Heinrich, Sämtliche Schriften, München 1971.
Hellie, Richard, Russia, 1200-1815, in: Richard Bonney (Hg.), The Rise of the Fiscal State in Europe, c. 1200-1815, Oxford 1999, S. 481-505.
Henneman, John Bell, jun., France in the Middle Ages, in: Richard Bonney (Hg.), The Rise of the Fiscal State in Europe, c. 1200-1815, Oxford 1999, S. 101-122.
Hennessy, Peter, Never Again: Britain 1945–1951, London 1992.
Hentschel, V., Wirtschaft und Wirtschaftspolitik im wilhelminischen Deutschland: Organisierter Kapitalismus und Interventionsstaat?, Stuttgart 1978.
Herodot, Geschichte, Stuttgart 1884.
Herrnson, P. S., The High Finance of American Politics: Campaign Spending and Reform in Federal Elections, in: Gunlicks (Hg.), Campaign and Party Finance, S. 17-40.
Hershlas, Z. Y., Introduction to the Modern Economic History of the Middle East, Leiden 1964.
Hibbs, Douglas A, jun., Political Parties and Macroeconomic Policy, *American Political Science Review*, 71, 1977, S. 1467-1487.
Hilton, Boyd, Corn, Cash and Commerce: The Economic Policies of Tory Governments, 1815-1830, Oxford 1977.
Hinsley, F. H., Power and the Pursuit of Peace: Theory and Practice in the History of the Relations between States, Cambridge 1963.
His Majesty's Stationary Office, *Ministry of Labour Gazette*, LIII-LXV, London, 1945-1957.
Hobsbawm, E. J., The Age of Capital: 1848–1875, London 1985.
–, Nations and Nationalism since 1780: Programme, Myth, Reality, Cambridge 1990.
–, »Custom, Wage and Work-load in 19th Century Industry«, in: idem (Hg.), Labouring Men: Studies in the History of Labour, London 1964, S. 344-370.
–, Das Zeitalter der Extreme, München/Wien 1995 (The Age of Extremes: The Short Twentieth Century 1914-1991, London 1994).

Hobson, Dominic, The National Wealth, London 1999.

Hobson, J.A., Imperialism: A Study, London 1988 (1902).

Hobson, J. M., The Military-extraction Gap and the Wary Titan: The Fiscal Sociology of British Defence Policy, 1870–1913, *Journal of European Economic History*, 22, 1993, S. 461-506.

Hocquet, Jean-Claude, City-State and Market Economy, in: Richard Bonney (Hg.), Economic Systems and State Finance, Oxford 1995, S. 81-100.

–, Venice, in: Richard Bonney (Hg.), The Rise of the Fiscal State in Europe, c. 1200-1815, Oxford 1999, S. 381-415.

Hoffman, P. T. und K. Norberg (Hg.), Fiscal Crises, Liberty and Representative Government, 1450-1789, Stanford 1994.

Hoffmann, W.G., F. Grumbach und H. Hesse, Das Wachstum der deutschen Wirtschaft seit der Mitte des 19. Jahrhunderts, Berlin 1965.

Hogwood, Brian W., Trends in British Public Policy: Do Governments Make Any Difference?, Buckingham/Philadelphia 1992.

Holroyd, Michael, Bernard Shaw, Bd. II: The Pursuit of Power, London 1989.

Holtfrerich, Carl-Ludwig, Reichsbankpolitik 1918-1923 zwischen Zahlungsbilanz und Quantitätstheorie, *Zeitschrift für Wirtschafts- und Sozialwissenschaft*, 13, 1977, S. 193-214.

–, The German Inflation, 1914-1923, Berlin/New York 1986.

Homer, Sidney und Richard Sylla, A History of Interest Rates, 3. A., New Brunswick 1996.

Horne, Alistair, Macmillan, 1957–1986, London 1989.

Huntington, Samuel P., The Third Wave: Democratization in the Late Twentieth Century, Norman, Oklahoma, 1991.

–, Der Kampf der Kulturen, München/Wien 1996 (The Clash of Civilisations and the Remaking of World Order, London 1999).

Hughes, C. und P. Wintour, Labour Rebuilt: The New Model Party, London 1990.

Hynes, Samuel, A War Imagined: The First World War and English Culture, London 1990.

Ignatieff, Michael, Virtual War: Kosovo and Beyond, London 2000.

Ingham, G., Capitalism Divided? The City and Industry in British Social Development, London 1984.

Ingle, S., Party Organisation, in: D. MacIver (Hg.) The Liberal Democrats, London 1996, S. 113-134.

Inland Revenue, A Brief History of Income Tax, Inland Revenue Website, 2000.

International Institute of Strategic Studies, The Military Balance, London, verschiedene Jahrgänge.

Isenmann, Eberhard, Medieval and Renaissance Theories of State Finance, in: Richard Bonney (Hg.), Economic Systems and State Finance, Oxford 1995, S. 21-52.

Issawi, C., Economic History of the Middle East, 1800–1914, Chicago 1966.

Jaggers, Keith und Ted Robert Gurr, Transitions to Democracy: Tracking Democracy's Third Wave with the Polity III Data, *Journal of Peace Research*, 32, 1995, S. 469-482.

James, Harold, The German Slump: Politics and Economics, 1924-1936, Oxford 1986.

James, Harold, Das Ende der Globalisierung? Lehren aus der Weltwirtschaftskrise, Jahrbuch des Historischen Kollegs, 1999, S. 61-89.

–, Globalisation and Its Sins: Lessons from Previous Collapses and Crashes, erscheint demnächst.

Jamieson, Bill, An Illustrated Guide to the British Economy, London 1998.

Jay, Peter, A General Hypothesis of Employment, Inflation and Politics, London 1976.

Jardin, André, Tocqueville: A Biography, London 1988.

Jeffrys, K., Retreat from New Jerusalem: British Politics, 1951–1964, London 1997.

Johnson, Eric, The Nazi Terror: Gestapo, Jews and Ordinary Germans, London 2000.

Johnston, R. J. und C. J. Pattie, Great Britain: 20th Century Parties operating under 19th Century Regulations, in: A. B. Gunlicks (Hg.), Campaign and Party Finance in North America and Western Europe, Boulder, Col., 1993.

Joll, James, Europe since 1870: An International History, 2. A., London 1976.

Jones, Bill und Dennis Kavanagh, British Politics Today, 6. A., Manchester 1998.

Kaelble, Hartmut, Industrialisation and Social Inequality in 19th-Century Europe, Leamington Spa/Heidelberg 1986.

Kaldor, Mary, Rüstungsbarock, Berlin, 1981 (The Baroque Arsenal, London 1982).

Karatnycky, Adrian, The Decline of Illiberal Democracy, Journal of Democracy, 10, 1999.

Katz, Richard S., »Party Organizations and Finance«, in: LeDuc et al. (Hg.), Comparing Democracies.

– und Robin Kolodny, »Party Organization as an Empty Vessel: Parties in American Politics«, in: Katz und Mair (Hg.), How Parties Organise.

Kay, J. A. und M. A. King, The British Tax System, 5. A., Oxford 1990.

Kehr, Eckart, Der Primat der Innenpolitik: Gesammelte Aufsätze zur preußisch-deutschen Sozialgeschichte im 19. und 20. Jahrhundert, Hg. Hans-Ulrich Wehler, Berlin 1970.

Kennedy, Paul M., Aufstieg und Fall der großen Mächte. Ökonomischer Wandel und militärischer Konflikt von 1500 bis 2000, Frankfurt a.M. 1989. (The Rise and Fall of the Great Powers: Economic Change and Military Conflict from 1500 to 2000, London 1988.)

–, In Vorbereitung auf das 21. Jahrhundert, Frankfurt a.M. 1993. (Preparing for the Twenty-First Century, London 1993.)

– und P. K. O'Brien, Debate: The Costs and Benefits of British Imperialism, 1846–1914, Past and Present, 1989.

Key, V. O. jun., The Responsible Electorate, Cambridge, Mass., 1966.

Keylor, W. R., Versailles and International Diplomacy, in: Manfred F. Boemeke, Gerald D. Feldman und Elisabeth Glaser (Hg.), The Treaty of Versailles: A Reassessment after 75 Years, Cambridge 1998.

Keynes, J. M., Die wirtschaftlichen Folgen des Friedensvertrages, München 1920 (The Economic Consequences of the Peace, London 1919).

–, Ein Traktat über Währungsreform, Berlin 1997 (1924) (A Tract on Monetary Reform, London 1923).

–, How to Pay for the War, London 1940.

–, Allgemeine Theorie der Beschäftigung, des Zinses und des Geldes, Berlin 1955.

Kiewiet, D Roderick, Macroeconomics and Micropolitics, Chicago 1983.

– und Kinder, Donald R, Economic Discontent and Political Behavior: The Role of Personal Grievances and Collective Economic Judgements in Congressional Voting, American Journal of Political Science, 23, 1979, S. 495-527.

– und Douglas Rivers, A Retrospective on Retrospective Voting, in: Heinz Eulau und Michael Lewis-Beck (Hg.), Economic Conditions and Electoral Outcomes, New York, 1985.

Kindleberger Charles P., A Financial History of Western Europe, London 1984.

–, Manias, Panics and Crashes: A History of Financial Crises, 3. A.; New York/Chichester/Brisbane/Toronto/Singapore 1996.

–, World Economic Primacy, 1500-1900, New York/Oxford 1996.

King, Anthony, David Denver, Iain McLean, Pippa Norris, Philip Norton, David Sanders und Patrick Seyd, New Labour Triumphs: Britain at the Polls, Chatham, New Jersey, 1998.

King, Mervyn, Commentary: Monetary Policy Implications of Greater Fiscal

Discipline, in: Federal Reserve Bank of Kansas City, Budget Deficits and Debt: Issues and Options, Kansas 1995, S. 171-179.

–, Challenges for Monetary Policy: New and Old, Paper für die »Federal Reserve Bank of Kansas City's Conference on Issues in Monetary Policy«, Jackson Hole, Wyoming, 27.-29. August 1999.

Kingdom, John, Government and Politics in Britain: An Introduction, London 1999.

Kirchgässner, Gebhard, Economic Conditions and the Popularity of West German Parties: Before and After the 1982 Government Change, in: Helmut Norpoth, Michael S. Lewis-Beck, und Jean-Dominique Lafay (Hg.), Economics and Politics: The Calculus of Support, Ann Arbor 1991.

Klein, Ernst, Preußens 30-Million-Anleihe in London vom 31. März 1818, *Zeitschrift für Geschichtswissenschaft*, Heft 3, 1956.

Klovland, Jan Tore, Pitfalls in the Estimation of the Yield on British Consols, 1850-1914, *Journal of Economic History*, 54, 1994, S. 1-33.

Knock, Thomas J., To End All Wars: Woodrow Wilson and the Quest for a New World Order, New York/Oxford 1992.

Koole, Ruud A., The Vulnerability of the Modern Cadre Party in the Netherlands, in: Katz und Mair (Hg.), How Parties Organize.

Körner, Martin, Expenditure, in: Richard Bonney (Hg.), Economic Systems and State Finance, Oxford 1995, S. 393-422.

–, Public Credit, in: Richard Bonney (Hg.), Economic Systems and State Finance, Oxford 1995, S. 507-538.

–, The Swiss Confederation, in: Richard Bonney (Hg.), The Rise of the Fiscal State in Europe, c. 1200-1815, Oxford 1999, S. 327-357.

Kotlikoff, Laurence J., Generational Accounting, New York 1992.

–, From Deficit Delusion to the Fiscal Balance Rule: Looking for an Economically Meaningful Way to Assess Fiscal Policy, *Journal of Economics*, Suppl. 7, 1993, S. 17-41.

– und Willi Leibfritz, An International Comparison of Generational Accounts, NBER Working Paper, März 1998.

– und Bernd Raffelheuschen, Generational Accounting Round the Globe, unveröffentlichtes Paper, 1999.

Kramer, Gerald H., Short-Term Fluctuations in US Voting Behavior, *American Political Science Review*, 65, 1971, S. 131-143.

–, The Ecological Fallacy Revisited: Aggregate- Versus Individual-level Findings on Economic and Elections and Sociotropic Voting, *American Political Science Review*, 77, 1983, S. 92-111.

Krugman, Paul, The Return of Depression Economics, London 1999.

Kubicek, Robert, British Expansion, Empire and Technological Change, in: Andrew Porter (Hg.), The Oxford History of the British Empire, Oxford/New York 1999, S. 247-269.

Kuklinski, James und Darrel West, Economic Expectations and Voting Behavior in the United States Senate and House Elections, *American Political Science Review*, 75, 1981, S. 436-447.

Kynaston, David, The City of London, Bd. I: A World of its Own, 1815-1890, London 1994.

–, The City of London, Bd. II: Golden Years, 1890-1914, London 1996.

Lafay, Jean-Dominique, Political Dyarchy and Popularity Functions: Lessons From the 1986 French Experience, in: Helmut Norpoth, Michael S. Lewis-Beck und Jean-Dominique Lafay (Hg.), Economics and Politics: The Calculus of Support, Ann Arbor 1991.

Lal, Deepak, Unintended Consequences: The Impact of Factor Endowments, Culture and Politics on Long-Run Economic Performance, Cambridge, Mass., 1999.

–, EMU and Globalisation, Politeia, 1999.

Landes, David S., Wohlstand und Armut der Nationen. Warum die einen reich und die anderen arm sind, Berlin 1999 (The Wealth and Poverty of Nations, London 1998).

Lane, Barbara Miller und Leila J. Rupp, Nazi Ideology before 1933: A Documentation, Manchester 1978.

Lanoue, David, From Camelot to the Teflon President: Economics and Presidential Popularity, Westport, Conn., 1988.

Lau, Richard R., Two Explanations for Negativity Effects in Political Behavior, *American Journal of Political Science*, 29, 1985, S. 119-138.

Lawson, Nigel, The View from No. 11: Memoirs of a Tory Radical, London 1992.

LeDuc, Lawrence, Richard G. Niemi (Hg.), Comparing Democracies: Elections and Voting in Global Perspective, Thousand Oaks, Calif., 1996.

Leigh, D. und E. Vulliamy, Sleaze: The Corruption of Parliament, London 1997.

Lethbridge, E., National Income and Product, in: Kaser, M. C. und E. A. Radice (Hg.), The Economic History of Eastern Europe, 1919-1975, Bd. I, Oxford 1986, S. 533-597.

Levy, Jack S., War in the Modern Great Power System, Lexington, Kentucky, 1983.

Lévy-Leboyer, M. und F. Bourgignon, L'economie française au XIXe siècle: Analyse macro-économique, Paris 1985.

Lewis, Michael, Liar's Poker, London 1989.

Lewis-Beck, Michael S., Economics and Elections: The Major Western Democracies, Ann Arbor 1988.

Lindert, Peter H. und Peter J. Morton, How Sovereign Debt has Worked, University of California-Davis Institute of Governmental Affairs Working Paper, August 1997.

Lipman, Edward, The City and the »People's Budget«, unveröffentlichtes MS, 1995.

Lipset, Seymour Martin, Some Social Requisites of Democracy: Economic Development and Political Legitimacy, *American Political Science Review*, 53, 1959, S. 69-105.

–, The Social Requisites of Democracy Revisited, *American Sociological Review*, 59, 1994, S. 1-22.

–, Seong, K.-R. und Torres, J.C., A Comparative Analysis of the Social Requisites of Democracy, *International Social Science Journal*, 16, 1993, S. 155-175.

Luard, Evan, War in International Society: A Study in International Sociology, New Haven/ London 1987.

Luttwak, Edward, Turbo-Capitalism: Winners and Losers in the Global Economy, London 1998.

McCaffrey, Helen und William Lamarque, Gold: A Trojan Horse in Central Bank Reserves? N. M. Rothschild & Sons internal memorandum, Mai 1999.

McCloskey, Donald N. und J. Richard Zecher, How the Gold Standard Worked, 1880-1913, in: J. A. Frenkel und H. G. Johnson (Hg.), The Monetary Approach to the Balance of Payments, Toronto 1976.

MacDougall, D., Don and Mandarin: Memoirs of an Economist, London 1987.

McKenzie, R. T., British Political Parties: The Distribution of Power within the Conservative and Labour parties, London 1978.

MacKuen, Michael B., Robert S. Erikson, und James A. Stimson, »Peasants or Bankers?« The American Electorate and the US Economy, *American Political Science Review*, 86, 1992, S. 597-611.

McKibbin, Ross, Class and Conventional Wisdom: The Conservative Party and the »Public« in Inter-war Britain, in: idem, The Ideologies of Class: Social Relations in Britain, 1880–1950, Oxford 1990.

McKinnon, Ronald, The East Asian Dollar Standard: Life after Death?, EDI World Bank Workshop: »Rethinking the Asian Miracle«, 1999.

McKinnon, Ronald I. und Huw Pill, International Overborrowing: A Decomposition of Credit and Currency Risks, *World Development*, 26, 7, 1998, S. 1267-1282.

McMorrow, K. und W. Roeger, The Economic Consequences of Ageing Populations, European Commission Directorate-General for Economic and Financial Affairs Economic Papers, 138, November 1999.

McNeill, William H., Krieg und Macht. Militär, Wirtschaft und Gesellschaft vom Altertum bis heute, München 1984 (The Pursuit of Power: Technology, Armed Force and Society since A.D. 1000, Oxford 1982).

Maddison, Angus, Dynamic Forces in Capitalist Development: A Long-run Comparative View, Oxford 1991.

Maier, Charles S., Recasting Bourgeois Europe: Stabilisation in France, Germany and Italy in the Decade after World War I, Princeton 1975.

–, The Politics of Inflation in the Twentieth Century, in: idem, In Search of Stability: Explorations in Historical Political Economy, Cambridge 1987, S. 187-224.

–, »Fictitious Bonds ... of Wealth and Law«: On the Theory and Practice of Interest Representation, in: idem, In Search of Stability: Explorations in Historical Political Economy, Cambridge 1987, S. 225-260.

–, Empires or Nations? 1918, 1945, 1989..., in: Carl Levy und Mark Roseman (Hg.), 1918-1945-1989, Cambridge, erscheint demnächst.

Mair, Peter, »Party Organisations: From Civil Society to the State«, in: Katz und Mair (Hg.), How Parties Organise.

Makinen, Gail E. und G. Thomas Woodward, Funding Crises in the aftermath of World War I, in: Rudiger Dornbusch und Mario Draghi (Hg.), Public Debt Management: Theory and History, Cambridge 1990, S. 153-183.

Maloney, John, Gladstone and Sound Victorian Finance, in: idem (Hg.), Debt and Deficits: An Historical Perspective, Cheltenham 1998, S. 116-131.

Mann, Michael, The Sources of Social Power, Bd. II: The Rise of Classes and Nation-States, 1760-1914, Cambridge 1993.

Maoz, Zeev und Nasrin Abdolali, Regime Types and International Conflict, 1816-1976, Journal of Conflict Resolution, 33, 1, 1989, S. 3-35.

Markus, Gregory B., The Impact of Personal and National Economic Conditions on the Presidential Vote: A Pooled Cross-Sectional Analysis, American Journal of Political Science, 32, 1988, S. 137-154.

Marsh, David, The Bundesbank: The Bank that Rules Europe, London 1992.

Marsh, Peter T., Joseph Chamberlain: Entrepreneur in Politics, New Haven/London 1994.

Martin, Terry, »Origins of Soviet Ethnic Cleansing«, Journal of Modern History, 70, 1998.

Marx, Karl, Das Kapital. Kritik der politischen Ökonomie, Berlin 1989.

– und Friedrich Engels, Manifest der Kommunistischen Partei, Werke Bd. 4, Berlin 1959, S. 461-493.

Masson, Paul und Michael Mussa, Long-Term Tendencies in Budget Deficits and Debt, in: Federal Reserve Bank of Kansas City, Budget Deficits and Debt: Issues and Options, Kansas 1995, S. 5-55.

Mathias, Peter, The First Industrial Nation: An Economic History of Britain, 1700-1914, London 1969.

– und Patrick K. O'Brien, Taxation in Great Britain and France, 1715-1810: A Comparison of the Social and Economic Incidence of Taxes Collected for the Central Governments, Journal of European Economic History, 1976, S. 601-650.

Matthew, H.C.G., Disraeli, Gladstone and the Politics of Mid-Victorian Budgets, Historical Journal, 1979, S. 615-643.

–, Gladstone, 1875–1898, Oxford 1995.

Maupassant, Guy de, Bel Ami, Frankfurt a. M. 1968.

Mazower, Mark, Der dunkle Kontinent. Europa im 20. Jahrhundert, Berlin 2000 (Dark Continent: Europe's Twentieth Century, London, 1998).

Michie, Ranald C., The Invisible Stabiliser: Asset Arbitrage and the International Monetary System since 1700, Financial History Review, 15, 1998.

–, The London Stock Exchange: A History, Oxford 1999.

Micklethwait, John und Adrian Wooldridge, A Future Perfect: The Challenge and Hidden Promise of Globalisation, London 2000.

Millard, Stephen, An Examination of the Monetary Transmission Mechanism in the United Kingdom, Bank of England Working Paper, undatiert.

Millington, Barry, Wagner, New York 1987.

Mills, T.C. und G.E. Woods, Money and Interest Rates in Britain from 1870 to 1913, in: S.N. Broadberry und N.F.R. Crafts (Hg.), Britain in the International Economy, Cambridge 1992, S. 199-217.

Milward, Alan, mit George Brennan und Frederico Romero, The European Rescue of the Nation-State, London 1992.

Minkin, L., The Labour Party Conference: A Study in the Politics of Intra-party Democracy, London 1978.

Minsky, H. P., A Theory of Systematic Fragility, in: E. J. Altman und A. W. Sametz (Hg.), Financial Crises: Institutions and Markets in a Fragile Environment, New York 1977, S. 138-152.

Mirowski, Philip, The Rise (and Retreat) of a Market: English Joint Stock Shares in the Eighteenth Century, *Journal of Economic History*, XLI, 3, 1981, S. 559-577.

Mishkin, Frederic S., The Real Rate of Interest: An Empirical Investigation, The Costs and Consequences of Inflation: Carnegie-Rochester Conference Series on Public Policy, 1981, S. 151-200.

–, Asymmetric Information and Financial Crises: A Historical Perspective, in: R. Glenn Hubbard (Hg.), Financial Markets and Financial Crises, Chicago/London 1991, S. 69–108.

Mischler, William, Marilyn Hoskin und Roy Fitzgerald, British Parties in the Balance: A Time Series Analysis of Long-Term Trends in Labour and Conservative Support, *British Journal of Political Science*, 19, 1989, S. 211-236.

Mitchell, B. R. und P. Deane, Abstract of British Historical Statistics, Cambridge 1962.

Mitchell, B. R. und H. G. Jones, Second Abstract of British Historical Statistics, Cambridge 1971.

Modelski, George und Gardner Perry III, »Democratisation in Long Perspective« *Technological Forecasting and Social Change* 39, 1991, S. 23-34.

Montesquieu, Charles de, Vom Geist der Gesetze, Stuttgart 1994.

Monypenny, W. F. und G. E. Buckle, The Life of Benjamin Disraeli, Earl of Beaconsfield, 6 Bde., London 1910–1920.

Morgan, E. V., Studies in British Financial Policy, 1914–1925, London 1952.

– und W. A. Thomas, The Stock Exchange, London 1962.

Morrisey, O. und S. Steinmo, The Influence of Party Competition on Post-war UK Tax Rates, *Policy and Politics*, 15, 1987, S. 195-206.

Mullen, Richard, Anthony Trollope: A Victorian and His World, London 1990.

Müller, Wolfgang C., The Development of Austrian Party Organisations in the Post-war Period, in: Katz und Mair (Hg.), How Parties Organise.

Muller, E. N., Democracy, Economic Development, and Income Inequality, *American Sociological Review*, 53, 1988, S. 50-68.

– Economic Determinants of Democracy, *American Sociological Review*, 60, 1995, S. 966-982.

– und Seligson, M.A., Civic Culture and Democracy: The Question of Causal Relationships, *American Political Science Review*, 88, 1994, S. 635-652.

Mundell, Robert, Prospects for the International Monetary System, World Gold Council Research Study (undatiert, 1994).

Murray, B.K., The People's Budget, 1909/10: Lloyd George and Liberal Politics, Oxford 1980.

–, »Battered and Shattered«: Lloyd George and the 1914 Budget Fiasco, *Albion*, 1991, S. 483-507.

Mutch, R. E., The Evolution of Campaign Finance Regulation in the United States and Canada, in: F. L. Seidle (Hg.), Comparative Issues in Party and Election Finance, Toronto 1991.

Muto, Giovanni, The Spanish System: Centre and Periphery, in: Richard Bonney (Hg.), Economic Systems and State Finance, Oxford 1995, S. 231-259.

Nadeau, Richard, Richard G. Niemi und Timothy Amato, Prospective and Comparative or Retrospective and Individual? Party Leaders and Party Support in Great Britain, *British Journal of Political Science*, 26, 1996, S. 345-358.

Nash, Robert Lucas, Fenn's Compendium of the English and Foreign Funds, Debts and Revenue of All Nations, Together with Statistics Relating to National Resources & Liabilities, Imports, Exports, Population, Area, Railway Guarantees, Municipal Finance & Indebtedness, Banks of All Nations and All Descriptions of Government, Provincial, and Corporate Securities held and dealt in by Investors at Home and Abroad; The Laws and Regulations of the Stock Exchange, &c., 14. A., London 1889.

Neal, Larry, Integration of International Capital Markets: Quantitative Evidence from the Eighteenth to Twentieth Centuries, *Journal of Economic History*, 1985, S. 219-226.

–, The Rise of Financial Capitalism: International Capital Markets in the Age of Reason, Cambridge 1990.

–, »How It All Began: The Monetary and Financial Architecture of Europe during the First Global Capital Markets, 1648-1815«, Paper für die »Conference on the History of Global Finance«, Yale School of Management, 15. Oktober 1999.

Neal, Larry, A Shocking View of Economic History, *Journal of Economic History*, 60, 2, 2000, S. 317-334.

Nef, John U., War and Human Progress: An Essay on the Rise of Industrial Civilization, Cambridge, Mass., 1950.

Noelle-Neumann, Elisabeth und Renate Köcher (Hg.), Allensbacher Jahrbuch der Demoskopie, München 1997.

Nordhaus, William, The Political Business Cycle, *Review of Economic Studies*, 42, April 1975, S. 169-190.

Norpoth, Helmut, Guns and Butter and Government Popularity in Britain, *American Political Science Review*, 81, 1987, S. 949-959.

–, Confidence Regained: Economics, Mrs. Thatcher, and the British Voter, Ann Arbour 1992.

Norris, P., Electoral Change in Britain, Oxford 1997.

North, Douglass C., Institutionen, institutioneller Wandel und Wirtschaftsleistung. Tübingen 1992 (Institutions, Institutional Change, and Economic Performance, New York 1990).

– und Barry R. Weingast, Constitutions and Commitment: The Evolution of Institutions Governing Public Choice in Seventeenth-Century England, *Journal of Economic History*, XLIX, 4, 1989, S. 803-832.

Nove, Alec, An Economic History of the USSR, 1917-1991, 3. A., London 1992.

O'Brien, Patrick K., The Costs and Benefits of British Imperialism, 1846-1914, *Past and Present*, 1988.

–, Power with Profit: The State and the Economy, 1688-1815, Antrittsvorlesung, University of London, London 1991.

–, Inseparable Connections: Trade, Economy, Fiscal State, and the Expansion of Empire, 1688-1815, in: P.J. Marshall (Hg.), The Oxford History of the British Empire, Bd. II: The Eighteenth Century, Oxford/New York 1998, S. 53-77.

–, Imperialism and the Rise and Decline of the British Economy, 1688-1989, *New Left Review*, 238, 1999, S. 48-80.

– und Philip A. Hunt, The Rise of a Fiscal State in England, 1485-1815, *Historical Research*, 1993, S. 129-176.

– und –, England, 1485-1815, in: Richard Bonney (Hg.), The Rise of the Fiscal State in Europe, c. 1200-1815, Oxford 1999, S. 53-100.

– und Leandro Prados de la Escosura, Balance Sheets for the Acquisition, Retention and Loss of European Empires Overseas, Universidad Carlos III. de Madrid Depto. de Historia Económica e Instituciones Working Paper, Dezember 1998.

O'Leary, C., The Elimination of Corrupt Practices in British Elections, 1868-1911, Oxford 1962.

O'Rourke, Kevin H. und Jeffrey G. Williamson, Globalisation and History: The Evolution of a Nineteenth-Century Atlantic Economy, Cambridge, Mass./London 1999.

Obstfeld, Maurice, International Currency Experience: New Lessons and Lessons Relearned, Paper für das »25th anniversary meeting of the Brookings Panel on Economic Activity«, 6./7. April 1995.

–, EMU: Ready, or Not? NBER Working Paper, 1998.

– und Alan M. Taylor, The Great Depression as a Watershed: International Capital Mobility over the Long Run, in: Michael D. Bordo, Claudia Goldin and Eugene N. White (Hg.), The Defining Moment: The Great Depression and the American Economy in the Twentieth Century, Chicago 1998, S. 353-402.

Offer, Avner, The First World War: An Agrarian Interpretation, Oxford 1989.

–, The British Empire, 1870–1914: A Waste of Money? *Economic History Review*, 1993.

–, Costs and Benefits, Prosperity and Security, 1870-1914, in: Andrew Porter (Hg.), The Oxford History of the Nineteenth Century, Bd. III: The Nineteenth Century, Oxford/New York 1999, S. 690-711.

–, »Between the Gift and the Market: The Economy of Regard«, *Economic History Review*, 50, 1997.

Olson, Mancur, Aufstieg und Niedergang der Nationen. Ökonomisches Wachstum, Stagflation und soziale Starrheit, Tübingen 1985. (The Rise and Decline of Nations: Economic Growth, Stagflation and Social Rigidities, New Haven / London 1982.)

–, Big Bills Left on the Sidewalk: Why Some Nations Are Rich, and Others Poor, *Journal of Economic Perspectives*, 10, 2, 1996, S. 3-24.

–, Power and Prosperity: Outgrowing Communist and Capitalist Dictatorships, New York 2000.

Ormrod, W. M., The West European Monarchies in the Later Middle Ages, in Richard Bonney (Hg.), Economic Systems and State Finance, Oxford 1995, S. 123-160.

–, England in the Middle Ages, in: Richard Bonney (Hg.), The Rise of the Fiscal State in Europe, c. 1200-1815, Oxford 1999, S. 19-52.

– und János Barta, The Feudal Structure and the Beginnings of State Finance, in: Richard Bonney (Hg.), Economic Systems and State Finance, Oxford 1995, S. 53-79.

Overy, Richard, War and Economy in the Third Reich, Oxford 1994.

–, Die Wurzeln des Krieges. Warum die Alliierten den Zweiten Weltkrieg gewannen, Stuttgart/München 2000. (Why the Allies Won, London 1995.)

– (Hg.), The Times Atlas of the Twentieth Century, London 1996.

–, Russia's War, London 1997.

–, The Battle, London 2000.

Owen, R., The Middle East and the World Economy, 1800–1914, London 1981.

Paddags, Norbert, The German Railways - The Economic and Political Feasibility of Fiscal Reforms during the Inflation of the early 1920s, University of Oxford Discussion Papers in Economic and Social History, 13, 1997.

Paldam, Martin, How Robust Is the Vote Function? A Study of Seventeen Nations Over Four Decades, in: Helmut Norpoth, Michael S. Lewis-Beck und Jean-Dominique Lafay (Hg.), Economics and Politics: The Calculus of Support, Ann Arbor 1991.

Palgrave, R. H. Inglis, Bank Rate and the Money Market in England, France, Germany, Holland and Belgium, 1844-1900, New York 1968 (1903).

Panic, M., European Monetary Union: Lessons from the Classical Gold Standard, London 1992.

Parker, Geoffrey, The Emergence of Modern Finance in Europe, 1500-1730, in: C. M. Cipolla (Hg.), The Fontana History of Europe, II: The Sixteenth and Seventeenth Centuries, London 1974, S. 527-594.

Partner, Peter, The Papacy and the Papal States, in: Richard Bonney (Hg.), The Rise of the Fiscal State in Europe, c. 1200-1815, Oxford 1999, S. 359-380.

Peacock, Alan Turner und Jack Wiseman, The Growth of Public Expenditure in the United Kingdom, NBER Publication Nr. 72, Princeton 1961.

Pennington, Reina, Offensive Women: Women in Combat in the Red Army, in: Paul Addison (Hg.), Time to Kill: The Soldier's Experience of War in the West 1939-1945, London 1997, S. 249-262.

Perkin, Harold, The Rise of Professional Society: England since 1880, London 1989.

Perrett, Byran (Hg.), The Battle Book: Crucial Conflicts in History from 1469 BC to the Present, London 1992.

Persson, T. und L. E. O. Svensson, Why a Stubborn Conservative Would Run a Deficit: Policy with Time-Inconsistent Preferences, *Quarterly Journal of Economics*, 104, 1989, S. 325-345.

Peterson, Peter G., Grey Dawn: The Global Aging Crisis, *Foreign Affairs*, Januar/Februar 1999, S. 42–55.

Petzina, D., W. Abelshauser und A. Faust (Hg.), Sozialgeschichtliches Arbeitsbuch, Bd. III: Materialien zur Statistik des Deutschen Reiches, 1914–1945, München 1978.

Pflanze, Otto, Bismarck and the Development of Germany, Bd. II: The Period of Consolidation, 1871-1880, Princeton, New Jersey, 1990.

Phillips, Kevin P., The Cousins' Wars: Religion, Politics, and the Triumph of Anglo-America, New York 1999.

Pierre, Jon und Anders Widfeldt, Party Organizations in Sweden: Colossuses with Feet of Clay or Flexible Pillars of Government, in: Katz und Mair (Hg.), How Parties Organise.

Pinker, Steven, How the Mind Works, London 1998.

Pinto-Duschinsky, Michael, British Political Finance, 1830-1980, Washington 1981.

Pippenger, J., Bank of England Operations, 1893-1913, in: M. Bordo und A. Schwartz (Hg.), A Retrospective on the Classical Gold Standard, Chicago 1984, S. 203-232.

Poguntke, Thomas, Parties in a Legalistic Culture: The Case of Germany, in: Katz und Mair (Hg.), How Parties Organise.

Pollard, Stephen und Andrew Adonis, A Class Act: The Myth of Britain's Classless Society, London 1997.

Pollard, Sidney, Capital Exports, 1870–1914: Harmful or Beneficial?, *Economic History Review*, 1985.

Posen, A., Why Central Bank Independence Does Not Cause Low Inflation: There is No Institutional Fix, in: R. O'Brien (Hg.), Finance and the International Economy, Bd. VII, Oxford 1993, S. 4-65.

Poulsen, Bjorn, Kingdoms of the Periphery of Europe: The Case of Medieval and Early Modern Scandinavia, in Richard Bonney (Hg.), Economic Systems and State Finance, Oxford 1995, S. 101-122.

Powell, G. Bingham jun., und Guy D. Whitten, A Cross-national Analysis of Economic Voting: Taking Account of the Political Context, *American Journal of Political Science*, 37, 1993, S. 391-414.

Prawer, S.S., Heine's Jewish comedy: A study of his portraits of Jews and Judaism, Oxford 1983.

Price, Simon und David Sanders, Economic Competence, Rational Expectations and Government Popularity in Post-war Britain, Occasional Papers of the ESRC Research Centre on Microsocial Change, 4, 1991.

Pryce-Jones, David, The War That Never Was, London 1995.

Przeworski, Adam The Neo-liberal Fallacy, *Journal of Democracy*, 3, 1992, S. 45-59.

–, Alvarez, M., J.A. Cheibub und F. Limongi, What Makes Democracies Endure?, *Journal of Democracy*, 3, 1996, S. 39-55.

Pugh, Martin, The Making of Modern British Politics, 1867–1939, Oxford 1982.

Pulzer, Peter G. J., Die Entstehung des politischen Antisemitismus in Deutschland und Österreich 1867 bis 1914, Gütersloh 1966 (The Rise of Political Anti-Semitism in Germany and Austria, London 1964).

Quin, Stephen, Gold, Silver and the Glorious Revolution, *Economic History Review*, XLIX, 3, 1996, S. 473-490.

Raffelhüschen, Bernd, Aging, Fiscal Policy and Social Insurances: A European Perspective, unveröffentlichtes MS, 1998.

Ramsden, J., The Age of Churchill and Eden 1940-1957, London 1995.

–, The Winds of Change: From Macmillan to Heath 1957-1975, London 1996.

Rasmussen, J. Retrenchment and Revival: A Study of the Contemporary Liberal Party, Tuscon 1964.

Richardson, L. F., Statistics of Deadly Quarrels, Pittsburgh 1960.

Ricketts, M., The Economics of Business Enterprise: New Approaches to the Firm, Harvester, Sussex, 1987.

Ridley, Nicholas, »My Style of Government«: The Thatcher Years, London 1991.

Ritschl, Albrecht, Sustainability of High Public Debt: What the Historical Record Shows, Centre for Economic Policy Research Discussion Paper, Februar 1996.

Roberts, Andrew, Salisbury: Victorian Titan, London 1999.

Roesler, K., Die Finanzpolitik des Deutschen Reiches im Ersten Weltkrieg, Berlin 1967.

Roberts, J. Structure and Organisation, Clarendon Lectures, Oxford, 29./30. April 1997.

Rockoff, Hugh, The United States: From Ploughshares to Swords, in: Mark Harrison (Hg.), The Economics of World War II: Six Great Powers in International Comparison, Cambridge 1998, S. 81-121.

Rodger, N. A. M., Sea Power and Empire, in: P.J. Marshall (Hg.), The Oxford History of the British Empire, Bd. II: The Eighteenth Century, Oxford/New York 1998, S. 169-183.

Rogowski, Ronald, Commerce and Coalitions: How Trade Affects Domestic Political Alignments, Princeton 1989.

Romer, David und Chris Romer, Does Monetary Policy Matter? A New Test in the Spirit of Friedman and Schwartz, NBER Working Paper, 2966, 1989.

Rosenbaum, M., From Soapbox to Soundbite: Party Political Campaigning in Britain since 1945, London 1997.

Roth, Jean-Pierre, A View from Switzerland in the Run Up to the Demonetisation of Gold, Paper für die »Financial Times World Gold Conference«, 14. Juni 1999.

Rothschild, Lord [Victor], »You Have It, Madam«: The Purchase, in 1875, of Suez Canal Shares by Disraeli and Baron Lionel de Rothschild, London 1980.

Rowley, Eric E., Hyperinflation in Germany: Perceptions of a Process, Aldershot 1994.

Rubinstein, W.D., British Millionaires, 1809–1989, *Bulletin of the Institute of Historical Research*, 1974, S. 203–223

–, Jewish Participation in National Economic Elites, 1860-1939, and Anti-Semitism: An International Comparison, Paper für die »Australian Association for Jewish Studies Conference«, Sydney 1997.

–, Entrepreneurial Minorities: A Typology, unveröffentlichtes Paper.

Rudé, George, The Crowd in History: A Study of Popular Disturbances in France and England, 1730-1848, 3. A., London 1995.

Rummel, R. J., Lethal Politics: Soviet Democide and Mass Murder since 1917, New Brunswick 1990.

–, Democide: Nazi Genocide and Mass Murder, New Jersey 1992.
–, Statistics of Democide: Genocide and Mass Murder Since 1900, New Jersey 1997.
Rush, M., The Selection of Parliamentary Candidates, London 1969.
Russett, Bruce, Counterfactuals about War and Its Absence, in: Philip E. Tetlock und
    Aaron Belkin (Hg.), Counterfactual Thought Experiments in World Politics:
    Logical, Methodological and Psychological Perspectives, Princeton, New Jersey,
    1996, S. 171-186.
Rytlewski, Ralf, (Hg.), Die Bundesrepublik in Zahlen: Ein sozialgeschichtliches
    Arbeitsbuch, München 1987.

Saatchi, Maurice, Happiness Can't Buy Money, Centre for Policy Studies Autumn
    Lecture, 1999.
Sacks, Jonathan, Morals and Markets, London 1999.
Sanders, David, Government Popularity and the Next Election, *Political Quarterly*,
    62, 1991, S. 235-261.
–, Why the Conservatives Won – Again, in: Anthony King (Hg.), Britain at the Polls
    1992, Chatham, New Jersey, 1993.
–, Conservative Incompetence, Labour Responsibility and the Feelgood Factor: Why
    the Economy failed to Save the Tories in 1997, Paper für die »Political Studies
    Conference on Elections, Public Opinion and Parties«, Essex University, 26.–28.
    September 1997.
Sarel, Michael, Non-Linear Effects of Inflation on Economic Growth, IMF Working
    Paper, 95/56, 1995.
Sargent, Thomas J., The Ends of Four Big Inflations, in: Thomas J. Sargent, Rational
    Expectations and Inflation, New York 1993, S. 43-116.
–, Stopping Moderate Inflations: The Methods of Poincaré and Thatcher, in:
    Thomas J. Sargent, Rational Expectations and Inflation, New York 1993, S. 117-
    172.
– und Neil Wallace, Some Unpleasant Monetarist Arithmetic, in: Thomas J.
    Sargent, Rational Expectations and Inflation, New York 1993, S. 173-210.
Särlvik, Bo und Ivor Crewe, Decade of Dealignment, Cambridge 1983.
Sayers, Richard Sidney, Bank of England Operations, 1890-1914, London 1936.
–, The Bank in the Gold Market, 1890-1914, in: R.S. Sayers und T. S. Ashton, Papers
    in English Monetary History, Oxford 1953.
–, The Bank of England, 1891-1944, 3 Bde., Cambridge 1976.
Scammell, M., Designer Politics: How Elections are Won, London 1995.
Schama, Simon, Citizens: A Chronicle of the French Revolution, London 1989.
Schiel, Juliane, Pillars of Democracy: A Study of the Democratisation Process in
    Europe after the First World War, Oxford undergraduate thesis, 2000).
Schmitz, C. J., The Growth of Big Business in the United States and Western Europe,
    1850-1939, London 1993.
Schremmer, D.E., Taxation and Public Finance: Britain, France and Germany, in:
    Peter Mathias und Sidney Pollard (Hg.), The Cambridge Economic History of
    Europe, Bd. VIII: The Industrial Economies: the Development of Economic and
    Social Policies, Cambridge 1989, S. 315-494.
Schubert, Aurel, The Dissolution of the Austro-Hungarian Currency Union,
    European Association of Banking History Journal, 1999.
Schuker, S., American »Reparations« to Germany, 1919-1933, in: G. D. Feldman und
    E. Müller-Luckner (Hg.), Die Nachwirkungen der Inflation auf die deutsche
    Geschichte, 1924-1933, München 1985.
Schultz, Kenneth A. und Barry R. Weingast, The Democratic Advantage: The
    Institutional Sources of State Power in International Competition, Hoover
    Institution on War, Revolution and Peace Essays in Public Policy, 67, 1996.
Schulz, G., Inflationstrauma, Finanzpolitik und Krisenbekämpfung in den Jahren
    der Wirtschaftskrise, 1930-1933, in: Feldman und Müller-Luckner (Hg.),
    Nachwirkungen, S. 261-296.

Schulze, Winfried, The Emergence and Consolidation of the »Tax State«, I: The Sixteenth Century, in: Richard Bonney (Hg.), Economic Systems and State Finance, Oxford 1995, S. 261-280.

Schumpeter, Joseph A., Kapitalismus, Sozialismus und Demokratie, 6. A., Tübingen 1987. (Capitalism, Socialism and Democracy, London 1987 [1943].)

–, Die Krise des Steuerstaates, *Zeitfragen aus dem Gebiet der Soziologie*, 4, 1918, S. 1-71.

Schwartz, Anna J., Real and Pseudo-financial Crises, in: F. Capie und G. E. Wood (Hg.), Financial Crises and the World Banking System, London 1986.

Schwarz, Gerhard. Democracy and Market-Oriented Reform – A Love-Hate Relationship? *Economic Education Bulletin*, 32, 5, 1992.

Scitovsky, T., The Joyless Economy: An Inquiry into Human Satisfaction and Consumer Dissatisfaction, Oxford 1976.

Seldon, Arthur, The Dilemma of Democracy: The Political Economics of Over-Government, London 1998.

Sen, Amartya, Capability and Well-being, in: Martha Nussbaum und Amartya Sen (Hg.), The Quality of Life, Oxford 1993.

–, Development as Freedom, Oxford 1999.

Seyd, P. und P. Whiteley, Labour's Grass Roots: The Politics of Party Membership, Oxford 1992.

Sharpe, Kevin M., The Personal Rule of Charles I., New Haven/London 1992.

Shaw, S. J., Ottoman Expenditures and Budgets in the late Nineteenth and Twentieth Centuries, *International Journal of Middle East Studies*, 1978, S. 373–378.

Shawcross, William, Deliver Us From Evil: Peacekeepers, Warlords and a World of Endless Conflict, London 2000.

Sheehan, James J., Der Ausklang des alten Reiches. Deutschland seit dem Ende des Siebenjährigen Krieges bis zur gescheiterten Revolution 1763 bis 1850, in: Propyläen Geschichte Deutschlands, Band 6, Berlin 1994. (German History, 1770–1866, Oxford 1989.)

Shermer, Michael, Exorcising Laplace's Demon: Chaos and Antichaos, History and Metahistory, *History and Theory: Studies in the Philosophy of History*, 34, 1, 1995, S. 59-83.

Shin, Doh Chull, On the Third Wave of Democratization: A Synthesis and Evaluation of Recent Theory and Research, *World Politics*, 47, 1994, S. 135-170.

Shleifer, Andrei, »Government in Transition«, in: – und Robert W. Vishny (Hg.), The Grabbing Hand: Government Pathologies and Their Cures, Cambridge, Mass./London 1998, S. 227-253.

– und J. Bradford DeLong, Princes and Merchants: European City Growth before the Industrial Revolution, in: Andrei Shleifer und Robert W. Vishny (Hg.), The Grabbing Hand: Government Pathologies and Their Cures, Cambridge, Mass./London 1998, S. 19-52.

Shy, John, The American Colonies in War and Revolution, in: P.J. Marshall (Hg.), The Oxford History of the British Empire, Bd. II: The Eighteenth Century, Oxford/New York 1998, S. 300-324.

Skidelsky, Robert, John Maynard Keynes, Bd. I: Hopes Betrayed, 1883–1920, London 1983.

–, John Maynard Keynes, Bd. II: The Economist as Saviour, 1920–1937, London 1992.

Simon, C. A., Alternative Visions of Rationality, in: P.K. Moser (Hg.), Rationality in Action: Contemporary Approaches, Cambridge 1990, S. 189-204.

Sims, C. A., The Precarious Fiscal Foundations of EMU, DNB Staff Reports, 1999.

Singer, J. David und Melvin Small, Resort to Arms, Michigan 1982.

Siverson, Randolph M. und Harvey Starr, Opportunity, Willingness and the Diffusion of War, *American Political Science Review*, 84, 1, 1990, S. 47-67.

Smith, Adam, Der Wohlstand der Nationen. Eine Untersuchung seiner Natur und seiner Ursachen, München 1974. (An Inquiry into the Nature and Causes of the Wealth of Nations, London 1982 [1776].)

Smith, K. C. und G. F. Horne, An Index Number of Securities, 1867-1914, London & Cambridge Economic Service, Special Memorandum Nr. 37, London 1934.

Sniderman, Paul M. und Richard A. Brody, Coping: The Ethic of Self-Reliance, *American Journal of Political Science*, 21, 1977, S. 501-522.

Sollenberg, Margareta, Peter Wallensteen und Andrés Jato , Major Armed Conflicts, SIPRI Yearbook 1999: Armaments, Disarmament and International Security.

Solow, Robert, Welfare: The Cheapest Country, *New York Review of Books*, 23. März 2000, S. 20-23

– und John B. Taylor, Inflation, Unemployment and Monetary Policy: The Alvin Hansen Symposium on Public Policy, Cambridge, Mass., 1999.

Sombart, Werner, Die Juden und das Wirtschaftsleben, Leipzig 1911.

Sorokin, P. A. , Social and Cultural Dynamics, 4 Bde., New York, 1937-1941.

Soto, Hernando de, The Mystery of Capital: Why Capitalism Triumphs in the West and Fails Everywhere Else, London 2000.

Spalding, William F., Tate's Modern Cambist, Centenary Edition: A Manual of the World's Monetary Systems, the Foreign Exchanges &c., 28. A., London 1929.

Spurling, Hilary, La Grand Thérèse: The Greatest Swindle of the Century, London 1999.

Starr, H., Democratic Dominoes: Diffusion Approaches to the Spread of Democracy, *Journal of Conflict Resolution*, 35, 1991, S. 356-381.

Statistical Abstract of the United States 1999: The National Data Book, 119th edition, 1999.

Statistisches Bundesamt, Statistisches Jahrbuch 1997, Bonn 1997.

Stein, Gabriel, Mounting Debts: The Coming European Pension Crisis, Politeia, Policy Series Nr. 4, 1997.

Stern, Fritz, Gold und Eisen. Bismarck und sein Bankier Bleichröder, Frankfurt a.M./Berlin 1978. (Gold and Iron: Bismarck, Bleichröder and the Building of the German Empire, Harmondsworth 1987.)

Stevenson, Robert Louis, Will O' the Mill, in: Charles Neider (Hg.), The Complete Short Stories of Robert Louis Stevenson, New York 1998, S. 255-285.

Stigler, George, General Economic Conditions and National Elections, *American Economic Review*, 62, 1973, S. 540-552.

–, A Theory of Price, 4. A., London 1987.

Stockmar, Baron E. von, Memoirs of Baron Stockmar, 2 Bde., London 1872.

Studlar, Donley T., Ian McAllister und Alvaro Ascui, Privatisation and the British Electorate: Microeconomic Policies, Macroeconomic Evaluations and Party Support, *American Journal of Political Science*, 34, 1990, S. 1077-1101.

Supple, Barry, Scale and Scope: Alfred Chandler and the Dynamics of Industrial Capitalism, *Economic History Review* 44, 3, 1991.

Sussman, Nathan und Yishay Yafeh, Institutions, Reforms and Country Risk: Lessons from Japanese Government Debt in the Meiji Era, *Journal of Economic History*, 60, 2, 2000, S. 442-467.

Svasand, Lars, Change and Adaptation in Norwegian Party Organisations, in: Katz und Mair (Hg.), How Parties Organise.

Sylla, Richard, Shaping the US Financial System, 1690-1913: The Dominant Role of Public Finance, in: Richard Sylla, Richard Tilly und Gabriel Tortella (Hg.), The States, the Financial System and Economic Modernization, Cambridge 1999, S. 249-270.

Syrett, Harold C. und Jacob E. Cooke (Hg.), The Papers of Alexander Hamilton, 27 Bde., New York 1961-1987.

Tabellini, Guido, The Politics of Intergenerational Redistribution, in: Ben van Velthoven, Harrie Verbon und Frans van Winden (Hg.), The Political Economy of Government Debt, North-Holland/Amsterdam/New York/Tokyo 1993, S. 69-86.

Tanzi, Vito und Mark S. Lutz, Interest Rates and Government Debt: Are the Linkages Global Rather than National, in: Ben van Velthoven, Harrie Verbon und Frans van Winden (Hg.), The Political Economy of Government Debt, North-Holland/Amsterdam/New York/Tokyo 1993, S. 233-253.

Taylor, Alan M., International Capital Mobility in History: The Saving-Investment Relationship, NBER Working Paper, 5743, September 1996.

Taylor, A. J. P., The Struggle for Mastery in Europe, 1848-1918, Oxford 1954.

Tebbit, Norman, Upwardly Mobile: An Autobiography, London 1988.

Thane, Pat, The Working Class and State »Welfare« in Britain, 1880-1914, in: David Gladstone (Hg.), Before Beveridge: Welfare before the Welfare State, London 1999, S. 86-112.

Thatcher, Margaret, Downing Street No. 10: Die Erinnerungen, Düsseldorf/Wien 1993. (The Downing Street Years, London 1993.)

Thielen, Peter Gerrit, Karl August von Hardenberg, 1750-1822, Köln/Berlin, 1967.

Thompson, J. M., Napoleon's Letters, London 1998.

Timechart Company, The Timechart of Military History, Rickmansworth 1999.

Tobin, James und William Nordhaus, Is Growth Obsolete? in – und – (Hg.), Essays in Economics: Theory and Policy, Cambridge, Mass., 1982.

Tocqueville, Alexis de, Über die Demokratie in Amerika, München 1976.

–, Der alte Staat und die Revolution, Bremen 1959.

Tolstoy, L. N., Krieg und Frieden, München 1990.

Towle, Philip, Nineteenth-century Indemnities, unveröffentlichtes Paper, Cambridge 1999.

Trevor-Roper, H. R. (Hg.), Hitler's Table Talk: His Private Conversations, 3. A., London 2000.

Trollope, Anthony, Can You Forgive Her? London 1986 (1864).

–, Phineas Finn, The Irish Member, London 1985 (1869).

–, The Prime Minister, London 1994 (1875/1876).

–, The Duke's Children, London, 1995 (1880).

Tufte, Edward R., Political Control of the Economy, Princeton 1978.

Vanhanen, T., The Process of Democratization: A Comparative Study of 147 States, 1980-1988, New York 1990.

Velde, François R. und David R. Weir, The Financial Market and Government Debt Policy in France, 1746-1793, *Journal of Economic History*, 1992, S. 1-39.

Vilar, Pierre, A History of Gold and Money, 1450-1920, London 1976.

Vincent, J. R., The Formation of the British Liberal Party, 1857-1868, 2. A., Hassock, Sussex, 1976.

Voth, Joachim, The True Cost of Inflation: Expectations and Policy Options During Germany's Great Slump, Working Paper of the Economics Department of the Universitat Pompeu Fabra, September 1999.

Wagner, Richard, Mein Leben, München 1969.

Wallensteen, Peter und Margareta Sollenberg, Armed Conflict and Regional Conflict Complexes, 1989-1997, *Journal of Peace Research*, 1998.

Wallerstein, Immanuel, Das moderne Weltsystem. Frankfurt a.M. 1986, The Modern World-System, vol. III: The Second Era of Great Expansion of the Capitalist World-Economy, 1730-1840s (San Diego, 1989).

Warburg, Max M., Aus meinen Aufzeichnungen, Privatdruck, 1952.

Ward, Michael D., John O'Loughlin, Michael Shin, Corey L. Lofdahl, Kristian S. Gleditsch und Jordin S. Cohen, The Spatial And Temporal Diffusion Of Democracy, 1946-1994, Paper für die »37th Annual Conference of the International Studies Association«, November 1997.

Ward, Michael D. und Kristian Gleditsch, Democratising for Peace, *American Political Science Review*, 92, 1, 1998, S. 51-61.

Ware, Dick, The IMF and Gold, World Gold Council Research Study, 20. Juli 1998.

Weatherford, Stephen M., Economic Conditions and Electoral Outcomes: Class

Differences in the Political Response to Recession, *American Journal of Political Science*, 22, 1978, S. 917-938.

Webb, Stephen B., Hyperinflation and Stabilisation in Weimar Germany, New York/Oxford 1989.

Weber, Max, Die protestantische Ethik und der Geist des Kapitalismus, in: Die protestantische Ethik (Hg. J. Winckelmann), 8. A., Gütersloh 1991.

Weiss, Linda und John M. Hobson, States and Economic Development: A Comparative Historical Analysis, Cambridge 1995.

Wells, John und Douglas Wills, Revolution, Restoration and Debt Repudiation: The Jacobite Threat to England's Institutions and Growth, *Journal of Economic History*, 60, 2, 2000, S. 418-441.

Wheen, Francis, Karl Marx, London 1999.

White, Eugene N., Was there A Solution to the *Ancien Régime*'s Financial Dilemma?, *Journal of Economic History*, 49, 1989, S. 545-568.

–, The French Revolution and the Politics of Government Finance, 1770-1815, *Journal of Economic History*, 55, 1995, S. 227-255.

– France and the Failure to Modernize Macroeconomic Institutions, Paper für den »12th International Economic History Congress«, Madrid, August 1998.

–, Making the French Pay: The Costs and Consequences of the Napoleonic Reparations, NBER Working Paper, Oktober 1999.

Whiteside, Noel, Private Provision and Public Welfare: Health Insurance between the Wars, in: David Gladstone (Hg.), Before Beveridge: Welfare before the Welfare State, London 1999, S. 26-42.

Williams, Penry, The Tudor Regime, Oxford 1979.

Williamson, Oliver, Markets and Hierarchies, New York 1975.

–, The Modern Corporation: Origin, Evolution, Attributes, *Journal of Economic Literature*, 19, 1981.

Wilson, J. F., British Business History, 1720-1994, Manchester 1995.

Wilson, Jack, Richard Scylla und Charles P. Jones, Financial market volatility. Panics under the national banking system before 1914, and volatility in the long run, 1830-1988, in: Eugene N. White (Hg.), Crashes and Panics: A Historical Perspective, Homewood 1990.

Winch, D., The political economy of public finance in the »long« eighteenth century, in: J. Maloney (Hg.), Debts and deficits: An historical perspective, Cheltenham 1998.

Winckler, Georg, Eduard Hochreiter und Peter Brandner, Deficits, Debt and European Monetary Union: Some Unpleasant Fiscal Arithmetic, in: G. Calvo und M. King (Hg.), The Debt Burden and its Consequences for Monetary Policy, London 1998, S. 254–276.

Winter, J. M., The Great War and the British People, London 1985.

Witt, Peter-Christian, Finanzpolitik und sozialer Wandel in Krieg und Inflation 1918-1924, in: H. Mommsen, D. Petzina, B. Weisbrod (Hg.), Industrielles System und Politische Entwicklung in der Weimarer Republik, 2 Bde., Düsseldorf 1977, Bd. I, S. 395-425.

–, Tax Policies, Tax Assessment and Inflation: Towards a Sociology of Public Finances in the German Inflation, 1914 to 1923, in: idem (Hg.), Wealth and Taxation in Central Europe. The History and Sociology of Public Finance, Leamington Spa/Hamburg/New York 1987, S. 137-160.

Wolfe, Tom, Fegefeuer der Eitelkeiten, München 1990. (The Bonfire of the Vanities London 1988.)

Wood, Geoffrey, Great Crashes in History: Have They Lessons for Today?, Paper für die »Conference on financial crises«, Somerville College, Oxford, 9./10. Juli 1999.

–, Central Bank Independence: Historical Evidence and the Recent British Experience, Paper für die »Conference on Central Bank Independence: The Economic Foundations«, Stockholm University, Dezember 1999.

Wormell, Jeremy, The Management of the National Debt of the UK, 1900-1932, Oxford 2000.

Wright, J.F., The Contribution of Overseas Savings to the Funded National Debt of Great Britain, 1750-1815, *Economic History Review,* L, 4, 1997, S. 657-674.

Wright, Quincy, A Study of War, Chicago 1942.

Yeager, L. B., Fluctuating Exchange Rates in the 19th Century: The Experiences of Russia and Austria, in: R. Mundell und A. Swoboda (Hg.), Monetary Problems of the International Economy, Chicago 1969.

Yergin, Daniel und Joseph Stanislaw, The Commanding Heights: The Battle between Government and the Marketplace that is Remaking the Modern World, New York 1999.

Zakaria, Fareed, The Rise of Illiberal Democracy, *Foreign Affairs,* 1997.

Zamagni, Vera, Italy: How to Lose the War and Win the Peace, in: Mark Harrison (Hg.), The Economics of World War II: Six Great Powers in International Comparison, Cambridge 1998, S. 177-223.

Zevin, R. B., »Are World Financial Markets More Open? If So, Why and With What Effects?«, in: T. Banuri und J. Schor (Hg.), *Financial Openness and National Autonomy* (Oxford University Press, 1992), S. 43-83.

Ziegler, Dieter, Das Korsett der »Alten Dame«: Die Geschäftspolitik der Bank of England, 1844-1913, Frankfurt am Main, 1990.

Zola, Emile, Der Totschläger, München 1975.

– Das Geld, München 1977.

Aktuelle Themen im dtv

Michel Baeriswyl
Chillout
Wege in eine neue Zeitkultur
dtv premium 3-423-**24208**-6

Paulina Borsook
Schöne neue Cyberwelt
Mythen, Helden und
Irrwege des Hightech
dtv premium 3-423-**24255**-8

Colin J. Campbell
Ölwechsel!
Das Ende des Erdölzeit-
alters und die Weichen-
stellung für die Zukunft
dtv premium 3-423-**24321**-X

Hans-Peter Dürr
**Für eine zivile
Gesellschaft**
Beiträge zu unserer
Zukunftsfähigkeit
dtv 3-423-**36177**-8

Viviane Forrester
Die Diktatur des Profits
dtv 3-423-**36281**-2

Francis Fukuyama
Der große Aufbruch
Wie unsere Gesellschaft
eine neue Ordnung erfindet
dtv 3-423-**36271**-5

Mario Gmür
Der öffentliche Mensch
Medienstars und Medien-
opfer · dtv 3-423-**36260**-X

Marie-France Hirigoyen
**Die Masken der
Niedertracht**
Seelische Gewalt im Alltag
und wie man sich dagegen
wehren kann
dtv 3-423-**36288**-X

Harald Klimenta
**Was Börsen-Gurus
verschweigen**
12 Illusionen über die
Finanzwelt
dtv 3-423-**36282**-0

Kent Lindahl
Exit
Mein Weg aus der
Neonazi- Szene
Aufgezeichnet von
Janne Mattson
dtv 3-423-**36251**-0

Christian Nürnberger
Kirche, wo bist du?
Warum läuft die Kirche
dem Zeitgeist hinterher,
statt ihm wesentliche
Impulse zu vermitteln?
dtv premium 3-423-**24232**-9

Frederic Vester
Phänomen Streß
Wo liegt sein Ursprung,
warum ist er lebenswichtig,
wodurch ist er entartet?
dtv 3-423-**33044**-9

20 Tage im 20. Jahrhundert

Herausgegeben von
Norbert Frei, Klaus-Dietmar Henke und Hans Woller

Diese Buchreihe ist die Grundlage der gleichnamigen Fernsehdokumentation der ARD.

20 Tage im 20. Jahrhundert

Herausgegeben von
Norbert Frei, Klaus-Dietmar Henke und Hans Woller

Geschichte des 20. Jahrhunderts

Amartya Sen

Ökonomie für den Menschen

Wege zu Gerechtigkeit und Solidarität
in der Marktwirtschaft
<u>dtv</u> 3-423-**36264**-2

Als einer der bedeutendsten Wirtschaftstheoretiker der
Gegenwart fordert Amartya Sen die Moral in der Marktwirtschaft ein und packt das Weltproblem Nr. 1 an: die sich
immer weiter öffnende Schere zwischen dem global agierenden Turbokapitalismus und der zunehmenden Arbeitslosigkeit und Verarmung. Eindringlich stellt der Nobelpreisträger dar, dass Freiheit, Gleichheit und Solidarität
fundamentale Voraussetzungen für eine prosperierende,
gerechte Weltwirtschaft sind. Eine Programmschrift, die
ökonomische Vernunft, politischen Realismus und soziale
Verantwortung zusammenführt.

>>**Man kann all das Kluge, was Sen vorträgt,
gar nicht oft genug sagen und lesen.**<<
Frankfurter Allgemeine Zeitung